元文宗天曆元年戊辰九月起
明成祖永樂十一年癸巳止

國榷

一

中華書局

圖書在版編目(CIP)數據

國榷/(明)談遷著;張宗祥校點. —北京:中華書局,
1958.12(2025.6 重印)
ISBN 978-7-101-00372-7

Ⅰ.國… Ⅱ.①談…②張… Ⅲ.中國-古代史-明代
-編年體 Ⅳ.K248.043

中國版本圖書館 CIP 數據核字(2005)第 032217 號

責任印製:陳麗娜

國　榷
(全六册)
〔明〕談　遷 著
張宗祥 校點
*
中 華 書 局 出 版 發 行
(北京市豐臺區太平橋西里 38 號　100073)
http://www.zhbc.com.cn
E-mail:zhbc@zhbc.com.cn
三河市中晟雅豪印務有限公司印刷
*
850×1168 毫米 1/32 · 196½印張 · 4284 千字
1958 年 12 月第 1 版　2025 年 6 月第 13 次印刷
印數:14301-15100 册　定價:788.00 元

ISBN 978-7-101-00372-7

談遷和國榷

一、國榷這部書

二十五年前，我在北京圖書館讀「明實錄」，抄朝鮮「李朝實錄」，想從這兩部大部頭書裏，找出一些有關建州的史料，寫一本建州史。因爲凊修明史，把它自己祖先這三百年間的歷史都隱沒了，竄改了，歪曲了，爲的是好證明清朝的祖先從來沒有臣屬於明朝，沒有受過明朝的封號，進一步强調建州地區從來不屬於明朝的版圖等等政治企圖。爲了達到這個目的，在修四庫全書的時候，把明人有關建州的眞實史料都作了一番安排，辦法多種多樣：一種是毁板，禁止流通；一種是把書中有關地方抽掉，弄成殘廢；一種是把有關文字删去或改寫。推而廣之，連明朝以前有關女眞歷史的著作也連帶遭殃，不是删節，便是被竄改了。這樣做的結果，從十四世紀到十七世紀中期這一段期間的建州史實，在整個歷史上幾乎成爲空白點，我們對建州的社會發展、生產情況、生產工具、社會組織、風俗習慣、文化生活、部落分布等不是一無所知，便是知道的很少。這是個歷史問題，應該解決。解決的辦法是努力搜集可能得到的史料，加以組織整理，塡補這個人爲的空白點，從而充實豐富祖國各族大家庭的可愛歷史。

當時，我從朝鮮「李朝實錄」中抄出有關建州和中朝關係的史料八十本。這些史料大部份是朝鮮使臣到明朝和建州地區的工作報告，很具體，很可靠，對研究明朝歷史，特别是研究建州歷史有極大幫助。這部書定名爲「朝鮮李朝實錄中的中國史料」。隔了二十多年，最近才抽工夫校補，交給中華書局，正在排印中。

另一個主要史料「明實錄」，讀來讀去，讀出了許多困難。第一是這書沒有印本，只有萬曆以後的各種抄本。私人傳錄，當時被指定抄書的人，怕這書部頭大，有時任意偷懶，少抄或漏抄以至錯抄的地方很多。錯字脫簡，到處都是。更糟的是這書原來就不全，因爲崇禎這一朝根本沒有實錄。天啓呢，在清初修明史的時候，因爲「天啓實錄」裏如實紀載了當時宰相馮銓的醜事，馮銓降清以後，憑藉職權方便，把紀有他醜史的這一部份原本偷走毁滅了，以此，「明實錄」的傳抄本也缺了這部份。補救的辦法是多找一些「明實錄」的傳抄本，用多種本子互相校補。但是這個辦法，在二、三十年前私人研究工作得不到任何方面支持的情況下，是辦不到的。另一個辦法是找一部明末淸初人的有關明史的較好的著作，這部書就是談遷的「國榷」。

國榷這部書，知道的人很少，因爲沒有印本流通，只有傳抄本，有機會看到的人不多。二十五年前的北平，只有前中央研究院歷史語言研究所藏有一部晒印本，很珍貴，不能出借。記得在一九三二或一九三三年我爲了查對一條材料，曾經翻閱過一次，以後便再也沒有機會見面了。

想望了二、三十年，如今頭髮都白了，在解放了的祖國，在黨的整理文化遺產的正確方針下，中華書局排印了這部六大厚冊五百萬字的大書，怎能叫人不高興，不感激，不歡欣鼓舞！這部書就我個人的治學經歷來說，也是一個鮮明的今昔對比。

「國榷」一百零四卷，卷首四卷，共一百零八卷。據談遷國榷義例，原稿原來分作百卷，現在的本子是海寧張宗祥先生根據蔣氏衍芬草堂抄本和四明盧氏抱經樓藏抄本互相校補後重分的。這書是明朝的編年史，按年按月按日紀載著者認爲重大的史事，起元天曆元年到明弘光元年（公元一三二八——一六四五）。卷首四卷分作大統、天儷、元潢、各藩、輿屬、勳封、恤爵、戚畹、直閣、部院、甲科、朝貢等門，是綜合性的敍述，便於讀者參考的。

原書有崇禎庚午（公元一六三〇）新建喻應益序，說「三代而後，……野史之繁，亦未有多於今日者，然見聞或失之疏，體裁或失之偏，紀載或失之略。……鹽官談孺木，乃集海鹽、武進、豐城、太倉、臨朐諸家之書凡百餘種，苟有足述，靡不兼收，勒爲一編，名曰『國榷』。」天啓丙寅（公元一六二六）談遷自序，批評了在他以前的幾個明代編年史的作者以後，說：「故予竊感明史而痛之，屢欲振筆，輒自慚怒臂，不敢稱述。間窺諸家編年，於謏陋膚冗者妄有所損益，閱數歲，裒然成帙。」序後又有跋：「此丙寅舊稿，嗣更增定。……續以崇禎、弘光兩朝，而序仍之。終當覆瓿，聊識於後。」由此可見「國榷」初稿完稿於公元一六二六年，以後陸續改訂；過了二十年，一六四五年以後，又續加了崇禎、弘光兩朝。據義例所說「國榷」創稿於公元一六二一年，一六四七年被小偷偷走原稿，又發憤重新編寫，一六五三年帶稿子到北京又加修訂，那末，這部書的編纂時間前後已經超過三十年了。

黃宗羲撰談君墓表，說他「好觀古今之治亂，其尤所注心者在明朝之典故。以爲史之所憑者實錄耳，實錄見其表，其在裏者已不可見。況革除之事，楊文貞（士奇）未免失實；泰陵之盛，焦泌陽（芳）又多醜正；神熹之載筆者皆宦逆奄之舍人；至於思陵十七年之憂勤惕厲，而太史遯荒，皇宬烈焰，國滅而史亦隨滅，普天心痛。於是汰十五朝之實錄，正其是非；訪崇禎十五年之邸報，補其闕文。成書名曰『國榷』。」朱彝尊靜志居詩話，說他「留心國史，考證累朝實錄寶訓，博稽諸家撰述，於萬曆後尤詳，號爲『國榷』。」由此可見談遷原來編撰「國榷」的用意，是因爲明列朝實錄中有幾朝實錄有失實、醜正、歪曲的缺點，是因爲諸家編年有謏陋膚冗的毛病，才發憤編纂的。到國亡以後，不忍國滅史亦隨滅，又訪求邸報（政府公報），補述崇禎、弘光兩朝史事，寄亡國的悲憤於先朝史書的編修。自署江左遺民，則是以愛國遺民的心情重寫國史，和原來的以留心國史、典故的歷史家心情編撰國史的時候有所不同了。

其次，談遷編撰「國榷」，主要的根據是列朝實錄和邸報，參以諸家編年，但又不偏信實錄，也不側重私家著述。他對史事的紀述是十分慎重的，取材很廣泛，但選擇很謹嚴，擇善而從，不憑個人好惡。第二，建州史料，萬曆以後最關緊要，「國榷」於萬曆後尤詳。特別是崇禎朝沒有實錄，談遷根據邸報編述了這十七年間的事跡。由於當時這書並未刊行，因之也沒有經過四庫館臣的胡亂删改。我們可以根據「國榷」的紀載和清修明史核對。就這一點而說，「國榷」這書對研究建州史和明朝後期歷史是有積極貢獻的。第四，一六四七年全稿被竊，他並不喪氣，爲了保存前朝史事，又發憤重新編寫。這種忠於學術研究、忠於國家民族的堅貞不拔、不爲困難所嚇倒的精神氣節，是非常值得後人崇敬和學習的。當然，談遷也有他的時代局限性，如他對農民起義的仇視，對國內少數民族和鄰邦的態度和侈談災異迷信，以及文字敍述的過份簡約等等，都是顯著的缺點，也是封建時代史家的一般缺點。我們要取其精華，去其糟粕，用這部書作研究資料時，是要注意到這些缺點的。

二、談遷寫國榷

「國榷」的主要根據，除明列朝實錄和崇禎邸抄以外，一六三〇年喻應益「國榷」的序文說他採諸家著述凡百餘種。這話是有事實可查的。試以卷一到三十二的引書爲例，談遷參考過明代人著作有葉子奇、宋濂、王禕、解縉、蘇伯衡、方孝孺、金幼孜、楊士奇、吳寬、李賢、李夢陽、丘濬、葉盛、姚福、鄭曉、雷禮、王世貞、王世懋、王鏊、王瓊、楊守陳、何喬新、薛應旂、陸深、馮時可、袁袠、何喬遠、鄧元錫、姜南、郭正域、吳朴、周暉、敖英、晏璧、鍾士懋、林之盛、陳于陛、馬晉允、陶望齡、楊廉、崔銑、羅鶴、袁又新、許重熙、張適、劉鳳、顧清、嚴從簡、郭子章、趙汝濂、高岱、廖道南、劉文徵、徐學謨、陳仁錫、顧起元、霍韜、黃佐、陳懿典、朱國楨、謝鐸、朱鷺、黃瑜、陳建、黃金、李維楨、尹直、楊愼、顧璘、焦竑、田汝成、茅瑞徵、楊寅秋、勞堪、郭棐、羅玘、唐樞、王錡、王廷相、張志淳、陳士元、屠隆、黃志清、程敏政、儲瓘、于愼行、趙時春、徐日久、陳敬宗、陳漣、冒起宗、包汝楫、周聖楷、陳善、吳中行、羅洪先、李濂、葉向高、胡松、陳廷謂、錢士升、黃省曾、袁懋謙、史繼階、許相卿、葉燦、史桂芳、何景明、陳鎏、張鼐、淩翰、朱睦㮮、尹耕、謝彬、姚淶、陳德文、徐必達、陳繼儒、張溥、陳子龍、沈德符、屠叔方、姚士粦等一百二十多家。其中引用最多的是海鹽鄭曉的「吾學編」、「今言」，豐城雷禮的「大政記」、「列卿記」，太倉王世貞的「弇山堂別集」，武進薛應旂的「憲章錄」，屠叔方的「建文朝野匯編」，朱鷺的「建文書法擬」，焦竑的「獻徵錄」，徐學謨的「世廟識餘錄」，鄧元錫的「明書」，高岱的「鴻猷錄」等等。

全書敍述是以明列朝實錄爲基礎的，但又不全據實錄。如記永樂幾次和蒙古的戰爭，來往行程都用金幼孜的「北征錄」、「後北征錄」和楊榮的「後北征記」，在永樂八年六月庚子次澄淸河條，小注「實錄云青楊戍」，可以清楚看出。永樂十年九月記殺大理寺卿耿通，談遷說此事「實錄不載，豈有所諱耶？事具南院故牘，不可不存。」說明這一條實錄裏原來沒有，是他用檔案補上的。同樣，十四年七月乙巳殺署錦衣衛都指揮僉事紀綱，談遷也說：「讀其爰書，未嘗不三爲之太息也。」可見談遷是讀過處紀綱死刑的判決書的。十九年十二月底有一條「始立東廠，專內臣刺事」小注：「事不見正史，而會典據成化十八年大學士萬安奏罷東廠云：『文皇帝建立北京，防微杜漸，初行錦衣衛官校，暗引緝訪謀逆妖言大奸大惡等事。恐外官徇情，隨立東廠，命內臣提督控制之，彼此並行，內外相制』云云。不知實錄遺此，何也？」可見這一條也是實錄原來沒有，是談遷根據會典補上去的。又如「明實錄」和「明史」都說明成祖是馬皇后生的，談遷却根據太常寺志說明成祖是碽妃所生等等。不止如此，他對實錄所記某些史實，還明白指出是說謊，叫人好笑。例如宣德三年（公元一四二八）三月癸未，廢皇后胡氏，立貴妃孫氏爲皇后條，他就說：「吾於冊儲而甚疑當日之事也。……（中間指出疑問，從略。）乃實錄載胡后再請就閑，貴妃再辭坤極，謂其皆誠心，大非人情。後史氏飾美，不爲有識者所葫蘆乎！」

拿「國榷」和「明實錄」對比，明太祖實錄經過三次修改以後，許多事實都被刪改掉了。例如明太祖晚年殺諸將，實錄只寫某年某月某日某人死，不說是怎樣死的。「國榷」却並不隱諱，老老實實把事實如實寫上。以「國榷」所記和錢謙益的太祖實錄辨證對讀，完全符合。以「國榷」和淸修明史對比，明史隱去建州史跡，從猛哥帖木兒、阿哈出、釋家奴到李滿住、凡察、李豆罕一直到努爾哈赤這一段，幾乎是空白，「國榷」却從頭據實紀錄，不但建州諸衛和奴兒干都司的設置年月分別紀載，連以後各衛首領的承襲也都一一記上了。和「明實錄」、朝鮮「李朝實錄」對比，也可以互相印證。

還有一點很有意思的，是關於建文帝的紀錄。太祖實錄的第三次修改本根本不承認建文帝這一朝代的存在，把建文年號取消，用洪武紀年。「國榷」不但恢復了建文年號，而且紀事也站在建文的立場上，在永樂起兵以前，稱永樂爲燕王，到起兵以後，建文帝削除燕王位號，便直稱永樂爲燕庶人了。我們要注意從明仁宗一直到崇禎帝都是永樂的子孫，談遷是亡國遺民，晚年還到過北京，跑到十三陵去哭過崇禎的墳，但是在歷史敍述上，他卻站在爲永樂所推翻的建文帝一方面。拿這件事和明代後期許多支持建文帝的野史的出版來看，說明了那時期的士大夫，對現實政治的不滿和失望，他們不敢公開指斥現實的統治者，只好把同情寄托在以失敗而告終的建文帝身上了。他們逃避現實鬥爭，同情改革失敗的統治者，這也是封建時代有正義感而又骨頭軟的讀書人的悲哀吧！

談遷對史事的眞實性態度很嚴肅。爲了求眞，不惜一改再改。例如記明末張春被建州俘虜事就改了多次。第一次記錄在他所寫的「棗林雜俎」智集：

> 庚午三月（公元一六三〇，這是談遷記錯了，應爲辛未〔公元一六三一〕八月。）永平道參政同州張春出關陷穹廬中，誤聞殉難，贈都察院右副都御史。居無何，春從塞外求款，始追削，春妾□氏，年二十一，自經客舍。春媿其妾多矣，蓋洪承疇之前茅也。

到一六五五年，他在北京，和吳偉業談舊事，才弄淸楚張春並未降敵。他又把這一事實寫在所著的「北游錄」上：

丁未八月丁卯，過吳太史所，語移時。崇禎初薊州道張春陷於建州，抗節不屈，以羈死，淸史甚稱之。余因曰：往時謂張春降敵，追削其秩，奪贈蔭，流聞之誤如此。

最後在「國榷」卷九十一記：

崇禎四年（公元一六三一）八月戊辰，是日遇敵於長山，我師敗績，監軍太僕寺少卿兼參政張春被執。……春被執不屈，願求一死。……因幽之某寺中。……後數年，以疾卒。

談遷加的案語是：「夫春實未嘗詘膝，流離異域，其志有足悲者。宋王繼忠陷契丹，上書言款，卽張春之前茅也。繼忠見原，春見疑，勢有固然，無俟言之畢矣。」便完全改正過來了。張春事跡見明史卷二百九十一忠義傳。

三、辛勤的勞動

談遷一生從事學問，手不釋卷，國亡後更一意修史。「北游錄」紀詠下，夢中作：

往業傾頹盡，艱難涕淚餘，殘編催白髮，猶事數行書。

是他一生的寫實。

公元一六四四年高宏圖替他寫的「棗林雜俎」序說：

談子孺木有書癖。其在記室，見載籍相餉，卽色然喜。或書至猥誕，亦過目始釋，故多所采摭。時於坐聆塗聽，稍可涉筆者，無一輕置也。銖而積，寸而累，故稱雜焉。

他喜歡讀書，連壞書也要讀一遍。喜歡作筆記，人們談的，路上聽的，只要有點意思，就紀錄下來。到處借書抄書，甚至跑到百里以外去借去抄，「北游錄」紀文，上吳駿公太史書說：

自恨繩樞甕牖，志浮於量，腸肥腦滿，妄博流覽。尤於本朝，欲海鹽（鄭曉）、豐城（雷禮）、武進（薛應旂）之後，嘗鼎血指，而家本擔石，飢梨渴棗，遂市閱戶錄。嘗重趼百里之外，苦不堪述。條積匭藏，稍次年月，矻矻成編。

從天啓辛酉（公元一六二一）開始，這一年他母親死了，在家讀陳建所著通紀，嫌它不好，便着手搜集整理材料，一條條地積累，分別年月放在匭裏，愈積愈多，編次條貫，改了六次，編成一百卷。不料到丁亥（公元一六四七）八月，一股腦兒被小偷偷光了。黃宗羲談君墓表說：

當是時，人士身經喪亂，多欲追敍緣因，以顯來世，而見聞窄狹，無所憑藉。聞君之有是書也，思欲竊之以爲己有。君家徒四壁立，不見可欲者，夜有盜入其家，盡發藏稿以去。君喟然曰：「吾手尚在，寧遂已乎！」從嘉善錢相國借書，復成之。

他自己也說：

丁亥八月，盜胠其篋。拊膺流涕曰：「噫，吾力殫矣。」居恆借人書綴輯，又二十餘年，雖盡失之，未敢廢也。遂走百里之外，徧考羣籍，歸本於實錄。其實錄，歸安唐氏爲善本，檇李沈氏、武塘錢氏稍略焉。冰毫汗繭，又若干歲，始竟前志。田夫守株，愚人刻劍，予病類之矣。（見「國榷」義例。）

偷光了，再幹，從頭做起。以實錄爲本，而且還參考幾種不同的本子。從一六四七年起第二次編撰「國榷」。爲了搜訪史料，他多年前就想去北京。一六四四年高宏圖的「棗林雜俎」序提到：

惜天限孺木，朝不謀夕，足跡未及燕。而今已矣，三輔黃圖之盛，東京夢華之思，孺木卽有意乎，亦安所措翰也。悲夫！

北京已經爲淸人所佔領了，怎麽能去呢？就是想去，有了材料，也怎麽下得筆呢？十年後，公元一六五三年，義烏朱之錫官弘文院編修，服滿進京供職，聘他作書記，在這年閏六月同路從運河坐船到北京。一六五六年二月又從運河回到海寧。在北京住了兩年半多，搜集了不少史料。朱之錫序「北游錄」

說他辛勤訪集資料：

鹽官談孺木，年始杖矣。同詣長安（指北京）。每登涉蹋屩，訪遺跡，重趼累繭，時迷徑，取道於牧豎村傭，樂此不疲。旁睨者竊哂之，不顧也。及坐窮村，日對一編，掌大薄蹏，手嘗不輟。或覆故紙背，塗鴉縈蚓，至不可辨。或塗聽壁窺，軼事緒聞，殘堵圯碣，就耳目所及，無遺者。其勤至矣。

「北游錄」紀聞，自序記訪問遺事，隨聽隨記：

自北上，以褐賤，所聞寥寥也。而不敢自廢，輒耳屬一二。輦上貴人，其說翔藐塵墟之外，迂朽毋得望。至淵儒魁士，未始多值。間值之，而余頹蒙自怯，囁嚅久之。冒昧就質，僅在跬傾，懼其厭苦，手別心悵。餘則垣壁桯杌之是徇。余之憒憒，不其甚乎。然幸於燕而聞其略也，若錮我荒籬之下，禽籟蟲吟，聊足入耳，能傾喻糜之殘瀋乎哉！

因爲身份地位關係，他只是一個老秀才，幫人作幕友，接觸的人不多，就是碰到了，也很難談得起來，又怕人厭煩，不免很緊張。卽使這樣，也還是有些收穫。如不到北京，這些材料的搜集是不可能的。「北游錄」紀郵是他在京時的日記，從日記可以看出他到北京的目的是爲了訂正「國榷」，訪問、借書、抄書的目的也是爲了補充「國榷」。來往最多的幾個人是太倉吳偉業駿公，同鄉秀水曹溶秋嶽，武功霍達魯齋。這三人都是崇禎進士，都是藏書家，熟識明朝掌故。他到京後就寫信給吳偉業請求指出「國榷」缺點和借閱有關史籍：

昨蒙延誨，略示訛謬，深感指南。（中述編撰「國榷」經過。）而事之先後不悉，人之本末未詳，聞見邸抄，要歸斷爛，凡在機要，非草野所能窺一二也。如天之幸，門下不峻其龍門，輒垂引擬，謂蒭菲可采，株朽亦薪。……史實更貴蒐訂，……門下以金匱石室之領袖，聞見廣洽，倘不遽棄，祈於訛謬，椽筆拈出，或少箚原委。蓋性好涉獵，過目易忘；至於任耳，經宿之間，往往遺舛；故於今日，薄有私懇。非謂足辱大君子之糾正，而曲學瞎昧，限塹赴谷，亦門下所矜閔而手援之者也。密邇壇坫，凡有秘帙，藜隙分靑，彌切仰企。記室所抄春明夢餘錄宮殿，及流寇緣起，乞先

假。(上吳駿公太史書)

上太僕曹秋嶽書，也提出同樣要求：

蒙示史例，矜其愚瞽，許爲搜示。遷本寒素，不支伏臘，購書則奪於饘粥，貸書則輕於韋布。又下邑褊陋，薄視緗芸，間其鄴架，率資帖括。於是問一遺編，卑詞仰懇，或更鼎致，靳允不一，嘗形夢寐，卽檇李鼎閥間，亦匍匐以前矣。……幸大君子曲閔其志，托在後乘，假以程限，廣賜擕閱，旁徵側匯。……先朝召對事述云在朱都諫子美處，及秘錄、公卿年表等萬乞留意。祠曹或素所厚善者，於宗室薨賻，大臣賁恤，月日可詳，特難於萃輯耳。希望萬一，企踵竢之。

由曹秋嶽介紹，又和霍魯齋往來，寫信說：

凡奧帙微言，悉得頒示。又所呈殘稿，篳門圭竇之人，安知掌故？性好采摭，草次就錄，浹歲以來，句聞字拾，繁如亂絲，卒未易理。幸逢鴻匠，大加繩削。尊諭云，史非一手一足之力，允佩良規。

從此，談遷就和這三個學者經常往來，討論史事了。「北遊錄」紀郵記：

甲午(公元一六五四)正月庚申，曹太僕「秋嶽」見枉，語先朝事二則。

二月乙丑，晚，共雷常侍語。常侍號飛鳴，嘗預司禮監南書房，今販錢，相鄰。訪以舊事，不覺泣下，拭袂而別。

甲申，訪吳太史，語移時。晚招飲，以「國榷」近本就正，多所裁訂，各有聞相證也。

丁亥，過曹太僕借書，出劉若愚「酌中志」三帙，孫侍郎北海承澤「崇禎事跡」一帙。「酌中志」舊嘗手錄，今本加詳，蓋此閹繼編者。侍郞輯崇禎事若干卷，不輕示人；又著「春明夢餘錄」若干卷，並秘之。吳太史柬及近事，隨答之。

三月辛丑，吳太史示「流寇輯略」。

乙巳，陰，早至宣武門直舍，蓋溧陽之杜郵也。失導而返。

戊申，過吳太史，値金壇王有三選部重，追語江左舊事，不勝遺恨。

四月丁卯，過吳太史，劇論二十刻。

丁丑，吳太史借舊邸報若干，邀閱，悉携以歸。

戊寅，展抄邸報，棼如亂絲，略次第之。

乙酉，過吳駿公太史，極論舊事。

戊子，早，過吳太史，多異聞，別有紀。

七月丙辰，過吳太史所，語二十刻，別有紀。

九月乙巳，晡刻，聞武功霍大理（魯齋）見枉，遂先之。語李自成陷西安事甚悉，別有紀。

丙午，霍大理徵余近錄，手致之。又語遺事一二則。

丁未，霍大理示黃石齋先生秘錄二帙。

丙辰，錄黃石齋秘稿竣，以歸霍大理，語久之。

十月戊辰，霍大理招飲。大理筮仕曹縣，語劉澤清事爲詳。

甲申，早，訪金華葉山公。

丙戌，衝寒過葉山公，未離枕也，亟披衣起。其鄰周德潤（澤），故嘉定侯之孫，官錦衣，娶駙馬都尉王昺孫女，年十七，遭亂，貧甚，僦一室。余欲問遺事，故屢過山公。值之，絺袍不備，有寒色。其人拙訥，語少頃，遽去。

十一月庚戌，前借霍大理「聞書」閱訖（晉江何喬遠著）。客嚴氏，故游諸徹侯，云：「襄城伯李國楨任京營。甲申三月都城陷，劉友□之曰：『君侯散重兵以歸，此元功也，行冠諸臣之右矣。』因留其營，嘗同食寢。一日縱歸，令檢橐，因盡錄其家。國楨敗時，跨馬，面如死灰。其舅金華潘某，退曰：『吾甥事至此，不卽死，尙何待乎！』」此嚴氏目睹者。今刻本稱國楨求葬先帝，劉誠意孔昭上章以明之，其說不知何所始也。

辛亥，午，過霍大理，示所纂「西事」及「王渼陂九思集」。

癸丑，往崇文門訪嚴氏，問以遺事，不值。

十二月辛未，借曹通政（秋壑）「續文獻通考」，不值。

乙未（公元一六五五）二月癸亥，過霍大理，借「康對山先生集」。

三月乙未，過霍大理。問先朝實錄，未至也。

五月丙午，過少司馬霍魯齋所，問先朝實錄，在南道未至也。

六月丙子，錢瞻伯借我夏彝仲「幸存錄」。

八月甲寅，過吳太史所，值其鄉人馬又如（允昌），本世弁，崇禎末任四川副總兵，遭亂，開閬全州。己丑（公元一六四九）變出部校，舉家遇害，因北降，隸鑲紅旗下，食四品祿，貧甚。言遺事一、二則。

戊午，晡刻，過霍彥華，值咸寧王文宣（弘度），俱目擊李自成僭位事。

壬戌，晚，過王文宣、霍彥華，語舊事，知「甲申大事記」殆唫囈也。

九月壬午朔，飯於吳太史所。太史同年侍郎孫北海（承澤）撰「四朝人物傳」，其帙繁，秘甚。太史懇年餘，始借若干首，戒勿泄。特示余曰：「君第錄之，顧勿著其姓氏于人也。」

甲辰，吳太史又示我孫氏人物傳若干。

十一月癸卯，先是，霍魯齋購「明實錄」而缺熹廟，以問余。所錄尚未全，無以應也。

十二月辛未，借霍魯齋「萬曆實錄」。向在嘉善錢相國所抄實錄，爲主書刪其半，至是魯齋以二百金購置。

壬申，朱生生（國壽）來，前兵部郎中，仕清陝西參政。

癸酉，答朱生生，留飲。生生語明季事頗悉。

丙申（公元一六五六）正月癸巳，大風，寒。過周子俶，值山陽咸大咸（默），弘光初明經，從左蘿石北使，言北使事頗異。

戊申，閱「神宗實錄」竟，歸之。

二月癸丑，晚，於周子俶所復值咸大咸，語良久，云：「弘光元年，高傑……。」大咸又曰：「甲申之變，太子走曹化淳宅中，……。」

此外，「北游錄」紀聞上，趙璞條：

廣寧門在外城西南，門外天寧寺，內侍趙璞（連城）逃禪於此。嘗值之，問以「懿安皇后及太子」遺事云。

記王紹徽、薛國觀條，俱云「霍魯齋先生說」。

從以上所摘錄的材料看，談遷對明季史事的搜集，是盡了極大努力的。除了曹溶、吳偉業、霍達以外，他訪問了故公侯的門客，降臣，宦官，皇親等等，把所聽到的都記錄下來，和文獻一一核對。他還到過十三陵的思陵，明代叢葬妃嬪王子的金山和景帝陵，西山和香山的寺廟等，也都寫了材料。他把這些目擊的史料應用到「國榷」這部書上，以此，「國榷」的史料價值是很高的，特別是萬曆以後，崇禎、弘光間的紀錄。崇禎朝的史事根據邸報和訪問，弘光朝則他自己在當時的宰相高宏圖幕府，並和張愼言等大臣往來，許多事情都得於親身聞見，因此，是比較可信的。

談遷在北京兩年多的收穫很大，但是，也有許多困難。借書訪人，都不是容易事；北京塵土飛揚，也不習慣。「北游錄」紀文，寄李楚柔書，訴苦說：

口既拙訥，年又遲暮，都門游人如蟻，日伺貴人門，對其牛馬走，屏氣候命，辰趨午俟，旦啓昏通，作極欲死，非拘人所堪。於是杜門永晝，而借人書重於卞氏璧，不可復得。主人鄴架，頗同故紙。目翳不開，五步之外，飛埃襲人，時塞口鼻。惟報國寺雙松，近在二里，傴僂卷曲，踰旬輒坐其下，似吾塵中一密友也。……頃者益究先朝史，凡片言隻行，犂然有當於心，錄之無遺。擬南還後作記傳表志，三年爲期。不敢輒語人，私爲足下道也。

他生性耿介，受不了這樣的生活，想回南了。「北游錄」後紀程序：

余欲歸屢矣。乙未春三月欲附朱方庵，秋八月欲附徐道力，而居停見挽，遂不自決。雖蝸沫足濡，而心終不懌。蓋追訪舊事，稍非其人，則不敢置喙。至於貸書則余交寡，市書則余橐恥，日攢眉故紙，非其好也。迨萌歸計，而居停適有纂修之命，意效一二，佐其下風，則天祿石渠之藏，殘缺失次，旣無可資訂，遂束身而南。

原來還想趁朱之錫修書之便，抄一點東西的。到了知道內閣圖書已經殘缺失次，無可資訂，便下了決心，離京回家了。

四、談遷生平

談遷的生平，見於海寧縣志隱逸傳、黃宗羲談君墓表，都很簡略。現在根據他所著的「北游錄」和「棗林雜俎」，綜合敍述如下：

談遷原名以訓，字觀若，明亡後改名遷，字孺木。海寧縣棗林人。明諸生。他自己題「棗林雜俎」：

> 吾上世……，德祐末避兵，徙鹽官之棗林。今未四百禩，又並於德祐。吾旦暮之人也，安所避哉！求桃源而無從，庶以棗林老耳。書從地，不忘本也。

四百年前宋亡，他的祖先搬到海寧。如今，明朝又亡了，沒有地方可搬了。這段話是很哀感的。

據「北游錄」紀文六十自壽序：「癸巳十月癸亥朔，抵長安，明日爲攬揆之辰，周一甲子矣。」癸巳爲公元一六五三年，往上推六十年，他生於一五九三年明神宗萬曆二十一年癸巳。公元一六二一年，二十九歲，開始編撰「國榷」。一六四四年，他五十二歲，清軍入關，北京淪陷。一六四五年，五十三歲，弘光被俘，南京淪陷。一六四七年，五十五歲，「國榷」全部手稿被竊，發憤重新撰寫。一六五三年，六十歲了，受聘義烏朱之錫作幕友，到北京搜集明代史事，訂正「國榷」。一六五六年，年六十三歲，離京回海寧老家。

他的卒年，據黃宗羲談君墓表：「走昌平，哭思陵，西走陽城，欲哭(張愼年)太宰，未至而卒，丙申歲冬十一月也。」按談遷自撰「北游錄」，丙申(公元一六五六)五月辛丑，從北京回家。在五月以前，也沒有記到陽城的事實。海寧縣志隱逸傳則說：「丁酉夏，以事至平陽。去平陽城數百里遠處，處士徒步往哭張冢宰之墓。卒年六十有四。」則談遷死於丁酉年，年六十四。黃宗羲墓表所說丙申，應是丁酉之誤。

他家很貧困，縣志說他：「處士操行廉，雖游大人先生之門，不妄取一介，至今家徒四壁立。」「北游錄」裏紀郵，記他好幾次拒絕人送禮物，拒絕人拿錢買他的文章。一六五六年南歸時也不肯求人寫介紹信給以方便。「北游錄」後紀程跋尾說：「談遷曰：余北游倦矣，得反爲幸。……在燕時，或修贄廣謁，而余不能也。別居停，竟長揖出門，不更求他牘。道中躡一敝屣，殆于決踵。余豈不憂日後耶，憂日後又不如忍目前。余歸計決矣，擔簦而往，亦擔簦而回。篋中錄本殆千百紙，余之北游幸哉！余之北游幸哉！」從這段自述，可以看出他性格的耿介，是一個有骨頭的老窮漢。

談遷五十二歲以前的生活情形，不大清楚。從他後半生的生活看來，大概也是靠替人當幕友，辦些文墨事務，代寫些應酬文字，賺些月俸過日子的。「北游錄」裏紀文一共有十六篇序，除六十自壽序以外，其他各篇題目下面都注有代字，是代他的東家朱之錫寫的。六十四歲這一年，縣志說他以事至平陽，大概也是替人作幕友。不然，他這樣窮，爲了私事是出不了這樣遠門的。縣志載他的著作有「西游錄」兩卷，應該就是這次旅行的紀游文字。

黃宗羲墓表說：「陽城張太宰、膠州高相國皆以君爲奇士，頗折節下之。其在南都，欲以史館處君，不果。無何，太宰、相國相繼野死。」縣志說：「崇禎壬午（公元一六四二）間，受知陽城張公愼言、膠州高公弘圖。二公者天下之望，相與爲布衣交。甲申（公元一六四四）高入相，張爲冢宰，凡新政得失，皆就諮於處士，多所裨益。相國以處士諳掌故，薦入史館，泣辭曰：『遷老布衣矣，忍以國之不幸博一官。』高乃止。勳寺交扇，時事日非，處士私語二公曰：『公等不去，將任誤國之咎。』二公用其言，先後乞骸骨。乙酉張客死宣城，高致命會稽，處士歸於麻涇之廬。」「北游錄」紀文，六十自壽序說：「記甲申（公元一六四四）正月既望，御史大夫陽城張藐山（愼言）初度，徧集齊、梁、吳、晉之士，余首坐劇飲。先生顧諸客曰：『冠進賢而來者，趾高氣揚，僕視其中無所有也。雖一窮褐，胸中有書若干卷。』深相禮重。」由此可見從公元一六四二年起，談遷就入高弘圖幕，並和張愼言往來，被兩人所契重，參預謀劃。他對國事所提的意見，散見「棗林雜俎」仁集定策本末、勸進、監國儀注、王肇基、黃澍、高杰等條。

談遷對明代史事雖然十分重視，用一輩子功夫鑽研搜集，但對小說戲曲却非常輕視。如「北游錄」紀郵載：

觀西河堰書肆，值杭人周清源，云虞德園先生門人也，嘗撰西湖小說。噫，施耐菴豈足法哉！

又紀聞上「續文獻通考」條

華亭王圻「續文獻通考」，其藝文類載琵琶記樂府、水滸傳，謬甚。

他的著作除「國榷」、「棗林雜俎」、「北游錄」以外，有「棗林集」十二卷、「棗林詩集」三卷、「史論」二卷、「西游錄」二卷、「棗林外索」六卷、「海昌外志」八卷。

吳　晗一九五九年七月十日

題記

談遷。始名以訓。字孺木。號觀若。明諸生。性喜博綜。熟悉古今典要。破屋頹垣。憑几著書。崇禎時。受知於陽城張愼言。膠州高弘圖。甲申。高入相。張爲冢宰。高以遷諳典故。欲薦入史館以襄一時之闕。力辭不就。乙酉歸里。嘗綜明十五朝實錄。正其是非。補其缺失。成國榷一書。夜有盜入其室。竊藏稿以去。更從嘉興錢相國龍錫借書編纂。復成之。後以故人招入燕。徒步百里。哭拜思陵。更欲西至陽城哭太宰。遂入晉。庽友人司理衙齋。曉起。中風露而卒。所著有國榷。棗林集。北游錄。西游錄。棗林雜俎。棗林外索。海昌外志等書。此爲硤川續志海昌備志諸書所記談氏行述如此。案談氏生卒年月不可考。所著諸書。棗林雜俎有鉛印本。棗林外索海昌外志僅見傳鈔本。外索一書未分卷。前有清順治甲午（一六五四年）自敍。似未爲定稿。他書均未見。北游錄當爲哭思陵時之作。西游錄當爲入晉時所作。二錄如在。先生歿年。或可得而考矣。

國榷一書。自序謂創始于天啓辛酉。則天啓元年（一六二一年）也。序文成于丁卯。實天啓六年。喻序在庚午。則爲崇禎三年。（一六三〇年。）書稿被盜在丁亥八月。實爲清順治四年。弘光亦早亡矣。義例末云。冰毫汗璽。又若干歲。始竟前志。則此書自被盜後再行續成。在清順治四年之後可無疑矣。棗林外索序紀甲午。實順治十一年。北游西游當更在外索之後。則國榷之成。意者其在順治十年前後乎。自明崇禎甲申至清康熙壬子。查東山先生有罪惟錄之纂修。（此據東山罪惟錄自序。若沈仲方所撰東山年譜。則云罪惟錄始于乙未。終于乙卯。卽自清順治十二年至康熙十五年也。）二先生行輩相同。（東山崇禎六年癸酉舉于鄉。）著書年代相同。居又同里。（談先生居硤石紫薇山西南麓也。是園查先生自粵歸浙。闢敬修堂于杭州。又築幽居于硤石沈山東麓萬石窩。蓋紫薇山卽西山。沈山卽東山。故查氏暮年以此爲號也。）所不同者。查豪放結客。談抱樸守約耳。何以二人若不相識。各無一語及之也。意者談氏在莊氏史獄之前早已謝世。而查氏既經史獄。幽囚二百日之後。雖奮筆成書。不欲表暴于世。深閉固拒。以史爲諱。卽知談氏之書。亦惟有鐵函深井藏之已耳。敢引以賈禍耶。

予于乙丑（一九二五年）夏假得蔣氏衍芬草堂鈔本國權八十三冊。閱十月錄竣。深憾缺簡過多。正德嘉靖萬曆三朝爲甚。所載大事。或有始無終。後至南京江南圖書館檢丁氏八千卷樓舊藏。其書錯脫正復相同。乃知二書實出一源。書中缺處。意欲以明實錄補之。繼思談氏此書。係欲訂正實錄。今乃以實錄補此書。心實不安。然卒無他本可資校訂。去冬得四明盧氏抱經樓藏抄本。又得一崇禎一朝十卷本。互相校補。八閱月始畢。略可諷誦矣。盧蔣二書各有優劣。或蔣缺而盧全。如正德之俘宸濠。嘉靖之誅陳東。萬曆之抄江陵。蔣本均不全（此舉大例而言。其他缺處至多）或蔣全而盧缺。如崇禎十七年五月至八月各條。盧本均缺（此亦舉其大者。其他盧缺蔣全者至多。十卷本亦缺此四箇月）亦有兩本均缺者。如成化十三年十月。有蔣本缺。盧本雖有而仍不全者。如萬曆六年七八兩月。二本均缺者。如九十十一十二四月。盧本雖有。各僅一條。且紀日不用干支。與全書體例不符。不知何人所補。今雖錄入。然決非談氏舊文也。衰闕不能再補。甌碎無可復全。奈之何哉。至若某官某某。降某官。陞某官。贈某官。某科給事中。某都御史。某人字某。某科進士。缺者至夥。無關弘旨。仍其原文。以見眞相。或讀者所能諒也。

一九三一年。張菊生先生以商務印書館擬印四部書目。郵商去取。予欲去嘉慶一統志柯鳳孫氏新元史二書。而代以罪惟錄國權。予之言曰。嘉慶一統志雖少印本。然與乾隆一統志出入頗微。新元史梓印未久。似不必佔此篇幅。而罪惟錄則爲傳記。國權則爲編年。皆有明一代私人之史。較官史不同。較淸修明史更不同。此非阿私鄉哲之言也。菊老覆謂嘉慶一統志已排定。重勞改作。擬不刪。新元史決刪去。改印罪惟錄國權二書。若字模稍小。亦可相容。是議既定。會有主印罪惟錄原鈔本者。原抄字大空白甚多。館中遂不能兼印國權矣。豈知當時若據蔣本付印。今日不更引以爲憾。耶得馬失馬。眞不能一時定論也。

是書義例中原云百卷。然盧蔣兩書均未分卷。惟每册各爲起訖。或多至百餘頁。或少僅三十餘頁。或一年分爲兩截。既非篇幅過多。亦非事有特殊。不知其所以分析之故。且兩書中各爲起訖。又皆不同。則知任鈔錄者以意爲之。談氏原未碻定卷數也。今詳其頁數之多寡。覈其政柄之變遷。分全書爲一百又四卷。至大統嗣聖諸篇。列在卷首。別作四卷。明人刻書已有此例。非自我作古也。

蔣氏本建人間有稱建州者。大都均稱建虜。或稱奴兒哈赤。喝竿。惟書中奴字。僅存起筆作丿下三字均空格。虜字亦有空格者。間有作魯者。清帝諱均不避。盧氏本虜字均空格。建人或稱後金大金大清。（明末稱建人均曰奴虜。黃石齋墨跡中屢見之。）奴兒哈赤稱清太祖。喝竿稱太宗。書中胤字。或改孕或改允。以此證之。盧本抄在雍正。必後于蔣本明矣。

一九五五年十二月。邑後學張宗祥校畢記。時年七十有四。

喻序

取二百四十年之間七十二君之所行事。斷以一人之論以成一家之言者。春秋也。春秋者。孔子之春秋。非魯之春秋也。故官秩不隸于柱下。筆札不給于蘭臺。版冊不藏于天府。春秋者。野史之犧象也。迨雲不待合而雨。河不北趨而南。天地變而戎猾夏。天乃興秦以廢古。書籍則火。孰敢搖筆而治丹鉛。腹誹則誅。孰敢張口而談國事。漢興。初尙樸園。天又不終廢古而後稍任經術。于是司馬遷班固之徒世其官。而西漢有史。其後皆以異代之史而掌前世之故。或借一國之才而參他國之志。然亦必稽當時稗官說家之言以爲張本。孫盛以枋頭受嚇。崔浩以謗國罹禍。則亦秦之餘猛矣。又安冀國有信史哉。史失則求諸野。則野史之不可已也久矣。殆亦天之所必存以留是非之權于萬世者也。三代而後。國家之盛。是非之明。未有隆比我明者。故野史之繁。亦未有多于今日者。然見聞或失之疏。體裁或失之偏。紀載或失之略。如椽闕焉。鹽官談孺木。乃集海鹽武進豐城太倉臨朐諸家之書凡百餘種。苟有足述。靡不兼收。勒爲一編。名曰國權。予偶遊海上。受而卒業。觀其志則在春秋。觀其法則在綱目。取二百六十年之中十有六朝之所行事。開國中興之烈。守成累洽之休。大政大權。臚記眉列。赫焉侈矣。洵一代之鴻業也。夫以木橫水曰權。若孺木之所采輯。鉅纖畢備。久近並綜。誠哉權而取之諸家無遺言矣。孺木以帖括之暇而効爲朱墨。本蓋良史才。亦緜識朗而學贍。故能成其大志。與今經五出子者四。而史居其二。書之謨則言治而不言亂。訓誥則言治而亦言亂。春秋則言亂而不言治矣。若我明之世。質之唐虞三代之治而無愧。我明之法。防諸奸臣賊子之亂而最嚴。千古郅隆之盛。天用古以興我明也。宜孺木國權足以兼尙書春秋之盛事矣。尤天所必存之書也。異日者。孺木得載筆而升木天。以文墨事天子。大書特書。其賢于龍門扶風遠矣。是編且當獻而藏之金匱石室間。野史云乎哉。

崇禎庚午正月。新建友弟喻應益撰。

自序

亦史氏曰。明興垂三百載。治駸駸日以盛。而史事則學士家猶遜言之。木天金匱之藏。每乘輿代興。則詞臣雲集而從事。既奏竣扃之祕閣。卽薦紳先生不得一目覬。周秦以來。史臣有專職。亦有專述。故其官與業。交相勸也。明之史臣夥矣。大概備經筵侍從。既奪名山之晷。而前後有所編摩。俱奉尺一。其官如聚偶。其議如築舍。非正三公而埒八座者。不得秉如椽焉。且明初史館。布衣亦尙與壇坫之末。其後非公車不敢望。又其後館閣有專屬。卽公車之雋。或才如班范。未始以概進也。噫。明之于功令斷斷甚矣。故史日益以偷。垂三百載而無敢以左足應者。神宗時。陳文憲銳意于史。而史竟烏有。雖文憲不克襄事。脫幸而史。恐不堪爲唐宋六朝役。何論雁行也。計其時瑯琊新都雲杜二三君子。足任鞭弭。而曾不一收漫勃之用。又曷爲史哉。故史至明。遂以祕而釀險。泌陽之儉險也而史。江陵之嚴刻也而史。楊文貞董文簡之徧忮也而史。史之權不有所欹。則有所避。蓋棺事定。革除事已蕩爲飄風冷塵。滅沒半不可問。而周之頑民所脫然刷洗者十一耳。永陵議禮。至于今甲可乙否。聚訟之舌。敝而猶新。此將何以衷之也。定慶實錄告成。俄而在事諸臣半削籍。甚則投繯謝世。以國家忠厚。鴻龐昌言無忌諱。而千載上腐刑餘波。尙能及人。史不亦可畏哉。然則今之史。拘忌文法。桂枝耳目。盲之誣。淑之短。赤之俗。不但爾爾。江左前史出一家。唐太宗命諸臣爲晉史。始割綴而不適于一。永叔爲五代史則著。爲新唐書則不甚著。天下事成于獨而散于同。比比是也。明作者非一人。繁簡予奪之間。得失相半。鄭端簡號爲博雅。有其學矣。惜非其才。北地才而不史。瑯琊欲史而隱忍以沒。又其初皆不踐承明之廬。雲杜寄徑非久。遂老簿書錢穀間。史才難得。亦難失。當宁或任耳不復任目。則雖能史者。有摧謝規避。嚅以身爲射的哉。故予竊感明史而痛之。屢欲振筆。輒自慙怒臂。不敢稱述。間窺諸家編年。于譌陋膚冗者。妄有所損益。閱數歲。裒然成帙。不遂灰棄。舉而薦之鉛槧。笑古人之未工。忘己事之已拙。諒哉。雖然塵飯塗羹。戲之云爾。持以質大君子之門。方士龍芻狗之不若。何況乎緜蕞也。

天啓丙寅三月朔。談遷書于棗林之容膝軒。

此丙寅舊稿。嗣更增定。觸事悽咽。續以崇禎弘光兩朝。而序仍之。終當覆瓿。聊識于後。遷又跋。

義例

橫木水上曰權。漢武帝權商稅。今以權史。義無所短長也。事辭道法。句權而字衡之。大抵寧潔毋靡。寧塞毋猥。寧裁毋贅。若亥豕之訛。雌黃之口。尤其愼旃。不敢恣臆于百禩之下。

宣尼有言。文勝質則史。柱下之藏。蚤見其端。然純任夫質。不爲兔園册。卽斷爛朝報耳。文獻足徵。則闕疑傳信。學識以濟其才。亦千古存質之意。

實錄外。野史家狀。汗牛充棟。不勝數矣。往往甲涇乙渭。左軒右輊。若事鮮全瑜。人寡完璧。其何途之從。曰人與書當參觀也。其人而賢。書多可採。否則間徵一二。毋或輕徇。

國初沿宋元之習。文多弱蔓。弘正間漸尙氣格。而敍事之文猶故也。章奏最繁最蕪。乍讀輒不易竟。故十汰其九。鍊年鍛月。薄有去留。

司馬子長于漢初曰沛公。曰漢王。據實以書。後人或概從帝號。頗乖其素。今特如本稱。庶明歷履。

國初如漢陳友諒吳張士誠夏明玉珍之類。或書入寇。云僞漢僞吳僞夏。大非孝陵逐鹿之意。秦初未嘗臣六國。漢初未嘗抑西楚也。孝陵詔敕不諱爲元民。而諸家輒以成敗責一時敵國。得毋早計。

建置創始必書。如改郡縣。設官司。通朝貢。行封拜。肇工作。定禮樂。正賦役。開科貢。頒詔令。例宜書。除官自將相卿貳詞林臺省等則書。從其重也。庶職不盡述。諸王公主勳戚文武三品以上薨卒。例得書。其賢士大夫雖庶賤德業流聞者。不敢遺也。赦文儀注節取之。不全錄。歷朝各項條例。僅摘其要。至諸書考證。諸人評隲。採其確覈者。災祥寇戎。尤不厭詳矣。

昔人論春秋書法。如六鷁退飛過宋都。謂人仰觀見爲六物。察之知爲鷁。而退飛。極望知其過宋都。蓋先得數。次得物。次得地也。隕石于宋五。謂見有隕自天者。察之石也。其地爲宋。而數之爲五。蓋先有覩。次得物。次得地。而後得數也。句不數字。盡俛仰之情態。眞聖人化工之筆。宋初穆修張景鋭志古文。嘗待朝東華門。適奔馬踐黃犬死。因各記其事。穆曰。馬逸有黃犬遭蹄而斃。張曰。有犬死奔馬之下。穆語太拙。張較勝。而漏犬之色。則麟筆豈易擬哉。噫。衮鉞遠矣。穆修張景。竊在季孟之間。

天啓辛酉。値內艱。讀陳建通紀。陋之。私自筆錄。漸採漸廣。且六易稿。彙至百卷。丁亥八月。盜胠其篋。拊膺流涕曰。噫。吾力殫矣。居恆借人書綴輯。又二十餘年。雖盡失之。未敢廢也。遂走百里之外。徧攷羣籍。歸本于實錄。其實錄歸安唐氏爲善本。檇李沈氏武塘錢氏稍略焉。冰毫汗璽。又若干歲。始竟前志。田夫守株。愚人刻劍。予病類之矣。

江左遺民談遷孺木識。

目錄

國榷卷首之一

鹽官談遷孺木著

大統

聖神文武欽明啓運駿德成功統天大孝太祖高皇帝。洪武三十一年。嘉靖間。改諡開天行道肇紀立極大聖至神仁文義武峻德成功太祖高皇帝。孝陵。

嗣天章道誠懿淵恭觀文揚武克仁篤孝惠宗讓皇帝。建文四年。

體天弘道高明廣運聖武神功純仁至孝太宗文皇帝。永樂二十二年。長陵 嘉靖間。改諡啓天弘道高明肇運聖武神功純仁至孝成祖文皇帝。

敬天體道純誠至德弘文欽武章聖達孝仁宗昭皇帝。洪熙元年。獻陵。

憲天崇道英明仁聖欽文昭武寬仁純孝宣宗章皇帝。宣德十年。景陵。

法天立道仁明誠敬昭文憲武至德廣孝英宗睿皇帝。正統十四年。天順八年。裕陵。

符天建道恭仁康定隆文布武顯德崇孝代宗景皇帝。景泰七年。

繼天凝道誠明仁敬崇文肅武宏德聖孝憲宗純皇帝。成化二十三年。茂陵。

建天明道純誠中正聖文神武至神大德孝宗敬皇帝。弘治十八年。泰陵。

承天達道英肅睿哲昭德顯功宏文思孝武宗毅皇帝。正德十六年。康陵。

欽天履道英毅聖神宣文廣武洪仁大孝世宗肅皇帝。嘉靖四十五年。永陵。

契天隆道淵懿寬仁顯文光武純德弘孝穆宗莊皇帝。隆慶六年。昭陵。

範天合道哲肅敦簡光文章武安仁止孝神宗顯皇帝。萬曆四十八年。定陵。
崇天契道英睿恭純憲文景武淵仁懿孝光宗貞皇帝。泰昌元年。慶陵。
達天闡道敦孝篤友章文襄武靖穆莊勤熹宗哲皇帝。天啓七年。德陵。
紹天繹道剛明恪儉揆文奮武敦仁懋孝思宗烈皇帝。崇禎十七年。思陵。
弘光皇帝。弘光元年。

開聖

德祖玄皇帝 伯六。玄皇后胡氏。
懿祖恆皇帝 四九。恆皇后侯氏。
熙祖裕皇帝 初一。裕皇后王氏。
仁祖淳皇帝 世珍。淳皇后陳氏。
南昌王 興隆。妃王氏。生山陽王聖保。絕。
大都督文正。今靖江王。
盱眙王 興盛。妃唐氏。生招信王旺兒。
臨淮王 興祖。妃劉氏。
南昌盱眙臨淮三王。祔鳳陽皇陵。
太祖高皇帝。
皇伯考
壽春王 五一。妃劉氏。生霍丘王 重一。妃翟氏。生高沙王賽哥。

寶應王鐵哥。

下蔡王 重二。

安豐王 重三。 妃趙氏生六安王轉兒。

來安王記兒。

都梁王瞟兒。

英山王潤兒。

蒙城王 重四。 妃田氏。

諸王俱葬鳳陽白塔設祠祭署陵戶。

天儷

孝慈昭憲至仁文德承天順聖高皇后馬氏。 祔孝陵。 嘉靖間。改謚孝慈貞化哲仁順徽成天育聖至德高皇后。

昭敬充妃胡氏　成穆貴妃孫氏　淑妃李氏

安妃鄭氏　莊靖安榮惠妃崔氏　碽妃

定妃達氏　寧妃郭氏　惠妃郭氏

順妃胡氏　郜氏　韓氏

余氏　楊氏　周氏

貴妃趙氏　賢妃李氏　惠妃劉氏

麗妃葛氏

孝愍溫貞哲睿肅烈襄天弼聖讓皇后馬氏。

仁孝慈懿誠明莊獻配天齊聖文皇后徐氏。祔長陵。
康穆懿恭惠妃吳氏
惠穆昭敬順妃錢氏
恭懿惠妃趙氏
康惠莊肅麗妃韓氏
忠敬昭順賢妃喻氏
昭肅靖惠賢妃王氏
恭榮美人王氏
昭順德妃劉氏
孝誠恭肅明德弘仁順天啓聖昭皇后張氏。祔獻陵。
恭僖順妃譚氏
貞惠淑妃王氏
恭靖充妃黃氏
貞靜順妃張氏
恭讓誠順康穆靜慈章皇后胡氏。
孝恭懿憲慈仁莊烈齊天配聖章皇后孫氏。祔景陵。
恭懿惠妃趙氏
貞惠順妃徐氏

昭懿貴妃張氏
康靖莊和惠妃崔氏
安順惠妃尤氏
恭和榮順賢妃王氏
恭順榮穆麗妃陳氏
恭獻賢妃權氏
貞靜順妃張氏
順妃任氏
貞靜敬妃張氏
賢妃李氏
惠安麗妃王氏
莊順敬妃曹氏　以下十妃。俱殉葬。
端靜貴妃何氏

端靜恭惠淑妃楊氏
康懿順妃李氏
恭惠美人盧氏
莊惠美人□氏
昭獻貴妃王氏
昭惠恭懿順妃王氏
惠穆順妃郭氏
恭肅貴妃郭氏
惠妃趙氏
悼僖麗妃李氏
榮思賢妃吳氏
恭定麗妃袁氏

純靜賢妃趙氏　　貞靜恭妃諸氏　　貞順惠妃吳氏

恭順充妃李氏　　莊靜淑妃焦氏　　肅僖成妃何氏

淑妃劉氏

孝淵肅懿貞惠安和輔天恭聖景皇后汪氏。

皇貴妃唐氏

孝莊獻穆弘惠顯仁恭天欽聖睿皇后錢氏。祔裕陵。

孝肅貞順康懿光烈輔天成聖太皇太后周氏。

恭莊端惠德妃魏氏　　端莊昭妃武氏　　靖莊安穆宸妃萬氏

恭安和妃宮氏　　恭和安靖順妃樊氏　　昭靜恭妃劉氏

端靜安和惠妃王氏　　安和榮靖麗妃劉氏　　莊靜安榮淑妃高氏

昭順麗妃章氏　　莊僖端肅安妃楊氏　　昭懿賢妃李氏

昭肅靜端賢妃王氏　　恭靖莊妃趙氏　　貞順懿恭敬妃劉氏

恭僖成妃張氏　　恭惠和妃梁氏　　榮靖貞妃王氏

僖恪充妃余氏　　和惠靜妃岳氏　　惠和麗妃陳氏

孝貞莊懿恭靖仁慈欽天輔聖純皇后王氏。祔茂陵。

孝穆慈惠恭恪莊僖崇天承聖皇太后紀氏。

孝惠康肅溫仁懿　協天祐聖皇太后邵氏。

恭肅端順榮靖貴妃萬氏　　昭順麗妃章氏　　恭惠和妃梁氏

靖順惠妃郭氏　和惠靜妃岳氏　端榮昭妃王氏
端順賢妃柏氏　康順端妃潘氏　恭懿敬妃王氏
榮惠恭妃楊氏　恭順夫人韓氏　靖僖榮妃唐氏
莊懿德妃張氏　端僖安妃姚氏　莊靖順妃王氏
孝康靖肅莊慈哲懿翊天贊聖敬皇后張氏。祔泰陵。
敬順夫人邵氏　榮順夫人孟氏　安和夫人周氏
榮善夫人項氏　安順夫人劉氏
孝靜莊惠安肅溫誠順天偕聖毅皇后夏氏。祔康陵。
淑惠德妃吳氏　榮淑賢妃沈氏
孝潔恭懿慈睿安莊相天翊聖肅皇后陳氏。祔永陵。
繼后張氏。葬金山。
孝烈端順敏惠恭誠祗天衛聖皇后方氏。祔永陵。
孝恪淵純慈懿恭順贊天開聖皇太后杜氏。祔永陵。
懷榮賢妃鄭氏　端靖恭惠淑妃楊氏　莊順安榮貞靜皇貴妃沈氏
端和恭順溫僖皇貴妃王氏　榮安惠順端僖貴妃閻氏　恭淑安僖榮妃楊氏
榮昭德妃張氏　淑妃張氏　端惠永妃徐氏
榮安貞妃馬氏　敬妃文氏　悼隱恭妃文氏
端勤高恭夫人奉氏　恭僖麗妃王氏　榮安貴妃馬氏

榮淑康妃杜氏　靖妃盧氏景王母　雍妃陳氏
宸妃王氏　懿妃趙氏　端妃曹氏
靖妃王氏　睦妃何氏追贈　安妃沈氏
宜妃包氏　壽妃尙氏　靜妃陳氏
徽妃王氏　和妃高氏　肅妃汪氏
平妃耿氏　定妃吳氏　貞妃王氏
順妃李氏　懷妃王氏　安妃張氏
宜妃于氏

孝懿貞惠順哲恭仁儷天襄聖莊皇后李氏。祔昭陵。

孝安貞懿恭純溫惠佐天弘聖皇太后陳氏。

孝定貞純欽仁端肅弼天祚聖皇太后李氏。

昭榮恭妃李氏　恭惠莊妃劉氏　昭靖敬妃莊氏
昭順英妃魏氏　恭靜和妃趙氏　莊僖榮妃王氏
榮悼安妃楊氏　淑妃李氏　德妃李氏
端妃董氏　懿妃于氏　奇妃葉氏
賢妃汪氏　端恪惠妃馬氏　容妃韓氏

孝端貞恪莊惠仁明媲天毓聖顯皇后王氏。祔定陵。

孝靖溫懿敬讓貞慈參天胤聖皇太后王氏。

恭恪惠榮和靖皇貴妃鄭氏。崇禎甲申追謚孝寧溫穆莊惠慈懿憲天裕聖太皇太后。

恭順榮莊端靖皇貴妃李氏　莊靜德妃許氏　溫靜順妃常氏追贈

宣懿昭妃劉氏　宜妃楊氏　僖妃王氏

愼妃魏氏　榮妃王氏　端妃周氏

淸惠順妃李氏　德妃李氏　敬妃李氏

孝元昭懿哲惠莊仁合天弼聖貞皇后郭氏。祔慶陵。

孝和恭敬溫穆徽慈諧天鞠聖皇太后王氏。祔慶陵。

孝純淵靜慈順肅恭毗天鍾聖皇太后劉氏。原追封貞靖賢妃。

懿妃傅氏　莊妃李氏　康妃李氏

敬妃馮氏　愼嬪邵氏

懿安皇后張氏。

皇貴妃王氏　貴妃段氏　裕妃張氏

成妃李氏　慧妃范氏進封貴妃　容妃任氏進封皇貴妃

貴人馮氏

孝節貞肅淵恭莊毅奉天靖聖烈皇后周氏。

孝肅端慧靜□皇貴妃田氏　淑妃袁氏　妃沈氏

妃王氏　妃王氏　妃劉氏

妃方氏

孝哲懿莊溫貞仁靖皇后黄氏。弘光元妃。

孝義端仁肅明貞潔皇后李氏。繼妃。

元潢

太祖高皇帝

懿文太子標。崇禎末復追謚興宗孝康皇帝。

秦愍王樉

晉恭王棡

成祖文皇帝

周定王橚

楚昭王楨

齊庶人榑

潭　王梓

趙　王杞

魯荒王檀

蜀獻王椿

湘獻王柏

代簡王桂

肅莊王楧
遼簡王植
慶靖王㮵
寧獻王權
岷莊王楩
谷庶人橞
韓憲王松
瀋簡王模
安惠王楹
唐定王桱
郢靖王棟
伊厲王㰘
皇子楠
臨安公主　駙馬都尉李祺
寧國公主　駙馬都尉梅殷
安慶公主　駙馬都尉歐陽倫
汝寧公主　駙馬都尉陸賢
懷慶公主　駙馬都尉王寧

大名公主　駙馬都尉李堅
福清公主　駙馬都尉張麟
壽春公主　駙馬都尉傅忠
南康公主　駙馬都尉胡觀
永嘉公主　駙馬都尉郭鎭
汝陽公主　駙馬都尉謝達
寶慶公主　駙馬都尉趙輝
崇寧公主　駙馬都尉牛誠

惠宗讓皇帝
太子 文奎
文圭

成祖文皇帝
仁宗昭皇帝
漢庶人 高煦
趙簡王 高燧
永安公主　駙馬都尉袁容
永平公主　駙馬都尉李讓
安成公主　駙馬都尉宋琥

清河公主　駙馬都尉李銘
眞定公主　駙馬都尉王誼
常寧公主　駙馬都尉沐昕
咸寧公主　駙馬都尉宋瑛

仁宗昭皇帝
宣宗章皇帝
鄭靖王瞻埈
蘄獻王瞻垠　夭
越靖王瞻墉
襄憲王瞻墡
荆憲王瞻堈
淮靖王瞻墺
滕懷王瞻塏　夭
梁莊王瞻垍　絕
衞恭王瞻埏　絕
德安公主謚悼簡
嘉興公主　駙馬都尉井源
慶都公主　駙馬都尉焦敬

延平公主
德慶公主
宣宗章皇帝
英宗睿皇帝
代宗景皇帝
順德長公主　駙馬都尉石璟
常德長公主　駙馬都尉薛桓
英宗睿皇帝
憲宗純皇帝
榮昭王見淸
許悼王見淳
德莊王見潾
秀懷王見澍
崇簡王見澤
吉簡王見浚
忻穆王見治
徽莊王見沛
惠慶公主　駙馬都尉周璟

嘉善長公主　駙馬都尉王增
淳安長公主　駙馬都尉蔡震
崇德長公主　駙馬都尉楊偉
廣德長公主　駙馬都尉樊凱
隆慶長公主　駙馬都尉游泰
宜興長公主　駙馬都尉馬誠
嘉祥長公主　駙馬都尉黃鏞

代宗景皇帝
懷獻太子見濟
同安郡主　儀賓王憲

憲宗純皇帝
悼恭太子祐極
孝宗敬皇帝
睿宗獻皇帝祐杬
岐惠王祐棆
益端王祐檳
衡恭王祐楎
雍靖王祐櫃

壽定王 祐榰
汝安王 祐梈
涇簡王 祐橓
榮莊王 祐樞
申懿王 祐楷
仁和長公主 駙馬都尉齊世英
永康長公主 駙馬都尉崔元
德清長公主 駙馬都尉林岳
長泰公主
仙游公主

孝宗敬皇帝
武宗毅皇帝
蔚悼王 厚煒
太康公主

世宗肅皇帝
哀沖太子 載基
莊敬太子 載壡
穆宗莊皇帝

景恭王 載圳
潁殤王 載墒
薊哀王 載壚
戚懷王 載𡒄
均思王 載𡌟
常安公主 壽瑛
思柔公主 福媛
寧安公主 祿媜　駙馬都尉李和
歸善公主 瑞嬫
嘉善公主 素嬛　駙馬都尉許從誠

穆宗莊皇帝
獻懷太子 翊釴
靖悼王 翊鈴
神宗顯皇帝
潞簡王 翊鏐
蓬萊公主
太和公主
壽陽長公主 堯娥　駙馬都尉侯拱宸

永寧長公主 堯媖 駙馬都尉梁邦端

瑞安長公主 堯媖 駙馬都尉萬煒

延慶長公主 堯姬 駙馬都尉王昺

棲霞公主 堯嬡

神宗顯皇帝

光宗貞皇帝

邠哀王 常溆

福恭王 常洵 弘光追謚貞純肅哲聖敬仁毅恭皇帝

沅懷王 常治

瑞王 常浩

惠王 常潤

桂端王 常瀛

永思王 常溥

榮昌公主 軒媖 駙馬都尉楊春元

雲和公主 軒姝

靜樂公主 軒媽

雲夢公主 軒媛

仙居公主 軒姞

靈丘公主軒姚

壽寧公主軒媁　駙馬都尉冉興讓

泰順公主軒□

香山公主軒嬁

天台公主軒嬍

光宗貞皇帝

熹宗哲皇帝

簡懷王由檡

齊思王由楫

慧懷王由模

思宗烈皇帝

□□公主徽娟

□□公主徽姮

□□公主徽嫙

□□公主徽嫭

□□公主徽娩

寧德長公主徽妍　駙馬都尉劉有福

遂平長公主徽婧　駙馬都尉齊贊元

樂安長公主 徽媞　駙馬都尉鞏永固

悼溫公主 徽□

熹宗哲皇帝

懷沖太子 慈然

悼懷太子 慈焴

獻懷太子 慈炅

□□公主 淑娥

懷寧公主 淑□

思宗烈皇帝

太子 慈烺

懷隱王 慈烜

永王 慈炯

定王 慈炤

悼靈王 慈煥

坤儀公主

各藩

秦王 西安　尙志公誠秉。惟懷敬誼存。輔嗣資廉直。匡時永信惇。

永興王 尙烈除　保安王 尙煜除　興平王 尙[illegible]除　永壽王 尙炡　安定王 尙炌除
渭南王 志均進秦王　富平王 志㙐進秦王　宜川王 志堢絶　臨潼王 公銘除　郃陽王 公鏜絶
汧陽王 公鐠除　鎭安王 誠泳進秦王　隆德王 敬溶除　紫陽王 誼漶進秦王　崇信王 誼渉

晉王 太原　濟美鍾奇表。知新愼敏求。審心咸景慕。述學繼前修。

高平王 濟燁絶　平陽王 濟熿除　慶成王 濟炫　寧化王 濟煥　永和王 濟烺
廣昌王 濟熇絶　交城王 美埦除　陽曲王 美垙　方山王 美垣除　臨泉王 美塔除
雲丘王 美堣除　寧河王 美堛　楡社王 鍾鉉進晉王　徐溝王 鍾鐸絶　河東王 鍾鏸
大谷王 鍾鉝絶　義寧王 奇湕　河中王 奇溶　襄陰王 奇漊絶　新化王 表欅除
安漢王 表樠絶　靖安王 表柣　旌德王 表楷絶　榮澤王 表槤絶

周王 開封　有子同安睦。勤朝在肅恭。紹倫敷惠潤。昭恪廣登庸。

汝南王 有爋除　順陽王 有烜絶　祥符王 有爝進周王　新安王 有熺除　永寧王 有炛
汝陽王 有熉除　鎭平王 有爌除　宜陽王 有炥絶　遂平王 有熲　封丘王 有熅除
羅山王 有熼絶　內鄉王 有炯　胙城王 有燆　固始王 有燡　通許王 子墪進周王
原武王 子埘　鄢陵王 子塈　河陰王 子壜　項城王 子堰絶　潁川王 子墟
義陽王 子圪　泌陽王 子墩　汝陰王 子墉絶　臨汝王 子墫　睢陽王 同鑣進周王
沈丘王 同鍛　上洛王 同錄　魯陽王 同鋭　臨淄王 同鉤除　堵陽王 同鈜
淸河王 同鏞除　新會王 同鏘除　義寧王 安湙　平樂王 安泛除　崇善王 安涫除
海陽王 安淕　定安王 安淠絶　曲江王 安溙　博平王 安洑　聊城王 安澮絶

汾西王 安漕除　魯山王 安湥除　信陵王 安滓除　邵陵王 安湎除　萊陽王 安滀
東會王 安溈　富陽王 安濯除　會稽王 安漴　浦江王 安涇　麗水王 安汾絕
應城王 睦桎　益陽王 睦楮　奉新王 睦榴　南陵王 睦楧絕　京山王 勤炫
華亭王 勤熂　寶坻王 勤炬　湯溪王 勤烻　瑞金王 勤煥　商城王 勤煘
臨安王 勤烷　栢城王 勤燦　修武王 勤熋　安吉王 勤㷖　汝寧王 勤熒
彰德王 勤焞　順慶王 朝埴　保寧王 朝堵　儀封王 在鑾　安昌王 在鉷
遂寧王 在鋌　寧鄉王 恭櫑
楚王 武昌　孟季均榮顯。英華蘊盛容。宏才升博衍。茂士立全功。
巴陵王 孟熜絕　永安王 孟烱　壽昌王 孟焯絕　崇陽王 孟熚除　通山王 孟熻
通城王 孟燦　景陵王 孟炤絕　岳陽王 孟爟絕　江夏王 孟炬　東安王 季埰
大冶王 季堧絕　縉雲王 榮淋絕　保康王 顯樟絕　武岡王 顯槐　宣化王 華壁
齊王 青州除　賢能長可慶。睿智實堪宗。養性期淵雅。寅思復會通。
潭王 長沙絕　福昌忻保定。嘉應必興隆。啓處詢從式。尊聞汝貴中。
趙王 殤
魯王 兗州　肇泰陽當健。觀頤壽以弘。振舉希兼達。康莊遇本寧。
鉅野王 泰墱　鄒平王 泰滕　安丘王 泰圬　東阿王 泰㙶除　樂陵王 泰壂
鄒平王 當淏　東甌王 當洮除　郯城王 當滋絕　館陶王 當淴絕　翼城王 當濡
滋陽王 當濆　信陽王 當湝　高密王 當涓除　歸善王 當沍絕　新蔡王 當浮

寶慶王頤垣進晉王　東原王頤埨　福安王壽鈐絕　富平王壽鎦　常德王壽鋐進晉王

寧德王壽鋮　泰興王壽鏞進晉王　長泰王壽鋗　永福王壽鉅

蜀王成都　悅友申賓讓。承宣奉至平。懋進深滋益。端居務穆淸。

華陽王悅燿　崇寧王悅熜絕　崇慶王悅炘絕　保寧王悅㷫進和王　永川王悅烯絕

黔江王友坿絕　羅江王友壖進僖王　內江王友墦　德陽王友堿除　石泉王友墴

汶川王友壿　慶符王友壈　通江王申鑿進惠王　南川王申鋸　江安王宣壯

新寧王奉鉞絕　隆昌王奉鐂　太平王至湪　富順王至深

湘王荆州除　久鎭開方岳。揚威謹禮儀。剛毅循超卓。權衡素自持。

代王大同　遜仕成聰俊。充廷鼒鼎彝。傳貽連秀郁。煥燿壯洪基。

廣寧王遜烺　潞城王遜炉　山陰王遜㷣居蒲州　襄垣王遜熚居蒲州除　靈丘王遜烇居絳州除

宣寧王遜炓居澤州　懷仁王遜焴居霍州除　隰川王遜熮居澤州除　昌化王仕壦除　定安王成鏻居忻州除

博野王成鍥除　和川王成鏝　寧津王成鉻除　棗强王成鋣　饒陽王成鋈

樂昌王聰涓居朔州　吉陽王聰注　溧陽王聰瀓　進賢王俊橫除　河內王充爔絕

富川王充煜　寶豐王充烧絕　碭山王充㶿　泰興王建埼進代王　太平王鼒鉉進代王

新寧王鼐鈞　永慶王鼐鈺

肅王蘭州　瞻祿貢眞弼。縉紳識烈忠。曦暉躋富運。凱諫處恆隆。

洵陽王祿埤進肅王　汾川王貢鏴進肅王　淳化王眞泓　鉛山王眞瀞除　金壇王眞洵除

會寧王眞淍　延長王眞澆　開化王弼枳　會昌王弼棟　延安王縉烒絕

淳化王 紳在

遼王 荆州　貴豪恩寵致。憲術儼尊儒。雲仍祺保合。操翰麗龍輿。

長陽王 貴焓　遠安王 貴燮除　巴東王 貴煊除　潛江王 貴沌絕　宜都王 貴烰絕

松滋王 貴炘除　益陽王 貴烀　衡陽王 貴燓除　應山王 貴熽除　宜城王 貴熗除

枝江王 貴熠除　沅陵王 貴熵　麻陽王 貴煐絕　衡山王 貴烕絕　蘄水王 貴爙

肅寧王 貴鉹除　長垣王 恩鉀絕　光澤王 寵瀤　湘陰王 寵湳　廣元王 致椹

慶王 寧夏　秩邃寘台鼒。倪伸帥倬奇。适完因巨衎。雋眘發需昆。

靖寧王 秩爇絕　眞寧王 秩㸂除　安化王 秩炵除　岐山王 秩煉絕　安塞王 秩炅絕

弘農王 邃塨　豐林王 邃垷　鞏昌王 寘釧除　壽陽王 台濠　桐鄉王 鼒舫進慶王

延川王 鼒櫰　華陰王 倪焯　綏德王 伸域　鎮原王 伸埴　蒙陰王 帥鉀

寧王 南昌　磐奠覲宸拱。多謀統議中。總添支庶闊。作哲向親衷。

臨川王 磐燁除　宜春王 磐烑除　新昌王 磐炷絕　信豐王 磐熼絕　瑞昌王 奠墠除

樂安王 奠壏　石城王 奠堵除　弋陽王 奠壏除　鍾陵王 覲錐除　建安王 覲錬

岷王 武岡　徽音膺彥譽。定幹企禋雍。崇理原諮訪。寬鎔喜賁從。

江川王 徽煝居寶慶　廣通王 徽煠除　陽宗王 徽焟除　南渭王 音壂居永州絕　安昌王 膺鋪

充城王 膺鋘除　黎山王 膺鉻　沙陽王 膺鉋絕　唐年王 膺錄絕　南安王 彥泥除

南豐王 彥潡　善化王 譽桔　建德王 譽棳　漢川王 譽榛　遂安王 譽榡絕

長壽王 譽槒絕　綏寧王 定兊　南漳王 定熥絕　祁陽王 定燦　廣濟王 定爃

青林王幹垣絕　南充王幹埕進岷王　常寧王幹坤

谷王宣府除　賦質僖雄敞。叢與闐福昌。篤諧恂懌豫。擴霽昱禎祥。

韓王平涼　沖範徵偕旭。融謨朗璟逵。亶韶愉顥慥。令緒价藩維。

襄陵王沖秋　樂昌王沖焲　臨汾王沖煱絕　褒城王範堣絕　通渭王範墍絕

漢陰王徵鍚除　高平王偕爍除　西德王偕瀞　隴西王旭林絕　寧遠王旭栓

長泰王旭橫除　渭源王旭櫆　建寧王旭楮除　永福王旭橝　長洲王融焌

崑山王融皦　長樂王融焞　高淳王謨墩　休寧王謨墣絕　慶陽王謨塾絕

通安王謨墑　崇明王璟清　長吉王璟瀾　保德王璟濰　綏平王璟洛絕

咸陽王璟漊　襄丘王璟浲　固原王璟渭　汝陽王璟汆

瀋王潞安　佶幼詮勛胤。恬珵效迥瑝。湜源湮晳暐。圭璧澈澄昂。

陵川王佶燈　平遙王佶焆除　黎城王佶熇除　稷山王佶焻　沁水王佶熅

沁源王佶焯　清源王幼垺　遼山王幼壂　內丘王幼塤　廣宗王幼垛絕

唐山王幼墒　永年王幼墦　靈川王詮鉌　宜山王詮鏞　宿遷王詮鐐除

吳江王詮鏗　定陶王詮鍃　雲和王詮鐘絕　鎮康王恬焯絕　安慶王恬熾

宣　王恬烄　定　王珵光　保定王珵坦　德化王珵機　靈壽王珵塏

六合王珵埏

安王平涼絕　斐序斌延賞。凝覃濬祉襄。恢嚴顓輯矩。纘密廓程綱。

唐王南陽　瓊芝彌宇宙。碩器聿琳琚。啓齡蒙頌體。喜曆協銘圖。

新野王 瓊燡　舞陽王 芝址進唐王　三城王 芝垝絕　新城王 芝坦除　承休王 芝垠
蕩陰王 芝垙除　淅陽王 彌鍉絕　文成王 彌鉗除　鄖城王 彌鋸除　世子 器壏
衛輝王 彌鍧除　寶慶王 器墡　永興王 器培　永壽王 器圻　德安王 器壖
福山王 器壋　清源王 器埏

郢王 安陸絕　偉聞參望奭。箴誨洎皋夔。麒麟餘積兆。奎穎曄璿璣。

伊王 河南除　顒勉諟訏典。褒珂采鳳琛。應噅頒胄選。昆玉冠泉金。
洛陽王 勉堡贈伊王　光陽王 勉堺絕　方城王 諟鐮　西鄂王 諟鈇除　郟城王 諟鏘進伊王
濟源王 訏淳進伊王　萬安王 典檟　安樂王 褒櫛除

靖江王 靖江　贊佐相規約。經邦任履亨。若依純一行。遠得襲芳名。

漢王 樂安除
濟陽王 瞻埅　臨淄王 瞻域　昌樂王 瞻埣　淄川王 瞻墿　齊東王 瞻坪
任城王 瞻墧　海豐王 瞻垠　新泰王 瞻埛　以上並叛賜死

趙王 彰德
安陽王 瞻塙進趙王　臨漳王 祁鎏　湯陰王 祁鏅除　襄邑王 祁錩除　洛川王 祁鋃
南樂王 祁鉷　平鄉王 祁鎴　汝源王 見淇　昆陽王 見洽絕　清流王 祐棌進趙王
廣安王 祐枳　江寧王 厚悚　光山王 厚煇絕　秀水王 厚焫絕　獲嘉王 載培贈趙王
成皋王 載埞　壽光王 由桂

鄭王 懷慶

新平王祁銳夭　涇陽王祁銑除　朝邑王祁鍇絕　盟津王見濍　東垣王見湏
河陽王見潙絕　信陽王見浿絕　宜章王見汌夭　繁昌王見瀴　廬江王見滴
丹陽王見淕絕　眞丘王見淦絕　德慶王載璧　崇德王載陛絕

蘄王夭

越王夭

襄王襄陽

寧鄉王祁鉦　棗陽王祁鑌絕　陽山王見涉子進襄王　鎭寧王見潩　光化王祐櫝進襄王
安福王載堯進襄王　鄖城王載墉　永城王載圻絕　太和王常漆　福清王常澄進襄王
進賢王常淦　貴陽王常法

荆王蘄州

都昌王祁鑑　樊山王見澋　富順王厚焜　永新王厚橫　永定王載墭
德安王翊鍺　泰寧王常浩進荆王　安成王常盗　廣城王祐橊除　廣濟王祐梲除
潞安王祐橙除　桐城王祐樺夭

淮王饒州

鄱陽王祁鎭絕　永豐王祁鉞　清江王見濲進淮王　南康王見淄　德興王見鄧
順昌王見潯　崇安王見洵絕　高安王厚炅　上饒王厚熻　吉安王厚燔
廣信王厚漆　嘉興王厚瀧　紹興王厚爀　建昌王載堅進淮王　金華王載埬
華容王載域絕　榮昌王翊鏡贈淮王

滕王 雲南絕

梁王 安陸絕

衞王 夭

榮王 常德

福寧王 厚燾絕　惠安王 厚煦　永春王 厚烈絕　富城王 厚炆　貴溪王 厚熿

德王 濟南

仁和王 由楮　咸寧王 由榕

泰安王 祐橞絕　濟寧王 祐樗絕　東安王 厚燉贈德王　歷城王 厚燏絕　臨朐王 厚燨

高唐王 厚爓絕　臨清王 載埬　寧海王 載玗　棠邑王 翊鐵　利津王 翊鏷絕

安陵王 常濔　紀城王 常澍　嘉祥王 常浩　清平王 常濊　廣宗王 由檍

寧陽王 由椅

許王 夭

秀王 汝寧絕

崇王 汝寧

瑞安王 祐楦　慶元王 祐梠絕　懷安王 厚燫　歸德王 載壏絕　泰和王 常澧絕

南陽王 常瀲

吉王 長沙

常山王 祐枎贈吉悼王　光化王 載均進吉王　龍陽王 翊鑾進吉王　長沙王 翊鋋　穀城王 翊鉉

德化王常汶　福清王常潡

忻王天

徽王長沙

興化王祐櫄進徽王　太和王祐樧　遂昌王祐櫃除　景寧王祐梡除　建德王祐橰

陽城王祐櫟　安邑王厚爝進徽王　嘉定王厚爀絕　新昌王厚熥　慶靈王厚燦

隆平王厚焆絕　伍城王載埻絕　轉城王載埨進徽王除　太康王載垙　陽夏王載坒

德平王載㻂　滎陽王載堦　懷慶王載堡　咸平王載塔　延津王載塤

孟津王載堥　上蔡王載坺　安陽王翊錡除　萬善王翊鈁

岐王德安絕

益王建昌

崇仁王厚炫進益王　金谿王厚煌　玉山王厚熼絕　安東王載壈　舒城王載烗

銅陵王載壈　皐平王載潗　黎丘王常溱　浦陽王常渠　淳河王常汭

華山王常汛　筠溪王常洙　羅川王常滑　安仁王常滐　德化王常涂

德安王常洞　鄖西王常湖　豐城王常澍　瀘溪王常溜　安義王常濼

延寧王由梃　嘉善王由本進益王　永寧王由櫪

衡王青州

玉田王厚熞　新樂王厚熑　高唐王厚煐　齊東王厚炳　邵陵王厚熣

漢陽王厚𤐤絕　東昌王載圭進衡王　武定王載封進衡王　平度王載坜　寧陽王載埒

昌樂王 載埕絕

壽張王 載壎絕

商河王 載塨

雍王 衡州絕

壽王 德安絕

汝王 衞輝絕

涇王 沂州絕

榮王 常德

福寧王 厚爀絕

惠安王 厚𤊨

永春王 厚㷭絕

富城王 厚燚

貴溪王 厚晉絕

仁和王 由梧

咸寧王 由榕

申王

蔚王 殤

岳王 厚熙謚懷王睿皇帝長子殤

景王 德安絕

潁王 殤

戚王 殤

薊王 殤

均王 殤

靖王 殤

潞王 衞輝

福王河南

德昌王由崧進福王

潁王由榘弘光追封

瑞王漢中

惠王荆州

桂王衡州

安仁王由樱進桂王

永明王由榔

國榷卷首之二

輿屬

北京
順天府 范陽
大興 析津 宛平 幽都 良鄉 固安 方城 永清 益昌 東安 安次 香河 武清 通州 玄州 三河 臨泃 武清 雍奴 寶坻
漷縣 泉州 昌平州 軍都 順義 順州 密雲 檀州 懷柔 涿州 范陽 房山 奉先 霸州 益津 文安 大城 平舒 保定
薊州 漁陽 玉田 無終 豐潤 遵化 右北平 平谷
永平府 遼西
盧龍 平州 遷安 令支 撫寧 驪城 昌黎 營州 灤州 海陽 樂亭 馬城
保定府 涿郡
清苑 樊輿 滿城 北平 安肅 遂城 定興 范陽 新城 新昌 唐縣 鮮虞 博野 蠡吾 慶都 望都 容城 完縣 曲逆 雄縣 易
城 蠡縣 祁州 安國 深澤 束鹿 鹿城 安州 武興 高陽 新安 容城 易州 上谷 淶水 遒縣
河間府 渤海
河間 武垣 獻縣 樂城 阜城 漢阜 肅寧 任丘 鄚州 交河 中水 青縣 永安 興濟 靜海 寧津 陽信 景州 廣川 吳
橋 將陵 東光 安陵 故城 甘陵 滄州 渤海 南皮 鹽山 無棣 慶雲 陽信
眞定府 恆山

眞定東垣　井陘井州　獲鹿石邑　元氏　靈壽燕州　藁城鉅鹿　欒城　無極毋極　平山蒲吾　阜平行唐　定州中山
新樂新市　曲陽恆陽　行唐玉城　冀州廣川　南宮　新河堂陽　棗強廣川　武邑　晉州昔陽　安平深州　饒陽　武強武隧　趙州　柏鄉鄗縣　隆平廣阿　高邑　臨城房子　贊皇　寧晉癭陶　深州下博　衡水

順德府襄國

邢臺信都　沙河溫州　南和和州　平鄉封州　廣宗堂陽　鉅鹿南䜌　唐山柏人　內丘中丘　任縣

廣平府邯鄲

永年曲梁　曲周　肥鄉蒲縣　雞澤廣平　廣平　邯鄲　成安乾侯　威縣洺水　清河甘陵

大名府魏郡

元城沙麓　大名魏州　南樂樂昌　魏縣洹水　清豐頓丘　內黃　濬縣黎陽　滑縣古衛　開州澶淵　長垣匡城　東明

延慶州北燕

永寧縉山

保安州涿鹿　保安衛　美峪守禦千戶所

萬全都指揮使司上谷

宣府左衛　宣府右衛　宣府前衛　萬全左衛　萬全右衛　懷安衛　保安右衛　懷來衛　隆慶右衛
開平衛　龍門衛　興和守禦千戶所　龍門守禦千戶所　長安嶺堡　鵰鶚堡　赤城堡　雲州堡
馬營堡

南京

應天府金陵

上元 秣陵 江寧 建業 句容 茅州 溧陽 永安 溧水 江浦 棠邑 六合 雄州 高淳

鳳陽府 鍾離

鳳陽 臨淮 懷遠 蘄城 定遠 曲陽 五河 澗州 虹縣 夏丘 壽州 壽春 霍丘 蒙城 山桑 泗州 厹猶 盱眙 天長

宿州 符離 靈壁 虹川 潁州 汝陰 潁上 下蔡 太和 細陽 亳州 譙邑

泗州

廬州府 廬江

合肥 汝陰 廬江 舒城 龍舒 無爲州 巢縣 六安州 六蓼 英山 羅田 霍山

淮安府 淮陰

山陽 射陽 鹽城 鹽瀆 清河 安東 海安 桃源 淮濱 沭陽 厚丘 海州 東海 贛楡 鬱洲 邳州 下邳 宿遷 下相 睢寧 睢陵

揚州府 廣陵

江都 江陽 儀眞 揚子 泰興 海陵 高郵州 秦郵 興化 海陵 寶應 安平 泰州 海陽 如皋 通州 海門

蘇州府 吳郡

吳縣 吳州 長洲 茂苑 崑山 婁縣 常熟 海虞 吳江 松陵 嘉定 太倉州 崇明

松江府

華亭 雲間 上海 青浦 由拳

常州府 延陵

武進 蘭陵 無錫 晉陵 江陰 毘陵 宜興 陽羨 靖江

鎭江府 南徐

丹徒 谷陽　丹陽 雲陽　金壇 曲阿

安慶府

懷寧 皖城　桐城 樅陽　潛山　太湖　宿松 松滋　望江 大雷

徽州府 新安

歙縣　休寧 海陽　婺源　祁門　黟縣　績溪

寧國府 鄣郡

宣城 宛陵　寧國　涇縣 猷州　太平　旌德　南陵 春穀

池州府 秋浦

貴池 石城　青陽 臨城　銅陵 南陵　石埭　建德　東流 彭澤

太平府 姑熟

當塗 姑熟　蕪湖 鳩茲　繁昌 春穀

廣德州 鄣郡

建平

和州 歷陽

含山 龍亢

滁州 南譙

全椒 北譙　來安 建陽

徐州 彭城

蕭縣龍城　碭山安陽　豐縣　沛縣

山西

太原府晉陽

陽曲狼孟　太原晉陽　榆次涂水　太谷陽邑　祁縣　徐溝清源　清源梗陽　交城靈川　文水大陵　壽陽馬首　盂縣仇猶　靜樂汾陽　河曲火山　平定州上艾　樂平　忻州　定襄秀容　代州雁門　五臺慮虒　繁峙武州　崞縣　岢嵐州嵐谷　嵐縣嵐州　興縣蔚汾　保德州

平陽府河東

臨汾西河　襄陵　洪洞楊縣　浮山神山　趙城　太平　岳陽穀遠　曲沃　翼城澮州　汾西彘縣　蒲縣蒲城　蒲州蒲坂　臨晉解梁　榮河汾陰　猗氏郇國　萬泉　河津龍門　解州虞鄉　安邑虞州　夏縣　聞喜桐鄉　平陸河北　芮城

絳州東雍　稷山高涼　絳縣新田　垣曲白水　霍州岳陽　吉州北屈　鄉寧昌寧　隰州西河　大寧仵城　石樓屈產　永和狐讘

大同府雲中

大同平城　懷仁沙南　渾源州雁門　應州陰館　山陰神武　朔州新興　馬邑鄯陽　蔚州　廣靈延陵　廣昌五龍　靈丘

潞安府上黨

長治　長子樂陽　屯留余吾　襄垣韓州　潞城刈陵　壺關　平順　黎城

汾州府西河

汾陽　孝義中陽　平遙平陶　介休彌牟　寧鄉離石　靈石　永寧州石州　臨縣臨泉

遼州遼陽

榆社 武鄉　和順 梁榆

沁州 義寧

沁源 穀遠　武鄉

澤州 河東

高平 泫氏　陽城 濩澤　陵川　沁水 廣寧

山西行都司

大同前衛　大同後衛　大同左衛　雲川衛　大同右衛　玉林衛　陽和衛　高山衛　天城衛　鎮虜衛　威遠衛　朔州衛　安東中屯衛　蔚州衛　山陰守禦千戶所　馬邑守禦千戶所　廣昌守禦千戶所

山東

濟南府

歷城 歷下　章丘 高唐　鄒平　淄川 般陽　長山 於陵　新城　齊河 祝阿　齊東　濟陽 高苑　禹城　臨邑 犂丘　長淸 盧縣　肥城　靑城　陵縣 安陵　泰安州 汶陽　新泰　萊蕪 夾谷　德州 平原　德平 平昌　平原　武定州 樂陵　陽信 無棣　海豐 無棣　樂陵 鬲津　商河 隰沃　濱州　利津　霑化 招安　蒲臺

兗州府 薛鄒

嵫陽 瑕丘　曲阜　寧陽 平原　鄒縣　泗水 卞邑　滕縣 蕃縣　嶧縣 蘭陵　金鄉 東緡　魚臺 棠邑　單縣 單父　城武 永昌

曹州 濟陽　曹縣 濟陰　定陶 陶丘　濟寧州 任城　嘉祥 武城　鉅野 大野　鄆城 廩丘　東平州 須句　汶上 平陸　東阿 阿邑

平陰 榆山　陽穀　壽張 壽良　沂州 琅邪　郯城　費縣

東昌府 濟陰

聊城 聊攝 堂邑 博平 博陵 茌平 重丘 丘縣 斥丘 清平 貝丘 莘縣 陽平 冠縣 冠氏 臨清州 清淵 館陶 高唐州 崇武 恩縣 清河 夏津 鄃縣 武城 濮州 帝丘 范縣 觀城 朝城

青州府 北海

益都 臨淄 營丘 博興 濼姑 高苑 樂安 乘州 壽光 昌樂 營陵 臨朐 駢邑 安丘 渠丘 諸城 密州 蒙陰 顓臾 莒州 沂水 東莞 日照 海曲

登州府 東牟

蓬萊 東萊 黃縣 福山 腄縣 棲霞 招遠 萊陽 昌陽 寧海州 牟平 文登 不夜

萊州府

掖縣 平度州 膠東 濰縣 北海 昌邑 都昌 膠州 黔陬 高密 即墨

遼東都指揮使司

定遼中衛 定遼左衛 定遼右衛 定遼前衛 定遼後衛 東寧衛 海州衛 蓋州衛 復州衛 金州衛 廣寧衛 廣寧中衛 廣寧左衛 廣寧右衛 義州衛 廣寧後屯衛 廣寧中屯衛 廣寧左屯衛 廣寧右屯衛 廣寧前屯衛 寧遠衛 瀋陽中衛 鐵嶺衛 三萬衛 遼海衛 安樂衛 自在衛

河南

開封府 大梁

祥符 浚儀 陳留 有莘 杞縣 雍丘 通許 咸平 太康 陽夏 尉氏 洧川 曲洧 鄢陵 安陵 扶溝 北陳州 中牟 牟州 陽武 原武 廣武 封丘 封父 延津 廩延 蘭陽 東明 儀封 考陽 陳州 宛丘 商水 激疆 西華 鴻溝 項城 秣陵 沈丘 平輿 許

州許昌　臨潁　襄城　郾城　長葛長社　禹州陽翟　新鄭鄶國　密縣　鄭州　滎陽東虢　滎澤三川　河陰平陰

汜水成皋

歸德府商丘

商丘睢陽　寧陵碭縣　鹿邑鳴鹿　夏邑下邑　永城太丘　虞城　睢州襄邑　考城穀城　柘城朱襄

彰德府魏郡

安陽蕩陰　湯陰羑里　臨漳古鄴　林縣隆慮　磁州滏陽　武安　涉

衛輝府朝歌

汲縣牧野　胙城南燕　新鄉　獲嘉寧邑　淇縣朝歌　輝縣共城

懷慶府河內

河內野王　濟源軹縣　修武南陽　武陟懷邑　孟縣河陽　溫縣平州

河南府三川

洛陽周南　偃師西亳　鞏縣　孟津河陽　宜陽甘棠　登封嵩陽　永寧熊耳　新安東垣　澠池　嵩縣伊闕　陝州　靈寶弘農　閿鄉湖縣　盧氏

南陽府

南陽宛縣　鎮平安衆　唐縣北陽　泌陽舞陰　桐柏復陽　南召雉城　鄧州穰邑　內鄉中鄉　新野義陽　淅川　裕州堵陽　舞陽　葉縣

汝寧府汝南

汝陽濦水　眞陽武津　上蔡武津　新蔡　西平　遂平吳房　信陽州義陽　羅山鄳縣　確山安昌　光州弋陽　光山西

陽 固始 蓼國 息縣 商城 新鄭
汝州 臨汝
魯山 魯陽 郏縣 龍山 寶豐 父城 伊陽 伊闕
陝西
西安府 內史
長安 咸寧 芷陽 咸陽 渭城 興平 廢丘 臨潼 驪邑 高陵 鹿苑 鄠縣 甘亭 藍田 玉山 涇陽 池陽 三原 華池 盩厔 周
南 商州 上洛 鎮安 豐陽 同州 左馮翊 朝邑 蒲關 郃陽 澄城 徵縣 白水 彭衙 韓城 夏陽 華州 華陰 陰晉 渭南
下邽 蒲城 重泉 洛南 上洛 山陽 豐陽 商南 商城 耀州 祋栩 同官 頻陽 富平 美原 乾州 奉天 醴泉 谷口 武功 美陽
永壽 廣壽 邠州 新平 三水 淳化 雲陵 長武
鳳翔府 右扶風
鳳翔 雍縣 岐山 三龍 寶雞 陳倉 扶風 岐陽 郿縣 麟游 杜陽 隴州 汧陽 汧縣
漢中府
南鄭 光義 褒城 褒中 城固 樂城 洋縣 儻城 西鄉 南鄉 鳳縣 梁泉 沔縣 嶓冢 石泉 上庸 漢陰 安陽 寧羌州 武都 略
陽 沮縣 興安州 西安 平利 長利 石泉 洵陽 漢陰 白河 紫陽
平涼府
平涼 崇信 華亭 鎮原 固原州 涇州 靈臺 靜寧州 莊浪 隆德
鞏昌府 天水
隴西 襄武 安定 定西 會寧 枝陽 通渭 漳縣 寧遠 伏羌 漢陽 西河 成縣 仇池 秦州 成紀 秦安 隴城 清水

禮縣天嘉　階州武都　文縣　徽州河池　兩當

臨洮府隴西

狄道臨州　渭源首陽　蘭州金城　金縣金城　河州大夏

慶陽府北地

安化郁郅　合水歸德　環縣　寧州義渠　眞寧陽周

延安府上郡

膚施　安塞高奴　甘泉雕陰　安定汾川　保安永康　宜川義川　延川臨河　延長廣安　清澗白土　鄜州　洛川陰槃

中部翟道　宜君殺栩　綏德州陽周　米脂　葭州圁陰　吳堡石州　神木新秦　府谷太原

寧夏衛

寧夏中衛

洮州衛軍民指揮使司

岷州衛軍民指揮使司

河州衛軍民指揮使司

靖虜衛

楡林衛

文縣守禦軍民千戶所

陝西行都指揮使司西涼

甘州左衛　甘州右衛　甘州中衛　甘州前衛　甘州後衛　肅州衛　山丹衛　永昌衛　涼州衛　鎭

番衛　莊浪衛　西寧衛　鎮夷守禦千戶所　古浪守禦千戶所

浙江

杭州府 錢塘

仁和 錢江 錢塘　海寧 鹽官 富陽 富春 餘杭　臨安 臨水 於潛 潛州 新城　昌化 紫溪

嘉興府

嘉興 嘉禾 秀水　嘉善 魏塘 海鹽 武原 崇德 語溪 平湖 當湖 桐鄉

湖州府

烏程 吳興 歸安　長興 長城 德清 武源 武康　孝豐　安吉州

寧波府 甬東

鄞縣 句章 慈谿　奉化　定海 望海 蛟川 象山 寧海

紹興府 於越

山陰　會稽　蕭山 餘暨 諸暨　餘姚 姚州 上虞　嵊縣 剡城 新昌

台州府

臨海 章安 黃巖 永寧 天台 始豐 仙居 樂安 寧海 回浦 太平

金華府

金華 長山 蘭谿　東陽 烏傷 義烏 烏傷 永康 麗州 武義 武城 浦江 浦陽 湯谿

衢州府

西安　龍游　常山　江山　開化

嚴州府 新都
建德 富春 淳安 新都 桐廬 桐溪 遂安 新定 壽昌　分水
溫州府
永嘉　瑞安　樂淸　平陽　泰順
處州府 括蒼
麗水 章安 靑田 括蒼 縉雲　松陽 松川 遂昌 平昌 龍泉 龍宗 慶元　雲和　宣平　景寧
江西
南昌府 豫章
南昌　新建 宜豐 豐城 富城 進賢 鍾陵 奉新 新吳 靖安　寧州 永修 寧縣
饒州府
鄱陽　餘干 餘汗 樂平 樂安 浮梁　德興　安仁 晉興 萬年
廣信府 信州
上饒　玉山 信安 弋陽 葛陽 貴谿　鉛山　永豐　興安
南康府 星渚
星子 彭澤 都昌　建昌 海昏 安義
九江府 潯陽
德化 柴桑 德安 歷陵 瑞昌 赤烏 湖口　彭澤 龍城
建昌府 盱江

南城 臨川 新城 南豐 廣昌 瀘谿

撫州府

臨川 西平 崇仁 臨汝 金谿 宜黃 樂安 東鄉

臨江府

清江 建城 新淦 巴丘 峽江 新喻 宜春

吉安府

廬陵 石陽 泰和 西昌 吉水 吉陽 永豐 陽豐 安福 平都 龍泉 遂興 萬安 永新 永寧

瑞州府

高安 上蔡 上高 望蔡 新昌 宜豐

袁州府

宜春 宜陽 分宜 萍鄉 萬載 康樂

贛州府 章貢

贛縣 雩都 信豐 南安 興國 會昌 安遠 雩都 寧都 揭陽 瑞金 龍南 南埜 石城 定南 長寧

南安府 橫浦

大庾 南康 上猶 崇義

湖廣

武昌府 鄂渚

江夏 沙羨 武昌 鄂縣 嘉魚 蒲圻 咸寧 崇陽 下雋 通城 興國州 富川 大冶 通山

漢陽府
漢陽 沌陽 漢川
承天府 郢中
鍾祥 京山 雲杜 潛江 沔陽州 竟陵 景陵 復州 荊門州 武寧 當陽
襄陽府
襄陽 宜城 鄢縣 南漳 臨沮 棗陽 蔡陽 穀城 筑陽 光化 陰城 均州 武當
鄖陽府
鄖縣 房縣 房陵 竹山 上庸 上津 竹谿 保康 鄖西
德安府 安陸
安陸 吉陽 雲夢 西陵 應城 孝感 孝昌 隨州 漢東 應山 永陽
黃州府 邾城
黃岡 黃安 蘄水 蘭溪 羅田 蘄春 麻城 西陵 黃陂 蘄州 蘄陽 廣濟 黃梅 新蔡
荊州府 南郡
江陵 公安 孱陵 石首 監利 松滋 高成 枝江 羅國 夷陵州 西陵 長陽 佷山 宜都 遠安 歸州 秭歸 興山
巴東 巫縣
岳州府 建昌
巴陵 臨湘 華容 容城 平江 澧州 南平 石門 天門 慈利 漢中 安鄉
長沙府 熊湘

長沙 善化 湘潭湘南 湘陰 寧鄉益陽 瀏陽 醴陵 益陽 湘鄉 攸縣攸水 安化梅山 茶陵州

寶慶府邵陵

邵陽 城步 新化 武岡州都梁 新寧

衡州府湖南

衡陽臨蒸 衡山 耒陽耒陰 常寧新寧 安仁 酃建昌 桂陽州平陽 臨武除武 藍山南平

常德府黔中

武陵臨沅 桃源沅南 龍陽辰陽 沅江益陽

辰州府

沅陵下雋 盧谿沅陵 辰谿辰陽 漵浦義陵 沅州 黔陽 麻陽 天柱萬曆辛亥二月改天柱巡檢司設

永州府

零陵泉零 祁陽 東安 道州營道 寧遠 永明 江華馮乘

靖州渠陽

會同 通道 綏寧

郴州

永興 宜章 興寧 桂陽 桂東

施州衞軍民指揮使司沙渠

大田軍民千戶所 施南宣撫司 東安五路安撫司 摇把峒長官司 上愛茶峒長官司 下愛茶峒長官司 鎮遠蠻夷長官司 隆奉蠻夷長官司 忠路安撫司 劍南長官司 忠孝安撫司 金峒安撫司

西泙蠻夷長官司　散毛宣撫司　大旺安撫司　龍潭安撫司　東流蠻夷長官司　臘壁峒蠻夷長官司　忠建宣撫司　忠峒安撫司　高羅安撫司　木冊長官司　鎭南長官司　唐崖長官司　容美宣撫司　椒山瑪瑙長官司　五峰石寶長官司　石梁下峒長官司　水盡源通塔平長官司

永順軍民宣慰使司

南渭州　施溶州　上溪州　臘惹洞長官司　麥著黃洞長官司　驢遲洞長官司　施溶溪長官司　白崖洞長官司　田家洞長官司

保靖州軍民宣慰使司

五寨長官司　筸子坪長官司

四川

成都府

成都　華陽　雙流廣都　溫江萬春　新繁　金堂　仁壽武陽　新都　井研蒲亭　郫縣犀浦　資縣資中　灌縣都安　彭縣東益　安縣汶江　內江　崇寧唐昌　簡州陽安　資陽　崇慶州江原　新津　漢州雒縣　什邡方亭　緜竹　德陽　緜州涪縣　彰明漢昌　羅江　茂州文山　汶川緜虒　威州冉駹　保縣薛城

保寧府巴西

閬中閬內　蒼谿漢昌　南部　廣元葭萌　昭化　巴州　通江諾水　劍州安州　梓潼潼川　南江

順慶府巴郡

南充宕渠　西充　蓬州咸安　營山相如　儀隴閬中　廣安州　渠縣　大竹　岳池　鄰水鄰山

敍州府犍爲

宜賓僰道 慶符南廣 富順江陽 南谿 長寧瀘州 高縣 筠連定川 珙縣 興文夜郎 隆昌

重慶府南平

巴縣江州 江津 長壽 大足 永川 榮昌昌元 綦江 南川枳縣 黔江石城 安居 合州 璧山 銅梁

定遠 忠州臨江 酆都平都 墊江魏安 涪州涪陵 武隆武龍 彭水酉陽

夔州府巴東

奉節魚復 巫山建平 大昌建昌 雲陽朐䏰 大寧大昌 萬縣南浦 東鄉新安 太平 開縣漢豐 達州宣漢 新寧

梁山 建始業州

馬湖府

屏山龍湖萬曆己丑設 泥谿長官司 平夷長官司 蠻夷長官司 沐川長官司

龍安府原龍州宣撫司

江油 石泉 平武

鎮雄軍民府

歸化長官司 懷德長官司 威信長官司 安靜長官司

烏撒軍民府

東川軍民府

烏蒙軍民府

潼川州廣漢

射洪郪縣 鹽亭東關 中江伍城 遂寧德陽 蓬谿方義 安岳普慈 樂至普州

眉州 青州

　彭山 武陽　丹稜 南安　青神 青衣

嘉定州 漢嘉

　峩眉　洪雅　夾江　犍爲 武陽　榮縣 大牢　威遠

邛州 臨邛

　大邑 晉原　蒲江 廣定

瀘州 江陽

　納谿　合江　江安

雅州 嚴道

　名山　榮經　蘆山

遵義府 播州

　遵義　桐梓　眞安州　綏陽　仁懷

永寧宣撫司 藺州

酉陽宣撫司

石柱宣撫司 牂牁

邑梅洞長官司 酉陽

天全六番招討使司 始陽

黎州安撫司　大渡河守禦千戶所 沉黎

平茶洞長官司

松潘等處軍民指揮使司松州

占藏先結簇長官司　蠟匝簇長官司　白馬路簇長官司　山洞簇長官司　阿昔洞簇長官司　北定簇長官司　麥匝簇長官司　者多簇長官司　牟力結簇長官司　班班簇長官司　祈命簇長官司　勒都簇長官司　包藏簇長官司　阿昔簇長官司　思曩兒長官司　阿用簇長官司　潘斡寨長官司　八郎安撫司　麻兒匝安撫司　阿角寨安撫司　芒兒者安撫司

疊溪守禦軍民千戶所

疊溪長官司　鬱郎長官司

四川行都指揮使司越巂

建昌衞軍民指揮使司　建昌前衞指揮使司　寧番衞軍民指揮使司　越巂衞軍民指揮使司　鹽井衞軍民指揮使司　會川衞軍民指揮使司　守禦禮州六千戶所　守禦打沖河中前千戶所　守禦德昌千戶所　打沖河守禦中左千戶所　守禦冕山橋千戶所　守禦迷易千戶所　昌州長官司　威龍長官司　普濟長官司　馬剌長官司　邛部長官司

福建

福州府晉安

閩縣東冶　侯官　古田　閩清梅溪　長樂新寧　連江溫麻　羅源永貞　永福永泰　福清　懷安萬曆庚辰省

泉州府

晉江　南安　東安　德化　安谿　同安　永春

建寧府 建安

建安　甌寧　建陽　崇安　浦城 漢興 政和　松谿 松源 壽寧 福安

延平府 南劍

南平 劍浦 將樂　大田　沙縣　尤谿　順昌　永安

汀州府 新羅

長汀　寧化 黃連 上杭 龍巖 武平　清流　連城　歸化　永定

興化府 莆中

莆田 晉安 仙游 清源

邵武府 昭武

邵武 邵陽 光澤　泰寧 綏城 建寧

漳州府 漳浦

龍谿　漳浦　龍巖　南靖　長泰　漳平　平和　詔安　海澄　寧洋

福寧州 溫麻

福安 長溪 寧德

廣東

廣州府 南海

南海　番禺　順德　東莞 寶安 從化　龍門　新寧　增城　香山　新會　三水　清遠 中宿 連州 桂陽

陽山　連山　新安

韶州府 始興

曲江 樂昌 曲江 仁化 乳源 翁源 湞源 英德

南雄府 保昌

保昌 始興

惠州府 龍川

歸善 循州 博羅 長寧 永安 海豐 龍川 長樂 興寧 連平州 河源 和平

潮州府 義安

海陽 潮陽 揭陽 程鄉 梅州 饒平 惠來 大埔 澄海 普寧 平遠

肇慶府 信安

高要 端 四會 新興 新州 陽春 春州 陽江 齊安 高明 清泰 恩平 德慶州 端溪 廣寧 封川 成州 開建 封陽

高州府 高涼

茂名 潘州 電白 信宜 信義 化州 羅州 吳川 石城

廉州府 合浦

合浦 石康 成化辛卯省入合浦 欽州 安州 靈山 南賓

雷州府 徐聞

海康 遂谿 椹川 徐聞

瓊州府 瓊山

瓊山 澄邁 定安 文昌 會同 樂會 臨高 儋州 儋耳 昌化 至來 萬州 珠崖 陵水 崖州 感恩 九龍

羅定州端溪
惠安　西寧
廣西
桂林府始安
臨桂　興安臨源　靈川　陽朔歸義　永寧州慕化　永福　義寧　全州湘源　灌陽　理定
柳州府象郡
馬平　洛容　羅城　柳城龍城　懷遠　融縣潭中　來賓　象州　武宣　賓州領方　遷江邕州　上林
慶遠府粵州
宜山龍水　天河　思恩　忻城　河池州智州　南丹州　茘波　東蘭州蘭州　那地州孚州　永安長官司　永順長官司
平樂府始安
平樂樂州　恭城博白　富川富水　賀縣臨賀　茘浦茘州　修仁建陵　永安州　昭平
梧州府蒼梧
蒼梧廣信　藤縣　容縣宕昌　岑溪　懷集懷遠　鬱林州鬱州　博白　北流　陸川　興業石南
潯州府桂平
桂平桂山　平南武城　貴縣廣鬱　武靖州
南寧府邕州
宣化　新寧州　隆安　橫州簡陽　永淳　上思州

太平府 麗江

太平州 鎭遠州 茗盈州 安平州 思同州 養利州 萬承州 全茗州 結安州 龍英州 結倫州 都結州 上下凍州 思城州 左州 永康州 萬曆己亥併思恩州地進州 崇善 羅陽 陀陵

思明府

上思州 忠州 祿州 西平州 思明州 上石西州 下石西州 憑祥州

田州府

上隆州 恩城州 歸德州 果化州 上林

思恩軍民府

鎭安府

泗城州 程縣

利州

奉議州

白武州

都康州

龍州

江州 羅白

思陵州

上林長官司

安隆長官司

雲南

雲南府 益州

昆明 昆州　富民　宜良 匡州　嵩明州 嵩盟　楊林　晉寧州　歸化 安江　呈貢　安寧州 連然　羅次　祿豐

昆陽州 巨橋　三泊　易門

大理府 葉榆

太和　趙州　雲南　鄧川州　浪穹　賓川州　雲龍州　十二關長官司

臨安府 牂牁

建水州　石屏州　阿迷州 阿甯　寧州 南寧　新平　通海　河西 宗州　嶍峨　蒙自　寧遠州　納樓茶甸長官司　王弄山長官司　教化三部長官司　谿處甸長官司　左龍寨長官司　虧容甸長官司　思陀甸長官司　落恐甸長官司　安南宣撫司 天啓丙寅進級

楚雄府 安州

楚雄 威州　定邊 越嶲　廣通 路睒　定遠　碍嘉　南安州　鎮南州

澂江府 俞元

河陽　江川　陽宗　新興州　路南州

景東府

廣南府
富州
廣西府
師宗州　彌勒州　維摩州
鎮沅府
祿谷寨長官司
永寧府荅藍
剌次和長官司　革甸長官司　香羅長官司　瓦魯之長官司
順寧府慶甸
曲靖軍民府西爨
南寧味縣　亦佐宛溫　霑益州西平　陸涼州平夷　馬龍州　羅雄州
姚安軍民府弄棟
姚州　大姚青蛉
鶴慶軍民府
劍南州　順州
武定軍民府
和曲州　元謀華竹　南甸　祿勸州　石舊
尋甸軍民府

麗江軍民府 鶴州

通安州 定筰 寶山州 邪龍 蘭州 博南 巨津州

元江軍民府

因遠羅必甸長官司

蒙化府

雲龍州

永昌軍民府 哀牢

保山 不韋 永平 博白 騰越州 越賧 潞江安撫司 鳳谿長官司 施甸長官司

北勝州

新化州 弘治辛酉耶馬龍他郎甸改設

者樂甸長官司

瀾滄衞軍民指揮使司

蒗蕖州

金齒衞軍民指揮使司

潞江安撫司 永年 鳳溪長官司 施甸長官司

騰衝軍民指揮使司

車里軍民宣慰使司

木邦軍民宣慰使司 孟都

孟養軍民宣慰使司
緬甸軍民宣慰使司　東倘長官司宣德八年置
八百大甸軍民宣慰使司
老撾軍民宣慰使司
孟定府景定
　耿馬安撫司
孟艮府
南甸宣撫司
　蠻莫安撫司　猛臉長官司　千崖宣撫司　耿馬安撫司　猛養長官司俱萬曆乙酉設
千崖宣撫司
隴川宣撫司
威遠州
灣甸州
鎮康州
大侯州萬曆丁酉改雲州
鈕兀長官司
芒市長官司
猛密宣撫司

貴州

貴陽府 牂牁

新貴 萬曆辛卯以貴竹平伐二土司改設 貴定 萬曆戊申設 新州 萬曆壬子以金筑安撫司改設 定番州 萬曆丙戌以程番府改設

麻嚮長官司　木瓜長官司　大華長官司　程番長官司　韋番長官司　方番長官司　洪番長官司

臥龍番長官司　金石番長官司　小龍番長官司　大龍番長官司　羅番長官司　小程番長官司　盧山長官司　上馬橋長官司　盧番長官司

思州府 黔中

都坪峩異谿蠻夷長官司　都素蠻夷長官司　施谿長官司　黃道谿長官司

思南府 婺川

婺川　印江　安化 萬曆乙巳以水德江司改設 朗溪長官司　蠻夷長官司　祐溪長官司

鎮遠府

鎮遠 鎮安 施秉　金容長官司　偏橋長官司　邛水十五洞長官司

石阡府

石阡長官司　苗民長官司　龍泉坪長官司　葛彰葛商長官司

銅仁府

銅仁長官司　省溪長官司　提溪長官司　大萬山長官司　烏羅長官司　平頭著可長官司

黎平府

永從　潭溪長官司　八舟長官司　洪州泊里長官司　曹滴洞長官司　古州長官司　西山陽洞長官

司　湖耳長官司　亮寨長官司　歐陽長官司　新化長官司　中林驗洞長官司　赤谿湳洞長官司

龍里長官司

都勻府

麻哈州　獨山州　清平　都勻長官司　邦水長官司　平浪長官司　平川六洞長官司　合江長官司

樂平長官司　平定長官司　豐寧長官司

貴州宣慰司 羅甸

水東長官司　中曹長官司　青山長官司　劄佐長官司　龍里長官司　白納長官司　底寨長官司

乖西長官司　養龍坑長官司

平越軍民府

湄潭　餘慶 以餘慶長官司改設　黃平州 以黃平安撫司改設　甕安 以重安長官司及草塘甕水二安撫司改設　龍泉

普安州 興古

永寧州

慕役長官司　頂營長官司

鎮寧州

康佐長官司　十二營長官司

安順軍民府 萬曆壬寅陞府

寧谷長官司　西堡長官司

普定衛軍民指揮使司

新添衞軍民指揮使司
　新添長官司　小平伐長官司　把平寨長官司　丹平長官司　丹行長官司
龍里衞軍民指揮使司
　平伐長官司　大平伐長官司
畢節衞 羅鬼
威清衞 羅甸
安莊衞
清平衞
平壩衞
安南衞
烏撒衞
興隆衞
赤水衞
凱里安撫司
交阯 永樂五年設交阯布政使司宣德二年廢
交州府
　慈廉州　福安州　威蠻州　利仁州　三帶州　東開　慈廉　石室　英留　清潭　清威　應平　平陸　利仁　安朗　安樂　扶寧　立石

北江府
嘉林州　武寧州　嘉林　超類　細江　北江州　善才　東岸　慈山　善誓
諒山府
上文州　下文州　七源州　萬涯州　廣源州　上思州　下思州　丘溫　鎮夷　淵縣　丹巴　脱縣
新安州
東湖州　靖安州　至靈　峽山　古費　南策州　下洪州　安老　水棠　支封　新安　和同　寧雲
屯西　岐清
建昌府
快州　建昌　布縣　眞利　東結　美容　永固
鎮蠻府
延河　太平　古蘭　多翼
奉化府
美祿　西眞　膠水　順爲
建平府
長安州　蠻安　大懿　安本　望瀛　安寧　黎平
宣化府
曠縣　當道　文安　平原　底江　收物　大蠻
大原府

富良　司農　武禮　洞善　永通　宣化　弄石　大慈　安定　感化　大縣

清化府

九眞州　愛州　安定　永寧　古藤　淸化州　葵州　梁江　東山　古雷　農貢　宋江　俄樂　磊江　安樂

乂安府

驩州　安靖州　衙衞　友羅　丕祿　茶籠州　玉蔴州　土油　偈江　眞福　古社　土黃　東岸　石塘　奇羅　磐石　河華

新平府

政平州　衙儀　福康　左縣

順化府

順化州　利調　石蘭　巴閬　安仁　茶偈　利蓬　乍令　思蓉　蒲苔　蒲浪　士榮

升華府

升華州　黎江　都和　安蒲　萬安　思義州　具熙　禮梯　持羊　白烏　義純　鶩杯　溪錦

廣威州

麻籠　美良

宣化州

赤土　車來　瑰縣

嘉興州

龍縣　蒙縣　四忙
歸化州　安立　文盤　文振　水尾
演州　瓊林　茶清　美蕾

勳封

洪武

魏國公濠州徐　達　五千石。
韓國公定遠李善長　四千石。除。
鄂國公懷遠常遇春　四千石。除。嘉靖辛卯。以玄振續封懷遠侯。世祿千石。
曹國公盱眙李文忠　三千石。除。嘉靖辛卯。以性續封臨淮侯。世祿千石。
衛國公虹縣鄧　愈　三千石。除。嘉靖辛卯。以繼坤續封定遠侯。世祿千石。
鄭國公□□常　茂　□□□除。
宋國公定遠馮　勝　三千石。自殺。爵除。
信國公濠州湯　和　三千石。除。嘉靖辛卯。以六世孫紹宗續封靈璧侯。世祿千石。
延安侯濠州唐勝宗　二千五百石。除。李黨賜死。
吉安侯濠州陸仲亨　二千五百石。除。李黨賜死。

江夏侯濠州周德興 二千五百石。除。以帷薄不修賜死。

淮安侯定遠華雲龍 二千五百石。子志逆黨除。

濟寧侯濠州顧　時 二千五百石。除。

長興侯濠州耿炳文 二千五百石。除。

臨江侯濠州陳　德 二千五百石。逆黨除。

鞏昌侯臨淮郭子興 二千五百石。除。

六安侯濠州王　志 二千五百石。子威失侯。孫域降清平衞指揮使。

平涼侯臨淮費　聚 二千五百石。除。李黨賜死。

江陰侯定遠吳　良 二千五百石。子高永樂甲午奪爵。戍海南。

靖海侯定遠吳　禎 二千五百石。子忠永樂初革爵。

南雄侯合肥趙　庸 二千五百石。除。李黨賜死。

德慶侯巢縣廖永忠 二千五百石。子權坐黨除。

南安侯巢縣俞通源 二千五百石。除。子祖坐黨誅。

廣德侯含山華　高 六百石。除。無子。

營陽侯合肥楊　璟 二千五百石。除。子通世普定衞指揮使。

蘄春侯蘄州康　鐸 二千五百石。子淵坐法除。

永嘉侯六安朱亮祖 二千五百石。杖死除。

潁國公宿州傅友德 三千石。除。

臨川侯沔陽胡　美　二千五百石。除。藍黨死。

東平侯睢州韓　政　二千五百石。除。藍黨死。

宜春侯□□黃　彬　二千五百石。胡黨除。

宣寧侯壽州曹良臣　□□九百石。子泰嗣無子除。

汝南侯夏邑梅思祖　二千五百石。逆黨除。族子義降指揮。遷遼東都指揮使。

河南侯□□陸　聚　二千五百石。無子除。

忠勤伯高郵汪廣洋　三千六百石。除。

誠意伯青田劉　基　五百五十石。嘉靖辛卯。錄九世孫瑜嗣爵。世祿七百石。

永城侯蕭縣薛　顯　二千五百石。追論藍黨除。

滎陽侯定遠鄭遇春　二千五百石。除。

西平侯定遠沐　英　二千五百石。

安慶侯含山仇　成　二千五百石。子泰嗣。後絕。

涼國公定遠藍　玉　三千五百石。除。

永平侯濠州謝　成　二千石。坐法死除。

鳳翔侯濠州張　龍　二千五百石。除。

安陸侯合肥吳　復　二千五百石。子傑降南寧衛指揮。

宣德侯巢縣金朝興　二千五百石。子鎮降世平壩衛指揮使。

懷遠侯□□曹　興　二千石。除。藍黨賜死。

靖寧侯合肥葉　昇二千石。胡黨論死除。
景川侯濠州曹　震二千石。藍黨賜死除。
會寧侯□□張　溫二千石。藍黨賜死除。
雄武侯開州周　武二千石。除。子興世龍江右衛指揮同知。
定遠侯定遠王　弼二千五百石。藍黨自殺除。
普定侯定遠陳　桓二千五百石。藍黨賜死除。
東川侯定遠胡　海二千五百石。子斌都督同知。征雲南戰歿。贈左都督。無子除。觀子炳忠襲孝陵衛指揮僉事。
武定侯臨淮郭　英二千五百石。
鶴慶侯臨淮張　翼二千五百石。除藍黨賜死。
崇山侯濠州李　新千五百石。除罪誅。
東勝侯巢縣汪興祖千五百石。無子。除。
航海侯濠州張　赫二千石。子榮以藍黨爵除。
舳艫侯□□朱　壽二千石。除藍黨論死。
全寧侯臨淮孫　恪二千石。除燕山侯孫興祖子。
西涼侯合肥濮　璵二千五百石。坐藍黨論死。減戍。國除。
徽先伯無爲桑　敬千七百石。坐藍黨論死。
越巂侯巢縣俞通淵二千五百石。除。
永寧侯定遠張　銓二千石。除。

梁國公臨淮胡　顯　三千石。建文二年革爵。永樂三年。除鳳陽衛指揮同知。
東莞伯東莞何　眞　千五百石。除子榮。藍黨賜死。
開國公□□常　昇　除。
承恩侯沔陽陳普才　除。
歸仁伯□□陳友富　除。
懷恩伯□□陳友直　除。
歸德侯□□陳　理　徙高麗。
歸義侯□□明　昇　徙高麗。
崇禮侯買的里八剌　歸北。
海西侯蒙古納哈出　二千石。
瀋陽侯納哈出子察罕　藍黨賜死。

建文

歷城侯□□盛　庸　千石。除。永樂元年獄死。
灤城侯武陟李　堅　二千石。北征被獲死。子莊革爵。

永樂

淇國公鳳陽丘　福　二千五百石。己丑八月。敗沒于臚朐河。削爵。徙家于海南。
成國公懷遠朱　能　二千五百石。
成陽侯瀏陽張　武　千五百石。

泰寧侯泰州陳　珪千二百石。

武安侯合肥鄭　亨千五百石。

保定侯海豐孟　善千二百石。子瑛嗣。以兄賢謀逆奪爵。安置雲南。正統初。授瑛世雲南指揮使。天順丁丑。瑛子俊嗣保定伯。俊子昂嗣。昂子達世京衞指揮使。

同安侯順平火　眞千五百石。除。初名火里火眞。

平江伯合肥陳　瑄千石。

廣平侯壽州袁　容千五百石。天順丁丑。容庶子瑄嗣廣平侯。革爵。孫輅詔梁芳得襲。

富陽侯舒城李　讓千石。子茂芳以母子離間仁宗。奪爵。天順丁丑。茂芳子輿嗣侯。薨。從子輅降指揮。

豐城侯定遠李　彬千石。平安南。增五百石。

寧陽侯壽州陳　懋千五百石。

武義伯咸寧王　通千二百石。贈金鄉侯王眞子。永樂癸巳。敍長陵功。進封成山侯。鎭交阯。失守。削籍。正統己巳。起都督僉事。進同知。子宗景陵衞指揮僉事。天順丁丑。嗣成山伯。

淸遠侯荆州王　友千五百石。平安南。進侯。甲午。以誹謗奪爵。世羽林衞指揮僉事。

榮昌伯壽州陳　賢千石。除。子智棄交阯。降指揮使。

安鄉伯壽州張　興千石。

遂安伯巴縣陳　志千石。

定國公鳳陽徐景昌　二千五百石。

武城侯蘄水王　聰千五百石。孫玘襲彭城衞指揮僉事。

忻城伯虹縣趙　彝千石。

西寧侯定遠宋　晟千一百石。

黔國公□□沐　晟三千石。

安遠伯懷遠柳　升千五百石。庚寅八月以北征進侯。

安陽侯濟寧郭　義千一百石流爵。

寧遠侯□□何　福千二百石流爵被劾自殺除。

陽武侯膠州薛　祿千一百石。

廣寧伯宿遷劉　榮千二百石。子安天順丁丑進封廣寧侯。

鎮遠侯湘潭顧　成千五百石。

靖安伯孝感王　忠千石。無子從子斌世指揮僉事。

永康侯合肥徐　忠千一百石。

隆平侯臨淮張　信千石。

安平侯懷遠李　遠千石。子安坐法戍除。

成安侯合肥郭　亮千二百石。

思恩侯陳州房　寬八百石。世指揮使。

永春侯壽州王　寧千石。孫彝世羽林前衞指揮僉事。

興安伯大冶徐　祥千石。孫亨正統甲子征迤北功進興安侯亨子賢嗣興安伯。

武康伯西平徐　理千石。絕。

襄城伯和州李濬　千石。
英國公祥符張輔　三千石。
新昌伯□□唐雲　千石。流爵。世指揮使。
新寧伯滁州譚忠　千石。
應城伯鳳陽孫巖　千石。
富昌伯景陵房勝　千石。流爵。世指揮使。
雲陽伯全椒陳旭　千石。平安南進五百石。絕。
廣恩伯霍丘劉才　九百石。流爵。世指揮同知。
忠誠伯衡山茹瑺　千石。獄死除。
順昌伯□□王佐　千石。獄死除。
武進伯沂水朱榮　千二百石。
永新伯□□許成　千石。世羽林前衞指揮使。
建平伯咸陽高福　千三百石。以父士文征交阯功封。後絕。
惠安伯江浦金玉　八百石。流爵。世金吾左衞指揮使。
永順伯漠北薛斌　九百石。初名脫歡。僑昌平。
安順伯漠北薛貴　千二百石。初名脫火赤。賜姓名。僑昌平。宣德元年進侯。無子。弟可帖木兒嗣襲燕山右衞指揮使。天順丁丑。貴姪薛忠嗣安順伯。弘治庚戌。命薛昂襲燕山衞指揮使。
恭順伯漠北吳允誠　千二百石。元平章把都帖木兒。賜姓名。僑涼州。子克忠進侯。

洪熙

保定伯汝陽梁　銘千二百石。梁珤以征西功進保安侯。

保昌伯□□蔣廷圭

清平伯漢北吳　誠千一百石。宣德四年進侯。初名買驢。來降。賜姓名。儒遼陽。

廣義伯漢北吳管者千石。成化己丑六月。吳琮戍邊除。

忠勤伯漢北李　賢千一百石。初名丑驢。儒薊州。子順嗣指揮僉事。除。

宣德

崇信伯定遠費　瓛千一百石。

新建伯交河李　玉八百石。子英世府軍前衞指揮使。

奉化伯漢北滕　定八百石。流爵。子福指揮使。

會寧伯華陰李　英千一百石。除。子景襲錦衣衞都指揮僉事。

順義伯兀刺全　順八百石。流爵。初名阿魯哥失里。永樂七年降。賜姓名。子忠指揮僉事。

正統

定西侯江都蔣　貴千五百石。

會川伯狄道趙　安千石。流爵。子英世臨洮衞指揮使。

寧遠伯臨漳任　禮千二百石。成化己丑六月。任壽戍邊。

修武伯滁州沈　清千一百石。除。成化辛酉。命沈錫世錦衣衞指揮使。

永寧伯丹徒譚　廣千石。流爵。子亨指揮使。

平鄉伯合肥陳懷　千一百石。流爵。
招遠伯淇縣馬亮　千一百石。子驎指揮使。
靖遠伯東鹿王驥　千七百石。
忠勇伯漢北蔣信　千一百石。初名把台。子也先孛思嗣。改名善。嗣伯。無子。除。

景泰

昌平侯六合楊洪　千石。子俊天順初逮獄論死。俊子珍戍廣西。除。成化乙酉十月。授珍京衞指揮使。
武清侯渭南石亨　三千石。
定遠伯渭南石彪　千七百石。除。天順三年進侯。
定襄伯臨桂郭登　千二百石。姪嵩嗣。成化戊戌嵩卒。以非嫡裔。子參襲錦衣衞指揮使。
撫寧伯夏邑朱謙　千二百石。子永成化丁亥正月錄荊襄功。進撫寧侯。益祿百二十石。己亥十二月建州功。進保國公。
南和伯全椒方瑛　千石。天順丁丑進侯。
南寧伯漢北毛勝　千石。初名福壽。和寧王阿魯台之裔。

天順

忠國公□□石亨　三千石。除。
太平侯祥符張軏　二千石。成化乙酉六月。奪太平侯張瑾爵。降錦衣衞指揮使。
武功伯吳縣徐有貞　千一百石。除。
興濟伯大興楊善　千二百石。成化乙酉六月。奪興濟伯楊綜爵。降錦衣衞指揮同知。
文安伯祥符張輗　千二百石。成化元年。子鑑降指揮。

定遠伯渭南石彪　千二百石。已卯四月進侯。加祿百石。
懷寧伯東勝孫鏜　千三百石。辛巳七月誅曹欽。進封懷寧侯。
宣城伯華亭衞潁　千一百石。
昭武伯順義曹欽　千二百石。謀反。誅除。
彰武伯六合楊信　千石。
武强伯六合楊能　千石。流爵。無子。弟倫襲羽林右衞指揮使。
武平伯全椒陳友　千石。已卯四月進侯。加祿百石。子能嗣伯爵。
豐潤伯儀眞曹義　千二百石。
懷柔伯通州施聚　千二百石。
東寧伯廣寧焦禮　千二百石。父指揮八思台。僑廣寧。
海寧伯長垣董興　千二百石。流爵。世燕山右衞指揮同知。
高陽伯華陰李文　千石。流爵。子鏞世西寧衞指揮使。

成化

寧晉伯清豐劉聚　千石。
伏羌伯涼州毛忠　千石。
武清伯鳳陽趙輔　千二百石。成化戊子正月。錄建州功。進封武清侯。
懷遠侯□□游傑　除。
昌寧伯遷安趙勝　千石。趙德勝曾孫。流爵。孫繼錦衣衞指揮使。

威寧伯濬縣王　越　千六百石。除。
興寧伯南陽李　震　千石。流爵。
順義伯沙州羅秉忠　千石。流爵。子珍錦衣衛指揮使。初名克羅俄領占。左都督因即來子。
靖安伯漠北和　勇　千一百石。子忠世錦衣衛指揮使。初名脫脫孛羅。祖阿魯台。父阿卜只俺。

正德

咸寧侯江都仇　鉞　千一百石。除。
涇陽伯延安衛神　英　八百石。除。
泰安伯新城張　富　千石。除。永兄。
安定伯新城張　容　千石。除。永兄。
永壽伯□□朱　德　千石。除。
高平伯文安谷大寬　千石。除。大用兄。
永淸伯文安谷大亮　千石。除。大用弟。
平涼伯涿州馬　山　千石。除。永成姪。
鎭平伯□□陸　永　千石。除。闇姪。
鎭安伯榆次魏　英　千石。除。彬弟。
平虜伯蔚州江　彬　千石。伏誅。
安邊伯□□許　泰　千石。戍遼東。

嘉靖

新建伯餘姚王守仁 千石。
京山侯代州崔 元 千五百石。無子。絕。
恭城伯黃岡陶仲文 千二百石。除。

萬曆

寧遠伯鐵嶺衞李成梁 千石。

天啓

寧國公肅寧魏良卿 五千石。除。
東安侯□□魏良棟 二千五百石。除。
安平伯□□魏鵬翼 二千五百石。除。

崇禎

寧南侯臨清左良玉
定西伯涇陽唐 通
薊國公廣寧吳三桂
靖南侯開原黃得功
東平侯曹縣劉澤清
廣昌伯大同劉良佐
興平伯清澗高 傑
南安伯南安鄭芝龍

襄衛伯□□常應俊

弘光

越國公青田劉孔昭

平虜伯南安鄭鴻逵

卹爵

洪武

太王 上高外祖無姓。

高王 上曾外祖無姓。

揚王陳公 名無考上外祖。

徐王馬公 名無考皇后父。

滁陽王郭子興前都元帥

開平王常遇春前鄂國公右丞相

隴西王李貞前曹國公

寧河王鄧愈前衛國公

岐陽王李文忠前左都督曹國公

中山王徐達前征虜大將軍太傅魏國公

黔寧王沐英前征南將軍西平侯

東甌王湯　和前信國公
越國公虹縣胡大海前行中書省參知政事兼行僉事樞密院事
蔡國公梁縣張德勝前同僉行樞密院事
梁國公臨濠趙德勝前後翼大元帥
豫國公巢縣俞通海前江淮行中書省平章政事
泗國公五河耿再成前樞密院判官
郢國公定遠馮國用前帳前親軍都指揮使
濟國公定遠丁德興前管軍總管
蘄國公蘄州康茂才前同知大都督府事
鄖國公巢縣廖永安前樞密使
鄆國公□□韓　政前東平侯
安國公□□曹良臣前宣寧侯
滕國公□□顧　時前濟寧侯
海國公□□吳　禎前靖海侯
江國公□□吳　良前江陰侯
巢國公□□華　高前廣德侯
芮國公□□楊　璟前營陽侯
蘄國公□□康　鐸前蘄春侯

陝國公□□郭子興前鞏昌侯
永國公□□薛　顯前永城侯
黔國公□□吳　復前安陸侯
皖國公□□仇　成前安慶侯
沂國公□□金朝興前宣德侯
恩國公□□張　赫前航海侯
河間郡公濠州俞廷玉前統軍大元帥
東海郡公定遠茅　成前武德衛指揮副使
天水郡公當塗嚴　德前海寧衛指揮同知
濟陽郡公□□丁普郎前僉書樞密院
姑孰郡公當塗陶　安前江西參政
樂浪郡公廬州濮　英前中軍都督僉事
東丘郡侯懷遠花　雲前行樞密院判官
高陽郡侯樂平許　瑗前太平知府
太原郡侯儀眞王　鼎前行樞密院判官
太原郡侯□□王道同前處州知府
南陽郡侯麗水葉　琛前營田僉事
忠節侯□□張子明前千戶

永義侯□□桑世傑前樞密院判官
高陽郡侯虹縣韓　成前帳前親軍副都指揮使
潁上郡侯□□陳兆先前統軍元帥
隴西郡侯□□李繼先前樞密院判官
彭城郡侯□□劉　齊前親軍右副都指揮使
天水郡侯□□趙國旺前左副元帥
京兆郡侯□□宋　貴前水軍元帥
太原郡侯□□王　勝前右副元帥
隴西郡侯□□李　信前右副元帥
清河郡侯□□李志高前同知元帥
汝南郡侯□□呂文貴前右副元帥
下邳郡侯□□余　昶前左副元帥
東海郡侯□□徐公輔前右副元帥
潁川郡侯□□陳　弼前右副元帥
弘農郡侯□□楊廣忠
燕山侯濠州孫興祖前大都督府都督副使
安遠侯□□蔡　僊前靖江王相兼廣西行省參政
昌樂侯定遠丘　廣前燕府左傅

霍山侯壽州王　簡前大都督僉事
臨沂侯壽春王　眞前廣西都指揮使
汝陰侯梁縣高　顯前後軍都督僉事
廬江侯光州何　德前左軍都督僉事
富春侯巢縣孫　世前中軍都督僉事
合浦侯巢縣陳　清前後軍都督僉事
東海侯合肥陳　文前後軍都督僉事
英山侯黃梅于　顯前前軍都督僉事
廬江侯□□趙　馘
縉雲郡伯龍泉胡　深前行省左右司郎中總制處州府軍民事
天水郡伯□□趙天麟前臨江府同知
安定郡伯□□程國勝前帳前萬戶
隴西郡伯□□牛海龍前左翼元帥副使
太原郡伯□□王咬住前元帥副使
顯祐伯□□楊國興前宜興總制
廣安郡伯壽州孫　虎前海寧衞指揮副使
譙郡伯□□戴　德前湖廣行省參知政事
滎陽伯□□潘　毅前虎賁衞指揮使

盱眙縣子□□汪　清
羅山縣子□□王鳳顯前千戶
定遠縣子□□姜　潤前千戶
梁縣子□□石　明前千戶
懷遠縣子□□常德勝前鎮撫
合肥縣子□□王　德前千戶
合肥縣子□□宋　鼎前千戶
巢縣子□□陳　冲前千戶
定遠縣子□□王喜仙前千戶
廬江縣子□□汪　澤前千戶
含山縣子□□丁　宇前千戶
汝陽縣子□□逯德山前千戶
定遠縣子□□裴　軫前千戶
當塗縣男□□王　愷前行省郎中
丹陽縣男句容孫　炎前行省都事處置處州軍事
合肥縣男合肥徐　明前管軍百戶
萬春縣男□□常惟德前千戶
虹縣男□□鄭　興前都尉

隋縣男□□羅世榮前都尉
定遠縣男□□史德勝前千戶
五河縣男□□王　理前千戶
舒城縣男□□王　仁前千戶
含山縣男□□曹　信前千戶

永樂

東平王朱　能前征夷將軍太子太傅成國公
河間王張　玉前燕護衞都指揮贈榮國公
營國公郭　英前武定侯
定國公徐增壽前左軍都督府左都督贈武陽侯
潞國公張　武前成陽侯
漳國公王　聰前武城侯
莒國公李　遠前安平侯
滕國公孟　善前保定侯
夏國公顧　成前鎭遠侯
蔡國公徐　忠前永康侯
興國公郭　亮前成安侯
茂國公李　彬前豐城侯

景國公李　讓前駙馬都尉富陽侯
榮國公姚廣孝前太子少師
寧國公咸寧王　眞前護衛百戶贈金鄉侯
靖國公陳　珪前泰寧侯
涇國公壽州陳　亨前都督僉事
崇安侯清河譚　淵前燕山護衛指揮僉事
應城侯孫　岩前應城伯
廣寧侯劉　榮前廣寧伯
建平伯高士文前都督僉事
萊陽伯天長周　長前右軍都督僉事
新泰伯睢寧張　欽前右軍都督僉事
平陰伯定遠朱　崇前後軍都督同知
保昌伯潁上程　寬前後軍都督僉事
武成伯陳　亨前右都督
景成伯馬　榮前左都督
大同伯陶　瑾前左都督

宣德

沂國公袁　容前駙馬都尉廣平侯

濱國公薛　貴前安順侯
梁國公吳　成前淸平侯
漳國公鄭　亨前征西前將軍大同總兵官武安侯
平江侯陳　瑄前平江伯
懷遠伯山　雲前鎭守廣西左都督
湯陰伯郭　資前太子太師掌戶部事
臨漳伯郭　義前右都督
安陽伯曹　隆前左都督同知
營山伯高　成前右都督
保昌伯蔣廷珪前左都督妻衞聖夫人
榆次伯張　廉前都督僉事

正統

融國公柳　升前太子太傅征虜大將軍安遠侯
邠國公吳克忠前恭順侯
涇國公蔣　貴前定西侯
寧國公陳　瀛珪曾孫
鄆國公宋　瑛前駙馬都尉西寧侯
彭城侯張　昶前彭城伯

惠安侯張　昇前惠安伯
山陽伯金　純前刑部尙書
新建侯李　玉前新建伯
永順侯薛　綬前永順伯
修武侯沈　榮前修武伯
平鄉侯陳　懷前平鄉伯
威遠伯方　政前右都督
萊陽伯孫　榮前左都督
茌平伯吳　中前少師工部尙書
蒙陰伯李　英前都督僉事
清源伯冀　傑前都督
鯀谷伯高　文前右都督
邵陽伯馬　聚前都督
任丘伯梁　成前左都督
臨武伯蕭　授前征蠻將軍鎭守湖廣總兵官左都督
景泰
潁國公楊　洪前鎭朔大將軍總兵官昌平侯
武進侯朱　冕前武進伯

鉅鹿侯井　源前駙馬都尉
撫寧侯朱　謙前鎮朔將軍撫寧伯
山陽伯武　興前右都督
沭陽伯金　濂前太子太保戶部尙書
定邊伯沐　昂前雲南總兵官左都督
溧陽伯紀　廣前鎮朔將軍鎮守宣府總兵官左都督

天順

裕國公張　軏前太平侯
安國公孫　忠前會昌伯
濬國公陳　懋前太保寧陽侯
黔國公陳　豫前平江侯
沔國公陳　友前武平侯
涼國公吳　瑾前恭順侯
懷柔侯施　聚前懷柔伯
東寧侯焦　禮
興濟侯楊　善前掌禮部事興濟伯
靖遠侯王　驥前掌兵部事靖遠伯
文安侯張　輗前文安伯

豐潤侯曹　義前征虜前將軍遼東總兵官豐潤伯
南寧侯毛福壽前南寧伯

成化

淶國公孫　鏜前懷寧侯
嶧國公劉　安前廣寧伯
蠡國公梁　瑤前保定侯
容國公趙　輔前武靖侯
郯國公孫繼宗前太傅會昌侯
涼國公蔣　琬前太保定西侯
寧國公周　能
寧遠侯任　禮前寧遠伯
昌寧侯趙　勝前太保昌寧伯
固安伯劉　玉前左都督
宣良伯冉　保前左都督

弘治

宣國公周　壽前太傅慶雲侯
阜國公王　鎮前右都督
昌國公張　巒前壽寧侯

宣城侯衞　穎前宣城伯

廣昌伯劉　寧前左都督

高陽伯李　文前都督同知

正德

洛南伯馮　禎前副總兵

安仁侯王　濬前安仁伯

邢臺伯馮　斌前右都督

嘉靖

新建侯王守仁前南京兵部尚書新建伯

忠誠伯陸　炳前太保兼少傅左都督掌錦衣衞

萬曆

安國公李　偉前武淸侯

崇禎

瀛國公劉應元前新樂侯

戚畹

洪熙

彭城伯永城張　昶千五百石。誠孝皇后兄。

惠安伯永城張　昇千一百石。

宣德

會昌伯鄒平孫　忠千二百石。除子繼宗。進封會昌侯。孝恭皇后父。

景泰

安平伯丹徒吳　安千石。除吳太后兄。天順丁丑二月。降府軍前衞指揮僉事。

天順

安昌伯海州錢承宗千石。除孝莊皇后從孫。

成化

慶雲伯昌邑周　壽千石。除孝肅太后兄。

長寧伯昌邑周　彧千石。除孝肅太后弟。

瑞安伯密雲王　源千石。除孝貞皇后兄。

弘治

崇善伯密雲王　清千石。除孝貞皇后弟。

壽寧侯興濟張　巒千二百石。除孝康皇后父。

建昌伯興濟張延齡千六百石。孝康皇后弟。坐法誅。

正德

安仁伯密雲王　濬千石。除孝貞皇后弟。

嘉靖

昌化伯昌化邵一喜千石。除。孝惠太后弟。

玉田伯徐州蔣　輪千石。除。孝慈太后弟。

慶陽伯上元夏　儒千石。除。孝靜皇后父。

泰和伯元城陳萬言千石。除。孝潔皇后父孫書爲錦衣衞都指揮同知。

安平伯江寧方　銳千石。除。孝烈皇后父世錦衣衞指揮同知。

隆慶

慶都伯大興杜繼宗千石。除。孝恪皇后弟。

德平伯　李　銘千石。除。孝懿皇后父。

固安伯通州陳景行千石。除。孝安皇后父。

萬曆

武淸侯宛平李　偉孝定太后父。

永年伯餘姚王　偉千石。孝端皇后父。

天啓

新城侯東平王　昇

博平侯齊東郭振明

永寧侯萬全王天瑞

新樂伯任丘劉效祖千石。子文炳進侯。

太康伯祥符張國紀

崇禎
嘉定伯長洲周　奎千石。
弘光
大興伯□□鄒存義
雒中伯□□黄九鼎

國榷卷首之三

直閣

永樂壬午

吉水解　縉　侍讀。歷左春坊大學士兼翰林學士。丁亥二月廣西右參議。戊子四月改交阯。辛卯六月下獄。乙未正月卒。

永嘉黄　淮　侍讀。歷左春坊大學士兼翰林學士。

廬陵胡　廣　侍講。歷文淵閣大學士兼左春坊大學士。戊戌五月卒。贈禮部尚書少師。謚文穆。

南昌胡　儼　翰林院檢討。自左諭德兼侍讀出國子祭酒。

建安楊　榮　翰林院修撰。歷文淵閣大學士兼左春坊大學士。建文庚辰進士。

泰和楊士奇　翰林院編修。歷左春坊大學士。

新淦金幼孜　翰林院檢討。歷文淵閣大學士兼翰林學士。

洪熙乙巳

楊士奇　禮部左侍郎華蓋殿大學士。歷少傅兵部尚書華蓋殿大學士。

楊　榮　太常寺卿兼前官。歷太子少傅行在工部尚書謹身殿大學士。

金幼孜　戶部右侍郎兼前官。歷太子少保行在禮部尚書武英殿大學士。

黄　淮　通政使兼武英殿大學士。歷少保戶部尚書武英殿大學士。

石首楊　溥　太常寺卿兼翰林學士。

宣德丙午

楊士奇

楊　榮

金幼孜　辛亥十一月卒。贈少保。謚文靖。

黃　淮　丁未八月致仕。正統己巳六月卒。謚文簡。

楊　溥　憂去。

邢臺張瑛　行在禮部左侍郎兼華蓋殿大學士。歷行在禮部尚書兼華蓋殿大學士。正統丙辰十月卒。

沙縣陳山　行在戶部尚書兼謹身殿大學士。甲寅正月卒。

正統丙辰

楊士奇　進少師。甲子三月卒。贈太師。謚文貞。

楊　榮　進少師。庚申七月卒。贈太師。謚文敏。

楊　溥　禮部尚書兼翰林學士。歷少保武英殿大學士。丙寅十月卒。贈太師。謚文定。

廬陵陳循　戶部右侍郎兼翰林學士直文淵閣。歷戶部右侍郎。

寧晉曹鼐　翰林侍講學士。歷吏部左侍郎兼學士兼文淵閣大學士。贈太傅吏部尚書。謚文襄。改文忠。

臨朐馬愉　翰林侍講學士。歷禮部右侍郎兼侍講學士。贈禮部尚書翰林學士。謚襄敏。

定遠苗衷　兵部右侍郎兼翰林學士。

興化高穀　工部右侍郎兼翰林學士。

江寧張益　翰林侍讀學士。贈翰林學士。謚文僖。

景泰庚午

陳　循　少保太子太傅戶部尚書兼翰林學士。歷華蓋殿大學士兼文淵閣大學士。

苗　衷　兵部尚書兼翰林學士。九月致仕。天順庚辰二月卒。贈少保。謚文康。

高　穀　工部尚書兼翰林學士。歷少保太子太傅謹身殿大學士兼東閣大學士。庚辰正月卒。

安福彭　時　翰林侍讀。歷太常寺少卿。

淳安商　輅　翰林侍讀。歷兵部左侍郎兼左春坊翰林院大學士。

江津江　淵　戶部右侍郎兼翰林學士。歷太子少師。出爲工部尚書。

仙居王一寧　禮部左侍郎兼翰林學士。歷太子少師。贈太子太保禮部尚書。謚文通。

嘉興俞　綱　兵部左侍郎。尋佐部。丁丑正月出佐部。尋調南京。成化丙戌四月卒。

泰和蕭　鎡　國子祭酒兼翰林學士。歷太子少保兼戶部尚書翰林學士。

東鹿王　文　太子太保吏部尚書兼翰林學士少保東閣大學士謹身殿大學士。

天順丁丑

陳　循　戍邊。辛巳十二月釋爲民。壬午冬卒。

高　穀　致仕。贈太保。謚文義。

王　文　棄市。後贈太保。謚毅愍。

商　輅　削籍。

蕭　鎡　削籍。

吳縣徐有貞　兵部尚書兼翰林學士。封武功伯兼華蓋殿大學士。尋流金齒。

寧陽許　彬禮部右侍郎兼翰林學士。轉左調國子尋降陝西右參政。成化丁亥十二月卒。

河津薛　瑄禮部右侍郎兼翰林學士。轉左致仕。甲申十月卒。贈禮部尚書。諡文淸。

鄧州李　賢吏部右侍郎兼翰林學士。歷太子少保吏部尚書兼翰林學士。

滁縣岳　正贊善兼翰林修撰。尋謫戍肅州。成化初起知興化。己丑閏二月致仕。

秀水呂　原通政司左參議兼翰林侍講。歷學士。憂去。壬午十一月卒。贈禮部左侍郎。諡文懿。

安福彭　時太常寺卿兼翰林侍講。歷翰林學士。

廬陵陳　文禮部右侍郎兼翰林學士。

成化乙酉

李　賢少保吏部尚書華蓋殿大學士。丙戌十二月卒。贈太師。諡文達。

陳　文禮部尚書兼翰林學士。歷太子少保文淵閣大學士。戊子四月卒。贈少傅。諡莊靖。

彭　時禮部右侍郎兼翰林學士。歷少保吏部尚書文淵閣大學士。贈太師。諡文憲。

永新劉定之太常寺少卿兼翰林侍讀學士。歷少保禮部尚書翰林學士。己丑七月卒。贈尚書。諡文安。

商　輅兵部左侍郎兼太常少卿翰林學士。歷少保吏部尚書謹身殿大學士。致仕。丙午七月卒。贈太傅。諡文毅。

眉山萬　安禮部左侍郎兼翰林學士。歷少師太子太師吏部尚書華蓋殿大學士。免。己酉二月卒。

壽光劉　珝吏部左侍郎兼翰林學士。歷太子太保戶部尚書謹身殿大學士。致仕。庚戌三月卒。贈太保。諡文和。

博野劉　吉禮部左侍郎兼翰林學士。歷少保兼太子太傅禮部尚書謹身殿大學士

安福彭　華吏部左侍郎兼翰林學士。歷太子少保禮部尚書翰林學士。致仕。丙辰十月卒。贈太子少傅。諡文忠。

泰和尹　直戶部左侍郎兼翰林學士。歷太子少保兵部尚書翰林學士。丁未十一月免。辛未十二月卒。

弘治戊申

萬　安　少師。致仕。己酉二月卒。贈太師。謚文康。

劉　吉　少傅太子太師吏部尚書謹身殿大學士。歷少師華蓋殿大學士。致仕。壬子八月免。癸丑正月被盜怖死。贈太師。謚文穆。

尹　直　致仕。丁未十一月免。辛未十二月卒。

宜興徐　溥　吏部左侍郎兼翰林學士。歷少師太子太師吏部尚書華蓋殿大學士。戊午七月致仕。己未九月卒。贈太傅。謚文靖。

洛陽劉　健　禮部右侍郎翰林學士。歷少師太子太師吏部尚書華蓋殿大學士。

瓊山丘　濬　太子太保禮部尚書文淵閣大學士。歷少保兼太子太保武英殿大學士。乙卯二月卒。贈太傅。謚文莊。

茶陵李東陽　禮部左侍郎兼翰林侍讀學士。歷太子太保戶部尚書謹身殿大學士。

餘姚謝　遷　少詹事兼翰林侍讀學士。歷太子太保禮部尚書武英殿大學士。

正德丙寅

劉　健　丙寅十月致仕。嘉靖丁亥三月卒。贈太師。謚文靖。

李東陽　少傅兼太子太傅戶部尚書謹身殿大學士。歷少師太子太師吏部尚書華蓋殿大學士。壬申十二月致仕。丙子七月卒。贈太師。謚文正。

謝　遷　少傅兼太子太傅禮部尚書武英殿大學士。丙寅十月致仕。

泌陽焦　芳　吏部尚書文淵閣大學士。歷少師太子太傅吏部尚書謹身殿大學士。庚午五月免。丁丑三月卒。

吳縣王　鏊　吏部左侍郎兼學士。歷少傅兼太子太傅戶部尚書武英殿大學士。己巳四月致仕。甲申三月卒。贈太傅。謚文恪。

新都楊廷和　戶部尚書文淵閣大學士。歷少師兼太子太師吏部尚書華蓋殿大學士。憂去。

鈞州劉　宇　少傅兼太子太傅吏部尚書文淵閣大學士。庚午六月致仕。已削籍。壬申五月卒。

含山曹　元太子太保吏部尙書兼文淵閣大學士。庚午八月免。已削籍。
南海梁　儲太子少保吏部尙書兼文淵閣大學士。歷少師兼太子太師華蓋殿大學士。辛巳五月致仕。
陳留劉　忠少傅兼太子太傅吏部尙書武英殿大學士。歷少傅兼太子太傅武英殿大學士。辛未十二月致仕。癸未二月卒。
鉛山費　宏禮部尙書文淵閣大學士。歷太子太保戶部尙書武英殿大學士。甲戌五月致仕。
丹徒靳　貴禮部尙書文淵閣大學士。歷太子太保戶部尙書武英殿大學士。丁丑四月致仕。庚辰九月卒。贈太傅。謚文僖。
安寧楊一淸少師兼太子太師吏部尙書武英殿大學士。歷少傅兼太子太傅。丙子八月致仕。
全州蔣　冕禮部尙書文淵閣大學士。歷少傅太子太傅謹身殿大學士。
楊廷和少師兼太子太師吏部尙書華蓋殿大學士。
掖縣毛　紀禮部尙書兼東閣大學士。歷少保太子太保戶部尙書武英殿大學士。
費　宏少保戶部尙書武英殿大學士。

嘉靖壬午

楊廷和甲申二月致仕。削籍。己丑六月卒。後贈太保。謚文忠。
梁　儲辛巳五月致仕。丁亥九月卒。贈太師。謚文康。
蔣　冕少傅兼太子太傅禮部尙書謹身殿大學士。甲申五月致仕。贈少師。謚文定。
毛　紀少保兼太子太保吏部尙書謹身殿大學士。甲申七月罷。乙巳六月卒。贈太保。謚文簡。
費　宏辛巳十月入朝。復任少保兼太子太保戶部尙書武英殿大學士。歷少師兼太子太師吏部尙書華蓋殿大學士。丁亥二月致仕。乙未七月入朝。十月卒。
石首袁宗皋禮部尙書文淵閣大學士。贈太子太保。謚榮襄。

藁城石　瑤　吏部尙書文淵閣大學士。歷少保兼太子太保吏部尙書武英殿大學士。丁亥二月致仕。己丑正月卒。謚文。後改文介。

臨潁賈　詠　太子太保禮部尙書文淵閣大學士。歷少保太子太保吏部尙書武英殿大學士。丁亥致仕。乙未八月卒。贈太保。後謚文靖。

楊一淸　少師兼太子太師吏部尙書謹身殿大學士。致仕削籍。歷少師兼太子太傅吏部尙書武英殿大學士。庚寅九月卒。贈太保。謚文襄。

遂寧席　書　少保兼太子太保禮部尙書武英殿大學士。贈太傅。謚文襄。

諸城翟　鑾　吏部左侍郞兼翰林學士。歷禮部尙書武英殿大學士。

永嘉張　璁　禮部尙書文淵閣大學士。歷少傅兼太子太傅吏部尙書謹身殿大學士。致仕。

謝　遷　少傅兼太子太傅戶部尙書謹身殿大學士。戊子三月致仕。辛卯二月卒。贈太師。謚文正。

安仁桂　萼　少保兼太子太傅吏部尙書武英殿大學士。致仕。辛卯八月卒。贈太傅。謚文襄。

張孚敬　少傅兼太子太師吏部尙書華蓋殿大學士。致仕。

南海方獻夫　太子太保吏部尙書武英殿大學士。歷少保。甲午四月致仕。甲辰六月卒。贈太保。謚文襄。

任丘李　時　禮部尙書太子太保文淵閣大學士。歷少傅太子太師吏部尙書華蓋殿大學士。戊戌十二月卒。贈太傅。謚文康。

張孚敬　少師兼太子太師吏部尙書華蓋殿大學士。歷少師。致仕。己亥二月卒。贈太師。謚文忠。

費　宏　少師兼太子太師吏部尙書華蓋殿大學士。贈太保。謚文憲。

貴溪夏　言　少傅兼太子太傅禮部尙書武英殿大學士。歷少師太子太師吏部尙書華蓋殿大學士。己亥五月革勳階閒住。已復秩還任。

崑山顧鼎臣　太子太保禮部尙書文淵閣大學士。歷少傅太子太傅禮部尙書武英殿大學士。庚子十月卒。贈太保。謚文康。

翟　鑾　太子太保禮部尙書武英殿大學士。歷少傅太子太傅禮部尙書謹身殿大學士。削籍。後謚文懿。

嚴　嵩　太子太保禮部尙書武英殿大學士。歷少師兼太子太師謹身殿大學士。壬戌五月免。

靈寶許　讚　少保兼太子太傅吏部尙書文淵閣大學士。閒住。後贈少保。謚文簡。

石首張　璧　禮部尚書兼翰林學士東閣大學士。歷太子太保。乙巳八月卒。後贈少師。諡文簡。

夏　言　少師兼太子太師。餘官如故。被罪。戊申正月致仕。四月下獄。十月殺。後諡文愍。

茶陵張　治　太子太保禮部尚書兼文淵閣大學士。庚戌十月卒。諡文隱。後改文毅。

餘姚李　本　少詹事兼翰林學士。歷少保太子太保吏部尚書武英殿大學士。憂去。萬曆丁亥六月卒。後贈太傅。諡文安。

華亭徐　階　少保太子太保禮部尚書東閣大學士。歷少師兼太子太師吏部尚書建極殿大學士。

慈谿袁　煒　太子太保禮部尚書武英殿大學士。歷少傅太子太傅吏部尚書建極殿大學士。乙丑三月致仕。四月卒。贈太傅。諡文榮。

常熟嚴　訥　太子太保吏部尚書武英殿大學士。致仕。贈少保。諡文靖。

興化李春芳　太子太保禮部尚書武英殿大學士。歷少師吏部尚書中極殿大學士。致仕。贈太師。諡文定。

安陽郭　朴　太子太保吏部尚書武英殿大學士。歷少傅。

新鄭高　拱　禮部尚書兼文淵閣大學士。歷少傅武英殿大學士。

隆慶丁卯

徐　階　戊辰七月致仕。萬曆癸未二月卒。

李春芳　少師兼太子太師中極殿大學士。辛未五月致仕。乙酉三月卒。贈太師。諡文襄。

郭　朴　少傅兼太子太傅吏部尚書武英殿大學士。丁卯九月致仕。癸巳五月卒。贈太傅。諡文簡。

高　拱　少師兼太子太師吏部尚書中極殿大學士。壬申六月罷。

南充陳以勤　禮部尚書兼文淵閣大學士。少傅兼太子太傅禮部尚書武英殿大學士。庚午七月致仕。進太子太師吏部尚書。丙戌六月卒。贈
少保。諡文端。

江陵張居正　吏部左侍郎兼東閣大學士。歷太傅吏部尚書中極殿大學士。

內江趙貞吉　禮部尚書兼文淵閣大學士。歷太子太保兼都察院。庚午十一月致仕。丙子十二月卒。贈□□。謚文□。

歷城殷士儋　太子太保禮部尚書文淵閣大學士。歷少保武英殿大學士。辛未十一月致仕。壬午六月卒。

錢塘高　儀　太子少保禮部尚書文淵閣大學士。壬申六月卒。贈太子太保。謚文端。

全州呂調陽　禮部尚書兼文淵閣大學士。歷少傅吏部尚書建極殿大學士。致仕。

萬曆癸酉

張居正　太師兼太子太師吏部尚書中極殿大學士。壬午六月卒。贈上柱國。謚文忠。

呂調陽　少傅兼太子太傅吏部尚書建極殿大學士。己卯二月致仕。庚辰正月卒。

蒲州張四維　禮部尚書兼東閣大學士。歷少師兼太子太師吏部尚書中極殿大學士。憂去。乙酉十月卒。贈太師。謚文毅。

同州馬自強　太子太保禮部尚書文淵閣大學士。贈太師。謚文莊。

吳縣申時行　吏部左侍郎兼東閣大學士。歷少師吏部尚書中極殿大學士。致仕。甲寅七月卒。贈太師。謚文定。

嵊縣潘　晟　太子太保禮部尚書兼武英殿大學士。未任削籍。

鄞縣余有丁　禮部尚書兼文淵閣大學士。歷少傅戶部尚書建極殿大學士。甲申十一月卒。贈太傅。謚文敏。

歙縣許　國　禮部尚書東閣大學士。歷少傅兼太子太師吏部尚書建極殿大學士。辛卯九月引疾。贈太傅。謚文穆。

太倉王錫爵　禮部尚書兼文淵閣大學士。少傅吏部尚書建極殿大學士。庚戌十二月卒。

山陰王家屏　吏部右侍郎兼東閣大學士兼禮部尚書。壬辰三月引疾。癸卯十二月卒。贈少保。謚文端。

蘭谿趙志皐　吏部左侍郎兼東閣大學士。歷少師兼太子太師吏部尚書中極殿大學士。辛丑九月卒。贈太傅。謚文懿。

新建張　位　禮部右侍郎兼東閣大學士。歷少保吏部尚書武英殿大學士。削籍。

南充陳于陛　禮部尚書兼東閣大學士。歷太子太保文淵閣大學士。丙申十一月卒。贈少保。謚文憲。

鄞縣沈一貫　禮部尚書兼東閣大學士。歷少師兼太子太師吏部尚書中極殿大學士。乙卯正月卒。

歸德沈　鯉　禮部尚書兼東閣大學士。歷少傅兼太子太傅吏部尚書文華殿大學士。乙卯六月卒。

山陰朱　賡　禮部尚書兼東閣大學士。歷少保兼太子太保吏部尚書文華殿大學士。戊申十一月卒。贈太傅。諡文懿。

東阿于愼行　禮部尚書兼東閣大學士。歷太子太保。丁未十二月卒。贈□□。諡文定。

福清葉向高　禮部尚書兼東閣大學士。歷少傅兼太子太傅吏部尚書建極殿大學士。甲寅八月致仕。

晉江李廷機　禮部尚書兼東閣大學士。歷太子太保。壬子九月致仕。丙辰十一月卒。贈少傅。諡文節。

德清方從哲　禮部尚書兼東閣大學士。

崇仁吳道南　禮部尚書兼東閣大學士。歷太子太保戶部尚書文淵閣大學士。癸亥九月卒。

泰昌

晉江史繼階　禮部尚書兼東閣大學士。歷少傅文淵閣大學士。

烏程沈　潅　禮部尚書兼東閣大學士。歷少保戶部尚書武英殿大學士。壬戌七月免。

方從哲　歷少師中極殿大學士。戊辰三月卒。贈太師。諡文安。

葉向高　歷少師中極殿大學士。甲子七月引告。戊辰四月卒。贈太師。諡文忠。

天啓

隨州何宗彥　禮部尚書兼東閣大學士。歷少傅戶部尚書武英殿大學士。甲子正月卒。贈太保。諡文毅。

南昌劉一燝　禮部尚書兼東閣大學士。歷少師吏部尚書中極殿大學士。壬戌二月罷。贈太傅。諡文端。

蒲州韓　爌　禮部尚書兼東閣大學士。歷太傅中極殿大學士。甲子十一月致仕。乙丑七月削籍。戊辰四月復任。

秀水朱國祚　禮部尚書兼東閣大學士。歷少傅武英殿大學士。癸亥四月致仕。甲子十月卒。贈太傅。諡文恪。

餘姚孫如游　禮部尚書兼東閣大學士。歷太子太保文淵閣大學士。辛酉二月罷。贈少保。謚文恭。
烏程朱國楨　禮部尚書兼東閣大學士。歷少傅武英殿大學士。甲子十一月罷。贈太保。謚文肅。
崑山顧秉謙　禮部尚書兼東閣大學士。歷少傅兼太子太師吏部尚書中極殿大學士。丙寅九月免。已巳配贖。
聊城朱延禧　禮部尚書兼東閣大學士。歷少傅吏部尚書建極殿大學士。乙亥七月罷。
南樂魏廣微　禮部尚書兼東閣大學士。歷少保吏部尚書建極殿大學士。丁卯四月卒。已巳論戍。
高陽孫承宗　兵部尚書兼東閣大學士。歷少師中極殿大學士。乙丑十月罷。已巳十一月復召。督師遼薊。贈太傅。謚文忠。
莆田周如磐　禮部尚書兼東閣大學士。歷太子太保文淵閣大學士。乙丑十一月罷。十二月卒。贈少保。謚文懿。
貴池丁紹軾　禮部尚書兼東閣大學士。歷少保戶部尚書武英殿大學士。丙寅四月卒。贈太傅
元城黃立極　禮部尚書兼東閣大學士。歷少師吏部尚書中極殿大學士。丁卯十一月免。
涿州馮　銓　禮部右侍郎兼東閣大學士。歷少保戶部尚書武英殿大學士。已巳配贖。
平湖施鳳來　禮部尚書兼東閣大學士。歷少師吏部尚書中極殿大學士。丁卯十二月免。
晉江張瑞圖　禮部尚書兼東閣大學士。歷少師吏部尚書中極殿大學士。丁卯十二月免。已巳配贖。
高陽李國櫕　禮部尚書兼東閣大學士。歷少師吏部尚書中極殿大學士。戊辰五月致仕。贈太保。謚文敏。

崇禎戊辰

施鳳來　見前。
張瑞圖　見前。
李國櫕　見前。
華亭錢龍錫　禮部尚書兼東閣大學士。歷太子太保文淵閣大學士。庚午八月論配。戍定海衞。

高邑李　標　禮部尚書兼東閣大學士。歷少保戶部尚書武英殿大學士。庚午三月罷。

蕭山來宗道　禮部尚書兼東閣大學士。歷少保戶部尚書文淵閣大學士。戊辰六月免。己巳配贖。

晉江楊景辰　禮部尚書兼東閣大學士。歷太子太保文淵閣大學士。己巳五月卒。

吳江周道登　禮部尚書兼東閣大學士。

長山劉鴻訓　禮部尚書兼東閣大學士。戍代州。壬申正月卒于戍所。

韓　爌　戊辰四月復任。

大名成基命　禮部尚書兼東閣大學士。歷太子太保文淵閣大學士。贈少保。謚文穆。

宜興吳宗達　禮部尚書兼東閣大學士。歷少師吏部尚書中極殿大學士。贈太保。

桐城何如寵　禮部尚書兼東閣大學士。歷少傅吏部尚書建極殿大學士。贈少保。謚文端。

會稽錢象坤　禮部尚書兼東閣大學士。歷少保吏部尚書武英殿大學士。

宜興周延儒　禮部尚書兼東閣大學士。歷少師吏部尚書中極殿大學士。

烏程溫體仁　禮部尚書兼東閣大學士。歷少保吏部尚書中極殿大學士。贈太傅。謚文忠。弘光初奪。

上海徐光啓　禮部尚書兼東閣大學士。歷太子太保文淵閣大學士。癸酉十月卒。贈少保。謚文定。

上饒鄭以偉　禮部尚書兼東閣大學士。歷太子少保。癸酉六月卒。贈太子太保。謚文恪。

嘉善錢士升　禮部尚書兼東閣大學士。歷太子少保。贈太保。謚文恪。

巴縣王應熊　禮部尚書兼東閣大學士。

香山何吾騶　禮部尚書兼東閣大學士。

長洲文震孟　禮部右侍郎兼東閣大學士。丙子六月卒。贈尚書。謚文肅。

同安林　釬　禮部左侍郎兼東閣大學士。丙子六月卒。贈尚書。諡文穆。

淄川張至發　禮部左侍郎兼東閣大學士。歷太子太保禮部尚書文淵閣大學士。

江夏賀逢聖　禮部尚書兼東閣大學士。歷太子太保文淵閣大學士。贈太師。諡文忠。

順德黃士俊　禮部尚書兼東閣大學士。歷少傅文淵閣大學士。

句容孔貞運　禮部尚書兼東閣大學士。歷太子太保文淵閣大學士。

進賢傅　冠　禮部尚書兼東閣大學士。歷文淵閣大學士。

上元程國祥　禮部尚書兼東閣大學士。

緜竹劉宇亮　禮部尚書兼東閣大學士。歷文淵閣大學士。褫秩。

武陵楊嗣昌　禮部尚書兼東閣大學士。歷太子少保。贈太子太保。

韓城薛國觀　禮部尚書兼東閣大學士。歷少保吏部尚書武英殿大學士。賜死。

金谿蔡國用　禮部尚書兼東閣大學士。歷少保吏部尚書武英殿大學士。贈太保。

遂安方逢年　禮部尚書兼東閣大學士。歷少傅吏部尚書建極殿大學士。壬午四月削籍。

蘄水姚明恭　禮部尚書兼東閣大學士。歷太子太保戶部尚書文淵閣大學士。

萊陽范復粹　禮部左侍郎兼東閣大學士。歷少保吏部尚書武英殿大學士。

費縣張四知　禮部尚書兼東閣大學士。歷太子太保吏部尚書武英殿大學士。

滑縣魏照乘　禮部尚書兼東閣大學士。歷太子太保戶部尚書文淵閣大學士。

德州謝　陞　禮部尚書兼東閣大學士。歷少傅吏部尚書建極殿大學士。壬午四月削籍。

井研陳　演　禮部左侍郎兼東閣大學士。歷太子太保戶部尚書武英殿大學士。

周延儒 癸未十二月賜死。

興化吳 甡 禮部尚書兼東閣大學士。癸未十一月戍金齒衞。

晉江黃景昉 禮部尚書兼東閣大學士。歷太子少保戶部尚書文淵閣大學士。

晉江蔣德璟 禮部尚書兼東閣大學士。歷太子少保戶部尚書文淵閣大學士。

通州魏藻德 少詹事兼東閣大學士。歷兵部尚書文淵閣大學士。

曲沃李建泰 吏部右侍郎兼東閣大學士。

穀城方岳貢 左副都御史兼東閣大學士。歷戶兵部尚書文淵閣大學士。

吳橋范景文 兵部尚書兼東閣大學士。贈太傅。謚文貞。

宜城丘 瑜 禮部左侍郎兼東閣大學士

祥符史可法 禮部尚書兼東閣大學士。歷少保武英殿大學士。

膠州高弘圖 禮部尚書兼東閣大學士。歷太子太傅吏部尚書武英殿大學士。

孟津王 鐸 禮部尚書兼東閣大學士。歷少保戶部尚書武英殿大學士。

新建姜曰廣 禮部左侍郎兼東閣大學士。歷太子太傅禮部尚書武英殿大學士。

貴陽馬士英 兵部尚書兼東閣大學士。歷太保武英殿大學士。

弘光

德清蔡奕琛 吏部左侍郎兼東閣大學士。歷禮部尚書文淵閣大學士。

部院上

國初部尙書秩正三品。侍郎正四品。洪武庚申。罷中書省。進尙書正二品。侍郎正三品。左右都御史秩視尙書。永樂癸巳。上巡北京。設行在九卿。庚子改京師爲南京。稱行在爲京師。洪熙初仍稱行在。落南京字。宣德三年始定如永樂。崇禎十七年南渡後又如初。

吏部尙書

洪武

戊申宣城滕　毅 儒士字仲弘。八月任。十月參政江西。

吳縣盛原輔 十月任。己酉三月出北平參政。

山東張明善 十一月任。

庚戌黃岡吳　琳 七月致仕。

應山王興福 十一月謫知西安府。

□□郎本中 十一月任。

定陶商　暠 十二月謫侍御史。

辛亥弋陽陳　修 三月任。

婺源詹　同 薦舉。五月任。

婺源李守道 五月任。

唐縣李　仁

壬子龍泉周時中 十二月任。

癸丑□□呂　熙 七月任。乙卯六月卒。

汝陽趙好德　儒士。
丙辰壽州王　敏　文學。十二月任。
壽州呂　本　元都事。
戊午□□陳　銘　四月任。六月謫都府判官。
□□李煥文　六月任。十二月調四川左參政。
己未增城張　度　鄉舉。九月任。
庚申溧陽偰　斯　正月任。二月調禮部。
□□洪　彝　正月任。
泰和劉　崧　明經。四月以禮部侍郎署。五月致仕。
仁和阮　畯　文學。六月任。
壬戌龍泉周時中　十二月任。
浮山李　信　十二月任。
癸亥河陰任　昂　文學。
洛陽陳　敬　行義。
甲子崑山余　熂　明經。正月任。乙丑四月誅。
□□劉仲質
□□趙翆堅
乙丑宜陽趙　瑁　文學。

梓婺源詹　徽　十二月任。

奵泰興翟　善　監生。八月謫宣化知縣。

孙沂水杜　澤　文學。正月任。

戧□□陳　昱

□□范　敏　閿鄉秀才。

衡山茹　瑺　九月任。十二月署河南布政司。

建文

杜　澤

戧富平張　紞　明經。十二月任。

永樂

張　紞　壬午七月自經。

牲巴縣蹇　義　洪武乙丑進士。九月任。壬寅九月下詔獄。癸卯二月釋獄復任。

洪熙

蹇　義

宣德

蹇　義　進少師。乙卯正月卒。贈太師。謚忠定。

配新安郭　璡　監生。四月任。

正統

郭　璡　癸亥正月免。丁卯十一月卒。

婺泰和王　直　永樂甲申進士。正月任。

巸富陽趙　新　貢士。己巳六月任。撫安山東軍民。庚午十月致仕。壬申十二月卒。

景泰

王　直　少師兼太子太師。

梓廣昌何文淵　永樂戊戌進士。太子太保。七月任。癸酉六月致仕。丁丑四月自經。

醔鹽山王　翺　永樂乙未進士。六月任。

天順

王　直　致仕。壬午九月卒。

王　翺　太子太保。

成化

王　翺　丁亥七月任。十一月卒。

紅曹州李　秉　正統丙辰進士。十二月任。弘治己酉五月卒。贈太子少保。諡襄敏。

𧯠廣宗崔　恭　正統丙辰進士。正月任。己丑五月憂去。贈太子少保。諡莊敏。

桐廬姚　夔　正統壬戌進士。六月任。太子少保。癸巳二月卒。贈少保。諡文敏。

睽歷城尹　旻　正統戊辰進士。三月任。太子太傅。丙午五月免。癸亥九月卒。贈太保。諡恭簡。

辆盧氏耿　裕　景泰甲戌進士。八月任。

豐城李　裕　景泰甲戌進士。十月任。丁未十一月免。正德辛未八月卒。

弘治

紂三原王恕　正統戊辰進士。十一月任。太子太保。癸丑五月致仕。正德戊辰四月卒。贈太師。謚忠毅。

□□耿裕　太子太傅。丙辰正月卒。贈太保。謚文恪。裕字脅德。

酾鄭縣屠濬　成化丙戌進士。太子太傅。二月任。庚申五月致仕。壬申十二月卒。贈太保。謚襄惠。

輭上元倪岳　天順甲申進士。太子太保。六月任。辛酉十月卒。贈少保。謚文毅。

醉鈞州馬文升　景泰辛未進士。十月任。太子少傅。

正德

鰤□□馬文升　少師兼太子太師。四月致仕。庚午六月卒。贈太師。謚端簡。

泌陽焦芳　□□□□進士。四月任。

靈寶許進　成化丙戌進士。十月任。太子少保。戊辰八月致仕。庚午八月卒。贈太子太保。謚襄毅。

蚵□□梁儲　十月陞。專誥敕。

鰄禹州劉宇　成化壬辰進士。八月任。

㔾安定張綵　弘治庚戌進士。六月任。太子少保。庚午十月伏誅。

銕陳留劉忠　成化戊戌進士。二月陞。專誥敕。

大興劉機　成化戊戌進士。八月任。太子少保。十二月致仕。

梓安寧楊一清　成化壬辰進士。少保兼太子太保。正月任。

紇長洲陸完　□□□□進士。四月任。太子太保。庚辰十一月。戍靖海衞。

鰊太原王瓊　成化甲辰進士。少師兼太子太師。十二月任。辛巳四月下獄。

辛巳藁城石　瑤　□□□□進士。五月陞署詹事府。

嘉靖

王　瓊　見前。

石　瑤　見前。

辛巳樂平喬　宇　□□□□進士。七月任。少保兼太子太保。甲申七月致仕。後贈太傅。謚莊簡。

丁亥泰和羅欽順　弘治癸丑進士。未任。七月許致仕。丁未四月卒。贈太子太保。謚文莊。

嘉魚李承勛　□□□□進士。七月陞。未任。

甲申建安楊　旦　□□□□進士。六月任。十月致仕。

東光廖　紀　□□□□進士。十月起。補太子太保。丁亥四月致仕。進少保。壬辰八月卒。贈少傅。謚僖靖。

安仁桂　萼　見前。十月任。

己丑南海方獻夫　見前。二月任。

辛卯□□王　瓊　太子太保。十二月任。壬辰七月卒。贈少保。謚恭襄。

壬辰婺源汪　鋐　弘治壬戌進士。太子太保。九月任。乙未九月免。丙申七月卒。贈少保。謚榮和。

丙申靈寶許　讚　弘治丙辰進士。閏十二月任。進太子少保。

甲辰南昌熊　浹　正德甲戌進士。九月任。進太子太保。乙巳十一月削籍。遂卒。後贈少保。謚恭肅。

乙巳蘭谿唐　龍　正德戊辰進士。太子太保。十二月任。丙午七月削籍。後贈少保。謚文襄。

丙午吳江周　用　弘治壬戌進士。七月任。太子少保。丁未正月卒。贈太子太保。謚恭肅。

丁未鄞縣聞　淵　弘治乙丑進士。正月任。太子太保。己酉九月致仕。癸亥十一月卒。贈少保。謚莊簡。

配涪州夏邦謨　正德戊辰進士。九月任。辛亥二月免。甲子七月卒。

𨐨建寧李　默　□□□□進士。三月任。進太子少保。十月削籍。

進賢萬　鏜　弘治乙丑進士。十月任。太子少保。癸丑八月削籍。後贈太子太保。

陃秀水吳　鵬　□□□□進士。太子太保。三月任。辛酉三月罷。

醉安福歐陽必進　正德丁丑進士。三月任。十一月免。

安陽郭　朴　嘉靖丁未進士。十一月任。

嫢常熟嚴　訥　嘉靖辛丑進士。三月任。進太子太保。

䰛滁州胡　松　嘉靖己丑進士。四月任。丙寅十月卒。贈太子少保。謚莊肅。

蒲州楊　博　嘉靖己丑進士。十月任。

隆慶

楊　博　進少傅兼太子太傅。己巳十一月致仕。壬申六月復任。

𢀳新鄭高　拱　嘉靖辛丑進士。十二月以大學士署部事。

萬曆

醆□□楊　博　少師兼太子太師。九月致仕。甲戌十月卒。贈太傅。謚襄毅。

錢塘張　瀚　嘉靖乙未進士。九月任。丁丑十月罷。進太子少保。贈□□。謚恭懿。

嘉魚方逢時

耵陽城王國光　□□□□進士。太子太保。十月任。壬午十月閒住。

𤘍眞定梁夢龍　嘉靖癸丑進士。十月任。太子太保。十二月免。壬寅正月卒。

癸未雲南後衛嚴　清　嘉靖甲辰進士。十二月任。癸未五月疾去。進太子少師。庚寅六月卒。贈太子太保。謚恭肅。

癸未海豐楊　巍　嘉靖丁未進士。七月任太子少保。

庚寅商丘宋　纁　嘉靖己未進士。三月任。辛卯五月卒。贈□□。謚莊敏。

辛卯平湖陸光祖　嘉靖丁未進士。四月任。壬辰三月致仕。戊戌四月卒。贈太子太保。謚莊簡。

壬辰餘姚孫　鑨　嘉靖丙辰進士。四月任。癸巳四月罷。乙未□月卒。謚清簡。

癸巳餘姚陳有年　嘉靖壬戌進士。八月任。甲午七月罷。戊戌正月卒。贈太子太保。謚恭介。

甲午富平孫丕揚　嘉靖丙辰進士。八月任太子太保。丙申八月罷。

丁酉奉新蔡國珍　嘉靖丙辰進士。二月任太子太保。庚戌三月卒。贈□□。謚恭靖。

戊戌延津李　戴　隆慶戊辰進士。六月任太子太保。癸卯十二月致仕。丁未二月卒。贈少保。

戊申　孫丕揚　九月復任太子太保。壬子二月致仕。甲寅八月卒。贈太保。謚恭介。

壬子掖縣趙　煥　嘉靖乙丑進士。八月任。

甲寅襄陽鄭繼之　□□□□進士。二月任太子太保。戊午二月致仕。

戊午　趙　煥　六月復任。己未十月卒。

庚申景陵周嘉謨　隆慶辛未進士。六月任。

泰昌

天啓

辛酉　周嘉謨　進太子太保。十一月罷。

涇陽張問達　萬曆癸未進士。十二月任。

癸亥高邑趙南星　萬曆甲戌進士。十月任。甲子十月致仕。乙丑十二月戍邊。丁卯十月卒。

甲子長垣崔景榮　萬曆癸未進士。十一月任。乙丑七月罷。

乙丑汝陽李宗延　萬曆丙戌進士。七月任。十二月罷。丁卯四月卒。

　咸寧王紹徽　萬曆戊戌進士。十二月任。丙寅六月免。

丙寅金壇周應秋　萬曆乙未進士。七月任。太子太師。丁卯十二月免。戊辰正月削籍。己巳謫戍。

　安州房壯麗　萬曆乙未進士。戊辰四月免。

崇禎

戊辰長垣王永光　萬曆□□進士。五月任。辛未三月罷。

辛未烏程閔洪學　萬曆□□進士。三月任。壬申八月罷。

壬申麻城李長庚　萬曆□□進士。八月任。

甲戌德州謝陞　萬曆□□進士。八月任。

丁丑饒陽田惟嘉　萬曆丙辰進士。三月任。

戊寅會稽商周祚　□□辛丑進士。五月任。十二月削籍。

己卯□□莊欽鄰　正月陞。未任。

　謝陞　八月復任。

庚辰□□傅永淳　五月任。

　吉水李日宣　萬曆癸丑進士。九月任。壬午七月戍邊。

壬午建德鄭三俊　萬曆戊戌進士。太子太保。癸未五月致仕。

𥟖洋縣李遇知萬曆庚戌進士。五月任。
陽城張慎言萬曆庚戌進士。太子太保。保南渡。
秀水徐石麒萬曆壬戌進士。太子太保。
丹陽張　捷萬曆□□進士。

南京吏部尚書

永樂
東阿師　逵國子生。二十二年任。
宣德
𦨇豐城黃宗載□□丁丑進士。九月任。癸亥五月致仕。甲子七月卒。
正統
𢀳蕭山魏　驥貢士。二月任。庚午九月致仕。成化辛卯九月卒。
景泰元年
鈇句容曹　義永樂乙未進士。十月任。丁丑二月致仕。天順辛巳七月卒。
成化
觪廣宗崔　恭九月任。丁酉七月致仕。己亥十二月卒。
華亭錢　溥正統己未進士。弘治戊申五月卒。
𠨶莆田陳　俊四月任。丙午十一月致仕。
弘治元年

⿰巾戊武進王　僎　景泰辛未進士。正月任。乙卯四月致仕。五月卒。
⿸厂丙上元倪　岳　四月任。太子少保。
紀舒城秦民悅　八月任。
⿰巾庚閩縣林　瀚　六月任。
正德
⿰飠丙常熟李　傑　四月任。
⿰身丁餘姚王　華　成化辛丑進士。正月任。九月罷。壬午六月卒。
餘姚黃　珣　成化辛丑進士。十月任。甲戌八月卒。
陳留劉　忠　十二月任。
⿰卩己順德梁　儲　十一月任。
⿰金庚鍾祥孫　交　八月任。
⿰木辛南平張　澯　正月任。
炠德興孫　需　□□壬辰進士。四月任。戊寅四月致仕。
⿰壴戊巴縣劉　春　四月任。
⿰卩辛東光廖　紀　弘治庚戌進士。正月任。
嘉靖
⿰牜壬泰和羅欽順　弘治癸丑進士。四月任。九月歸養。
⿰木癸建安楊　旦　弘治庚戌進士。三月任。

酝崑山朱希周　弘治丙辰進士。七月任。丁亥八月致仕。丙辰十月卒。贈太子太保。謚恭靖。
刻長洲吳一鵬　弘治癸丑進士。九月任。己丑二月致仕。進太子少保。壬寅二月卒。
玘襄垣劉　龍　弘治己未進士。六月任。
赶□□潘　旦　二月任。
睽分宜嚴　嵩　弘治乙丑進士。六月任。
輌增城湛若水　弘治乙丑進士。六月任。
妃鄞縣聞　淵　弘治乙丑進士。七月任。
鯸奉新宋　景　弘治乙丑進士。四月任。
辟蘭谿唐　龍　正德戊辰進士。十二月任。
巳臨汾張　潤　弘治壬戌進士。正月任。壬子三月卒。贈太子少保。謚恭肅。
軾茶陵張　治　□□辛巳進士。二月任。
配安福王學夔　□□甲戌進士。二月任。
虤臨桂屠　楷　嘉靖癸未進士。正月任。
孖婺源潘　潢　□□辛巳進士。五月任。
睽吉水周　延　□□癸未進士。十一月任。
躬開州王崇慶　正德戊辰進士。正月任。四月致仕。乙丑二月卒。贈太子少保。
通州楊行中　□□癸未進士。六月任。丙辰三月罷。
龎海鹽鄭　曉　□□癸未進士。三月任。

寧鄉王用賓　正德辛巳進士。四月任。太子太保。丙寅十一月致仕。己卯六月卒。

鄅江山毛愷　□□乙未進士。十二月任。

躬麻城劉采　□□乙丑進士。五月任。

汶上吳嶽　嘉靖壬辰進士。十月任。

輰邢臺王本固　□□甲辰進士。九月任。

萬曆

□□□王大用　甲戌七月致仕。

坤江陰劉光濟　嘉靖甲辰進士。七月任。

孙新昌潘晟　□□辛丑進士。二月任。

戚餘姚趙錦　□□甲辰進士。三月任。庚辰四月致仕。

婕婺源汪宗伊　嘉靖戊戌進士。五月任。九月致仕。丁亥十二月卒。

臨海何寬　□□庚戌進士。九月任。壬午九月致仕。丁亥十二月卒。

任汝州趙賢　□□丙辰進士。五月任。癸未四月致仕。丙午十月卒。

糅趙錦　四月復任。

石埭畢鏘　□□甲辰進士。七月任。進太子少保。

酟諸城丘橓　嘉靖庚戌進士。四月任。十二月卒。

炳涇陽李世達　□□丙辰進士。

奵吳縣袁洪愈　嘉靖丁未進士。七月任。十二月致仕。進太子少保。己丑七月卒。贈太子太保。謚文節。

長洲楊　成　□□丙辰進士十二月任

玘平湖陸光祖　□□丁未進士六月任

厈三原溫　純　□□乙丑進士四月任

陖□□陳有年　四月任

□□蔡國珍　十二月任

戱□□曾同亨　六月任

妃掖縣趙　煥　□□乙丑進士五月任

辟□□孫丕揚　二月任十一月疾去

吉水曾同亨　□□己未進士十一月任乙巳四月致仕太子太保丁未六月卒

乙清流裴應章　□□戊辰進士十二月任己酉十月卒贈太子少保謚恭靖

卾達州衛承素　□□戊辰進士十月任乙卯八月卒贈太子少保

孖□□鄭繼之　六月任

邴餘姚沈應文　□□戊辰進士二月任辛酉二月罷

天啓元年

酔□□孫　瑋　□□丁丑進士二月任

庄祁陽陳　薦　□□辛未進士八月陞

□□何熊祥　十二月陞癸亥七月終養

嫈婺源余懋衡　□□壬辰進士八月陞未任乙丑八月削籍

乙丑□□王在晉 十月任。

崇禎

戊辰晉江黃克纘 □□庚辰進士。四月任。

□□周嘉謨 六月任。

庚午□□南企仲 □□庚辰進士。二月任。

辛未□□謝　陞 萬曆□□進士。三月任。

甲戌建德鄭三俊 萬曆戊戌進士。十月任。

甲申陽城張慎言 萬曆庚戌進士。四月任。

戶部尚書

洪武元年戊申

□□楊思義 元末歸附。八月任。出陝西行省參政。

己酉□□朱　昭 元末歸附。十一月任。十二月出蘇州知府。

戊申□□杭　琪 元末歸附。十二月任。庚戌三月謫陝州知州。

庚戌□□鄧　德 見戶帖。

吳縣滕德懋 元行省掾。三月任。

□□李廷桂 三月同任。

□□宋　冕 十一月任。乙卯三月出河南參政。

□□蔣思德 四月任。

□□秦文繹 四月同任。
婞潼川楊訓文 儒士五月任出河南參政卒。
□□徐　本 六月任壬子三月出浙江參政。
□□海　淵 八月任壬子六月出福建參政。
琰□□顏希哲 二月任甲寅七月出山西參政。
□□呂　熙 六月任七月調吏部。
□□俞　溥 七月任乙卯二月出江西參政。
泰興李　儼 元進士十月任。
鉀吉水周　肅 元樞密院同知十一月任。
舡□□韓　焯 薦擧三月任。
宋　冕 薦擧五月出陝西參政。
汝陽趙好德 三月任六月出陝西參政。
□□馬　貫 七月任乙卯二月出浙江參政。
□□李　泰 十一月同任。
㔷□□王　博 六月任。
□□周　斌 薦擧八月同任丁巳五月調刑部。
溧陽偰　斯 □□。丁巳五月出山西參政。
叮□□沈立本 薦擧五月任。戊午四月免出山西布政。

戊午鄱陽費　震　舉賢良。六月任。己未三月出湖廣布政使。

己未崑山顧　禮　徵舉。三月任。己未調刑部。

□□任　彬　薦舉。正月任。

庚申豐城徐　鐸　薦舉。正月任。十月試湖廣右布政使。

□□劉平仲　薦舉。

閿鄉范　敏　秀才。五月署。辛酉正月免。

辛酉常山徐　恢　薦舉。

武進徐　輝　吏員。二月試任。十二月下獄。

壬戌安塞郭允道　舉賢良。五月任。

江夏曾　泰　舉秀才。八月任。

□□王　昚　薦舉。

甲子長子栗　恕　監生。正月任。

乙丑澤州茹太素　鄉舉。九月任。後編戍。

己巳山陽楊　靖　洪武乙丑進士。十二月任。

庚午夷陵趙　勉　洪武乙丑進士。五月任。十二月伏誅。

癸酉臨淮郁　新　舉秀才。六月任。

甲戌太康王　鈍　元進士。十二月任。

右見弇山堂別集年表中。而他書有樊思民在滕德懋前。蔣思德程昱李廷桂秦文繹在楊訓文前。徐本在海淵前。顏希哲呂熙在俞溥前。馬貫在韓焯前。何士弘在周肅前。王博在偰斯前。周斌在沈立本前。郭桓在徐鐸前。又稍溢焉。例得備書。

建文元年己卯

王鈍

任 郁新 七月任。乙酉八月卒。

永樂元年癸未

湘陰夏原吉 洪武庚午鄉舉。九月任。辛丑十一月下內官監獄。

武安郭資 洪武乙丑進士。十一月陞署北平布政司。癸未二月任行部。庚子十二月任戶部。

洪熙元年乙巳

宣德元年丙午

夏原吉 庚戌十月卒。贈太師。謚忠靖。

紆 棠邑郭敦 洪武癸酉鄉舉。八月任。辛亥四月卒。

配 郭資 癸丑十二月卒。贈湯陰伯。謚忠襄。

覤 涇陽李昺 監生。十二月任。辛亥十月卒。

昌邑黃福

弇山堂年表不載黃福。又有涇陽李昺胡瑩。見于他書。

正統元年丙辰

大興劉中敷 庠生。辛酉十一月下獄。壬戌十二月始宥。罷。景泰初起戶部左侍郎。癸酉四月卒。復尚書。

辛酉海豐王　佐　永樂戊子鄉舉。十二月任。己巳八月死土木之難。謚忠簡。
己巳山陽金　濂　永樂戊戌進士。十一月任。景泰二年改工部。尋復。甲戌二月卒。
吉水周　忱　□□甲申進士。八月陞任。仍巡撫河南。
景泰元年庚午
金　濂　壬申二月下獄。釋之。革太子太保。謚榮襄。
甲戌安平張　鳳　宣德丁未進士。二月任。辛巳三月卒。
新安李　敏　貢士。八月陞。仍巡撫南畿。丁丑二月致仕。癸未十二月卒。
天順元年丁丑
丹陽沈　固　永樂乙酉鄉舉。三月任。庚辰二月致仕。成化丁亥二月卒。
庚辰懷遠年　富　永樂丁酉鄉舉。二月任。甲申四月卒。
壬午鄢陵張　睿　宣德庚戌進士。四月任。丁亥八月勒罷。成化辛卯四月卒。
甲申滄州馬　昂　永樂癸卯鄉舉。八月任。丙申五月卒。
成化元年乙酉
丁亥薛　遠　八月任。總理京儲。
馬　昂　六月致仕。謚恭襄。
戊子咸寧楊　鼎　正統己未及第。十月任。己亥十月致仕。乙巳六月卒。
戊戌莆田翁世資　正統壬戌進士。四月陞任。仍督京儲。
己亥獻縣陳　鉞　天順丁丑進士。十二月任。

⿰王辛莆田翁世資正統壬戌進士。正月任。癸卯正月致仕。六月卒。
涿州殷　謙正統己未進士。正月陞。督京儲。
鯸青神余子俊景泰辛未進士。七月任。
⿰巳乙涿州殷　謙正統己未進士。六月任。丙午七月免。甲子六月卒。
隆慶李　衍景泰辛未進士。十一月陞。總督倉儲。甲寅十月卒。
⿰牛丙邠州劉　昭景泰辛未進士。八月任。十二月致仕。庚戌十一月卒。
朾襄城李　敏景泰甲戌進士。正月任。
弘治元年戊申
李　敏辛亥正月致仕。二月卒。諡恭靖。
⿰女辛山陽葉　淇景泰甲戌進士。二月任。丙辰三月致仕。辛酉八月卒。
⿸厂丙陽曲周　經天順庚辰進士。三月任。庚申七月致仕。進太子太傅。
⿰日丁□□王　繼九月任。總督倉場。
⿰巾吏鄆城侶　鍾成化丙辰進士。五月任。甲子五月致仕。辛未十一月卒。
⿰酉辛單縣秦　紘景泰辛未進士。九月起。兼右副都御史總制延綏寧夏甘肅。甲子五月召回部。未任。致仕。乙丑九月卒。諡襄敏。
⿰子甲洪洞韓　文成化丙戌進士。十一月任。丙戌六月卒。
正德元年丙寅
韓　文十一月致仕。
⿰魚丙臨淮顧　佐成化己丑進士。十二月任。戊辰八月致仕。丙子十月卒。贈太子太保。

戙咸寧劉　璣　成化辛丑進士。九月任。庚午八月免。嘉靖癸巳四月卒。

鏮安寧楊一清　八月任。見內閣。

梓鍾祥孫　交　成化辛丑進士。正月任。癸酉六月致仕。

醆太原王　瓊　六月任。見前。

虼藁城石　玠　成化丁未進士。五月任。己卯四月致仕。辛巳二月卒。贈太子少傅。

帊新城楊　潭　成化丁未進士。丙子二月總督倉場。己卯五月回部。辛巳四月自免。九月起補。

辥　孫　交　九月起補。

嘉靖元年壬午

　孫　交　癸未十月致仕。進太子太保。癸巳二月卒。贈少保。諡恭僖。

椄無錫秦　金　弘治癸丑進士。十一月任。丁亥三月罷。

媔公安鄒文盛　弘治癸丑進士。四月任。戊子十二月致仕。丁酉七月卒。贈太子少保。諡莊簡。

㧗上元梁　材　弘治己未進士。十二月任。辛卯九月憂去。

䶊濮州李　瓚　弘治丙辰進士。總理倉場。五月致仕。壬辰正月卒。贈太子太保。

䶊靈寶許　讚　見前。九月任。甲午八月終養。

钾　梁　材　九月復任。進太子少保。戊戌三月致仕。

輛信陽張　雲　弘治壬戌進士。十月任。佐部。丁酉六月致仕。甲辰四月卒。贈太子少保。

酊濮州李廷相　弘治壬戌及第。致仕。正月陞總督倉場。戊戌六月回部。己亥五月致仕。甲辰七月卒。贈太子少保。諡文敏。

戙□□王堯封　四月陞總督倉場。

⿰亥己　梁　材　五月起補。庚子六月罷。十月卒。贈少保。諡端肅。

⿰子庚澧州李如圭　弘治己未進士。六月任。壬寅七月免。癸卯致仕。

⿰丑辛□□陳　經　九月陞總督倉場。

⿰寅壬汶上王　杲　正德甲戌進士。十月任。加太子少保。丁未九月謫戍。卒後贈太子太傅。

⿰午丙句容王　暐　六月陞總督倉場。

⿰未丁□□劉儲秀　九月陞督理西苑農事。

涪州夏邦謨　見前。九月任。

⿰申戊□□張　潤　二月陞總督倉場。四月致仕。

⿰酉己婺源潘　潢　正德辛巳進士。十月任。調南京工部。

⿰戌庚長山李士翺　嘉靖癸未進士。七月任。九月罷。

河南衞孫應奎　正德辛巳進士。十月任。調南京工部。隆慶初贈太子太保。

⿰子壬南充韓士英　正德甲戌進士。五月陞。未任。劾罷。隆慶初贈太子少保。

巴陵方　鈍　正德辛巳進士。癸未調南京。戊午三月罷。萬曆丁丑四月卒。贈太子少保。諡簡肅。

⿰午戊眞定賈應春　嘉靖癸未進士。三月任。己未六月致仕。庚申八月卒。

⿰未己通州馬　坤　嘉靖癸未進士。六月任。庚申三月免。十二月卒。

⿰申庚朝城江　東　己丑進士。三月任。尋改南京兵部。

清苑高　燿　嘉靖乙未進士。四月任。進太子太保。

隆慶元年丁卯

高　燿　正月致仕。

[卯丁]德平葛守禮　嘉靖己丑進士。正月任。六月終養。

懷安馬　森　嘉靖乙未進士。六月任。己巳正月致仕。

[巳己]東安劉體乾　嘉靖甲辰進士。二月任。庚午七月罷。

[午庚]遵化張守直　嘉靖甲辰進士。七月任。

[未辛]陽城王國光　見前。十二月任。總督倉場。

萬曆元年癸酉

王國光　丙子二月致仕。

岬□□謝登之　六月任。總督倉場。

[子丙]歙縣殷正茂　嘉靖丁未進士。二月任。戊寅五月致仕。

[戊戊]婺源汪宗伊　嘉靖戊戌進士。五月任。總督倉場。

楑海豐楊　巍　嘉靖丁未進士。四月任。

肥鄉張學顏　嘉靖癸丑進士。

霸州王　遴　嘉靖丁未進士。七月任。

岬石埭畢　鏘　嘉靖甲辰進士。三月任。丙戌五月致仕。戊申十一月卒。贈太子太保。謚恭介。

[酉乙]黃岡王廷瞻　嘉靖己未進士。七月以總漕進秩。壬辰六月卒。

炳商丘宋　纁　嘉靖己未進士。五月任。

玘麻城耿定向　丙辰進士。九月任。總儲。十一月致仕。丙申六月卒。贈太子少保。謚恭簡。

□□楊俊民 □□壬戌進士。十二月任。總儲。辛卯八月回部。進太子太保。贈少保。

尪延津李　戴 十月任。總漕。

钾榆次裕　鈇 □□乙丑進士。九月任。總漕。丁酉十二月致仕。庚子九月卒。贈太子太保。

妃應城陳　蕖 □□戊辰進士。五月任。壬寅三月致仕。贈太子少保。

鈓歷城趙世卿 □□辛未進士。二月任。乙卯正月卒。

長樂謝　杰 □□甲戌進士。十月以總儲進秩。甲辰四月卒。

配武功李三才 □□甲戌進士。正月以總漕進秩。

躯祁陽陳　薦 十月任。總漕。丁巳四月致仕。

厮睢州李汝華 □□甲戌進士。四月任。進太子太保。

钺涇陽張問達 □□癸未進士。三月任。總儲。

輭芮城王　紀 □□己丑進士。未任。

天啓元年辛酉

婺源汪應蛟 □□甲戌進士。六月任。戊辰正月卒。

庭□□王永光 二月任。總儲。

燚□□李長庚 未任。

□□陳大道 三月任。九月致仕。

□□李宗延 三月任。總儲。九月回部。

□□張經世 十月任。總儲。甲子二月致仕。

乙丑　李長庚三月任。巡撫天津督餉。

□□呂兆熊九月任。總儲。

丙寅□□蘇茂相七月任。督儲太子太保。

南和李起元□□丙戌進士。十一月免。進太子太傅。

曹州郭允厚□□丁未進士。七月任。太子太保戊辰正月免。己巳論配。

邯鄲張我續□□庚辰進士。太子太傅癸酉正月配邊。

永城黃運泰□□己丑進士。七月任。督餉太子太保戊辰八月削籍。

景州曹思誠□□甲辰進士。十月進秩署吏部左侍郎太子太傅。

丁卯南樂李從心□□壬辰進士。十二月任。督儲。

長洲曹爾禎□□戊戌進士。太子太保戊辰正月免。

崇禎元年戊辰

王永光三月任。

淄川畢自嚴五月任。

己巳沁水孫居相□□壬戌進士。十二月任。督儲庚午七月削籍。

庚午武進錢　春□□甲辰進士。七月任。督儲。

癸酉商丘侯　恂□□丙辰進士。五月任。壬午三月戍邊。

□□楊一鵬六月任。總漕乙亥二月去。

玎上元程國祥□□甲辰進士。正月任。

鉞□□李待問七月任。

辟□□傅淑訓十二月任。癸未五月除名。

牡□□白貽清九月任。督儲。癸未十二月罷。

楑上虞倪元璐□□□進士。五月任。甲申二月歸詹事府。

南京戶部尚書

永樂元年癸未

庳東阿師　逵見前。監生。八月任。宣德丁未正月卒。

洪熙

乙巳陳留古　朴洪武癸酉鄉舉。正月任。戊申二月卒。

宣德元年丙午

孖昌邑黄　福洪武甲子鄉舉。八月任。正統庚申正月卒。成化時贈太子太保。謚忠宣。

景泰元年庚午

粹丹陽儲　懋永樂甲午鄉舉。十二月陞。未任卒。

安平張　鳳宣德丁未進士。十二月任。

醆山陽沈　翼宣德庚戌進士。三月任。丁丑二月致仕。十二月卒。

天順元年丁丑

張　鳳見前。二月任。辛巳三月卒。

成化元年乙酉

玘虹縣陳翼　正統丙辰進士。二月任。壬辰十一月卒。
酊莆田陳俊　見前。四月任。
孭閩縣黃鎬　正統乙丑進士。正月任。
𨐨龍溪潘榮　正統戊辰進士。丁未九月致仕。丙辰十月卒。
朾武進王㒜　見前。十月任。
弘治元年戊申
䖘封丘黃紱　正統戊辰進士。四月任。
姧單縣秦紘　見前。十二月任。戊午十月致仕。
牫崞縣梁璟　天順甲申進士。十月任。庚申七月致仕。壬戌七月卒。
輔公安王軾　天順甲申進士。七月任。庚申七月致仕。壬戌七月卒。
押仙游鄭紀　天順庚辰進士。甲子八月致仕。進秩。戊辰十一月卒。
光州熊翀　成化己丑進士。十二月任。乙丑九月致仕。庚午十一月卒。
玌陽曲周經　見前。內艱未任。
正德元年丙寅
𨠁舒城秦民悅　天順丁丑進士。乙丑十一月任。丙寅十一月致仕。壬申三月卒。
江都高銓　成化己丑進士。十一月任。庚午十一月卒。
𨚗新都楊廷和　見前。五月任。
咸寧雍泰　成化己丑進士。未任勒致仕。甲戌十二月卒。

戚和順王　佐　成化戊戌進士。二月任。八月致仕。壬申十二月卒。

閩縣林　泮　成化壬辰進士。八月任。十月致仕。戊寅九月卒。

江寧吳文度　成化壬辰進士。未任。庚午十一月卒。

順德張　泰　成化丙戌進士。九月陞。勒致仕。己巳七月卒。

應城陳　金　成化壬辰進士。十月任。

巳平南張　瀠　成化戊戌進士。十月任。

梓沁水李　瀚　成化辛丑進士。正月任。十二月致仕。乙未七月卒。贈太子太保。

軠績溪胡　富　成化戊戌進士。正月任。乙亥十二月致仕。壬午四月卒。

炯陽曲張　縉　成化己丑進士。七月陞。未任致仕。壬午四月卒。

亟宜章鄧　庠　成化壬辰進士。十二月任。己卯三月致仕。

躬南陽王鴻儒　成化丁未進士。三月陞。七月卒。

涿州鄧　璋　成化丁未進士。八月任。辛巳六月致仕。辛卯十月卒。贈太子太保。

辟全州蔣　昇　成化丁未進士。七月任。壬午五月致仕。丙戌十月卒。

嘉靖元年壬午

建安楊　旦　見前。六月任。

𥻘東莞王　縝　弘治癸丑進士。四月任。

巴陵顏頤壽　弘治庚戌進士。九月任。

岬公安鄒文盛　見前。九月任。

奵三原王承裕　弘治癸丑進士。四月任。己丑七月罷。戊戌五月卒。贈太子太保。諡康僖。
玘歷城邊貢　九月任。辛卯五月免。
辨無錫泰金　六月任。
廷靈寶許誥　弘治己未進士。十一月任。甲午五月卒。贈太子太保。諡莊敏。
钾江都王軏　弘治壬戌進士。二月任。
輛桐城錢如京　弘治壬辰進士。十一月任。
孩麻城劉天和　正德戊辰進士。十一月任。
鈓武進周金　正德戊辰進士。二月任。太子少保。乙巳三月罷。丙午八月卒。贈太子太保。諡襄敏。
𢀳武進徐問　弘治壬戌進士。三月任。十一月致仕。庚戌正月卒。隆慶初。贈太子少保。諡莊裕。
任丘閔楷　弘治乙丑進士。十二月任。丙午二月免。
㸰涪州夏邦謨　見前。三月任。
朾開州趙廷瑞　正德辛巳進士。九月任。
輱南充韓士英　正德甲戌進士。二月任。隆慶初。贈太子少保。
㡨開州王崇慶　正德戊辰進士。四月任。
婺源潘潢　七月任。
姧侯官張經　見前。四月任。總督倉場。癸丑八月。調南京。
㻍洛陽孫應奎　正德辛巳進士。十一月任。丙辰正月致仕。庚子九月卒。
㕞咸寧盧紳　嘉靖癸未進士。正月任。辛酉九月卒。

丁巳眞定賈應春見前。三月任。
通州馬　坤見前。九月任。
戊午晉江蔡克廉嘉靖乙丑進士。七月任。庚申三月免。
己未麻城劉　采嘉靖己丑進士。三月任。辛酉六月罷。
辛酉晉江黃光昇嘉靖己丑進士。六月任。
壬戌歙縣鮑道明嘉靖戊戌進士。十月任。甲子二月致仕。甲戌正月卒。
甲子章丘張舜臣嘉靖乙未進士。二月任。後贈太子少保。
丙寅懷安馬　森見前。十月任。
隆慶元年丁卯
□□劉體乾六月任。
己巳任丘郭　乾嘉靖戊戌進士。二月任。
庚午始興譚大初嘉靖戊戌進士。二月任。五月致仕。
扶溝劉自強嘉靖甲辰進士。五月任。
定陶曹邦輔嘉靖壬辰進士。十月任。贈太子少保。
萬曆元年癸酉
沔陽傅　頤嘉靖壬辰進士。九月任。乙亥四月致仕。
乙亥獻縣陳　瓚嘉靖丁未進士。四月陞。未任。上改都察院。
歙縣殷正茂嘉靖丁未進士。六月任。

⿰歹丙石埭畢　鏘 嘉靖丁未進士。二月任。

耵華亭王好問 嘉靖丁未進士。壬午三月予告。

⿰牛壬海豐楊　巍 見前。七月任。

楑臨武劉堯誨 嘉靖癸丑進士。正月任。

孟縣劉思問 嘉靖丙辰進士。八月任。九月致仕。

韓城張士佩 嘉靖丙辰進士。十月陞。未上罷。

涇陽魏學曾 嘉靖癸丑進士。十一月任。乙酉三月致仕。

⿰酉乙衡水傅希摯 嘉靖丙辰進士。三月任。

炳寧鄉王友賢 嘉靖己未進士。五月任。己丑十月致仕。庚子十二月卒。贈太子太保。

⿰耳己濱州張西銘 十一月任。庚寅八月致仕。

⿰鬼庚金州舒應龍 八月任。

⿰舟辛中牟張孟男 嘉靖乙丑進士。二月任。癸巳四月致仕。

⿰阝癸故城周世選 嘉靖壬戌進士。五月任。

蔚州郝　杰 嘉靖丙辰進士。十月任。甲午六月致仕。

⿰牛甲延津李　戴 □□戊辰進士。八月任。

⿰禾乙□□陳于陛 五月任。贈太子太保。

酊中牟張孟男 嘉靖乙丑進士。十月任。太子少保。丙午五月卒。

⿸尸卯⿱翁皿都王　基 嘉靖乙丑進士。九月任。總儲。乙巳七月免。丁未十一月卒。

孖達州衞承芳 □□戊辰進士。十月任。
陑景陵周嘉謨 十二月任。
帔婺源汪應蛟 □□甲戌進士。八月任。丁卯十一月卒。
天啓元年辛酉
洛陽魏養蒙 七月任。
庭祁陽陳　薦 □□辛未進士。二月任。
□□李長庚 九月任。
㛳武功衞李三才 □□甲戌進士。二月任。
南和李起元 □□丙戌進士。十月任。
狎零陵周希聖 □□己丑進士。十二月任。乙丑十二月削籍。
鄅□□畢自嚴 二月任。
躬濟源范濟世 □□戊戌進士。四月免。
閬中張　樸 □□戊戌進士。四月任。太子太保。
崇禎元年戊辰
□□鄭三俊 五月任。
岬武進錢　春 □□甲辰進士。十月任。
躬□□仇維楨 四月任。
陳陽城張慎言 萬曆庚戌進士。十二月任。

稄劉陽胡應台　□□戊戌進士。三月任。
　膠州高弘圖　萬曆庚戌進士。七月任。
䡛□□周堪賡　四月陞未任。
　江陰張有譽　七月任。
　　禮部尙書　掌他司及南京不預。
洪武元年戊申
　廣德錢用任　元進士。八月任。十二月致仕。
　藁城崔　亮　元省掾。十一月任。
虒臨海陶　凱　薦舉。七月任。癸丑二月出湖廣參政。
　潼川楊訓文　儒士。協理部事。辛亥五月調戶部。
婞□□徐　本　六月任。
孲東平牛　諒　舉秀才。二月任。七年降本部主事。尋復任。甲寅十二月罷。
瑍□□劉昭先　舉薦。九月任。協理部事。
鉀壽州呂　本　元臣。二月任。五月出兩浙運使。終太常寺卿。
舤錢塘張　善　正月任。七月出湖廣參政。
㢊無錫張　籌　元鄉舉。明年罰輸作。九月任。己未九月復任。
　□□趙　著　五月任。
盯　呂　本　見前。二月任。五月爲兩浙都轉運鹽使。

□□李　允正月任。二月補太僕寺丞。

牫進賢朱夢炎元至正辛卯進士。四月任。九月卒。

帹□□鄭九成正月任。

溧陽偰　斯二月任。六月致仕。

博野李　冕監生。七月試任。十月出江西參政。

酔靖安李叔正舉文學。正月任。靖安志作宗頤。

義烏高　信薦舉。十二月任。

妊分宜劉仲質舉文學。二月任。本年改華蓋殿大學士。降監察御史。致仕。

河陰任　昂元進士。十一月任。明年署吏部事。

玾宜陽趙　瑁十月任。乙丑三月棄市。

鏑虹縣唐　鐸刑部尚書署部事。

軒安州李彥名儒士。

梓夷陵趙　勉戶部尚書署部事。

酸山陽楊　靖刑部尚書署部事。

岬襄陽任亨泰洪武戊辰狀元。五月任。降監察御史。

孙泰州門克新儒士。正月任。八月卒。

玎浦江鄭　沂舉人材。八月任。

建文元年己卯

戧宣城陳　廸 徵辟。八月任。壬午六月免。族誅。

永樂元年癸未

忏嘉興李至剛 明經。十二月任。乙酉八月下獄。

楑　鄭　沂 七月任。九月致仕。

酛甌寧鄭　賜 洪武乙丑進士。九月任。戊子六月卒。

𠅤祥符趙　狃 六月任。辛卯九月下獄。

孩雄縣劉　觀 乙丑進士。六月任。

臨潼呂　震 鄉舉。十二月任。壬寅九月下詔獄。癸卯三月釋獄復任。

按自任亨泰以下至呂震弇山堂失載。

輛泗州金　純 監生。三月任。改工部。

洪熙

宣德元年丙午

呂　震 四月卒。

牭武進胡　濙 建文庚辰進士。四月任。兼署戶部事。

卯□□楊　溥 八月任。

新安郭　璡

正統元年丙辰

□□胡　濙

郭　璡

卭錢塘楊　寧　宣德庚戌進士。協理部事

景泰

胡　濙　丁丑正月致仕。癸未八月卒。

楊　寧　同任。

高密儀　銘　恩生。南京禮部。

軠宜興蔣守約　樂舞生。八月陞。署太常寺。丁丑二月致仕。九月復署太常。戊寅二月卒。

□□章　文　六月陞。署南京太常寺。丁丑正月削籍。

天順元年丁丑

大興楊　善　諸生。封興濟伯。三月掌禮部事。戊寅五月卒。謚忠敏。

腖泰和蕭　暄　宣德丁未進士。二月任。十二月調南京。

應州石　瑁　宣德癸丑進士。十一月任。壬午十二月卒。

䅳桐廬姚　夔　見前。正月任。

成化元年乙酉

姚　夔

𢦏□□李希安　舞生。二月任。

玘餘杭鄒　幹　正統己未進士。六月任。己亥十二月致仕。壬子四月卒。

妃昌黎張文質　正統壬戌進士。十二月任。辛丑正月憂去。癸卯十月服闋。起署通政司。癸丑四月卒。

⿰子庚東安施　純　成化丙辰進士。正月任。仍署鴻臚寺。

⿰丑辛長寧周洪謨　正統乙丑進士及第。四月任。

⿰寅壬涪州劉　岌　景泰甲戌進士。十一月陞。仍署太常寺。己酉五月致仕。乙丑八月卒。太子少保。

⿰未丁瓊山丘　濬　十一月陞。署詹事府。

弘治元年戊申

　周洪謨　戊申十月致仕。辛亥二月卒。

　□□耿　裕　見前。十月任。

⿰巳癸上元倪　岳　見前。六月任。

⿰午丙金谿徐　瓊　天順丁丑進士。四月任。庚申五月致仕。進太子太傅。乙丑六月卒。

⿰未己薊州賈　斌　監生。三月任。署鴻臚寺。正德丙寅二月致仕。壬申八月卒。

⿰申庚新喻傅　瀚　天順甲申進士。五月任。壬戌二月卒。

□□元守直　三月陞。署通政司。

⿰午壬南城張　昇　成化己丑狀元。二月任。丁丑十二月卒。

⿰亥癸長洲吳　寬　成化壬辰進士。二月陞。署詹事府。甲子七月卒。

⿰子甲宛平崔志端　舞生。正月陞。署太常寺。乙丑九月免。甲戌二月卒。

正德元年丙寅

　南城張　昇　丁卯正月致仕。進太子太保。丁丑十二月卒。贈太子太傅。

⿰卯丁常熟李　傑　成化丙戌進士。正月任。九月致仕。丁丑十二月卒。贈太子太保。謚文定。

華欒張　駿貢士。十一月陞內直文華殿。已巳七月卒。
戚大興劉　機見前。十月任。
涿州田景賢成化乙未進士。九月任。仍署太常寺。甲戌十二月致仕。進太子太保。己卯六月卒。
陽曲周　經天順庚辰進士。以太子太保戶部尚書起補。三月任。十月致仕。庚午二月卒。
南宮白　鉞成化甲辰及第。庚午改掌詹事府事。十月任太子少保。庚午十月卒。
鎕鉛山費　宏見前。成化丁未進士。九月任。
梓丹徒靳　貴十二月陞。專誥勅。
軠清苑傅　珪成化丁未進士。十二月任。癸未六月致仕。乙亥四月卒。
醆巴縣劉　春成化丁未進士。六月任。
奺掖縣毛　紀見前。八月任。丙子九月改署詹事府。
𡦹上蔡李遜學成化丁未進士。九月任。丁丑七月掌詹事府。己卯二月卒。
□□劉　愷正月陞。署太常寺。辛巳四月免。
曲沃李　浩成化甲辰進士。十月陞。署通政司。丁丑七月致仕。太子少保。庚子五月卒。贈太子太保。諡莊簡。
玎崑山毛　澄弘治癸丑進士。六月任。
辟藁城石　珤正月任。署詹事府。
巴縣劉　春成化丁未進士。正月任。專誥敕。六月卒。
嘉靖元年壬午
太倉毛　澄太子太保。二月致仕。加太子太傅。癸未四月卒。贈少保。諡文簡。

楑泰和羅欽順 見前。三月陞。未任。
弋陽汪　俊 弘治癸丑進士。七月任。甲申三月罷。
䡍遂寧席　書 弘治庚戌進士。三月任。
酛長洲吳一鵬 癸丑進士。六月陞署詹事府。丁亥五月還部。調太子少保南京吏部。致仕。贈太子太保。謚文端。
刻安仁桂　萼 見前。九月任。
南海方獻夫 見前。十一月任。
孩南海霍　韜 正德甲戌進士。四月陞署詹事府。太子少保。庚子十月卒。贈太子太保。謚文敏。
玘任丘李　時 見前。三月任。進太子太保。
鮃貴谿夏　言 見前。丁丑進士。九月任。進太子少保。
紮崑山顧鼎臣 五月陞署詹事府。
輛分宜嚴　嵩 見前。五月任史館。閏十二月回部。進太子太保。
邵元節 方士。閏十二月陞。己亥三月死。
黃巖黃　綰 恩生。甲寅九月卒。
㦮華陽溫仁和 弘治壬戌進士。八月陞署詹事府。進太子少保。辛丑九月致仕。癸卯七月卒。贈太子太保。謚文恪。
㺷黃岡陶仲文 方士。十一月陞。庚申十一月卒。
鼪鄞縣張邦奇 四月陞。署詹事府。
太醫院籍許　紳 十一月陞。進太子太保。仍署太醫院。癸卯六月卒。贈少保。謚恭僖。
內江張　潮 正德辛未進士。十二月陞署詹事府。甲辰二月卒。

艥石首張　璧見前。四月任。
𨐈鉛山費　宏正德辛未進士。三月任。署詹事府。九月回部。進少保。戊申十二月卒。贈太子太保。謚文通。
鈵海陽盛端明弘治壬戌進士。八月陞太子太保。己酉正月致仕。庚戌七月卒。專修藥餌。
□□陳　經二月陞。署通政司。
　無錫顧可學弘治乙丑進士。專修藥餌。八月陞太子少保。庚申八月卒。
輱華亭孫承恩正德辛未進士。二月陞署詹事府。十二月還部。進太子少保。癸丑二月致仕。辛酉八月卒。
配華亭徐　階嘉靖癸未進士。二月任。進少保。
𡥉泰和歐陽德嘉靖癸未進士。三月任。甲寅三月卒。贈太子太保。謚文莊。
鉀咸寧王用賓三月任。調南京吏部。進太子少保。
𠩄高安吳　山嘉靖乙未及第。四月任。進太子少保。萬曆丁丑五月卒。贈太子太保。謚文端。
輭安陽郭　朴見前。八月陞署詹事府。
𨠁慈谿袁　煒嘉靖戊戌進士。三月任。太子太保。
妊常熟嚴　訥見前。嘉靖辛丑進士。正月任。
𡡊興化李春芳嘉靖丁未進士。三月任。進太子太保。
乢烏程董　份嘉靖辛丑進士。四月任。六月削籍。乙未三月卒。
　新鄭高　拱見前。六月任。
𩚏錢塘高　儀嘉靖辛未進士。四月任。
隆慶元年丁卯

高　儀　己巳十一月乞休。辛未三月起署詹事府。
己巳歷城殷士儋　嘉靖丁未進士。十二月任。
辛未新昌潘　晟　嘉靖辛丑及第。十月任。壬申三月致仕。
壬申臨桂呂調陽　嘉靖庚戌進士。四月任。
華亭陸樹聲　嘉靖辛丑進士。七月任。萬曆乙巳七月卒。

萬曆元年癸酉

陸樹聲　十二月致仕。進太子少保。甲辰七月卒。贈太子太保。謚文定。
宜興萬士和　嘉靖辛丑進士。十二月任。乙亥九月致仕。丙戌十一月卒。
乙亥同州馬自强　九月任。進太子太保。
丁丑鄞縣汪　鏜　嘉靖丁未進士。八月陞署詹事府。己卯十二月致仕。戊子十一月卒。
戊寅潘　晟　三月復任。庚辰進太子太保。十二月致仕。
庚辰嘉定徐學謨　嘉靖庚戌進士。十二月任。太子少保。癸未十月罷。癸巳十二月卒。
癸未莆田陳經邦　嘉靖乙丑進士。十月任。十月致仕。乙卯六月卒。贈太子少保。
甲申歸德沈　鯉　嘉靖乙丑進士。十月任。太子少保。
戊子山陰朱　賡　隆慶戊辰進士。八月任。己丑七月憂去。
己丑東阿于愼行　隆慶戊辰進士。十月任。辛卯九月致仕。乙巳十一月起補詹事府。
辛卯富順李長春　隆慶戊辰進士。九月任。丁未七月卒。
壬辰會稽羅萬化　隆慶戊辰進士。六月任。甲午九月致仕。十月卒。贈太子少保。謚文懿。

癸巳南充陳于陛　隆慶戊辰進士。八月任。署詹事府。
甲午豐城范　謙　隆慶戊辰進士。十月任。丁酉十月卒。
乙未臨武曾朝節　萬曆丁丑進士。十月任。詹事府。甲辰正月卒。贈太子太保。謚文恪。
己亥交河余繼登　萬曆丁丑進士。五月任。庚子七月卒。贈太子少保。謚文恪。
辛丑臨朐馮　琦　萬曆丁丑進士。十月任。癸卯三月卒。贈太子少保。謚文敏。
乙巳江陵劉楚先　辛未進士。六月任。詹事府。丙辰十月引去。
丙午餘姚孫如游　八月任。
　武進孫愼行　□□乙未進士。十二月任。壬戌七月罷。乙丑八月削籍。丙子正月卒。
天啓元年辛酉
壬戌崑山顧秉謙　□□乙未進士。八月任。
癸亥潼關盛以弘　□□戊戌進士。二月任。五月引疾。
　莆田林堯俞　□□己丑進士。五月任。乙丑八月罷。丁卯三月卒。
　宣化蕭雲舉　□□丙戌進士。十月任。詹事府。
　上饒鄭以偉　□□辛丑進士。十一月任。詹事府。
　山陰錢象坤　□□辛丑進士。十一月任。詹事府。丙寅二月罷。
甲子侯官翁正春　□□壬辰進士。署詹事府。乙丑五月罷。
　湘潭李騰芳　六月憂去。
乙丑□□薛三省　□□辛丑進士。九月任。十二月罷。

安仁黃汝良 □□丙戌進士。六月任。署詹事府。
莆田周如盤 六月任。署詹事府。
䣊興化李思誠 萬曆戊戌進士。二月任。太子太保。
武康駱從宇 □□甲辰進士。丁卯正月罷。
䣊蕭山來宗道 □□甲辰進士。正月任。
錢象坤 □□辛丑進士。十二月任。
崇禎元年戊辰
杞縣孟紹虞 □□癸丑進士。正月任。六月致仕。
□□何如寵 六月任。
□□盛以弘 □□戊戌進士。八月任。詹事府。
湘潭李騰芳 十二月任。詹事府。庚午四月回部。
卲武康駱從宇 萬曆乙未進士。九月任。
䡓博羅韓日纘 □□丁未進士。九月任。
□□曾楚卿 □□癸丑進士。十二月任。詹事府。乙亥二月削籍。
□□林欲楫 □□丁未進士。同任。
□□李康先 同任。乙亥正月罷。戊寅八月削籍。
㚣□□姜逢元 □□癸丑進士。正月任。詹事府。乙亥正月。罷。戊寅八月削籍。丙子七月回部。
江夏賀逢聖 □□丙辰進士。

玎 林欲楫十二月起任。太子太保。癸未十月致仕。

南京禮部尙書

洪熙

巳乙合肥蔚 綬監生。正月任。辛亥十月卒。

宣德

配邢臺張 瑛洪武丙子貢士。十月任。

正統元年丙辰

張 瑛見前。丙辰十月卒。

戊戌金谿王 英永樂甲申進士。八月任。

景泰元年庚午

軠德州張 惠貢士。五月任。丁丑二月致仕。戊寅六月卒。

高密儀 銘官生。十月任。

𨋾泰和蕭 晅宣德丁未進士。十一月任。辛巳五月卒。

成化元年乙酉

亥丁□□鄒 幹見前。九月任。

輌上元倪 謙正統己未及第。十一月任。丁酉九月致仕。己亥三月卒。

卯甲富順李 本正統戊辰進士。四月任。乙巳九月卒。

午丙盧氏耿 裕見前。十月任。

弘治元年戊申

　華容黎　淳　天順丁丑狀元。正月任。辛亥三月致仕。壬子四月卒。

婞南平劉　璋　天順丁丑進士。十月任。

鉀鄱陽童　軒　景泰辛未進士。五月任。丁巳十一月致仕。戊午三月卒。

盯臨川謝　綬　景泰甲戌進士。十一月任。壬戌五月卒。

庒東鹿王宗彝　成化丙戌進士。六月任。丁丑九月卒。

正德元年丙寅

舠陳留劉　忠　見前。五月任。

　仁和江　瀾　成化戊戌進士。十二月任。己酉二月卒。

𢀳平南張　瀿　見前。四月任。

　德興孫　需　見前。十月任。十二月罷。

　德興張　憲　成化壬辰進士。十二月任。

鏮華亭朱　恩　成化甲辰進士。正月任。

　內鄉柴　昪　成化丁未進士。八月任。

梓樂平喬　宇　見前。正月任。

𡚱上蔡李遜學　見前。五月任。

𥝢宜興吳　儼　成化丁未進士。九月任。己卯九月卒。

躬無錫邵　寶　成化甲辰進士。八月任。辛巳正月終養。丁亥七月卒。

[illegible]蘭谿章　懋　成化丙戌進士。五月陞。未任致仕。壬午六月卒。

嘉靖元年壬午

[illegible]豐城楊　廉　成化丁未進士。八月任。癸未三月致仕。

　無錫秦　金　見前。三月任。

[illegible]巴陵顏頤壽　弘治庚戌進士。八月任。

　阜城沈冬魁　弘治庚戌進士。十月任。戊子四月致仕。庚寅十一月卒。

[illegible]襄垣劉　龍　見前。五月任。

[illegible]分宜嚴　嵩　見前。正月任。

[illegible]增城湛若水　見前。七月任。

[illegible]南海霍　韜　正德甲戌進士。六月任。

[illegible]南昌熊　浹　見前。七月任。

[illegible]石首張　璧　見前。六月任。

[illegible]任丘閔　楷　見前。四月任。

　安福王學夔　見前。十二月任。

[illegible]進賢萬　鏜　見前。二月任。

[illegible]開州王崇慶　見前。九月任。

[illegible]德平葛守禮　見前。四月任。丙辰三月罷。

[illegible]烏程閔如霖　嘉靖壬辰進士。九月任。丁巳二月致仕。己未七月卒。

丁巳餘姚孫　陞　嘉靖乙未進士。三月任。庚申六月卒。贈太子少保。謚文恪。

庚申豐城李　璣　嘉靖乙未進士。八月任。癸亥三月罷。

癸亥永新尹　臺　嘉靖乙未進士。四月任。丙寅九月罷。

丙寅南充王　廷　嘉靖壬辰進士。十月陞。未任。改都察院。

江山毛　愷　十一月陞。未任。改南京吏部。

閩縣林庭機　嘉靖乙未進士。十二月任。丁卯三月致仕。辛巳十二月卒。贈太子少保。謚文恪。

隆慶元年丁卯

汶上吳　嶽　壬辰進士。三月任。

內江趙貞吉　嘉靖乙未進士。十月任。

戊辰澤州裴　宇　嘉靖辛丑進士。三月任。

己巳高安吳　山　見前。十二月陞。未任致仕。

庚午新昌潘　晟　見前。十月任。

辛未臨海秦鳴雷　嘉靖甲辰狀元。十月任。癸酉正月罷。癸巳七月卒。

萬曆元年癸酉

尹　臺　二月復任。甲戌四月疾去。

甲戌閩縣林　爌　嘉靖丁未進士。四月任。庚辰六月卒。

潘　晟　十月任。

丙子餘姚翁大立　嘉靖戊戌進士。二月任。戊子四月卒。贈太子太保。謚端恪。

丁丑南海何維柏十月任。十二月罷。進太子少保。

□□趙錦十二月任。

戊寅會稽陶承學嘉靖丁未進士。三月任。辛巳二月致仕。戊戌六月卒。贈太子少保。諡恭惠。

辛巳昌平劉斯潔嘉靖丁未進士。十一月任。壬午十月致仕。

漳浦林士章嘉靖己未及第。二月任。五月致仕。庚子八月卒。

壬午吳縣楊成嘉靖丙辰進士。十一月任。癸未十二月致仕。

甲申吳縣袁洪愈嘉靖丁未進士。六月任。

丁亥丹陽姜寶嘉靖癸丑進士。五月任。

己丑安定王弘誨隆慶戊辰進士。六月任。乙未十一月復任。己亥十月致仕。乙卯五月卒。

庚寅餘姚孫鑨嘉靖丙辰進士。五月任。

癸巳晉江黃鳳翔戊辰進士。七月陞。甲午十一月補任。

甲午鄞縣沈一貫戊辰進士。正月任。

庚申秀水朱國祚癸未狀元。八月任。

鄞縣周應賓癸未進士。十二月任。

武進孫愼行乙未進士。十月陞。未任。

天啓

壬戌□□黃汝良九月任。甲子五月致仕。進太子少保。

甲子渭南南企仲庚辰進士。七月陞。未任。

□□李維楨 八月任。乙丑正月引疾去。

乙丑華亭董其昌 正月任。

丙寅蕭山來宗道 □□甲辰進士。二月任。

丁卯博羅韓日纘 □□丁未進士。三月任。

□□薛三省 □□辛丑進士。十二月任。

烏程溫體仁 □□戊戌進士。十二月任。

崇禎

戊辰香山李宸 □□癸丑進士。十二月任。

己巳豐城唐大章 □□丁未進士。九月任。

庚午□□葉燦 □□癸丑進士。三月任。

辛未莆田朱繼祚 八月任。

壬申孟津王鐸 □□□□進士。九月任。十一月憂去。

癸酉□□黃錦 五月任。

甲戌崑山顧錫疇 □□□□進士。五月任。署吏部。

南海陳子壯 □□己未探花。五月任。

漳浦黃道周 □□進士。九月任。詹事

常熟錢謙益 □□庚戌及第。詹事府。

兵部尚書

洪武元年戊申

茶陵陳　亮 郇陳寧本年謫松江知府。

配鳳陽單安仁 元樞密院判四月任。

□□安　統 八月任。十一月調山西行省參政。

□□王居仁 九月任。

□□劉　誠 十一月任。

虒□□滕德懋 見戶部正月任。三月調戶部。

𨐨□□劉　貞 三月調治書侍御史。

黃岡吳　琳 見吏部薦舉。

孖全椒樂韶鳳 癸丑七月改侍讀學士。

璌□□孫克義 七月同任。甲寅八月出湖廣參政。

武昌劉　仁 夏丞相明年三月。調廣東行省參政。

□□單安仁

㕇蠡州李　允 七月任。

盯麗水陳　銘 正月任。

钺□□李煥文 四月任。六月調吏部。

杞□□趙　本 十一月任。

自七年劉仁出省弇山堂年表直載李澂十年任。似有闕員。按他書補入。

紀太原董　俊　鄉舉。三月任。

醉山陽李　澂　監生。九月任。

　虹縣唐　鐸　元末從軍。十一月任。太子少保。壬戌十一月。改諫議大夫。

妊清苑吳　禮　薦舉。

嫨□□俞　綸　薦舉。

珁大同溫祥卿　儒士。正月任。明年降刑部主事。

　寧海州趙　仁　薦舉。十一月任。

　　唐　鐸　見前。

卲錢塘沈　溍　洪武乙丑進士。二月任。明年改工部。

犊宣城秦　逵　洪武乙丑進士。本年復還工部。

　衡山茹　瑺　監生。十一月試任。改吏部。

粹大名馬　麟　薦舉。大理寺丞。署尚書事。本年回寺。

魆溧水齊　泰　洪武戊辰進士。十一月任。

建文元年己卯

　　齊　泰　十一月免。辛巳正月復任。壬午六月族誅。

　　茹　瑺　十一月任。

醴鄧州鐵　鉉　監生。

飪江陵劉　儁　洪武乙丑進士。九月任。丙戌七月參贊安南軍事。

永樂元年癸未

劉　儁　戊子十二月從征簡定敗績于生厥江。死之。

茹　瑺　己丑二月死于詔獄。

岬鄞縣金　忠　儒士。四月任。明年兼詹事。乙未四月卒。謚忠襄。

玘錢塘方　賓　監生。三月任。辛丑十一月自經。

紇武進陳　洽　薦舉。四月任。鎮守交阯兼掌布按二司事。丙午十一月兵敗死之。

酊祥符趙　羾　鄉舉。十一月任。改南京刑部。

郿順義李　慶　監生。八月任。

洪熙乙巳

東阿張　本　監生。三月任。

宣德元年丙午

李　慶　征交阯。太子少保。丁未九月卒軍中。

東阿張　本　監生。兼戶部事。辛亥正月卒。

婞襄城許　廓　建文己卯鄉舉。正月任。壬子六月卒。

鄆東鹿王　驥　永樂丙戌進士。

正統元年丙辰

王　驥　征麓川。封靖遠伯。

紀錢塘柴　車　建文己卯鄉舉。三月任。參贊甘肅軍務。庚申二月還部。辛酉六月卒。

⿰戊壬江陰徐　晞　邑吏。乙丑十月致仕。丙寅三月卒。

⿰王乙宜章鄺　埜　永樂辛丑進士。九月任。己巳八月死土木之難。

⿰巳己錢塘于　謙　永樂辛丑進士。八月任。

景泰元年庚午

于　謙　丁丑正月死西市。

澤州侯　璡　永樂甲辰進士。五月陞總督貴州軍務。八月卒于普定。

⿰車壬德興孫原貞　永樂乙未進士。六月陞鎮守浙江。丁丑二月致仕。成化甲午十一月卒。

高密儀　銘　恩生。協理部事。甲戌七月卒。

⿰亥乙臨漳石　璞　永樂辛卯鄉舉。協理部事。正月任。丙子正月。命撫安湖廣軍民。丁丑六月致仕。

天順元年丁丑

王　驥　二月任。六月致仕。庚辰五月卒。

潼關陳汝言　正統壬戌進士。六月任。戊寅正月下獄。辛巳十二月獄死。

⿰戊戌滄州馬　昂　永樂癸卯鄉舉。三月任。調戶部。

⿰甲申河州衞王　竑　正統己未進士。八月任。

成化元年乙酉

王　竑　八月致仕。戊申十二月卒。

⿰酉乙固安王　復　正統壬戌進士。加太子少保。十月任。明年調工部。

⿰亥丁南宮白　圭　正統壬戌進士。四月任。癸巳八月憂去。十二月回部。甲午十二月卒。贈□□□□。諡恭惠。

休寧程　信　正統壬戌進士。六月陞。討山都掌蠻。

钾秀水項　忠　正統壬戌進士。十二月任。丁酉五月予告。壬戌八月卒。

酊青神余子俊　景泰辛未進士。七月任。辛丑正月憂去。

辟獻縣陳　鉞　天順丁丑進士。正月任。壬寅三月免。後削籍。

鼪涞水張　鵬　景泰辛未進士。加太子少保。三月任。乙巳四月致仕。辛亥六月卒。

郫　余子俊　見前。二月任。總督宣大軍務。

𠃉鈞州馬文升　見前。十一月任。調南京兵部。

　余子俊　正月任。

弘治元年戊申

　余子俊　己酉二月卒。

配　馬文升　二月任。

醉華容劉大夏　天順甲申進士。十月任。丙寅五月致仕。丙子五月卒。

正德元年丙寅

靈寶許　進　見前。五月任。

隴州閻仲宇　成化乙未進士。十一月任。丁卯四月致仕。進太子太保。壬申八月卒。

虰鈞州劉　宇　四月任。

鹹大寧前衛曹　元　見前。八月任。

犊寧夏胡汝礪　成化丁未進士。二月陞。未任卒。

上元王　倣　成化辛丑進士。三月任辛未五月。改掌通政司。致仕乙亥八月卒。
梓新昌何　鑑　成化己丑進士。五月任。太子太保。癸酉十一月罷。
酸長洲陸　完　見前。十一月任。進太子太保。改吏部。
紇太原王　瓊　見前。四月任。少傅兼太子太傅。改吏部。
辟東平王　憲　弘治庚戌進士。正月任。辛巳四月自免。
蘭州彭　澤　弘治庚戌進士。五月任。

嘉靖元年壬午

彭　澤　癸未十月致仕。進少保。
綏緜州金獻民　成化甲辰進士。十一月任。甲申九月總制甘肅軍務。十二月回部。乙酉六月罷。戊子五月下獄革秩。隆慶初贈太子少保。
岬　楊一清　十二月起總督三邊。
配祥符李　鉞　弘治丙辰進士。六月任。丙戌九月致仕。十一月卒。
王　憲　見前。十二月起總督三邊。
炳黃縣王時中　弘治庚戌進士。十月任。丁亥四月罷。六月復任。戊子十月罷。辛卯四月復任。
灯餘姚王守仁　弘治己未進士。五月起總制兩廣軍務。戊子十一月卒。
嘉魚李承勛　弘治癸丑進士。十二月任總督團營。己丑二月回部。
狨仁和胡世寧　弘治癸丑進士。十一月任。己丑正月致仕。進太子太保。庚寅九月卒。
松滋伍文定　弘治己未進士。三月陞總督雲貴川廣軍務。己丑二月提督團營。三月罷。庚寅七月卒。
鰊婺源汪　鋐　十月陞總督團營。進太子太保。

𨐋王　憲見前十一月任。太子太保。乙未三月致仕。丁酉十月卒。贈少保。諡康毅。
钾儀封王廷相弘治壬戌進士。三月陞提督團營。進太子太保。甲辰九月卒。贈太保。諡肅敏。
𦓐滄州張　瓚弘治乙丑進士。三月任。壬寅十月卒。贈太子太保。諡恭襄。
慈谿姚　鏌弘治乙丑進士。八月陞總制三邊。戊戌五月卒。
戚吉水毛伯溫正德戊辰進士。三月陞參贊南征。己亥二月總督宣大。七月南征。
麻城劉天和正德戊辰進士。八月進秩。仍總督三邊。進太子太保。辛未九月召提督團營。壬寅七月致仕。乙巳十二月卒。贈少保。諡莊襄。
妃　翟　鑾二月起行邊。
辟聊城樊繼祖正德辛未進士。七月兼右都御史總督宣大。
鈓　毛伯溫見前。十一月任。太子太保。甲辰十月削籍。乙巳五月卒。贈少保。諡襄懋。
□□熊　浹十二月任。署都察院。
屛漢陽戴　金正德甲戌進士。十月任。乙巳正月罷。戊申五月卒。
婺源潘　鑑□□□□進士。二月陞提督兩廣。九月卒。贈太子太保。諡襄敏。
撫寧翟　鵬正德戊辰進士。四月進秩。仍總督。十月下獄。乙巳六月獄卒。
𠃉蘭谿唐　龍見前。正月任。進太子太保。
東平路　迎正德戊辰進士。十二月任。丙午六月免。
辆盆都陳　經正德甲戌進士。六月陞提督團營。太子太保。丁未八月免。庚戌二月卒。
村江寧王以旂正德辛未進士。九月任。戊申正月總督陝西三邊軍務。進太子太保。癸丑三月卒。贈少保。諡襄敏。
帓咸寧劉儲秀正德甲戌進士。正月調。卽削籍。

配開州趙廷瑞 正德辛巳進士。正月任。己酉四月罷。太子太保。六月卒。

瀋陽范　鏓 正德丁丑進士。四月任。卽削籍。

揭陽翁萬達 嘉靖丙戌進士。三月進秩。五月召還部。十月憂去。

霑化丁汝夔 正德辛巳進士。十月任。明年八月伏法。

虥宜陽王邦瑞 正德丁丑進士。十一月任。辛亥二月削籍。

綷良鄉趙　䌹 正德丁丑進士。二月任。壬子十月戍邊。

玨　翁萬達 十月起。未任卒。贈太子少保。諡襄敏。

璲永豐聶　豹 正德丁丑進士。正月任。乙卯正月免。癸亥十一月卒。贈太子太保。諡貞襄。

濮州蘇　祐 嘉靖丙戌進士。九月進秩。總督宣大。甲寅四月罷。六月削籍。隆慶辛未九月卒。

鄿涿州史　道 正德丁丑進士。七月陞。仍經略邊事。八月協理京營戎政。十月乞休。太子太保。癸丑四月卒。

靈寶許　論 十一月進秩。總督宣大。太子太保。辛酉六月劾免。

舧蒲州楊　博 見前。二月任。太子少保。丙辰正月憂去。

陑靈寶許　論 嘉靖丙戌進士。正月回部。戊午二月削籍。己未九月總督薊遼。太子太保。丙寅十月卒。

钺　楊　博 三月復任。

幁宜陽王邦瑞 正德丁丑進士。六月起協理戎政。辛酉十二月卒。贈太子少保。諡襄敏。

績溪胡宗憲 五月任。秩總督浙直。位少保。壬戌十一月閒住。乙丑十月逮獄卒。

醉朝城江　東 嘉靖己丑進士。十二月起提督團營。太子太保。壬戌四月總督宣大。乙丑九月卒。贈少保。諡恭襄。

孭劍州趙炳然 嘉靖乙未進士。七月任。協理戎政。乙丑十月總督宣大。丙寅十月回部。進太子少保。丁卯四月致仕。

玌□□呂光洵　四月陞仍雲南巡撫己巳五月卒贈太子太保謚恭襄。

隆慶元年丁卯

任丘郭　乾　嘉靖戊戌進士四月任十月劾免。

孝義霍　冀　嘉靖甲辰進士十月任十二月罷。

鍞　郭　乾　見前二月復任進太子少保辛未四月罷。

蒲州王崇古　嘉靖辛丑進士十二月陞仍總督宣大癸酉九月協理戎政。

粹　楊　博　三月復任。

宜黃譚　綸　嘉靖甲辰進士八月陞協理戎政十月予告壬申七月起任。

軠滄州戴　才　十一月陞仍總督三邊。

萬曆元年癸酉

譚　綸　丁丑四月卒贈太子太保謚襄敏。

𡚩□□劉應節　九月任協理戎政。

𣨛嘉魚方逢時　嘉靖辛丑進士正月總督宣大進秩丁丑協理戎政。

耵益都石茂華　嘉靖甲辰進士二月以總督三邊進秩丁丑九月致仕癸未正月復任十月卒贈太子少保謚恭襄。

蒲州王崇古　四月任十月罷進太子太保戊子十月卒贈太傅謚襄敏。

嘉魚方逢時　嘉靖辛丑進士少保兼太子太保十月任辛巳四月致仕丙辰七月卒。

𨉖□□楊　兆　辛巳九月致仕。

𢉥太倉淩雲翼　六月任經理河漕癸未二月協理戎政八月致仕太子少保。

辟眞定梁夢龍　四月任。壬午十月調吏部。

　長樂陳　瑞　十一月任。癸未正月免。

妊山陰吳　兌　嘉靖己未進士。六月以薊遼總督進秩。十一月回部。進太子太保。癸未三月致仕。丙申五月卒。

楑肥鄉張學顏　嘉靖癸丑進士。四月任太子太保。乙酉二月致仕。戊戌八月卒。贈少保。

　安肅鄭　洛　壬辰進士。七月以總督宣大進秩。九月協理戎政。進太子少保。壬辰二月乞休。

　銅梁張佳胤　嘉靖癸丑進士。八月任協理戎政。九月總督薊遼。進太子太保。乙酉九月回部。丙戌十二月致仕。戊子六月卒。贈太子太保。諡襄憲。

酏霸州王　遴　嘉靖丁未進士。三月任。己酉四月卒。贈少保。諡恭肅。

　長治郜光先　嘉靖己未進士。以三邊總督進秩。太子少保。己丑四月卒。贈太子太保。

炳□□嚴　淸　十二月召。未赴。

亥曲周王一鶚　嘉靖癸丑進士。四月任。太子少保。辛卯九月卒。贈太子太保。

　衡水傅希摯　嘉靖丙辰進士。七月任。協理戎政。己丑三月致仕。進太子少保。

觪東明石　星　□□壬戌進士。八月任。少保。丁酉二月閑住。九月下獄論死。

　涇陽魏學曾　嘉靖癸丑進士。三月任。總督三邊。壬辰七月罷。丙申正月卒。

耓歸善葉夢熊　□□乙丑進士。以三邊功進秩。太子太保。乙巳十一月。協理戎政。

輌任丘李　汶　□□壬戌進士。二月以三邊功進秩。己酉十一月卒。贈太傅。

酊盆都邢　玠　□□戊辰進士。三月任。總督薊遼。

戯任丘田　樂　□□戊辰進士。六月任。少保。壬寅三月罷。

己亥廣平王世揚 丁丑進士。九月任協理戎政。甲辰十月憂去。進太子少保。戊申十二月卒。贈太子太保。

辛丑□□賈待問 戊辰進士。以陝西巡撫進秩。太子少保。壬寅十一月卒。贈太子太保。

壬寅祥符楊時寧 隆慶戊辰進士。二月以寧夏巡撫進秩。乙巳二月致仕。己酉十一月卒。贈太保。

長泰戴　燿 七月以兩廣總督進秩。太子少保。戊申十月削籍。

癸卯泰安蕭大亨 嘉靖壬戌進士。十月任。少傅。戊申十一月致仕。壬子二月卒。

□□趙可懷 二月以湖廣巡撫進秩。

重慶衞𥟖　達 □□□□進士。九月以薊遼總督進秩。太子太保。戊申七月卒。贈少保。

長垣李化龍 □□甲戌進士。十月以播功進秩。卽憂去。

乙巳任丘徐三畏 萬曆丁丑進士。十一月以甘肅巡撫進秩。十二月提督三邊。戊申九月卒。

新城王象乾 十一月以宣鎭功進秩。戊申九月起督薊遼。

己酉長垣李化龍 □□甲戌進士。正月任。進少傅。辛亥十二月卒。

涇縣劉四科 □□辛未進士。二月以順天巡撫進秩。庚戌六月卒。

辛亥□□黃克纘 正月以山東巡撫進秩。

全州舒應龍 □□壬辰進士。八月任。協理戎政。乙卯四月卒。

王象乾 十月以薊遼總督進秩。壬子正月回部。

渭南孫　瑋 □□丁丑進士。十一月總儲進秩。

壬子泰和郭子章 □□辛未進士。四月以貴州巡撫進秩。戊午七月卒。

癸丑澤州周　盤 □□丁丑進士。十一月以總督三邊進秩。

卽墨黃嘉善 □□丁丑進士。十一月以總督三邊功進秩。甲寅二月協理戎政。太子太保。
南昌涂宗濬 萬曆癸未進士。十一月以總督宣大進秩。太子太保。
卿
涂宗濬 八月陞。未任。
陃
卽墨黃嘉善 十月任。庚申九月罷。
定海薛三才 □□丙戌進士。十二月協理戎政。己未四月卒。贈太子太保。謚恭敏。
輮
東陽許弘綱 □□庚辰進士。八月任協理戎政。
長垣崔景榮 □□癸未進士。十月任。辛酉五月免。
天啓元年辛酉
王象乾 五月任。六月總督保定。甲子三月憂去。進少師。
江夏熊廷弼 □□戊戌進士。六月任遼東經略。乙丑八月死西市。
潁州張鶴鳴 □□壬辰進士。十月任。太子太保。壬戌七月免。乙亥正月死于寇。
妊
開州董漢儒 □□己丑進士。八月任。癸亥七月憂去。進太子太保。
晉江黃克纘 □□庚辰進士。正月任協理戎政。太子太保。七月罷。
太倉王在晉 三月任。經略薊遼。太子少保。
□□趙　彥 十二月以山東巡撫進秩。癸亥八月回部。進太子太保。乙丑五月罷。
押
山陰朱爕元 萬曆壬辰進士。十一月以四川總督進秩。
乪
灤州高　第 萬曆己丑進士。五月任。十月經略遼東。丙寅三月免。
□□王永光 十月任。太子太保。丙寅七月罷。

餉潼關王之臣 乙未進士。三月任經略遼東太子太師。
清苑閻鳴泰 戊戌進士。三月任總督薊遼太子太傅。
河間馮嘉會 乙未進士。七月任太子太師丁卯四月卒。
泰寧李春燁 丙辰進士。七月任戎政太子少保。
定海邵輔忠 乙未進士。十月進秩署太常寺太子太保。
卯　王之臣 二月回部進太子太師。七月督師薊遼進少傅。
張　曉 五月任總督宣大太子太傅。
東光霍維華 癸丑進士。十一月任戎政戊辰五月免己巳謫戍邊。
薊州崔呈秀 癸丑進士。七月任進少保己巳誅死。
吳江呂純如 辛丑進士。八月傳陞戎政戊辰八月免。
故城田　吉 壬戌進士。八月任十一月免己巳論死。
杞縣李精白 癸丑進士。八月以進秩。
杞縣劉　詔 己未進士。八月以薊遼總督進秩戊辰正月逮己巳論死。
東光霍維華 十一月任戎政戊辰五月免己巳謫戍。
□□秦士文 戊辰正月免。
崇禎元年戊辰
□□王在晉 六月任。十月免。癸未十二月卒。
臨邑王　洽 □□甲辰進士。十一月任。己巳十月下獄。庚午四月獄死。

滕縣袁崇煥 □□己未進士。正月任。督師。庚午八月伏法。
□□喻安性 十二月任。總督薊遼。
山陰朱燮元 □□壬辰進士。六月任。貴州總督。戊寅三月卒。
益都張　曉 萬曆丁未進士。六月任。總督宣大。十二月謫戍。
王象乾 六月任。督師宣大。
己巳吉水李邦華 □□甲辰進士。正月任。戎政。
□□魏雲中 九月任。總督宣大。
吳縣申用懋 十一月任。總督薊遼。
□□閔夢得 十二月任。戎政。
庚午鄢陵梁廷棟 □□己未進士。正月任。辛未四月免。
□□張鳳翼 正月任。總督薊遼。
辛未進賢熊明遇 □□辛丑進士。六月任。
□□陸完學 十二月任戎政。
壬申　張鳳翼 九月任。
癸酉南安洪承疇 □□丙辰進士。八月以總督進秩。
武陵楊嗣昌 □□庚戌進士。十月任。
甲戌赤水衛熊文燦 四月任。勦寇。
□□王業浩 兵部右侍郎陞。癸未十二月卒。

戊寅宜興盧象昇 六月任勦寇十二月戰死。
己卯□□方一藻 八月以巡撫進秩。
庚辰□□陳新甲 萬曆壬子貢士正月任壬午七月下獄伏法。
辛巳□□丁啓睿 四月任勦寇壬午八月下獄。
壬午高密張福臻 三月任總督薊遼。
　東陽張國維 □□壬戌進士九月任癸未五月罷。
癸未振武衞孫傳庭 □□己未進士六月任巡撫。
　慈谿馮元飇 五月任十月罷。
　□□張縉彥 十月任。
甲申
　丁啓睿 勦農。
　□□田仰 八月以淮安巡撫進秩。

南京兵部尚書

永樂元年癸未
甲申□□張本 見前八月任。
洪熙元年乙巳
　□□李慶 十月改南京。
宣德元年丙午
　宛平甄庸 工部尚書兼部事人才。

正統元年丙辰

巳寧夏衞徐　琦永樂乙未進士。十月任。癸酉三月卒。

景泰元年庚午

酸安平張　鳳三月任。

岬江陵張　純永樂辛丑進士。二月任。丁丑二月致仕。

天順元年丁丑

牲廬陵蕭維楨宣德庚戌進士。十二月任。乙酉八月疾免。成化壬辰三月卒。

成化元年乙酉

　順義李　賓正統乙丑進士。八月任。

鶇休寧程　信正統壬戌進士。九月任。己亥九月卒。

酊陽城原　傑正統乙丑進士。四月任。六月卒。

戱三原王　恕見前。三月任。己亥正月改巡撫江南。

妃瓊山薛　遠正統己未進士。正月任。十一月致仕。乙卯十二月卒。

　□□陳　俊十二月任。

鈵鈞州馬文升九月任。

屇　王　恕四月任。

朾盧氏耿　裕見前。十一月任。

弘治元年戊申

華亭張　鎣　正統戊辰進士。十一月任。癸丑七月卒。

癸丑雄縣侯　瓚　景泰甲戌進士。八月任。丙辰三月調南京戶部。

丙辰華亭張　悅　天順庚辰進士。加太子少保。三月任。己未八月致仕。進太子少保。

己未上元倪　岳　見前。八月任。

庚申舒城秦民悅　見前。六月任。

辛酉祥符王　繼　成化丙戌進士。十月任。癸亥四月卒。

癸亥洪洞韓　文　見前。五月任。

甲子公安王　軾　天順甲申進士。十一月任。丙寅四月致仕。進太子太保。十一月卒。

正德元年丙寅

閩縣林　瀚　成化丙戌進士。四月任。丁卯正月降浙江參政。致仕。己卯九月卒。

丁卯新昌何　鑑　見前。正月任。

辛未內鄉柴　昇　成化丁未進士。

壬申大興劉　機　成化戊戌進士。四月任。甲戌三月致仕。太子少保。癸巳四月卒。

甲戌全州張　鎏　成化戊戌進士。四月任。乙亥四月致仕。己卯八月卒。

乙亥樂平喬　宇　見前。五月任。辛巳五月進太子太保。十一月進少保。

辛巳餘姚王守仁　弘治己未進士。七月陞。未上。封新建伯。

嘉靖元年壬午

東光廖　紀　見前。四月任。十一月罷。

[illegible]絳州陶琰　成化辛丑進士。十一月任。進太子太保。壬辰七月卒。贈少保。謚恭介。
[illegible]無錫秦金　見前。八月任。本年入戶部。
內江李充嗣　成化丁未進士。十一月任。太子少保。戊子正月致仕。
[illegible]東平王憲　見前。二月任。
[illegible]錢塘胡世寧　見前。八月起補。未任。
[illegible]儀封王廷相　弘治壬戌進士。正月任。
[illegible]襄垣劉龍　弘治己未及第。五月任。六月卒。贈太子太保。謚文安。
[illegible]無錫秦金　弘治癸丑進士。七月任。丙申九月致仕。甲辰正月卒。贈太子少保。謚端敏。
[illegible]江都王軏　弘治己未進士。十月任。己亥五月削籍。
[illegible]增城湛若水　弘治乙丑進士。六月任。庚子五月致仕。庚申四月卒。後贈太子少保。謚文簡。
[illegible]南昌熊浹　見前。六月任。
[illegible]定興王堯封　弘治乙丑進士。十一月任。癸卯三月免。
[illegible]鄞縣張邦奇　弘治乙丑進士。三月任。甲辰十一月卒。贈太子太保。謚文定。
[illegible]奉新宋景　弘治乙丑進士。十一月任。
[illegible]南昌胡訓　弘治壬戌進士。九月任。太子太保。丁未八月免。戊申二月卒。
[illegible]朝邑韓邦奇　正德甲戌進士。十二月任。己酉十二月致仕。乙卯十二月卒。贈太子少保。謚恭簡。
[illegible]安福王學夔　正德甲戌進士。十二月任。庚戌三月致仕。丙子正月卒。贈太子少保。謚莊簡。
[illegible]南充韓士英　三月任。

孖臨桂蔣 楷 嘉靖癸未進士。五月任。癸丑三月致仕。辛酉五月卒。贈太子少保。謚恭簡。
瑛婺源潘 潢 正德辛巳進士。四月任。十月免。乙卯十月卒。贈太子少保。謚簡肅。
侯官張 經 十月任。明年五月改兼都察院右都御史。總督浙直軍務。
鄆吉水周 延 嘉靖癸未進士。十月任。
鄖鄞縣張時徹 嘉靖癸未進士。正月任。九月免。
南昌張 鏊 嘉靖丙戌進士。九月任。庚申三月免。
輮朝城江 東 弘治乙丑進士。四月任。辛酉五月罷。
醉豐城李 遂 嘉靖丙戌進士。五月任。乙丑十二月致仕。丙寅十月卒。贈太子少保。謚襄毅。
孔滁州胡 松 十二月任。丙寅十月卒。
鬴任丘郭 乾 見前。四月任。
隆慶元年丁卯
太平趙天祐 嘉靖乙未進士。四月陞。未任。己巳正月卒。
福山郭宗皋 嘉靖己丑進士。本年致仕。進太子少保。戊子十一月卒。
麻城劉 采 嘉靖己丑進士。十月任。庚午八月致仕。癸酉十二月卒。贈太子少保。謚端簡。
鍊汶上吳 嶽 嘉靖壬辰進士。九月任。卽卒。萬曆初贈太子少保。謚介肅。
扶溝劉自强 十月任。
石首王之誥 嘉靖甲辰進士。十一月任。
蚟東安劉體乾 嘉靖甲辰進士。七月任。

萬曆元年癸酉

東安劉體乾 甲戌六月致仕。丙子五月卒。贈太子少保。

岬滄州戴　才 □□甲辰進士。六月任。

孙江陰劉光濟 □□甲辰進士。二月任。丁丑十月致仕。甲申九月卒。

玎餘姚翁大立 □□戊戌進士。十月任。

躬太倉淩雲翼 見前。四月任。□□丁未進士。

□□楊　兆 見前。□□丙辰進士。

𢉖烏程潘季馴 □□庚戌進士。六月任。

糇霸州王　遴 見前。正月任。□□丁未進士。

臨武劉堯誨 嘉靖癸丑進士。七月任。十二月致仕。

軸莆田郭應聘 嘉靖庚戌進士。正月任。丙戌四月致仕。十一月卒。

炳衡水傅希摯 嘉靖丙辰進士。四月任。

刻涇陽李世達 嘉靖丙辰進士。五月任。

內江陰武卿 嘉靖丙辰進士。六月任。戊子七月卒。贈太子少保。

孜連江吳文華 嘉靖丙辰進士。七月任。贈太子少保。

玘吳縣楊　成 嘉靖丙辰進士。五月任。辛卯二月致仕。進太子少保。乙未十一月兼右都御史。庚子七月卒。贈太子太保。諡莊簡。

觪全州舒應龍 □□壬戌進士。二月任。

酊故城周世選 □□壬戌進士。十二月致仕。戊戌七月復起。贈太子少保。

妃蔚州郝　杰嘉靖丙辰進士。五月任。
辞益都邢　玠□□戊辰進士。二月任。
巳餘姚孫　鑛□□甲戌進士。十一月任。太子太保。
配益都邢　玠□□戊辰進士。十二月任。壬子三月卒。
孖晉江黄克纘□□庚辰進士。二月任。
帹陽城衛一鳳□□庚辰進士。八月任。
天啓元年辛酉
庭□□魏養蒙正月任。
□□王在晉八月陞。
新建陳道亨十月陞。乙丑正月罷。
玌□□王永光三月任。
東陽許弘綱□□庚辰進士。十月任。己卯八月卒。
䫥五湖劉廷元□□甲辰進士。十二月任。
崇禎元年戊辰
□□商周祚三月任。
瀏陽胡應台六月任。
铗□□傅振商三月任。
𨡜新安呂維祺癸丑進士。

丁丑吳橋范景文

己卯吉水李邦華 四月任。

庚辰□□仇維楨 十一月任。

辛巳商丘余　瑊 □□丙辰進士。十一月任。

癸未祥符史可法 七月任。

甲申進賢熊明遇 □□辛丑進士。癸未七月罷。

東陽張國維 □□壬戌進士。五月任。戎政。

棠邑張鳳翔 總督浙直。十一月任。

永城練國事 □□丙辰進士。

弘光元年乙酉

桐城阮大鋮 萬曆丙辰進士。二月任。

國權卷首之四

部院下

刑部尚書

洪武元年戊申

帆江寧周　禎漢臣八月任。十一月調治書侍御史。

象山錢　唐明經十二月任。明年致仕。

配□□劉希魯三月任。

臨潁世家寶元集賢學士七月任。十二月降廬陵知縣甲戌十月以臨安知府致仕卒。

虒鄱陽周　湞舉文學十一月任。己酉十一月任庚戌正月貶惠州府經歷以初任責胥吏。

□□郎本中見前十一月調吏部。

鄞縣程　徐元刑部侍郎。

延津班用吉儒士明年三月降江西按察副使。

辤□□劉惟謙薦舉二月任。七月調四川行省參政。

溧水端以善九月任。

孖德慶李　質元樞密院同僉本年改浙江行省參政。

新昌楊　容元臣本年坐法。

宜興吳　雲 監生。明年二月改湖廣行省參政。

⿰王癸□□高萬傑 二月任。四月參政廣西。

□□孫克義 薦舉。六月任。

江都李　敬 一名鴻漸。舉文學。本年致仕。

劉惟謙 七月任。

大興李　嚴 卽民瞻。十月任。甲寅七月出陜西參政。

□□陳　璿 十月任。

□□孫　堯 薦舉。十月任。本年調四川行省參政。

卿□□唐　鐸 見前。十二月任。本年四月改太常寺卿。

孟縣馮　冕 儒士。

□□徐　本 丙辰正月出陜西參政。

⿸厂丙汶上韓士原 正月任。七月出江西布政。

□□商　暠

□□唐　俊 十二月同任。丁巳二月出福建右參政。

盯武定邢　懋 薦舉。

□□周　斌 七月出陜西參政。

□□尹　性 七月任。

⿰牜成□□沈立本 十二月任。己未四月出江西布政。

興化馮　諒薦舉。
鄭崑山顧　禮九月任。正月卒。
紀永寧趙　義儒士。
　東平呂宗藝元中書參政。十一月任。
辭錢塘胡　禎御史臺吏。七月任。
□□王　旹見吏部。
赶洛陽開　濟明經。七月試任。癸亥十二月伏誅。
孭項城劉　逵薦舉。正月任。乙丑三月坐法。
□□王惠迪薦舉。明年三月坐法。
玭洛陽夏　恕舉賢良。
舸□□唐　鐸
記夷陵趙　勉見前。二月任。
鋏山陽楊　靖見前。五月任。
□□安　童正月任。胡騎指揮。
鋮浮山暴　昭薦舉。
按他書有萊陽劉希魯。在世家寶前。劉大忻在劉惟謙前。李友諒端以善溧水在吳雲前。高萬傑孫克義元平章又在劉惟謙前。徐本韓士原汶上商暠唐俊秦中周斌尹性馮諒沈立本顧禮崑山。薦辟在呂宗藝前。安童胡騎指揮在夏恕前。

建文元年己卯

□□暴　昭　元年充北平採訪使。七月署平燕布政使。壬午六月伏誅。

廎南和侯　泰　薦舉。壬午二月督餉濟寧。七月族誅。

牲東陽李希明　洪武丙子舉孝廉。是年以江西參政攝部事。卒。

溧水魏　澤　靖難後謫寧海典史。錄方孝孺家時藏其幼子。以故方氏有遺胤。

歐寧鄭　賜　見前。七月任。

□□雒　僉　十二月以保定知府陞。癸未二月任。北京行部。乙酉二月伏誅。

永樂元年癸未

□□鄭　賜　乙酉九月調禮部。

酕臨潼呂　震　見前。九月任。

孩雄縣劉　觀　見前。十二月任。

輛武城吳　中　監生。八月任。辛丑十一月下獄。

屛泗州金　純　監生。十月任。

洪熙

宣德元年丙午

金　純　戊申五月下詔獄。八月致仕。庚申七月卒。贈山陽伯。

□□李友直　北平府吏。

□□張　本

⿰卯己建昌魏　源　永樂丙戌進士。七月任。甲子七月卒。
正統元年丙辰
　魏　源　癸亥三月致仕。
⿰亥癸太和王　質　永樂甲午鄉舉。三月任。六月陞戶部左侍郎。甲子九月卒。
□□金　濂　見前。八月任。
⿰巳己長洲俞士悅　永樂乙丑進士。十一月任。天順丁丑正月戍邊。成化乙酉正月釋爲民。
景泰元年庚午
梓麗水薛希璉　宣德庚戌進士。三月陞鎮守福建。
天順元年丁丑
　鹿邑軒　輗　永樂甲辰進士。二月任。七月致仕。
萬安劉廣衡　永樂甲辰進士。八月任。戊寅十二月卒。
⿰貝戊鄞縣陸　瑜　宣德癸丑進士。十月任。
成化元年乙酉
　陸　瑜　癸巳八月致仕。弘治己酉七月卒。贈謚康僖。
⿰巳癸廬陵王　槩　正統壬戌進士。八月任。
⿰午甲秀水項　忠　十一月任。
　忻州董　方　正統乙丑進士。十二月任。丁酉七月致仕。癸卯二月卒。謚襄敏。
酊寧德林　聰　正統己未進士。七月任。壬寅八月卒。謚莊敏。

鈓□□張　鎣　見前。九月任。丙午十月憂去。

鈵金堂杜　銘　正統乙丑進士。十月任。丁未十月免。丙辰六月卒。

弘治元年戊申

　廣昌何喬新　景泰甲戌進士。正月任。辛亥八月免。壬戌十二月卒。謚文肅。

辥莆田彭　韶　天順丁丑進士。九月任。癸丑七月致仕。乙卯正月卒。

珽武進白　昂　天順丁丑進士。八月任。進太子太傅。庚申九月致仕。癸亥七月卒。

輔烏程閔　珪　天順甲申進士。五月任。辛未十月卒。謚莊懿。

正德元年丙寅

　　閔　珪　丁卯正月致仕。進少保。

虰平湖屠　勳　成化己丑進士。正月任。戊辰正月致仕。進太子太保。丙子十月卒。

戚山陰王鑑之　成化丙戌進士。正月任。己巳正月致仕。己卯七月卒。

㔾錢塘洪　鍾　成化乙未進士。正月任。明年三月改左都御史。總制川湖軍務。壬申十二月致仕。

　鄢陵劉　璟　成化乙未進士。十二月任。庚午十二月致仕。癸未四月卒。贈太子少保。

梓新昌何　鑑　見前。正月任。

軠藁城張子麟　成化甲辰進士。十二月任。丙午六月卒。

辟莆田林　俊　成化戊辰進士。

嘉靖元年壬午

　莆田林　俊　成化戊辰進士。四月任。癸未七月致仕。進太子太保。丁亥七月卒。

⿰木癸縣州金獻民　見前八月任。

壽光趙　鑑　成化丁未進士。十一月任。丙戌五月致仕。丁酉十月卒。贈太子太保。謚康敏。

⿰火丙巴陵顏頤壽　見前。五月任。丁亥八月下獄免官。隆慶初贈太子少保。

⿰亥丁嘉魚李承勛　見前。十月任。

仁和胡世寧　見前。十二月任。

⿰子戊樂清高友璣　弘治庚戌進士。十一月任。己丑四月免。丙午十二月卒。贈太子少保。謚襄簡。

⿰丑己崑山周　倫　弘治丙辰進士。五月任。本年改南京。

靈寶許　讚　見前。九月任。

⿰卯辛黃縣王時中　弘治庚戌進士。九月任。癸巳二月罷。壬寅正月卒。

⿰巳癸長壽聶　賢　弘治庚戌進士。四月任。乙未七月致仕。庚子七月卒。贈太子少保。謚榮襄。

⿰未乙□□唐　龍　見前。七月任。戊戌四月終養。

⿹戊戌長沙楊志學　弘治癸丑進士。五月任。己亥六月致仕。辛丑正月卒。贈太子太保。謚康惠。

⿰亥己寧州周期雍　正德戊辰進士。六月任。庚子八月致仕。

⿰子庚桐城錢如京　弘治壬戌進士。九月任。甲辰九月卒。

⿰丑辛吳江吳　山　正德戊辰進士。九月任。壬寅十月削籍。

⿰寅壬□□聞　淵　見前。十月任。進太子少保。

⿰卯丁鄞縣屠　僑　正德辛未進士。二月任。

榮昌喻茂堅　正德辛未進士。九月任。己酉九月致仕。贈太子少保。

配鄢陵劉　訒正德丁丑進士。十月任。庚戌四月削籍。己未九月卒。
⿰戌庚長山李士翱見前。五月任。
長興顧應祥弘治乙丑進士。七月任。明年調南京。
⿰亥辛進賢萬　鏜見前。三月任。
仙居應大猷正德甲戌進士。十一月陞。駐守昌平。壬子九月罷。
⿰子壬山陰何　鼇正德丁丑進士。九月任。丙辰十二月罷。己未八月卒。贈太子少保。
⿰巳丁福安歐陽必進見前。十二月任。
眞定賈應春見前。八月任。
⿰午戊海鹽鄭　曉嘉靖癸未進士。三月任。庚申四月罷。丙寅九月卒。贈太子少保。諡端簡。
⿰申庚上海潘　恩八月任。
任丘閔　煦嘉靖乙未進士。五月任。萬曆庚辰三月卒。
醉蘄州馮天馭嘉靖乙未進士。四月任。
臨海蔡雲程嘉靖乙未進士。七月任。
⿰戌壬烏程張永明嘉靖乙未進士。五月任。改左都御史。
晉江黃光昇嘉靖己丑進士。十月任。
隆慶元年丁卯
黃光昇四月致仕。
江山毛　愷嘉靖乙未進士。五月任。庚午八月致仕。贈太子太保。

⿰午庚德平葛守禮 見前二月起改左都御史。
扶溝劉自强 嘉靖甲辰進士十一月任。壬午正月卒。
⿰申壬石首王之誥 嘉靖甲辰進士七月任。
萬曆元年癸酉
王之誥 乙亥九月終養。
⿰亥乙蒲州王崇古 見前九月任。
⿰丑丁濰縣劉應節 嘉靖丁未進士四月任。八月罷。
義烏吳百朋 嘉靖丁未進士。九月任。
⿰寅戊雲南後衞嚴 清 見前。五月任。
⿰未癸烏程潘季馴 嘉靖庚戌進士太子少保。正月任。甲申七月削籍。
⿰申甲臨川舒 化 嘉靖己未進士。十一月任。丁亥五月致仕。贈太子少保。
⿰亥丁涇陽李世達 見前。六月任。
⿰寅庚平湖陸光祖 五月任。
⿰卯辛餘姚趙 錦 嘉靖甲辰進士。十一月赴任卒。
邯鄲張邦彥 嘉靖壬戌進士。十二月陞。被論致仕。進太子少保。戊戌十月卒。
□□孫丕揚 十二月任。
⿰巳癸□□趙 煥 十一月任。
⿰未乙泰安蕭大亨 五月任。少保。

乙巳樂安董　裕　□□辛未進士。四月任。十二月致仕●丙午十月卒●

戊申□□沈應天　八月任。庚戌正月致仕

庚戌掖縣趙　煥　□□乙丑進士。九月任。

丙辰縉雲李　誌　□□甲戌進士。正月任。

庚申晉江黃克纘　七月任。

天啓元年辛酉

壬戌芮城王　紀　□□己丑進士。二月任。七月削籍●

渭南孫　瑋　□□丁丑進士。八月任。

癸亥洛陽喬允升　□□壬辰進士。十一月任。甲子十二月罷●

乙丑□□李養正　正月任。乙丑十二月罷。

金壇周應秋　四月任。協理部事●

丙寅東莞徐兆魁　□□丙戌進士。六月免●

韓城薛　貞　□□辛丑進士。七月任。太子太保●丁卯十一月免●戊辰五月削籍●己巳論死●卒于獄●

丁卯□□蘇茂相　十一月任。戊辰正月免。

崇禎元年戊辰

□□王在晉　十二月任●

己巳□□喬允升　□□壬辰進士。十二月下獄論戍●

庚午□□韓繼思　□□癸丑進士。三月削籍。

□□胡應台 三月任。
⿰酉癸□□馮　英 九月任。丁丑六月戍邊。
⿰丑丁建德鄭三俊 □□戊戌進士。四月任。
⿰寅戊□□劉之鳳 四月任。
⿰卯己黃岡甄　淑 □□庚戌進士。正月任。庚辰十一月下獄卒。
⿰辰庚□□李覺斯 七月任。
⿰巳辛□□劉澤深 正月任。
⿰午壬　鄭三俊 正月陞任。
□□范景文 八月任。
□□徐石麒 十一月任。

南京刑部尚書

永樂元年癸未
⿰辰甲祥符趙　玥 見前。八月任。宣德庚戌十一月致仕。正統丙辰七月卒。
宣德元年丙午
⿰卯乙東安施　禮 洪武丁丑進士。七月任。正統七年致仕。乙丑六月卒。
景泰元年庚午
⿰未辛錢塘楊　寧 見前。十二月任。天順元年致仕。戊寅十二月卒。
天順元年丁丑

丁丑麗水薛希璉　宣德庚戌進士。二月任。戊寅七月卒。

戊寅盧氏耿九疇　永樂甲辰進士。十一月任。四年八月卒。

庚辰盧陵蕭維禎　宣德庚戌進士。九月任。

甲申萬安劉孜　正統乙丑進士。

成化元年乙酉

萬安劉孜　十一月任。戊子二月致仕。六月卒。

己丑陽曲周瑄　宣德乙卯鄉舉。三月任。丁酉十二月卒。

壬辰江浦張瑄　正統壬戌進士。八月任。甲寅九月卒。

丁未□□何喬新　見前。

弘治元年戊申

辛亥舒城鄭時　景泰甲戌進士。正月任。甲寅十月致仕。己未八月卒。

甲寅烏程閔珪　見前。十一月任。

丙辰浮梁戴珊　見前。四月任。

庚申洛陽翟瑄　天順甲申進士。六月任。辛酉七月卒。

辛酉祥符王繼　見前。七月任。

盱眙陳道　天順甲申進士。十一月任。甲子二月卒。

甲子常山樊瑩　天順甲申進士。三月任。乙丑十一月致仕。

乙丑安福張敷華　天順甲申進士。十二月任。

崇德鍾　蕃 本姓潘成化甲戌進士。

正德元年丙寅

崇德鍾　蕃 見前正月任丙子六月卒。

⿰卯丁錢塘洪　鍾 見前八月任。

⿰辰戊新昌何　鑑 見前。

吳江吳　洪 成化乙未進士十二月任庚午正月致仕贈太子少保。

⿰午庚吳縣劉　纓 成化戊戌進士正月任癸酉十二月罷癸未十二月卒。

⿰酉癸德興孫　需 見前十二月任。

⿰戌甲寧遠衞陳　壽 成化壬辰進士以南京兵部侍郎乞休進官致仕壬午九月卒。

景州戈　瑄 成化乙未進士四月任己卯八月致仕壬午十二月卒贈太子太保。

⿸辰庚緜州金　獻民 見前十一月任。

⿰巳辛壽光趙　鑑 見前七月任。

嘉靖元年壬午

趙　鑑

⿰未癸任丘邊　憲 弘治庚戌進士十一月任。

⿰申甲曲阜孟　鳳 弘治庚戌進士六月任丙戌四月卒贈太子少保。

長壽聶　賢 見前四月任。

嘉魚李承勛 見前六月任。

丁亥莆田方良永　弘治庚戌進士。十一月陞。未任卒。

戊子崑山周倫　十一月任。

□□高友璣　見前。

己丑山陰何詔　弘治丙辰進士。六月陞。未任。

崑山周倫　見前。九月任。癸巳五月致仕。壬寅五月卒。贈太子少保。諡康僖。

癸巳鄞縣聞淵　見前。五月任。

己亥吳江周用　見前。七月任。辛丑六月致仕。

辛丑武進周金　見前。六月任。

壬寅上元顧璘　弘治丙辰進士。三月任。甲辰七月罷。

甲辰□□唐龍　見前。八月起。未任。本年改兵部。

乙巳□□屠僑　見前。正月任。

丁未□□萬鏜　三月任。

己酉鄢陵劉訒　見前。二月任。

庚戌進賢傅炯　嘉靖癸未進士。二月任。辛亥二月免。

辛亥長興顧應祥　弘治乙丑進士。二月調任。甲寅二月罷。乙丑九月卒。贈太子少保。

甲寅星子陶尚德　嘉靖丙戌進士。三月任。丙辰三月罷。

諸暨翁溥　嘉靖己丑進士。

丙辰慈谿馮岳　嘉靖丙戌進士。三月任。己未三月疾免。萬曆壬午六月卒。

紀臨海蔡雲程 見前。三月任。

醉縉雲盧　勳 嘉靖壬辰進士。七月任。癸亥四月免。

㷖太平趙穴祐 見前。五月任。乙丑五月疾免。

玌萬安朱　衡 嘉靖壬辰進士。未任。改工部總理河道。

吳縣錢邦彥 嘉靖乙未進士。九月任。丁卯四月劾免。萬曆辛丑二月卒。

隆慶元年丁卯

平湖孫　植 嘉靖乙未進士。五月任。庚午三月罷。贈太子太保。

鉮晉江黃光昇 嘉靖己丑進士。三月陞。未赴。致仕。

登州衞陳其學 嘉靖甲辰進士。十月任。辛未八月致仕。萬曆癸巳正月卒。贈□□□□。謚恭靖。

粹新建李　遷 嘉靖辛丑進士。八月任。尋致仕。

□□王國光 見前。十月陞。未任。改戶部總儲尚書。八月任。尋致仕。

軠巴陵謝登之 見前。正月任。

萬曆元年癸酉

炠莆田林雲同 嘉靖丙戌進士。六月任。卽致仕。萬曆丁丑五月卒。贈太子少保。謚端簡。

奵餘姚趙　錦 見前。六月任。

玎膚施楊　兆 見前。十二月任。

戭臨海何　寬 見前。

騻長樂陳　瑞 嘉靖丙辰進士。九月任。

辛巳歙縣殷正茂　十一月任。癸未正月免。
癸未同安陳道基　嘉靖庚戌進士。二月任。乙酉九月罷。
乙酉黃岡王廷瞻　九月任。丙戌三月罷。
丙戌丹陽姜　寶　見前。三月任。
丁亥平湖陸光祖　嘉靖丁未進士。五月任。明年改吏部。
己丑太倉王世貞　嘉靖丙辰進士。六月任。庚寅三月致仕。辛卯正月卒。
庚寅南昌魏時亮　嘉靖己未進士。三月任。辛卯五月卒。
辛卯晉江王用汲　嘉靖戊辰進士。五月任。壬辰五月致仕。甲午二月卒。
壬辰襄城辛自修　六月任。
癸巳宣城徐元泰　□□乙丑進士。正月任。甲午六月致仕。
甲午鄞縣趙參魯　隆慶辛未進士。八月任。太子太保。己酉二月卒。贈太子少保。謚端潔。
己酉慶陽李　楨　□□辛未進士。十二月任。辛亥三月去任聞住。癸丑九月卒。
癸丑萬安張鳴岡　□□庚辰進士。七月任。丙辰十一月卒。
戊午陽城衛一鳳　□□庚辰進士。四月任。
天啓元年辛酉
　祁陽陳　薦　□□丙辰進士。七月任。
壬戌□□李長庚　三月任。
□□李養正　十月任。甲子二月致仕。

甲子□□胡應台 二月任。乙丑七月罷。

丙寅□□吳崇禮 八月卒。

丁卯□□潘　濬 二月任。

□□潘士良 戊寅六月免。

崇禎元年戊辰

□□李養正 十月任。

己巳進賢熊明遇 □□辛丑進士。四月任。

辛未□□沈　演 五月任。

癸酉平湖姚士慎 □□甲辰進士。四月任。丙子六月卒。

己卯□□涂國鼎 五月任。

辛巳羅山劉廣生 六月任

癸未　胡應台 □□戊戌進士。七月任。

甲申興化解學龍 □□癸丑進士

乙酉□□高　倬 二月任。

工部尚書

洪武元年戊申

鳳陽單安仁 見前。八月任。

己酉□□孫克義 元平章。四月任。十一月改河南行省參政。

□□張　允　十一月任。
洛陽李廷桂　元臣。
栢城安　然　元左丞。
虒徐州朱守仁　元樞密同知本年改北平行省參政。
𡛟安　然　九月出爲北平參政。
𡤼新城黃　肅　元禮部主事三月任明年四月改廣西行省參政。
𤨍潁州李　敏　薦舉五月任明年二月改江西行省參政。
河南永寧趙　羲　儒士九月任。
𧢼□□嚴　達　五月任辛酉十月杖死。
𨈐無爲薛　祥　元臣二月任明年進北平布政使。
𠩪李　敏　十二月任。
□□王　虎　薦舉。
昋□□趙　羲　見前。
𦓤丹徒余文昇　薦舉三月任。
𢇛□□趙　俊　薦舉三月任。
𡦂連山麥志德　本姓嚴舉孝弟力田正月任明年伏法。
玌□□徐　本　薦舉。
𤜶澄城潘孟舉　薦舉。

卭宣城秦　逵 監生。二月任。明年調兵部。本年復任。壬申九月自殺。

钑錢塘沈　溍 見前。

醆烏程嚴震直 洪武庚午舉賢良。六月任。明年十二月降監察御史。

䒒□□王　儁 薦舉。

㮇信陽孫　顯 洪武丁卯鄉舉。

玎　嚴震直 八月復任。

䜪歐寧鄭　賜 十二月任。

按他書有嚴達在薛祥前。朱瑛在余文昇前。又廖道南楚紀云。咸寧劉繼起徵辟。草創事宜。拜工部尙書。

建文元年己卯

□□鄭　賜

□□徐　貞 建文出亡留宿事覺族誅。

㕵昌邑黃　福 見前。九月任。

永樂元年癸未

嚴震直 壬午七月致仕。九月吞金卒。

黃　福 乙酉四月改北京行部。

岬河南永寧宋　禮 歲貢。十二月任。壬寅七月卒。

䊸武城吳　中 監生。正月任。

㺯順義李　慶 見前。十二月任。

〓泗州金　純　見前。八月任。
黄　福　見前。改鎮撫交阯。
武城吳　中　監生。十月任。
洪熙元年乙巳
清苑李友直　北平司吏。正月任。
宣德元年丙午
吳　中　戊申六月下獄。復官。奪少保。後歷少師。壬戌六月卒。贈茌平伯。謚榮襄。
李友直　丁巳九月卒。
〓
黄　福　八月調任。
正統元年丙辰
鄜縣王　巹　監生。七月任。戊辰二月致仕。癸未七月卒。
〓交阯黎　澄　俘夷。六月任。丙寅七月卒。
〓臨漳石　璞　五月任。
〓□□周　忱　八月調任。仍巡撫江南。辛未六月致仕。癸酉十月卒。
江寧陳　恭　十月任。督理柴炭。癸酉五月致仕。
景泰元年庚午
石　璞
〓□□王永壽　七月任。督理柴炭。甲戌二月巡撫湖廣。

𡜊江津江　淵　見前。正月任。丁丑正月戍邊。成化乙酉正月釋爲民。
天順元年丁丑
　閩縣趙　榮　舉楷書。正月任。乙未三月卒。
𥞦南宮白　圭　見前。三月任。
成化元年乙酉
　白　圭
奵固安王　復　正統壬戌進士。四月任。加太子少保。己亥十二月致仕。乙巳六月卒。
耗□□張文質　二月陞署通政司。
帎□□萬　祺　五月陞理易州山廠。
妃邢州劉　昭　見前。十二月任。
犳豐城李　裕　見前。八月任。
　新建謝一夔　天順庚辰狀元。十月任。丁未五月卒。
玎東鹿賈　俊　景泰庚午鄉舉。太子少保。乙卯六月卒。
弘治元年戊申
𡚸賈　俊　甲寅二月致仕。
　南平劉　璋　天順丁丑進士。二月任。丙辰七月致仕。辛未二月卒。
㕆淳安徐　貫　天順丁丑進士。太子太傅。八月任。庚申五月致仕。壬戌十一月卒。
帹桂陽曾　鑑　天順甲申進士。五月任。

乙丑鄞縣楊守隨 成化丙戌進士。十二月陞署大理寺。丙寅十二月以直諫罷。庚辰六月卒。

正德元年丙寅

丁卯　曾　鑑 丁卯正月卒。

湯陰李　燧 成化壬辰進士。正月任。戊辰十一月致仕。

戊辰錢塘洪　鍾 見前。十二月任。

己巳遷安才　寬 成化戊戌進士。正月任。己巳十一月總制三邊。禦寇花馬池敗死。

新城畢　亨 成化乙未進士。十二月任。庚午九月免。乙亥三月卒。

庚午　李　燧 九月起補。

己卯□□周惠疇 七月陞。直文華殿。辛巳四月下獄。

辛巳莆田林　俊 見前。五月起。未任。改刑部。

□□李充嗣 正月陞巡撫江南。

臨安俞　琳 □□□□進士。十一月陞。署通政司。丙戌十二月致仕。庚寅五月卒。

嘉靖元年壬午

安福趙　璜 弘治庚戌進士。十二月任。丁亥三月罷。壬辰七月卒。贈太子太保。謚莊靖。

癸未犍爲童　瑞 弘治庚戌進士。四月任。

絳州陶　琰 四月任。

甲申廣洋衛劉　麟 弘治丙辰進士。七月任。己丑七月罷。辛酉四月卒。贈太子太保。謚清惠。

乙酉蘭谿章　拯 弘治壬戌進士。八月任。十一月罷。戊申正月卒。贈太子少保。謚恭惠。

鏮歸安蔣　瑤弘治己未進士。十二月任。太子少保。丁巳十二月卒。贈太子太保。謚恭靖。

𠪚長壽聶　賢見前。九月陞。未任。改刑部。

無錫秦　金見前。十一月任。進太子少保。

秂閩縣林庭㭿見前。八月任。進太子太保。丁酉六月致仕。

輌□□陳道瀛八月致仕。

富順甘爲霖十一月陞。督工。

酊華陽溫仁和見前。六月任。

吉水毛伯溫十二月任。

㦽長沙楊志學見前。四月任。

九溪衞周　潋五月陞。提督工程。

□□蔣　瑤九月復任。庚子五月致仕。

孭臨汾張　潤弘治壬戌進士。五月任。

□□許　紳十一月陞。署太醫院。

辞郾城樊繼祖十二月陞。添註。癸卯三月採木湖廣。進太子少保。乙巳五月罷。

辞富順甘爲霖嘉靖癸未進士。二月署部。進少保。丙午五月免。丁未八月卒。

上元顧　璘二月。陞巡撫湖廣。

□□鄭　紳九月任。署通政司。乙巳二月罷。己未六月卒。贈太子少保。

䲅吳江周　用正月任。總理河道。

甲辰鄭　紳　署通政司。乙巳五月罷。己未六月卒。
乙巳□□顧可學　八月陞。
丙午江寧王以旂　見前。五月任。
丁未錦衣衛文　明　正德丁丑進士。二月任。己酉十一月卒。
己酉長山李士翺　見前。十二月任。
庚戌績溪胡　松　正德甲戌進士。五月任。辛亥二月致仕。甲戌十二月卒。
辛亥安福歐陽必進　見前。二月任。
壬子秀水吳　鵬　見前。九月任。
丙辰慈谿趙文華　嘉靖己丑進士。三月任。少保。五月總督浙直軍務。丁巳八月免。九月削籍。
　東安徐可成　舞生。七月陞。署太常寺。戊午十月卒。
丁巳　歐陽必進　八月任。進太子太保。
戊午豐城雷　禮　嘉靖壬辰進士。九月任。添註。三月回部。進少傅。壬戌九月致仕。辛巳十一月卒。
庚申□□張文憲　六月陞。制敕房。辛酉五月免。
乙丑萬安朱　衡　見前。嘉靖壬辰進士。八月任。總理河漕。戊辰九月回部。
丙寅□□徐　杲　梓人。十月進秩。丁卯正月褫秩。後戍邊。
隆慶元年丁卯
　雷　禮　戊辰九月致仕。辛巳十一月卒。贈太保。
萬曆元年癸酉

朱　衡甲戌五月罷。進太子太保。甲申七月卒。

甲戌汶上郭朝賓嘉靖乙未進士。五月任。乙酉六月卒。

丁丑應城李幼滋嘉靖乙未進士。太子少保。十二月任。己卯十二月致仕。

新建吳桂芳□□甲辰進士。十二月任。總理河漕。

庚辰鍾祥曾省吾嘉靖丙辰進士。太子太保。壬午十二月免。後削籍。

□□潘季馴二月總理河道。進秩太子太保。

壬午海豐楊　巍見前。十二月任。

膚施楊　兆見前。四月任。太子太保。贈太保。

乙酉□□倪光薦三月進秩。署通政司。

內江何起鳴嘉靖己未進士。六月進秩。丁亥正月任事。二月免。庚寅十一月卒。贈太子太保。

丁亥東明石　星嘉靖己未進士。三月任。太子少保。

戊子吉水曾同亨嘉靖己未進士。九月進秩。壬辰十二月致仕。進太子少保。

壬辰全州舒應龍二月任。總河。甲午九月回部。進太子少保。乙未四月削籍。

癸巳襄城辛自修正月任。四月卒。贈太子太保。謚肅敏。

三原溫　純四月任。九月終養。

南昌袁貞吉九月任。

甲午□□顧養謙九月任。總河。

乙未延津李　戴五月任。

□□楊一魁 二月任。總河太子太保。

□□王　樵 五月任。

妀沁水劉東星 □□戊辰進士。十月以總河進秩。辛丑九月卒。贈太子太保。諡莊靖。

飪襄城姚繼可 □□乙丑進士。三月任。乙巳七月致仕。戊申六月卒。贈太子少保。

𢀳掖縣趙　煥 十二月起。補乞終養。

輛任丘劉元霖 萬曆庚辰進士。甲寅三月卒。贈太子太保。

配獲鹿曹時聘 隆慶辛未進士。任總河。二月卒。

鉞□□周嘉謨 七月任。

輭鄞縣王　佐 萬曆癸未進士。八月任。太子太保。

庭秀水姚思仁 嘉靖癸未進士。四月以陵工削籍。丁丑四月卒。

天啓元年辛酉

嫈□□鍾羽正 二月任。七月罷。

會稽王舜鼎 嘉靖戊戌進士。八月任。甲子四月卒。

弭□□陳長祚 二月任。九月免。

江陵朱光祚 嘉靖乙未進士。七月任。總河。乙丑六月削籍。

長安馮從吾 嘉靖己丑進士。九月任。乙丑八月削籍。

□□黃克纘 十一月任。太子太師。

玌□□白所知 三月任。管左侍郎事。太子太師。

□□柳　佐

南樂李從心　嘉靖壬辰進士。九月任。河道。

鈵

益都董可威　嘉靖乙未進士。二月任。太子太傅。

濱州薛鳳翔　嘉靖丁未進士。五月任。少傅。

□□崔呈秀　七月任。督工。

會稽徐大化　萬曆癸未進士。十月任。署左侍郎。已巳論戍。丁卯十一月免。

山陰孫　杰　萬曆癸丑進士。十月任。署左侍郎。少保。丁卯十一月免。

銅梁楊夢袞　萬曆己未進士。十月任。督工。少保。丁卯十一月免。

[illegible]

□□李養德　萬曆己未進士。八月任。太子太傅。

秀水姚思仁　癸未進士。陵工。削籍。

晉江吳淳夫　萬曆庚戌進士。十月免。己巳論死。

平湖劉廷元　萬曆甲辰進士。五月任。己巳論黨逆城旦。

崇禎元年戊辰

□□李長庚

㠱

棠邑張鳳翔

渭南南居益　萬曆辛丑進士。十二月任。六月免。削籍。

镺

□□劉遵憲　六月任。

□□曹　珍　八月任。

軠□□周士樸　十月任。甲戌十月削籍。

醆江陵朱光祚　總河。七月逮論。卒獄。

曲周劉榮嗣　萬曆丙辰進士。總河。八月任。乙亥九月逮。

𤖩　劉遵憲　十月任。

□□陳必謙　三月任。

南京工部尙書

永樂元年癸未

卿宛平甄　庸　薦舉。十一月任。宣德二年八月復任。壬子六月致仕。丁巳正月卒。

景泰元年庚午

粹太原王永壽　永樂癸卯鄉舉。十二月任。明年致仕。

醆慈谿王　來　宣德丙午鄉舉。七月任。丁丑三月致仕。

天順元年丁丑

王　來　庚寅四月卒。

王永壽　二月任。壬午九月卒。

成化元年乙酉

艤南海戴　縉　成化丙戌進士。三月任。八月削籍。

卿淳安胡拱辰　正統己未進士。丁未正月致仕。正德戊辰正月卒。

耵華容黎　淳　見前。十月任。

弘治元年戊申

常熟程　宗 景泰辛未進士。八月任。己酉七月免。壬子十月卒。

庚戌安福劉　宣 景泰辛未進士。四月任。明年七月卒。

辛亥雄縣侯　瓚 見前。景泰甲戌進士。九月任。丙辰三月復任。丁巳七月致仕。正德戊辰正月卒。

癸丑鑫縣馮　貫 天順甲申進士。九月任。丙辰六月致仕。九月卒。

丁巳泰和蕭　楨 天順甲申進士。八月任。庚午七月致仕。

庚申寧都董　越 成化己丑及第。七月任。壬戌五月卒。

壬戌睢州李孟暘 成化壬辰進士。六月任。己巳七月卒。

正德元年丙寅

李孟暘 五月致仕。己巳七月卒。

丙寅益都陳　清 天順甲申進士。五月任。

丁卯絳州韓　重 成化戊戌進士。七月任。己巳五月致仕。庚午七月卒。

己巳麗水俞　俊 成化壬辰進士。六月任。庚午六月致仕。七月卒。

庚午隴州李　善 成化戊戌進士。六月任。八月免。

德興張　憲 見前。成化壬辰進士。九月任。辛未二月卒。

辛未德興孫　需 見前。三月任。

壬申長樂林廷選 成化辛丑進士。正月任。十一月致仕。

內鄉柴　昇 成化丁未進士。十一月任。乙亥十月疾免。癸未十一月卒。

乣遂寧黃　珂　成化甲辰進士。十月任。癸未五月卒。

躬歙縣洪　遠　成化戊戌進士。三月任。七月卒。

躰文登叢　蘭　弘治庚戌進士。十一月任。

嘉靖元年壬午

　叢　蘭　三月致仕。贈太子少保。

新泰崔文奎　成化甲辰進士。三月任。乙酉四月致仕。丙申三月卒。贈太子少保。謚康簡。

乿餘姚陳　雍　成化甲辰進士。四月任。六月勒免。

蒼梧吳廷舉　成化丁未進士。六月任。十月罷。

蕭山張　嵿　成化丁未進士。十一月任。丁亥三月致仕。

奵仁和胡世寧　見前。四月任。本年改都察院。

樂清高友璣　見前。七月任。

孜永平胡　瓚　弘治癸丑進士。三月任。己丑二月致仕。

玘蘭谿章　拯　見前。三月任。

山陰何　詔　弘治丙辰進士。八月任。甲午十一月致仕。丙申正月卒。

钾歸安蔣　瑤　弘治□□進士。十一月任。

戱吳江周　用　見前。九月任。

妃澧州李如圭　見前。十一月任。

躾南昌胡　訓　見前。五月任。

甲辰奉新宋　景 見前。六月任。

丙午上饒楊　麒 正德辛巳進士。九月任。戊申九月卒。

戊申鄢陵劉　訒 見前。十二月任。

己酉臨桂屠　楷 見前。三月任。

庚戌婺源潘　潢 見前。九月任。隆慶初。贈太子少保。

壬子　孫應奎 見前。五月任。

癸丑安福彭　黯 嘉靖癸未進士。十一月任。甲寅二月削籍。乙卯四月卒。

甲寅通州楊行中 見前。三月任。

乙卯通州馬　坤 見前。六月任。

丁巳安福王學益 嘉靖己丑進士。九月陞。未任致仕。辛酉十二月卒。

上海潘　恩 見前。十二月任。

庚申會稽王　鈁 嘉靖癸未進士。九月任。丙寅六月卒。贈太子少保。謚恭簡。

辛酉莆田康太和 嘉靖乙未進士。二月任。丙寅二月卒。

癸亥閩縣林庭機 見前。五月任。

隆慶元年丁卯

新昌呂光洵 嘉靖壬辰進士。二月陞。四月劾免。

麻城劉　采 見前。四月任。

鈞州魏尙純 嘉靖壬辰進士。六月任。九月致仕。戊辰十月卒。

澤州裴　宇 見前。十月任。

戫馬平徐養正 嘉靖辛丑進士。三月任。

卲莆田林雲同 嘉靖丙戌進士。二月任。庚午七月致仕。

铗新蔡曹　亨 嘉靖己未進士。八月任。辛未十一月致仕。

辝南海陳紹儒 嘉靖戊戌進士。十一月任。壬申七月閑住。辛巳九月卒。

軠仁和張　瀚 見前。七月任。

萬曆元年癸酉

閩縣林　燫 見前。九月任。

岬江陰劉光濟 見前。四月任。

濰縣劉應節 見前。七月任。

𠃊餘姚翁大立 見前。九月任。

秉宜興曹三暘 嘉靖甲辰進士。二月任。己丑八月卒。贈太子太保。

躬河南衛沈應時 嘉靖庚戌進士。四月任。庚辰八月致仕。

常熟徐　栻 嘉靖丁未進士。

□□淩雲翼 見前。

魌□□楊　成 見前。八月任。

牪霸州王　遴 見前。十一月任。

䅲石埭畢　鏘 見前。二月任。

夷陵劉一儒 嘉靖己未進士。七月任。

劉光濟 見前。

甲申

清平衛孫應鰲 嘉靖癸丑進士。三月任。卽劾免。

□□孫　植 六月任。十月致仕。

平湖陸光祖 十一月任。乙酉七月予告。

乙酉內江陰武卿 □□丙辰進士。八月任。

丁亥連江吳文華 見前。六月任。

戊子進賢李　輔 嘉靖己未進士。九月任。庚寅二月卒。

庚寅□□舒應龍 三月任。

中牟張孟男 □□乙丑進士。八月任。

辛卯南昌袁貞吉 二月任。

壬辰延津李　戴 隆慶戊辰進士。六月任。

漳浦朱天球 嘉靖庚戌進士。十月任。癸巳九月罷。庚戌正月卒。

癸巳連江吳文華 嘉靖丙辰進士。九月復任。不赴。

乙未歸善葉夢熊 嘉靖乙丑進士。四月任。太子太保。戊戌六月卒。

戊戌蔚州郝　杰 嘉靖丙辰進士。八月任。

庚子淸流裴應章 隆慶戊辰進士。十一月任。辛酉六月致仕。

甲辰丹徒范　崙 嘉靖乙丑進士。四月任。贈太子太保。

⿰女辛閩縣林　烴嘉靖壬戌進士。八月任。丙辰正月卒。
　永年盧大中□□癸未進士。丁卯四月卒。
⿰身乙嘉善丁　賓隆慶戊辰進士。四月致仕。
天啓元年辛酉
□□何熊祥六月任。
⿰女癸□□張輔之二月任。
⿰子甲歸安沈儆炌萬曆癸未進士。二月任。乙丑十二月罷。
⿰龠丙潁州張鶴鳴二月任。
　會稽商周祚十二月任。
崇禎元年戊辰
□□杜士全四月任。
⿰酉癸南昌劉定國萬曆辛丑進士。四月任。
⿰幺乙□□蔡思充十一月任。
⿰身己□□汪慶百
楑孝感程　註萬曆庚戌進士。九月任。
⿰巾甲□□何應瑞
　都察院左右都御史
洪武元年戊申

孖婺源詹　徽正月任左都御史癸酉二月伏法。
粹靈寶楊克明明經。
岬會寧曹　銘洪武乙丑進士乙亥九月伏法。
玎山陽楊　靖洪武乙丑進士四月任左伏法。
□□嚴震直四月任右。
戭浮山暴　昭洪武乙丑進士四月任。改刑部。
龍溪劉宗道
棲霞高　翼薦舉。
澧州張庭蘭洪武乙丑進士。
建文元年己卯
眞寧景　清洪武辛未進士。庚辰二月改御史大夫壬午八月族誅。
永樂元年癸未
滁州陳　瑛薦舉正月任。辛卯二月下獄死。
鉀□□吳　中九月任右。
耗□□劉　觀見前。六月任。
孡鄭州王　彰監生十二月任。
庘進賢向　寶十月任右。
洪熙元年乙巳

□□夏　迪　七月下臺獄謫驛卒死。
宣德元年丙午
　劉　觀
正統元年丙辰
戚□□王　文　見前。
𠯐吳縣陳　鎰　□□□□進士。十月任。左癸酉九月致仕。丙子三月卒。
□□王　翺　四月陞任。仍提督廣東軍務。
　王　文　十二月任。鎮守陝西。庚午正月還院。
景泰元年庚午
□□沈　固　洪武辛未進士。三月陞。六月致仕。
大興楊　善　生員。八月陞。仍署鴻臚寺。
軠　王　翺　見前。二月回院。
醆盧陵蕭維楨　見前。七月任。
秉滄州馬　昂　五月陞。仍提督兩廣。丁丑二月致仕。
天順元年丁丑
　馬　昂　見前。五月復任。
　唐縣寇　深　監生。七月任。辛巳七月死曹欽之難。
岬□□李　秉　見前。八月任。成化丙戌九月提督遼東軍務。丁亥三月還院。

成化元年乙酉

鞅順義李　賓　正統乙丑進士。九月任。丁酉七月致仕。乙巳五月卒。

廷□□項　忠　五月任。

钾濬縣王　越　同任。

朾□□馬文升　見前。十一月任。

弘治元年戊申

鉀鄞縣屠　滽　見前。

𠩄□□閔　珪　四月任。

叮濬縣王　越　景泰辛未進士。十月起總制甘凉各邊。進少保兼太子太傅。戊午十二月卒。

巴陵鄧廷瓚　景泰甲戌進士。八月陞總督兩廣。庚申六月卒。

铖□□佀　鍾　十二月任。

鞅浮梁戴　珊　見前。天順癸未進士。六月任。乙丑十二月卒。

醉崇德潘　蕃　十一月陞。總督兩廣。甲子六月轉左。

正德元年丙寅

安福張敷華　天順甲申進士。正月任。十二月以直諫罷。戊辰六月卒。

躬□□劉　宇　見前。正月任。

□□屠　滽　四月任。以吏部尚書兼院事。己巳九月致仕。壬申十二月卒。

巳應城陳　金　成化壬辰進士。十月任。辛未二月起總制江浙福湖南直軍務。己丑七月卒。

□□洪　鍾　見前。以刑部尚書兼院事。

梓故城馬中錫　成化乙未進士。五月陞提督勦盜。本年出督。

軠□□陸　完　見前。十月任。

炠□□彭　澤　四月進太子太保。五月總制軍務經略哈密。乙亥五月回院。丁丑三月總督三邊。五月致仕。

𠃟□□陳　金　九月陞。總督兩廣。進少保兼太子太保。

玎沂州王　璟　成化壬辰進士。六月任。進太子太保。癸巳正月卒。贈少保。謚恭靖。

辟□□金獻民　見前。六月任。

嘉靖元年壬午

岬□□邊　憲　見前。六月任。十月卒。

配□□顏頤壽　六月任。

刻□□張　璁　見前。八月任。兵部左侍郎掌院事。

□□聶　賢　八月下獄削籍。

□□胡世寧　見前。十月任。進太子少保。

□□李承勛　見前。十一月任。

玘□□王　憲　見前。八月任。十二月罷。

庭　聶　賢　十月任。

睽□□王廷相　見前。四月任。辛丑九月削籍。

帡□□劉天和　八月進秩。總督三邊。

⿸户甲□□周　用見前。十月任。
⿰牜丙奉新宋　景弘治乙丑進士。七月任。丁未正月卒。贈太子少保吏部尙書。諡莊靖。
⿰未丁□□王以旂見前。正月任。
　鄞縣屠　僑正德辛未進士。九月任。太子太保。乙卯正月卒。贈少保。諡簡肅。
⿰身乙吉水周　延嘉靖癸未進士。正月任。辛酉二月卒。贈太子太保。諡簡肅。
⿰巾吏□□胡宗憲二月陞。進太子太保。仍總督浙直。
⿰酉辛　歐陽必進見前。二月任。
　上海潘　恩嘉靖癸未進士。三月任。九月罷。壬午十月卒。贈太子少保。諡恭定。
⿸广壬□□張永明見前。九月任。丙寅十月罷。
⿱⺮丙南充王　廷嘉靖壬辰進士。十月任。
隆慶元年丁卯
　□□王　廷見前。庚午正月致仕。辛未六月削籍。己丑正月卒。諡恭節。
⿰牜吏內江趙貞吉見前。二月以大學士署。
　定陶曹邦輔嘉靖己丑進士。二月任。提督五軍營。
　天津衞劉　燾五月起提督神樞營。七月免。八月起提督駐通州。十月疾去。贈太子少保。
　德平葛守禮嘉靖己丑進士。十一月任。
萬曆元年癸酉
　臨川陳　炌嘉靖辛丑進士。四月任。

甲戌德平葛守禮　乙亥六月致仕。進太子少保。戊寅正月卒。贈太子太保。謚端肅。

　□□方逢時　宣大總督。十二月進秩。

乙亥獻縣陳瓚　見前。六月任。丁丑十月致仕。

戊寅臨川陳炌　癸未七月免。甲申三月卒。

癸未餘姚趙錦　見前。乙酉四月以兵部尚書署院。丙戌正月憂去。進太子少保。

丙戌襄城辛自修　嘉靖丙辰進士。正月任。丁亥三月罷。

丁亥仙居吳時來　嘉靖癸丑進士。三月任。庚寅五月致仕。六月卒。贈□□□□。謚忠恪。

庚寅涇陽李世達　嘉靖丙辰進士。五月任。癸巳十月致仕。己亥四月卒。贈太子太保。謚肅敏。

癸巳富平孫丕揚　十月任。

甲午南昌袁貞吉　八月任。

戊戌三原溫純　嘉靖乙丑進士。五月任。太子太保。乙巳七月致仕。丁未六月卒。

壬子渭南孫瑋　□□丁丑進士。十二月任。癸丑十月致仕。

戊午□□李誌　十一月任。己未八月致仕。

庚申涇陽張問達　萬曆癸未進士。七月任。

天啓元年辛酉

　吉水鄒元標　萬曆辛丑進士。十二月任。太子少保。壬戌十月致仕。乙丑八月削籍。

壬戌石邑趙南星　十一月任。

癸亥渭南孫瑋　十月以吏部尚書署事。進太子太保。甲子八月卒。

乙丑無錫高攀龍 萬曆己丑進士。八月任。十月罷。丙寅三月被逮卒。
□□李宗延 十一月。
丙寅金壇周應秋 萬曆乙未進士。正月任。
□□房壯麗 萬曆乙未進士。七月任。太子太保。
□□崔呈秀 十月任。太子太保。
平湖劉廷元 萬曆甲辰進士。十月進秩。
丁卯景州曹思誠 萬曆甲辰進士。十一月任。
□□袁崇煥 十一月陞兼兵部右侍郎。
崇禎元年戊辰
安邑曹于汴 萬曆壬辰進士。五月任。
己巳□□閔洪學 三月任。
庚午宜興陳于廷 萬曆乙未進士。三月任。
辛未□□張延登 十月任。
壬申□□唐世濟 八月任。丙子十一月下獄。丁丑四月戍邊。
癸酉□□王道直 八月任。
甲戌山陰劉宗周 八月任。十一月削籍。
□□李邦華 十二月任。
乙亥 劉宗周 五月南京。

徐石麒　五月任管右。

乙酉　唐世濟

□□李　沾

右都御史

洪武元年戊申

甲子　懷遠湯友恭　薦舉。

己巳　原武淩　漢　舉秀才。

辛未　萬泉袁　泰　洪武辛亥進士。壬申八月卒。

癸酉　陽武解　敏　洪武乙丑進士。

乙亥　新繁王　平　薦舉。

丁丑　嚴震直　見前。本年降御史。

永樂元年癸未

甲申　吳　中　見前。九月任。

蕪湖杜　智　舉文學。乙巳十二月致仕。

庚子　鄭州王　彰　洪武丁卯鄉舉。十二月任。宣德丁未四月卒。

甲辰　進賢向　瑤　洪武乙丑進士。十月任。兼詹事。戊申八月卒。

洪熙

宣德元年丙午

軓太康顧　佐　建文庚辰進士。正統丙辰六月致仕。丙寅九月卒。
虒豐城熊　槩　冒胡姓。永樂辛卯進士。四月任。甲寅十月卒。
正統元年丙辰
　咸寧陳　智　永樂丙戌進士。六月任。辛酉六月削籍。
醉□□王　文　見前。六月任。
孖□□陳　鎰　見前。正月任。鎭守陝西。
躬□□王　翺　四月陞。提督遼東軍務。
巸□□俞士悅　見前。八月任。
　□□沈　固　督邊儲。
　□□楊　善　十二月陞。仍署鴻臚寺。
景泰元年庚午
　□□王　來　九月陞。總督湖貴軍務。
　□□李　實　永樂乙未進士。十月陞巡撫。丁丑十二月除名。癸未九月鄉人訴其暴橫。下詔獄。成化乙酉正月釋閒住。
軠懷安洪　英　永樂乙未進士。五月陞。鎭守山東。十二月移鎭浙江。癸酉八月被論下獄放歸。戊寅十一月卒。
醔吉水羅　通　永樂壬辰進士。七月任。成化庚寅三月卒。
　山陰王　暹　永樂戊戌進士。五月任。天順甲申八月卒。
天順元年丁丑
□□耿九疇　見前。三月任。本年出爲江西左布政使。

畔　李　實　見前。七月任。

成化元年乙酉

奾□□林　聰　見前。四月任。辛卯十月巡撫大同宣府。壬辰五月致仕。

玘□□項　忠　見前。三月錄平滿俊功陞。庚寅十一月總督河南荆襄軍務。

□□韓　雍　十一月陞。總督兩廣軍務。己亥四月卒。

鍊□□王　越　十二月陞。

睽□□董　方　見前。十一月任。甲午二月巡撫大同。

鉀□□余子俊　六月陞。仍巡撫延綏。

私□□胡拱辰　十二月陞。總督南京糧儲。

王　越　見前。

輛陽城原　傑　十一月陞。撫治荆襄。

酊三原王　恕　四月陞。仍巡撫雲南。

辟□□戴　縉　見前。正月任。

昌邑孫　洪　景泰甲戌進士。四月陞。巡撫河南。癸卯三月下詔獄。

艘□□李　裕　見前。四月任。

廚桂陽朱　英　正統乙丑進士。六月回院。乙巳七月卒。

卮□□屠　滽　見前。七月任。辛亥二月引疾。

□□馬文升　八月陞。總督漕運。

㸾淳安宋　旻景泰辛未進士。巡撫兩廣。戊子八月卒。
朾永新劉　敷景泰辛未進士。二月任。十二月免。
弘治元年戊申
配單縣秦　紘二月陞。總督兩廣。辛亥八月致仕。
婞□□白　昂見前。二月任。
烏程閔　珪三月陞。總督兩廣。
鉀巴陵鄧廷瓚六月陞。仍巡撫貴州。乙卯十二月。總督兩廣。
華亭唐　珣天順丁丑進士。十一月陞。總督兩廣。乙卯十月卒。
盯當塗李　蕙成化己丑進士。八月任。總督漕運。己未二月卒。
牫鄆城佀　鍾
杞□□張敷華九月陞。總督漕運。
㡌□□王宗彝見前。九月任。
餘姚史　琳成化丙戌進士。六月陞。提督大同軍務。
華容劉大夏七月陞。總督兩廣。
牤　史　琳丙寅正月卒
玌□□屠　勳見前。九月任。
正德元年丙寅
通州衞熊　繡正月陞。總督兩廣。

□□劉　宇　二月陞。總督宣大。
□□楊一清　七月陞。仍總制三邊。
□□張　憲　見前。十一月陞。整理兩浙鹽法。
應城陳　金　十二月陞。總督兩廣。
戊辰
張　憲　十月任。
安陸劉　洪　成化戊戌進士。十月陞。總督兩廣。
己巳
廣寧左衛文　貴　五月陞。巡撫大同。己巳八月免。己卯八月巡撫甘肅。辛巳四月除名。
長樂林廷選　十二月陞。總督兩廣。
庚午
□□李士實　成化丙戌進士。十月陞。巡撫鄖陽。
辛未
□□林　俊　見前。八月陞。未任。改工部尚書。
定遠王　鼎　成化辛丑進士。五月任。壬申六月罷。丁丑十月卒。
□□陸　完　見前。十二月陞。
故城馬中錫　成化乙未進士。三月陞。討流盜。壬申五月獄死。
肅寧張　泰　成化戊戌進士。七月陞。總制三邊。癸酉十二月卒。
□□張　縉　八月陞。總督漕運。甲戌九月陞南京戶部尚書。致仕。
壬申
□□彭　澤　見前。九月陞。制四川。
豐城李士實　成化丙戌進士。十月任。癸酉十一月致仕。己卯七月被誅。
徐州陶　琰　七月陞。巡撫浙江。甲戌十月總督漕運。辛巳六月復任總漕。

癸酉□□石　玠　見前。十二月任。

甲戌□□周　南　正月陞。總督兩廣。乙亥九月致仕。

涿州鄧　璋　二月陞。總制三邊。乙亥九月致仕。

桐廬俞　諫　弘治庚戌進士。七月陞。巡撫江西。丙子五月致仕。壬午四月起總漕。

乙亥沂州王　璟　成化壬辰進士。五月任。

文登叢　蘭　四月陞。總督漕運。

丁丑宣城張　綸　成化甲辰進士。六月任。丙戌三月卒。贈太子少保。

建安楊　旦　十二月陞。總督兩廣。

己卯內江蕭　翀　七月陞。提督兩廣。

辛巳蕭山張　嵿　五月陞。總督兩廣。

嘉靖元年壬午

癸未桐廬俞　諫　弘治庚戌進士。八月回院。甲申六月卒。

梧州所吳廷舉　十一月陞。巡撫應天。

甲申□□李　鉞　見前。六月陞。總督漕運。十月回院。

乙酉慈谿姚　鏌　五月陞。總督兩廣。丁亥六月致仕。

丁亥□□伍文定　見前。十二月任。

□□鄭　毅　七月陞。總督漕運。

吳江盛應期　弘治癸丑進士。七月陞。總理河道。戊子九月罷。丙申六月卒。

己丑□□熊　浹　見前。二月任。
□□汪　鋐　見前。十二月任。
丙申武進周　金　三月陞。總督漕運。
丁酉□□毛伯溫　見前。正月任。
九溪衞周　溆　四月任。
戊戌□□王堯封　見前。
庚子蒲州楊守禮　正德辛未進士。十一月陞。總督三邊。太子少保。乙卯十二月卒。
辛丑侯官蔡　經　四月陞。仍提督兩廣。
壬寅婺源潘　鑑　五月陞。採木。
甲辰句容王　暐　十月陞。總督漕運。
乙巳石州張　珩　正月陞。仍總督三邊。
丙午榮昌俞茂堅　二月陞。總督漕運。
揭陽翁萬達　七月進秩。仍總督宣大。十一月進左都御史。
丁未□□王以旂　正月任。
庚戌餘姚魏有本　正德辛巳進士。五月任。總督漕運。壬子正月卒。
癸丑濮州蘇　祐　六月進秩。總督宣大。
甲寅□□許　論　十月進秩。總督宣大。
侯官張　經　十月改任總督浙直。乙卯五月逮獄。十月伏法。

蒲州楊　博　十一月進秩。總督薊遼。
□□賈應春　十二月進秩。總督三邊。
⿰丑乙錦衣衛陳　儒　五月陞總督漕運。丁巳二月致仕。
太倉王　忬　嘉靖癸未進士。十一月陞總督薊遼。庚申十月伏法。
⿰寅丙□□鄭　曉　四月任協理戎政。
□□馮　岳　十月陞總督川貴。
續溪胡宗憲　十一月陞總督浙直。
⿰卯丁安福王學益　三月陞總理河道。
□□王　誥　三月陞總督漕運。十一月卒。
⿰辰壬進賢張　臬　十月陞提督兩廣。癸亥九月罷。
⿰巳癸□□孫　直　二月任。
任丘郭　乾　四月任總督三邊。
新昌呂光洵　十一月陞總督三邊。
劍州趙炳然　十一月陞巡撫浙直。
⿰王乙懷安馬　森　五月陞總督漕運。
隆慶元年丁卯
石首王之誥　八月陞總督宣大。戊辰三月疾免。庚午正月起總督三邊。
⿰辰戊登州衛陳其學　三月任總督宣大。

天津衞劉　燾 十一月任。總督兩廣。
叱蒲州王崇古 四月陞總督三邊。
犍宜黃譚　綸 十月任。協理戎政。
滄州戴　才 十二月任。總督三邊。
梓新建李　遷 五月陞。總督三邊。
萬曆元年癸酉
□□殷正茂 四月陞總督兩廣。
濰縣劉應節 六月陞。總督薊遼。
□□石茂華 九月陞總督三邊。
[illegible]□□楊　兆 十月任。
玎太倉凌雲翼 五月以兩廣總督進秩。
肥鄉張學顏 十一月任。協理戎政。
眞定梁夢龍 十二月總督三邊。
戴鬼□□潘季馴 二月任總理河漕。
[illegible]婺源江一麟 嘉靖癸丑進士。二月任總督漕運。
[illegible]□□趙　錦 兵部尙書改僉院事。七月任。
莆田郭應聘 正月任。總督兩廣。
[illegible]紫陽魏學曾 三月任。總儲。

銅梁張佳胤 二月陞督兵部左侍郎事。
長治郜光先 十一月任。總督三邊。
連江吳文華 嘉靖丙辰進士。十一月任。總督兩廣。
甲申□□王廷瞻 六月任。總漕。
巴縣劉世曾 嘉靖壬戌進士。九月以雲南巡撫進秩。
丙戌曲周王一鶚 五月以薊遼總督進秩。
丁亥合肥鄉張國彥 四月任。總督薊遼。
戊子烏程潘季馴 四月任。總督河道。
己丑泰安州蕭大亨 嘉靖壬戌進士。二月任。總督宣大。
三原溫 純 六月任。總儲。九月憂去。
庚寅安肅鄭 洛 □□丙辰進士。七月任。經略陝西。
辛卯□□李 戴 八月任。
壬辰重慶衞蹇 達 四月任。協理戎政。壬寅十一月復任。薊遼總督。
故城周世選 十月任。總儲。
宣城徐元泰 嘉靖乙丑進士。十月任。協理戎政。
癸巳歸善葉夢熊 嘉靖壬戌進士。四月以總督三邊進秩。
萬泉賈仁元 嘉靖壬戌進士。十月任協理戎政。
甲午仁和宋應昌 嘉靖乙丑進士。九月以東征進秩。

秇任丘李　汶 嘉靖壬戌進士。四月總督三邊。

平湖沈思孝 隆慶戊辰進士。四月任。協理戎政。甲申八月。罷辛亥九月卒。

盆都邢　玠 隆慶戊辰進士。以總督薊遼進秩。復進太子太保。

軜通州顧養謙 嘉靖乙丑進士。九月協理戎政。甲辰正月卒。

南昌徐　作 十月任。

酊解州李春先 隆慶戊辰進士。五月以延綏巡撫進秩。十二月致仕。

通州陳大科 隆慶辛未進士。十月以總督兩廣進秩。辛丑十一月卒。

戱掖縣趙　煥 嘉靖壬戌進士。八月任。

廣平王世揚 □□甲戌進士。十二月以宣大總督進秩。己亥三月。協理戎政。

妃威縣賈待問 四月以陝西巡撫進秩。

猍長垣李化龍 □□甲戌進士。二月以川貴總督進秩。

祥符楊時寧 □□乙丑進士。九月以寧夏巡撫進秩。

長泰戴　燿 □□乙丑進士。四月以兩廣總督進秩。太子少保。

玶晉江陳用賓 □□辛未進士。七月以雲南巡撫進秩。

餘干李　頤 □□戊辰進士。十一月任。總河。壬寅四月卒。贈兵部尚書。

飪偏頭所萬世德 □□辛未進士。九月以薊遼總督進秩。十月卒。

鹎任丘徐三畏 □□甲戌進士。四月以甘肅巡撫進秩。

泰和郭子章 □□戊辰進士。十月以貴州巡撫進秩。

牺大興趙　楫 □□辛未進士。八月以遼東巡撫進秩。

軷巴縣楊　芳 □□丁丑進士。二月以廣西巡撫進秩。己酉三月卒

　渭南孫　瑋 □□丁丑進士。八月任總儲。

配長洲顧其志 □□辛未進士。五月以總督三邊進秩。

　內江馬鳴鑾 □□甲戌進士。九月以宣大總督改兵部尚書。庚戌八月卒。

虒卽墨黃嘉善 □□甲戌進士。三月任總督三邊。

　商丘楊　鎬 □□庚辰進士。六月任遼東巡撫。

婞南昌涂宗濬 □□庚辰進士。八月以宣大總督進秩。

狂耀州王　國 □□丁丑進士。二月以保定巡撫進秩。

厰定海薛三才 □□丙戌進士。二月以總督薊遼進秩。

盯東陽許弘綱 □□庚辰進士。三月任總督兩廣。

钺□□吳崇禮 四月以宣大總督進秩。

　商丘楊　鎬 十一月任。經略遼東。

天啓元年辛酉

嫢□□畢自嚴 十月以天津督餉進秩。

　□□朱燮元 十一月以川貴總督進秩。

躬陽城李春茂 □□甲辰進士。八月。

　□□岳駿聲 八月。

□□朱國盛　八月。

□□單明翊　八月晉兵部左侍郎。

天台張文郁　□□壬戌進士。八月。

□□張九德　八月。

□□呂圖南　八月。

長垣許宗禮　丙辰進士。八月。

□□王之采　八月。

□□趙　紱　八月。

□□袁崇煥　八月。

濰縣郭尙友　萬曆辛丑進士。八月。

□□洪瞻祖　萬曆戊戌進士。八月。

東光霍維華　萬曆癸丑進士。八月。

□□史永安　萬曆癸丑進士。十月以三邊總督進秩。

萊蕪朱童蒙　萬曆庚戌進士。七月以延綏巡撫進秩。

長洲曹爾禎　萬曆戊戌進士。九月傳陞太子太保。

邯鄲張我續　萬曆庚戌進士。八月傳陞。

晉江吳淳夫　萬曆庚戌進士。八月傳陞太子太保。

故城田　吉　嘉靖壬戌進士。八月傳陞。

□□張鳳翼十一月總督薊遼。

□□王應豸十一月巡撫順天已巳三月論死。

崇禎元年戊辰

□□王之望六月任總督三邊。

己巳武陵楊　鶴萬曆甲辰進士正月總督三邊。

庚午王之寀三月任管兵部右侍郎事。

甲戌史永安萬曆癸丑進士十二月任管兵部左侍郎事。

戊寅□□方一藻二月任遼東巡撫。

辛巳□□傅淑訓七月任催餉。

甲申□□黎玉田二月。

南京都察院左都御史

永樂元年癸未

甲辰□□張　本見前南京兵部尚書兼掌院事。

天順元年丁丑

□□蕭維楨見前二月任。

戊寅鹿邑軒　輗永樂甲辰進士九月任仍督總儲甲申三月任南院五月卒。

庚辰臨漳石　璞見前貢士成化元年致仕己丑閏二月卒。

弘治元年戊申

㚬封丘黃　紱　見前。十二月任。癸丑五月致仕。八月卒。

正德元年丙寅

躳高郵陳　玉　弘治癸丑進士。四月任。壬午十二月致仕。丙戌四月卒。

嘉靖元年壬午

酛□□聶　賢　見前。

右都御史

永樂甲辰

蕪湖杜　智　永樂甲辰進士。十月任。

洪熙

匹□□向　寶　見前。九月任。宣德戊申四月致仕。

宣德

配□□熊　槩　見前。

景泰

鋏寧都陳　勉　永樂丙戌進士。二月任。癸酉十一月卒。

梓江陵張　純　十二月任。

成化

酛□□周　瑄　四月任。總督糧儲。

鉀□□林　聰　見前。六月任。兼提督操江。

酊□□王　恕　八月任。兼參贊機務。
𠩐□□李　裕　六月任。
鈵□□屠　滽　九月任。戊申二月總督兩廣軍務。己酉二月回北院。
弘治
璞華亭張　悅　十月任。
𨈖巴陵鄧廷瓚　五月任。
㕟□□翟　瑄　正月任。
䡕□□陳　道　九月任。
𨡕□□張敷華　十一月任。
玌江寧金　澤　成化丙戌進士。五月任。九月致仕。癸酉七月卒。
正德
𨥉□□高　銓
　道州熊　繡　成化丙戌進士。十一月任。乙亥四月卒。
𨈙□□洪　鍾　五月任。
　歷城張　鼐　成化乙未進士。八月任。十月下獄。釋之。庚午八月卒。
𠩶□□王鑑之　正月陞。未任。改刑部。
　順德張　泰　成化丙戌進士。二月任。十月致仕。
□□吳文度　十月任。

己巳□□張　憲庚午正月致仕。
庚午安陸劉　洪成化戊戌進士。正月任。乙亥二月卒。
辛未豐城李士實十一月任。
壬申□□戈　瑄見前。七月任。
甲戌□□黃　珂見前。四月任。
乙亥□□鄧　庠見前。十月任。
丙子□□洪　遠見前。正月任。
嘉靖
壬午□□楊　旦見前。
□□崔文奎見前。二月任。
安福王懋中成化甲辰進士。贈太子少保。
癸未□□鄒文盛見前。
甲申□□張　嵿見前。九月任。
丙戌江寧張　琮弘治庚戌進士。正月任。己丑五月罷。庚寅九月卒。
己丑懷慶何　塘弘治壬戌進士。五月陞。未任致仕。癸卯九月卒。贈禮部尚書。謚文定。
□□萬　鏜見前。六月任。壬辰十一月罷。
癸巳□□王　軏見前。正月任。
□□周　用見前。

戚黃巖王　爌　弘治壬戌進士。十月任。甲寅九月卒。
妃南昌胡　訓　見前。弘治壬戌進士。
艘江寧王以旂　見前。五月任。
㑄□□韓邦奇　見前。
紂鄢陵劉　訒　見前。十二月任。
䖵□□歐陽必進　見前。四月任。
嫃當塗端廷赦　正德辛巳進士。三月任。
狂吉水周　延　九月任。進太子太保。
瑛秀水吳　鵬　見前。十一月任。
鄭安福王學益　見前。十月任。
䶂當塗倪　嵩　嘉靖己丑進士。九月任。丁巳五月致仕。丁丑八月卒。
盯臨海蔡雲程　見前。六月任。
杞奉化王　鈁　見前。癸未進士。四月任。
軜縉雲盧　勳　見前。壬辰進士。九月任。
醉太平趙大祐　見前。乙未進士。七月任。
嫈章丘張舜臣　見前。乙未進士。六月任。
狎平湖孫　植　見前。
隆慶

舡福山郭宗皋　見前。□□己丑進士。五月任。
莆田林雲同　見前。□□庚戌進士。十月任。
巳劍州趙炳然　見前。□□乙未進士。三月任。六月卒。
定陶曹邦輔　見前。□□壬辰進士。八月任。
铗扶溝劉自强　嘉靖甲辰進士。見前。二月任。
新蔡曹　亨　見前。□□乙未進士。五月任。
巴陵謝登之　見前。八月任。嘉靖丁未進士。
軠仁和張　瀚　見前。□□乙未進士。正月任。
涇陽魏學曾　嘉靖癸丑進士。七月任。
萬曆
軠沔陽傅　頤　嘉靖甲辰進士。九月任。癸酉九月調南京戶部尚書。
酸□□戴　才　九月任。以兵部尚書署右都御史。甲戌六月調南京兵部。
岬餘姚趙　錦　見前。□□甲辰進士。六月任。
亥義烏吳百朋　見前。□□丁未進士。六月任。
孙鍾祥曾省吾　嘉靖丙辰進士。
玎應城李幼滋　嘉靖丁未進士。見前。九月任。
崇陽汪宗伊　十二月任。
樂亭王好問　見前。□□庚戌進士。

□□汪文盛見前

己卯蒲圻謝鵬舉嘉靖癸丑進士。十二月任。庚辰四月致仕。戊申七月卒。

庚辰長樂陳瑞嘉靖癸丑進士。四月任。

昌平劉斯潔見前。□□丁未進士。九月任。

辛巳臨武劉堯誨見前。□□癸丑進士。十一月任。

癸未孟縣劉思問嘉靖壬辰進士。二月任。

進賢熊汝達嘉靖甲辰進士。九月陞。十一月閒任。

莆田郭應聘見前。□□丙戌進士。十一月任。

甲申長洲袁洪愈見前。嘉靖丁未進士。正月任。

襄城辛自修嘉靖丙辰進士。八月任。

丙戌瓊山海瑞嘉靖己酉鄉舉。二月任。丁亥十月卒。

丁亥麻城耿定向嘉靖丙辰進士。十一月任。

己丑富平孫丕揚嘉靖壬戌進士。十月任。

壬辰餘姚陳有年嘉靖壬戌進士。十月任。

癸巳掖縣趙煥嘉靖壬戌進士。五月任。九月終養。

甲午安邑楊一魁嘉靖壬戌進士。二月任。

乙未永昌衞胡執禮嘉靖乙未進士。二月任。

□□楊成十一月任。丙申九月致仕。

金壇王　樵　嘉靖丁未進士。已亥九月卒。贈太子少保。諡恭簡。

玶餘干李　頤　隆慶戊辰進士。六月任。

郫餘姚孫　鑛　萬曆甲戌進士。十月任。

配歸安沈子木　嘉靖己未進士。九月卒。

虩長洲顧其志　隆慶辛未進士。二月任。太子少保。壬子九月卒。

乢龍溪蔡應科　隆慶戊辰進士。六月任。

盯平原宋　仕　隆慶辛未進士。四月任。己未四月卒。贈太子少保。

幀新會何祥熊　壬辰進士。八月任。

天啓元年辛酉

□□祁伯裕　七月任。

玾□□馮從吾　正月任。

□□曹于汴　萬曆壬辰進士。十月任。

玌□□畢自嚴　三月任。

□□閔弘學　戊辰九月罷。

崇禎元年戊辰

□□陳于廷　十月任。

粹□□張延登　五月任。

玎□□莊欽鄰　三月任。

䣕鄒平張延登 十月任。
樑陽城張愼言 三月任。

甲科

洪武辛亥科　會元仁和俞友仁　狀元金谿吳伯宗
　榜眼壺關郭　翀　探花麗水吳公達
洪武乙丑科　會元分宜黃子澄　狀元建陽丁　顯
　新淦練子寧　仁和花　綸
按衡州府志。安仁鄧偉奇洪武十八年乙丑會試第一。上親製廷試策問。以丁顯第一。偉奇次之。俱授翰林修撰。偉奇天資秀異。博洽穎敏。善屬文。尤長于詩。第二甲馬京爲編修。吳文爲檢討。三甲楊靖爲庶吉士。蹇瑢爲中書舍人。或以練安黃子澄爲是科。恐未深考云。又見廖道南楚紀。
洪武戊辰科　會元常熟施　顯　狀元襄陽任亨泰
　閩縣唐　震　寧海盧原質
洪武辛未科　會元貴池許　觀　狀元　許　觀
　寧化張顯宗　邵武吳言信
洪武甲戌科　會元鳳翔彭　德　狀元定海張　信
　眞寧景　淸　奉化戴德彝
洪武丁丑科　會元泰和宋　琮　狀元閩縣陳　䢿

泰和尹昌隆　山陰劉　諤
後榜狀元武城韓克忠　長清王　恕
樂平焦　勝

建文庚辰科　會元崇仁吳　溥　狀元吉水胡　廣
吉水王　艮　廬陵李　貫

永樂甲申科　會元泰和楊　相　狀元永豐曾　棨
吉水周　述　吉水周孟簡

永樂丙戌科　會元永豐朱　縉　狀元莆田林　環
長樂陳　全　永豐劉　素

永樂己丑科　會元臨海陳　璲　狀元廬陵蕭時中
定遠苗　衷　莆田黃　暘

永樂壬辰科　會元閩縣林　誌　狀元長樂馬　鐸
林　誌　諸暨王　鈺

永樂乙未科　會元懷安洪　英　狀元泰和陳　循
南靖李　貞　閩縣陳景著

永樂戊戌科　會元高郵董　璘　狀元長樂李　騏
安福劉　江　吉水鄧　珍

永樂辛丑科　會元莆田陳　中　狀元泰和曾鶴齡

開州劉　矩　　監利裴　綸
永樂甲辰科　會元臨海葉　思　狀元無爲邢　寬
宛平梁　禋　　豐城孫曰恭
宣德丁未科　會元黃巖趙　鼎　狀元臨朐馬　愉
天台杜　寧　　龍谿謝　璉
宣德庚戌科　會元靑田陳　詔　狀元長樂林　震
建安龔　錡　　莆田林　文
宣德癸丑科　會元萬安劉　哲　狀元寧晉曹　鼐
連江趙　恢　　永豐鍾　復
正統丙辰科　會元永新劉定之　狀元永嘉周　旋
廬陵陳　文　　劉定之
正統己未科　會元咸寧楊　鼎　狀元吳縣施　槃
楊　鼎　　上元倪　謙
正統壬戌科　會元桐廬姚　夔（吏部尚書謚文敏）　狀元吉水劉　儼
秀水呂　原　　蘭州黃　諫
正統乙丑科　會元淳安商　輅　狀元　商　輅
長寧周洪謨　　寶雞劉　俊
正統戊辰科　會元溧縣岳　正　狀元安福彭　時

長洲陳　鑑　岳　正

景泰辛未科　會元新喻吳　匯　狀元莆田柯　潛

永新劉　昇　武進王　倎

景泰甲戌科　會元安福彭　華　狀元杞縣孫　賢

宜興徐　溥　武進徐　轄

天順丁丑科　會元吉水夏　積　狀元華容黎　淳

金谿徐　瓊　烏程陳秉忠

天順庚辰科　會元臨海陳　選廣東左布政使諡恭愍

狀元新建王一夔改姓謝　長寧李永通

仁和鄭　環

天順甲申科　會元崑山吳　釴　狀元吉水彭　教

吳　釴　泰和羅　璟改陸姓

成化丙戌科　會元蘭谿章　懋　狀元永豐羅　倫

休寧程敏政　武進陸　簡

成化己丑科　會元丹徒費　誾　狀元南城張　昇

華亭丁　浦　寧都董　越

成化壬辰科　會元長洲吳　寬　狀元　吳　寬

安福劉　震　莆田李仁傑

成化乙未科　會元吳縣王　鏊　狀元餘姚謝　遷
安福劉　戩　王　鏊
成化戊戌科　會元順德梁　儲　狀元泰和曾　彥
鄞縣陽守阯　泰和曾　追
成化辛丑科　會元吳江趙　寬　狀元餘姚王　華
餘姚黃　珣　清平張天瑞
成化甲辰科　會元泰州儲　瓘　狀元錢塘李　旻吏部右侍郎
南宮白　鉞　歷城王　敕
成化丁未科　會元樂平程　楷　狀元鉛山費　宏
巴縣劉　春　番禺涂　瑞
弘治庚戌科　會元華亭錢　福　狀元　錢　福
東莞劉存業　丹徒靳　貴
弘治癸丑科　會元弋陽汪　俊　狀元崑山毛　澄
吉水徐　穆　泰和羅欽順
弘治丙辰科　會元宛平陳　瀾　狀元崑山朱希周
永嘉王　瓚　陳　瀾
弘治己未科　會元南海倫文敍　狀元　倫文敍
鄞縣豐　熙　襄垣劉　龍

弘治壬戌科　會元景陵魯　鐸　狀元武功康　海
　　　　　　　　餘姚孫　清　　　濮州李廷相
弘治乙丑科　會元會稽董　玘　狀元崑山顧鼎臣
　　　　　　　　　　董　玘　　　餘姚謝　丕
正德戊辰科　會元仁和邵　鋭　狀元高陵呂　柟
　　　　　　　　儀眞景　暘　　　莆田戴大賓
正德辛未科　會元安福鄒守益　狀元新都楊　愼
　　　　　　　　鄞縣余　本　　　　　鄒守益
正德甲戌科　會元南海霍　韜　狀元歙縣唐　皐
　　　　　　　　貴谿黃　初　　　嘉定蔡　昂
正德丁丑科　會元南海倫以訓　狀元進賢舒　芬
　　　　　　　　　　倫以訓　　　海門崔　桐
正德庚辰科　會元茶陵張　治　辟狀元固安楊維聰
　　　　　　　　鄞縣陸　釴　　　鉛山費懋中
嘉靖癸未科　會元樂安李舜臣　狀元慈谿姚　淶
　　　　　　　　祥符王　敎　　　華亭徐　階
嘉靖丙戌科　會元平凉趙時春　巡撫山西都察院右僉都御史
　　　　　　狀元懷安龔用卿　　　固安楊維傑

泰和歐陽衢

嘉靖己丑科　會元武進唐順之　狀元吉水羅洪先
永康程文德　遂寧楊　名

嘉靖壬辰科　會元泰州林　春　狀元海陽林大欽
汾州孔天胤　羅江高　節

嘉靖乙未科　會元上元許　穀　狀元餘姚韓應龍
餘姚孫　陞　高安吳　山

嘉靖戊戌科　會元慈谿袁　煒　狀元錢塘茅　瓚
泰和羅　珵　袁　煒

嘉靖辛丑科　會元華亭林樹聲改姓陸　狀元大同衞沈　坤
新昌潘　晟　龍江左衞邢一鳳

嘉靖甲辰科　會元常熟瞿景淳吏部右侍郎謚文懿
狀元臨海秦鳴雷　瞿景淳
無錫吳　情

嘉靖丁未科　會元餘姚胡正蒙　狀元興化李春芳
新喻張　春　胡正蒙

嘉靖庚戌科　會元南安傅夏器　狀元蘭谿唐如楫
鄱陽姜金和　臨桂呂調陽

嘉靖癸丑科　會元金壇曹大章　狀元閩縣陳　謹
曹大章　烏程溫應祿
嘉靖丙辰科　會元浮梁金　達　狀元山陰諸大綬
會稽陶大臨　金　達
嘉靖己未科　會元三河蔡茂春　狀元淸河丁士美
餘姚毛惇元　漳浦林士章
嘉靖壬戌科　會元太倉王錫爵　狀元吳縣徐時行改姓申
王錫爵　歙縣余有丁
嘉靖乙丑科　會元南昌陳　棟　狀元烏程范應期
嘉善李自華　陳　棟
隆慶戊辰科　會元大田田一儁　狀元會稽羅萬化
晉江黃鳳翔　蘭谿趙志皐
隆慶辛未科　會元新建鄧以讚　狀元山陰張元忭
蘇州衛劉　瑊　鄧以讚
萬曆甲戌科　會元餘姚孫　鑛　狀元無錫孫繼皐
江寧余孟麟　慈谿王應選
萬曆丁丑科　會元秀水馮夢禎　狀元宣城沈懋學
江陵張嗣修　臨武曾朝節

萬曆庚辰科　會元漢陽蕭良有　狀元江陵張懋修
華州王廷譔
萬曆癸未科　會元晉江李廷機　狀元秀水朱國祚
蕭良有
李廷機　吉水劉應秋
萬曆丙戌科　會元公安袁宗道　狀元華亭唐文獻
晉江楊道賓　全州舒弘志
萬曆己丑科　會元會稽陶望齡　狀元旗手衞焦竑
崇仁吳道南　陶望齡
萬曆壬辰科　會元吳縣吳默　狀元侯官翁正春
晉江史繼偕　崑山顧天埈
萬曆乙未科　會元宣城湯賓尹　狀元南京錦衣衞朱之蕃
湯賓尹　武進孫愼行
萬曆戊戌科　會元江寧顧起元　狀元盆都趙秉忠
象山邵景堯　顧起元
萬曆辛丑科　會元同安許獬　狀元青浦張以誠
太倉王衡　石首曾可前
萬曆甲辰科　會元慈谿楊守勤　狀元楊守勤
高陽孫承宗　武進吳宗達

萬曆丁未科　會元平湖施鳳來　狀元順德黃士俊
　　　　　　　　施鳳來　　　　晉江張瑞圖
萬曆庚戌科　會元烏程韓　敬　狀元　韓　敬
　　　　　　　新野馬之騏　　　　常熟錢謙益
萬曆癸丑科　會元宜興周延儒　狀元　周延儒
　　　　　　　晉江莊奇顯　　　　德安趙師尹
萬曆丙辰科　會元吳江沈同和革　狀元嘉善錢士升
　　　　　　　江夏賀逢聖　　　　同安林　釪
萬曆己未科　會元永春莊際昌　狀元　莊際昌
　　　　　　　句容孔貞運　　　　南海陳子壯
天啓壬戌科　會元景清劉必達　狀元長洲文震孟
　　　　　　　進賢傅　冠　　　　長洲陳仁錫
天啓乙丑科　會元無錫華琪芳　狀元會稽余　煌
　　　　　　　華琪芳　　　　　　吳孔嘉
崇禎戊辰科　會元嘉善曹　勳　狀元　劉若宰
崇禎辛未科　會元太倉吳偉業　狀元宜泰陳于泰
　　　　　　　吳偉業　　　　　　□□夏曰瑚

崇禎甲戌科　會元□□李青　狀元杞縣劉理順
宣城楊昌祚　宜興吳國華

崇禎丁丑科　會元宜興吳貞啓　狀元吉水劉同升
海寧陳之遴　常熟趙士春

崇禎庚辰科　會元□□楊瓊芳　狀元通州魏藻德
鄞縣葛世振　靜海高爾儼

崇禎癸未科　會元溧陽陳名夏　狀元武進楊廷鑑
□□宋之繩　陳名夏

朝貢

朝鮮國

女直

奴兒干都司永樂七年置建州衞　必里衞　兀者衞　兀者左衞　兀者右衞　兀者後衞俱永樂二年置　赤不罕衞　屯河衞　安河衞　毛憐衞　虎兒文衞　失里綿衞　奴兒干衞　堅河衞　撒力衞俱永樂三年置
古賁河衞　石城衞　塔魯木衞　蘇溫河衞　斡難河衞　兀者前衞　卜顏衞　亦罕河衞　納憐河衞
麥蘭河衞永樂八年置兀列河衞　雙城衞　撒剌兒衞　亦馬剌衞　兀蘭衞　亦兒古里衞　脫木兒衞
卜剌罕衞　密陳衞　脫倫衞　嘉河衞　塔山衞　阿速江衞　速平江衞　木魯罕山衞　馬英山衞
土魯亭山衞　木荅里山衞　朵林山衞　兀也吾衞　吉河衞　札木哈衞　福山衞　肥河衞　蘇溫

河衞　木東河衞永樂七年置罕苔河衞　撒兒忽衞　札童衞永樂四年置阿古河衞　喜樂溫河衞　木陽河衞　哈蘭城衞　可令河衞　兀的河衞　哥吉河衞　野木河衞　納剌吉河衞　亦里剌河衞　野兒定河衞　卜魯丹河衞永樂七年置好屯河衞　喜剌烏衞　考郎兀衞　亦速里河衞　阿剌山衞　隨滿河衞　撒禿河衞　忽蘭山衞　古魯渾山衞　阿資河衞　甫里河衞　苔剌河衞　撒只剌河衞　阿里河衞　依木河衞　亦文山衞　木蘭河衞　朵兒必河衞　甫門河衞俱永樂五年置納木河衞　童寬山衞　兀魯罕河衞　答罕山衞　者帖列山衞　木興河衞　友帖衞　牙魯衞　剌魯衞　益實衞　乞忽衞　兀里奚山衞　希灘河衞　弗朵禿河衞　阿者迷河衞　撒叉河衞　斡蘭河衞　阿眞河衞　木忽剌河衞　欽眞河衞　克默而河衞　察剌禿山衞　嘔罕河衞　阮里河衞　列門河衞　禿都河衞　寶山衞　忽里吉山衞　莫溫河衞　薛列河衞永樂六年置卜魯兀衞　葛林衞　杷城衞　札肥河衞　忽石門衞　札嶺衞　木里吉衞　忽兒海衞改弗提衞伏里其衞　乞勒尼衞　愛河衞　把河衞　禾屯吉衞　失里木衞　阿倫衞　吉里河衞　塔麻迷衞俱永樂七年置木興河衞　木剌河衞　喜申衞　使坊河衞　甫里河衞　亦麻河衞　兀應河衞　法因河衞　阿塔赤河衞　古木山衞　葛稱哥衞俱永樂八年置督罕河衞　也孫倫衞　可木河衞　弗思木衞永樂十年置斡朵倫衞永樂十一年置哈兒分衞　阿兒溫河衞　塔速永樂九年置建州左衞　只兒蠻衞　兀剌衞　順民衞　囊哈兒衞　古魯衞　滿涇衞　哈兒蠻衞　塔亭兒河衞　五屯河衞　玄城衞　和卜羅衞　老哈河衞　失兒兀赤衞　卜忽禿河衞　葛可河衞　乞塔河衞永樂六年置兀剌忽衞永樂十二年置渚冬河衞　箚眞衞　兀思哈里衞　忽魯愛衞俱永樂十三年置吉灘河衞　亦馬忽山衞俱永樂十四年置阿眞同直衞　亦東河衞　亦迷河衞俱永樂十五年置建州右衞　益實左衞　阿塔赤河衞　塔山左衞　城討溫衞正統間置

兀者托溫千戶所　兀者穩勉赤千戶所　兀者屯河千戶所　兀者揆野木千戶所　海剌兒千戶所　哈流溫千戶所　兀禿河千戶所　竦和兒千戶所　哈三千戶所　哈剌哈千戶所　兀的罕千戶所　可里踢千戶所　五音千戶所　只陳千戶所　鎖郎哈眞河千戶所　得的河千戶所　奧石河千戶所　哈魯門山千戶所　古賁河千戶所　斁荅河千戶所俱永樂間置

速溫河地面　昏地迷河地面　兀兒滾車地面　施伯河地面　卜魯丹河地面　勝和兒河地面　木溫地面　諸車河地面　可木山地面　早讓河地面　欽眞河地面　因只河地面　兀思哈里地面　古里河地面　卓兒河地面　撒哈剌地面　亦禿渾河地面　古里罕河地面　忽八河地面　失木魯河地面

　把兒卜河地面　木倫河地面　崔哈河地面　黑龍江地面　也令河地面　撒只剌河地面　兀察河地面　畢力木江地面　的里木地面　埇坎地面　海西地面　蘇分地面　失令地面　亦馬阿咬東地面　哈魯城　喜樓里城　別里眞站　古代替站　姑伏荅林站　別兒眞站　弗朵河站　五速站　忽把希站　播兒賓站　黑勤亨石站　黑勤里站　五里河口　那令口　火名口　口兒河　必輿河　鎖失河　古因溫都魯河　斡的因河

日本國附庸國百餘

拘邪韓國　對海國　瀚海國　末盧國　尹都國　奴國　不彌國　投馬國　邪馬一國　斯馬國　已百支國　伊邪國　郡支國　彌奴國　好古都國　不呼國　姐奴國　對蘇國　蘇奴國　呼邑國　華奴蘇奴國　鬼國　爲吾國　鬼奴國　邪馬國　躬臣國　巴利國　支惟國　烏奴國

琉球國

西番

烏思藏都指揮使司　朵甘衛都指揮使司　隴荅衛指揮使司俱永樂六年置朵甘宣慰使司　朵甘思招討司　朵甘籠荅招討司　朵甘丹招討司　朵甘倉溏招討司　朵甘川招討司　磨兒勘招討司　沙兒可萬戶府　乃竹萬戶府　羅思端萬戶府　列思麻萬戶府　董卜韓胡宣慰使司　長河西魚通寧遠宣慰使司　朵甘思千戶所　剌宗千戶所　孛里加千戶所　長河西千戶所　多八參孫千戶所　加八千戶所　兆日千戶所　納竹千戶所　倫荅千戶所　果由千戶所　沙里可哈思的千戶所　孛里加思東千戶所　撒里土兒千千戶所　參卜郎千戶所　剌錯牙千戶所　泄里壩千戶所　闊側魯孫千戶所俱洪武七年置

赤斤蒙古衛　隴卜衛永樂十一年置　領思奔寨行都指揮使司永樂十四年置　麻兒匝安撫司宣德二年置　畢力木江衛指揮使司宣德九年置

烏思藏衛

罕東衛

安定衛

阿端衛

曲先衛

哈密衛　尼八剌國　奇剌尼國

火州

亦力把力舊別失八里

撒馬兒罕國　沙哈魯　兀魯伯　哈石哈兒　失剌思　米昔兒　黑婁　苦列干

哈烈國　俺都淮國　八荅商國上二國俱哈烈屬國　迭里迷國　沙鹿海牙國　右賓塞藍國　渴石國　養夷

國　柳陳國　土魯番國　達失干國　卜花兒國俱陳誠所使者

于闐國

安南國

占城國

暹羅國

爪哇國

眞臘國

滿剌加國

古麻剌國

拂菻國

三佛齊國

浡泥國

蘇門荅剌國　千達里國

蘇祿國

彭亨國

西洋古里國　南巫里國　小阿蘭國

瑣里國

榜葛剌國
天方國
默德那國　須文達那　尼八剌
古里班卒國
錫蘭山國
白葛達國
百花國
娑羅國
呂宋國
合猫里國
碟里國
打回國
日羅夏治國
阿魯國
甘巴里國　喃渤利國　木骨都束國　阿丹國　不剌哇國　剌撒國
忽魯謨斯國
忽魯母恩國
柯枝國

麻林國
沼納樸兒國　底里國
加異勒國
祖法兒國　竹步國
溜山國　把丹國　急蘭丹國　比刺國　孫刺國
阿哇國　魯迷國　虎刺撒國　回回怕魯灣國弘治壬子入貢
韃靼
兀良哈
泰寧衛　朵顏衛　福餘衛

國権卷一

鹽官談遷孺木著

大明太祖聖神文武欽明啓運駿德成功統天大孝高皇帝。御諱元璋。字國瑞。濠州鍾離東鄉人。朱姓出顓頊氏。周封曹挾于邾。楚滅之。子孫去邑爲朱。世居沛國相縣。其後散居江南。家句容之通德鄉。稱著姓。云朱家巷譜系無考。而世艱難農業。有重八府君娶陳氏。生子三。長伯六。娶胡氏。後追尊德祖玄皇帝。次子四九。娶侯氏。後追尊懿祖恆皇帝。長子初一。娶王氏。生宋末元初。籍淘金戶。金非地產。常他市供賦。困焉。遂棄田廬。攜二子徙泗州。五一世珍。長年十二。次八歲。仍力田營家泗上。足給。有二羽人指其地。法當大貴。折枯枝植而驗之。尋蘖。試拔之。羽人再過。謂如冢嫡何。竟卒。葬後追尊熙祖裕皇帝。卒。漸家落。五一兄弟徙盱眙。五河。無定居。五一兄弟皆敦謹務德。嘗言凡人守分得財。如置田產。稼穡收穫。歲有常利。用之無窮。若悖理得財。如污吏貪官獲利雖博。有喪身亡命之憂。故一鄉皆稱。次公長者。世珍。娶陳氏。徙盱眙。生興隆。徙五河。生興盛。興祖。徙鍾離東鄉。蓋濠古塗山氏國。大禹會諸侯處。周世宗鑿其地。至是王氣始復。太祖生。又徙西鄉。晚徙太平鄉之孤莊村。有一翁指次公曰。美哉。八十公。終歸仁德焉。後追尊仁祖淳皇帝。與歲合。

談遷曰。周秦以降。帝王之興。雖崛起閭閻。或世沾一命。劉氏至寒素矣。泗上亭長。亦食秦人之斗粟。惟我朱氏。其興也勃焉。起家耕桑。有公劉后稷之風。又劉裕祖漢蕭道成祖酇侯出自史臣。未足深信。今玉牒始重八府君。不妄有所祖。先是下集慶。句容之族父昆弟四十餘人皆來會。或不法。疏外之。聞之稗史曰。上欲祖朱熹。適徽人典史朱某。問之熹後乎。對曰否。因意寢。此蓋瞽說。非知太祖者也。

戊辰 元文宗天曆元年 九月丁丑。帝生。陳媼夢羽人授藥丸一。燁然有光。吞之覺而口香。明日蓐于土地祠。白氣貫空。異香經宿，祠神驚避數里，至今地丈餘赭而不草。浴汲河水，紅羅浮而衣之，水今色一紅一白。里人夜望光，謂火。公長者，何火也，趨救則無有。生數日不乳，公出求醫。有僧坐門告之，愈期。良久不見，公異之，欲捨于釋氏。

己巳　天曆二年。

庚午　文宗至順元年。

辛未　至順二年。

壬申　至順三年。宿州人馬公無子，婦生女，卽高皇后。

癸酉　順帝元統元年。

甲戌　元統二年。

乙亥　至元元年。

丙子　至元二年。

丁丑　至元三年。上十歲。

戊寅　至元四年。

己卯　至元五年。

庚辰　至元六年。

辛巳　至正元年。

壬午　至正二年。

癸未　至正三年。

甲申　至正四年。上年十七。時大饑疫。四月庚申朔乙丑，翁卒。戊辰，伯兄興隆卒。辛巳，陳媪又卒。同仲兄蜚勉襄事。

所佃劉氏繼德田。數責進。譙呵不絕。劉氏兄繼祖。以總管致仕。好施予。朱翁遷太平之孤莊村。與繼祖及趙文達等鄰。至是繼祖閔之。妻姜氏勸予葬地。二三兄弟扶柩往。會天雨。休壟下。旦往。塚纍纍自地出。洵神助也。仲氏叔氏各圖自活。上孤無依。鄰母汪氏曰。獨不記先人許從釋氏乎。九月乙巳。入皇覺寺。一名於覺寺。事僧高彬。養鵝溺圍之之他所游戲。鵝終日不敢出圍。別鵝色爲隊。鵝皆分隊立。居兩月。歲荒。僧散。上大困。游食。望突而飽。望門而宿。後上貴。賜劉繼祖弟田三十頃。復十年。曰。此恆情耳。不必問吾貧時。爾豈知今日爲天子耶。繼祖字大彥。元總管致仕。好施予。同里趙文達等俱與朱氏善。朱氏舊址惟石農器存。

談遷曰。古帝王之興也。俱稍有所藉。漢祖起豐沛。聖祖起淮泗。亦云瘁矣。而聖祖爲甚。沙漠之腥。無所不穢濁。而淮右無一命之染。重農力穡。公劉后稷之締始也。先德如此。安在無土不王哉。

乙酉至正五年。上西游合肥。道病。有二紫衣同寢食。病已辭去。遽失之。夜陷麻湖中。値羣童云迎駕。叱之不見。至六安。代老儒負篋。及硃砂鎮。坐槐樹下。異其相。爲推上星命。當奇貴。第愼之。利西北。毋東南也。歷語後事。徵其里氏。不答。

丙戌至正六年。上嘗還里省墓。

丁亥至正七年。上歷光固汝潁間。凡三年。仍棲皇覺寺。

戊子至正八年。十一月。黃巖方谷珍作亂。谷珍修七尺。走及奔馬。父伯奇。柔謹。生谷珍谷瑛。並豪勇。里佃事田主甚卑。毋敢揖。心愧之。伯奇沒。竟辭田主。醢之致訟。格殺巡檢。叛入海。旬日得數千人。守臣朵兒只班討之。引而東。追之福州五虎門。勢蹙。將焚舟遁。而元兵忽自驚擾。因執朵兒只班。迫其招撫。元主從之。授定海尉。雖受命。終不自安。谷珍避廟諱。更名眞。見宋濂神道碑。止名珍。

己丑至正九年。

庚寅 至正十年。十二月甿朔。己酉。方谷珍寇溫州。

辛卯 至正十一年。

正月□□朔。

二月□□朔。

三月□□朔。元浙東副元帥董摶霄以舟師討方谷珍。戰敗。

四月□□朔。壬午。元命工部尚書賈魯開黃河故道。役十七萬人。自黃陵岡至白茅二百八十里。初童謠曰。石人一隻眼。挑動黃河天下反。果得石人于黃陵岡。蓋韓山童陰爲之也。

元史曰。議者往往謂天下之亂。皆由賈魯治河之役勞民動衆之所致。不知元之所以亡者。實基於上下因循。狃於晏安之習。綱紀廢弛。風俗偷薄。其致亂之階。非一朝一夕之故。所由來久矣。不此之察。乃獨歸咎於是役。是徒以成敗論事。非通論也。設賈魯不興是役。天下之亂。詎無從而起乎。

五月配朔。辛亥。徐穎蘄黃兵起。徐人韓山童。其祖父爲白蓮教惑衆。衆多從之。元末山童倡言天下亂。彌勒下生。明王出。江淮之人。騷然皆動。河工掘石人。益驚詫。于是潁人劉福通及黨杜遵道盛文郁羅文素等告衆曰。山童。宋徽宗八世孫也。當帝天下。我劉光世後。合輔之。聚三千人于白鹿莊。殺黑牛白馬告天地。約起兵。用紅巾爲志。元得山童。捕殺之。子林兒走武安山中。福通據朱皋。攻破羅山眞陽確山。犯舞陽葉諸縣。袁州光化寺有僧瑩玉。以彌勒佛教鼓動湖湘。麻城人鄒普勝大唱其術。羅田布賈徐壽輝浴鹽塘。有毫光。普勝驚怪之。共推爲主。舉號紅巾。攻陷蘄黃。壽輝開蘄水爲蓮臺省。建國天完。改治平元年。拜普勝丞相。黃陂人倪文俊爲大將軍。文俊故漁家子。善乘行多槳船。攻陷漢陽興國。

六月□□朔。方谷珍攻黃巖。江浙左丞孛羅帖木兒擊之。谷珍夜率勁卒火之。執孛羅帖木兒于大閭洋。迫求招撫。

元授千戶。一曰萬戶。及其兄弟官爵有差。

七月□□朔。

八月丁丑朔。丙戌。蕭縣李二彭早住趙均用陷徐州。俱燒香惑衆嗜食人。

九月□□朔。

十月□□朔。

十一月□□朔。

十二月丙子朔。

壬辰至正十二年。

正月丙午朔。丙辰。徐壽輝兵連陷武昌安陸沔陽。

二月乙亥朔。定遠郭子興見羣盜四起。與其客孫德崖俞□魯□潘□等。率豪傑子弟攻拔濠州。據之。自稱元帥。子興故曹州人。父某。善星曆。謂帝星燭臨濠。遂入濠。定遠富翁有瞽女。莫適聘。郭公貴其女。娶之。術益售。漸饒于貲。生三子。次子興。卜其貴長不事產業。散財結豪傑子弟。宿州馬公避仇入定遠。年饑鬻女。子興見馬公俠氣。大善。撫女如己出。

辛丑。兵焚皇覺寺。上出避。日暮無依歸。祝筊于伽藍神。出處孰吉。三投之。俱陰。上曰。出處俱不利。無乃欲我從雄而後昌乎。請復陰。果陰。上曰。舉大事恐凶。請陽筊。筊仍陰。再抉之。筊躍然立。上始有從戎之志。

三月乙巳朔。元人討徐州盜。募舟師北守大江。方谷珍疑其圖己。復入海。突犯馬鞍諸山寨。元將泰不華敗死。

元將徹里不花率三千人討濠州。不即進。妄殺掠報級。村里爲墟。人無固志。有故人遺上書。盍從我自全。上覽訖。焚之。或爲上危。不之動。

閏三月甲戌朔。上入濠城。門者以諜疑之將加害。適郭子興巡行。異其貌。解縛與語。留帳下。元兵數來討。子興驍勇善戰。每出。上從旁翼衞。跳盪無前。斬首捕生過當。尋長百夫。漸引與謀事。孫德崖等四帥田野人不足與謀。子興心易之。于是四帥協謀傾子興。子興少與四帥會。或會輒不合。子興輒起去。去則四帥專決之。

四月癸卯朔。日食。

五月癸酉朔。方谷珍攻台州。不克。

六月□□朔。

七月□□朔。

八月□□朔。元丞相脫脫總大兵南征諸盜。

九月□□朔。辛卯。元兵誅李二。復徐州。彭早住趙均用走濠州。孫德崖等納之。以二人故盜魁。反爭推之出其下。

十月□□朔。

十一月□□朔。彭早住稱魯淮王。趙均用稱永義王。早住頗有智數。郭子興獨禮之。均用不慊。孫德崖謂均用曰。郭公目有彭將軍耳。相與執子興械之家。將殺之。上在淮北聞曰。郭公吾父也。亟馳歸。則語子興子曰。我公素厚彭。薄趙。禍必趙發。卽與子興子奔告早住。早住怒。圍德崖家。上從之。發屋入。子興鉗繫幽窖。破械出之。子興遂得免。

十二月□□朔。元將賈魯與月哥察兒圍濠城。始解仇力拒之。

壬寅。潁州沈丘人察罕帖木兒。信陽州羅山人李思齊。同起義兵破賊。元授察罕汝寧府達魯花赤。李思齊知汝寧府。

癸巳 至正十三年。

正月⿰钅庚朔。泰州張士誠白駒場亭民也。爲鹽駔。諸富家數淩之。又辱于弓兵丘義。至是與弟士義士德士信。結壯士李伯昇潘原明呂珍等十八人殺義及富者。火其舍。跳入旁場。招諸少年謀起事。至丁溪大姓劉子仁集衆拒之。矢中士義死。士誠益決戰。子仁潰。遂有衆萬餘。陷泰州。

二月□□朔。

三月□□朔。元將賈魯死。

元江浙左丞帖里帖木兒復招方谷珍。行省都事劉基議谷珍首亂當誅。餘黨當招安。省院不聽。編管基于紹興。授谷珍徽州路治中。谷瑛信州路治中。谷璋廣德路治中。而谷珍猶疑懼擁衆千艘阻漕運。復遣江浙右丞阿兒溫沙擊之。

四月⿹戉虍朔。

五月□□朔。壬午。元兵解濠圍去。濠人乏食。上以鹽易懷遠之粟。贈郭子興家。先是歸上馬公女子興婦張夫人壻視上。軍中呼曰朱公子。

談遷曰。窮閻之末。假令謀大事。雖沒齒無望。郭氏先驅。得備肺腑。于是神龍之升。階于尺木矣。其德視晉陽宮監且百倍。噫。豈偶然哉。豈偶然哉。

張士誠陷興化。參政潁川趙璉死之。元使左丞偰哲篤守高郵。知府李齊守甓社湖。士誠譟入。偰哲篤出走。士誠據高郵。僭號大周。自稱誠王。改天祐元年。元使照磨盛昭招以萬戶告身。不納。拘之舟中。已臣之。不屈死。昭歸德人。元使又至。士誠曰。必李齊。齊往。下之獄。元人來攻。士誠出齊跽之。不屈死。齊廣平人。而元終欲降之。使待制烏馬兒錄事孫撝復往。被留。撝曹州人。至正初進士。後謀復高郵。事泄。死之。

六月⿰車丙朔。

七月□□朔。

八月□□朔。

九月乙丑朔日食。

十月□□朔。郭子興患趙均用之專。使公子行收兵。得七百人。拜鎮撫。

十一月□□朔。

十二月□□朔。元卜顏帖木兒及西寧王牙罕沙等合討徐壽輝于蘄水。敗之。

甲午　至正十四年。

正月甲申朔。公子度彭早住等難共事。屬七百人于他將。率壯士徐達湯和吳良吳禎花雲陳德顧時費聚耿再成耿炳文唐勝宗陸仲亨華雲龍鄭遇春郭子興郭英胡大海張龍陳植謝成李新張赫張銓周德興。凡二十四人。皆濠產也。南略定遠。定遠人毛麒脅縣尹來降。道以疾返。已疾少間。聞戶外歎聲。詰之。曰。定遠張家堡民兵三千人。號驢牌寨。乏食。欲來降。未決。元帥將招之。惜無可使者。公子矍然起曰。機不可失。力疾以費聚等二騎又步卒九人往。至寶公河。望其營嚴整。步卒恐。公子不動。營將出迎。入諭曰。郭公故善足下。聞他敵將至。故遣告。能相從。即我往。否則避之。因解香囊示信。彼獻牛酒。公子還。留費聚伺之。越三日。聚奔告彼有他志。公子即率三百人馳責之。未受命。誘其將來會。縛之下。其衆三千人。已夜襲元知院張□□于橫澗山。一曰繆大亨。得精兵二萬餘。繆大亨降。悉加訓練。

二月□□朔。元吏部侍郎貢師泰和糴浙西米百萬石。

三月癸未朔。公子略滁州。值定遠李善長。悅之。留掌書記。語之曰。羣雄中幕客。多毀左右。解將士之體。覆敗相踵。爾宜鑒其失。務和協成厥功。善長頓首受命。花雲單騎遇賊數千人。即奮戰。賊避其勇。抵滁。克之。以駐師。

四月□癸朔。彭早住趙均用邀我公子守盱泗。辭不往。時彭趙挾郭子興東屯泗州。尋自相吞併。早住中流矢死。均用專兵。益狠戾。公子在滁陽。兵勢漸盛。使人說均用曰。方今海內淆亂。正收攬英雄之日。公昔窘于元。南趨濠。使郭公閉壁不納。辱虜手矣。得濠而據其上。更欲害之。不祥。且郭公易圖耳。其別部之在滁者。勢重可慮也。又賄均用左右。均用遂縱子興將萬人入滁州。見公子兵整。大悅。

五月□□朔。

六月□辛朔。己酉。陷盱眙。

庚戌。陷泗州。

七月□□朔。滁大旱。公子憂之。滁人楊元杲言。西南豐山柏子潭可禱。卽往。約神三日必我雨。否者神不得祠。因發三矢于潭。果如期大雨。獲稔。

八月□□朔。

九月杞朔。元丞相脫脫討張士誠于高郵。大敗之。

方谷珍突入台州。據之。先是元設浙江元帥于慶元。備谷珍。以納麟哈喇爲之。復敗。遂授谷珍海道巡防萬戶。谷璋衢州總管。兼防海運。

十月□□朔。脫脫分兵圍六合。六合帥乞援郭子興。以夙嫌靳之。公子曰。六合下。滁其次矣。奈何以睚眦故失之。而諸將畏元人強。衆謂卜之不利。公子自往。曰。事當內斷。何卜爲。因同耿再成守瓦梁壘。元人攻之急。幾陷。復去之。凌晨完壘。復拒之。凡再四。因計紿之。斂我軍。令婦女倚門戟手詈之。元人疑沮。遂陣而出。前其輜重婦女精卒翼之。徐引還滁州。元人不敢迫。雖無救六合。我克還。

十一月□□朔。元人攻滁州。公子設伏澗側。令耿再成佯北。誘之渡澗。伏發。皆下馬走。內兵又出擊。大敗之。獲馬甚衆。然畏元人強。詭還之。具牛酒遺元將曰。城主郭子興。老病不任行。謹遣犒軍。城中皆良民。所以結聚。備他盜耳。將軍欲獮戮之。民固畏死。非得已。抑今高郵大寇未殲。將軍舍而攻良民。不令并力耶。元將曰。是也。非良民。肯歸馬乎。即解去。

十二月□□朔。丁酉。元罷丞相脫脫。安置淮安。

談遷曰。丞相百萬之衆。掃二三羣醜。不啻竈上塵。少須臾之緩。滁且無餘矣。元自去脫脫。爲我安其枕。因略和陽。下建業。定鼎東南。拜元人之賜不淺哉。

乙未元至正十五年。宋龍鳳元年。

正月⿰牜戊朔。師乏食。諸將謀所向。郭子興言計多失。公子數諫不聽。鬱鬱致疾。子興再三召。公子力疾往。告曰。困守孤城非計。若謀所向。惟和州可。和城小而堅。可計取。難力破也。子興曰。安出。曰。向攻民寨時。得兵號三千。其文曰廬州路義兵。今擬簡萬三千人。三千人被青。三千人被絳。青衣椎髻左衽。佯爲彼兵。載四橐馳。聲言廬州兵送使者。和陽犒士必納。納則乘以絳士。取之必矣。子興曰。善。使張天祐湯和領青衣三千。趙繼祖爲使者前行。耿再成領絳衣萬人繼之。期于城門會。天祐從他道食。失期。元將覺。縋而戰。再成不利。中矢走。衆皆潰。元人追之。日暮還。天祐始至。值于道。急擊元人。夜還追至小西門。元人抽門橋。我軍奪焉。湯和斬其橋繩。天祐登城大呼。衣服相亂。遂入據之。而再成還告敗。子興咎公子失計。俄報元使招降。兵且至。益大恐。公子曰。毋畏。集滁兵于南門。召元使從南入。叱令膝行。歸之。明日元兵疑而引還。子興以再成天祐陷沒。俾公子以三千往收其亡卒。公子復得千餘人。與徐達李善長將之。夜至和州。知天祐等克城。呼於門。門炬。公子免胄示之。遂入。明日撫定城中。元兵復至。公子開門擊敗之。于是子興委公子總守和陽。總兵當位諸將上。而諸將多子興輩。且年長。乃夜令人撤署中座。置木榻。俟旦會以觀其意。旦諸將先入。皆右坐。留最左末席與公子。諸將臨事不能可否。

獨公子專決之。築城。限諸將丈尺分甓。居三日。公子甓就。視諸將未也。公子作色。置座南向。出子輿檄曰。主帥命我總諸君也。公等城不甓。奈何。今與諸公約。違則以軍法相治。皆惶恐服。初諸將頗殺掠。公子悉取軍中所得婦女還之。人大悅。

高岱曰。聖祖之駐滁和。爲取金陵計耳。蓋金陵非大衆未易克。而衆非滁和豈能久集。故略定遠以集衆。據滁和以俟時。其施爲節度。胸中皆已有成算。蓋卽兵家先堅後瑕之術也。乃居濠州不能展尺寸。及出濠至定遠。卽有衆數萬。駐滁陽。鬱鬱不自得。辭滁而和。則能大振軍威。乃知蛟龍雖不能不藉雲雨而騰躍變化。終不受制于人。使漢高不遣入關。光武不遣狥河北。則亦更始懷王之牙將耳。其何以自見哉

辛巳。元兵十萬來攻和州。公子及張天祐以萬人拒守。間出奇兵擊之。

張士誠復據高郵。

徐壽輝遣明玉珍掠夔州。玉珍。隨人。世農家。修八尺。重瞳。隨人相結屯青山。推爲屯長。歸壽輝。拜元帥。鎭沔陽。敗元丞相哈林禿兵。沔陽饑。以千人槳斗舡五十。泝夔門貿糧。至巫峽。人多就之。

二月□□朔己未。劉福通自碭山夾河求得韓林兒。復立之。都亳州。號大宋皇帝。改龍鳳元年。杜遵道盛文郁爲丞相。劉福通羅文素爲平章。劉祿爲樞密院使。林兒母楊氏善淫。遵道通焉。林兒事決于左右。日捕魚斫鮮爲樂。築樊樓。歌舞不絕。自稱樊樓主人。軍分三部。關先生潘□□王士誠等入晉冀。趨上都。白不信李喜喜等趨關中。毛貴田豐等趨大都。福通忌遵道專柄。令甲士撾殺之。自爲丞相。稱太保。

陸深曰。嗚呼。金元之際。尙忍言哉。宋室不兢。金人乘之。以彼悍堅。拉此柔脆。宜有餘力矣。元之蹙金。戰伐彌苦。弓馬戈矛之間。生民之幸不爲糜爛者幾何哉。渡江之師。一惟勇力是視。孰不憐之。迨庚申君之覆滅也。嶺表首禍。猶假大金（至正二年廣南朱光卿作亂。）卒以妖民托宋亡之餘。天命眞人。神武不殺。克成混一之功。亦

微有資于龍鳳云者。是可以觀人心之向往矣。語云。枯雞穴蚿。豈徒以血氣然哉。聊因僞僭以錄驅除。抑亦頌聖人之興非偶然爾。

談遷曰。宋帝㬎降元。封瀛國公。俾尚公主。後因侍宴。有奇怪之徵。忌之。遣學佛法于帝師。遂居漠北。其後明宗逃居沙漠。行帳適與瀛國公相近。締好甚密。一夕。明宗方寢。聞瀛國公帳中有笙鏞聲。問其故。乃嬰兒始生而啼也。知其非常人。遂乞歸養爲子。妥懽帖睦爾是也。閩人余應有詩紀之。見何喬新鄭曉所載。又瀛國薙髮。號合尊大師。終嫌死。舅氏吳涇夢來告曰。吾得請于帝。行報矣。噫。由前而觀。則順帝即宋之遺裔也。由後而觀。則報元者安知非林兒哉。楚雖三戶。亡秦必楚。韓氏雖妖說搖動天下。以爲江左之前茅。將妖夢是踐。亦不足怪矣。

三月□□朔。元兵屢敗去之。和城復乏食。而元太子禿堅。樞密副使絆馬住。民兵元帥陳埜先。各分戍高望新塘青山雞籠山。公子往攻之。元乘我出。則復至。幕官李善長擊卻之。元兵皆走渡江。蓋連戰三月乃解。方急時。諸將謂張天祐曰。公輩度能自卻元人乎。否則當聲其援。天祐遂往見林兒。拜郭子興都元帥。天祐右副元帥。公子左副元帥。公子見檄不受。曰。大丈夫不副人。諸將曰。明公方欲渡江。舉吳楚。兼甌越。今滁和間已屬我。不受宋命。生一敵也。受之。緩急猶可倚。夫公方舉大事。奈何于彼示外耶。公子僅用其元紀年。

談遷曰。諸家云。聖祖不受宋命。則何以用其元也。漢之初臣于義帝。唐之初臣于突厥。區區一命。亦不足累也。後制贈先人吳國公。聖祖無少諱。宏哉帝度矣。

濠帥孫德崖擁衆就食和州。且求入城。公子畏其衆。勉納之。郭子興聞。大怒。自滁來。公子迎見。子興不言者久之。已問爲誰。公子稱名對。因曰。昔公困辱孫氏。某實破其家以出。今來此。公無宿憾乎。子興默然。而德崖亦不自安。請還去。公子曰。今兩軍共城。其下必有不諧者。當令諸軍先行。而公自留後。德崖從之。公子先送德崖部將。頃之子興與德崖鬬。兵卒多傷。公子聞之。與耿炳文吳禎策騎返。扼于孫氏軍。有故人得縱公子而馳。追及之墜馬。又故人呼馬同載。遇德崖弟麾兵前。客張某亟止之曰。爾兄在郭公所。若殺朱君。則爾兄益不保。盍少待。張走子興所。見縶德崖共食。張亟反。爲孫氏軍請命。且止公子于麻陽。子興聞之。遣徐達等數人博質。釋德崖。公子乃還。

都元帥郭子興卒。子興四子。先二子忌公子。嘗閉之虛舍。絕其食。高皇后私懷鐺焦餔之。又懼二子見。匿焦當胸。胸欲腐。長子戰沒。餘子皆不良死。或曰。皆公子意也。公子併將其軍。洪武三年。追封滁陽王。妻滁陽王夫人。廟滁州。

王世貞曰。豪傑之興。必有所憑藉。然未有如滁陽王者。誠眞龍于豫且之網而活之。且假以雲雨焉。非子而子。非女而女。帝之有天下。則誰力也。物無兩大。中道而夭。顧胤斬聖代。雖血食世世不絕。焉足當報哉。焉足當報哉。

方谷珍入據慶元。斥地至上虞。

四月叮朔。懷遠常遇春來歸。遇春嘗從羣盜劉聚。薄之。公子以其壯勇。推爲軍鋒。

孫德崖來爭滁州。爲吳禎胡大海所殺。

左君弼據廬州巢人。廖永安俞通海合肥人。張德勝無爲人。桑世傑含山人。華高共結水軍于巢湖。與君弼戰。不勝。

五月□□朔。巢湖水寨遣韓成來附。公子謀渡江。方需舟楫。甚善之。曰。吾事濟矣。卽以兵往。道涸。適大雨。乘漲達巢湖。

壬寅。擊元中丞蠻子海牙于浯溪口。敗之。遂還和州。定渡江之計。或欲直趨集慶路。公子曰。取金陵必先采石。

此南北襟喉也。

六月軋朔。公子率諸將乘舟渡江。

丙辰。廖永安請所向。公子以采石重鎭。勢難克。牛渚磯臨江。彼不能備也。元將康茂才陣磯上。舟去岸丈餘。不克。登常遇春飛舸奮戈躍而上。諸軍從之。元兵潰。克采石。緣江諸壘。望風迎附。乘勝抵太平路。元平章完者不花萬戶萬鈞達魯花赤普里罕忽里欲拒我。急攻拔之。完者不花僉事張旭等遁。執萬戶納哈出總管靳義出東門赴水死。命禮殯之。禁焚掠。先令李善長具榜。比入城。榜之通衢。皆斂戢。富人陳迪獻金帛。即分給吏卒。

丁巳。召耆儒李習陶安。安對曰。今四海鼎沸。豪傑並爭。攻城屠邑。互相雄長。然其志皆在子女玉帛。取快一時。非有撥亂救民安天下之心。明公率衆渡江。神武不殺。人心悅服。以此順天應人而行弔伐。天下不足平也。公子善之。問取金陵可乎。曰。金陵古帝王之都。龍盤虎踞。限以長江。若取之。據其形勝。出臨四方。則何向不克。公子甚善之。因預幄議。

改太平路曰太平府。李習知府事。置太平興國翼元帥府。公子爲大元帥。李善長爲帥府都事。潘庭堅帥府敎授。汪廣洋帥府令史。陶安參幕府事。分戍繕城。旗幟及將士戰衣皆尙赤。

辛酉。元右丞阿魯灰副樞絆馬住中丞蠻子海牙等。以巨舟截采石江。閉姑孰口。絕我歸路。方山寨民兵元帥陳埜先率數萬衆來攻。大元帥遣徐達鄧愈湯和出姑孰東迎戰。以別將潛繞其後。轉戰至城北。忽雙龍見雲端。元人愕仰視。我夾擊之。埜先大敗。擒而釋之。使招其軍。則皆降。阿魯灰蠻子海牙等見埜先敗。還屯峪溪口。

甲子。徐達克溧水州。

七月岬朔。壬辰。趨集慶路。留陳埜先于太平。命元帥張天祐往攻。勿克而還。時埜先故部曲從行。陰語其毋力戰。

方谷珍陷溫州。黃巖章元善好從橫之術。說谷珍曰。夷狄無百年之運。元數將極。不待智者而後知。今豪傑並起。有分裂之勢。足下奮襼一呼。千百之舟。數十萬之衆。可立而待。泝江而上。則南北中絕。擅餽運之粟。舟師四出。則青徐遼海閩廣甌粵可傳檄而定。審能行此。人心有所屬。而霸業可成也。谷珍不能用。

八月甲辰朔。庚申。復議攻集慶。以陳埜先異志。召諭曰。人各有心。從元從我。不汝强也。埜先誓不負。縱之還。我師亦止。

克溧陽縣。

戊辰。陳埜先既歸。收餘衆屯板橋。陰合元御史大夫福壽。而陽報大元帥曰。集慶左環大江。右枕崇岡。不利步戰。晉隋之取江左。皆效于舟師矣。元人復盛兵守之。聯綴三十里餘。進虞斷後。守憂乏餉。未可攻也。莫若南據溧陽。東扼鎮江。絕其餉道。持久而勝之。大元帥知其詐。報曰。歷代克江南。長江限之。吾今已渡江。據其上游。與晉隋勢異。步戰足克。公毋再圖。

丁丑。裨將習伯容克蕪湖縣。置永昌翼元帥府。伯容爲萬戶。

九月癸酉朔。陳埜先約元將左荅織里至其營。詭生得之。紿大元帥來受俘。姑許之。不往。

丁亥。元子標生。皇后出。

戊戌。元帥張天祐等復攻集慶。

己亥。至方山。破走左荅織里。陳埜先遂叛。合福壽拒我。元帥張天祐及郭某戰死。子興長子也。

己酉。陳埜先追我溧陽。經葛仙鄉。民兵百戶盧德茂佯降。以殺埜先。埜先從子兆先領其衆。初天寧翼元帥定遠宋國興。年十八。從擊埜先。大元帥衣以白龍袍。與常遇春馳入其軍。戰不勝。被執。以爲大元帥。殺之。大元帥得間脫。是日。國興妻曹氏赴井死。國興弟日成。

何喬遠曰。予讀國史。宋國興佚焉。西寧侯世恩爲予言其狀。死之日。高帝畫國與像。賜其家。衣白龍袍也。畫旁常開平方爲小校。從捉刀。國興死與韓成何異。嘗怪紀信誑楚。其人皆荆軻聶政之儔。而不得漢高祖一封。當亦曰帝王自天授。豈借一夫代其死命哉。

十月□□朔。

十一月□□朔。元殺右丞相脫脫于淮安。

十二月壬子朔。釋元萬戶納哈出北歸。元初功臣木華黎孫。納哈出居常悒悒不樂。令降將萬戶黃儔覘之。納哈出曰。雖荷朱公不殺。而北人終思北。因幷元御史張□賫遣之。

元中丞蠻子海牙復大扼水軍于采石。陳兆先屯方山。與海牙相望。我治石砲巨艦。列守要害待之。

丙申 元至正十六年。宋龍鳳二年。

正月□□朔。

二月壬子朔。張士誠陷平江路。先是士誠以淮東饑。適江陰盜朱定導之。遂留兵高郵。自通州渡江。陷常熟。至是攻平江。守將楊春力戰死。總管貢師泰遁去。因轉掠松江湖常。易平江路曰隆平府。即承天寺爲行宮。弟士德爲平章。陰陽人李行素爲丞相。蔣輝爲右丞相。潘原明爲左丞相。攻湖州。使李伯昇節制軍士。王敬夫蔡彥文葉德新爲參軍。鍛工周仁爲隆平太守。

丙子。大元帥擊蠻子海牙。使常遇春設疑兵。而大軍擣之。既合。遇春別操輕舸。衝元舟爲二。左右翼擊。飛砲碎其舟。大破之。俘獲萬計。南北道始通。蠻子海牙走集慶。

三月辛巳朔。大元帥趨集慶。

癸未。至江寧鎮。敗陳兆先。擒之。降其衆三萬六千人。擇驍健五百人。夜置帳下。獨使馮國用執寢戈。大元帥解甲酣寢。三萬六千人皆安。

庚寅。進兵集慶。未及五里。大鼓噪。元人皆驚。行臺御史大夫福壽出戰。擊敗之。大軍薄城下。梯而登。福壽猶巷戰。兵潰。坐鳳凰臺。或勸之遁。叱而射之。遂遇害。平章阿魯灰。參政伯家奴。集慶路達魯花赤達尼達思等。亦戰死。獲御史王棟。元帥李寧等三百餘人。蠻子海牙走投張士誠。水軍元帥康茂才。苗軍元帥尋朝佐。許成。劉哈剌不花。海軍元帥葉撤。及阿魯灰部將完都等。各率衆降。召官吏父老曰。元失其政。所在紛擾。兵戈並起。生民塗炭。吾爲民除暴亂耳。各守生業。賢人君子。吾禮用之。舊政不便。吾除焉。得兵民五十餘萬。閱福壽。禮葬之。

丘濬曰。自古帝王之都。多在江以北。江南形勝之地。莫若金陵。自孫吳都此。繼以東晉宋齊梁陳。終于南唐。凡七代。皆偏安一隅。惟聖祖始混一天下。建都于此。蓋自開闢天地以來所未有也。

高岱曰。自古帝王創業。皆先定中原。而後跨有東南。未有起東南而後取西北者。有之。自聖祖始。聖人受命。豈擇地而興哉。聖祖龍飛淮甸。與漢高之起豐沛。地不甚相遠。然漢高首事北徇梁宋。聖祖開拓南取金陵。則勢有所不同耳。嬴秦世載其虐。天下欲亟亡之。故先破關中。而後剷平海內。元綱解紐。羣盜並爭。民所屬額。不先于元。故先芟羣雄。而後北逐。此緩急殊勢。故南北之異趨也。

陳仁錫曰。太祖順流自采石取金陵。成祖逆流自儀眞入金陵。長江險矣。而江防爲要。宋人之言曰。屯兵據要。雖在于江南。而挫敵取勝。多在于江北。

辛卯。改集慶路曰應天府。置天興建康翼統軍大元帥府。廖永安爲統軍元帥。趙忠爲興國翼元帥。守太平。置上元江寧二縣。錄儒士夏煜。孫炎。楊憲等十餘人。

大元帥慮諸將縱卒患民。悉召徐達等數其不能戢下。令軍正使定罪。李善長懇救乃免。于是命徐達等取鎮江。戒毋焚掠。毋屠僇。諸將故大元帥等夷。獨湯和恭謹不敢鈞。諸將以次臣屬焉。

丙申。徐達湯和張德麟廖永安攻鎮江。明日克之。苗軍元帥完者圖出走。守將段武平章定定戰死。達入城。號令明肅。一切安堵如故。達自是專將。

己亥。置淮興鎭江翼元帥府。徐達湯和爲統軍元帥。改鎭江路曰江淮府。

置秦淮翼元帥府。俞通海爲元帥。

前元江南行臺侍御史洛陽秦從龍僑鎭江。大元帥幣迎之。治館召與謀。所籌輒書于漆簡。語已輒滌。人莫得聞也。從龍薦處士陳遇。大元帥手書徵之。稱先生不名。

四月辛朔壬子。張士誠陷湖州。

乙丑。克金壇縣。

五月辛朔。當塗人獻瑞麥。

六月庚朔乙卯。元帥鄧愈邵成總管湯昌克廣德路。改廣興翼行軍元帥府。

辛未。置行樞密院于太平。總管花雲爲院判。

壬申。降人陳保二叛附張士誠。誘執我將詹□李□以去。保二常州奔牛壩人。聚衆降于湯和。

乙亥。遣儒士楊憲遺張士誠書通好。書曰。足下兵由通州。遂有吳郡。昔隗囂據天水以稱雄。今足下據姑蘇以自王。吾深爲喜。吾與足下。東西境也。睦鄰守國。保境息民。古人所貴。吾甚慕焉。自今以後。通使往來。毋惑于交構之言。以生邊釁。士誠不悅。拘之。

七月朔。大元帥進爲吳國公。即元御史臺居之。置江南行中書省。李善長宋思顏爲參議。李夢庚郭景祥爲左右司郎中。侯原善楊元杲陶安阮弘道爲員外郎。孔克仁陳養吾王愷爲都事。王禱照磨欒鳳管勾。夏煜韓子魯孫炎博士。

置帳前總制親兵都指揮使司。馮國用爲都指揮使。

置左右等翼元帥府。華雲龍唐勝宗陸仲亨鄧愈陳兆先張彪王玉陳本等爲元帥。

置五部都先鋒。陶文興陳德等爲之。

置省都鎭撫司。孫養浩爲鎭撫置理問所。劉禎秦裕伯爲理問。置提刑按察使司。王習古王德芳爲僉事。置兵馬指揮司。達必達爲指揮譏察奸僞。

置營田司。

辛丑。張士誠來攻鎭江。徐達湯和擊敗之龍潭。命達攻常州。吳國公益其兵三萬。薄城而壘。士誠弟士德以數萬衆來援。達設伏待戰。總管王玉別將鐵騎衝其中堅。軍亂。玉子虎追士德及坎墜焉。擒之。士德梟鷙有謀。至是士誠氣沮。

八月。配朔。張士誠元帥江通海來降。

庚午。常州久不下。元帥徐達以下俱降一秩。書讓之曰。虐降失陳保二。老師孤城。吾所以重過將軍也。將軍勉思補前過。大善。否者三尺不貸。

九月。戠朔。吳國公如江淮府。謁孔廟。勸農。完城塹。置金山水寨。總管徐忠領之。遏寇南北。乃還。

十月。村朔。常遇春爲管軍總管。

戊申。張士誠遣孫君壽求成。歲輸粟二十萬石。黃金五百兩。白金三百斤。請釋士德。吳國公報。歸我楊憲。加粟五十萬石。始旋師。士誠不答。

十一月。玎朔。壬午。以常州久不下。益兵二萬人圍之。初。張士誠誘降我長興元帥鄭僉院兵七千人。因率僉院攻徐達湯和壘。扼于牛塘。常遇春廖永安胡大海與達內外夾擊。大破之。擒其將張士德。士誠更遣呂珍協守常州。

丁亥。次子樉生。

十二月丙子朔。復名江淮府曰鎮江。

王志爲懷遠將軍右副元帥。郭子興爲管軍總管。

丁酉 元至正十七年。　宋龍鳳三年。

正月丙子朔。日食。

二月丙午朔。耿炳文劉成自廣德克長興。張氏將趙打虎以三千人逆戰。敗走之。擒守將李福安荅失蠻等。獲三百艘。義兵萬戶蔣毅以二百人降。儒士溫祥卿避亂來歸。炳文禮異之留贊軍事。

三月乙亥朔。改長興州曰長安州。立永興翼元帥府。以耿炳文爲總兵都元帥。劉成李景元爲左右副元帥。守之。

壬午。克常州。張氏兵雖衆。食盡拔之。呂珍遁。

廖永安爲行樞密院同僉俞通海爲行樞密院判官。常遇春爲中翼統軍大元帥。胡大海爲右翼統軍元帥。充宿衞。

丁亥。置毘陵翼。湯和爲樞密院同僉。總管張赫爲元帥。守之。改常州路曰常州府。臨邑人高復權知府事。復有惠政。

乙丑。復改長春府爲常州府。改晉陵武進二縣曰京臨永定。尋併永定。

徐達常遇春桑世傑克馬馱沙。

明玉珍陷重慶。

四月乙巳朔。丁卯。吳國公克寧國路。先是徐達常遇春兵往不拔。乃自征之。造飛車。前編竹爲重蔽。數道並進。守臣楊仲英等乞降。百戶張文貴殺妻妾自刎死。執元帥朱亮祖。釋之。得軍士十餘萬。馬二千餘匹。屬縣太平旌德南陵涇縣以次下。

五月乙亥朔。張士誠遣左丞潘原明元帥嚴再興侵長興屯上親橋。耿炳文擊敗之。俘斬甚衆。

談遷曰。國史于陳友諒張士誠輩。輒書寇。夫寇非所言也。彼未我臣。何寇焉。俱田間布衣。仗尺劍起事。雖仁暴懸殊。亦自有幸不幸焉。若元之左衽。其帝中國久矣。蒙其生養之力。亦未盡以春秋之義繩之。迨驅之沙漠之外。則直夷之矣。不得以槪論也。

戊寅。上元鍾山鄉人進瑞麥。

己卯。江淮行樞密院副使張鑑僉院何文政攻泰興。張氏兵來援。元帥徐文興張斌擊敗之。克泰興。

壬午。常遇春駐銅陵。池州路總管陶玘祖來降。

丙申。常遇春遣趙忠王繼祖攻池州之青陽。趙普勝來援。繼祖擊敗之。克青陽。普勝本巢湖水軍元帥。叛降徐壽輝。驍勇善雙刀。

樞密院判官俞通海趙馘略太湖馬蹟山。降張士誠將鈕津等。遂歷東洞庭山。呂珍兵暴至。衆欲退。通海曰。不可。我寡。以甲蒙士督戰于舟前。曰俞將軍。呂珍疑之。引去。

六月甲辰朔。己未。趙繼祖郭天祿吳良取江陰。周人據秦望山拒我。攻走之。初張氏跨有淮海浙西。則長興江陰其要也。長興據太湖口。陸走廣德。江陰枕大江。扼姑蘇通州之津。今並爲我有。侵軼路絕。

七月甲戌朔。丁丑。徐達徇宜興。克常熟。擊張氏兵。敗之。

戊寅。鄧愈胡大海克績溪。

庚辰。胡大海克徽州。元帥八思爾花及建德路萬戶休寧吳訥拒戰。擊敗之。走遂安。訥自殺。歙人鄭玉善五經。尤邃春秋。教授于鄉。大海欲致之。玉曰。吾既不得慷慨殺身以厲風節。猶當從容就死以全節義。明日具衣冠夫婦同縊。

壬午。元帥鄧愈爲行樞密院判官。總管郭子興爲統軍元帥先鋒。陳德爲帳前大元帥。萬戶吳復爲統軍元帥。

康茂才爲秦淮翼水軍元帥。

己丑。改徽州路曰興安府。立雄鋒翼元帥府。命鄧愈守之。

丙戌元帥葉公權江寧信克黟縣。

元帥胡大海克休寧。進攻婺源。元左丞楊完者以兵十萬欲復徽州。戰城下。破走之。殺守將李才。

八月乙丑。元授方谷珍江浙行省參知政事。海道運糧萬戶如故。

九月⿰酉癸朔。元婺源州元帥汪同。總管王起宗。黟縣尹葉茂。祁門元帥馬國寶來降。

甲戌。元浙江平章夏章等來歸。

丙戌。廣興翼元帥費子賢克武康。

十月⿰木辛朔。壬申。中翼大元帥常遇春自銅陵進攻池州。克之。斬元帥洪□。得糧九千餘石。

甲申。吳國公閱軍于大通江。命元帥繆大亨取揚州。青軍元帥張明鑑等出降。得衆數萬。馬二千餘匹。置淮海翼元帥府。元帥張德林耿再成等守之。改揚州路曰淮海府。李德成知府事。時城中居民僅餘十八家。

十一月□□朔。徐壽輝將陳友諒殺其大將倪文俊。居江州。

十二月⿰金庚朔。丙戌。明玉珍據重慶。

己丑。令曰。干戈未寧。人心初附。犯者縲有司。吾甚憫焉。其自今月二十日昧爽前。罪無輕重。皆釋之。

戊戌 元至正十八年。　宋龍鳳四年。

正月⿰子庚朔。庚戌。樞密院同僉廖永安。判官俞通海。桑世傑。攻張氏元帥欒瑞于江陰石牌寨。克之。世傑戰死。

甲寅。廖永安爲同知樞密院事。

張士誠侵常州。守將湯和擊敗之。俘數百人。

乙卯。行樞密院判鄧愈遣王弼孫虎汪同孫茂先等取婺源州。克之。殺守將鐵木兒不花。獲士卒三千人。

是月。陳友諒陷安慶。元淮南行省左丞余闕死之。

姚福曰。余公守安慶。羣盜四面攻之。太祖與接壤。不加一簇。何也。其時友諒僭大號。據全楚。太祖提師渡江而東。若悉力以攻堅城。不惟頓兵挫銳。然自撤屏翰。身受强敵。則亦安能從容俛仰。礪兵秣馬。以觀四方之釁而出萬全之計哉。此其遠略何如也。以是而論。余公雖爲元守。實爲我用。其後友諒雖下安慶。兵力自是漸衰。而勃興之朝。已莫能禦。豈非天哉。

二月巳朔。乙亥。吳禎爲天興翼副元帥。同兄良守江陰。戍卒不五千人。接壤張氏。練兵積穀。民甚賴之。

常遇春爲江南行中書省都督馬步水軍大元帥。朱文忠爲帳前總制親軍都指揮使司左副都指揮。兼領元帥府事。以元帥康茂才爲營田使。兼帳前總制親軍左副都指揮。諭茂才。理財之道。莫先于農。春作方興。宜分巡各處。俾高無患乾。卑不病澇。務畜洩有時。若使有司增飾館舍。迎送奔走。非付任之意。文忠公姊子也。

單安仁爲提刑按察司副使。

三月妃朔。己酉。改毘陵翼爲指揮司。

命提刑按察司僉事分巡郡縣錄囚。

丙辰。克建德路。初。行樞密院判官鄧愈。親軍左副都指揮朱文忠。元帥胡大海。自徽州昱嶺關出遂安。敗長槍元帥余子貞兵。又追敗之淳安。降三千人。抵建德。元參政不花。院判慶壽。長槍元帥謝國璽。達魯花赤喜伯都剌。總管楊瑀棄城遁。

楊璟尋朝佐爲帳前總制親軍副都指揮使。

壬戌。改建德路曰建安府。立德興翼元帥府。

元江浙行省左丞楊完者來攻建德。鄧愈擊敗之。降三萬人。進愈同僉行樞密院事。胡大海爲行樞密院判官。

留文忠鎮建安。

元進方谷珍江浙行省參政。尋擊張士誠于崑山海上。大敗之。因屢進太尉江浙左丞。賜衛國印。弟子賓客皆拜大官。

四月己巳朔。徐壽輝平章陳友諒。遣將趙普勝自樅陽陷我池州。樞密院判趙忠被執。

庚午。元左丞楊完者攻徽州。胡大海等擊敗之。

丁丑。楊完者攻建德。朱文忠擊敗之。獲萬戶羅壽。

甲申。陳友諒陷元龍興路。

五月戊戌朔。壬子。楊完者復攻建德。屯烏龍嶺。同僉鄧愈擊走之。

六月戊辰朔。癸酉。左副都指揮朱文忠下浦江。有感德鄉鄭氏。自宋聚族同居。至元旌義門。復其家。至是戒吏卒無犯。

中翼右副元帥謝再興。元帥趙德勝。總管劉貞等。略石埭。值陳友諒兵。敗之。擒其將錢清孟友德張遵道等及部卒四百餘人。

甲午。張氏侵常熟。廖永安敗其兵于通州狼山。大獲戰艦。

丙申。總管胡通海等克九華山寨。萬戶鮑□□以二千人據寨設險。兵莫能進。乃潛師攀崖魚貫而上。火攻克之。

七月丁酉朔。

八月丁卯朔。己丑。張氏侵江陰。守將吳良擊走之。

元江浙同僉員成遣苗軍元帥泰不花等通款。初。元檄寶慶苗楊完者舉兵攻復徐壽輝楚地。轉至池饒。江浙行省丞相達識帖木邇藉其力守杭。屢敗張士誠。完者恃功驕橫。達識帖木邇陰約士誠攻其營。完者倉卒不及備。遽自經。其衆奔潰。部將員成等欲報怨。令泰不花先至云苗帥李福等三萬人在桐廬。願効順命朱文忠往撫之。元失完者。士誠始有杭州。

九月丁酉朔。戊戌。鄧愈爲僉行樞密院事。

元江浙同僉員成率元帥李福劉震黃寶蔣英以三萬人降朱文忠。受之。令元帥夏子實率千人統其衆于新城。送員成應天。

十月丙寅朔。辛未。樞密院判胡大海取蘭谿縣。獲元廉訪使趙秉仁等十四人。馬牛羊萬頭。立閩越翼元帥府。進攻婺州。

甲戌。徐達邵榮克宜興。初。久攻未下。公聞城西通太湖。致餉。命絕餉道。拔之。同知樞密院事廖永安以舟師邀于太湖。深入。爲呂珍所獲。

戊寅。改宜興曰建寧。置全吳翼元帥府。楊國興等守之。尋仍宜興州。

壬午。雄鋒翼總管胡天福袁政江大亨取開化。斬五百級。擒達魯花赤脫脫鐵木兒。

戊子。元帥羅友賢復取建德。先趙普勝陷之。至是簡銳戰葛公嶺。斬萬戶汪彥章普勝遁。

十一月乙未朔。辛丑。立管領民兵萬戶府。俾農時則耕。暇卽習武。有功槪擢。庶幾古人寓兵于農之意。

壬子。公三子棡生。

十二月乙丑朔。日食。

籍戶口。

庚午。遣主簿蔡元剛招東陽長槍元帥謝國璽。不從。其部將同僉何□□陰遣龔敬約降。

庚辰。吳國公自寧國趨徽州。道問故老耆儒。賜布帛。前池州學正休寧朱升對曰。高築牆。多積糧。緩稱王。吳國公大悅。又儒士唐仲實姚璉來謁。問鄧愈築城。百姓怨乎。仲實曰。頗怨。立罷之。至德興。聞張氏據紹興之諸暨。乃引兵道蘭谿。

壬午。抵婺州。樞密院判胡大海爲僉樞密院事。命掾史周得遠入諭。不下。圍之。而元參知政事石抹宜孫守處州。與參謀胡深等以萬人出縉雲來援。深至松溪。未即進。公聞其戰車數百輛。謂山隘非便。遣胡大海與其子德濟擊破之梅花門外。擒元帥季彌章。婺人大恐。樞密院同僉寧安慶都事李相開門納師。浙東廉訪使楊惠婺州達魯花赤僧住皆死之。執南臺侍御史帖木烈思院判石抹厚孫等。

甲申。入婺州。斬取民財者以徇。先一日。城西五色雲絪縕如車蓋。及是知公所駐兵地也。

丙戌。置中書分省于婺州。調李夢庚郭景祥爲分省左右司郎中。王愷爲都事。夏煜爲博士。欒鳳爲管勾。立金華翼元帥府。改婺州曰寧越。王宗顯知府事。諭之曰。克敵以武。安民以仁。吾師比入建康。秋毫無犯。故一舉遂定。今婺民始甦。當軫卹。使樂于歸附。則諸郡縣景從矣。

立觀星樓于分省東偏。置寧越稅課司及雜造局織染局。

賑貧民。禁酒。

辟儒士范祖幹葉儀。祖幹持大學入。問治道何先。曰。不出此書。召儒士許元葉瓚胡翰吳沈汪仲山李公常金信徐孳章冀戴良吳履張起敬孫履。皆會食省中。日令祖幹儀進講治道文史。授諮議。皆辭。祖幹少師許謙親沒不能葬。鄉人治塚。悲哀三年如一日。命建純孝坊。

選寧越七縣富人子弟宿衞。曰御中軍。

寧越女曾氏自言善天文。妄言災異。僇之。

浦江民兵□可大降。

雄鋒翼元帥王遇成徇下昌化。

吳國公遣儒士陳顯道招方谷珍。

己亥元至正十九年。宋龍鳳五年。

正月钾朔。乙巳。諭諸將徇浙東。曰。每聞諸將克城不妄殺。輒喜不自勝。蓋師行如烈火。火烈則人受殃。爲將能不殺。匪獨國慶。己亦蒙福。

戊申。平章邵榮敗張氏兵于餘杭。

乙卯。方谷珍來款。書曰。谷珍魚鹽負販。生長海濱。向者因怨家構誣。逃死海島。遂有三郡。非敢稱亂。迫于自救而已。惟公起義濠梁。東渡江左。奮揚威武。以制四方。谷珍向風慕義。欲歸命之日久矣。道路壅遏。不能自達。今猥加訓諭。俾見天日。此谷珍之素願也。謹上陳懇款。或有指揮。願效奔走。因請以三郡內附。如錢鏐故事。歲貢白金贍軍。遂遣鎭撫孫養浩報之。獻黃金五十斤。銀百斤。金織文綺百端。

戊午。雄鋒翼元帥王遇成李茂先攻臨安。張氏以右丞李伯昇來援。擊敗之。

庚申。送元臣帖木烈思等于應天。帖木烈思宵遁。

耿再成爲行樞密院判官。屯縉雲之黃龍山。規取處州。

僉院胡大海克諸暨。張氏元帥華□□敗走。萬戶沈勝降。入之。其衆復作亂。擊敗之。擒四千餘人。馬六十匹。改諸暨曰諸全州。帳前元帥張彪爲統軍元帥兼知州事王玉副元帥兼同知。分省照磨汪廣洋總理軍儲。仍命大海攻紹興。

儒士許瑗王冕謁吳國公。問時務稱旨。留用。授冕諮議參軍。尋卒。

命寧越知府王宗顯開郡學。聘葉儀宋濂爲五經師。戴良爲學正。吳沈徐原爲訓導。喪亂之餘。始聞絃誦。

嵊縣萬戶郝原降。

二月甲子朔。立樞密分院于諸全州。置明海翼元帥府。謝再興爲院判。王玉等爲帥。

張氏兵侵江陰。同僉蘇某屯君山守將吳良令弟禎出東門擊之。又元帥王子明出南門合戰。擒元帥陶某裨將蔣英等二百人。斬溺甚衆。

癸酉。平章邵榮攻湖州。初李伯昇來攻。度其疲。鼓噪伏發。大敗之。追至城下失利。還臨安。

三月癸巳朔。甲午。宥獄囚。令曰。春氣發育。草木昆蟲猶得自遂其生。而吾民有久繫于獄者。抑鬱悲愁之氣。恐傷天和。今除大逆無道及敵之偵伺拘繫外。餘悉原之。

丁巳。張氏侵建德。親軍左副都指揮朱文忠擊破之。

方谷珍遣郎中張本仁獻溫台慶元圖籍。約事定即納土。且質其次子開。吳國公曰。凡質疑也。不疑胡質。厚賜遣之。開後改名明完。

陳氏將趙普勝侵寧國之太平縣。總制胡維賢使萬戶程允同義士汪炳叔擊敗之。獲餉萬七千餘石。

四月癸亥朔。癸酉。復池州。初趙普勝陷我池州。自屯樅陽水寨。數見擾。元帥徐達遣院判俞通海等擊敗之。獲艨艟數百艘。遂復池州。進達奉國上將軍同知樞密院。判通海僉樞密院事。

戊寅。立樞密分院于寧越。常遇春爲鎮國上將軍同僉樞密分院事。守之。

帳前元帥陸仲亨攻衢州。不克而還。

僉院胡大海敗張氏兵于紹興蔣家渡。追至蕭山東關。又敗之。張氏兵侵建德。屯大浪灘。親軍左副都指揮朱文忠大破之。

庚辰。陳保二侵宜興。守將楊國興敗擒之。伏誅。

張氏兵復爭建德。據分水嶺。朱文忠遣元帥何世明擊破之。斬五百餘級。

丁亥。張氏兵侵常州。守將湯和擊敗之。擒千餘人。馬三千餘匹。

己丑。李伯昇侵婺源。守將孫茂先擊敗之。

五月壬辰朔。賜寧越節婦松氏粟五石。

辛亥。吳國公召胡大海于紹興。諭以寧越重地。特命爾守。今衢州則宋伯顏不花多智術。處州則石抹宜孫善用士。紹興則呂珍皆密邇寧越。其與常遇春協力規取之。彼勁敵不可忽也。留左右司員外郎侯原善都事王愷。管勾欒鳳。綜理軍餉。

旌浦江鄭氏。復其家。手書孝義門。鄭氏自滎陽遷歙。再遷睦。至鄭淮遷浦江。性好施予。靖康中鬻田千畝。人稱曰仁義里。淮子照。照子綺。號沖素處士。最孝。初娶丁氏。甚愛之。以饋姑食稍緩。姑恚。即出之。重娶阮氏。與其姒不相能。復出之。或謂其甚。綺曰。以一婦人故使一家乖戾。綺義不為。身素強。亡疾。一日晨起沐浴冠服。拜先祠。針大指出血滴酒中。召子姓列飲之。矢曰。子孫有異志不共財聚食者。天殛之。語畢而逝。至孫文六世同居。元至大四年。旌其門。

馮時可曰。語曰。賢人出。國將昌。子孫賢。族將大。浦江鄭氏五百年同起居。于沖素處士一針指血。彼其秉心純實。與天合德。哭泉泉出。哭雪雪融。厚積深培。善源和氣。蒸蒸緜緜。故能長世。豈偶然哉。彼厚自封殖為子孫牛馬。而死不旋踵。門更戶改。信乎勢力之不如德也。

六月甲午朔。吳國公自寧越還應天。

元平陽州山寨參政周宗道。台州山寨馮輔卿。嵊縣萬戶趙可蘭。新昌萬戶□□俱來降。

甲子。呂珍圖諸全州。堰水灌城。胡大海來援。奪其堰反灌珍軍。珍困。馬上折矢誓解兵。許之。都事王愷以珍狡不足信。大海曰。言出而背之。不信。乘其去擊之。不武。遂引兵還。

己巳。吳國公至應天。

是月。僉院俞通海攻趙普勝。不克。諸將患之。吳國公曰。普勝雖勇。寡謀。可間也。偵所善客通書。故悞達普勝。因疑客。客來歸。盡得普勝事。資客間之陳友諒。每友諒使至。普勝輒自功。因忌之。

七月甲子朔。乙巳。樞密院同僉常遇春攻衢州。元臣宋伯顏不花等力禦之。

八月癸亥朔。庚午。元帥朱文遜、秦友諒克無爲州。

九月癸巳朔。癸巳。奉國上將軍徐達等自無爲陸攻浮山寨。總管胡某敗走青山。陳氏參政郭泰迎戰沙河。僉院張德勝又大破斬之。克潛山縣。

乙未。陳友諒疑趙普勝。自至安慶。普勝舟迎。殺之。

丁未。克衢州。常遇春圍城浹月。元樞密院判張斌迎降。總管馮浩赴水死。擒宋伯顏不花、院判朵粘等。得粟八千石。改龍游府。武義知縣楊□知府事。立金斗翼元帥府。唐君用爲元帥。夏義副之。朱亮祖爲樞密分院判官。遇春還寧越。

甲寅。遣博士夏煜授方谷珍福建行中書省平章政事。谷瑋右丞。谷瑛參政。谷珉樞密分院僉院。各給符印。谷珍稱疾。受之不用。惟谷珉開樞密分院署事。時閩未屬我。公示之必有。而谷珍事元輸粟如故。

十月⿰月庚朔。壬申。元帥俞廷玉攻安慶。不克。卒于軍。
張氏兵侵江陰。守將吳良遣萬戶聶貴蔡顯間道出無錫三山。絕其後。乃遁。
同僉樞密院事常遇春爲僉樞密院事。
十一月⿰貝庚朔。壬寅。胡大海克處州。初石抹宜孫遣元帥葉琛屯桃花嶺。參謀林彬祖屯葛渡。鎭撫陳仲賢照磨陳安屯樊嶺。元帥胡深守龍泉。至是皆怠。深來降。因拔樊嶺桃花嶺葛渡等砦。薄城下。石抹宜孫戰敗。葉琛章溢走建寧。彬祖走溫州。各縣皆下。
辛亥。改處州路曰安南府。義烏知縣王道同知府事。立安南翼元帥府。朱文淵爲元帥。李祐之副焉。耿再成爲樞密分院判官守之。分省都事孫炎理餉。
十二月⿰車庚朔。甲子。張氏兵復據分水之新城。元帥何世明擊走之。斬元帥陸某等千餘人。自是吳人不敢窺嚴婺。
戊辰。僉院常遇春攻杭州。
親軍副都指揮使楊璟爲樞密判官。
庚子 元至正二十年。 宋龍鳳六年。
正月⿰耳己朔。己亥。夏煜還。言方谷珍譎狀。遣都事楊憲傅仲彰諭之書曰。汝地蕞爾。忽事大之禮。吾寧不能遣一偏裨。將十萬衆。直窮海島以取汝耶。第汝率先來歸。姑忍須臾。待汝自改。谷珍不省。
乙卯。復名寧越府曰金華。
二月⿰牛戊朔。庚申。元福寧州行省參政袁天祿。古田尹林文廣。福淸州同知張布伯□景仁。李世忠。俱遣使通款。
三月⿰子戊朔。淮海翼元帥府改江南等處分樞密院。繆大亨同僉樞密院事。總制軍民。大亨有治才。民德之。
徵靑田劉基龍泉章溢麗水葉琛浦江宋濂至應天。基元進士。授高安丞。自免。補浙江儒學副提舉。以臺抨歸。

同魯淳宇文諒輩游西湖。見西北異雲。曰。天子氣也。宜在金陵。我後且輔之。衆駭誕。獨門人沈京共飲。西蜀趙天澤尤奇之。謂孔明儔也。幸自愛。已辟行省都事。中讒落職。助石抹宜孫討盜。功遷總管府判。棄去濂。元進士。至正己丑。任國史院編修。甲辰。辭不拜。基等召至。公坐問爭戰何時定乎。溢曰。不嗜殺人者能一之。公大悅曰。吾爲天下詘四先生。客于禮賢館。

許重熙辨劉基西湖彩雲事云。高帝得金陵六年。方略浙東。基在石抹宜孫幕中。浮雲寨戰敗。繆美執送金陵。放歸。孫炎總制處州。龍泉葉子奇三上書薦基。炎奏聞。始聘基。力辭。謝炎寶劍。卻之。作寶劍歌。勸其出。基乃就。

王世貞曰。天其巧合世哉。夫古稱豪傑勇智士不相用。則角也。夫角曷以全。誠意三仕元。獻策不用。罷乃歸我。是元遺太祖以誠意。不使角而使爲用也。嗚呼巧哉。

鄧元錫曰。當勝國之季。天下學士多奔走失業。惟宋學士與誠意數公習古學不廢。宋隱約山澤。劉馳驅州縣。至淺鮮矣。明興。高皇帝以神武定天下。羣策畢轃。然幃幄成敗安危呼吸之斷。非誠意莫任。而學士以德行文章潤色鴻業。爲明儒冠。非淵蟄蠖屈。詎能有伸哉。

談遷曰。四先生之名雖重。不知所自薦。或曰胡大海。彼韎韋跗注。亦解爲魏無知耶。四先生道桐廬。欲招友人徐舫。不受野服揖謝。其後葉死寇。劉死讒。宋死戍。遐哉冥鴻。于徐舫疇得而弋之。

召常遇春于杭州。初。公戒遇春曰。克敵在勇。全勝在謀。彼關羽之覆。謀不足也。及攻杭州。數失利。元帥劉忙古掾史商尚質俱戰沒。故召還。

四月丁卯朔。癸酉。公四子棣生。

五月丁酉朔。陳友諒侵池州。先命僉院常遇春助徐達。伏萬人九華山下。俟敵至。伏發夾擊。斬萬餘級。擒三千餘人。

遇春慮患欲殲之。達不可馳奏。公報以天下戰方始。毋多殺以逆距之。而遇春夜坑十之九。公不懌。俱釋還友諒。報曰。此非我意。乃邊吏偶戰耳。

閏五月㕡朔。陳友諒以舟師犯太平。守將樞密院判懷遠花雲。率總管朱文遜出戰。文遜死之。攻三日。引巨舟攀堞而登。城陷。縛雲。雲憤而大呼。縛盡裂。奪刀殺五六人。遂縛雲舟檣。射之。罵不絕口。院判儀眞王鼎。知府樂平許瑗皆被殺。後葬雲江寧縣水橋。初雲戰方急。夫人郜氏抱三歲兒拜家廟。泣語家人善撫之。自赴水死。侍兒孫氏負兒去。值漢兵擄至九江。兵中惡養小兒。孫以兒屬漁家。是冬漢破。孫走漁家竊兒逃。脫簪餌舟。會漢潰兵還奪舟。捽之江中。遂抱兒遇斷木浮至附入葦洲。採蓮實哺兒。七日不死。夜半聞人聲呼之。逢一老父。云雷老。告之故。與俱行。明年辛丑二月。達建康。孫氏以兒入見。且泣。公亦泣。膝兒曰。此花雲子。將種也。賜雷老衣。遣之。命復其徭。忽不見。

袁表曰。予嘗覽尹直楊廉林塾諸家所纂述。不爲雲立傳。豈以雲官不顯耶。夫以雲之才勇。使不死。封侯豈足道哉。以新造之孤城。當方張之勁虜。疲兵三千。抗數十萬虎狼之衆。城破身縛。慷慨激烈。有張睢陽顏常山之風。視倉卒死鋒鏑者。殊不侔矣。乃獨不得與胡越國同。何耶。

陸深曰。宋太史讀花東丘傳而異其所謂雷老者。豈一時豪傑士類脫人于難而倂與身名焉隱之。至託之神物甚矣。其江流斷木抑亦有天命。可以爲難。

何喬遠曰。花將軍烈矣。封亦不得與。蓋以守城而失之。與草昧之初。用寡抗强難矣。

戊午。陳友諒弑徐壽輝于采石。初友諒率舟師十萬挾壽輝而東。至是遣人白事壽輝前。從後椎殺之。卽采石五通廟爲行殿。稱漢皇帝。改大義元年。雨甚。羣臣藉卉泖而拜。仍鄒普勝太師。張必先丞相。張定邊太尉。必先定邊亦驍將也。漢人稱必先曰潑張。友諒沔陽人。本姓謝。祖千一贅于陳。改氏。父普才。黃蓬漁子也。友諒膂力過人。習武。常爲縣吏。不樂。因羅田徐壽輝等兵起。慨從之。爲倪文俊簿書掾。尋領兵爲元帥。

談遷曰。徐壽輝僭位號殆十年。雖綖緩不自振。其遺將所摧陷幾海內之半。誠陳涉之流也。友諒慓悍專盜國柄。欲爲天完之純臣。固已難矣。第倉皇易命。等于兒戲。又何待于事敗。始足姍笑哉。

漢兵壓建康。且約張士誠並進。吳國公謀禦之。或議戰。議款。議奔鍾山。恇擾不決。劉基獨無言。公就語。張目請先斬主款及奔鍾山者。問計安出。曰。敵驕矣。誘之深入。伏兵徼取之。故易易耳。取威定霸在此舉。而言納款及奔。何也。公意決。語指揮康茂才曰。張陳合攻。患滋矣。吾先破漢。則吳人氣奪。汝能速之使來乎。茂才雅游友諒所。爲書約內應。令分兵三道入。茂才如指。使閽人致友諒書。友諒見之曰。故人也。問起居。曰康公安在。曰守江東橋。曰堅乎。曰木也。友諒悅。遣還。約吾至呼老康。而有自漢逃者云。漢王問新河之道。公命李善長夜易橋以鐵石。使趙德勝跨新河城焉。使常遇春馮勝華高伏三萬人于石灰山側。徐達軍南門。楊璟軍大勝港。張德勝朱虎舟師扼龍江。公自屯盧龍山。偃黃赤幟于山之左右。令曰。敵至舉赤幟。鼓聲舉黃幟。則伏盡發。漢兵果三道入。自大勝港。港狹。即出江。衝江東橋。見皆鐵石。疑之。數呼老康。莫應。友諒急。即分萬人登龍江。列柵。方暑甚。公謂天且雨。令諸軍食。少選雨至。舉黃幟。伏發。徐達張德勝朱虎夾擊。大破之。友諒遁。斬溺二萬計。其將張志雄梁鉉喻國興劉世衍等皆降。皆安慶之戍也。公知安慶無備。命徐達馮國勝張德勝等乘勝取之。追及慈湖。火其舟。至采石。廖永忠大呼殺入。華雲龍躍馬搗其中堅。王銘挺而進。漢人攢槊刺銘。傷額。三周于陣。又大破之。德勝死。周顯戰觀渡橋。亦破之。漢人晝夜不得息。棄太平。達追至池州而還。元帥俞仲中復安慶。守之。

丁卯。置儒學提舉司。宋濂爲提舉。世子受學。

戊寅。克信州。初。公命僉院胡大海擣廣信。以牽漢人。大海遣元帥葛俊道衢州都事王愷馳告大海曰。廣信爲漢門戶。必宿重兵。若偏師取敗。衢其搖矣。大海即自往戰靈溪。大敗之。拔其城。

甲申。改信州路曰廣信府。段伯文爲知府。立龍虎翼元帥府。元帥葛俊周隆副之。罷各郡縣寨糧。初招安郡縣。俱輸糧病民。胡大海奏罷之。

六月炳朔。安慶總管童敬先爲省都鎮撫。兼安慶翼統兵元帥。

辛亥。更城太平城。初臨姑溪。易陷。至是遠姑溪三十餘步。

壬子。樞密院判官耿再成敗石抹宜孫于慶元縣。宜孫走竹口。兵潰。走桃花嶺。戰死。公義而祭之。處州民亦祠宜孫。

甲寅。總管程輝守銅陵。能綏戢軍民。

七月舡朔。乙丑。漢院判于光左丞余椿守浮梁。來降。已浮梁陷。奔于我。

八月□□朔。明玉珍閉夔關。立徐壽輝廟于成都。自稱隴蜀王。

九月玌朔。親軍左副都指揮朱文忠同僉樞密院事。

張氏侵諸全。元帥袁實戰沒。

元江浙同僉鄭□□以兵降。楊完者部將。

張氏同僉呂珍元帥徐義侵長興。守將耿炳文擊破之。總管湯泉張珙戰死。

戊寅。故徐壽輝袁國公黃岡歐普祥以袁州降。普祥從壽輝起兵。官左丞。性殘酷。陳氏弑壽輝。徵普祥兵。不應。

十月岬朔。

十一月鄆朔。召江陰樞密判官吳良入見。勞之曰。吳院判保障一方。吾無東顧憂。其績偉矣。命宋濂等詩紀之。

十二月岬朔。復遣博士夏煜陳顯道諭方谷珍。始謝罪。

癸巳。榷酒醋。

陳友仁攻袁州。歐普祥擊擒之。漢太師鄒普勝約和。釋友仁。

辛丑 元至正二十一年。宋龍鳳七年。漢大義二年。

正月癸丑朔。辛酉。僉院鄧愈爲中書省參政。仍兼僉行樞密院事。總制各翼軍馬。

左右司員外郎侯原善爲金華知府。

院判朱亮祖擊漢平章王溥于安仁之石港。不利而還。

二月癸未朔。改分樞密院爲中書分省。

甲申。立鹽法局于商。二十取一。資軍餉。

己亥。立寶源局。鑄大中通寶錢。兼行舊錢。歲鑄四百三十一萬。四百錢爲貫。四十貫爲兩。

丙午。榷茶官給引。茶百斤商輸二百錢。茶不及引曰奇零。付由帖。于寧國溧水置茶局批驗。

僉院俞通海爲同知樞密院事。

三月壬子朔。丁丑。改樞密院曰大都督府。兄子朱文正爲大都督。節制中外諸軍事。中書省參議李善長兼司馬。宋思顏兼參軍。前檢校譚起宗爲經歷。掾史汪河爲都事。文正。公長兄子也。

樞密院同知邵榮爲中書省平章政事。同僉常遇春爲參知政事。

元泗州守將薛顯降。

戊寅。方谷珍遣檢校入謝。且金玉飾馬鞍轡上之。吳國公曰。吾方急才賢。需粟帛。何玩好爲。卻其獻。

四月辛巳朔。改寧國曰宣城府。

中書省參議李善長爲參知政事。

五月辛亥朔。甲戌。樞密僉院胡大海爲中書分省參知政事。鎮金華。總制浙東兵馬。都事王愷爲左右司郎中。掾史史炳爲照磨。
朱文忠城嚴州。
漢將李明道侵信州。先據玉山之草萍鎮。遏我援師。元帥夏德潤戰死。
六月䴥朔。丙午。雄鋒翼分院元帥王思義克鄱陽之利陽鎮。趨浮梁。
李明道攻信州。益急。胡大海援之。進靈溪。守將胡德濟出兵夾擊。大破之。擒明道等千餘人。大海還金華。
七月配朔。丁巳。公五子橚生。
甲子。滁人范常爲太平知府。諭。吾股肱郡。宜有以安輯之。常既至。募民樹藝。時亂後。闕種。貸官廩數千石。至秋大稔。公私並贍。興學敎民。稱治行第一。
吳國公視事東閣。汗更衣。衣皆敝。參軍宋思顏曰。主公儉德。儷于夏禹。願始終如此。以示子孫。公曰善。賜之幣。思顏更進曰。句容虎。主公捕獲之。日食一犬。此益費也。公欣然殺虎一。熊二。餉諸將。
壬申。漢太尉張定邊陷安慶。元帥俞仲中等奔還。皆斬之。
八月䠲朔。通使元將察罕帖木兒。時察罕帖木兒下山東。盜田豐俞寶等兵勢甚盛。故遣問覘之。
甲申。鄧愈克浮梁。
胡大海攻紹興。總管張英輕進。敗死。久不克。乃還。
庚寅。吳國公率舟師攻漢。徐達常遇春等皆從。御龍驤巨艦。立大旗。曰弔民伐罪。納順招降。有烏數萬翼檣以飛。又蛇蟠于柁。
辛卯。泊牛渚。有龜蛇繞柁竟日。
戊戌。至安慶。克其水寨。因下安慶。長驅至小孤山。漢將傅友德丁普郎來降。

壬寅。次湖口。常遇春敗其邏卒。追至江州。陳友諒督戰。我翼擊。大破之。友諒不能軍。夜奔武昌。初。劉基曰。江州。漢巢穴也。徑趨之。公曰。善。

癸卯。入江州。追友諒。獲玉硏華蓋日月旂。常使徐達屯漢陽之沌口扼之。改安慶曰寧江府。立寧江翼元帥府。改池州路曰九華府。尋復池州。

甲辰。克南康。改曰西寧府。分兵略地有差。

乙巳。池州東流鄉兵渠帥許山以二萬餘人降。

丙午。蘄黃廣濟降。

戊申。漢平章吳宏以饒州降。仍命守之。

九月配朔辛亥。漢平章王溥以建昌降。命守之。

壬子。左右司員外郞陶安爲黃州知府。

甲寅。星源翼判官余茂克德興。

壬戌。南豐臨川等降。

丁卯。公從孫守謙生。文正子。

十月虤朔。增大都督府左右都督同知副使僉事照磨。

乙酉。都護府斷事馬世熊嚴達陳漢知事何士龍爲大都督府斷事。

戊子。理問谷繼先克興國之石榴山寨。

十一月帪朔。戊午。先是張氏司徒李伯昇以十萬衆攻長興。守戍僅七千人。命帳前都先鋒陳時元帥王國寶以建康兵至。元帥沈友仁華高以宜興寧國兵至。總管彭□萬戶費聚以廣興安吉兵至。敵夜劫我營。俱潰。耿炳文嬰城力拒。明日。遣左副元帥劉成出戰。擒元帥宋某等。又追戰。死之。攻城益急。月餘不解。命參政常遇春援之。

己未。平章吳宏等下撫州。時漢右丞鄧克明佯款我。僉院鄧愈出不意夜襲之。克明棄城走。度不能免。遣員外郎羅天錫上分省印及所掠撫汀建昌臨江四路南豐寧都富三州臨川樂安等十八縣印來降。送克明江州中道走新淦。

甲戌。常遇春至長興。擊走李伯昇。俘斬五千餘人。

十二月戲朔。己亥。漢江西行省丞相胡廷瑞平章祝宗遣鄭仁傑請降。求部曲毋他屬。公書許之。

樞密院同知徐達爲中書右丞。

親軍左副都指揮使康茂才爲親軍副都指揮使。按察副使單安仁爲提刑按察使。

壬寅 元至正二十二年。宋龍鳳八年。漢大義三年。夏天統元年。

正月帳朔。辛亥。胡廷瑞祝宗得書。遣同僉康泰至九江來降。

乙卯。改撫州曰臨川府。建昌曰肇慶府。尋復之。

吳國公發九江。如龍興。

辛酉。至龍興。胡廷瑞祝宗暨左丞張民瞻參政廖永堅樞密同僉康泰左右司郎中潘友慶等迎謁。各慰勞之。仍其秩。

壬戌。入龍興。軍令甚肅。民皆安堵。謁孔子廟。過鐵柱觀。出宴滕王閣。諸儒賦詩爲樂。

癸亥。命卹煢民。放苑鹿于西山。

戊辰。築臺龍沙上。諭父老曰。陳氏據此。軍旅百需。民甚苦之。今俱不相煩。其各事本業。爲吾良民。

建昌王溥饒州吳宏各來謁。

改龍興路曰洪都府。葉琛知府事。

鄧克明逃新淦。仍刦掠。潛窺龍興。獲之。

辛未。寧州土豪陳龍以分寧奉新通城靖安德安武寧民兵二萬人降。

癸酉。吉安土軍元帥廬陵孫本立曾萬中粹中來降。授本立江西行省參政。銀印。萬中都元帥。粹中行軍指揮。還守吉安。

乙亥。漢平章彭時中以龍泉降。

二月玎朔。改建德曰嚴州府。

癸未。金華苗軍元帥蔣英劉震李福殺守臣參政胡大海及郎中王愷總管高子旺。英等謀叛。約衢處苗帥李祐之等同舉。陽請大海至八詠樓閱武。殺之。脅同僉寧安慶院判張斌。復殺大海子關住。執王愷。正色叱之。殺愷及子寅掾史章誠。嚴州朱文忠聞變。遣元帥何世明等討之。至蘭溪。英等奔張士誠。大海養子德濟引兵至。朱文忠入金華。民乃安。

談遷曰。鴞不易音。豺不改性。苗軍之嗜殺。固我異類。留之肘腋之下。終以自禍。後之人鑑于胡武莊。則信豚魚而格犬羊。毋輕言之矣。

丁亥。處州苗軍元帥李祐之賀仁德等殺院判五河耿再成都事句容孫炎知府王道同及元帥朱文剛等。據其城。同僉李文忠聞變。遣元帥王祐等屯縉雲圖之。初祐之等叛。再成方飯。遽上馬擊賊。被刺死。幽炎空室中。餽燖雁斗酒。不受。罵曰。吾乃爲鼠輩所困。守卒怒。拔刀叱炎解衣。曰。紫綺裘奉賜。當服以死。遂遇害。年三十餘。炎孝俠辨博。有古烈士風。

陸深曰。語云。膏粱養體。金石伐病。其文武之謂與。孫炎早以奇氣自負。遭際草昧。觀其于鎭撫民有餘力矣。卒死于兵亂。何哉。

袁表曰。國初死忠者。如王褘之死滇。希烈之於眞卿也。花雲之守姑孰。祿山之於杲卿也。韓成之誑楚。沛公之紀信也。張子明之僞盟。晉人之解揚也。而胡越國之死金華。孫耿之死栝蒼。其事與唐張鎬李絳頗相類。要之皆能處死者。世以成敗幸不幸論人。惡足以知烈丈夫哉。

辛卯。徙洪都城。鄧愈爲江西行省參政。留守洪都。萬思誠爲行省都事。胡廷瑞張民瞻廖永堅傅瓛潘友慶從吳國公還應天。

乙未。張士誠弟士信以萬餘人圍諸全。守將謝再興拒之。士信忿敗。益兵來攻。

丙申。浙東中書分省改行中書省。同僉朱文忠爲左丞。總制衢處廣信嚴諸全軍馬。都事胡深楊憲爲左右司郎中。照磨史炳丹徒知院劉肅爲都事。諭楊憲曰。文忠吾甥也。年少。凡方岳之事。聽爾裁之。有失。罪亦歸爾。

三月朾朔。平章邵榮討處州叛賊。

己酉。隴蜀王明玉珍稱夏皇帝。改天統元年。都重慶。立妻彭氏爲皇后。子昇皇太子。倣周制設六卿。冢宰戴壽。司馬萬勝。司空張文炳。司寇向大亨吳仁壽。司徒吳友仁。鄒興。宗伯劉楨。翰林承旨牟圖南。學士史天章。置國子監。敎公卿子。外置提舉司。敎生徒。府置刺史。州曰守。縣曰令。去釋老二敎。賦十一。農無征。定雅樂。立郊社。皆劉楨意也。

癸丑。朱文忠遣胡德濟援諸全。聲言徐達邵榮大軍且至。榜于義烏之古朴嶺。張士信欲遁。德濟知之。約謝再興合擊。大敗之。士信驕侈。軍中攜妓樂。諸將多效之。

癸亥。祝宗康泰叛于洪都。殺知府麗水葉琛。都事萬思誠。初。宗泰迫于胡廷瑞而降。故有貳志。廷瑞入都徽言之命。宗泰以所部兵往沌口。從徐達聽征。舟發。次女兒港。還刧洪都。夜攻入新城門。鄧愈倉卒走。還應天。後贈琛南陽郡侯。思誠未贈。豈禮官一時或遺耶。

辛未。鄧愈告變。命左丞徐達等還軍討之。

癸酉。平章邵榮攻處州。

四月丙子朔。己卯。歐普祥文廣爲江西行省參政。

處州復。平李祐之自殺。賀仁德走縉雲。捕誅之。元帥王祐守處州。

癸未。復西寧府曰南康。寧江府曰安慶。

甲午。復洪都。徐達攻入之。祝宗走新淦死。康泰走廣信被獲。以胡廷瑞甥特宥。

談遷曰。張氏陷安慶。俞仲中棄城走。以渡江舊人勒自盡。鄧愈于洪都。獨不可以仲中律之乎。等遁而愈獨全。等叛而泰獨宥。興王之朝。法制固未定也。

五月乙巳朔。大都督朱文正統軍元帥趙德勝等同鄧愈鎭洪都。益繕城飭備。

六月甲戌朔。常州永定縣仍曰武進。

戊寅。元平章察罕帖木兒報書。方有事吳漢。不之答。

戊子。察罕帖木兒圍益都。降人田豐王士誠刺殺之。子擴廓帖木兒領其衆。

張溥曰。水德閏位。大運告終。莫甚于脫脫之貶。察罕之死也。天不欲祐元乎。何奪之暴也。李牧死而趙亡。其死以讒。費禕死而蜀敗。其死以疎。脫脫之罹讒。其李牧乎。察罕之中賊。其費禕乎。大功垂成而臨敵已易。錫命方隆而刺客間作。國家急難。嘗患無人。有人矣。常患不得其用。既用矣。常患不得其死。班彪論王命。有旨哉。

七月甲辰朔。丙辰。公閱兵三山門外。平章邵榮參政趙繼祖謀伏兵門內邀之。會疾風吹旗觸公衣。公易服從間返。

宋國興告變。下于理。欲宥榮。常遇春曰彼不軌胡宥也。臣誼不與共生。遂皆棄市。

談遷曰。實錄云。邵榮等謀反。蓋儼焉臣之矣。噫。彼渡江勛舊。俱魚服之侶。臣主未定。等夷相視。見兵柄獨握。未免為所欲為耳。雖桀驁犯大不韙。吾未敢遽臣屬之也。

八月癸酉朔。癸巳。漢將熊天瑞攻吉安守將孫本立走永新。戰死。漢知院饒鼎臣守吉安。

九月癸卯朔。

十月壬寅朔。戊子。池州元帥羅友仁據神山寨。命常遇春討之。

辛卯。設關市批驗所官。

十一月乙巳。元擴廓帖木兒復益都。田豐等伏誅。

十二月壬寅朔。丁亥。大都督朱文正復吉安。

壬辰。元帥葛俊修廣信城。朱文忠檄不為止。疑其變。尋馳諭得白。

元戶部尚書張昶航海至慶元。欲款我方谷珍。遣檢校燕敬來告。初。我遣千戶王華以三千金附方氏通燕。故有是命。公聞察罕帖木兒沒。歎曰。中原無人矣。遂不答。昶走福建左丞王溥。中道招致之。公臨問。俛首不一語。送客館。

談遷曰。通元絕元。係察罕之存沒。故重臣不可無也。

元將擴廓帖木兒遣尹煥章致書。餽馬。自海道歸我前使。

癸卯 元至正二十三年。宋龍鳳九年。漢大義四年。夏天統二年。

正月壬申朔。樞密院同僉湯和為中書左丞親軍副都指揮使康茂才為金吾侍衛。親軍都護徐司馬為總制。守金華。

庚戌。常遇春克神山寨。斬羅友仁。

丙寅。遣中書省都事汪河送尹焕章報擴廓帖木兒書。被留。

二月軠朔。申將士屯田之令。康茂才積穀優于諸將。乃下令曰。茂才得穀萬有五千餘石。以餉軍。尙餘七千餘石。地力均也。入有多寡。則人力勤怠異耳。今後宜及時開墾。以盡地利。

癸酉。張氏將呂珍攻劉福通于安豐。陷之。殺福通。初福通兵勢日蹙。廬州左君弼助珍攻之。福通告急。吳國公欲自將救之。劉基曰。奈何不急漢。公不聽。城先陷。韓林兒走滁州。

朱國禎曰。元以夷狄入主中國。兵威脅囋。法度不修。蓋其斬殺成性。射獵爲生。原無遠略。謂宋亡便無他患。疑忌中國人。防之甚密。以其屬爲臺省郡邑正官。西僧用事。貪婪漁獵。殆無紀極。豪家勢族。與此輩互交結。恣併吞。奸民附麗。又其時賦稅甚輕。徭役極省。侈汰狂惑。釀成臃腫之勢。于是羣盜蠭起。幾徧天下。而徐壽輝劉福通爲之魁。福通雖以韓氏父子爲名。實用事倡始。黨類雲集。毛貴諸人乘虛四出。自河而北。以及塞外遼陽。無不蹂躪。即太祖亦稱其年號。藉其聲勢。蓋比之李密竇建德則不足。視勝廣實有餘。而壽輝以虛名推奉。爲陳友諒所殺。以併于明。帝王之興。必生羣雄爲之先驅。三代以下。莫不皆然。惟此際濁亂荼毒。慘不忍言。皇祖自丙申而前。神龍雜于鱗甲。稍見頭角。僅僅躍淵。渡江後。西陳東張。恃强睥睨。用力甚難。龍鳳年號用之凡十餘年。乃克剪滅。回視羣雄。灰消霧冷。皆不足齒。然其氣燄亦可畏矣。蓋千古剝復之大交也。

戊寅。徙浙江行省於嚴州。分金華軍戍之。以備張氏。

丁酉。命王時賫三千金令方谷珍市馬。

都昌盜江爵等陷饒州。守將于光吳宏楊憲等走免。殺理問穆燮。

三月辟朔。吳國公率右丞徐達參政常遇春等援安豐。呂珍據城。更連營列柵。元帥汪同攻其中壘。拔之。會左右軍敗。亦走。阻于塹。力戰。遇春衝擊。大破之。又敗君弼兵。各遁去。公還。令達等圍廬州。元將竹昌忻都乘間入安豐。公迎韓林兒同還應天。中書省設御座。劉基怒罵不拜。曰。何爲奉牧豎者。因陳天命所在。公感悟。然用其紀元如初。

談遷曰。安豐之難。聖祖違諫遠救。雖切齒于吳人。亦冠履之義存焉。語云。無德不報。韓林兒事至淺薄。終不忍坐視其危亡也。邢人告難于齊。齊桓公將救之。鮑叔曰。邢不亡。齊不重。且夫拯危之功。不如存亡之德。君不如晚救之。待邢亡而後存之。意聖祖不至此。或事有適合也。

閏三月粹朔。丁丑。處州翼總制胡深言。關市二十稅一。從之。一時稱便。

四月殎朔。壬戌。陳友諒忿前敗。悉甲六十萬。自武昌圍洪都。樓船高數丈。皆丹漆。上下三級。走馬□□艫頭□□圍數百重。大都督朱文正乘城拒守。鄧愈趙德勝薛顯等分門禦之。晝夜不解甲。

乙丑。諸全守將樞密院判官謝再興叛。殺知州欒鳳。鳳妻王氏身蔽鳳。幷殺之。執參軍李夢庚元帥陳元剛等。奔紹興。降于張氏。總管胡汝明走免。事聞。命同僉胡德濟爲江浙行省參知政事。德濟使萬戶王克瑀偵敵。死之。初。再興專通販杭州。泄事。誅其使者。召入都。改夢庚總制。而再興長女適兄子文正。幼女適徐達。方被眷。因還鎭。意怨望。遂叛。

丙寅。漢人攻洪都甚力。傅雲梯。蒙竹盾。隳撫州門三十餘丈。鄧愈等殊死鬭。且戰且城。我守益堅。總管李繼先元帥牛海龍趙國旺許圭朱潛萬戶程國勝等皆戰死。

五月𢀳朔。漢知院蔣必勝饒鼎臣等復陷吉安。殺曾萬中粹中。又破臨江。執參政劉齊吉安知府朱叔華臨江同知趙天麟。徇洪都城下。

癸酉。置禮賢館。名儒劉基宋濂蘇伯衡王禕王天錫等講藝不輟。

漢人陷無為州。知州董曾不屈。縛之沈于江。

丙子。漢人攻洪都之新城門。指揮薛顯突出銳卒。斬平章劉進昭。擒副樞趙祥。乃退。百戶徐明被執死之。

徐達常遇春攻廬州三月。不下。城三面阻水。左君弼嘗設釣橋城上。達知其劫營。夜備之。果至。則萬弩俱發。失利去。追擊。敗之。

六月戊戌朔。丁未。忠勤樓火。以砲藥故。

辛亥。漢人攻洪都水關。欲破柵以入。朱文正使長槊刺之。敵奪槊更進。我遂鍛鐵鉤鐵戟刺之。灼手不可奪。元帥臨濠趙德勝巡城東門。中伏弩死。

壬戌。方谷珍遣經歷陳惟敬貢馬。

洪都圍急。中外音問絕。朱文正遣千戶張子明間道夜行達應天。公語子明。但大都督堅守一月。吾自當取之。毋慮也。子明歸。漢人獲之湖口。陳友諒啗之曰。若為漢呼降。且貴若。子明諾。至城下大呼曰。賊使我呼諸公降。我佯許之。幾得見諸公。公今許我大軍至矣。友諒怒。以戟劙子明死。

甲子。令徐達常遇春釋廬州。還援洪都。

七月戊辰朔。癸酉。吳國公自將禦漢。舟師二十萬。禡纛龍江。右丞徐達參知政事常遇春帳前親軍指揮使馮國勝同知樞密院事廖永忠俞通海等皆從。過新河。有異魚二夾舟泝流直抵小孤。蓋龍云。

壬午。馮國勝舟覆。公嗛之。遣還應天。

癸未。次湖口。遣指揮戴德屯涇江口。又別屯南湖嘴。遏漢人歸路。又檄信州兵守武陽渡。防其逸。

丙戌。陳友諒圍洪都八十五日。至是解圍。東出鄱陽湖逆我師。吳國公自松門入鄱陽。諭諸將有進無退。其各勉之。

丁亥。遇敵康郎山。漢巨舟當我。公曰。彼舟不利進退。可破也。乃分舟師十一隊臨敵。先火器。次弓弩。近則短兵。

戊子。徐達當先擊其前鋒。獲一巨艘。漢兵死者千五百餘人。常遇春等連艦大戰。俞通海飛炬火。其舟二十火反延達舟。達撲火更戰。張定邊直前犯白海上舟名。白海膠于沙。漢兵匝焉。程國勝劍叱之。與陳兆先大奮擊。我指揮韓成元帥宋廣陳兆先俱戰死。常遇春俞通海疾櫂來。水涔浮。遇春射中定邊。走之。通海廖永忠飛翼追定邊。定邊舟中矢如蝟。亡卒甚衆。薄暮。公收兵。申軍令。命徐達還守應天。

談遷曰。白海事急時。帳前左副指揮韓成服公衣冠。對衆投江中。敵信之。稍緩。稗史所載不一。友人常熟許重熙曰。此事妄也。兩軍方鬬。無主將自殞疑衆之理。時上稱宋平章吳國公。非龍袍冠冕。實錄康郎山祀丁普郎等三十六人。非首成也。朱善志程國勝墓。言常遇春被敵困。公率副將陳兆先韓成救之。遇春舟得脫。而公等三人戰沒。朱善當時人。其言可信。噫。世俱以紀信擬成。孰知其子虛烏有者哉。

朱國楨曰。韓成之死。國史所紀在上舟膠淺之先一日。第云徐達等敗其前軍。俞通海等復乘風縱火。焚寇舟二十餘艘。殺溺者甚衆。我指揮韓成等亦戰死。並無在御舟皇急中服龍袍投水事。康郎之祀。丁普郎居首。次張志雄。次韓成。止三十五人。並無程國勝。蓋國勝實死于洪都被圍之初。列洪都祠中。未嘗從戰鄱陽也。今本皆云祀成居首。增入程國勝為三十六人。去之二百五十年。秩祀之典。漸湮不可考。通志中稱三十五人是矣。而孫原貞為記。又曰韓成等三十六人。蓋不知所自始。而今皆仍之。大約起于朱學士墓志。以程國勝與韓成駕舸之說也。然則學士之文。要難徵信。而同時同朝之人耳目。必眞又未可輕議也。

己丑。吳國公鳴角而進。陳友諒御赤龍船。悉其巨艘連鐲促戰。曰赤厭白。漢旌旗樓櫓岑如也。我舟小。仰攻多卻。公手旗麾之。不前。斬右隊長十人。不能止。丁普郎余昶陳弼徐公輔皆戰死。普郎身被十餘創。首脫。猶手兵若戰。院判張志雄爲敵叢擊。遽自刎。郭子興曰。舟實不敵。火攻可也。日晡。東北風甚急。常遇春藥葦七艘。火之。焰漲天。湖水盡赭。陳氏弟友仁友貴及平章陳普略等皆焚死。我乘之。斬二千餘級。

庚寅。諭諸將併力。時公舟檣白。漢人覺而叢之。是夜各檣皆白。示莫測。

辛卯。陳友諒復大戰。自辰至巳。所殺傷過當。礮聲如雷。劉基侍公。忽大呼公更舟。公亟入他舟。而前舟中礮矣。漢舟大上下不相鬪。卒死欲盡。舵者尚呼櫓。廖永忠俞通海汪興祖趙庸以六舸深入。仰殺漢兵。初漢艘蔽之。若沒。俄瞥波出。諸將望之加勇。呼聲動天地。湖水盡沸。漢人大敗。棄甲仗蔽江。日暮。陳友諒欲退保鞋山。不得出。夜我泊左蠡。漢泊潴磯。相持三日。漢左右金吾將軍某某各率所部降。蓋右將軍勸友諒焚舟登陸。左將軍謂當力戰。友諒旣失利。歎右將軍言是。左將軍懼而降。右將軍亦降。吳國公貽友諒書曰。今取天下之勢。同討夷狄。安中國。是爲上策。結怨中國。而後夷狄。非策也。曩公犯池州。吾不爲嫌。生還俘虜。欲與公約從。各安一方。以俟天命。公失此計。乃先我爲仇。我是以破江州。蹂蘄黃漢沔。舉龍興十一郡。奄爲我有。今又不悔。復啓兵端。困于洪都。再敗康山。殺弟姪殘兵將捐數萬之命。功無毫寸。此逆天悖人致之也。公乘尾大不掉之舟。親決一戰。何徐徐隨後。若聽吾指揮者。無乃非丈夫乎。公早計決之。友諒怒。不報。所獲我戰士皆殺之。公察漢俘藥其傷。遣之。俞通海曰。湖水淺。易黏舟。扼之江。據上流。必捷。劉基曰。移湖口。以金木相犯日克之。公曰。善。命常遇春廖永忠截湖口。邀其歸路。置火舟火筏中流。又立陸柵扼漢。十五日不出。復貽書曰。昨遣使不回。公度量何淺淺哉。大丈夫謀天下。何有深仇。自辛卯來。豪傑並起。中原興問罪之師。挾天子令諸侯。于是淫虐盡掃。江淮英雄。惟公與我耳。何乃自呑併。爲公地吾已得之。縱力爭。不可復也。卽公倖脫。亦宜修德。卻帝名而待眞主。否則喪滅悔之晚矣。友諒又不報。漢食盡。遣五百艘掠糧都昌。大都督朱文正遣舍人陳文亮焚其舟。益困。我分兵克蘄州興國。

朱國楨曰。友諒兵勢最强。跳盪江湖間。鼓行而下。目中已無建康矣。太祖方定婺州。遲回審固。犯境不得不戰。既戰不得復退。鄱湖之役。斷損兵將至多。至三十五日而後決。彼以暴我以仁。彼以横我以禮。友諒自處絕地。兩金吾叛去。强弱衆寡其勢頓反。決死冒圍。終不爲鴻溝之講。一時附麗者。如饒鼎臣熊天瑞輩甘心爲用。必不肯北面眞主。天瑞降而復叛。人與地風氣使然。其亦所謂往而不返者耶。一代創始。必有剪除妖孼。則星斗爲昏。妖滅則日月始朗。特有大小久近之不同耳。

談遷曰。善兵不陣。善戰不勝。蓋止戈爲武。靜極斯動。故扛鼎拔山。未足云勇。友諒出入戈鋋。效力徐氏。固已浴血千里。暴骨百城矣。迨黃州擅兵。同宋義帳中之斬。釆石篡主。效義帝江上之除。霸楚僞漢。迹不相懸。假以保境息民。推誠流惠。舉江漢以爲池。標衡岳以作鎭。國險甲强。鷙熊良足師也。顧嗜殺不休。搆怨江東。聯烽曓燧。戍不卧鼓。民生其間。非委頭顱于草野。即任皮骨于徵求。嗷嗷之聲。徹于四境。而友諒終不悛也。巨艦如山。高牙若林。百萬之衆。空國而來。汗則雨。聲則雷。鏖于彭蠡。天地簸盪。舉闔將健卒。半腐于江魚之腹。噫。樂戰如此。俾得保世滋大。則蚩尤不至于鹵池。重瞳何因以騅逝也。蓋天之業。曾未四載。鄭矢逾于中肩。晉射懵于傷目。彼固一世之雄也。豈不痛哉。雖然友諒亦無負矣。爲友諒之後人者。又負友諒焉。河東世仇。朱梁甘于自盡。景升豚犬。劉琮遂以偷生。友諒父子。似爲友諒色愧也。

黃金曰。予嘗聞之長者曰。昔王師之鏖友諒。順天應人。無不一當百。鄱陽之戰。過于赤壁。僇鯨鯢而殄豺虎。如摧枯拉朽。散亡之卒。投戈請命。此固神謨廟略之有定。然亦豫章之守。有以老其師。挫其鋭。遂致摧敗零落而不可支吾也。

八月酊朔。壬戌。陳友諒勢蹙。欲西還。率百餘艘突湖口。常遇春等以火舟火筏追擊之。聯比沿流。自辰及酉。力戰不休。至涇江口。伏師復出擊之。友諒目中流矢。貫顱。卒。時鐵冠道人臨川張和侍公。曰。友諒死矣。不之信。亡何。

有降卒奔告其狀。將士益奮大破之。擒其太子善兒平章姚天祥等。明日漢平章陳榮參政魯□樞密使李才等各以所部降。得五萬餘人漢太尉張定邊夜載友諒屍同其子理走武昌。追之不及。友諒年四十四。鷙悍爲諸雄冠。稱帝僅四年。其初起也。父普才戒之。汝一捕魚兒耳而乃圖大事友諒曰相塚者言我家當富貴今其時矣。及貴迎父。父曰。兒不守故業吾懼及也。先是吳國公謀用兵漢吳孰先。或以張士誠近富而弱宜先劉基曰。陳氏據上流竊名號。乃心無日忘我此不宜久蘊祟之取陳氏則士誠囊中物矣。公善之

陸深曰友諒奮臂蓬湖提戈荆楚。遂能屢破堅城。卒僭尊位。可謂勇矣然既戕主帥。復弑天完。凶戾罕儔。殘虐無厭。人謂項籍矯殺冠軍。陰弑義帝。大抵同矣。及天命有歸。眞人首出。諒不能委身江漢輸款闕廷。而乃犯我龍江。閧我洪都盛兵東下。志氣驕悍。此何異滎陽之圍也。卒之授首鄱陽。鯨鯢盡殪。何暇烏江之刎乎。敺爵于林。敺魚于淵。蓋聖王之鸇獺云爾。

高岱曰。友諒之勇悍雄略。雖或未及項羽。而慓迅飄忽。大困而氣不餒。屢蹶而勢復振。觀其龍江敗歸。還襲安慶。九江之失。疾奔武昌。及徐達召還。不旋踵而有江州之入。是以敗衄之餘。旬日之間。而能陷城卻敵。蓋深通兵法。不阻不撓。故能開拓封疆。奄有荆楚。亦一世之雄也。惜昧于强弱之勢。眩于先後之幾。金陵可與合從而不可圖者。乃先自相仇敵。攻戰至無虛日。至河南形勝之地。韓林兒劉福通輩皆非戡定之才。顧不能進取襄鄧。以窺中原。其策已繆矣。及其東下也。金陵無釁可乘。則擁衆遠涉。以取龍江之敗。及我出援安豐。金陵可乘矣。乃老師南昌。而不能擣根本之虛。雖天命有在。未可力爭。而用兵之道。當如是哉。然聖祖所以得肆力于友諒者。則以士誠之乏遠圖耳。觀其鄱陽之戰。亟命徐達歸守建康。友諒既殂。諸將勸之西蹙武昌。竟不從而班師者。拳拳以東吳之乘虛爲慮耳。但英雄駕馭之術。不欲以機事告人。而區區戎簡輩。豈足以測聖心哉。

談遷曰。陳氏善用兵。方其事文俊佐壽輝。文旗所及。靡堅不瑕。迨專國柄。稱帝制。跨有江漢。士廣鋒銛。東南無二。矜其强大。日尋于長矛大鏃之間。兵猶火也。不戢將自焚。龍江洪都之師。在漢爲曲。然愈蹶愈奮。至傾國六十萬嘗試江流。牧野昆陽。赤壁淝水。古帝王豪傑。能用其衆者。未之有聞。非聖祖當之。有望風而靡耳。噫。勁如友諒。竟歸輿尸之凶。力不勝德。從古然矣。

改洪都府曰南昌。

甲子。遣兵追陳理於武昌。不及。理卽皇帝位。改德壽元年。

乙丑。同僉行樞密院守江淮府定遠繆大亨卒。大亨倡衆二萬人屯横澗山。來歸。屢立功。守江淮。有善政。

九月丁卯朔。吳國公發湖口。東還。

壬申。至應天。賚將士有差。

壬午。命李善長鄧愈留守應天。復率常遇春康茂才廖永忠胡廷瑞等西擣武昌。

諸全叛將謝再興。以張氏兵犯東陽。左丞朱文忠自嚴州救之。以夏子實胡深爲鋒。戰于義烏。文忠自後横擊。敗之。因距諸全十五里曰五指巖城之。令胡德濟分守。

是月。張士誠稱吳王。初。士誠脅元江浙行省丞相達識帖睦邇。請王爵。再三。皆不報。元戶部侍郎博羅帖木兒徵澧。怒勿與。竟自立。尊母曹氏爲太妃。內史陳基謂且當需時。不聽。崑山郭翼上書曰。明公仗馬箠下婁地。及越。數十城望風請服者。人皆苦元政。守吏貪殘自恣。不恤其下。非能極慮安危者也。故民離散而莫與之守。今誠能反其政。休勞之。率以乘時進取。則霸業可成。若遽自晏安。湛于逸樂。不惟精銳坐銷。且四方豪傑並起相攻。壤進地益。雖欲閉境自守。勢將日蹙。且吾又所必爭也。其能保乎哉。士誠恚。翼逸去。元御史大夫普化帖木兒封印庫中。自鴆死。丞相達識帖睦邇亦死。弟士信爲丞相。時吳浙繁盛殷富。士誠驕佚無斷。政在文吏。而士誠尙持重寡言。爲好士。築景賢樓。弘文館。士無賢不肖輿馬供帳甚都。人多奔走焉。至士信柄國。疏簡舊將。用參軍黃敬夫蔡彥文葉德新。皆駑才。由是上下乖疑。莫肯用命。

十月辆朔壬寅。吳國公兵至武昌。栅其門。以舟絕江。分兵徇漢陽德安。湖北諸郡皆降。

癸卯。贈張德勝光祿大夫江淮行中書省平章政事。追封蔡國公。趙德勝榮祿大夫江西行中書省平章政事。追封梁國公。桑世傑安遠大將軍輕車都尉行樞密院判官。追封永義公。

十一月□□朔。

十二月辆朔。吳國公發武昌東還。留常遇春堅守營栅以困之。若衝突。勿與戰。

甲寅。至應天。

戊午。閱武雞籠山。還坐西苑。問指揮華雲龍等。能知其數否。對曰不知。公曰。陣勢方員縱橫。倏忽莫測。善兵者少爲衆。弱爲强。伐謀制勝。勇詘其力。智詘其謀。斯爲神矣。大抵以正應以奇。變奇正合宜。應變勿失。百勝之道也。

國權卷二

甲辰 元至正二十四年。 宋龍鳳十年。 夏天統三年。

正月丙寅朔。吳國公進稱吳王。建百司官屬。李善長爲中書右相國。徐達爲中書左相國。常遇春俞通海爲平章政事。汪廣洋爲右司郎中。張昶爲左司都事。

丁卯。減收官店錢。

戊辰。吳王退朝語徐達等曰。卿等共推戴予。今當協心成治。建國之初。先正紀綱。紀綱先禮。元氏之亂。主荒臣專。今宜鑑之。

庚午。王御白虎殿。語參議孔克仁曰。自元運既隳。豪傑互仇。吾欲一之。以兩淮江南之民各近城而耕。練則兵。耕則農。兵農兼資。可進可守。仍積糧兩淮。俟時而動。克仁稱服。

二月乙未朔。吳王復西往武昌視師。

己亥。至武昌。益攻城。時漢丞相張必先守岳州。太尉張定邊潛使乞援。必先引兵去城二十里。軍洪山。我常遇春率兵五千擊之。必先大敗。擒之。縛示城下曰。潑張我得矣。漢氣大索。城南高冠山俯城中可瞰。漢兵屯焉。吳王曰。誰能奪此。傅友德前趨之。鏃出腦若脇。友德棄腦鏃抽脇。一鼓奪之。漢人大懼。居數日。吳王使漢舊臣吉水羅復仁招諭陳理。復仁曰。大王不忍糜漢而使臣招。必陳氏之孤得保首領。而臣不食言。臣雖死不憾。王曰。吾力非不能得漢。頓兵而待。念民耳。羅復仁哭城下。陳理驚。召入相持哭。告之故。乃約降。

癸卯。陳理銜璧肉袒出降。俛伏戰慄。王挈其手曰。無畏。令宦者入理宮。告友諒父母。府庫儲蓄悉聽取。其官屬以次出城。召父老慰諭之。賑饑民米。民大悅。漢沔荆岳諸郡相繼降。

談遷曰。陳理豎子耳。戰將半隕。其不支宜也。往聞友諒虐民。然圍武昌六閱月未下。斯何以稱焉。又稗史稱漢同僉陳英傑望吳王之壁。馳槊入帳下。郭英從旁來。躍馬奮臂。同僉應槍倒。此卽敬德之護秦王也。意郭氏後人勛飾稱。故不足信。聖祖素嚴重。安有牙門如無人焉者。又實錄盛稱鐵冠道人周顚仙事。雖確。恐開狐鳴魚書之誕。爲盡汰之。

漢陳友富自潭州降。友諒兄。

故漢將李明道被獲。誅于武昌。所畜犬跑沙瘞其骸。命葬明道。

甲寅。吳王諭諸將曰。諸公久從吾勞苦矣。勞者逸根。苦爲甘機。若農人耕田。以庸有秋。毋先之乎暇豫也。

乙卯。立湖廣行中書省樞密院。判楊璟爲參政。

丙辰。吳王發武昌。命常遇春遣送陳理官屬。

三月乙丑朔。吳王至應天。

丙寅。封陳理歸德侯。普才承恩侯。友富歸仁伯。友直懷恩伯。贈友仁南康王。初陳理降。入告母楊氏。氏歎曰。吾不能爲孟昶母也。立自經。

丁卯。命金大旺守撫州。

置起居注給事中。

王六子楨生。

諭廷臣曰。慓悍驕暴。非人之性也。必禮法以一之。制禮立法非難。遵禮守法爲難。最今所急也。

戊辰。中書左丞湯和爲平章政事。

定大都督府行中書省都鎮撫司統軍元帥府各衞親軍指揮使司官制。

己巳。儒士句容戎簡入見。語及陳氏。曰。往敗陳氏。入九江。宜乘勝擣武昌。而乃引還。何也。吳王曰。汝豈不聞覆巢之下有完卵乎。果乘勝亟追。彼必死鬬。殺傷多矣。故遣偏師綴其後。彼創殘偷喘。我大軍臨之。全城降服。尤得策耳。

庚午。悉罷諸翼統軍元帥府。置武德豹韜飛熊威武廣武興武英武鷹揚驍騎神武雄武鳳翔天策振武宣武羽林各衞親軍指揮使司。

敕中書省臣。許山林士伍上書效用。民間俊秀年二十五以上有學識才幹者。辟付中書。

江西行省進漢金鏤床。王曰。此何異孟昶七寶溺器。亟毁之。侍臣曰。未富而驕。未貴而侈。所以亡也。王曰。此覆車也。富亦豈可驕。貴亦豈可侈哉。

辛未。御西樓。有數卒敍功求陞賞。王曰。爾有功。未始遺也。爾不見徐相國耶。其同從者猶在行伍。予亦豈忘之乎。但其才智止此耳。勉立功。毋奢望焉。

丁丑。諭中書省臣曰。先王不施賞而民觀于善。不施罰而民不爲戾。何也。仁義本之也。商變夏。周變商。仁義未嘗改。卿等勉之。

郭子興爲鷹揚衞指揮使。金朝興爲龍驤衞指揮同知。傅友德爲雄武衞指揮使。

四月钾朔。王退朝。語孔克仁等。曰。秦主虐臣佞。天下叛之。漢祖起布衣。寬大善駕御。遂帝天下。今元政弛極。豪傑蜂起。皆不修法度以明軍政。因感歎久之。

乙未。置醫學提舉司。

中書省臣上廟祭及薦新禮。王覽之。自白虎殿退至戟門。忽悲涕。語宋濂孔克仁曰。昔歲凶。二親俱在。力不能養。今化家爲國。追思二親。痛何可言。

平章俞通海。參政張興祖自劉家港敗張氏兵于通州。

丙申。立康郎山廟。祀江南行樞密院同知丁普郎。帳前總制都督指揮使司左副都指揮韓成。水軍元帥宋貴。太平興國翼元帥府統軍元帥陳兆先。行樞密院判官兼水軍元帥張志雄。右副元帥王勝。李信。左副元帥余昶。昌文貴。元帥府同知元帥李志高。右副元帥徐公輔。劉義。陳弼。帳前上萬戶程國勝。中翼元帥府副使王咬住。上千戶王鳳顯。姜潤。石明。王德。鎮撫常德勝。逯德山。汪清。朱鼎。裴軫。千戶王喜仙。陳沖。汪澤。丁宇。副千戶常惟德。袁華。史德勝。王理。王仁。雲騎都尉鄭興。羅世榮。鎮撫曹信。封贈勳爵有差。令有司歲時祭之。朱升曰。洪武十一年加封之時。誥命祀文皆已進銜。會中書省臣相繼獲重辟。詔革中書省。陞六部。省中文書一切報罷。故褒典雖下。未及頒于廟中。有司又不能上請。所以兩廟封爵。俱仍甲辰之舊。程國勝即汪廣洋妹婿。

甲辰。改各門總管府曰千戶所。設正副千戶各一。

乙巳。立南昌忠臣祠。祀故平章趙德勝。樞密院判官李繼先。左副指揮使劉齊。統軍元帥許圭。右副元帥趙國昭。同知元帥朱潛。元帥副使牛海龍。千戶張子明。張德山。百戶徐明。總管夏茂成。江西行省都事萬思誠。洪都知府葉琛。臨江府同知趙天麟。

吳王聞功臣家僮多橫。召徐達常遇春等曰。卿等起艱難。累功。舍人子逾越禮法。不早懲之。他日貽釁。寧不爲玷。卿輩宜速去之。

丙午。設湖廣鐵冶。

丁未。左相國徐達兵向廬州。左君弼留其將張煥。殷從道等守之。自走安豐。達圍廬州。

己酉。商稅三十取一。京店曰宣課司。外官店曰通課司。

壬戌。江西行省設貨泉局鑄錢。
立部伍法。諸將所部兵五千人爲指揮。千人爲千戶。百人爲百戶。五十人總旗。十人小旗。悉罷樞密平章元帥總管萬戶等名。
吳王與詹同等論孫權題諸葛子瑜于驢面。譃其子恪。恪曰。君臣主敬。敬者禮之準也。孫權不知此。狎其臣而褻其父。恪雖機辨。不能正言。君臣父子胥失之。言動可不謹哉。
五月己卯朔。丙寅。諭諸將曰。汝等所統兵雖衆寡不同。若不識其能否。臨敵何濟。夫能知人。則効力効謀。鮮不盡心矣。
丙子。吳王朝退。御白虎殿。閱漢書。問宋濂孔克仁。漢治何不三代若也。克仁曰。王霸之道雜。王曰。咎將誰始。曰。在高祖。王曰。高祖創業。未遑禮樂。孝文時當制禮作樂。復三代之舊。乃逡巡未遑。使漢家終于如是。三代有其時而能爲之。漢文有其時而不爲耳。周世宗則無其時而爲之者也。
六月己卯朔。戊辰。湖廣安定等處宣撫使向思明等來降。仍設宣撫司。又置懷德軍民宣撫司。統軍元帥二。抽攔不夜黃石三洞長官司。驛坪洞元帥府一。梅梓麻寮二洞長官司。
諭諸臣盡言。言猶水也。欲其長流。水塞則衆流障遏。言塞則上下壅蔽。詩曰。先民有言。詢于芻蕘。諸公有所建明。當備陳之。
丁巳。袁州降將歐普祥卒。黃岡人。徐壽輝左丞大司徒袁國公。
戊午。諭朝臣直言。若隱避不言。相爲容默。非事君之道。己亦何利。
七月戊申朔。丁丑。徐達常遇春克廬州。張煥迎降。
戊寅。命平章常遇春會鄧愈及金大旺兵討江西上流未附郡縣。

己卯。左君弼部將許榮以舒城降。

置江淮行省于廬州。平章俞通海攝省事。通海能招輯。流民多復業。

八月壬辰朔。常遇春鄧愈平新淦之沙坑麻嶺諸寨。執叛將鄧克明志明誅之。

乙未。命左相國徐達按行荊湘。以山寨遺孽俾招輯之。

戊戌。常遇春鄧愈次吉安。饒鼎臣棄城走。遇春因趨贛州。

庚子。右副元帥王志爲飛熊衞指揮使。

常遇春次贛州。命平章彭時中協擊。中書右司郎中汪廣洋參謀遇春軍事。諭廣洋曰。熊天瑞孤城易拔。恐破日多殺僇。可諭遇春等。保全生民爲心。若得空城何益。遇春乃徐困之。

九月辛酉朔。置滁州千戶所。合肥六安二衞。

戊寅。御便殿。問侍臣石勒苻堅孰優。詹同曰。石勒爲優。王曰。勒聰察有餘。果斷不足。馴致石季龍之禍。堅聰敏不足。寬厚有餘。故養成慕容氏父子之亂。俱不足道也。

辛巳。繪塑功臣像于卞壼蔣子文廟。

甲申。改長安州曰長興州。耿炳文爲長興衞指揮使。立劉成廟。初禦張氏戰死。贈成懷遠大將軍。

黃金曰。聖祖取天下。蹦蹴羣雄而顚倒之。首僞漢。次僞吳。境壤相連。使其謀通兵結。亦大費征討。聖祖妙識其機。欲剪漢之羽臂。故遣耿炳文守長興。吳良守江陰。以蔽吳。不孤所托。謀足以制敵。勇足以讐敵。孤城血戰于貔貅萬竈之疆者數年。吳人一跡不敢南向。聖祖無東顧之憂。然後得以鏖僞漢而殲之。是蔽吳者正所以滅漢也。漢既滅。于焉併力向吳。釜魚籠鳥。何所假息。故亦不旋踵而亡。是滅漢者又所以滅吳也。識者謂吳不亡于諸將會同之時。而亡于二臣善守之日。亦信然哉。

故漢平章姜珏以江陵降。時徐達次沙市。珏勢蹙。詣達曰。珏當死。百姓無罪。達遂禁兵侵軼。列郡聞之。望風歸附。尋改江陵曰荊州。

乙酉。下夷陵。尋改峽州。

方明善攻平陽。參軍胡深擊敗之。下瑞安。趨溫州。明善懼。謀輸二萬金。命班師。

徐達次潭州。湘鄉土酋易華歸州守將楊興來降。

十月辛卯朔。乙未。遙授廖永安光祿大夫柱國江淮等處行中書省平章政事。封楚國公。時永安被張氏囚蘇州。其念之。先是欲還吳兵三千人易永安。士誠不可。曰。必易我士德。遂止。

袁袠曰。初高皇帝駐和陽。欲渡江而無舟。賴永安諸將以舟師迎附。得渡江。定基金陵。實王業所由始。厥功不細矣。永安雖幽囚而死。不究厥成。其節義足稱云。

乙卯。行省都鎮撫改隸大都督府。秩從四品。專調各門守禦千戶所。

己未。張士信侵長興。守將耿炳文費聚擊破之。擒元帥宋興祖。士信怒。益兵圍城。

贛州熊天瑞被圍。子元震間出覘我兵。猝值常遇春數騎。竟過之。已知遇春。復來襲。遣壯士擊之。元震奮鐵鎚拒我。且鬭且卻。遇春壯而舍之。

十一月庚申朔。故元帥俞廷玉贈樞密院同知。追封河間郡公。

辛酉。置湖廣提刑按察司。章溢為僉事。尋改浙東按察司。

浙東行省左丞朱文忠為右丞。按察使單安仁為左司郎中。諭中書省臣。立國之初。致賢為急。中書綱領百司。任人須小大各適其宜。莫耶之利。能斷犀象。以斷石則必缺。騏驥之駛。能致千里。以服重則必蹶。必處之得其當。用之盡其才可也。

壬申。故鄧克明部卒羅伍叛。寇撫州。守將金大旺討平之。

庚辰。置慈利軍民宣撫司。土官覃垕夏克武爲宣撫使。

辛巳。命平章湯和自常州援長興。

戊子。王七子榑生。定妃達氏出。

湯和耿炳文合擊張士信。大敗之。獲八千餘人。馬五百餘匹。士信出將。多樗蒲蹴踘。擁婦女酣宴。其命將。將或臥不起。邀官爵美田宅。既至軍。亦日載妓飲博。卽失地喪師。士誠置不問。或復用之。

十二月戊辰朔。徐達克辰州。漢左丞周文貴棄城走。

徐達遣指揮傅友德克衡州。元左丞南寧鄧祖勝棄城走。

辛卯。裁諸處通課司。

乙巳。吳王貽元擴廓帖木兒書通好。

乙卯。置拱衞司。專領校尉。屬大都督府。秩七品。

丙辰。新淦鄧仲謙作亂。殺知州王貞。克明從子。

乙巳　元至正二十五年。宋龍鳳十一年。夏天統四年。

正月戊辰朔。己巳。常遇春鄧愈克贛州。熊天瑞食盡始降。吳王以遇春止殺。特書勞之。比于曹彬之下江南。

談遷曰。陳氏既覆。熊天瑞守此一隅。抗鋒五月。有友諒之餘烈焉。孰謂陳氏無田橫哉。

徐達遣千戶胡海洋克寶慶。元將唐隆道遁。靖州軍民安撫司及諸長官司皆降。

壬申。吳王問起居注詹同孫武殺寵姬事。對曰。見史記。王曰。此事亦司馬遷好奇。其十三篇恐非武自作。或有所授。

甲戌。黃州知府陶安改饒州知府。

常遇春進師南安。招諭嶺南諸郡。韶州降。

新淦鄧仲謙平。

參政鄧愈平吉安諸山砦。進江西行省右丞。

甲申。大都督朱文正有罪。免。安置桐城。蓋在鎮淫暴不法。奪人婦女。榻飾龍鳳。嘗被詰。謀降張氏。按察使李飲冰奏之。吳王即日往南昌。泣謂曰。汝何爲若是。載入舟。旣放廢。仍撫其子鐵柱。

乙酉。吳王閱將士分隊習戰。將經理淮甸也。

二月己巳朔。元福建行省平章陳友定侵處州。參軍胡深往禦之。下浦城。

左相國徐達言湖湘平。命班師。

辛丑。遣千戶夏以松守臨江。張信守吉安。單安仁守瑞州。宋炳守饒州。參軍詹允亨總制辰沅靖寶慶。受湖廣行省節制。

丙午。張士誠大舉入犯。兵二十萬。司徒李伯昇挾我叛將謝再興。踰浦江。圍新城。旌旗相綴。州縣官屬皆預置。精兵數萬。分屯城北。遏我援師。守將僉書行樞密院事胡德濟拒之。繆美出北門。敗其先鋒斗巖下。敵攻西門。美趣之。再戰再捷。德濟曰。彼衆毋輕。乞師于行省。右丞相朱文忠遣指揮張斌元帥張俊出浦江爲援。士誠又自以兵從桐廬湖釣臺烏石。將犯嚴州。文忠扼以舟師。未至。千戶謝祐被執。諸將恐。文忠分署守禦自如。率指揮朱亮祖以下。行次浦江。令銜枚走新城。明日。東吳人空壁來。文忠橫槊引數騎馳之。身格殺數十人。千戶王英從之。貫陣而入。敵駭亂。德濟聞之。鼓噪而出。敵大潰。指揮張斌朱亮祖擊其餘衆。俘將士六百餘人。卒萬人。馬三千六百餘匹。斬數萬級。鎧仗芻粟如山。伯昇遁。初德濟告文忠。敵銳。盍少避之。以俟大軍。文忠曰。俟大軍。我瑕矣。將在謀不在衆。遂誓師鼓之。曰。彼衆而囂。我寡而整。且彼輜重山積。是天以富賜若也。勉之。方戰捷聞。徵文忠德濟宴。賜名馬餘錫賚有差。

康茂才爲神武衞指揮使。

三月秖朔。辛巳。常遇春班師入朝。

癸未。起居注宋濂歸省。至家表謝。復上世子書勉學。王善之。馳賜綵帛。

四月巸朔。參軍胡深克松溪。獲陳友定驍將張子玉。

庚寅。命平章常遇春曰。安陸襄陽。跨連巴蜀。控扼南北。古必爭地。汝其往取。夫堅城之下。緩則頓師。急則驅死。相機招輯。是在賢將軍。

復命江西行省右丞鄧愈爲湖廣行省平章政事。敕曰。今遣遇春取安陸襄陽。汝兵繼之。所得州郡。撫其降附。近聞擴廓帖木兒集兵汝寧。汝能愛軍䘏民。人心自歸。爾其念之。

癸巳。遣趙好賜方谷珍紗綺鞍轡。

庚子。置衡州衞。

五月牫朔。庚申。廣信衞指揮王文英兵趨鉛山之佛母嶺。敗陳友定兵。走之。

辛酉。參軍胡深請自廣信撫州建昌分道攻陳友定。遂命廣信衞指揮朱亮祖出鉛山。建昌左丞王溥出杉關。會胡深。

乙亥。常遇春克安陸。執守將僉院任亮。

己卯。克襄陽。元僉院張德山羅明以穀城降。

癸未。浙東元帥何世明連敗吳人于新溪柴溪。

甲申。神武衞指揮使康茂才爲大都督府副使。

六月戊子朔。己丑。置思南宣慰使司。時田仁智遣都事楊琛來降。仁智仍宣慰使。琛思州等處宣撫使。

丁酉。元帥王國寶等克安福州。饒鼎臣走茶陵。

壬子。胡深克樂清。擒方谷珍鎭撫周淸萬戶張漢臣總管朱善等。俱戍常州。

朱亮祖等克崇安。進攻建寧。元知院阮德柔屯錦江。出胡深營後。深拔其二柵。德柔悉衆圍我。深突出。馬蹶被執。陳友定初甚禮之。迫于元使。乃殺深。深龍泉人。倜儻有文武才。元季削髮自晦。栖松源山中。年五十二。吳王痛之。遣祭于家。

乙卯。令民栽桑麻木棉。

儒士滕毅楊訓文爲起居注。諭曰。諸臣有言。予雖信宿切磋究之。況若職左右。若毋苟容。若毋改守。譬之馳驅。戒險則不顚。肆夷則驟蹶。予常自警。故以勗若。復命毅訓集古暴君之行。曰。政龜鑑也。可以知喪亂之繇。

七月丁巳朔。命元降將張德山歸襄陽招徠未附山寨。賜鄧愈書曰。汝戍襄陽。法度已定。宜謹守之。未附者業遣德山招徠。舊籍民兵。悉如其故。軍人將校。令其屯種。且戰且耕。爾所戍地鄰擴廓帖木兒。若爾愛加于民。法行于軍。彼之脇從。脫虎就乳。惟我賴。汝實如長城。戍事甚艱。僨事甚易。於戲念哉。

戊午。休渡江舊兵于外郡。物故者妻子月給衣廩。

辛酉。王天錫爲湖廣行省都事。

甲子。復貽擴廓帖木兒書。

乙丑。元思州宣撫使兼湖廣行省左丞田仁厚來降。改仁厚思州宣慰使。

丁卯。置尚食尚醴二局。設大使副使。

癸酉。總制辰沅等參軍詹允亨遣千戶何德平沅陵盜。

庚辰。置靖州軍民安撫司同知以梁武爲副使。

壬午。劉基爲太史監令。

八月丁亥朔。辛卯。募兵于霍丘安豐。

御東閣。語詹同以趙普說宋太祖收諸將兵權。歎曰。使諸將不早解兵柄。宋之天下必不五代若也。普雖忌刻。其功多矣。

壬辰。周文貴復攻辰州。千戶何德擊走之。

辛亥。指揮李琛取竹山縣。降之。

九月丙辰朔。置國子學。許存仁爲博士。

夏明玉珍使參政江儼來聘。令都事孫養浩報之。

十月乙酉朔。先是。夏明玉珍使弟明三進兵雲南失利。諸將往往暴掠不能制。吳王貽書規之。

戊戌。下令伐吳。略曰。張士誠假元命。叛服不常。天將假手于我。是用行師以致天討。況士誠啓釁多端。襲我安豐。寇我諸暨。連兵搆禍。罪不可逭。今命大將致討。止于罪首。餘軍民無妄逃竄。無廢農業。已敕大將軍約束。毋擄掠。違者論如律。

庚子。命中書省馳書招虎背寨劉寶。

辛丑。左相國徐達平章常遇春胡廷瑞同知樞密院馮國勝左丞相華高等征東吳。水陸並進。

乙巳。徐達趨泰州。敗吳人屯海安壩。

丁未。圍泰州新城。敗其援兵。

己酉。常遇春擊吳援兵。敗之。擒將士五百餘人。

閏十月乙卯朔。吳人出舟師于江次范蔡港。小舟別往來江中。吳王聞之。曰。彼欲分我兵耳。徵廖永忠還。率水營禦之。大軍毋輕動。

己未。吳王自至江陰康茂才水寨。賜徐達書曰。初聞爾等距寇甚邇。爲是馳至。緩急相策應。今乃知不然。所遣陳經歷來。有所言。即馳報。予駐師以待。

辛酉。還應天。

吳俘百二十九人戍潭州。

戊辰。平章湯和克漢故將周安于永新。立守禦千戶所。

甲戌。指揮副使王國寶取餘干州。

庚辰。徐達克泰州。俘五千人。送應天。

癸未。安置吳俘五千人于潭辰。時天寒。各賜衣一襲。又賜婦女衣履針綫。皆大悅。

十一月甲申朔。信州盜陷婺源。知州白謙赴水死。

辛卯。徐達進攻高郵。王恐其深入。命同知馮國勝率所部節制諸軍援之。達還軍泰州。圖取淮安濠泗。

甲午。饒鼎臣出掠中弩死。

乙未。令李善長書招濠州元將李濟。不報。

己酉。命中書省掾劉大昕往荊州分省。參贊機務。

張昶傅瓛。爲中書省參。政。

張氏侵宜興。使徐達歸援。破之。獲三千餘人。

十二月甲寅朔。乙卯。命興安衞指揮王克恭屯於濳以援桐廬昌化諸軍。

張氏侵安吉守將費子賢以三千人拒之。殺梟將二人因驚潰去。

癸亥。起居注滕毅爲湖廣提刑按察使。

徐達自宜興還攻高郵。吳左丞徐義浮海入淮援之。屯太倉。三月不前。

秦從龍卒。年七十餘。吳王方督軍至鎭江。哭其家。

置襄陽衞。

壬午。張士誠以舟師數百艘泊君山。復出兵自馬馱沙溯流窺江陰。

丙午 元至正二十六年。　宋龍鳳十二年。　夏開熙元年。

正月癸未朔。吳王自援江陰及鎭江。敵遁。命康茂才等追之。敗其兵于浮子門。斬溺甚衆。

辛卯。諭中書省臣。春和。令有司勸農。

改宣城府曰宣州。維揚府曰揚州。

議按察憲綱。命按察司僉事周須等曰。神明能福。鬼魅能妖。風憲紀綱之司。法淸弊革。人則神明。陰詭蠹國。乃鬼魅矣。

隱士徐舫卒。舫字方舟。桐廬人。善詩。劉基等就徵。拉舫不應。年六十八。所著瑤林滄江二集。

宋濂曰。當劉君之出也。銜方舟以隱自高。數欲挽起之。會有故而止。方舟獲終老于山林。亦豈偶然之故哉。

二月癸丑朔。湖廣行省參政張彬擊辰州周文貴。敗走之。

丁卯。容美洞宣撫司使田光寶來降。進四川行省參政。行容美洞等處軍民宣撫司。

彭世雄爲保靖軍民安撫使。田升玉爲鎭南軍民宣慰使。田光俊爲太平臺宜靖安等處安撫使。墨色釋用爲桑植荒溪等處宣撫使田思勝爲守鎭邊境等處軍民元帥府元帥。楊妙興爲守鎭邊境等處元帥府元帥。皆土官初附。

浙江按察僉事章溢平青田盜。

己巳。置兩淮都轉運鹽使司凡二十九場。歲課三十五萬二千五百九十引。引各四百斤。官給工本米一石。

庚午。劉承直爲國子博士。李曄張濟潘時英爲助教。完哲爲學正。

癸酉。指揮孫興祖守海安。

潭州衞指揮同知嚴廣平茶陵盜。

庚辰。王聞徐義自海道援高郵。王保保欲窺兩淮。命徐達備之。

禁種秫。令曰。民間造酒。糜費米麥。今歲毋種秫。塞造酒之源。

夏明玉珍殂。年三十六。太子昇嗣位。方十歲。改開熙元年。太后彭氏同聽政。

史臣曰。玉珍頗尙節儉。好文章。蜀人經李喜殘暴之餘。賴以粗安。然喜自用。昧于遠略。而嗣子暗弱。政出多門。國事日去矣。

何喬遠曰。明玉珍拔去漢。善守巴蜀。惜其不永。不然。何眞之流也。

三月楑朔。庚寅。命徐達自泰州進取高郵興化淮安。

丙申。令江淮行省平章韓政取濠州。

嚴中書省濫舉蔽賢之罰。

徐達克高郵。初。馮國勝圍高郵。張氏同僉俞□詐降誘我。康泰以千人踰城入。皆被殺。王怒。責國勝。促徐達會攻。至是拔之。誅俞□。俘將校千三十七人。甲士千一百七十五人。俱遠戍沔陽辰州。以婦女多失配。諭徐達等正法。

丁未。使徐達乘勝取淮安。宜步騎萬五千人舟師萬人並進。餘軍令常遇春統守泰州海安。應援江上。

四月壬朔。癸丑夏主明昇遣學士虞□來聘。

乙卯。吳王閱古車制至周禮五輅曰玉輅侈矣。其木輅乎。參政張昶曰。木輅。戎輅也。不可祀天。王曰。孔子取殷輅。何爲違之。

徐達至淮安。徐義敗去。右丞梅思祖等出降。

丁巳。沂州王宣襲海州。入之。

戊午。徐達克興化。先據瓢子角。扼興化之吭。故下之。淮地悉平。

己未。王謂劉基王禕曰。四方凋瘵。吾欲紓之。基曰。方今用武。殆未可。王曰。吾將定賦焉。定賦則用節。節則民不困。定賦則末兼。兼則國常裕。皆對曰。善。

庚申。濠州李濟以城降。韓政顧時等力攻。不能支。濟同知州馬麟出迎。

辛酉。命朱文忠往徐達軍議淮安城守。以新附。屬其選將簡卒。

壬戌。馳書諭宿州吏民。元徐州守將樞密院同知陸聚以徐宿降。拜聚江淮行省參政。仍守徐州。賜文綺三十。白金三百。仍書諭吏民曰。胡元失政。亂起汝潁間。天下皆謂豪傑奮興。太平立見。乃惟妖言是庸。元之將校。師行甚寇。中原板蕩十餘年矣。咨爾士民。勞苦日深。自歲丙午始賦役軍需。參政聚議于有司。毋繁以苛。爾安毋悸。

癸亥。淮安降將梅思祖等入見。慰諭之。

甲子。吳王發應天。往濠州省墓。

諭徐達率兵取安豐。時元將竹貞以萬人自柳灘渡入安豐。

丁卯。陸聚遣院判曹國器攻沛縣魚臺下之。又院判司整取邳州。于是下宿遷睢寧蕭縣。

吳王至濠州。念先人始喪未備。議改葬。博士許存仁等請易服。遂素冠白纓衫絰而朝。恐改葬氣泄。但培土舊鄰汪文劉英。召慰之。並招鄉黨二十家守墓。復其徭。

戊辰。方谷珍貢二萬金。

濠州父老經濟等皆來見。勞苦如平生。宴。罷且別。曰。濱淮諸郡。尚有寇兵。鄉人耕販。且無遠出。父老輩其厚自愛。

庚午。謁墓還。舍語許存仁等曰。吾微時謂終爲村氓。雖遭亂寄身行間。冀以紓禍。不自意今日至此。追思曏曩。誠可感也。

辛未。徐達克安豐。忻都竹昌左君弼皆遁。追之。獲忻都。晡刻。元平章竹貞來援。擊走之。立安豐衛。

癸酉。令徐達分兵趨徐州。以擴廓帖木兒南侵。遂敗之。

戊寅。謁辭墓。

五月壬午朔。吳王還應天。諭中書省臣。以在道見流亡失業。其命有司訪遺民。俾之還土。

庚寅。購遺書。語詹同等曰。吾燕居讀論語。節用愛人。使民以時。眞治國之良規也。吳王微時目不知書。起兵後日親諸儒。流覽神解。手撰書檄。注射簡峭。文士顧不及也。

徐達還自安豐。

六月壬子朔。醫學提舉司改太醫監。設少監監丞。

癸亥。諭廷臣曰。近者徐氏以柔懦滅。陳氏以剛暴亡。今惟張氏存。然弛政昵奸。費用無經。殆將覆矣。夫察于亡者。然後可以圖存。審于危者。然後可以求安。吾輩其鑒之。

七月辛巳朔。貽擴廓帖木兒書曰。向者尹煥章來。隨遣汪河報禮。至今不還。春秋戰國。講信修睦。如季札至魯。請觀周樂。韓起來聘。同知周禮。未聞拘留也。惟鄭告絕于楚。楚人執良霄。漢累伐匈奴。匈奴拘蘇武。此夷狄報怨之淺見。閣下豈效之哉。孛羅雖死。餘孽跳梁。鳳翔鹿臺之兵。合黨而東。俞寶拒戰于樂安。王仁逃歸于東齊。幽燕無腹心之託。若加以南面之兵。四集。當如之何。倘幡然改轍。還我使臣。救災卹患。各保疆宇。為閣下利。豈淺淺哉。

甲申。蘇伯衡為國子學錄。

丁未。議攻張士誠。右相國李善長曰。張氏勢雖屢屈。兵力未衰。土沃多儲。殆未可也。吳王曰。長淮東北。吾皆有之。臨以勝師。何憂不振。徐達曰。張氏橫暴侈汰。此天亡之時也。其將李伯昇呂珍輩。齪齪亡數。黃蔡葉三參軍居中書生耳。臣奉威德。可計日定。王善之。

遣宋迪賜方谷珍紗綺鞍轡。

遙授中書省平章政事楚國公廖永安卒于蘇州。永安字彥敬。年四十七。上聞而自為文祭之。明年歸葬鍾山。

八月庚戌朔。拓應天城。卜新宮于鍾山之陽。

吳王告大江之神曰。伏聞民欲安。聖人一。民欲愁。霸主多。予心存安民。決戰于張氏。請天判聖焉。維神奉天告神鑒之。

辛亥。命左相國徐達為大將軍。平章常遇春副之。率師二十萬攻張士誠。吳王御戟門。諭達等。毋焚掠。毋殺僇。毋發丘隴。毋毀廬舍。士誠能歸命。必全之。吾聞其母葬城外。毋擄而芻牧也。已御西苑。問諸將所先。遇春請直搗平江。餘郡易與耳。吳王曰。不然。敵分其衆駐吳興錢塘以自輔。我頓兵堅城。不克。而招二輔之援。非計也。先攻吳興便。遇春曰。臣聞逐梟者覆巢。去鼠者薰穴。王作色曰。攻湖失利。吾自當之。攻蘇而敗。不汝貸也。王屏左右語達遇春曰。熊天瑞降我。非其意。吾謀毋泄。但云擣平江。令天瑞從征。必叛輸張氏矣。時榜士誠之罪二十。

壬子。命博士許存仁進講經史。

癸丑。大軍發龍江。

辛酉。至太湖。

己巳。常遇春敗吳人于湖州港。擒其將尹義陳旺。遂次洞庭山。

癸酉。進軍崑山。又敗之。擒其將石清汪海。

指揮熊天瑞叛降于吳。

甲戌。大軍至湖州三里橋。吳右丞張天麒分兵三道。參政黃寶當其南。院判陶子麒當其北。同僉唐傑後之。徐達欲戰。有言日不利。常遇春曰。何待日。擊敗黃寶。擒之。圍其城。餘斂退。吳司徒李伯昇來援。自荻港潛入城。益圍之。同僉余得全。院判張德義。陶子實出戰。復敗走。吳平章朱暹。王晟。同僉戴茂。呂珍。院判李茂。同五太子張虬以六萬人屯舊館。列五砦自固。我於東阡築十壘絕其援。李茂。李成。唐傑懼不敵而遁。吳右丞潘元紹。張氏婿也。駐兵烏鎭以援呂珍。夜襲走之。遂塡溝港。絕其餉道。張士誠自來援。達等戰于皁林。大破之。擄其帥及甲士三千人。

置常德衞。

九月。厤朔辛卯。吳同僉徐志堅出東阡覘我師。常遇春擊擒之。得二千餘人。

乙未。命朱文忠攻杭州。以張氏聚兵姑蘇。爾掣制之。使疲于奔命。

己亥。夏明昇遣使來聘。使者誇其險富。吳王鄙之。

乙巳。左丞廖永忠參政薛顯克德清。擒院判鍾正。

吳右丞相徐義至舊館。被扼約張士信合戰得脫。復同潘元紹至烏鎮。常遇春追破之。至平望。焚其赤龍船。軍資俱盡。舊館援絕。多出降。

指揮副使張勝宗平湘鄉盜。

周文貴復掠辰州諸郡。諭楊璟張彬等勦之。

丙午。遣參政蔡哲聘夏。以繪者從。令圖其山川形勢。

十月配朔。郭永爲國子博士。李克正爲學正。張益爲學錄。

壬子。常遇春攻烏鎮。追徐義潘元紹于昇山。大破之。同僉戴茂平章王晟先後降。

甲子。朱文忠率指揮朱亮祖耿天璧攻桐廬。袁洪孫虎克富陽。遂合圍餘杭。

戊寅。徐達復攻昇山水寨。顧時薛顯奮擊之。吳人大敗。五太子張虬及朱暹呂珍等以舊館降。得兵六萬。五太子張虬本梁姓。張氏養子。精悍善泅。暹珍亦善戰。至是士誠奪氣。

十一月躬朔。甲申。湖州司徒李伯昇左丞張天麒等出降。伯昇同張氏起兵。稱最密。其降也。吳人謂之負友。入明累遷平章政事。子世襲指揮。

參政胡德濟克諸暨斗巖山寨。

己丑。徐達趨平江。至南潯。吳元帥王勝降。

辛卯。至吳江州。圍之。參政李福知州楊彝降。

朱文忠下餘杭。先許叛將謝再興不死。乃降。文忠趨杭州。未至。吳平章潘原明遣員外郎方彝以杭州降。文忠曰。兵未至而款我。欲緩其師乎。對曰。將軍秋毫無犯。杭幸得將軍而寢食之。詰朝。原明如師上狀曰。嬰城固守。

乃受任之當為歸款救民。亦濟時之急務。某起身草野。叨位省樞。非心慕乎榮華。乃志存于匡定。豈意邦國殄瘁。王師見加。事雖貴于見幾。民實同于歸義。念是邦生靈百餘萬。比年物故十二三。今既入于職方。願溥覃平天澤。謹獻吏民兵餉之數。文忠入城。用伎樂導叱去之。得兵三萬。餉二十一萬。馬六百匹。執叛將蔣英劉震元平章丑的長壽等送應天。原明等亦入朝。

壬辰。修公子書以敎朝貴子弟。修務農技藝商賈書以敎四民。儒士熊鼎朱夢炎等所輯刊行之。

庚子。吳同僉李思忠總管衛良佐以紹興降。

左丞華雲龍攻嘉興路。吳將宋興降。

壬寅。海寧州來降。

癸卯。大兵至平江鮎魚口。徐達擊吳將豆義。走之。康茂才持戟督軍。又敗之尹山橋。焚其官瀆戰船千餘。遂至城下圍之。達軍葑門。常遇春軍虎丘。郭子興軍婁門。華雲龍軍胥門。湯和軍閶門。王弼軍盤門。張溫軍西門。康茂才軍北門。耿炳文軍城東北。仇成軍城西南。何文輝軍城西北。刀劍林立。飛鳥為之不下。士誠殊堅守。我造飛塔臨車攻之。殺傷相當。我武德衛指揮副使定遠茅成死之。

甲辰。誅蔣英劉震。歸元臣丑的長壽等于燕。潘原明以下官屬皆仍故秩。從朱文忠節制。

十二月帳朔。乙卯。□□指揮副使畢榮平永寧鄞縣盜。

己未。罷浙東行省。立浙江行中書省于杭州。右丞朱文忠為平章政事。復姓李。

元帥陳德為天策衛親軍指揮使。

改紹興路曰府。諸全州曰諸暨縣。

陳友定部將阮德柔陰納款。

議。明年爲吳元年。命有司營廟社。立宮室。

己巳。有司上宮室圖。王去其奇麗者。諭中書省臣曰。千古之上。茅茨而聖。雕峻而亡。吾節儉是寶。民力其毋殫乎。

是冬。韓林兒殂。按寧王權通鑑博論云。韓林兒遷瓜步。沈之江中。又王氃感古詩。妖徒白蓮社。僭號于其間。奔走無定在。不啻風巢懸。天假京都城。累表請伊還。遣廖永忠表請還都。舟沈瓜埠水。魂應隨杜鵑。永忠鑿沈林兒舟。家屬俱溺死。宜興楊統制國興。其義亦堪憐。興言感龍鳳。連貶勿自全。楊聞舟沈。曰當存其後。貶景東千戶。仰藥死。永忠肇此圖。伯溫炳幾先。謂彼牧豎子。寶曆當聖傳。大事從此定。皇心良皦然。尋賜永忠死。而楊蒙賞延。復其家。

高岱曰。韓林兒在宋。猶未足方義帝更始。其赤眉之盆子耳。假令福通事成。豈能容林兒哉。福通不欲以其身爲標。故藉之號召天下。意事成已除之無難。不成名將有所歸。亦如王陵母之所以屬陵者。奸雄之見。大抵皆然。第福通舉事。可必其無成耳。聖祖之開創。于宋無所毫髮藉。祇以和陽一命。奉之終身。自癸卯以前。惟南剪羣雄。而未嘗加一矢北向者。以有林兒在潁亳間。故勿與爭雄耳。否則中原形勝之地。豈在所後耶。

張溥曰。漢之後非漢而稱漢。以殘晉者曰劉淵。唐之後非唐而稱唐。以滅梁者曰李存勖。宋之後非宋而稱宋以亂元者曰韓林兒。林兒逋逃之餘。母子竄窞。劉福通等强擁爲帝。欒城草竊。假名瀛國。以盆子之懦。彔王郎之詐。奔北殺身。宜其速也。然紅巾賊起潁川。最初當其兵分爲三也。劉福通取河南。毛貴取山東。關先生破遼陽。焚上都。中原以北。幾幾三分有二。風馳電激。豈徒藉宋虛號哉。天厭胡運。石人生謠。韓劉揭竿。勢猶陳涉。勝國空名。河淮響震。不必其人龍種也。眞人旣出。用其年號。資其土疆。大舉北伐。傳檄還定。乃曰伯也執殳。爲王前驅。其小明龍鳳之謂乎。

何喬遠曰。小明王豎子耳。爲人所立。非若漢之于義帝者。業用其年號。安豐之難。舍漢而存之。待其殂乃稱吳元年。明德厚矣。

談遷曰。聖祖撰朱氏世德碑。稱龍鳳九年皇帝云云。丙午伐吳。榜龍鳳十一年皇帝聖旨。吳王令旨。其推重韓氏。誠無敢失墜。而瓜步之事。見寧獻王博論。又卽聖祖之神孫也。豈效彼燭影斧聲。如湘山野錄乎哉。是不當諱。諱之則林兒似義帝。永忠似九江王矣。何也。滁陽之後。未嘗通職貢奉冠帶。不任受德。其稱龍鳳而系之以宋。以報元也。彼果宋乎哉。非宋而宋之。亦安得非君而君之乎。故凡能報元者。卽其君也。舍聖祖奚屬哉。則瓜步之事。猶孫恩之水仙。以妖始。亦以妖終矣。君子大居正。甚無貴乎左道也。

丁未 元至正二十七年。 吳元年。 夏開熙二年。

正月甗朔。容美洞等處軍民宣撫司改黃沙靖安麻容等處軍民宣撫司。以田光寶爲宣撫使。立太平臺宣麻寮等十寨長官司。

癸巳。湖廣行省參政戴德參軍詹允亨攻沅州。

乙未。置寧國衛。

神武衛指揮使定遠楊國興攻姑蘇。中流矢卒。年三十二。

吳王以鎭宜興有功。敕封宜興城隍顯祐伯。

有老人告省局匠曰。吳王卽位三年。當平一天下。匠驚問之。曰。我太白神也。去不見。王聞而誕之。今後勿以聞。

戊戌。諭中書省臣曰。吾昔在軍中。嘗空腹出戰。歸得一食。卽粗糲甚甘。今飮膳豐美。未嘗忘之。太平應天宣城諸郡。吾渡江開創地。供億先勞。其免太平租稅六年。應天宣城諸郡一年。

沅州守將李興祖降。卽李勝。

庚子。嘉定州守臣王立中等降于徐達。

辛丑。諭中書省臣曰。古人祝頌。意寓警誡。近諸臣上箋。多頌少規。今後務平實。勿虛美。

甲辰。又貽擴廓帖木兒書。時使臣汪河未還。

置辰州衞。

二月朾朔。元擴廓帖木兒遣左丞李二侵徐州。次陵村。參政陸聚令指揮傅友德詗其衆方掠。以二千騎渡呂梁。直趨擊之。敵將韓乙出戰。友德單騎奮槊刺之墜馬。元兵敗走。友德度再至。趨還城。開門陣于野。臥槍以待。約鼓聲卽起。李二果盛兵至。競而譟。友德鼓之奮擊。斬溺甚衆。擒李二及將士二百餘人。獲馬五百餘匹。

壬子。茗洋降盜周遂卿叛。浙東按察僉事章溢平之。

癸丑。置崑山吳興安吉三衞。

置兩浙都轉運鹽使司于杭州。轄三十六場。歲辦鹽二十二萬二千三百八十四引有奇。

乙卯。吳王聞徐州之捷。謂大都督府臣曰。此擴廓帖木兒游兵餌我也。謹備之。毋惰。

乙丑。遣諭陳州左君弼書曰。天下兵興。豪傑並起。豈惟乘時以取功名。亦欲保全家室。足下身委于人。既已失策。復使母妻各天一方。以日爲歲。縱不念妻子。何忍忘情于親哉。功名富貴可以再圖。親不可再得。其熟計之。君弼未卽決。命母歸陳州。

江淮分省參政陸聚攻宿州。擒僉院邢端等百四十一人。

癸酉。慈利軍民宣撫使覃垕夏堯武貢馬及方物。賜織金綺帛有差。

甲戌。大將軍徐達圍平江。數請事。吳王報曰。將軍自昔相從。忠義天性。沈毅有謀。端重且武。用能遏絕亂略。消弭羣雄。今事事稟命。將軍之忠。吾甚嘉之。然將在外。君不御也。自後緩急。將軍便宜行之。勿以聞。

三月玎朔。宣州貢茶。薦廟。

戊寅。置應天衞親軍指揮使司。
參政蔡哲歸自夏。
壬午。驍騎衞改驍騎右衞親軍指揮使司。
戊子。思沅兩界軍民安撫使黃元明內附。
丁酉。設文武科取士。
沂州流民千餘家還靈璧虹縣復業。王信追殺之。宿遷大掠。王聞而閔之。賑其餘黎。
參軍詹允亨言。黔陽前元帥蔣節領義兵千人自固。乞授安撫司俾討靖州山寨。許之。
參政楊璟下澧州石門縣。
四月辆朔。上海錢鶴皐作亂。時徐達驗民田。徵城磚。因鼓衆至三萬餘人。襲松江。殺知府荀玉珍。通判趙儆自稱行省左丞。署官屬。達遣指揮葛俊往。纔六艘入古浦塘。賊列塘上。或曰。此長蛇陣也。毋易之。及聞砲。皆走。俊兵入城。鶴皐出北門還家。匿海上。擒之。俊怒華亭人從亂。欲屠之。知縣馮榮力爭而止。鶴皐愛士喜賓客。名勝多從之游。將起事。周塹列竹護其家。識者笑之。據郡三日敗。
庚戌。吳王至白虎殿。見諸子讀孟子。問許存仁要旨。曰。行王道。施仁政。省刑薄斂。盡之矣。
錢塘衞指揮同知袁洪克崇德州。
辛亥。吳王廟祭退。泣不止。語起居注詹同曰。往先人是月六日亡。兄九日亡。母二十二日亡。人生值此。其何以堪。益泣不自勝。
遣元河南擴廓帖木兒陳州右丞貊高脫因帖木兒等紗羅葛有差。
壬子。諭詹同等史事貴直筆。予平日言動。其直書勿諱。

乙卯。中書省平章政事俞通海卒。通海攻蘇州。中矢創甚。還都下。王視疾揮涕。贈光祿大夫。追封豫國公。黃金曰。當世運草昧。羣雄競起。能識眞主。委身來歸。用其智武。佐成大業。名最元勳。功垂國史。可謂豪傑之士。而又沈幾簡重。出言合宜。勞不矜能。和不踰節。馭軍以嚴而政不苛。恤民以惠而法不撓。非獨戎略精强。匹休古名將。用于朝廷。亦輔弼之良也。顧年不滿其所施。惜哉。

己未。方谷珍屢假貢獻。覘我而陰通擴廓帖木兒陳友定。吳王惡其反覆。賜書數其十二罪。谷珍不報。

壬戌。置太倉衞。分戍嘉興海鹽海寧邊境。

壬申。宣州府仍曰寧國。改江陰州曰縣。隸常州。

句容民獻瑞麥。

五月⿰禾丙朔。平江久不下。吳王遺張士誠書曰。成湯放桀。武王伐紂。漢祖滅秦。天命所在。豈容紛然。雖有智力。事業匆成。當革心畏天。全身保族。若竇融錢俶是也。自古皆然。非今獨異。爾能順附。其福有餘。毋困守孤城。危其兵民。自取滅亡。爲天下笑。士誠不報。

己亥。初置翰林院。饒州知府陶安爲學士。正三品。

吳王憂旱。素食。凡大內蔬茹醯醬。皆內辦。不煩于民。

免徐宿濠泗襄陽安陸田租三年。令曰。予本布衣。因天下亂。集衆渡江。撫定江左。十有三年。中原之民。流離顚頓。尙無所歸。吾乃積粟控弦。徐宿濠泗壽邳東海安東襄陽安陸及今後新附人民。中書省其命有司免徭賦三年。

六月⿰車丙朔。日食。晝晦。

己酉。張士誠圍急。欲突戰。覘城左陣嚴。不敢犯。遣徐義潘元紹潛出西門。轉至閶門。將奔常遇春營。遇春與戰未決。吳參政黃哈喇把都以千餘人助戰。而士誠自出山塘道狹。麾其軍少郤。遇春拊王弼背曰。足下猛。其取之。弼曰。諾。馳雙刀而前。遇春乘之。吳人大敗。多擠于沙盆潭溺焉。又吳勇勝軍號十條龍。常銀鎧錦衣出入陣中。是日皆溺死。士誠馬驚亦溺。肩輿入城。忽忽無所出。降將李伯昇使客往說曰。臣欲爲公言興亡之計。士誠曰。何如。客曰。公知天數乎。昔項羽喑嗚叱咤。百戰百勝。天下卒屬漢者何也。天也。公初入高郵。十八人耳。而元兵圍公百萬。然公卒提孤軍突出。東據三吳。今旣有地千里。士數百萬。而反不能敵建康。此亦天爾。然令公不忘高郵之危。苦志勞心。亦可以强。今至于此。臣恐公之爲項氏也。士誠曰。足下向者不言。今何及矣。客曰。公子弟親戚將帥羅列內外。歌妓舞女。旦夕酣飲。提兵者自以爲韓白。謀畫者自以爲蕭曹。此時公深居于內。雖有敗失。掩不以聞。卽聞亦置不罪。當此之時。臣言固不得聞也。士誠喟然歎曰。吾亦恨之。無及矣。客曰。臣能及之。士誠曰。不過死耳。客曰。死而有利則爲之。不然。自苦耳。公不見陳友諒乎。跨有荆楚。兵甲百萬。建康之兵戰于姑熟。鏖于鄱陽。友諒擧火欲焚其艦。天反風。火之。兵敗身喪。何者。天也。人亦無如天何。今攻公益急。公恃湖州援。則湖州失。恃嘉興援。則嘉興失。恃杭州援。則杭州失。區區守此。誓以死拒。何見晚也。且夫公地譬之博者。得而失之。何損于初。公何不以此時馳一介使。自述所以歸義救民之意。幅巾待命。當亦不失萬戶侯。士誠仰首良久曰。足下且休。吾熟思之。

壬子。張士誠復突出胥門。鋒甚銳。常遇春禦之少郤。丞相士信幙城樓督戰。見士疲。忽鳴金收軍。我奮擊。大破之。追至城下。復築壘迫其城。自是士誠不出。士信方據銀椅。同參政謝節等會食。進桃未嘗。飛礮碎其首。死。

甲寅。裁參議府。

壬戌。元擴廓帖木兒部將李守道來降。留會同館。

癸亥。都指揮傅友德爲江淮行省參政。賜綺帛各十匹。千戶各三匹。百戶鎭撫各二匹。餘卒賜鹽二十斤。賞陵村之功。又召友德入朝。以麾蓋鼓吹送歸第。翌日。遣參議李飲冰楊希聖移妓樂飲友德。裸而酣。遂黥之。語友德曰。若擐甲冑出百死一歡之。固當。彼士人何爲者。吾不而咎也。

戊辰。大雨。下令免今年田租。

癸酉。誅參知政事宛平張昶。昶以元戶部尚書留之。才辨通敏。諳習典故。多制作。而心不忘元。嘗私語曰。若歸元。亦不失富貴。陰使人上書頌功德。宜及時娛樂。吳王斥之。又勸峻刑。破除豪民。不聽。會歸元平章長壽丑的。陰附表。幷寄其子詢書。參政楊憲候疾。上其書草。下大都督按問。遂書牘曰。身在江南。心思塞北。遂伏法

甲戌。諭憲臣曰。人于箠楚下。屈抑頓挫。何事不伏。何求不得。古人用刑。蓋不得已。懸法象魏。使人知而不敢犯。書云欽恤。用刑之本也。

七月乙亥朔。吳王御戟門。閱雅樂。自擊石磬。命學士朱升辨五音。悞宮爲徵。起居注熊鼎曰。八音石聲最難和。故書曰。於予擊石。百獸率舞。王曰。樂以人聲爲主。人聲和。卽八音諧矣。鼎曰。樂不外求。在于君心。君心和。則天地之氣亦和。天地之氣和。則樂無不和。王深然之。

林之盛曰。熊公謂石音難辨。固也。予以爲未若黃鐘之宮爲難也。太史公不解九寸爲黃鐘之變。而直以爲黃鐘之管。遂主九分爲寸。黃鐘八十一分之說。蔡季通新書宗之。嘗試以其法布算。其增減多差池不齊。陽氣冬至後漸升。而律反短。則氣有餘而管不足。夏至後漸降。而律反增。則氣不足而管有餘。于是半律子聲之議出焉。委曲以相符。變遷以相就。其辨雖工。恐非造化自然之妙也。然則云何。曰。呂氏春秋載伶倫斷竹長三寸九分而吹之。爲黃鐘之宮。近時李文利祖其說。而增減皆以九分。惟黃鐘之于大呂。蕤賓之于林鐘。其所增減比之他律不同。蓋大呂當陰退之極。一陽始生。則陽雖進而尙弱。林鐘當陽進之極。一陰始生。則陽雖退而尙强。大呂林鐘。固宜其增減僅得三分之二也。此李氏之所謂神解也。黃梅瞿九思獨辨其非而

從漢律。末復首肯李而欲尸祝何耶。吾于是而知黃鐘之宮之難。夫石晉何難之有。

丙子。除郡縣官二百三十四人。定賜予道里之費。守令文綺四絹六羅二夏布六。父如之。母婦子各半。其佐貳官視長官半之。家屬又半之。幕職視佐貳。又半之。家屬同。津費知府五十金。州減十五。縣減二十。餘各有差。知事吏目典史皆十金。著爲令。蓋恐赴任假貸。或侵刻。故先養其廉。

戊寅。諭諸將從事征討。毋妄殺。曹彬曹翰事可爲勸戒。吾嘗諭徐達能聽吾言。攻城下邑。不肆誅僇。汝輩其效之。

甲申。右相國李善長等勸卽皇帝位。不許。皆力請。吳王曰。吾嘗笑陳友諒未也而稱帝。天命在我。何驟焉。

己丑。雷震宮門獸吻。得物斧形而石質。命藏之。出負駕前。朝置席示戒。遂赦中外獄囚。

庚寅。置徐州濟南二衞。

初。方谷珍納款。我欲徵之。報曰。三郡界元吳間。明公未便守之。若克杭撤吳之蔽。三郡歸公。是我代公守也。至是觀望持兩端。吳王怒。使徵粟二十三萬石。曰。克杭有日矣。公何負成約如故。張士誠與公接壤。取公振落耳所不敢者。誰在耶。吾旦暮下姑蘇。奄至公境。背城一戰。亦丈夫矣。不然。去之入海。亦一策也。然自古未有久海上者。公審思之。谷珍懼。與子弟將佐謀。郎中張本仁曰。江左方圖張氏。勝負未卜。計不能越境而致于人。劉席曰。江左多步騎。平地用耳。奈吾海舟何。丘楠曰。二者皆非主所自福也。惟智可以決事。唯信可以守國。唯直可以用兵。昔者江淮之間。豪傑並起。人人莫不欲帝。然分鼎足者。漢與二吳耳。漢人敢戰不怯。尚死九江。張吳區區如竇中鼠。敗可知也。江左之吳。法嚴而軍威。諸將所過。秋毫無犯。所得府庫。還封識之以奉其主。弔伐之心。此必有天下。且勢已幷漢。勢有張氏之二。公經營浙東十餘年矣。不能越三郡。不以此時早決。不可謂智。自居錢鏐。抑又背焉。不可謂信。我之不信。彼徵師焉。不可謂直。莫若與也。谷珍不能用。

辛丑。置太常寺司農大理將作四司。楊思義爲司農卿。劉誠杭琪少卿。單安仁爲將作司卿。

吳王諭羣臣曰。古之賢君嘗憂治世。其臣亦憂治君。然賢臣之憂治君者君常安。賢君之憂治世者世常治。今士宇日廣。人民雖蕃。久困未蘇。予心未嘗忘憂。卿同吾憂。國福至矣。不然。禍敗隨之。不可救藥。

八月己亥朔。戊申。有贓吏事發。赴井死。吳王諭廷臣曰。舍生爲利。此可戒世之貪汚者。

癸丑。員丘方丘及社稷壇成。

甲寅。協律郎冷謙定樂律。

乙丑。大風雨。

丙寅。吳王祀山川畢。將還宮。顧世子曰。國家初定。民始息肩。汝知人勞乎。夫人貴則驕。逸則忘勞。若夫貴而不驕。逸而知勞。心體衆情。能爲君者也。今將士中夜扈從至此。皆未朝食。汝可步歸。

諭元沂州守臣王信。

徵江西儒士顏六奇蕭飛鳳劉于等。欲官之。俱辭老。賜帛遣還。

九月戊辰朔。命參政朱亮祖攻方谷珍于台州。諭之曰。谷珍呰窳偷生。往則必下。第其民困甚。下之日。毋殺一人。

太廟成。

乙亥。故鳳翔衞指揮使丁德興贈都指揮使。後追封濟國公。

戊寅。諭中書省臣曰。先王之政。罪不及孥。罰勿及嗣。自今民有犯。毋連坐。

辛巳。大將軍徐達克平江。執張士誠。時圍久。城中木石俱盡。糧匱。隻鼠直百錢。煮及枯革。達令作木屋。蔽以竹。伏卒攻城。遂破葑門。常遇春亦破閶門。樞密唐傑登城拒戰。知不敵。降。日晡。城陷。士誠收餘兵二三萬。身戰萬壽寺東街。復敗。從數騎倉皇歸。曰。恨不從先母言。顧劉夫人曰。我死。汝奈何。曰。不獨生。予乳媼金抱二幼子出亡。驅妾媵上齊雲樓焚之而自經。士誠坐空室。亦欲自經。達使李伯昇往諭。伯昇驚前抱持之曰。九四英雄。患無身耳。舁士誠舊盾上。達入城。約遇春吾營而左。公營而右。將士人予一符曰。掠民財者死。毁民居者死。離營二十里者死。師入民不知兵。食寢互市如故。獲官屬平章李行素徐義。左丞饒介。參政馬玉麟。謝節。王原恭。董綬。陳恭。同僉高禮。內史陳基。右丞潘元紹等。諸吏卒凡二十餘萬。并元宗室神保大王黑漢等。皆送應天。叛將熊天瑞伏誅。

吳寬曰。張氏據吳建國。偃然自王。其勢若甚易者何哉。蓋當四方擾攘。民心皇皇。無所依歸。有能保障之者。亦可以苟安也。惟當時主以游說之人。濟以脆輭之卒。上下佚豫。遂忘遠圖。終焉天兵一臨。獸伏鳥散。三吳故疆。竟歸眞主。使張氏如錢俶之見幾待命。不勞血戰。亦足以庇其子孫。何至國蹙城破。身爲俘囚。如劉鋹耶。雖然倔强激烈。負氣而死。其兄弟妻孥亦不受辱。較之李重光之柔懦。則過之矣。

黃省曾曰。張氏帶甲百萬。拓國千里。稱王改元。可謂成矣。而竟一朝冰燼以滅。蓋非其人也。張氏之興。日與騷夫文客作賦觴酒。抱姬倚豔。取目前之懽娛。初無王者經略。出師無紀。守地無法。不啻嬰弄兒戲。安能無亡也。

楊愼曰。高廟云。陳友諒剽而輕。其志驕。張士誠狡而懦。其志小。其後二寇之敗。卒如聖料。比如漢高之料項羽。過之矣。

高岱曰。士誠撫吳會之富饒。跨淮南之雄勁。顧惴惴自保。不能越江陰尺寸以窺金陵。此豈有遠圖者哉。聖祖鄱陽一戰。亟遣徐達還建康。及友諒敗亡。又不從諸將之謀。爲驅蹙武昌計。而亟班師東下者。蓋惓惓以根本爲慮。雖不欲明言其故。而其心未嘗頃刻忘吳寇也。假令士誠與友諒犯龍江之時。如約夾攻。及我聖祖連兵江湖。或傾國入寇。雖吳良湯和輩善于守禦。我聖祖之淵謀雄略。未遽可乘。然兵家之策。不當如是哉。顧于此時悠悠宴安。方且與達識帖睦邇往復爭求王爵。此騃豎子之見也。曾是而可以成大事乎。然輕財好施。能以孤城久抗。將士無一離畔。其亡也。甘心就執以死。而不受銜璧輿櫬之辱。雖不識天命。知順逆。然亦豪傑士哉。

壬午。賜浙西將士戰袍。

癸未。命中書省平章胡廷瑞取無錫州。大都督府副使康茂才兵繼之。先是吳將莫天祐最驍猛。守無錫。爲平江犄角。部將楊茂善沒。天祐使茂沒水通士誠。徐達獲之。盡得其虛實。吳亡。天祐守如故。

命虎賁左衞副使張興率力士千人赴淮安。又練濠州山寨兵。規取膠州登萊。

乙酉。改平江路曰蘇州府。

徐達遣千戶許□取通州。次狼山。守將左丞張□降。

丁亥。置內使監。設監令正四品。監丞正五品。奉御內使典簿。置皇門使正五品。副使從五品。內使監後改御用監。

召湖廣參政劉德興。岳州參議張斌。

無錫守將同僉樞密院事莫天祐來降。徐達屢使諭天祐。俱被殺。至是胡廷瑞等攻之。無錫人張翼率父老入語。張氏縛矣。公守爲誰。天祐擲帽于地曰。誰不如降也。遂降。

戊子。吳王御戟門閱士。諭千戶趙宗等營制。首總旗。次小旗。又次軍。比屋而居。凡出征。雖婦女互相保。臨敵亦如前。復閱騎士。分部諭之。調馬力。因禁私乘戰馬及載物。俱罪之。

己丑。朱亮祖次新昌。遣指揮嚴德克關嶺山寨。

俘張士誠至應天。舟中閉目不食。舁入中書省。李善長問之。不答。已言不遜。善長詈之。見吳王。曰。天日照爾不照我夜自經。

駙馬都尉潘元紹專嗜殺漁色。誅于臺城。

山陽周侲。鐵冶也。官上卿。善聚斂。徐達殺之。懇曰。錢穀鹽鐵。籍皆在我。可富國。達怒曰。爾悞國。敢爲是言耶。

談遷曰。有吳沃衍千里。物力殷繁。羹魚飯稻。曳縞履綦。戶卓鄭而家王謝。用吳以霸。雖有其人。夫差終覆。狂濞坐敗。原其地靈。狡浮淫汰。非神武之籍也。張氏才本鳴吠。事起睚眦。桓楚乍僇。紀令初誅。雖秦郵重湖之阻。天闕地網。取之如拾遺。其後上相秉鉞。嚴師江介。命在漏刻。長城自壞。匹馬騰驤。前無堅敵。睢水滹沱。未之或過矣。收集散亡。號召羣猾。項氏兼梁。孫氏兼翊。士德士信。謀勇足並。奄有淮東。疾趨吳會。襲春秋之亡軌。蹶胡元之下風。爪牙紈袴。心膂輕俠。揖讓多于步伐。衣冠盛于甲冑。海陵之倉。長洲之苑。昔人恃之。謂萬世無斁。猶假貢琛之表。遠交近攻。進寸退尺。喪我愛弟。僇彼鼎臣。席盈履豐。終至迷悖。田園姬侍。日塡衞霍之家。觴詠歌呼。盡負良平之略。迨事急變生。徵時股肱。如李伯昇呂珍輩。寧倒牧野之戈。不救秦庭之哭。蘇臺麋鹿。委屬舊游。震澤蘼蕪。徒繁禁籞矣。然妖韓僞徐。强漢僻夏。皆僭及殊號。士誠終其身僅一王爵。又不屑肉袒牽羊之辱。其隗囂公孫述者流乎。布衣稱雄。賴有此耳。

辛卯。置宣徽院使。尚食尚醞隸之。大都督府參議阮崇禮爲院使。

癸巳。太醫監改太醫院。

朱亮祖兵至天台。縣尹湯槃降。

丁酉。攻台州。方谷瑛出戰。敗之。指揮嚴德戰死。

戊戌。送元宗室神保大王及黑漢等九人北歸。致元主書。又貽擴廓帖木兒書。侑金織文綺四之。

己亥。元沂州守將王信遣謝。命鎮撫侯正紀報之。

辛丑。採石靈璧作磬。採桐梓湖州作琴瑟。

論平吳功。封右相國李善長宣國公。左相國徐達信國公。平章常遇春鄂國公。達采幣十一雙。遇春十雙。都督馮宗異平章胡廷瑞各九雙。平章湯和參政曹良臣各八雙。右丞廖永忠都督康茂才各七雙。參政薛顯趙庸都督副使張興祖梅思祖各六雙。指揮人五雙。千戶人四雙。百戶人三雙。軍各粟一石。鹽十斤。諭諸將曰。滅漢滅吳。皆公等功。公等何忝古名將。今當北定中原矣。各努力。明日入謝。吳王曰。公等還第。置酒爲樂乎。對曰。荷上恩。有之。王曰。吾寧不欲宴公等爲一日歡。中原未平。非爲樂時也。公等不見張氏乎。終日酣飲。宜深戒之。賜善長誥曰。漢廷命相。蕭何在曹參之前。唐室紀功。玄齡居李靖之上。徐達誥曰。太公韜略。當弘一代之規。鄧禹功名。特列諸侯之表。遇春誥曰。馮異功不下于鄧禹。潘美義不忝于曹彬。

朱亮祖克台州。方谷瑛夜走黃巖。入之。遂徇下仙居諸縣。

壬寅。吳王御戟門。諭吳降將曰。吾諸將皆生長濠泗汝潁壽春定遠。習勤苦。不知奢佚。非若江南耽佚樂者比。汝等亦非素富貴。一旦握兵。多耽金帛子女。今宜湔舊習。盡心効職。從大軍除暴平亂。汝等愼之。

癸卯。新宮成。進奉天門曰奉天殿。次華蓋殿。次謹身殿。俱列廡。奉天殿左文樓。右武樓。自謹身殿入乾清宮。又坤寧宮。六宮次焉。環皇城而門。曰午門。東華門。西華門。玄武門。其制堅朴不飾。

命博士熊鼎輯古事可鑑戒者書壁間。又書大學衍義于兩廡。將甃地。或請琢瑞州文石。吳王曰。作宮厲民矣。更琢石于遠耶。

置金吾虎賁羽林左右衞。已改金吾前後衞。及興化和陽廣陵通州天長懷遠崇仁長河神策等衞。

楚國公廖永安喪歸自蘇州。吳王迎祭于郊。

十月辛卯朔。遣起居注吳琳魏觀等賫幣帛求四方遺賢。

乙巳。徙蘇州富民實濠州。

置蘇州衞。

吳王御戟門語給事中吳去疾等吾以布衣起兵。李相國徐相國湯平章皆居相近。君臣相遇。殊非偶然。今掃除羣雄。撫有江南。終夜思之。恆不安枕。人心易動。事機易壞。撫之失宜。施之失當。亂方生也。

丙午。命百官禮儀俱尚左。官秩如之。

湖廣行省參政楊璟爲行省平章政事。仍分署荆州。

定國子學官制。博士許存仁爲祭酒。四品。劉承直爲司業。五品。學錄蘇伯衡爲學正。九品。陳世昌署典簿。八品。陳宗異署博士。七品。高暉署助敎。從八品。張溥爲學錄。從九品。

改太史監曰院。監令劉基爲院使。

朱亮祖兵至黃巖州。方谷瑛入于海。守將哈兒魯降。

辛亥。置長淮衞于臨濠。

祠元左丞相余闕于安慶。總管李黼于江州。

壬子。置御史臺。湯和鄧愈爲左右御史大夫。劉基章溢爲御史中丞。文原吉范顯祖爲治書侍御史。安慶爲殿中侍御史。錢用任爲經歷。何士弘吳去疾等爲監察御史。基仍兼太史院使。諭曰。國家新立三大府。總天下政。中書政本也。都督府專兵。御史臺察百官。詩不云乎。剛亦不吐。柔亦不茹。諭湯和曰。今居文職。宜親近儒生。

癸丑。置定遠衞。

御史大夫湯和爲征南將軍。吳禎副之。征方谷珍于慶元。吳王曰。毋殺。當如徐達下姑蘇。

右副御史大夫鄧愈言事。吳王曰。天下初定。足食在勸農桑。立敎在興學校。卿言非所急也。

甲寅。檄諭溫台慶元之民。

命中書省定律令。總裁官左丞相李善長。議律官參知政事楊憲傅瓛。御史中丞劉基。翰林學士陶安等。右司郎中徐本治書侍御史文原吉范顯祖經歷錢用任。監察御史盛原輔吳去疾趙麟崔永泰張純誠謝如心。大理寺卿周禎少卿劉維敬寺丞□□。評事陳敏孫忠按察使李祥潘黼滕毅。僉事程孔昭傅敏學王藻逯永貞張引吳彤。諭曰。網密則水無大魚。法密則國無全民。卿等慎之。

丙辰。遣書諭元將李思齊張思道。

丁巳。宴功臣于西樓。既罷。諭曰。吾賴諸將以有今日。顧勞甚矣。大將軍達平章遇春等出死力成功。一代元勳也。張氏之滅。惟大將軍。財寶無所取。婦女無所近。心謂中原未平。不敢安志。爾等其效之。皆頓首謝。

戊午。考正太廟雅樂。定舞制。

庚申。議北伐。時元將山東則王宣宣子信。河南則擴廓帖木兒。關隴則李思齊張思道。吳王問徐達常遇春。計安出。遇春請直擣元都。王曰。都焉必固。逾越梁齊。頓師堅城下。如無後繼。何吾欲先取山東。旋師河南。拔潼關守之。然後舉元都。鼓行而西。雲中九原以及關隴。可席捲也。諸將皆曰。善。

癸亥。定樂舞文武用道童各六十四人。

甲子。中書右丞相信國公徐達爲征虜大將軍。平章鄂國公常遇春副之。率甲士二十五萬自淮入河。取中原。中書平章胡廷瑞爲征南將軍。江西行省左丞何文輝副之。自江西取福建。湖廣參政戴德隨征。命湖廣平章楊璟左丞周德興參政張斌率兵取廣西。

吳王諭諸將曰。今諸將非不健鬬。然持重有律。莫如大將軍達。當百萬之衆。摧鋒陷陳。所向披靡。則遇春也。顧吾患遇春輕。向見之武昌。跳而赴數騎。非大將體。今達主閫外。進取必自山東始。遇春領前鋒。遇大敵。敵强即與馮宗異分擊之。諸將若薛顯傅友德。皆勇略冠軍。此可當一面。命廷瑞曰。汝故從陳氏。嘗爲攻閩。知其險要。故遣汝。文輝德皆吾故人也。然不可以故廢吾法。命楊璟曰。使胡廷瑞取閩。閩平即航海趨廣東。爾率荆湘之衆進取廣西。兩軍合勢。何征而不克。是日祭上下神祇于北門七里山。祝畢。大諭將士曰。克城勿妄殺人。勿奪民財。勿毀民居。勿廢農具。勿殺耕牛。勿掠子女。獲有遺孤幼孩還之。

乙丑。遣世子標次子樉詣臨濠祭先墓。命中書擇官輔行。祭所歷郡縣山川城隍少牢。諭曰。命汝游歷旁郡縣。因道途險易以知鞍馬之勞。觀小民業作以知民生之艱。察民好惡以知其情。卽先人墓訪見父老。問吾起兵渡江時事。知吾創業不易也。

丙寅。檄齊魯河洛燕薊秦晉人曰。自古帝王臨馭天下。中國居內。夷狄居外。未聞夷狄治中國也。宋祚傾移。胡元踐位。其初君明臣良。維綱天下。然冠履倒置。志士尙或羞之。自其後人蔑厥典常。有如大德廢長立幼。泰定以臣弑君。天曆以弟酖兄。至于弟收兄妻。子蒸父妾。瀆亂甚矣。延及嗣君。沈荒失道。加以宰相專權。憲臺報怨。有司毒虐。人心叛離。天下兵起。使我中國民。死者肝腦塗地。生者骨肉不相保。雖因人事。實天厭其德而棄之之時也。天運循環。中原氣盛。億兆之中。當有聖人出而救之。一紀于玆。未之有聞。今河洛關陝雖有四雄。忘中國祖宗之姓。反就胡虜禽獸之名。其始皆以捕妖爲名。用得兵權。怙權相呑。反爲民害。予本淮右布衣。因天下亂。爲衆所推。率師渡江。居于金陵。十有三年。西抵巴蜀。東連滄海。南控閩越。湖湘漢沔兩淮徐邳皆入版圖。奄及南方。盡爲我有。目覩中原之民。茫無歸依。深用疚懷。予恭天成命。方率羣英。廓逐胡虜。拯生民之塗炭。復漢官之威儀。慮民未知。反爲我仇。挈家北走。陷溺尤深。兵至勿避。予無秋毫之犯。惟我中國民。則中國之人君安之。夷狄何得而治哉。

丁卯。徐達至淮安。遣諭沂州守將王宣宣子信。

己巳。吳王恐王保保弟脫因帖木兒潛師擾邊。遣飭廬州安豐六安濠泗蘄黃襄陽守備。

湖廣行省遣千戶蔡天祿克寶慶新化縣。

朱亮祖兵自黃巖至溫州。敗方明善于城南。奔入城。攻克之。獲員外郎劉本。明善挈家先遁。亮祖分兵徇瑞安。

樞密同僉謝伯通降。

辛未。沂州王信降。授江淮行省平章政事。仍書劵之。而信陰持兩端。吳王密諭徐達曰。王信未可狃。宜向沂州觀其變。如納款則分其兵。如閉門卽攻之。

壬申。世子還自臨濠。

立茶陵衞。

十一月癸酉朔。朱亮祖以舟師襲敗方明善于樂清之盤嶼。追至楚門。遣百戶李德招之。

乙亥。夏使鄧良曳來聘。命從徐達北征。

丙子。徐達次下邳。遣都督同知張興祖趨徐州。進取山東。

己卯。徐達至楡行鎭。元僉院酈毅等降。

庚辰。平章韓政次梁城。元同知樞密院盧斌等降。

辛巳。征南將軍湯和克慶元。初和渡浙江。夜入曹娥江。夷壩通道。直抵車廐。逼慶元。方谷珍封府庫。具民數。使院判徐善等出降。自航海。追敗之。斬溺甚衆。擒副樞方維一元帥戴廷芳等。還師徇下溫台諸縣。

壬午。沂州王宣叛。時遣徐唐臣諭。分其兵北征。宣令子信往莒密治兵。而佯犒師。夜劫唐臣以走。徐達兵至。攻之。

甲申。王宣又降。徐達令宣遣鎭撫孫惟德招信。書不聽。殺惟德。走山西。嶧州莒州海州及沭陽日照贛楡皆降。

達謂王宣反覆。誅之。指揮韓溫守沂州。

乙酉。大都督府副使康茂才爲都督同知。鷹揚衞指揮使郭子興天策衞指揮使陳德並爲僉都督。

戊子。元沂水守將張雲翰納款。

己丑。中書平章廖永忠爲征南副將軍。自海會湯和征方谷珍。祭海上諸神。

方谷瑛遣子文信經歷郭春降于朱亮祖。

庚寅。敕徐達曰。將軍今何向。向益都則必扼黃河斷其援。即不向益都西取濟南濟寧使兵難遙度。其在將軍。

金火二星會于丑分。望後火逐金。踰齊魯。以時取毋失。

壬辰。方氏諸將多降于湯和。谷珍乃使谷珉遣子明完明則籍所部吏士船馬資糧以降。谷珍與子明善出降朱亮祖于黃巖。上表曰。天無所不覆。地無所不載。王者體天法地。于人無所不容。臣荷陛下覆載生成之德久矣。安敢自絕于天地。竊念臣本庸才。處于季世。保境安民。非具黃屋左纛之念。曩者陛下霆轟雷掣。至于婺州臣愚以爲天命有在。遣子入侍。于時固知陛下有今日矣。日月中天。幸依末造。而陛下開誠布公。賜以手書。歸其質子。俾守郡縣。如錢鏐故事。十年之間。與中吳角立。皆陛下之賜也。迨天兵發臨吳會。臣嘗上書。謂朝定杭越。暮歸田里。不意今年以來。老病交攻。頓成昏昧。而兄弟子姪。志意不齊。致煩陛下興問罪之師。方懷憂懼。未能自明。而大軍已至台溫。令臣計無所出。雖遣使再三。而承詔之師。勢不容已。是以封府庫。開城郭。以俟王師之至。然猶未免爲泛海計者。昔孝子于其親也。小杖則受。大杖則走。今臣之事。適與相類。雖然。臣一介草莽。安敢自絕于天地。故每欲面縛待罪闕廷。復恐陛下萬一震怒。天下後世不謂臣得罪之深。將謂陛下不能容臣。豈不累天地之大德哉。臣謹昧死奉表。伏俟嚴誅。蓋寧海詹鼎所草也。吳王讀之曰。孰謂方氏無人哉。赦谷珍入。

張溥曰。秦傳二世。吳廣起兵于蘄。劉邦起兵于沛。項梁起兵于吳。元滅金宋。傳□世而方谷珍起兵于台州。劉福通起兵于潁川。徐壽輝起兵于羅田。郭子興起兵于定遠。張士誠起兵于泰州。二代之興。嘗自西北。其亡也。禍則發于東南。東南爲國咽吭。豈不諒哉。

談遷曰。方氏舉事最早。割溫台慶元而限之。叛服不常。狃元之德。移色于金陵。蹈技易窮。狙詐取敗。彼亂世之禍首也。其能免乎。雖然。漢糜其顱。吳組其頸。方氏雖後至。獲保牖下。嗚呼。千古所以貴寶融也。

甲午。吳王沐浴。觀于員丘。世子從。使導之農家。觀其居處飲食器用。還。謂之曰。汝知農乎。終歲勤動。居不過草茅。服不過練衣。食不過羹糲。國家經費。皆其所出。故令汝悉之。復指道旁荆楚示之曰。是惟槚楚。古人以爲扑刑。能愈風。故刑而不殞。孺子識之。

乙未。太史院上戊申大統曆。御殿受之。命明年十月朔進。

丙申。御戟門。語侍臣。慕容超郊祀時有赤鼠如馬之異。成公綏以爲信奸佞。害賢良。重賦役之占。妖由人興。吾嘗以此自警。

己亥。中書參政傅瓛言。都人有滯獄逾半歲。吳王歎曰。近地猶然。如遠何。命有司治獄。其即時決遣。

庚子。平章韓政使千戶趙實克滕州。

辛丑。徐達克益都路。平章普顏不花死之。知院張俊攜妻子投井死。遂徇下壽光臨淄昌樂高苑等縣。濰膠博興等州。得吏卒萬五千餘人。以指揮葉國珍等守益都。送平章李保保知院白□□于應天。

壬寅。征南將軍胡廷瑞兵度杉關。下光澤縣。

十二月[illegible]朔。日食。

甲辰。律令成。刊布之。

乙巳。徐達招撫樂安守將俞勝。明日兵次長山。北河般陽路總管李圭降。淄川新城等縣皆靡矣。

丁未。諭徐達常遇春曰。山東降將若留舊地。養虎遺患也。漢馮異平三輔。遣其渠帥詣京師。將軍其思之。

大都督府同知張興祖兵至東平。元平章馬德棄城走。追至東阿。元參政陳璧等降。次安山鎮。元右丞杜天祐左丞蔣興降。得百五十餘艘。

元衍聖公孔希學孔子五十六代孫。率曲阜縣尹孔希章鄒縣主簿孟思諒等迎張興祖。兗州以東皆降。

置尚寶司。設侍儀引進使教坊司。

設內職六尚局。

戊申。宋迪還自山東。言張興祖待降將甚優。俾領舊兵從征。吳王危之。令迪往諭興祖。今後降將及吏士之才者。俱入京師。勿自留。

徐達至章丘。守將右丞王成降。

己酉。徐達至濟南。元平章忽林台詹同脫因帖木兒先遁。平章達朵兒只進巴等降。以指揮陳勝守之。送達朵兒只進巴等入京。道逸。

征南將軍胡廷瑞至邵武。元守將李宗茂降。

庚戌。張興祖克濟寧。

辛亥。諭徐達常遇春曰。將軍已下齊魯諸郡矣。屢勝之兵易驕。久勞之師易潰。尚慎戒之。

密州守將邵禮降于徐達。

湯和籍方氏步卒九千二百人。舟師萬四千三百人。官吏六百五十人。粟十五萬一千九百石。他物稱是。又元昌國州降。得粟六萬九千石。海舟四百八十二艘。

壬子。樂安守將俞勝降。

癸丑。左丞相李善長等勸進。吳王辭。固請。固卻之。明日又請。許之。

乙卯。改慶元路曰明州府。

丙辰。諭徐達常遇春曰。元省院官降者。今俱遣來。處我官屬間。習而後用之。夫人藏其心。不可度也。吾慮或晝臣而夜盜。

丁巳。征南將軍胡廷瑞副將軍何文輝兵至建陽。元守將曹復疇降。以指揮沈文仁守之。

元蒲臺守將荆玉鄒平縣尹董剛降于徐達。

徙方氏官屬劉庸等二百餘人居濠州。

戊午。頒律令直解。

命征南將軍湯和副將軍廖永忠都督僉事吳禎自明州航海取福州。

己未。廣信衞指揮沐英破分水關。克崇安縣。

庚申。淩說爲浙東按察使。敝衣陛辭。吳王曰。雖好儉。無若公孫弘飾詐也。說慚而退。

辛酉。李善長上卽位儀注。

癸亥。中書省議科池宣徽太平民布囊輸粟。以苛細。出庫布爲之。毋煩民。

甲子。御新宮。祭告上帝皇祇曰。惟我中國人民之君。自宋運告終。帝命眞人來自沙漠。百有餘年。今運亦終。天下紛爭。惟帝賜臣英賢。遂戡定之。今輿地周迴二萬里。臣下曰。生民無主。必推臣帝。臣不敢辭。亦不敢不告。是用明年正月四日。設壇鍾山之陽。惟帝祇之。簡在。如臣可君。祭日天澄氣和。臣若不可。當示異焉。

徐達遣參政傅友德取萊陽。

丙寅。祝太廟名其諸子。曰標。曰棶。棡。棣。楨。榑。從孫曰煒。後改守謙。製麻履行縢。令出城稍遠。馬行三。步行一。

定內使冠服。

李善長等進儀衞有天下太平皇帝萬歲之旗。謂夸大去之。

徐達自濟南還益都。進取登萊。

戊辰。元登州守將董卓萊州守將安然及福山等縣皆降。

庚午。湯和克福州。初元行省平章陳友定留其將賴正孫謝英輔鄧益等以二萬人守福州。自率精銳守延平。湯和乘舟師抵五虎門。擊敗元平章曲出。參政袁仁夜約款。明日兵入城。鄧益拒戰水部門。擊殺之。正孫英輔曲出皆遁。參政尹克仁赴水死。行宣政院使朵耳麻不屈下獄死之。行省郎中柏帖木兒歎曰。戰守非我得爲引妻妾坐樓端。慷慨謂曰。丈夫死國。婦人死夫。義也。城且陷。吾必死。若等從乎。皆曰惟命。縊而死者六人。男三歲。出金珠畀乳媼曰。宗不可絕也。爲吾匿之民舍。有急贖之。有頃兵入。自焚死。和遣袁仁及員外郎余善招諭興化汀泉分兵徇福寧等州縣。

命官往撫山東郡縣。曰。新民望治。猶疾望醫。醫有攻有保。攻者伐邪。保者扶衰。民脫喪亂。外邪已去。今望扶衰。休養生息在賢守令。

龍驤衞指揮同知金朝興爲指揮使。梅思祖爲浙江行省左丞。

置市舶提舉司。浙東按察使陳寧爲提舉。

是歲。分縣三等。賦十萬石下曰上縣。知縣從六品。丞簿從七從八。賦六萬石下曰中縣。知縣正七品。丞簿正八從八。三萬石下曰下縣。知縣從七品。丞簿秩視中縣。典史俱省注。

減金華田租。初餉匱增額。至是行省平章李文忠言之。

國榷卷三

戊申洪武元年 元至正二十八年。是秋。元亡。　夏開熙三年。

正月軒朔。免朝賀。

甲戌。戒飭百官將南郊。

元萊陽守將世家寶降。

乙亥。吳王祀天地南郊。卽皇帝位于郊壇南。國號大明。改洪武元年。追尊四代。德祖玄皇帝。妣胡氏玄皇后。懿祖恆皇帝。妣侯氏恆皇后。熙祖裕皇帝。妣王氏裕皇后。仁祖淳皇帝。妣陳氏淳皇后。還御奉天殿。百官表賀。受之。左丞相宣國公李善長奉冊寶。立妃馬氏爲皇后。世子標爲皇太子。

李善長徐達爲左右丞相。功臣進爵有差。

丙子。詔曰。自宋運旣終。天命眞人于沙漠。入中國爲天下主。傳及子孫。百有餘年。今運亦終。海內土疆。豪傑分爭。朕本淮右庶民。荷上天眷顧。祖宗之靈。遂乘逐鹿之秋。致英賢于左右。凡兩浙兩廣江東江西湖湘漢沔閩廣山東及西南諸部蠻夷。屢命大將軍與諸將校奮揚威武。已皆戡定。民安田里。今文武大臣百司衆庶合詞勸進。尊朕爲皇帝。以主黔黎。勉徇輿情。于吳二年正月四日。卽皇帝位。布告天下。咸使聞知。初。元詔首曰上天眷命。意稍夸。至是首曰奉天承運。

談遷曰。漢祖手三尺劍。帝業不五載。唐之神堯。財浹歲。何拔輿之易也。敵漢者獨羽。餘皆草偃。隋末兵弛。羣盜驕脆。今以一布衣。無少馮藉。經營天下。友諒猶羽也。士誠猶建德也。谷珍友定猶蕭銑劉黑闥也。合漢唐之勁分而角之。十有七年始正殊號。而大都之下在于是秋。王庭北矣。創業之艱。百倍前代。宜惓惓致戒于愼守也。

詔追封皇伯考五一爲壽春王。兄興隆南昌王。興盛盱眙王。興祖臨淮王。從兄重一霍丘王。重二下蔡王。重三安豐王。重四蒙城王。姪聖保山陽王。旺兒招信王。從姪賽哥高沙王。鐵哥寶應王。轉兒六安王。記兒來安王。臊兒都梁王。潤兒英山王。皇伯妣劉氏嫂劉氏從嫂翟氏趙氏俱封夫人。

作太廟祭器。俱從時製。曰。先人不習古籩豆也。

湖廣行省平章楊璟攻永州。元右丞鄧祖勝乞援于全州。平章阿思蘭兵至。擊敗之。

元興化州降。湯和進兵延平。敕曰。服人以德。負固乃威。凡推德先邇者。凡示威先大者。又曰。欲人不違。當使以信。欲人成功。當任以專。不信不專。爾之所短。故用爾戒。

丁丑。大宴羣臣奉天殿。三品上俱登殿。餘墀焉。諭曰。朕賴諸將有今日。然念天下之廣。生民之繁。憂懸于心。夜不得安枕。御史中丞劉基曰。今事定。宜少紓其憂。上曰。堯舜處治。尙猶憂之。況海內人民脫創殘猶新也。

元寧海文登守將來降。

戊寅。上自舊內遷新宮。

談遷曰。六朝舊址。俱近秦淮。都城東自白下橋止。聖祖拓城東及鍾山之麓。塡前湖。立大內。規制雖宏。屬在東偏。又地勢中下。青溪外流。聖祖晚悔之。慮改建病民。其見于祀竈文者可考也。噫。一代鼎建。僅奉宸者四十二年。視未央九成。頗遜其盛。抑數有適然耶。

方谷珍入朝。上曰。公胡反覆陰陽。勞我戎師耶。實公左右舞小智悞公。公不能自裁耳。遂賜第京師。

庚辰。或獻于闐玉作璽一。圭一。

辛巳。置東宮官屬。李善長兼太子少師。徐達兼太子少傅。平章鄂國公常遇春兼太子少保。大都督馮宗異兼右詹事。平章胡廷瑞、廖永忠、李伯昇兼同知詹事院事。左丞趙庸、右丞王溥兼副詹事。參政楊憲、傅瓛兼詹事丞。同知大都督府事康茂才兼左率府使。張興祖兼右率府使。大都督副使顧時、孫興祖兼同知左右率府事。僉大都督府事吳禎、耿炳文兼左右率府副使。御史大夫鄧愈、湯和兼諭德。御史中丞劉基、章溢兼贊善大夫。治書侍御史文原吉、范顯祖兼賓客。初。劉基、陶安議倣元制太子爲中書令。上陋之。令廷臣兼宮僚。可無嫌隙。諭曰。昔周公教成王曰。克詰戎兵。召公教康王曰。張皇六師。二公所言不可忘也。

元左丞周文貴援永州。左丞周德興擊敗之。

壬午。上欲官皇后族。皇后止之。

胡廷瑞、何文輝攻建寧。元同僉達里麻、參政陳子琦等固守。因圍之。

癸未。元兵自廣西援永州。屯東鄉橋。甚盛。楊璟遣鎮撫呂深、指揮袁子明等擊敗之。寶慶衞百戶周廸戰死。

甲申。遣周鑄等百六十四人覈田浙西。蓋版籍多亡。戒勿增損。

丁亥。置中山衞、濟寧左右衞。

壬辰。胡廷瑞克建寧。同僉達里麻、總管翟也先不花降于何文輝。胡廷瑞怒。欲屠城。文輝止之。乃整軍入。執參政陳子琦詣京師。獲吏卒九千七百九十餘人。令指揮費子賢守之。廷瑞避御字。改名廷美。

丙申。大將軍徐達復自益都至濟南。

己亥。遣道士周原應往萊州祭海。

庚子。鄧愈爲征戎將軍。率兵取南陽以北。

設大都督府斷事官。從五品。

立善世院。以僧慧曇領釋敎事。立玄敎院。以道士經善悅爲眞人領道敎。

置各處水馬站及遞運所急遞鋪。

湯和克延平。初上使使招陳友定。友定會諸將殺使者。取血和酒盟諸將飲之。亡何。我兵至。友定戰不利。歸謂諸將。彼遠鬭甚銳。毋戰也。徒多殺將吏。吾壖山塹壑蓄犀器飽士而久之。皆曰善。吏卒城守盡日夜。頗怨。諸將數請出戰。不許。已。疑部將蕭□院判劉守仁。奪其兵。殺院判蕭□。劉守仁懼。來降。士卒多夜遁。圍十日。會軍器局火發。我急擊。陷之。友定出省堂。召樞密副使謝英輔參政文殊海牙訣曰。公等善爲計。吾自死元耳。按劍仰藥。英輔與達魯花赤白哈麻亦具服北向自經。文殊海牙賴正孫等迎降。我兵舁友定屍。値大雷雨復蘇。其子海自將樂來就死。幷俘京師。上詰友定曰。若殺我胡將軍。又不內使者。今何憊也。雖然若降我。且官爾。否則伏銅馬。友定恚曰。已矣。毋多談。安得加死我乎。伏銅馬。銅馬者。大馬也。遂併殺海。友定字安國。福清人。少孤。贅清流羅氏。習販。充明溪驛卒。壬辰盜起。應募累功。

王世貞曰。閩粤中立兵革之間。越山海而委輸。彼其反掌瞠視。爲陳張所爲。豈不易易哉。擴廓躓立間關。百折而趨北。友定驅妻子駢首東市。乃其喻于節明矣。

陳廷謨曰。友定乘時幸勢。希覬身謀。又不知天命。抗拒王師。自取殺僇。豈眞忠于元者哉。噫。是不然。方元季時。閩中亘寇。起若蝟毛。如亦思巴奚阿巫那曹柳愼輩。據險阻逞兇惡。擁兵各數萬。友定平之直反掌耳。陳友諒所陷郡縣。省臣數年不能拔。友定承檄。一旦逐之。若掃塵拂芥。然則當時父老之推戴豪傑之畏服者。非友定而誰哉。斯時也。殺死守將。自署官屬。僭位號。與友諒士誠等角勝負。奚爲不能。而方且按兵養銳。非奉臺省命。兵不輕舉。王師未南下時。嘗招之矣。友定豈不知勢者哉。使其命子居守。而身詣投降。則我太祖之寬仁如天。且將取其長而用之。何至殺之耶。惟其分兵而守。計在必成。時危勢去。卒死封疆。嗚呼。洛邑所謂頑民。得非商之忠臣乎。衞融曰。犬吠非其主。況當時崛起肆凶。居位失節者。比比而起。不于此置喙。而于友定獨議之酷耶。一介武夫。身不知書。能見義敢爲。樹十二年保障之功。亦可謂一時之雄也已。歸化縣志談遷曰。京山高岱極詆友定。云託名元臣。實爲元賊。蓋謂其刑政自恣也。噫。彼起田間。奪鬬于羣盜之手。以身殉之。視李黼、余闕、韓功尤烈。聖祖禮葬福壽而死友定。何懵也。彼誠得死所矣。悲夫。

辛丑。立建昌衞。

天下有司官來朝陛辭。上曰。初飛之鳥。不可拔其羽。新植之木。不可搖其根。天下初定。財力俱困。夫惟廉者能約己而利人。爾等其思之。

二月壬朔。中書省、翰林院上郊社宗廟儀。

湯和下漳州。元達魯花赤迭里彌實歎曰。吾有死而已。朝服焚香。北面再拜曰。臣四十始仕。不數年致位二千石。國恩厚。已今力不能禦。義不忍降。惟以死報。遂斫印。佩刀自剄死。猶按膝如生。吏民走哭。葬之東門外。迭里彌實。西域人。字子初。姓合魯溫。屢殲羣盜。復省治居官。有惠政。總制陳馬兒以城降。

癸卯。召湯和還明州。作海舟轉餉北軍。命平章廖永忠爲征南將軍。參政朱亮祖副之。航海取廣東。

汀州守將陳國珍來降。

乙巳。元濱州降。

丙午。征虜副將軍常遇春自濟南趨東昌。

丁未。國學祀先師孔子太牢。仍致祭曲阜。

戊申。上祭太社、太稷。

己酉。命李文忠總兵往福建。

庚戌。遣左丞王溥賫上樽賜徐達行營頒將士。

壬子。翰林學士陶安進宗廟時享禮。命春特祭餘三時合祭太常寺進宗廟月朔薦新禮。上覽畢。悲歎久之曰。嘗聞爲人子者願爲兄。朕爲弟。養日不長祭徒悲耳。

詔復衣冠如唐制。禁胡服胡語胡姓名。

癸丑。常遇春克東昌元平章申榮死之。茌平等縣皆降。遇春還濟南。

甲寅。平章楊璟遣千戶王廷相克寶慶。先是夾邵陽茱萸灘敗其守兵。守將周文貴遁去。

乙卯。作緜布戰衣三萬襲。分紅紫青黃。

夜有大星流雲中。

丙辰。征南將軍廖永忠遣諭廣東元江西分省左丞何眞。

丁巳。都督同知康茂才率師往濟南。

己未。諭侍御史文原吉等曰。日月之行。猶有薄蝕。朕凡事豈必盡善。臺臣久無諫諍。抑朕不能聽受耶。

壬戌。命贛州衞指揮使陸仲亨率兵自韶州搗德興。三方進師會楊璟廖永忠犄角取兩廣。

甲子。命各行省作駕鴦戰襖一萬。表裏殊色。可更服。

樂安守將俞勝復叛。徐達討平之。

乙丑。諭徐達等。以都督馮宗異領羽林等衞壯士及各衞軍。都督同知張興祖康茂才右丞薛顯參政傅友德等俱赴濟寧草橋聽遣。

議役法田一頃役一人。不及頃則湊之。曰均士。遇有興作。農隙徵發。

丙寅。樂安平。元丞相也速平章忽林台等兵至。徐達擊敗之。

戊辰。陶安等議五冕。上曰。五冕禮太繁。今大祀服袞冕。社稷等祀服通天冠絳紗袍。餘已之。

庚午。追封故姊孝親公主。封李貞駙馬都尉思親侯。

選國子生周琦王璞張傑等十餘人侍太子禁中讀書。

三月辛未朔。命翰林學士朱升修女誡。

增國學齋舍。

命京省鑄洪武通寶錢。

立廣信守禦千戶所。

征戎將軍鄧愈遣襄陽衞指揮副使王遇成孫茂先分道取南陽。

汀州路總管吳崇降于何文輝。

壬申。克全州。元平章阿思蘭遁。左丞周德興參政張斌入之。道州萬戶吳友遜寧遠州土官李文卿守藍山縣元帥黎康陵等皆降。

癸酉。祀三皇太牢。遣祭仁祖陵及魯山淮河。

甲戌。元江西分省左丞何眞上廣東戶籍兵餉印章。奉表降于廖永忠。事聞。詔曰。元綱解紐。天下瓜分。朕除殘去暴。十有四年。邇者遣將四征。所向克捷。思昔豪傑之士。保境安民。以待有德。若竇融李勣。角立羣雄間。非眞主不屈。此漢唐名臣。歎今未見。爾眞連數郡之衆。不勞師旅。先期來降。又奚讓焉。於戲。爾實俊傑。識時達變。特遣驛召。朕將錫爾名爵。

乙亥。徐達發欒安。

壬午。立泉州衞。

癸未。元常寧州降。

甲申。征虜大將軍徐達定山東。奏得卒三萬二千餘人。馬萬六千餘匹。糧五十九萬七千餘石。鹽五萬三千七百餘引。布絹八萬七百餘匹。近臣請開山東銀場。上以勞民不許。

丙戌。平章楊璟克武岡州。

徐達至濟寧。送衍聖公孔希學入京。開耐勞坡壩。引舟師自鄆城趨汴梁。

戊子。命中書省給榜撫安山東。訪賢才。時元遺臣多疑懼不安。故諭慰之。

庚寅。立汝寧衛。

辛卯。夜。彗見昴北。

壬辰。征南將軍廖永忠舟師至潮州。

征戎將軍鄧愈克唐州。

夜。有流星自天皇北行三丈餘。至近濁沒。

丙申。鄧愈移兵南陽。克之。獲元蔡國公史克新。平章張敬等。降卒千五百餘人。

乙亥。命禮官儒士輯存心錄。纂先代祭祀感召之異。

徐達至陳橋。元左君弼竹昌以汴梁降。守將李克彝走河南。君弼感上歸其母。止克彝出戰。達入之。

立建寧衛。沐英爲指揮使。立樂安衛。

四月辛丑朔。定木棉桑麻徵額。麻每畝八兩。木棉畝四兩。栽桑以四年科之。

蘄州進竹簟。上卻之。曰。未徵而進。啓貢獻之門。自今毋輒進。

立汀州衛。

潁州衞指揮使陸仲亨等略定英德淸遠胥江連州肇慶等郡縣。進攻德慶。守將張鵬程遁。遂引兵會廣州。

立溫州衞。

夜。彗指文昌近五車。

甲辰。徐達自中灤進取河南。命都督僉事陳德守汴梁。

乙巳。征南將軍廖永忠次虎頭山門元元帥張□降。

丁未。祫享太廟。

山東博興人高翼等入謝蠲租。上諭以爾歸見鄉里父老。毋來謝。各津遣之。

戊申。命太廟俱金器。

命繪古孝行及身所歷艱難戰伐事爲圖示子孫。曰。富貴易驕。久遠易忘。後人生長深宮。惟習奢侈。不知祖宗積累之難。故示之。

徐達出虎牢關。次河南塔兒灣。元將詹同脫因帖木兒以五萬人陣洛北。常遇春單騎突陣。射其前鋒死。達麾指揮任亮康茂才耿炳文乘之。追奔五十餘里。脫因帖木兒走陝州。達進屯城北。李克彝亦走陝州。于是河南行省平章梁王阿魯溫降。命右丞趙庸守之。

征南將軍廖永忠至廣州。龍潭元右丞盧□降。

元國子祭酒孔克堅來朝。賜第一區。月粟二十石。

己酉。夜。彗滅。

辛亥。元鄭州滎陽百尺寨守將參政楚諒降。

壬子。常遇春下嵩州。

乙卯。徵河南儒士睢明義鉦鼎臣程彥魯秦彥洪哈天民王克明馮子端過仲德單有志王儀。

廖永忠克廣州三山寨。誅僞參政邵宗愚。

丙辰。元龍門守將參政保童偃師守將儲德降。

丁巳。平章楊璟克永州。元右丞鄧祖勝自殺。蓋圍久力不支。百戶夏升出降。夜攻入之。參政張子賢猶巷戰而潰。被執。并元帥鄧思誠等。調衡州衞指揮同知丁玉守之。

戊午。徐達遣都督同知馮宗異康茂才等分兵取陝州。

鞏縣孟夏寨守將參政李成降。

庚申。守福昌知院張興鈞州□□哈剌魯許州右丞謝孚陳州知院楊崇俱降。

辛酉。常遇春下汝州郟縣。

壬戌。都督同知馮宗異等至陝州。元將脫因帖木兒遁。入之。都督同知康茂才守陝州。宗異遣諭登封等山寨。

癸亥。置山東行中書省。江西參政汪廣洋調山東。翰林學士陶安爲江西行省參政。

故參軍胡深贈縉雲郡伯。

侍儀范常爲翰林直學士。尋兼太常卿。尋以病免。歲餘。徵詣闕如舊秩。尋遷起居注。又疾甚。乞休。上作詩五言貺之。賜敕。尋卒。子組官雲南參政。

胡松曰。予時時問長老以鄉先生聞人。皆言常貌不踰中人。平居恂恂長者。是其遭時遇主。言聽計行。熙鴻績。垂休聲。幾爲明兵佐。全元勛焉。太史公謂士不附青雲。功名不施于後世。豈不誠然乎。假令常委曲匡輔不以直見疏。其功烈亦何可勝道哉。然則常其君子乎。

甲子。上發京師。馳諭馮宗異若克潼關。勿遽西。宜簡將守之。遏其援兵。爾回汴梁。俟朕議之。

守方山寨儒官程夢魯降于徐達。

馮宗異克潼關。元將李思齊走鳳翔。張思道宵遁走鄜城。

丙寅。馮宗異入潼關。西略華州。元將皆潰。

丁卯。指揮唐黑塔等攻裕州泉白寨。元平章郭雲堅守不克。元孟津守將萬戶李恕苔底寨知院陳德庸降。

五月庚朔。立沂州衞。

昌國州蘭秀山盜陷象山縣。鄉兵蔣公直王剛甫等擊破之。遣大理卿周禎錄其功。賜公直剛甫各百二十金。

徐達至陝州。調都督僉事郭子興鷹揚衞指揮于光威武衞指揮金興旺等守潼關。

癸酉。袁州衞百戶艾明擊山盜。戰死沙陂橋。予祭葬。

徐達貽太原擴廓帖木兒書。遣指揮王臻往虢州取毛葫蘆山寨。南陽鄧州等處土兵團結曰毛葫蘆。

上道邳州驛東門。諭知州李相曰。山東故官聽自便。朕將用之。其赴京給廩。還鄉給粟有差。

丙子。遣降將李二忻都從大將軍北征。

己卯。廖永忠朱亮祖至梧州。元達魯花赤拜住迎降。元吏部尚書普顏帖木兒張翺入廣西。次藤州。聞警。不能拒。走鬱林。追之。普顏帖木兒戰死。張翺赴水死。亮祖入藤州潯貴梧容諸州郡。次第降。

辛巳。徐達馮宗異等還河南。遣指揮唐英撫諭鞏縣諸山寨。

癸未。夜。有流星自天市西垣至東垣沒。

甲申。擴廓帖木兒報饋徐達。受馬三匹。金反之。

指揮任亮克霧豹寨。

夜。太陰犯塡星。

庚寅。上至汴梁。
辛卯。改汴梁路曰開封府。常遇春馮宗異謁行在。
癸巳。置中書分省于開封。以中書參政楊憲署省事。
乙未。命常遇春復往河南。
丁酉。江南行省左丞何文輝初召還扈從。改河南指揮使。守河南。
戊戌。歸德府改州。隸開封。
立漳州衞道州守禦千戶所。
六月掁朔。大將軍徐達自河南謁行在。上勞之曰。河朔士民忍倒懸以待。宜以時進取。建勛立業。此其日矣。旣退。問達計。對曰。大兵平齊魯。掃河洛。擴廓自保之不暇。而敢離其穴。我西據潼關。李思齊張思道䰟奪遠竄。元都一阱中孤豚耳。誰與爲臂指者。第師進而彼北奔。不窮跡之。將爲異日憂。上曰。元運替矣。彼且自澌盡。何煩我窮兵。爲出塞之後。固守疆圉。防其侵軼可也。授以圖。令選偏裨爲先鋒。督水陸兵繼之。轉粟山東。由鄆趨趙。從臨淸而北。以抵元都。達頓首受命。
壬寅。上祀開封諸神。仍遣祭域內山川。
命江西行省參政黃彬鎭袁州。招各山寨逋卒。
癸卯。徐達出次河陰。
甲辰。元海南海北道元帥羅福等來降。守雷州廉訪使盧山海牙走安南。
己酉。指揮曹諒克靑山寨。元參政王興祖降。
己未。徐達以常遇春至。發河陰。趨開封。暮次陳橋。

壬戌。楊璟朱亮祖合攻靖江。克之。璟自永州攻靖江。屯北關。亮祖以蒼梧之師會于東門象鼻山。決其濠水。築隄並城。克其北門。元總制張榮射書約降。縋城出見。璟與之白帽百餘示別。夜入之。執平章也兒吉尼。趙元隆陳瑜劉永錫廉訪司僉事帖木兒不花元帥禿鸞萬戶董丑漢府判趙世傑皆自殺。參政張彬屯南關。忿守者詬之。欲屠其城。以璟禁殺而止。也兒吉尼送京師。

高岱曰。平嶺南功。廖永忠朱亮祖楊璟陸仲亨爲多也。朱廖既平廣東。復會璟征廣西。其功尤著。要之諸將皆能不殺。故成功之易耳。觀張彬恚詬已者。誓欲屠城。及城下。終不妄殺。可謂抑情奉法。賢將哉。太祖分遣諸將三道進兵。揣分合之勢。籌先後之規。如燭照數計之無遺者。卒致成功。不爽毫髮。此其聖智神武。豈前代帝王所及耶。乃若何眞之息民保境。又能識眞主。順天命。卒之備極榮寵。固一時難得之才。而鄧祖勝賀興隆張翺普顏帖木兒趙元隆董丑漢趙世傑輩。皆知元命已訖。聲援已絕。非有爵祿之冀。威令之怵也。乃能守死不移。以圖報其主。雖有逆命之罪。然可不謂之忠乎。

甲子。故陳友定將金子隆糾衆陷將樂。殺知縣馮源。攻延平。指揮羅德聚千戶李白擊卻之。

夜。有大星自紫微流至雲中。

乙丑。賜北征諸將夏衣。

丙寅。都督同知馮宗異爲征虜右副將軍。

置刻期百戶所。選急足二百人專捷報。張德成領之。

金子隆復攻延平。官軍破走之。

戊辰。廖永忠進師南寧。降之。

命浙江江西蘇松常鎭等轉粟三百萬于開封。

永新州大雨水。蛟出江溢。溺人畜。命賑之。

命平章李文忠率兵討金子隆等遁寇。

遣祭故元將察罕帖木兒。

故陳友定泉州總管陳□攻陷同安。泉州衞指揮僉事周淵擊斬之。

七月巳朔。太白犯井。

鄧愈下隨州。

廣西左江太平府土官黃英衍右江田州府土官岑伯顏等降于楊璟。

辛未。罷鑄錢。尋復之。

壬申。上自畫征進陣圖。馳授徐達。令各衞轉餉濟寧。

丙子。敕諭北方新授守令。給賞養廉。

己卯。敕徐達召山東諸將會兵東昌。

戊子。元平章阿思蘭。以廖永忠遣指揮耿天璧再敗之。勢蹙。以象州降。廣西悉平。

何喬遠曰。上有天下。開中原則大將軍諸人。南方惟閩中二廣。下閩雖胡美。要湯和李文忠沐英先後之。其功分。且皆傳檄而定。若二廣底平。廖楊矣。

己丑。都督同知康茂才兵自陝州渡河。取安邑夏縣。

庚寅。賑卹中原孤貧老稚。中書省臣慮財匱。上曰。周窮乏者。不患無餘財。患無其心。果心注之。何憂不贍。

辛卯。平章楊璟班師還京。

上將發開封。大將軍徐達等自陳橋入辭。諭曰。元祚將百年。君則有罪。民則何辜。克城之日。毋焚掠。毋妄殺。使吏民皆安堵。凡元宗戚。亦善待之。成朕伐罪救民之志。有不恭命者。罰毋赦。

丙申。上發開封。命右副將軍馮宗異留守。

高岱曰。汴京一幸。足以繫中原之心。而命馮勝駐汴梁。鄧愈駐襄鄧。分布遙制。皆有微權。其所以控制形勢駕馭英雄之略。豈淺識之士所能窺測其萬一哉。

焦山等寨盜寇汝州。何文輝遣指揮任亮擊破之。

丁酉。皇太子攝享太廟。

元郴州守將左豐楊降于楊璟。

京師永濟倉火。

揚州自五月不雨。傷稼。

徐達檄都督同知張興祖平章韓政都督副使孫興祖指揮高顯等以益都徐州濟寧兵會東昌。命右丞薛顯參政傅友德左丞趙庸平章曹良臣俞通源都督副使顧時右丞梅思祖各分兵渡河。

南海盜馮蘭等作亂。義民關敏擊賊死之。贈敦武校尉兵馬指揮司副指揮。表其鄉曰忠義。立祠歲祭。

戊戌。儒士李訥上書乞有司存卹鰥寡。上然之。

是月。帶刀舍人周宗奏皇太子國之主器。宜擇忠良之士與之居處。其侍御僕從亦選正人。使日見正事。聞正言。國本既固。又廣選人才而用之。欲求人才。宜開學校。立學官。教養為異日用。上大是之。

閏七月妃朔。遣使犒北征將士。

庚子。徐達發開封。徇河北。洊荒道茀。次于安丘。右丞薛顯參政傅友德等下衞輝。元平章龍二走彰德。

濟南降將僉院喬□叛。指揮陳勝楊春討平之。

夜。有大星自天津流雲中。

辛丑。徐達至洪門鎭。獲嘉縣尹胡仲信來降。

癸卯。徐達兵至彰德。降之。

乙巳。徐達至磁州。召指揮王臻還兵守漳河。

丙午。徐達進邯鄲。元兵遁。

丁未。上還京師。

徐達進廣平。元平章周昱遁。

慈利軍民宣撫使夏克武等貢方物。授克武中書斷事覃垕湖廣理問。

己酉。徐達次臨淸。趣都督同知張興祖等自東昌會。

徵天下賢才至京。授守令。俱厚賜遣之。

庚戌。參政傅友德游騎獲元將李寳臣都事張處仁。遂導師。達因遣友德開道以通步騎。都督副使顧時浚閘以通舟師。

詔定軍禮。

壬子。常遇春克德州。

癸丑。韓政張興祖兵會臨淸。徐達率步騎舟師北上。至德州。諸將皆集。

丙辰。官軍克太行山玲瓏等四寨及牛心寨。斬元僉院陳天祐等。

置高郵守禦千戶所。

戊午。徐達下長蘆。元將遁。達趨靑州。

辛酉。徐達至直沽。獲海舟七作浮橋以濟。令常遇春張興祖率舟師並河東西進。令步騎陸而前。元丞相也速屯海口。立遁。元都大震。

廣東何眞率官屬入朝。授眞江西行省參政。東莞萵祖英。從眞起兵障鄉里。官行省錄事。至是徵祖英入。上宴賜金帛。授建平知縣。祖英上表曰。臣九歲失怙。鞠養藉恃長。冀用世以報昊天。向食元祿。爲何眞參佐。適値三山强寇剽掠廣城。一門妻子五人殞命。臣母被賊囚拘。臣媿趙苞不能卽死。茲遇聖朝。率土普天。維昔狗鼠血鈇膏鑕。臣母得以生還。臣卽不孝無所逃死。藉聖朝之賜。得以母子俱完。羝烏再效。臣雖九死。其何足以報陛下。錄臣寄以民社。此臣效命之秋也。而臣俛顧懇悃。不敢受命者。實以嘗事元朝。瑕釁已深。臣年四十有九。而臣母八十有一矣。陛下誠孝治天下。仁懷遠人。憐西日之短期。予北堂之私歡。臣母子拭目太平。謳歌日月。上俯從之。

癸亥。徐達至河西務。擊元平章俺普達朶兒只進巴。大敗之。擒知院哈剌孫等二百餘人。獲馬六百匹。船百餘艘。進次通州。屯東岸。常遇春屯西岸。

乙丑。元□國公知院卜顏帖木兒等出都城來戰。常遇春擊敗擒之。入通州。晡刻日有暈。

丙寅。徐達入通州。

元主懼。議避兵北行。召羣臣會議端明殿。有二狐自殿出。元主歎曰。宮禁嚴密。狐何得至此。殆天所以告朕。朕其可留哉。遂留淮王帖木兒不花監國。夜分開建德門。同后妃太子走上都。

平章李文忠攻克淸流寧化諸山寨。獲金子隆。閩地悉平。

免吳江廣德太平寧國和滁水旱災租。

八月己巳朔。詔應天曰南京。開封曰北京。朕于春秋往來巡狩。

庚午。征虜大將軍徐達進克元都。師薄城。塡濠入。陳兵登齊化門。執元監國淮王帖木兒不花太尉中書左丞相慶童平章迭兒必失右丞張康伯御史滿川等。僇之。集賢院侍讀學士河內閔本。語婦程氏曰。國事至此。媿不能報。男可當歸家。二女吾不得而保。宜死于忠。程曰。君能死忠。妾安敢愛其身乎。夫婦自縊。二女亦死。太子司經拜住。字可善。康里人。明兵下燕。赴井死。管太常禮院王遜志家居。獨衣冠而坐。其友王翼來告曰。新朝寬大。盍出詣官自言狀。遜志斥之。卽投井死。趙弘毅。字仁卿。晉州人。國史編修翰林待制黃冔。字庭士。金谿人。投井死。翰林待制僉國史編修院參知政事陳祖仁。字子山。汴人。死之。元建德州判官休寧吳訥。戰敗不屈自刎。中書政事朴賽因不花。字德中。合台人。中書平章政事丁好禮。字敬南。蠡州人。參政郭庸。不肯謁徐達。俱舁至齊化門不屈死。刑部尙書溫州張庸。團兵房山。官兵至。寨民李世傑執之出降。不屈死。獲宣讓鎭南威順諸王子六人。玉印二。成宗玉璽一。封府庫。籍其圖書寶幣。又守宮殿門。使宦寺護其妃嬪宮人。吏民一切安堵。明日。順德守將來降。遣薛顯傅友德曹良臣顧時分巡古北等關隘。凡元臣皆輸告身于官。翰林學士承旨危素。居報恩寺。亦欲入井。寺僧止之曰。公死。是無史也。乃自免。

葉子奇曰。元自混一以來。大抵皆內本國而外中國。內北人而外南人。以至深閉固拒。曲爲防護。自以爲得親疏之道。是以王澤之施少及于南。滲漉之恩。悉歸于北。故貧極江南。富稱塞北。見于僞詔之所云也。迄今天祿之遷。盡歸于南。于此可以見乘除勝復之理也。自慢藏于方。誨盜于韓。獎亂于也先。啓事于荅麻。而天下之勢。十已去七八矣。于是山東西河南北淮左右皆爲寇壤。城郭丘墟。積骸如山。後雖命李察罕收復河汴。不意輕信降寇。爲田豐之所襲殺。其子王保保代領其衆。糧匱師驕。不相統一。孛羅又生內變。稱兵犯闕。謀易太子。譬之羸病之人。日以粥藥扶掖。猶懼不濟。況復以峻導毒劑繼之哉。縱無外寇。尙且喪亡。今百萬之兵振之。其能奄延數歲。直至戊申而後失國。亦云幸矣。

王禕曰。自古國家。其滅亡之道不一也。曰女寵。曰宦官。曰權臣。曰强藩。此四者皆足以亡國。而順帝蓋並有之。加以權綱之旣弛。知慮之益荒。其亡也宜哉。

高岱曰。太祖之取中原。克元都。如摧枯拉朽耳。雖天命有在。而元人所以禦之者。曾無一策。夫元將善戰者莫如擴廓。觀其在陝西。以敗亡餘孽。猶能跳梁蹢躅。力抗王師。亦雄健之才也。假元主使總經略之兵。禦之雖終無濟于國事。或可少延旦夕之命。未必滅亡之易至此也。乃使庸駑羣醜勉事支吾。以中原之廣。都城之下。未聞有建牙開閫。旗鼓相當。而遑一戰之能者。誠所謂摶沙捧土以塞盟津之決。夫豈有社稷之遠圖哉。

王世貞曰。當察罕之圍汴而走劉福通。江南僅有濠耳。孛羅訌而察罕內顧。是孛羅代爲江東間。其破益都。而如山之鐵騎壓江東立靡矣。田豐王士誠之刺行。而擴廓悉力而僅勝。是二人代爲江東間也。夫旣以誅孛羅。靖內難。而江東之舉友諒滅九四。而擴廓之力小弱矣。太子乃以欲速之私憾而分其將。蓋退削者踰歲。雖幸而稍振。而十不能支江東一矣。是太子又自爲間也。嗚呼。以一江東之微而養之使强。皆元爲之。非元爲之。天爲之哉。

姜南曰。忠義者。人臣之大閑也。吾盡吾之節而已。遑恤其他。史書者。天下之公論也。一人不記。天下必有記之者。何必以此藉口而爲偷生之階乎。

壬申。徐達遣元尚書九住還太原。告諭擴廓帖木兒。又遣將應宗往涿州。招前廣平守將平章周昱。尋獲之。

癸酉。徐達命鎮撫吳勉攝大都路。

甲戌。授張正常正一嗣敎護國闡祖通誠崇道弘道大眞人。領天下道敎。革天師號。秩正二品。

徐達遣平章韓政分守廣平。招降白土等三十六寨。

乙亥。漳州府通判王禕奏。人君修德之要有二。曰忠厚以存心。寬大以爲政。周家忠厚。故垂八百年之基。漢室寬大。故成四百年之業。簡策所載。不可誣也。臣聞之。人君莫先于法天道。莫急于順人心。法天道。順人心。則存于念自忠厚。行于政自寬大。上嘉納之。時反元政。尙嚴厲。故禕以爲言。

丁丑。遣官釋奠孔子。定春秋二仲上丁日。

定六部官制。尙書秩三品。侍郎四品。郎中員外郎主事遞次之。吏部尙書滕毅。侍郎樊魯璞。戶部尙書楊思義。侍郎劉誠。禮部尙書錢用任。侍郎世家寶。兵部尙書陳亮。侍郎朱珍。刑部尙書周禎。侍郎盛原輔。工部尙書單安仁。侍郎張文。將作司隸工部。裁司農大理二司。毅等入見。諭曰。國家之事。總之者中書。分之者六部。凡諸政務。須竭心經理。或有乖謬。則遺患于天下。可不愼哉。

御史中丞劉基予告。初上北巡。基按劾不避權貴。官吏有犯。卽捕治之。中書省吏李彬犯法。丞相李善長欲緩之。獄具奏。可。卽斬之。方旱。雨隨注。善長不懌。乘間訴其專。不聽。會妻喪。許歸靑田。

有二風憲官廷訐一甚口一簡綏。上直其簡綏者。戒羣臣毋取便給。

徐達命指揮華雲龍修元都城。

戊寅。祀太社太稷。

上將復幸北京。諭六部官各任職。

徐達遣宣武衞鎭撫楊□以舟師守直沽。

己卯。大赦天下。詔曰。日者元政陵夷。民未安養。羣雄蜂起。海宇瓜分。朕以布衣。入戎伍。拯生民塗炭。提孤軍。與豪傑同志者。思所以靖之。賴天之靈。因民之利。干戈所至。弱殄强服。大江之北。以際南海。罔不來臣。重念推戴以來。軍民勞苦。農商罷業。未有以安之。賢人君子。遁匿岩穴。未有以來之。刑亂重典。未有以平之。供億煩重。未有以紓之。是用陰陽差繆。水旱不時。天災屢見。朕甚憂焉。爰布洪恩。與民更始。於戲。民墜塗炭。十有七年。蕩析離居有矣。光岳之氣。于焉始復。繼自今各厚爾生。共享太平之福。以臻雍熙。不其休歟。
壬午。改大都路曰北平府。徵元故官送京師。
上發南京。
徐達命傅友德分兵守蘆溝橋。
癸未。命徐達置燕山等六衞。護北平。于是立大興燕山永清左右衞。
命徐達常遇春取山西。留兵三萬人分戍六衞。都督副使孫興祖僉事華雲龍守之。
詔御史大夫湯和爲偏將軍。與平章楊璟從征山西。
免浙西長興安吉明年田租。謂歸附以來歲勞供億也。
戊子。徐達遣薛顯傅友德陸聚等略大同。
己丑。立廣洋衞江陰千戶所爲江陰衞。
元桂彬等守將參政陳虎都率衆降。
壬辰。指揮曹諒等克裕州泉白寨。擒元平章郭雲等送行在。上義其堅守。賜襲衣衾褥。授溧水知縣。
癸巳。上至北京。
改衞輝路曰府。獲嘉縣隸之。
故元留守迭里迷失等謀作亂。事泄。僇其黨有差。
甲午。右副將軍馮宗異從征山西。
溫州南溪人董孟怡等作亂。溫州衞指揮僉事吳廣兵往。先諭散其黨。止誅孟怡等三人。

遣內官往北平。放元宮人。

有御史許陶安隱事。上詰之。曰。聞于道路。上曰。以道路之言中人。非法也。命中書省斥之。

夜。熒惑犯太微西垣上將。

是月。造乘輿服御諸物宜塗黃金。命銅代金。有司言費有限。上曰。朕不先儉。何以率下。

九月戯朔。己亥。克東安州。

壬寅。置大都督分府于北平。都督副使孫興祖領府事。指揮華雲龍爲分府都督僉事。

癸卯。司農少卿杭琪爲戶部侍郎。

元湖廣平章聶興宗自德安率衆降。

江西行省參政陶安卒。安字主敬。當塗人。敏悟博洽。任明道書院山長。上至太平。迎謁。留幕府。拜左司員外郎。遷郎中。出知黃州。寬租省徭。移饒州。値寇。有保障功。吳元年。拜翰林學士。歷參政。疾甚。上時務二十事。年五十九。上自爲文祭之。追封姑孰郡公。

袁表曰。高皇帝之渡江也。三吳豪傑未有至者。而安獨首謁。所定皆大計。卒之定基金陵。弔伐之師。遠過湯武。安言悉驗。非三代才能之乎。昔鄧禹追光武于鄴下。房玄齡謁太宗于軍門。皆一言合意。遂爲有功。如陶公者。豈出房鄧下乎。尙論其世。亦劉宋之亞儔也。

戊申。都督同知張興祖下永平。

立洪武門千戶所。

夜。熒惑犯右執法。

壬子。夜。太陰犯畢宿。

癸丑。置輝州洪州。隸衞輝。安陽湯陰臨漳縣。彰德。
甲寅。改各站曰驛。
乙卯。遣犒北征將士。
己未。置雷州衞廣西衞。
鄧愈克洪山寨。
辛酉。湖廣保靖安撫司彭萬里來貢。授宣慰使。
癸亥。詔求賢曰。天下之治。天下之賢共成之。向以疆宇瓜分。致賢養民未之深講。懷才抱德之士。尙隱岩穴。今天下甫定。朕與諸儒講明治道。期古哲王。有能以賢輔世。以德濟民者。尙不吾棄。
詔優給陣亡吏卒。千百戶鎭撫人給粟二十石。布二十四。軍人千二百錢。布二匹。
甲子。徐達遣常遇春傅友德等發北平。取未下郡縣。
乙丑。常遇春下保定。
丁卯。下中山。
十月戊辰朔。上發北京。還南。
夏明昇遣使賀捷。
己巳。常遇春克眞定。平章孫克義遁。尋降。眞定路達魯花赤鈒納賜彰聞大都陷。朝服登城西崖上。北拜墜崖死。
庚午。馮宗異湯和下懷慶。元平章白鎖住等遁。獲卒八百人。
壬申。至太行山碗子城。破其關。

癸酉。下澤州。元平章賀宗哲張伯顏等遁。遂留戍。擴廓帖木兒部將平章韓札兒毛義等來攻。楊璟張斌援之。戰于韓店。敗績。

甲戌。元左丞□□自河中攻潼關。都督僉事郭子興等禦之。指揮于光持猾突陣。敵卻。因大敗之。

乙亥。吏部尚書滕毅爲江西行省參政。刑部侍郎盛原輔爲吏部尚書。

丙子。命中書省訪郡縣應祀神祇山川及帝王忠烈。令有司歲祭。

丁丑。上回南京。

馮宗異湯和取潞州。

戊寅。詔平元于天下。

己卯。有誣富人謀反者。臺臣以赦前宜戍。刑部擬抵罪。上問秦裕伯。對曰。元時罪止杖一百。以開後告。上曰。奸徒不抵罪。誣且多矣。自今告謀反不實。反坐。著爲令。

庚辰。諭宿衛武臣曰。元君臣驕奢佚樂。今如此。朕日愼一日。卿等亦思曩在民間。視元將帥輕肥餤赫。何敢望之。當常勿忘貧賤時。

甲申。夜有大星自天市東垣流張宿。

丙戌。置信陽州羅山縣。

戊子。徙北平城中兵民于開封。

己丑。陸仲亨爲江西行省平章政事。元河南行省都鎭撫李敏爲工部侍郎。

置京畿都漕運司。龔魯薛祥爲漕運使。正四品。

庚寅。割懷慶衞輝彰德廣平順德大名河間眞定保定屬河南分省。德安屬湖廣。北平屬山東。

辛卯。大都督府都事汪河爲吏部侍郎。使擴廓帖木兒。被拘陝州六年。今還。

癸巳。傅友德下平定州。

甲午。徵元太史院使張佑張沂。司農卿兼太史院使成隸。同知郭讓朱茂。司天少監王可大石澤李義。太監□恂。太史院監候劉孝忠。靈臺郎張容。回回司天太監黑的兒阿都剌。司天監丞迭里月實。

賜元昭文館學士李廷訓冠帶衣服。

司天監進元水晶宮刻漏。備極機巧。上曰。作無益害有益。使移此心以治天下。豈至滅亡。立命碎之。

乙未。製大祀倍臣執事官法服。

裁考功所。

粱眞王儀爲太子賓客。秦鏞虞德明張易爲太子諭德。

丁酉。改瓊州乾寧安撫司曰瓊州府。崖州吉陽軍儋州南寧軍萬安軍俱曰州。南建州曰安定縣。

立永州陳州二衞。

浚後湖及石灰山龍灣河道。

定正旦朝會宴賀諸儀。

十一月戚朔。己亥。告于太廟曰。自古有天下者。祖皆配天。臣尙未敢。誠以功業猶未就。政治或闕。懼帝責焉。帝若問祖。祖告臣所行事善惡。帝鑒之。

敕有司災異以實上。

遣文原吉詹同魏觀吳輔趙壽分訪天下遺賢。

庚子。冬至。祀員丘。還詣告太廟。御奉天殿。百官行慶成禮。明日。宴羣臣奉天殿。

徐達發北平。進取山西。

辛丑。上宴東宮官僚。置酒歡甚。命諸臣作龍蟠鍾山賦。自作時雪賦。賜冠服。初建大本堂。儲書。徵名儒傃直。

徐達次保定。明日。薛顯克七垛寨。

甲辰。封孔希學衍聖公。授希大曲阜知縣。立尼山洙泗二書院。復三氏徭役。

置磁州武安縣。

丙午。遣中書省照磨蘭以權詔諭廣西左右兩江溪峒官民。

定郡縣祭社稷。庶人祭里社土穀之神及祭先祀竈。餘淫祀禁之。

丁未。中書省照磨孫安爲兵部侍郎。

徐達自保定會常遇春于眞定。柳亭使左丞趙庸收眞定諸未附山寨。

壬子。懷柔密雲縣併入檀州。

癸丑。吏部尙書盛原輔調山東行省參政。大都督府都事張明善爲吏部尙書。刑部尙書周禎爲御史臺治書侍御史。

右丞薛顯追敗元詹同脫因帖木兒于石州。

乙卯。徐達使右丞薛顯參政傅友德以三千騎略平定州。

庚申。徐達次井陘。元鳳山寨守將李景春降。

壬戌。都督同知康茂才克河中府。

徐達度故關至平定州。與常遇春分兵進取楡次。

癸亥。議耕籍禮。

上手書召御史中丞劉基入朝。

甲子。定帝后皇太子妃嬪百官命婦冠服之制。

徐達獲太原二偵騎。乃督右副將軍馮宗異嚴師進太原。

丙寅。諭中書省臣曰。將士相從。有戰死者。天下已定。父母妻子可念也。遇時節。其預給薪米錢。

定皇太子及品官庶人冠禮。

郭正域曰。天下無生而貴者也。天子之元子。猶士也。大夫無冠禮。公侯冠禮始于夏之末造。儀禮惟士冠禮。漢以後天子諸侯之禮。大抵因士禮而損益之。漢皇帝冠于廟。魏于正殿。唐冠于太極殿。有太子儀。有王子儀。有士庶通行儀。宋儀遂載太子加元服而上不及至尊。下不及士民。何居。漢天子猶四加。緇布進賢而下。與諸侯大夫共之也。猶司徒爲賓也。一加自魏也。四加至尊禮無踰也。唐而下未之能易也。皇子之莫爲主也。曰主天子也。自宋始也。唐冠太子于朝堂。冠皇子于廳事。宋太子西向而皇子南向。則猶明嫡子著代之義也。高皇爲萬世子孫法。創定其禮。太尉設纚。太師受冕。太子皇孫而王禮則相去遠矣。辨名定分。不可易也。有賓。有贊。有祝詞。有醮詞。有敕戒詞。定于成化時。而下逮官民。則國初之舊也。唐人品官三加。得用五冕。衮冕自品而降。非大夫五十而爵之義。今薦紳先生冠其子。不備禮。不卜賓。况齊民乎。載在令甲。鮮有能行之者。蓋禮之廢久矣。

是月。征戎將軍鄧愈討蜀河莽張獲之。金商均房俱定。

置潁川衞。

十二月丁亥朔。汪廣洋劉惟敬爲中書省參政。楊憲爲御史中丞。錢唐爲刑部尚書。郭景祥阮崇禮安然爲浙江江西山東行省參政。

禮部尚書廣德錢用任致仕。許居湖州。元進士翰林編修。

徐達克太原。擴廓帖木兒宵遁。初。擴廓帖木兒出兵雁門關。將自保安窺居庸。達意太原必虛。彼即擣北平。孫興祖總六衞之師足禦也。遂輕騎抵太原。果還軍來救。鋒銳甚。常遇春計步卒未至而輕與角危道也。夜劫之必潰。會元將豁鼻馬約降。請爲間。乃夜劫之。擴廓帖木兒方然燭視書。倉皇間跣一足乘驏馬以十八騎走大同。獲甲卒四萬。馬稱是。遇春追之忻州。不及。擴廓帖木兒又走甘肅。

高岱曰。燕京既定。欲取山西。當時若出居庸。略宣大。或出紫荊。皆可徑擣太原。豈不尤爲捷疾。諸將乃舍二道而南徇澤潞者。非舍徑而就紆也。蓋以北則眞保河間未定。西則懷慶陝州未安。眞保不通。則南北有道梗之患。懷慶未附。則大梁無息肩之期。此所以先澤潞而後宣大也。又攘夷之道。當由內以及外。先近而後遠。故驅之不得不自南而北也。使擴廓帖木兒自大同北奔沙漠。則患不集于陝西矣。不虞羣醜西逸。所以關中之師不可卒解也。

己巳。置登聞鼓于午門。監察御史日一直。

上指宮中隙地謂皇太子諸王曰。此非不可亭館臺榭。今使內使種蔬而已。漢文帝惜露臺之費。爾輩念之。

庚午。徐達遣薛顯傅友德邀擊賀宗哲于石州。

辛未。監察御史高原侃言都人喪葬娛屍非禮。上是之。令定官民喪服之制。

壬申。改宣徽院爲光祿寺。徐興祖爲光祿寺少卿。

改太史院曰司天監。監令正三品。又置回回司天監。監令正四品。

定三師朝賀東宮儀。以勛舊異于庶僚也。時議唐制羣臣賀東宮。四拜答其二。三公俱答。今擬拜賀立受答其二。

癸酉。定皇太子親王及士庶婚禮。

郭正域曰。禮云婚禮下達則六禮之行。無貴無賤。儀禮無君婚之儀。僅載士禮。孔子家禮冕而親迎。夏迎于庭。殷迎于堂。周迎于戶。故曰明王必嚴妻子也。周禮媒氏掌萬民之判。則里巷閭幃之事。上之人且究心焉。春秋書祭公紀遣使之制。漢太子以奉常往迎。唐皇子以親王主婚。六禮之行。皆稱寡人。義實不倫焉。高皇帝官天地而府萬物。制爲軌則。自至尊以逮親王。皆臨軒遣使。五年詔曰。古之婚禮。結兩姓之歡。以重人倫。近代以來。專論聘財。習染奢侈。令中書省議制頒行。務崇節儉。以厚風俗。洋洋聖謨。禮樂明備。然大婚之儀始行於世。而東宮以下。代有損益。公主下降。駙馬相見之儀。漸非洪武之舊矣。

甲戌。馮宗異自潞州西至猗氏。擒元右丞賈成。明日攻平陽。克之。擒右丞李茂。

夜。有大星自九游流至游氣中沒。

乙亥。眞定指揮李傑攻孔山寨。敗沒。

丙子。都督副使顧時獲元沂州逃將王信于崞州。歸于徐達所。

戊寅。徐達遣平章俞通源往平陽。督馮宗異兵會太原。

己卯。戶部侍郎杭琪爲尙書。

徐達遣常文顯馬良招諭忻崞山寨。何文質招諭太和嶺山寨。

辛巳。起復濟南知府藁城崔亮爲禮部尙書。元浙江省掾。

壬午。馮宗異克絳州。擒元右丞田保保徐伯昌。獲將士五百人。

癸未。定中外官親屬冠服之制。

徐達遣指揮周房取榆次。開通潞州。參政陸聚克牛坡寨。

甲申。徐達遣指揮曹崇周賢王約討介休平遙山寇。
丙戌。改順州曰順義縣。東安固安輝洪各爲縣。檀州仍密雲懷柔。
丁亥。祭戰沒功臣胡大海等于雞鳴山。文臣殉難參軍李夢庚郎中王愷都事孫炎等附焉。
戊子。吏部侍郎樊魯璞劾免。
己丑。頒社稷壇之制。
庚寅。立旗纛廟。
孟州復叛。殺官吏。徐達分戍胙城清源縣。仍防石嶺關。
辛卯。宋冕爲開封知府。諭曰。亂後多曠土。其勸課農桑。求實效。
壬辰。遣符寶郎偰斯詔諭高麗國王王顓。
定優給將士例。
遣諭夏主明昇書曰。昔先公通使修好。遽爾長逝。朕思之泣下。感念先德。安得不爲足下慮哉。今人心思治。審幾識變。在足下自處何如耳。誠日近老成練達之士。能籌善後之計。是竇融錢俶復見于今日也。
是月。置溫州衞。

己酉洪武二年（夏開熙四年。）

正月辛朔。上御奉天殿受朝賀。大宴羣臣。羣臣進退有禮。上悅。命婦朝皇后坤寧宮。賜宴。
封京都及天下城隍神。應天開封臨濠太平和滁俱王爵。一品。餘府俱威靈公。二品。州俱靈祐侯。三品。縣俱顯祐伯。四品。

丁酉。徐達遣指揮張煥以萬人取孟州山寨。指揮潘敬以三千人略管州大王川。指揮韓溫討亂柳寨。俱克之。

庚子。上御奉天殿。問元臣馬翼以元之得失。曰。元有天下。寬得之。亦寬失之。上曰。未也。寬則得民。何失之有。元季耽于佚樂。失在縱弛。非寬也。聖王之道。寬而有制。不以廢棄爲寬。簡而有節。不以慢易爲簡。

辛丑。命有司祭祀典神祇。

甲辰。浙江行省參政蔡哲入中書。

乙巳。立功臣廟于雞鳴山。

徐達檄河南左丞何文輝從征。

夜。太陰犯井。

丁未。享太廟。功臣廖永安俞通海張德勝桑世傑耿再成胡大海趙德勝侑焉。

戊申。議驚蟄秋分祀太歲風雲雷雨清明霜降祀嶽鎮海瀆及天下山川城隍諸神。

定翰林官制。侍讀學士朱升爲翰林學士。從三品。陳經詹同爲直學士。五品。承旨正三品。侍講學士正四品。侍讀學士從四品。

置河間長蘆轉運使廣東海北鹽課提舉司。

庚戌。遣都督孫遇仙等祭天下嶽鎮海瀆。遣前國子祭酒孔克堅祀孔子于闕里。

詔免山東河南山西田租。詔曰。朕本淮右布衣。因天下亂。率衆渡江。十有四年。荷天眷佑。西取荊楚。東平三吳。遂至八番。直抵交廣。以極于海。重念華夏入據胡人。是用命將北征。兵渡大河。齊魯之民。歡然來迎。饋餉給軍。不辭千里。朕思元末民疲供給。茲既效順。何忍復勞。山東洪武元年稅糧。已行免徵。不期天旱。再免今年夏秋二稅。近平燕都。下晉冀。其民久被兵困。徵斂尤甚。可免北平燕南河東山西今年稅糧一年。河南諸郡。久欲惠之。奈晉冀未平。則出師所經。今西抵潼關。北界大河。南至唐鄧光息。今年稅糧。盡行蠲免。以遂朕意。秦隴新附

之民亦如一體

又詔曰。朕惟淮右渡江。駐兵太平。開基建業。繼克鎭江。下宣城。賴天之靈。西征北伐。罔不平定。朕念創業之初。取辦四郡。供億繁重。未嘗忘之。今天下十定其九。太平應天鎭江已免糧稅一年。寧國廣德滁和亦如之。詔曰。朕肇丕基。鎭江太平宣城廣德。爲京師翼郡。供億浩繁。足我興師飽旅。六合一家。我子孫百世何忘江左民。舊歲曾免稅糧。忽遇天旱。免無可收。縱使不免。亦無可徵。惠而不及。朕心缺焉。已行寧國免今夏秋二稅。應天太平鎭江及廣德滁和無爲亦免之。

癸丑。更定太廟時享。淸明。端午。七月望。冬至。

祀馬祖後湖。

甲寅。常遇春征大同。

乙卯。遣使頒卽位詔。諭日本占城爪哇西洋諸國。

熒惑犯房宿。

丙辰。傅友德屯朔州。

己未。故元翰林學士承旨危素學士張以寧王時編修雷煥刑部侍郞程徐太常博士孫吾與胡益禮部員外郞曾堅主事黃肅等入朝。賜冠服。尋拜素時侍講學士。以寧侍讀學士。堅禮部員外郞。徐刑部侍郞。肅禮部主事。

庚申。敕諭太原諸將曰。大軍所至。敵人如摧枯拉朽。上天眷祐。可不敬乎。惟諸將功。爾功天授。爾生天也。孟子曰。五百年必有王者興。其間必有名世者。古人功高如常。常功如無。若國家賞功。常乃常。高乃高也。近者大夫湯和定浙左。平閩中。平章楊璟靖湖湘。定廣西。班師還朝。以大將軍滅胡未還。未及賞。今再使湯和楊璟從大將軍征進。太原之捷。互爲犄掇。不亦奇乎。偏將軍璟其居偏將軍和下。偏將軍和其居右副將軍宗異下。宗異其居副將軍遇春下。協剪餘虜焉。

常遇春至大同。元將竹貞遁入之。元大同行省平章政事孫德謙。睢州人。官兵至。德謙嬰城固守。知力不能支。手書自決。作詩數章。城陷不屈死。手書猶有傳者。

辛酉。置全州守禦千戶所。

壬戌。改慶遠府曰慶遠南丹軍民安撫司。前安撫使莫天護爲安撫司同知。

癸亥。參政陸聚守井陘固關。

改中山府曰定州。屬眞定。

甲子。裁隨縣。其安東婺源吉水泰和永新安福州皆改縣。

乙丑。平章韓政克蟻尖寨。寨在林縣西北四十里。倚陽山。突兀高聳。東有路可通人行。先是劉福通攻陷林州。達魯花赤神保死之。州民吳庸王居義等聚衆團結其上。洪武二年。徐達分兵攻諸山寨。惟蟻尖寨險絕不可下。命指揮薛顯往。時順德守將韓政列營進攻。吳庸度勢難支。乃殺居義等以降。得兵萬一千六百人。民三千五百二十人。悉放免復業。設林縣守禦所。

湖廣饑。賑粟三千五百七十餘石。

是月。倭掠山東海上。

二月丙寅朔。詔修元史。時得元十三朝實錄。命左丞相李善長前起居注宋濂漳州通判王禕總裁。徵士汪克寬胡翰朱禧陶凱陳基趙壎曾魯高啓趙方張文海徐尊生黃篪傅恕王錡傅徵謝著纂修。開局天界寺。

遣阿思蘭楊完者不花鄧邦富牛成陳節詔諭雲南日本等國。

丁卯。遣官釋奠太學。

談遷曰：寗波府志洪武二年。令孔子釋奠止于曲阜。罷京師及天下通祀。刑部尙書象山錢唐吏部侍郎鄞縣程徐上疏力諫。令遂止。按高皇帝最尙儒術。安有罷祀之理。故特記之。

戊辰。沅州土官萬戶李德璵爲高丹洞軍民長官司。何夢章爲鎭遠溪洞金容金蓮等處軍民長官司。

己巳。占城國王阿答阿者貢虎象方物。

徐達使張興祖守大同。

辛未。命吳用顏宗魯楊載使占城爪哇等國。

壬申。常遇春還師太原。

乙亥。立皇陵碑。

丁丑。上仁祖淳皇帝陵曰英陵。遣太常祭告。

定侍儀舍人及校尉冠服。

夜。大風。

戊寅。徐達常遇春馮宗異發太原。次徐溝。

庚辰。元丞相也速以萬騎侵通州。屯北河。守將平章曹良臣僅千人。乃沿河列幟十餘里。鉦鼓相聞。也速駭遁。追之不及。

河南府同知廣濟徐麟爲知府。時降人謀叛。約漏二十刻舉事。麟聞之。緩漏昧爽。捕誅之。

遣官祭馬祖先牧馬社。

壬午。上享先農。配后稷氏。祀畢。耕南郊籍田。

甲申。南北郊增天下神祇壇。定大祀省牲。

徐達自霍州至平陽。會右丞薛顯規取陝西。

丙戌。裁郡幕照磨檢校。

庚寅。語廷臣曰。累黍可以成寸。積善可以成德。故小善可以成至善。小惡必至成大惡。又曰。積善如積土。久而不已。則可以成山。積惡如防川。微而不塞。必至于滔天。

辛卯。徐達自平陽次河中。遣指揮張良造浮梁。選士馬從常遇春馮宗異渡河趨陝西。

壬辰。翰林直學士詹同爲侍讀學士。秦裕伯爲待制。袁漢睢稼爲應奉。初大名秦裕伯仕元福建行省郎中。避亂上海。不就張氏。上兩徵之。稱疾。手書迫之入朝。

併泌陽縣入唐州。穰縣入鄧州。置涉縣。眞定

改建昌衛爲守禦千戶所。立驍騎前衛萊州衛。

夜。有大星自騎官流游氣中沒。

甲午。諭羣臣曰。元不重名爵。官及私昵。吏不恤民。惟酒色財貨。朕在民間。心疾之。今考官事之治。唯重貪吏之禁。何以故。天祿不可虛也。夫廉公當官。猶行坦途。苟貪賄羅法。如入荆棘中。卽出無完體。唯爾羣臣戒之。

省新州爲新興縣。

三月乙未朔。徐達自蒲州渡河。蒲城寨守俱遁去。鄜城降。

丙申。仍旱災。上減膳省咎。告皇考皇妣曰。兒爲民牧。惟恐勿勝。伏見去年四方旱災。今春風雨不調。凶稔未卜。惟徵時荒艱。皇考妣茹草雜炊。今何敢忘。旬日蔬糲。與妻妾共食。先答天譴。敢告知之。

諭京衛將士曰。暇常練武。不可宴安。安者危機。又曰。成功非易。保祿尤難。國家用人正如用車。苟有齟齬。便移

載矣。

丁酉。遣中書參政蔡哲祀三皇。侑以勾芒祝融力收風后。上躬禱風雲雷雨嶽鎮海瀆諸神。

戊戌。諭指揮同知袁義曰。爾麾下多山東健兒。宜加恩威。昔平章俞通海戰鄱湖。敵巨艦壓其舟。部卒奮死力。首抵艦鐵兜牟盡脫得免。豈非御士之效與。

定大祀齊戒七日。中祀五日。

己亥。徐達次櫟陽。遂趨鹿臺。

庚子。改福清州曰縣。

立廉州百戶所。

翰林學士朱升致仕。

諭諸將曰。朕昔下金華。有館卒能言元時點兵事。使者問其主將曰。兵有乎。皆安在。將舉佩囊片紙指名曰。在此矣。及天下亂。以農夫市人戰。汝等娛樂。不練士。有急安使。

徐達入奉元路。元將張思道先遁。父老子弟迎降。改爲西安府。以夏德潤署府事。初師至鹿臺。元平章哈麻圖走盩厔。民兵殺之。平章歪□西臺治書侍御史王武遁。復降。斬之。西臺御史桑哥失里守闕家洞。我攻之。勢蹙。同妻子投崖死。左丞拜參古走終南山。郎中汪可仰藥死。檢校阿失不花自經。三原縣尹朱春謂妻曰。吾以死報國。妻曰。卿能盡忠。妾不能盡節耶。俱投崖死。陝西既附。民饑。命戶賜米一石。民大悅。

壬寅。參政陸聚克承天寨。

夜。太陰犯鬼宿。

癸卯。常遇春馮宗異等發西安。進取鳳翔。

丙申。元平章李思齊棄鳳翔率部衆十餘萬人走臨洮。常遇春入之。
戊申。諭翰林侍讀學士詹同曰。文取達理明世務。如典謨無一語怪僻。諸葛孔明出師表。誠意溢出。何嘗雕刻。詞深意淺。卽過相如揚雄。何益。
辛亥。徐達使都督耿炳文守西安。遂發兵趣鳳翔。遣楊璟還師征唐州之降而復叛者。
癸丑。置北平廣西行省。盛原輔劉惟敬爲北平廣西參政。
改英德州曰縣。韶州。
甲寅。御史臺經歷劉希魯爲刑部尚書。
傅友德克鳳州。
戊午。增國子學舍。
是月。置密雲衞。
四月乙朔。遣內臣金麗淵送高麗流人還國。賜國王王顓紗羅各六。
丙寅。徐達議進師。諸將謂張思道才不如李思齊。慶陽易于臨洮。達曰。否否。思道城險兵悍。未易拔也。臨洮塹河通番。資其雄饒。彼窮虜不西走胡。則束手降矣。遂趣隴州。
上聞元人窺北平。命副將軍常遇春率師赴北平。
戊辰。置陝西山西二行省。汪廣洋楊憲爲陝西山西參政。改河南分省爲行省。
己巳。命博士孔克仁等授諸子經。令功臣子弟入學。
庚午。徵故元回回司天臺官鄭阿里等十一人至京師。
徐達至秦州。追元將呂德獲之。

辛未。元海北道廉訪司僉事李文煥致仕。賜歸淮安。

壬申。徐達檄都督耿炳文指揮金興旺各轉餉五千石赴鞏昌。

甲戌。徐達次伏羌。取寧遠。

改嵩州濬州林州威州隸河南。無錫州俱曰縣。罷連州梅州循州磁州武安隸彰德。涉縣隸磁州。

乙亥。編祖訓錄。定封建諸王之制。

工部尚書單安仁爲兵部尚書。孫克義爲工部尚書。

翰林待制秦裕伯知隴州。

貽元主書曰。曩者君之祖宗。起自北方。奄有中土。及君嗣位。中外猶安。一旦多故。天下鼎沸。朕本淮右布衣。仗義興兵。君亦知天命。遜于沙漠。朕非不能窮追。以君知時通變。于心不忍。近聞兵擾邊陲。抑君失策而然耶。若果不自省。恐非君之福也。又諭元臣納哈出書曰。將軍昔自江左辭還。不通問十五年矣。近聞戍守遼陽。士馬强盛。茲因遣內臣至將軍營。即令其還。書不多及。

徐達兵至鞏昌。元平章梁子中侍郎陳子林等降。總帥汪靈眞保平章商暠左丞周添祥達魯花赤張虎都帖木兒萬戶董健雷清石榮等亦繼至。以都督僉事郭子興守之。遣右副將軍馮宗異趨臨洮。都督副使顧時參政戴德趨蘭州。

丙子。免秦隴等田租。

丁丑。馮宗異至臨洮。李思齊降。養子趙琦亦繼至。琦一名脫脫帖木兒。

顧時克蘭州。

己卯。左丞薛顯克馬鞍山西寨。

癸未。徐達次會州。或欲括牛羊助食。達曰。西北人資畜牧。括之。非弔伐意也。不許。

甲申。上以臨洮下。遣諭徐達曰。張思道兄弟多詐。即來降勿墮其計。

立臨洮衞。

乙酉。徐達至靖寧州。元知院杜伯卜哈遁。略隆德縣。明日度六盤山。至開城。遣薛顯襲元豫王。王遁。盡得其輜重于西安州。

戊子。太倉衞指揮僉事翁德爲指揮副使。時倭掠崇明。德出海。獲倭九十二人。仍遣祭海神。

癸巳。淮安寧國鎭江揚台澤州各獻瑞麥。羣臣表賀。不許。

五月乙卯朔。日食。

薛顯至鳴沙。獲王保保部將毛祥。知縣尹鐸。李遵。正郭英。左丞董信。任弘等。幷馬六千餘匹。大將軍至紅城。還。

更英陵曰皇陵。立皇陵衞。

遣陝西行省員外郎許允德詔諭吐蕃。

丁酉。徐達出蕭關。遂下平涼。分遣指揮儲秭徇隆德靜寧會。指揮吳洊陳壽之師平諸屯寨。參政麻毅段答刺徇華亭。咸歸附。指揮朱明克延安。

辛丑。張思道之弟良臣以慶陽降。思道先走寧夏。令良臣同平章姚暉等守慶陽。而思道執于擴廓帖木兒。徐達命御史大夫湯和趨涇州。指揮張瓊遁。

作玉璽一。曰奉天執中。

壬寅。都督僉事陳德克里店。買的哥即保寨。

癸卯。徐達發平涼。明日至涇州。

乙巳。上幸鍾山。見農勞。由獨龍岡步至淳化門。始騎歸。諭侍臣曰。農爲國本。彼辛苦若是。獨不念之乎。古人謂衣帛當思織女之勤。食粟當思耕夫之苦。誠惻然于心也。

丙午。給北平山西陝西戍卒戰襖十一萬。

戊申。張良臣復據慶陽叛。我右丞薛顯將五千騎步卒六千入慶陽。良臣夜襲我。執指揮張煥。顯創走。徐達聞之歎。上明見萬里外。

癸丑。置福建行省中書省參政蔡哲爲參政。諭曰。君子先辨義利。義者保身之本。利者敗名之源。福建繁庶。多番舶。卿其愼之。

甲寅。圍慶陽。

辛酉。命時物先薦廟。始供御。

御史中丞章溢卒。溢字三益。龍泉人。穎悟好學。從子存仁中寇。計脫之。集鄉兵捍其土。累功不拜官。已隱匡山。被薦入金陵。擢營田司僉事。改浙東。尋守處州。移湖廣按察僉事。胡深歿。還浙東按察副使。代領深衆。溢不受。仍官僉事。誅首叛殲餘寇。召鄉兵三萬送京師。上甚嘉之。及卽位。敍功拜中丞兼太子贊善大夫。務持大體。曰。憲臺儀表百司。當養人廉恥。豈恃鷹擊毛鷙哉。母喪負土營兆。毀甚卒。上自作文祭之。年五十六。

袁袠曰。孔子曰。有文事者必有武備。章公一儒者。提戈躍馬。掃清妖氛。收民馭衆之才。兼資文武。綽乎有寇恂之風。迨其立臺端。振肅綱紀。儀表百僚。務存大體。正直忠厚。章公有焉。

黃金曰。溢天性篤于孝友。撫世酬物。一本于誠。凡綱常大端。有關世敎者。恆舉以語人。每臨大事。議論不避權勢。必折衷于理。平生嘉言善行。不可勝紀。當元季羣盜四起。摩牙吮血。桑梓爲墟。溢談笑而殄滅之。無遺育。于是聲光流顯。上結萬乘之知。於戲。可謂道德之儒。學文武之全才者與。

綏州葭州降于徐達。

是月。封外祖陳公揚王。外舅馬公徐王。祠太廟東。陳公家揚州。宋末從張世傑軍中。失舟。感神助還里。二女。適季□。次卽淳皇后。公壽九十九。

六月甲子。賜國子生夏衣。

立平陽衞。

徐達降寧州。

丙寅。功臣廟成。徐達常遇春李文忠鄧愈湯和沐英位南向。胡大海馮國用趙德勝耿再成華高丁德興俞通海張德勝吳良吳禎曹良臣康茂才吳復茅成孫興祖位左右向。凡二十一人。塑像生者虛其次。

談遷曰。沐英當時雖備戎行。功未甚著。其廟次第六。何也。抑上神識逆覩其後耶。

丁卯。思州土官田仁厚子弘正入貢。俟釋服嗣秩。

戊辰。徐達以鳳翔守禦指揮余思明守平涼。

庚午。先是蘭山崩。軍士多壓死。命馳祭。仍卹其家。

諭國子生習射。

上讀叔孫通傳。以魯兩生不肯行。迂之。禮因時制宜。孔子云。朞月三年。必世。亦時也。庸待百年哉。

甲戌。徐達自涇州趨慶陽。

己卯。常遇春等克開平。初。遇春自鳳翔趨北平。征迤北餘寇。平章李文忠輔之。率萬騎步卒八萬。敗元將江文淸于錦州。次全寧。敗元丞相也速兵。克大興州。擒丞相脫火赤。至開平。元主復遁。追北數百里。俘斬其宗王慶生平章鼎住等。得吏卒萬人。車萬輛。馬三千。牛五萬。薊北悉平。

壬午。安南國王陳日煃入貢。命翰林侍讀學士張以寧典簿牛諒往封日煃安南國王。十一月及境。日煃先五月卒。從子日熞嗣。求誥印。不予。乃遣杜舜欽等請命。以寧留俟安南

癸未。裁中書省照磨檢校所斷事官。

丁亥。太廟祭器成。諭禮官曰。邇用古籩豆。宋太祖曰。吾先人亦不識此。孔子曰。事死如事生。事亡如事存。其言可法。今廟器俱時製。象其平生焉。

戊子。宋濂爲翰林學士。王褘待制。

故元左丞陳彎等攻鳳州。指揮張龍等擊斬之。

庚寅。慶陽大雨雹水溢。

壬辰。故海寧衞指揮同知嚴德追封天水郡公。

熒惑犯東咸星。

七月癸巳朔。禮部侍郎世家寶爲刑部尚書。

甲午。徐達遣降將李茂以千騎復捕隆德以西之未附者。

乙未。遣儒士歐陽佑等十二人採北方故元元統至正事入元史。

丙申。成太廟各帝后紗服。

己亥。征虜副將軍中書平章鄂國公常遇春卒于柳河川。報至。命平章李文忠領其衆。上悲慟罷朝。曰。使我如失手足。遇春懷遠人。有絕力。沉鷙果毅。善撫士卒。摧鋒殿後。未嘗敗北。年長于大將軍。奉令進止。毋敢失。性稍好淫殺。而元功自徐達外。無與匹矣。年四十。

袁袠曰。國之興也。必有虎臣。詩曰。時維鷹揚。燮伐大商。明興。諸將以功名顯稱者多矣。而開平王獨以驍勇

著聞。彭蠡之役。血戰者累旬。僵屍蔽湖。湖水爲之不流。鉅鹿昆陽之戰勿若是慘也。彼章邯尋邑之徒。豈項羽世祖敵乎。友諒雖粗暴寡謀。然地廣兵强。勢居上游。僭竊帝號。空國而戰。可不謂勍敵乎。而開平王獨賈勇死戰。方其走張定邊。脫高皇舟。一何壯也。高皇帝嘗曰。當百萬之衆。勇敢先登。摧鋒陷陣。所向披靡。莫如副將軍遇春。信矣哉。

王世貞曰。高帝以神武定天下。其臣皆莫及。然至于中山開平二王。則心儀焉。開平之甫定大業而不與其榮。宣帝之悲思之也。世談開平之勇而誠意之謀。皆怪而陋。夫喑嗚跳盪。百夫勇耳。彼豈知有所謂大將者。夫封鄂而謚忠武。唐之尉遲氏。宋之岳氏。併開平而三。大將之才。岳氏則吾開平伯仲哉。

何喬遠曰。大將軍謀勇兼資。雖勞不伐。夙夜匪懈。以功名終。所以處草昧君臣間微已。天下甫平。副將軍不及論功與共享之跡。其當時皆一心歸誠。皦然而無間。非徒用勇力冠軍人。以太祖之興比漢高帝。然曹平陽未必盡平天下。韓淮陰善戰而不善居之。未有如兩將軍者也。

談遷曰。以開平之鋒銳。半天下而靡之。與中山共功十九。其偏鏖獨往。于薊北最尤著也。中道夭折。雲臺追歎。雖然。日後功臣往往誅廢。令開平而在。其氣亢且出藍玉上。能無鐘室之憂乎。今溯元臣。輒曰徐常。則天又兩全之矣。

丙午。夜有大星自羽林軍流雲中。

丁未。廣西左右江各土官來貢。命岑伯顏知田州府。岑漢忠知來安府。黃世鐵知向武州。黃英衍知太平府。黃忽都知思明府。趙帖堅知龍州。

中書省議徙廣西諸溪峒人于內地。杜邊患。不許。

西番達達寇臨洮。會寧指揮楊廣擊走之。

戊申。李茂獲杜卜哈及將張演達。達大都虎以歸。
己酉。置麻寮千戶所于慈利。
辛亥。擴廓帖木兒部將韓札兒陷原州。殺指揮陳壽。都督馮宗異移兵驛馬關。指揮葉谷眞守彭原。韋正守邠
州。是夜札兒陷涇州。
癸丑。監察御史謝恕巡按松江。以漏賦逮百九十餘人至京師。多失實。上自訊得之。下恕吏。
丙辰。夏明昇來貢蜀人。聞我平關隴。大懼。丞相戴壽請結好治備。明昇從之。
辛酉。馮宗異自驛馬關擊韓札兒。走之。窮追不及。復涇原。
八月燚朔。常遇春喪至龍江。上臨祭。文曰。元季大亂。生民危蹙。未知所厎。朕奮起臨濠。屯師和陽。乙未之春。爾來
依我。同渡大江。先拔采石。旋平太建。江東之地。次第順軏。馬汗益馳。櫜弓未櫜。南破三衢。西圍金斗。戰漢鄱陽
九江間。射殞友諒。攻降武昌。以平湖湘。南克贛撫。雄安。北定襄陽。旋旆淮東。奄泰及徐。收浙舉吳。執其王歸。長
淮東西。大江南北。爾功懋焉。丁未之冬。副爾大將。北征中原。首下齊魯。既攬河洛。隨戡幽趙。遂包晉冀。轉淸秦
隴。與偏將軍稜威首天。轉戰永大。以底開平。朕全有中國。上軼古初。爾功懋焉。天下克一。方有膺酬。何圖未諧。
遽爾畢命。哀痛切心。與誰言哉。祭畢慟哭。命葬鍾山陰。立祠。
甲子。元總制賀宗哲擊鳳翔。
高麗國王王顓上表賀卽位。求封。
丙寅。元兵攻大同。平章李文忠方赴慶陽。至太原。聞大同警。以閫外事有利專之。遂由代出雁門。次馬邑。擒元
平章劉帖木兒。至白楊門。擒其四大王。且近敵壘。雨雪。身引數騎察無有伏。召諸軍阻水而屯。夜黑雲壓營。意
賊刦我。伏白楊門。果脫列伯空壁至。我二萬騎誘之。皆殊死戰。寅至辰稍疲。分左右翼。身先驅奮戰。大破之。擒

脫列伯。文忠手解縛以客待之。進克東勝州。元人斬孔興來降。我至莽哥倉而還。初。元主走蓋里泊。謀恢復。至是大失望。

己巳。定內侍諸司制。諭吏部曰。周禮閹寺未及百人。後世踰數千。卒爲患。夫求善良于此輩千百無一二。朕今備使令耳。雖未能如古。亦當防其微。定內使監奉御六十人。尙寶一。尙冠七人。尙衣十人。尙佩九人。尙履八人。尙樂七人。紀事二人。執膳四人。司晡二人。司香四人。太廟司香四人。涓潔二人。置尙酒尙麪尙醋尙染四局。御馬御用二司。內庫倉及東宮典璽典翰典膳典服典樂典乘六局。又置門官。

癸酉。元史成。左丞相宣國公李善長表上之。其元統以後俟續。賜纂脩汪克寬等金帛文綺。總裁官宋濂等倍之。史自開局至刪藁纔七月。迫期多忌諱。故表曰。往牒舛訛之日甚。他書參攷之無憑。雖竭忠勤。難逃疎漏。

談遷曰。元史記傳俱平敍。不置論贊。異于往代。宋文憲在元拜翰林國子編修。危太樸自負一代史。寧負國入江南。又元事百餘年。未宜蕩佚。而當時鉛槧。輒不滿人意。何也。聞史館有老兵能憶舊事。太樸嘗啖以果餌。得語則書之。文獻失守。不獨島夷索虜之嫌也。

甲戌。遣都督僉事吳禎諭徐達。如克慶陽。令馮宗異統兵同耿炳文守陜西。康茂才鎭山西。爾同湯和回京會葬鄂國公。

庚辰。天鳴。

乙亥。倭寇淮安。鎭撫吳祐等擊敗之。

丙子。遣符寶郎偰斯往封王顓高麗國王。賜金印。

辛巳。定大祀齋戒七日。

元總制賀宗哲右丞葛彬降于徐達。

壬午。給事中安統爲兵部尙書。
癸未。克慶陽。平章姚暉等開門降。張良臣投井。斬之。誅餘黨二百餘人。
元總制賀宗哲攻鳳翔。不克而遁。指揮金興旺知府周煥力守。間出師擊敗之。至是聞慶陽下。引去。
韓原。周添祥商暠爲福建廣東廣西行省參政。梁子忠爲尙寶司卿。陳子琳爲刑部侍郎。
甲申。上慮郊祀或風雨。禮部尙書崔亮攷宋祥符九年議。大祀值雨雪。就太尉廳望祭。元經世大典。社稷垣內建七楹。曰望祀臺。今南北郊皆殿九楹。社稷壇殿七楹。以備風雨。從之。又日月望祀靈星城南。
丁亥。禮部定祭器皆用磁。仿古簠簋豆登。惟籩以竹。
戊子。監察御史睢稼請有司月朔會鄉人讀律。如古人月吉讀法。上曰。感人以法。不若感人以心。敦信義而勵廉恥。此化民之本也。
江西行省平章陸仲亨署大都督府事。
置海南衞。
己丑。大將軍歸至原州。聞賀宗哲自六盤山北遁。遣都督顧時薛顯傅友德以萬騎追之。
庚寅。定五祀門戶中霤竈井。
諭元將擴廓帖木兒書曰。爾守孤城。保其餘衆。遠處沙漠。朕甚念之。是用特與湔滌。示兹至懷。
置燕山前後二衞。改驍騎衞曰龍虎。
臨川守禦千戶胡朝宗受賂。法宜死。其親老泣訴于三山門。宥之。
是月。修禮書。儒士徐一夔梁寅劉子□周子諒胡行簡劉宗弼董彝蔡深滕公琰。
召河間長蘆都轉運使周湞。

九月壬辰朔。徐達復至平涼。左丞何文輝自宣祿至。分兵戍守。

癸巳。夜有大星自外屏流天倉。

甲午。賀宗哲侵蘭州。徐達復遣馮宗異以萬七千人赴之。宗哲先遁歸王保保。乃還。

乙未。元宣差老關堅篤以莊浪州降。大將軍卽版授知州。

丁酉。皇子梓生。

元降將汪靈眞保張虎帖木兒同族屬入朝。

戊戌。太陰犯南斗。

庚子。作御寶六。白玉三。青玉三。文曰天子行寶。天子信寶。天子之寶。皇帝行寶。皇帝信寶。皇帝之寶。

辛丑。大將軍徐達御史大夫湯和發平涼入朝。以右副將軍馮宗異總制軍事。

山西參政楊憲爲中書省右丞。侍御史王居仁爲兵部尚書。

癸卯。禮部定獻瑞之節。上曰。災異尤重。其令有司無大小卽飛奏。

詔臨濠爲中都。上問建都于諸老臣。或言關洛。或言汴。或言北平。卽元宮尤便。上曰。長安汴洛。雖古帝更都。民之初定。未可重勞。元宮雖完。難仍其舊。建業江南形勝。眞足立國。臨濠前江後淮。據險通漕。朕欲爲中都焉。羣臣皆曰善。遂割泗壽隸中都。

定文武官見辭謝恩禮。

詔有司三年吏部考課。

乙巳。定司中司命司民司祿壽星曰中祀。

改歷陽縣仍爲和州。

丙午。占城國王阿答阿者入貢。
壬子。定番王朝貢禮。
癸丑。考樂制。徵聲律之士。
甲寅。作鐵券。得台州錢允一所藏唐昭宗賜錢鏐者倣之。狀如瓦。公二等。侯三等。伯二等。
乙卯。吐蕃寇臨洮。指揮韋正禦之。河未冰不可渡。正祝天。俄冰如巨屋流下。風隨之。冰合。卽擣其營。番人請降。
丁巳。元平章歐陽朝佐等三百六十人入朝。賜冠服。
戊午。征南將軍廖永忠參政朱亮祖等還自廣西。命太子勞于龍潭。入朝。仍令太子送永忠歸第。
是月。皇子杞生。
十月壬戌朔。高麗國王王顓遣使上表謝封。幷賀天壽節。使臣成惟德辭歸。賜顓書曰。使來。朕問國俗。言無城。有甲兵不嚴。有居室無聽政所。王好釋氏。民擾于倭。去海濱五十里或三十里始定居。朕雖德薄。王已稱臣入貢。合古諸侯。夫治亂持危。王者所以保諸侯之世也。古者王公設險守國。王無城郭。人民何依。國雖治。不可去兵。王侍衞不嚴。其何震之有。王無聽政所。何以示重。民五十里或三十里始定居。則瀕海不耕。何以不艱食。君無夷夏。惟修仁義禮樂。則民化祚長。王好釋氏。何能求福。國之大事在戎與祀。犧牲不育。何以供山川城隍之祭。今胡運既終。沙漠靡統。朕兵未至遼瀋。或有暴患。況倭久擾。王欲禦之。非雄將猛兵不可遠戰。王欲守之。非深溝高壘。內儲外援。不能爲備。圖患未然。轉危爲安。朕言甚悉。王審圖之。
遣湖廣行省平章楊璟使于夏。招諭明昇。旣至。昇惑羣議未決。璟還。貽書曰。古者同力度德。同德度義。無可度焉。則爲順圖。故能兩全身家。流譽亡窮。足下幼襲先業。不咨至計。徒取裁左右。謂瞿唐劍閣。一夫負戈。萬卒誰何。此皆不達時變。私相謬悞。何則。蜀之最霸。莫如劉備。諸葛孔明佐之。兵食不足。取之南蠻。然僅僅能自保。足下疆埸。南不過播州。北不過興元。以陡絕一隅之地。延須臾之命。可謂智乎。皇帝威武神聖。有順必賞。無負不夷。特念足下先人。故不忍加師。又意足下幼沖。恐惑于左右者之說。故使璟面諭禍福。深仁至恩。可不知乎。夫漢友諒。吳士誠。皆以英傑之姿。割吳劃楚。造舟塞江河。積糧比山岳。自謂强將勁兵。然鄱陽一戰。友諒授首。平江再困。張氏面縛。友諒子理竄歸江夏。窮迫出降。然皇帝卒矜而赦之。封以侯爵。今足下毋論二君。且亦自眡何如理耳。宜幡然獨斷。自求多福。不然王師一至。所爲足下謀者。各自爲計。足下奉老母安歸乎。足下卽幼沖。當亦痛已老母。逆順之圖。度之而已。昇不聽。

方谷珍李思齊爲廣西江西行省左丞。並居京師食祿。

參軍周或爲山西行省參政。

甲子。錄廖永忠所部征南將校功。旣入謝。上曰。論功行賞。常典也。第府庫之積。皆出民間。君特主以待有功。毫不敢妄與也。

己巳。山西參政陳亮爲中書省左參政。知吏戶禮三部。

庚午。敕葬開平忠武王常遇春鍾山之陰。給明器九十事。納墓中。贈翊運推誠宣德靖遠功臣。開府儀同三司上柱國太保中書右丞相。追封開平王。謚忠武。幷三代俱爵謚。

甲戌。甘露降鍾山。羣臣稱賀。請告廟。不許。

庚辰。圖徐達常遇春戰績于功臣廟。

賞平章韓政部曲功。賜金帛。

辛巳。命郡縣立學校。

癸未。命潭州衞指揮同知丘廣爲總兵官●寶慶衞指揮僉事胡海廣西衞指揮僉事左君弼副之。討左江上思州巒黃龍關等以龍關糾衆萬餘寇鬱林州也。

乙酉。置延安衞。

翰林應奉睢稼爲中書省參政。吏部侍郎汪河爲御史臺侍御史。

辛卯。詔郡縣立儒學。設敎授學正敎諭訓導有差。廪給諸生。

是月。遣元主書曰。朕本布衣。昔在田里。賴承平之樂。後因擾攘。爲衆推戴。乘時渡江。西平湖湘漢沔。南取交廣。東定吳越。八閩西江皆入版圖。前歲出師。由齊魯河雒。次及燕城。君棄宗社而去。自知胡無百年之運。能順天道。歸我中國。故上策也。方今華夏已平。外夷咸附。朕發鐵騎。四出塞外。精兵百萬。連陣二千餘里。直抵陰山之北。卽君逃遁。亦出僥倖。春和日暖。沙漠草青。漢兵出塞之時也。霜雪冬寒。則歸而守險。君雖百萬衆。何能爲哉。改圖易慮。以存宗祀。不亦善乎。

十一月壬辰朔。征虜大將軍中書右丞相信國公徐達入朝。

甲午。工部尙書孫克義爲河南行省參政。兵部尙書周或爲山西行省參政。

乙未。工部侍郎張允爲尙書。左司郎中劉誠爲兵部尙書。

丙申。大都督府都事趙耀爲湖廣行省參政。工部員外郎張本爲浙江行省參政。耀給事大將軍幕府。累績至是加官未遣。

丁酉。中書省欲作後堂。以病民不許。

甲辰。馮宗異等俱發平涼入朝。王保保乘師遠。縱游騎掠平涼鞏昌北鄙人畜。大爲邊患。

乙巳。冬至。祀員丘。始奉仁祖淳皇帝配。還御奉天殿。百官行慶成禮。

丁未。遣元平章長壽等諭元丞相也速書曰。將軍元之故家。宣力王室。積有年矣。比者天下多故。諸將類跋扈。

元主遠去沙漠。將軍獨孤軍殿後。義氣不衰。其餘僥倖之徒。俱雲逝鳥散。嗟哉。將軍之節。朕甚嘉焉。近聞塞外猶遑蠆毒。擾我邊陲。豈將軍不能輯士與我軍集于幽薊。待釁而動。將軍宜深思之。

戊申。夜。月入太微垣。

己酉。廣東行省參政周湞仍爲刑部尚書。諭曰。刑以輔治。唐虞不免。舜命皋陶。始雖曰明刑。終期無刑。皋陶亦曰。與其殺不辜。寧失不經。當時恤刑如此。卿其體之。

刑部尚書世家寶坐事降廬陵知縣。

戊午。戶部員外郎張仁榮爲侍郎。

置驍騎中後二衞。

庚申。朱昭爲戶部尚書。楊思義王克恭爲陝西福建行省參政。

辛酉。侯原善爲中書省參政。樊思民爲戶部尚書。尋改大都督府參議。

賑應天蘇松杭湖貧民八百四十六人。米一石。布一匹。

眞州王昭明等坐不軌伏罪。上召訊。釋其母子餘黨。

十二月壬戌朔。遣翰林編修羅復仁兵部主事張福詔諭安南占城國王。時占城訴安南侵擾。詔至。俱罷兵。

戶部尚書朱昭怠職。謫蘇州知府。

甲子。日中黑。

丙寅。諭禮官。凡百官奏對及班列失禮者。即舉劾。

丁卯。湖廣行省參政趙燿改北平。

戊辰。平章楊璟還朝。言明昇闇弱。不若即兵之。上曰。兵貴有名。或後悟來歸。可無勞也。

元俘脫列伯等至宥之。賜冠服。
壬申。虎賁左衞指揮同知丁德率兵討饒州文山盜。
甲戌。遣中書省管勾甘桓會同館副使路景賢封占城國王阿答阿者。
乙亥。安慶爲浙江行省參政。
己卯。辰州永順宣撫司彭天保入貢。置永順軍民安撫司。
辛巳。征虜右副將軍都督同知馮宗異不俟命班師還京。責而宥之。
壬午。歸高麗國王王顓從女以亂失上購得之。
以安南高麗山川附祀典。
甲午。總兵官潭州衞指揮同知丘廣等斬上思州蠻黃英傑。
陝西饑。命正月戶賑米一石。二月倍之。
呂宗俊爲監察御史。
戊子。詔驚蟄後祭旗纛。
己丑。大賞功。上曰。大將軍徐達定中原。克敵制勝。撫綏軍民。賞五百金。幣五十雙。開平王常遇春雖薨。與大將軍功埒。賞如之。右副將軍都督同知馮宗異。澤州之役。與平章楊璟妄分彼此以損士。及代大將軍總制。擅班師。不在賞。念其初勞。量給三百金。幣十五雙。御史大夫湯和南征雖破方谷珍。實浙江參政朱亮祖先摧敗之。及在閩不肅。八閩復叛。班師之日。蘭秀山賊乘之。失陷指揮徐琇張俊等。姑賚二百五十金。幣如宗異。平章廖永忠。平閩粤功可全也。在閩時不協湯和。致餘寇。賚金視如湯。幣二十。都督僉事吳禎。功于閩而能治軍。平章曹良臣等。從戰中原有功。金幣視如永忠。左丞趙庸。右丞薛顯。參政傅友德。賜二百金。幣十九。平章韓政賜二百五十金。幣十七。平章俞通源。右丞梅思祖。參政陸聚。都督副使顧時。賜百五十金。幣十五。參政陸仲亨。幣二。右丞王溥。幣七。其戍將平章楊璟。胡美。賞二百五十金。幣二十。雙。左丞周德興。都督同知張興祖。康茂才。金如之。幣十七。參政朱亮祖。張斌。戴德。賞二百金。幣十五。都督副使孫興祖。百金。幣十七。都督僉事郭子興。陳德。二百金。幣十五。都督僉事華雲龍。百金。幣十。諸衞指揮幣七。千戶衞鎭撫幣六。百戶所鎭撫幣五。營卒粟三石。金三之。其津遣傷沒諸吏卒賞各有差。

庚寅。元擴廓帖木兒兵襲蘭州。指揮張溫乘暮擊卻之。遲明。知戍兵寡。圍城數重。溫閉關不戰。鷹揚衞指揮都昌于光時守鞏昌。來援。戰敗馬蘭灘。被執。至蘭城下。使呼降。光大呼令堅守。敵怒殺之。進攻不利。引去。方其圍蘭也。元兵夜登城。千戶朱佑醉不知。其下乃擊卻之。圍解。張溫欲誅佑。知事朱友聞爭曰。當賊犯時。將軍斬佑以徇。所謂以軍法從事。今既退。恐坐擅殺名。溫悟。杖釋之。上賜友聞帛五匹。于光初事徐壽輝。以陳友諒弒逆來奔。累功。年四十三。上遣祭少牢。侑雞鳴山功臣廟。

黃金曰。唐劉感以驍騎將軍戍涇州。爲薛仁杲所圍。城垂陷。長平王叔良救之。賊乃解。感與叔良出戰。爲賊執。還圍涇州。令感紿城中降。感至城下。大呼曰。賊大饑。亡在旦夕。秦王數十萬衆且至。勉之無苦。仁杲怒殺之。今觀于光與感事絕相類。又歎夫古今人未始不相及也。嗚呼。感之心卽光之心。而光之功則浮于感。然唐于感贈瀛州刺史。爵平原郡公。封戶二千。謚忠壯。賜田宅。光于此數者皆未之有得。豈聖朝崇報之典尙有闕與。當必有追議之者。

詔赦臨洮吏卒之亡匿山谷者。

戶部奏是歲郡縣墾田八百九十八頃。

湖廣慈利縣叛蠻殺千戶覃友仁。左丞周德興平章曹良臣李伯昇討平之。

溧水知縣郭雲爲指揮使守禦南陽。僉知南陽府事。

是月。設河東陝西山東北平河間福建都轉運鹽使司。河東陝西解鹽歲課三十萬四千引。引二百斤。靈州鹽課司歲課萬三千三百三十八引有奇。引四百斤。山東歲課十四萬二千五引有奇。北平河間歲課七萬八千八百五十引有奇。

西域僧班的達等自中印度來朝。

國榷卷四

庚戌洪武三年 夏開熙五年。

正月辛卯朔。上受朝賀。宴羣臣奉天殿。

置鞏昌平涼二衞。平涼衞指揮秦虎率五千人屯田西鳳平涼間。

癸巳。命徐達爲征虜大將軍。浙江行省平章李文忠都督馮勝爲左右副將軍。御史大夫鄧愈湯和爲左右副副將軍。北征沙漠。諸將請直僞元主。上曰。王保保 擴廓帖木兒家世封王。故名。 方寇邊。舍而遠圖。非計也。其分二道。大將軍自潼關出西安。擣定西。取王保保。左右副將軍出居庸。入沙漠。追元主。毋復留塞外。上武冠御午門。授節鉞。大將軍出。勒所部建牙。鳴鼓角鼓吹先驅。百官以次出送。

駙馬都尉王恭爲福建行省參政。

甲午。各按察司官來朝。

募萊州水工航海餉永平衞。

命中外風憲官與屬官禮覲品級。御史按察僉事行部。拜郡守。郡守有罪。得按治之。

來安土知府岑漢忠招諭定遠等縣。遣賜文綺上尊。

定王府官制。左右相。左右傅各一。參軍一。錄事二。紀善一。

上出黃金一錠示近臣。曰。此表箋袱盤龍金。令宮人滌鎔得之。又出雜綺絲片。縫如毯。曰。此製衣所遺。用緝爲被。

禮部定朝日春分。夕月秋分。星辰祔于月。從之。
庚子。遣使祀安南高麗占城山川。
中書右丞王溥省墓。
賜右丞楊顯名彝。參政陳亮名寧。
置通州蔚州衞。
壬寅。吏部奏庶官有罪徙儋崖。上曰。儋崖之民何譴焉。更當擇長吏教導之。薛應旂曰。嘗歷西北邊徼見郡縣長佐。往往以人品凡庸及胥吏雜流爲之。土地瘠薄。生理蕭條。而此輩多逐錙刀之利。民不聊生。欲稍爲振起。彷徨四顧。並無可委之人。乃知聖祖之鴻謀遠慮。不遺遐遠。而凡爲吏部當深思而重之也。
癸卯。元擴廓帖木兒屯安定縣之西巉。恣掠。
甲辰。太常司定太廟朔望薦新及獻新禮。
丁未。享太廟。
庚戌。湖廣辰州湖耳洞長官楊秀榮。潭溪長官石文煥。新化長官歐陽萬。平江蠻夷長官楊晟明。歐陽寨長官楊再仲各入貢。賜冠服。仍立潭溪湖耳新化歐陽古州及八萬亮寨蠻夷軍民長官司。
辛亥。太常司卿胡惟庸爲中書省參知政事。起居注魏觀爲太常司卿。
壬子。合肥衞改廬州守禦千戶所。
癸丑。故都督張德勝子宣嗣職。初宣幼養子同嗣。至是同更氏汪興祖。
丁巳。命戶部主事李亨馳傳賑西安鳳翔饑民。戶粟一石。凡三萬六千八百八十九石。

滕德懋爲兵部尚書。

刑部尚書鄱陽周湞入官輒責胥史。謫惠州府經歷。

置大同左右二衞永平衞。

沂邳山民作亂。參政陸聚討平之。

二月辟朔。立神帛制敕局。

壬戌。上行後苑。見巢鵲卵翼之勞。喟然而歎。命羣臣親老許歸養。元鎭撫陳興孚至。言母在嵩州八旬餘。求放歸。驢遣之。

甲子。享先農。

上合祀太歲月將風雲雷雨岳鎭海瀆山川城隍旗纛諸神。手署名。

製四方平定巾頒天下。

乙丑。詔續元史。儒士歐陽佑等上所採故元元統後遺事。于是翰林學士宋濂待制王禕總裁。儒士趙壎朱右貝瓊朱世濂王彝張孟兼高遜志李懋李汶張宣張簡杜寅殷弼俞同纂修焉。時徵天台徐一夔。不至。

丙寅。中書省郎中夏惟武爲戶部侍郎。

己巳。大河衞火。

指揮曹興才爲山西行省參政。兼太原衞。立太原左右衞。

庚午。召江南富民赴闕。上口諭數千言刻布之。曰敎民榜。初元富室多武斷凌民。故上召諭之。

開封倉糧三萬六千餘石。虧支二百五十石。上以耗折。不問。

上問禮部尚書崔亮。百官朝參分左右。何也。曰。朝參避君上升降俱卯陛。朝左右列。避馳道。上命省府臺官拜謁從甬道。
癸酉。命郊祀陳戶口賦籍于臺下。祀訖藏內府。
甲戌。故肇慶府經歷裴源奉檄值新興山賊死之。贈晉二秩。
罷太倉黃渡市舶司。
丙子。上朝日于東郊。
丁丑。皇子檀生。
癸未。故元帥郭子興追封滁陽王。立廟滁州。
乙酉。指揮金朝興克東勝州。
丁亥。長淮泰州衞軍于淮安覆米二百七十餘石。部議償。上以風故。貸之。
置留守衞。
戊子。詔曰。朕惟六部繁重。在位未盡得人。豈用才未廣與。抑賢智抗志甘岩穴與。詔下有司。悉心推訪。禮遣之。
是月。左副將軍李文忠兵下興和。進次察罕腦兒。擒元平章竹貞。
命省部同太史令劉基攷古朝服公服之制。
三月賡朔。程昭爲工部侍郎。
詔曰。朕即位以來。思同民樂。奈守將新戍邊陲。大將率師吐蕃。轉運未巳。所在郡邑。供給有後先。豐歛有彼此。雖嘗蠲免。猶思凋弊未蘇。應天鎮江太平寧國廣德滁和。給我軍士渡江之初。至于平定。朕無時忘之。徽嚴金衢處廣信池饒廬以次歸附。供給亦勞。河南北平民久苦兵。山東河南壤相接。亦宜培養。庶得相率爲生。其皆免今年夏稅秋糧。

壬辰。淸明享太廟。侑常遇春。

甲午海寧衞指揮副使孫虎至落馬河。値元太尉買驢戰。死之。贈廣安郡伯。

丙申。給朝臣袍帶二千八百十有三人。章服准原授散官。如唐制。不計見秩。

丁酉。鄭州知州蘇琦上三事。曰屯田積粟。曰選重臣分鎭統制諸番。曰招流攜復業以實中原。上善之。

□□知府左安善爲刑部侍郞。

戊戌。免徐邳夏稅。

己亥。裁處州慶元縣。

庚子。置祕書監。

壬寅。兵部尙書滕德懋改戶部。秦适程進爲戶部左右侍郞。尋遷适殿中侍御史。

丙午。賜京官絹帛有差。

江西行省參政何眞改山東。

班駙馬都尉于百官上。

戊申。吏部侍郞李廷桂爲戶部尙書。李迪李仁爲吏部侍郞。劉貞爲兵部侍郞。朱守仁爲工部侍郞。

戶部尙書杭琪坐事謫陝州知州。

庚戌。虎賁衞指揮潘毅卒。遣祭。賜葬臨濠。贈鎭國上將軍僉大都督府護軍。追封滎陽伯。謚武肅。

辛亥。置南寧柳州二衞。改慶遠安撫司爲慶遠府。

壬子。都督同知汪興祖克武州朔州。

甲寅。攷諸王冊寶制及冊封禮。

丙辰。置靖州衞。

丁巳。元國子祭酒孔克堅卒。孔子五十五世孫。克堅入朝。上客禮之。還卒下邳舟中。年五十五。

立盱眙揚王神道碑。翰林學士宋濂撰文。歲再祭。

戊午。徐達兵至定西。擴廓退屯道峴。達進次沈兒峪。築壘偪之。時日中頻有黑子。太史令劉基曰。王保保雖可取。亦未可輕也。上敕達曰。術者言西征有水警。昔唐裴行儉屯兵平川。暮徙高阜。人不之解。其夜水溢丈餘。幸亡恙。將軍愼之。

是月。遣萊州同知趙秩詔諭日本國王良懷。

六安州人胡永興潘文友作亂。殺判官朱謨。掠英山。知州陳銘善子眞擊敗之。尋平。

置察言司。受四方章奏。王文卿爲察言司令。

省博平清平夏津朝城觀城范館陶縣。

四月紀朔。諸王冊寶成。

癸亥。夜有大星青赤色。自下台北流文昌。

甲子。詔蒙古色目人等。朕皆許入仕。比聞多更姓易名。以就中國。朕慮其子孫久而昧厥初。非古聖王審本始別婚姻之意。中書省告諭之。吏者皆聽改。

乙丑。詔封皇子樉秦王。棡晉王。棣燕王。橚吳王。楨楚王。榑齊王。梓潭王。杞趙王。檀魯王。從孫守謙靖江王。皆授冊寶。齊潭趙魯俱幼。保傅護之。趨拜。

陳子龍曰。諸王皆親高帝子。或從帝定天下。無不有帝制心。雖跨州連邑。與漢不侔。而厚擁貲財。盛設兵衞。縱橫之資具矣。莫不以天族逶迤。龍章繽紛。護衞皆騰健之徒。官屬有精采之士。上公丞相拜伏下塵。儼然一國主焉。至于建文君之時。緣飾太平。隙開諸叔。晁錯之謀益急。田叔之火無聞。傅以稗將。幽之請室。文皇帝積不堪之心。藉可乘之業。奮兵北平。奄有天物。嗣是而後。虛禮攸崇。昔權益脫。夫既以此而得國。卽以此而疑人。人情不其然與。故漢踵燕山之跡。寧乘國統之虛。而山東輿櫬。江表焚舟。良由勢弱形廢。所憑非勝也。

丙寅。置大宗正院。正一品。

鄭九成爲秦府左相。汪河爲晉府左相。各兼陝西山西行省參政。

頒封王詔于安南高麗。

徐達師出鞏昌之安定縣。次沈兒峪。與擴廓帖木兒隔深溝而壘。日數戰。敵千騎間下東山。潛劫東南壘。壘驚。左丞胡德濟不能軍。達乃身擊之。遂斬東南壘將趙指揮等數人以徇。明日。諸將悉力戰。大敗之。擒元郯王文濟王及國公閻思孝韓札兒虎林赤等官千八百六十五人。吏卒八萬四千五百餘人。馬萬五千二百八十四。橐駝驢牛羊雜畜稱是。擴廓從宣城與其妻子數人得浮槎以濟。遂奔和林。械德濟于京師。都督郭英追擴廓至寧夏。不及而還。保保先驅掠人畜及師所誅僇皆過當河南遂空而平涼復爲內地

戊辰。秦王樉等謁謝太廟。

夜。大星青白色。自天市垣北流。散爲三。沒于虛宿。

己巳。釋元平章火兒忽答右丞哈海等北歸。貽元主書曰。前再遣使致書。久不還。豈尚以往昔君民之分。謂不當通問耶。君者天下之義主。何常之有。顧人心天命何如耳。今日之事。非予所欲。亦天命非人力也。君其奉天順人。遣使通好。庶幾收近塞以延其宗祀。若殘兵出沒。爲邊民患。將悔之無及。

壬申。安南使臣杜舜欽上言。陳日煃卒。日熞請命。

癸酉。上素服御西華門見杜舜欽等。遣翰林編修王廉往祭。賻五十金。絹五匹。命考功主事林唐臣封日煃安南國王。又命廉祭漢伏波將軍馬援于橫州。

癸酉。以危素爲翰林侍讀學士。

甲戌。夜月食。

丁丑。徽州衞改守禦千戶所。

置蘭州衞。

戊寅。勅徐達增戍甘肅。所俘部曲。令從伐蜀。蜀平卽留戍之。

庚辰。立弘文館。胡鉉爲學士。劉基危素王本中睢稼皆兼學士。

乙酉。敕徐達曰。朕命將出師。悉由節制。將軍備知之。浙江左丞胡德濟從征定西。壘中驚擾。將軍不軍法從事。械送京師。欲效衞青不斬蘇建。獨不見穰苴之待莊賈乎。將軍誅之則已。不誅。吾且念其信州諸暨功。不得不曲赦以伸吾私。今後將軍毋事姑息。

丙戌。元主妥懽帖睦邇殂于應昌。年五十一。太子愛猷識里達臘嗣。上謚惠宗皇帝。太尉完者使觀音奴奉梓宮北葬。

于愼行曰。元明宗出適雲南。去居沙漠。有子二人。長順帝。次寧宗。考之正史。元之北鄙有斯蘭兒部落來降。封爲郡王。明宗居沙漠。納其裔孫罕及魯氏。名曰邁來的。生妥懽帖睦邇。卽順帝也。至順初徙之高麗。使居大青島中。尋詔天下。言明宗在日。素謂非其子。移于廣西靖江。至寧宗崩。乃入承大統。生十三年矣。其記瀛國公入元。與全太后俱爲僧尼。賜田五百頃。至正十二年。河南盜起。引亡宋故號以爲口實。乃安置瀛國公之子和尚趙完普于沙州。蓋德祐父子俱爲僧也。順帝始末及瀛國踪跡。在史如此。而小說所記合尊生子事。以爲明宗在沙漠。帝㬎以駙馬爲僧。延明宗飲。是日生子。明宗乞養之。卽順帝也。豈以明宗納斯蘭之裔。而宋帝又嘗爲僧。遂附會而成與。然自謂非其子。則國史所傳亦必有說矣。天道好還。假趙氏之胤以亡胡元。亦冥報之所有者。其跡曖昧。國史所宜闕也。

談遷曰。終元之曆殆百餘年。臺省禁近非瀚海貴臣。則柳林右族也。釋劍而修仁義。彎弧而享神祇。下至庚申君。斡難之牧。猶蕃上都之甲。未滅。而刑威日替。方谷珍韓林兒其人最微。末不足汚三尺。遂盪裂而莫之支者。何也。人主宰割宇內。偶諉其柄。賴股肱大臣同心一力。今伯顏擅于前。孛羅悖于後。台衡紊度。盜賊徧于天下。將星未殞。賜以杜郵之劍。曲沃不徙。臨以皐落之師。又察罕無祿。擴廓重譎。欲以圖存長治。計之左也。自來亡主。多有才藝。以佐其荒淫。不軌不物。自底于喪敗。然覆國踣氏。何代蔑有。子嬰銜璧。孫皓輿櫬。幽蘭之灰。崖門之溺。言之愴人。帝獨竄免。不其幸乎。或曰。彼實有爽德。出自宋裔。神明之後。厥罰未酷。雖其說未有明據。安知蒼蒼之表。不速其亂而寬其譴也。

丁亥。李思孟爲大都督府參議。

是月。湖廣慈利縣土酋覃垕作亂。平章楊璟討之。敕擊賊遠去。毋窮追輕動。

置磨勘司。太子伴讀高暉爲司令。

立龍江左衞。罷常州衞。

五月玘朔。徐達遣左副副將軍鄧愈招諭吐蕃。自將取興元。

寧國衞指揮僉事陳德成西征戰死岷州。賜祭葬。贈指揮副使。廕子千戶。

辛卯。遣翰林編修蔡雲侍儀舍人李震亨陳敏于謙等訪歷代帝王陵廟。

壬辰。給北征軍革履十四萬八千餘人。

翰林侍讀學士古田張以寧還自安南道卒。以寧元泰定丁卯進士。歷侍讀學士。入明官如故。臨沒詩覆身惟有黔婁被垂橐都無陸賈金。所著翠屏集行世。

談遷曰。嘗見野史錄名臣及張學士以寧。心竊非之。以寧起家光州判官。尹六合。又教授淮安。入爲國子助教。預翰林。食元祿四十餘年。其大父留孫禮部尚書。父一清參知政事。沐其世恩。在明僅歲餘耳。等于危素。雖使節安南。無足論也。

癸巳。諭中書省臣曰。今人書札多稱頓首百拜再拜。殊不誠。小人取名字。往往犯先聖賢或國號。禮部定書式示四方。所犯名字禁之。

甲午。復置司農司于河南。領墾田。卿一。少卿二。丞四。

乙未。冊貴妃孫氏。充妃胡氏。惠妃郭氏。寧妃郭氏。定妃達氏。順妃胡氏。

嚴宮政。皇后不外預。宮費奏自尙宮。內使監覆之。始支部。否則論死。或出私札。罪如之。宮人疾。言其狀。徵藥。羣臣命婦朔望慶賀。止朝中宮。餘毋入。

丁酉。遣告諸王國內山川。

詔守令詢舉學識篤行之士。禮送京師。

左副將軍李文忠左丞趙庸敗元太尉蠻子平章沙不丁朵兒只八剌于白海子之駱駝山。進開平。降平章上都罕等。

都督孫興祖及燕山右衞指揮平定大興左衞指揮龐禮至三不剌川。值虜戰敗。死之。興祖。濠人。贈行省左丞。追封燕山侯。謚忠愍。孫虎贈大都督府僉事。追封廣安郡伯。開國功臣傳云孫虎追封樂浪郡伯。

己亥。始開科舉。詔曰。成周取材貢士。漢唐及宋各有定制。前元依古設科待士甚優。其後權豪勢要引納奔競。

所得資品或高于舉人。士恥與並進。甘隱不起。朕統一中夏。建官維賢。自今年八月始。特設科舉之制。士經明行修。博古通今。名實相稱者。朕將親策于廷。使中外文武皆由是選。非是毋得出身。因許高麗安南占城諸國以鄉貢赴試于京師。

辛丑。李文忠趨應昌。距百餘里。知元主殂。兼程進。

癸卯。復值元兵。大敗之。追至應昌。圍其城。

甲辰。克應昌。獲元嫡孫買的里八剌及后妃宮女暨官屬將校等。駝馬牛羊亡算。得歷代金玉璽寶圭冊斝斧。元嗣主與數十騎遁。文忠自率精騎追之。至北慶州。見角端而還。過興州。降元將江文清等三萬六千九百餘人。至紅羅山。又降楊思祖等萬六千餘人。班師。

談遷曰。禮不伐喪。侯君集征高昌。聞其喪。引師而還。元帝雖失國。寄生沙漠。無祿即世。不過十五日。彼儼然衰絰之中。李將軍倘懸軍百里外。遣介使相唁。兼告之曰。本奉命逐北。宜薄城下。聞嗣君未輟哭。仁人之所隱也。然不能以虛返。進退惟命。彼窮虜喪氣。有卽遁耳。如其不然。鼓行而前。嚮爲禦之。李將軍功在旦夕。惜無以侯君集之事語之者。

乙巳。作南北郊齋宮。

丁未。行大射禮。頒天下官吏學校。

己酉。蘭州衛指揮使張溫爲大都督府僉事。

辛亥。攷歷代服色。夏尙黑。商尙白。周尙赤。秦尙黑。漢尙赤。唐服飾尙黃。旂幟尙赤。宋尙赤。禮臣奏歷代異尙。今於赤爲宜。從之。

徐達與都督馮勝參政傅友德左丞李思齊自徽州南出略陽。擒元平章蔡琳。遂入沔州。又金興旺張龍自鳳翔入連雲棧。合攻興元。降守將劉思忠金度祥。達還西安。
左副副將軍鄧愈自臨洮進克河州。招諭吐蕃。
罷祀壽星司中司命司民司祿。
夜。有大星自文昌東流天船沒。
癸丑。增祀風雲雷雨于南郊。天下山川于北郊。
元江南儒學提舉楊維楨卒。維楨諸暨人。文詞雄富。爲南士稱首。上徵至。引疾去。年七十五。著書數百卷。
甲寅。增太廟各帝后幣二。
湖廣行省平章楊璟攻覃垕不下。請兵餉。初攻覃垕寨。賊下戰敗之。寨險峻。纔通一人。不可上。雖再敗之。賊詐降。誘執我將黃永謙。上讓之。命參政戴德往。仍撫慈利諸人。如違制。并治爾潞州失利之罪。
丙辰。免蘇州逋租三十萬五千八百餘石。初戶部欲罪其有司。上以罪有司必虐民。于是蠲之。
山西蔚州定安縣大雨雹傷稼。
丁巳。上念初時都先鋒府及各元帥都尉等官。多物故。或無子。存恤其家。
復諭元將納哈出書曰。天下已定。高麗稱藩。于是盧龍登萊之師。欲造遼左。朕聞爾總其衆。不忍重擾。前使往。不得要領。豈遼地遠。我不能至與。抑人謀不決與。不然。謂曩日來歸。朕不能虛懷耶。何相忘之深也。昔竇融以河西歸漢。功右諸將。朕獨不爲遼東故人留意乎。哲人知幾。毋貽後悔。
寶雞縣進瑞麥。上曰。日者鳳翔饑。遣賑。不數月獻瑞麥。夫民未粒食。雖瑞麥何益。第歲豐人給。風俗淳美。其瑞多矣。麥何異焉。
六月戊午朔。上禱雨山川壇。素服草履步往。露坐晝曝。夜臥地。皇后與諸妃執爨。爲農家食。雜麻麥菽粟。太子諸王躬饋于齋所三日。庚申。還宮。齋宿廡下。

辛酉。出紗綵萬四千匹給將校。例外給軍士薪米。令法司決獄。下有司訪求天下儒術深明治道者。

壬戌。大雨。

癸亥。詔曰。朕考嶽鎭海瀆之封。起自唐世。崇名美號。歷代彌隆。夫是皆高山廣水。自天地開闢至今。英靈之氣。萃而爲神。必皆受命上帝。幽微莫測。豈國家封號可加。忠臣烈士可以加矣。亦唯當時爲宜。夫禮明神人。正名分者也。今依古定制。皆以其神稱府州縣城隍。第稱其府州縣城隍之神。歷代忠臣烈士。如其當時名爵。後世稱謚。皆與革去。惟孔子如舊。天下神祠不應祀典者。有司毋祭。

命僧克新等往西域招諭吐蕃。仍圖其所歷山川險要。

大都督府僉事華雲龍爲都督同知兼燕府左相。

甲子。定朝儀。其殿廷失儀。殿中侍御史糾之。大朝會失儀。監察御史糾之。

禁淫祠。制曰。古者天子祭天地。諸侯祭山川。大夫士庶各有所宜。普天之下。民庶繁多。人人祈天。瀆僭莫甚。民間合祭之神。禮部定擬之。祭先祖。歲除祀竈。春秋祀土穀之神。

定五等勳爵。

丙寅。追封故姊太原長公主隴西長公主。

戊辰。廣西衞指揮使蔡僊爲廣西行省參政。

庚午。司天監改欽天監。

徵江南富民詣闕。既至。親諭以生人處世治家持身之道。恐其言久易忘。刻賜之。翰林官宋濂、詹同、王禕起居注陳敬奏事畢。賜坐。曰。卿等知朕訓民意乎。禕曰。三代下人主知政不知敎。自古帝王身兼君師。陛下訓民。天下師也。
壬申。左副將軍李文忠應昌捷至。羣臣稱賀。上謂侍御史劉炳曰。若元臣。毋賀。因榜禮部。凡北捷。故元臣不得賀。又以元主達變。謚曰順帝。
談遷曰。命故元臣毋賀。于以砥節至嚴也。諸君子舍彼介鱗。依光日月。方濯磨自効。而竟以首陽風之。不捫心自媿乎。總管府判劉基翰林國史院編修宋濂俱食元祿。爲開國第一流。當日何以處之。或所榜專大都降臣耶。然官不論崇卑。以一命而諱之。恐賢者不自匿也。
置惠民藥局。
癸酉。中書省榜應昌之捷。上曰。元雖夷狄。君夏百年。朕與卿等父母皆賴生養。天訖其祿。于朕何與。捷音誇非所以示四方。速改之。
元孫買的里八剌等及册寶至京師。省臣楊憲議獻俘。上曰。册寶貯庫。不必進。武王克殷。亦俘之乎。憲曰。遠不能知。唐太宗行之矣。上曰。以待王世充。恐不加隋氏。元之德及朕先人。未可俘也。令胡服朝奉天殿。畢。賜漢衣冠。母妃朝中宮亦如之。毋陛見。
福州地震。
安南國王陳日熞遣阮兼莫季龍入謝。兼道卒。歸其喪。
乙亥。買的里八剌入朝。賜第龍光山。封崇禮侯。居食聽適其土之故。
丙子。都督同知汪興祖與指揮常守道出大同北。擊元將速哥帖木兒等。大敗之。
丁丑。詔曰。庚申之君。不能有元天也。其始首禍之徒。欲爲王霸。卒皆滅亡。亦天也。朕時年二十有四。盤桓求生而已。不謂遂有天下。維元遺孽。時犯邊疆。勞我師旅。今年五月十有五日。左副將軍李文忠兵至應昌。庚申君已殂。獲其嫡孫以禮送至中書省臣請俘。朕心不忍。朕本凡民。天下之亂。實非朕致。今定四海。與之休息。亦非朕能。皆天也。於戲。君舟民水。載覆不常。敢不畏哉。仍遣諭安南高麗占城。元主庚申生。

詔諭元宗室部落臣民曰。朕即位初遣使臨諭。四夷咸奉職納貢。惟漠北以庚申君故未及。今祿位已終。爾諸部酋長依職奉貢。當給印還領所部。毋爲寇。朕視華夷亡間。凡孳畜從便地牧養。違者且舉兵加誅。毋執迷貽悔。其塞下因元喪亂。征徭繁重。供億勞苦。朕甚閔焉。詔至悉安所居。毋驚擾廢耕牧。

濟南知府陳脩及司農官言。北土荒蕪。招鄉民墾十五畝。給二畝蔬之。皆免科三年。其馬驛巡檢司急遞鋪役人各墾田給牛種。從之。

戊寅詔諭雲南八番西域西洋瑣里爪哇畏吾兒等國。

溧水大雨水壞民舍。命賑之。

命郡縣立城隍廟。

嵩縣典史劉□秩滿入京。上見其敝衣。果廉謹。賜布帛。

庚辰中書右丞相汪廣洋罷。侍御史劉炳望楊憲旨誣其不孝。

遣葬宋理宗顱骨于紹興永穆陵。初侍講學士危素言。元世祖毀宋陵。截理宗顱骨爲西僧飲器。上購得之。瘞城南。至是閱永穆陵圖。敕葬焉。

鳳翔衞指揮金興旺爲大都督府僉事。仍守興元。秦府左相耿炳文兼陝西行省右丞。都督僉事郭子興爲秦府傅。仍兼陝西行都督府僉事。都督同知汪興祖爲晉府傅。兼山西行都督府同知。謝德成爲大都督僉事。張溫兼陝西行都督府僉事。

故元四大王走太原靜樂嵐山中。至是糾衆侵武州。太原衞指揮桑杜鄭亨擊走之。獲其兒脫火的帖木兒。

辛巳。令民立義塚。

山西行省言大同艱運請募商輸大同粟一石輸太原粟一石三斗給淮引鹽二百斤。從之。

徙蘇松杭嘉湖富人四千餘戶佃臨濠。

改應天知府曰尹。

壬午。宜興衞改守禦千戶所。

秦府左相陝西行省右丞耿炳文署行都督府事。

癸未。增廣國子生擇文行之士充學宮。

乙酉。改興元府曰漢中。

置親軍都尉府及儀鸞司。

初。惠安人陳同作亂。屢敗官兵。至是駙馬都尉王恭擊斬之。

灤州大水。延安雨雹傷稼。俱免田租。

是月。倭寇山東浙福沿海被其患。福州衞軍大敗之。擒三百餘人。

故元陝西行省吐蕃宣慰使何鎖南普等鎮西武靖王卜納剌並降于鄧愈。

七月癸朔。續修元史成五十三卷。纂修儒士趙壎朱右朱濂乞歸。

辛卯。議建諸王邸。秦王西安。晉王太原。燕王北平。楚王武昌。齊王青州。潭王潭州。

壬辰。置水軍等二十四衞。各五十艘。軍三百五十人。

立亭午門外。凡政事可式及詔令善者勒于石。

乙未。翰林學士宋濂待制王禕坐失朝降編修。

寶源局火。

丙申。太常卿魏觀爲翰林侍讀學士。唐肅爲翰林應奉。

置忙忽軍民千戶所。隸綏□衞時故元參政脫火赤等降。授副千戶。

丁酉。禮部主事王肅爲侍郎。

置軍儲倉。

己亥。殿中侍御史秦适爲廣西按察使。監察御史王子啓胡子祺爲僉事。諭曰。須馭吏嚴明。待民寬裕。又曰。毋責近效。但安靜俟之。

定功臣守墓人戶。

定朔望御殿百官朝參禮。

夜。有大星自雲中流東北。有光四尺餘。

壬寅。給朝臣朝服公服。

上海縣大風。有物蔽空墮沙岡林彥英家。俱楮幣。

甲辰。夏明昇進楠木。

乙巳。太常少卿陳昧爲太常卿。

吏部尚書黃岡吳琳致仕。琳初授國子博士。至今官。予告村居。上嘗遣使覘之。見老人力田。私問吳尙書安在。對曰。身是也。使者以聞。

陳善曰。富貴亦何常。朝而簪紱。暮而耒耜可也。今世士大夫好以等威自尊。卽無深衣里社者。况力田乎。如吳公忘其鼎貴。齒于老農。雖行非中庸。其去豪侈者遠矣。

周聖楷曰。人臣潔身事主而蹈危機者。非盡其世之不淑也。或快意當前。止足念少。或功高譽重。斂退未能。古之覆轍。往往然矣。吳公起自布衣。屢登樞要。獨能隱顯一致。坐化木天。視夔門之旅櫬。斯爲優矣。

徵天下學識篤行之士。應詔送至尚書考最。得十八人。桐廬魏潛王訥。河西李顏。永豐丁節。永嘉許士宏。萬安夏瓚。樂清李時行。衞輝陳士舉。龍泉劉谷趙暉。合肥夏起。瑞安馬漢。分宜劉沂。平陽孔希晉。永新歐陽子韶。泰和王子啓。安福歐陽楚芳。廬陵胡伯清。吉水胡子祺。是日。太史奏文星見。上曰。此唐太宗一代之選。朕得之一日。皆拜監察御史。胡子祺首奏天下勝地可都者四。河東高厚。控制西北。然其地苦寒。士卒不堪。汴梁襟帶江淮。然平曠無險可守。洛陽周漢營都之。然嵩邙諸山。非殽函終南之固。瀍澗伊洛。非涇渭灞滻之雄。故山河百二。可聳諸侯之望。緜宗社之久。舉天下莫關中若也。上善之。

福建行省參政蔡哲爲御史臺侍御史。

庚戌。禮部侍郎黃肅降工部郎中。尋拜工部侍郎。

許天下軍民自占籍應役。應天得六百二十三戶。

壬子。始賦畿內芻以飼北馬。

命平章胡美招河南故元擴廓帖木兒遺兵。

汪仲海爲禮部侍郎。張亨爲兵部侍郎。劉崧爲職方郎中。

甲寅。翰林應奉陶凱爲禮部尚書。

丙辰。山東旱。自五月至是月不雨。

夏人侵漢中。守將金興旺擊卻之。明日再戰。中矢不退。斬數百級。我戍兵三千。夏將吳友仁率兵三萬。因間走寶雞告急。敵圍城。發礮石拒之。徐達遣傅友德以三千騎趨黑龍江。夜襲木槽關。攻斗山砦。令山上人燃十炬。

友仁驚遁。

中書省右丞楊憲爲左丞。尋伏誅。憲陽曲人。少從官江南。諳經史。善辨。上克金陵。留用。使張士誠還。除博士所諮議。擢江南行省都事。敏決頗好陰中。嘗勸上督責之政。不聽。歷司農卿。倍稅浙西。民甚苦之。自河南山西行省內遷。怙權更制。創一統山河之押。覘僚吏背附。編修陳桱賀其大貴。奏除待制。嗾侍御史劉炳劾罷汪廣洋。又劾刑部侍郎左安善。上覺其枉。下炳獄。太史令劉基併發憲奸狀。引伏。于是劉炳陳桱按察使淩總等俱棄市。初上問相于劉基。右丞楊憲何如。基故善憲。曰憲有相才。非相器。必敗。問汪廣洋何如。曰褊淺殆甚憲耳。問胡惟庸若何。曰此小犢。將破轅僨犁。上不懌。曰然則相朕毋逾先生也。曰臣自知疾惡太甚。又不耐劇。徒負陛下耳。

許重熙曰。楊憲卜相時。胡惟庸尙爲太常少卿也。基從李文忠在塞外。安得分身在朝乎。

高岱曰。聖祖以武功定天下。而崇尙文學。如饑渴之于飮食。每得儒臣。皆待以腹心。帷幄朝夕。咨訪不倦。但一時將略足備戡定。而文儒相業猶不甚稱。至使不得已而委政廣洋惟庸輩。是豈其所欲也。故于陶安之卒。甚加悼惜。晚年亟稱桂彥良之賢而不及用。惜哉。

八月丁巳朔。己未。大都督府同知康茂才卒于陝州。茂才蘄人。通經史。元季糾鄉兵拒盜。累功授宣慰司都元帥。鎭采石。連敗。已降我。從征漢吳中原。俱有功。遣鎭河中。民立石頌其德。贈行省平章政事。追封蘄國公。謚武襄。賜祭葬。

置信寶提舉司。

庚申。定官民房舍車器衣服之制。

遣通政司舍人鞏哥鎖南等招諭吐蕃。

濟寧盜侯世雄作亂●掠滕嶧間。官軍討平之●

辛酉。臨漳湯陰雨雹。

遣呂宗俊等詔諭暹羅國。

占城高麗來貢。

癸亥。應天大雨水●

丙寅。置朔州衞。

故元高昌王和尚岐王桑哥朵兒只班來降●

戊辰。改應天知府曰府尹。正三品銀印。府丞一。治中一。通判二。襄陽蘭以權爲府尹●

甲戌。夜有大星自天津北流天鈎。

丙子。廣西行省參政蔡僊爲靖江王相。仍兼參政。提督廣西衞。

丁丑。永州衞指揮同知丁玉爲廣西行省參政兼廣西衞指揮使。

定諸王府教授滿一年。

禮部尚書陶凱言日膳舉樂。上以將士北征暴露。不許。

戊寅。遣使趙述諭三佛齊國。御史張敬之諭渤泥國。郭眞諭眞臘國。

己卯。夕月于西郊。

庚辰。海南盜陳思仁等陷陵水等縣。捕斬之。

癸未。定太廟祭。四孟月歲除凡五。其淸明端午中元冬至各時享。

定親王從祀功臣配享。禮文武樂歌。

上諭中書省臣曰。中原爭鬭。白骨在野。其遣人徧歷水陸收瘞之。

九月丙戌朔。皇從嫂蒙城王夫人田氏薨。有節行。上重之。

戊子。京師城隍廟成。

免屯軍歲租。

免陝西民鹽米。先每畝糧一斗予鹽六斤。

丙申。熒惑入太微。

青州孫古朴作亂。襲莒州。殺同知烏程牟魯。

庚子。置王府承奉司。

諭禮部。別祭周天星辰。

太子賓客梁貞歸里。

諭學士魏觀。太廟祝文止稱孝子皇帝。不稱臣。太子行禮止稱命長子。不稱皇太子。

授降將汪文清楊思祖等官。招其部曲。

招諭遼陽等處官兵。

西洋諸國來貢。

平沂州茶山盜。

定朝會宴享樂舞之數。樂九奏。第一起臨濠名飛龍引。次開太平名風雲會。次安建業名慶皇都。次削羣雄。名喜昇平。次平幽都。名賀聖朝。次撫四裔。名龍池宴。次定封賞名九重歡。次大一統名鳳凰吟。次守承平。名萬年春。武舞曲名清海宇。文舞曲名泰階平。

大明集禮成。五十卷。初中書省開禮樂二局。徵耆儒禮送京師纂修。凡吉凶軍賓嘉及冠服車輅儀仗鹵簿字學樂律爲綱。凡儀度名數沿革咸具。書上。儒士曾魯徐一夔周子諒董懿壽授官。梁寅等六人乞歸。

十月丙戌朔。監察御史袁凱言保全功臣之道。從之。命臺省延聘儒士番直午門。與諸將講說經文。

丁巳。日中黑。

賜文武官冬衣。

上朝退。見二內使靴而行雨中。杖責之。曰。皆民力也。暴殄若是。因令朝臣值雨雪衣雨衣。

辛酉。高麗來賀壽節。踰期。禮其使遣之。

徐達李文忠班師。

嚴從簡曰。李文忠之入燕也。仁恩著于市肆之不易。威聲播于擴廓之窮奔。付友德于西巡。寄興祖以留後。其制置可謂周矣。若夫開平之于上都。岐陽之于應昌也。捷奏朝馳。隼旟夕返。留兵置將。俱所未聞。卒之燕京磐石。而二地淪夷。則識者不能無憾焉。

福州地震。

壬戌。重定內使服飾之制。

癸亥。湖廣行省左丞周德興爲征南將軍。討慈利縣土酋覃垕。垕前走溪峒。尋出掠。及兵至。復遁。

庚午。給南郊執事者新衣。

癸酉。有大星自雲中流入游氣中沒。

丁丑。定品官墓制。

庚辰。有大星自天棓東南流壘壁陣。至羽林軍而散。有聲。小星三五隨之。至天倉沒。

辛巳。釋元平章徹里帖木兒北歸。致元嗣主愛猷識里達臘書。云擴廓帖木兒敗狀。進退之宜。君其審之。已又書曰。君先君奄棄沙漠。深可悼閔。適元史成。三十餘年之主。不可無謚。用謚君先君曰順。著本紀。君之子買的里八剌封崇禮侯。歲給祿。及其來者與同居無恙。但不知君近況何如。前事之失。茲不必較。果上順天道。遣使通問。庶安心牧養。奉其宗祀。若欲殘兵出沒。爲邊氓患。則大舉六師。又非往日比。毋致後悔。

殿中侍御史武昌蔡哲以所舉御史犯法被劾。罷。尋卒。上惜之。予葬。

黃金曰。元季之亂。睥睨當世。孰不欲依托得主。如陳友諒兵强國富。亦可以攬結士心。然從之者往往掉臂而去。若羅復仁蔡思賢。一編修一御史。然聞聖祖弔伐之義。卽來歸。雖彼殊遇。不足以羈其跡。美官不足以繫其心。由是建功立業。卒成美名。向使溺于所從而不知變。則堂堂之軀。適足以膏彭蠡之戰鋒。否則亦鄂州之降虜耳。安能善其後耶。馬援有言。非但君擇臣。臣亦擇君。其見固如是哉。

乙酉。作太廟圭瓚。

十一月炳朔。壬辰。征虜大將軍右丞相信國公徐達。左副將軍浙江行省平章李文忠。班師還京。上出勞于江上。明日。達率諸將上平沙漠表。羣臣皆賀。又明日。告郊廟。

甲午。開封知府宋冕爲戶部尚書。

丙申。大封諸功臣。上御奉天殿。諭曰。朕論功行賞。若倣古帝王。籌之二年。以征討未暇。故至今日。今爵賞次第。皆朕自定。若御史大夫湯和。朕同里閈。結髮相從。功屢最。然嗜酒妄殺。不由法度。趙庸從李文忠取應昌。功不細。而私其奴婢。廢國法。廖永忠戰鄱陽。奮勇忘軀。朕親見之。奇男子也。使所善儒生窺朕意。徼封爵。僉都督郭子興。不奉主將命。不守紀律。雖勞不足準。四人封爲侯。平章李文忠。總兵應昌。逐前元太子。獲其皇孫妃嬪重寶。悉歸。功最大。御史大夫鄧愈。幼相從。任使。屢挫抑無怨。二人宜列公。左丞相李善長。雖無汗馬勞。事朕久。給軍不乏。右丞相徐達。朕同里從征。自起兵時功最高。二人已公。宜進封大國。餘悉據功定封。如不酬稱。廷論之。

毋後言。皆頓首悅服。遂班爵行賞。封公六人。李善長太師韓國公。祿四千石。勳號開國輔運推誠守正文臣。徐達魏國公。祿五千石。勳號開國輔運推誠宣力武臣。故常遇春子茂鄭國公。祿三千石。勳號翊運推誠宣德靖遠功臣。浙江行省平章李文忠左都督曹國公。祿三千石。右都督兼太子右詹事馮勝宋國公。御史大夫兼太子諭德鄧愈衞國公。俱祿三千石。世襲。封侯二十八人。御史大夫兼太子諭德湯和中山侯。同知大都督府事唐勝宗延安侯。陸仲亨吉安侯。湖廣行省左丞周德興江夏侯。燕府左相兼北平行省參政華雲龍淮安侯。大都督府副使兼太子右率顧時濟寧侯。秦府左相兼陝西行省右丞耿炳文長興侯。大都督府僉事陳德臨江侯。郭子興鞏昌侯。並祿千五百石。平陽衞指揮使王志六安侯。朔州衞指揮副使鄭遇春滎陽侯。並祿九百石。大都督府同知都督僉事費聚平涼侯。吳良江陰侯。吳府左相兼大都督府僉事吳禎靖海侯。中書右丞兼太子副詹事趙庸南雄侯。中書省平章兼同知詹事院廖永忠德慶侯。江淮行省平章俞通源南安侯。並祿千五百石。湖廣行省平章華高廣德侯。祿六百石。楊璟營陽侯。康茂才子鐸蘄春侯。浙江行省參政朱亮祖永嘉侯。江淮行省參政傅友德潁川侯。中書省平章兼同知詹事院胡美豫章侯。山東行省平章韓政東平侯。並祿千五百石。江西行省參政黃彬宜春侯。山西行省平章曹良臣宣寧侯。浙江行省右丞梅思祖汝南侯。山東行省參政陸聚河南侯。並祿九百石。華高廣德侯。祿六百石。世襲。賜誥券。其勳號皆開國輔運推誠宣力武臣。仍賜綺帛。李善長徐達各百匹。常茂馮勝八十四匹。李文忠鄧愈六十四匹。湯和唐勝宗陸仲亨周德興顧時耿炳文費聚四十四匹。華雲龍陳德郭子興王志鄭遇春吳良吳禎三十匹。趙庸廖永忠俞通源都督僉事金朝興平章李思齊參政戴德曹興才二十四匹。華高楊璟二十二匹。康鐸朱亮祖傅友德胡美韓政黃彬曹良臣梅思祖陸聚汪興祖各二十匹。平章李伯昇十六匹。西征指揮二十四匹。千戶衞鎮撫二十匹。百戶所鎮撫十六匹。征定西興元應昌指揮二十匹。千戶衞鎮撫十六匹。百戶所鎮撫十二匹。守禦指揮各十六匹。千戶衞鎮撫十二匹。

百戶所鎮撫八匹。內軍各十金。錢六千。

賞陝西蘭州等守禦將士綺帛有差。

丁酉。詔曰。朕本農夫。托身緇流。遇時多艱。入于行伍。觀羣雄之無律。遂率衆渡江。東征西討。幾二十年。荷天地祖宗之靈。山川百神之助。遂致强殄弱服。華夷一統。其何以答諸將六軍委身暴露之艱。薄取輕收。非古人中正之道。厚斂以重賞。則損于民。是用倉庫錢糧。均其等第。以謝軍士。崇爵祿。頒金幣。以勞功臣。昭告中外。咸使聞知。

王世貞曰。讀洪武三年之功令。未嘗不三復而歎也。曰。嗚呼。厚而裁。則可久矣。當是時封公者六人。而魏公功最大。祿秩亦最重。中山侯宿將也。以一言之誖而不獲公。德慶侯鉅勳也。以一事之詘而不獲公。永城封而貶。東勝封而奪。訓詞蓋凜乎斧鉞焉。夫孰敢有恣睢而殄于法者。然至吉安江夏臨川東平之類。抑何其殲夷狠藉也。三年而後。續侯者獨西番之役最盛。平雲南次之。其他以舊勳相錯封。然至藍氏之誅。累而幾若掃矣。夫以馮宋公傅潁公之雄。而卒不免死。嫌謂其不蔽法也。而諱之。卽諱之。猶不爲置後。嗚呼。可歎也。

陳子龍曰。高皇帝無尺寸之資。諸將皆起徒步。莫不幷志一力。艱難盡瘁。或繫身胏腑之間。或生長子姓之列。不獨資以摧敵。蓋將托之機務。豈有侯王之號。招徠以就權宜。馳驅之勢。搖足而分强弱哉。是以鱗翼一奮。帶礪成文。景風再頒。貂蟬滿坐。比之于古。斯爲盛焉。獨于天下已定。諸徹侯解釋般繁。優游朝請。胡藍株累。醢廢緐聯。至今二百餘年之間。非有大變革也。佐命之臣。搖落將盡。嗚呼。事遠情易。實去名危。意恃乎襲勳。道違于來主。揆之往昔。輒此之由。昭代諸侯。惟長興見嫌于靖難。李吳坐法于新朝。餘者皆手自誅夷。及身絕繼。此何故也。夫胡相險佀。幾震乘輿。涼國軌悖。謀危社稷。嬰童知其必敗。婦女爲之寒心。諸宿將英姿銷歇。沒齒爲期。又復何求。白頭從逆。且建勳方面。豈不深幾。參謀幃幄。何其易昧。慶卿劍成。能使武陽裂士。

蒯通利口。欲令蕭曹鼎足。苟非大愚。知爲妖罔。至于死給東園。後胤不立。生逃西市。追論更嚴。將無急銷鋒之心。略帷蓋之義耶。不曰猜情。當爲睿筭矣。豈以太孫文懦。諸藩盛强。怏怏非少主之臣。洶洶成負嵎之勢乎。假令齊兵西指。絳侯不和。蜀寇東躪。越公小挫。外稱義師。內將挾主。必至勢分列國。權歸舊朝。難爲全矣。故忍斷臂之痛。爲當戶之鉏。在彼在此。吾無憂也。或云高帝春秋高。諸王咸有非常之望。故廣布流言。傾危宿碩。理或有之。非所敢論。獨以承平清宴。多歷歲年。則開物定基。功非眇細。雖十世其可宥。覩九原以誰歸。撫陵園而思股肱。臨山河而憑丘岷。耿賈昔勳。徒比雲臺之上。房杜後人。無復夏畦之祭。而豎儒俗吏。于國家無毫髮之功。折枝之辨。而坐擁高位。或世其家者。纍纍也。可勝道哉。

談遷曰。廖永忠宜封公。嘗使人偵上意。故侯之。夫窺旨不過冀一時幸。非罪也。或減祿賞十之二。何足損其功。若窺旨爲罪。則湯和常州之酒失。不更悖耶。上嗛永忠。則知上雖親儒生。于單辭隻語。俱臆摩而懸度之。其後功臣多誅絕。早見端于此矣。

定元降臣高昌王岐王借三品服陪祭。

戊戌。大宴功臣。宴罷。諭曰。創業之謀。與卿等勞心苦力。艱難多矣。艱難得之。當艱難守之。朕今不敢逸。卿等亦不可忘前事。明日入謝。上退御華蓋殿。賜坐從容。歸功諸將。徐達等稽首曰。臣等起畎畝。從陛下。每奉成筭。如指諸掌。事定不爽毫分。天錫聖智。非臣等能也。上曰。曩四方紛亂。朕與卿等圖生而已。渡江以來。觀羣雄所爲。非淫卽貪。奢侈者溺。剽賊者鬭。朕始有救民之心。當時張士誠恃財。陳友諒恃兵。朕獨無恃。恃不殺人。布信義。守勤儉。又恃卿等同心共濟。時二寇相持。友諒剽而輕。士誠狡而懦。擊友諒。士誠必不能援。擊士誠。友諒空國來矣。此朕取二寇之先後。二寇既除。或勸遏平羣盜。或欲直趨元都。皆未合朕意。先命卿等取山東。次及河洛。親至大梁。止潼關之兵。張思道李思齊擴廓帖木兒三人。皆百戰之餘。未必遽降。是以出不意。反旆北行。元都旣舉。然後西征張李望絕勢窮。以故不勞而克。然擴廓帖木兒猶能力戰相拒。向使未平元都。先爲角力。彼人望未絕。勝負未可知矣。事勢與二寇又正相反。達等皆頓首稱善。

命曹國公李文忠領大都督府。潁川侯傅友德吉安侯陸仲亨濟寧侯顧時臨江侯陳德六安侯王志滎陽侯鄭遇春江陰侯吳良南雄侯趙雄並同知都督府事。指揮王成單發沐英何文輝莊齡王簡藍玉仇成金朝興費震王弼胡德並大都督府僉事。

祭戰沒功臣。祿其子孫。又祭陣亡軍士。優卹其家。將士莫不感動。

辛丑。上朝罷。坐東閣。召諸武臣曰。往在戰陣。以力爲能。以勝爲功。今當講求古名將功成後事君何道。持身何禮。所能保全功名者何人。常以爲鑑。

嘉興知府呂文燧奉使闍婆國。卒于興化。文燧。永康人。從上拜左副元帥。僉知縣事。歷今官。

丁未。夜有大星自天市北流漸臺。

庚戌。上南郊。

辛亥。命商輸北平粟一石八斗給淮浙鹽一引。

覈民數。給戶帖。戶各具鄉貫丁口田宅僮婢畜產。戶部印驗之。

壬子。曹國公李文忠立浙江七衞。錢塘海寧杭州湖州崇德德清金華。又衢州守禦千戶所。分戍五萬二千五百十三人。後改湖州金華守禦千戶所。

改郊祀牲房。

甲寅。夜。太白犯壘壁陣。

乙卯。封中書右丞汪廣洋忠勤伯。祿三百六十石。御史中丞兼弘文館學士劉基誠意伯。祿二百四十石。公侯正一品。伯次之。
吏部尚書王興福降西安知府。刑部尚書郎本中改吏部。
十二月朔戊午。先是松江錢鶴皋餘黨至是逮至百五十四人。皆論死。上宥之。戍蘭州。
中書省欲徙西北降胡于內地杜後患。上曰。胡人耐寒。驅而南違其性。易亂。不若順而撫之。就邊地擇水草孳牧。自然安矣。
上聞指揮箠虐。諭羽林衛指揮使葉昇等曰。居京師與閫外不同。爾等享富貴。撫軍而反虐之。大失人心。
庚申。元宗王也先帖木兒等自大同來降。授百戶。
戶部言陝西察罕腦兒有大小鹽池。宜設鹽課提舉司。募商入粟中鹽。或入金銀布帛馬騾牛羊。准其直。從之。
辛酉。大明志成。編天下州縣地理形勝降附始末。儒士魏俊民黃箎劉儼丁鳳鄭思光鄭權纂脩。皆授官。
命軍餉俱每月初給。著爲令。
癸亥。故元主子失篤兒外戚阿里麻思海牙駙馬忙哥剌失等來降。各賜宅一區。
遣書元嗣主。幷招諭和林諸部。
甲子。上朝退。語湯和等曰。卿等安享富貴。當保此祿位。傳之子孫。尉遲敬德單騎脫唐太宗于王世充軍中。及爭宴拳毆任城王李道宗。太宗怒欲罪之。長孫無忌以皇后親弟佩刀入禁門。后請置法。外戚猶不免。況其他乎。
遣祭南海。
中書省議民私鹽法當死。上以細民急衣食。杖戍蘭州。已潭州人私鑄錢。下寶源局。
翰林侍讀學士魏觀爲國子祭酒。編修宋濂爲國子司業。

作奉先殿。時享朔望薦新。行家人禮。

乙丑。吏部尚書商暠爲侍御史。邵武知府周時中爲吏部尚書。磨勘司令郭曾爲治書侍御史。延平知府唐鐸爲殿中侍御史。

元平章汪洋。慶奴弟左丞汪桑哥。趙敬安答兒等來降。

廣西陽山縣十萬山盜作。南寧衞兵討平之。

雷州衞指揮同知張秉彝上四事。曰預造戰船防海寇。曰增戍雷州以援欽廉。曰雷州添兵鎭守。曰鹽課給民間糴糧贍軍。上從之。

戊辰。封右丞薛顯永城侯。賜綺帛六十匹。居海南。上諭諸將曰。自古帝王。爵賞酬功。刑罰懲惡。故能上下相安以致治也。漢高帝非功不侯。終不免誅。侯君集有功犯法。唐太宗欲宥之。執法不可。非二君之忘臣勞。其臣自冒之也。薛顯始自盱眙來歸。從朕征討。皆著奇跡。破慶陽。追擴廓帖木兒。戰賀宗哲。勇略意氣。朕甚嘉焉。惟其剛忍。屢戒不悛。至妄殺胥吏。殺獸醫。殺火者。殺騎卒。殺天長衞千戶吳富。奪其孳畜。師還。富妻衰絰道哭訴寃于朕。朕欲刑之。人將謂天下初定。卽殺將帥。今仍封侯。謫海南。三分顯祿。一以養其父母妻子。一贍富家。一贍騎卒家。庶功過不相掩。國法無廢。卿等家居。戒顯所爲。諸將皆頓首謝。

始令祭無祀鬼神。築壇京師曰泰厲。王國曰國厲。府州曰郡厲。縣曰邑厲。民間曰鄉厲。

延安衞指揮唐恪綏德衞朱明等追敗元兵于燕山只斤。擒五百餘人。

己巳。定公侯儀從。

庚午。遣祭歷代帝王山陵。伏羲。神農。黃帝。少昊。顓頊。唐堯。虞舜。夏禹。商湯。中宗。高宗。周文王。武王。成王。康王。漢高祖。文帝。景帝。武帝。宣帝。光武。明帝。章帝。後魏文帝。隋高祖。唐高祖。太宗。憲宗。宣宗。周世宗。宋太祖。眞宗。仁宗。

孝宗理宗。凡三十有五。
壬申。長沙峒蠻田□□作亂。江夏侯周德興討平之。
癸酉。許福建輸土產支戶口食鹽。
丙子。大都督府覈自吳元年十月迄今。逃卒四萬七千九百八十六人。命諸司追捕之。
丁丑。禁武官縱軍鬻販。
諭徐達等。久勞許三日或五日一朝。有大事召議之。達固辭。不許。
定親王鹵簿儀仗。
戊寅。宋國公馮勝爲大都督府右都督。
己卯。置諸王府儀衞司。
賜徐達等勳臣田產。
元臣王成等二百七人老疾放歸。
辛巳。右丞王溥爲河南行省平章。潘原明爲浙江行省平章。俱世指揮同知。李伯昇李思齊爲中書平章。方谷珍爲廣西行省左丞。江西行省右丞張麟爲行省左丞。俱世指揮僉事。食祿不視事。
禮部尚書陶凱請選東宮官屬。罷兼職。專其輔導。上曰。朕慮廷臣與東宮官屬不咸。甚至萌奸。漢之江充可以爲鑒。設兼職。父子一體。君臣一心之義也。
置杭州江西燕山青州都衞指揮使司。
壬子。初日中屢有黑子。求直言。起居注萬鎰言。死刑請三覆奏。毋輒置之。吏部尚書郎本中言。訪中原山澤之士。或官吏不能加黜罰。上皆是之。

置河南西安太原武昌四都衛指揮使司。滕縣守禦千戶所。

甲申。享太廟。行家人禮。百官免陪享。享畢。諭陶凱曰。鬼神享于誠。心有警乃不逸。其鑄銅人高尺有五寸。手執簡。書曰齋戒。致齋之日以致朕前。

上嘗御東閣側室。弘文館學士危素行簾外。橐橐聞履聲。上曰。誰。對曰。老臣素。上曰。朕謂文天祥也。乃爾乎。亡何。監察御史王著等劾危素亡國之臣。謫和州之含山。爲余闕守廟。

談遷曰。興王之朝。多亡國之餘材。如秦從龍張以寧王時詹同張昶安然朱守仁李質。其著者。獨謫危學士以媿之。何也。訣則馮道。伉則危素。彼降臣無所適從矣。

是月。前翰林侍講學士朱升卒。

是年。趙王杞薨。

戶部奏今歲山東河南江西墾田二千一百三十五頃二十畝。

辛亥洪武四年。

正月配朔丙戌。左丞相太師韓國公李善長致仕。

中書右丞忠勤伯汪廣洋爲右丞相。參政胡惟庸爲右丞。詔曰。天下已定。有功盡封。大將收戈。解甲于武備之庫。息馬家庭。從善樂游。功名兩全。古何過哉。中書左丞相李善長事朕十八年。寅至戌歸。勤勞多矣。漢之何參。無以尙也。其年既高。驅馳侍立。朕心不忍。業許致政。今以中書右丞汪廣洋爲中書右丞相。參知政事胡惟庸爲中書右丞。總理軍國重事焉。

談遷曰。李韓公甫進上公。遽致政。豈辟穀從赤松子遊乎。而非其人也。蓋貴富極。意稍溢而倦。上微覺之。始捐相印。故詔多徵詞霍氏之禍萌于驂乘洵矣。

丁亥命伐夏中山侯湯和爲征西將軍江夏侯周德興德慶侯廖永忠爲左右副將軍暨營陽侯楊璟都督僉事葉昇以舟師下瞿塘。趨重慶潁川侯傅友德爲征西前將軍濟寧侯顧時臨江侯陳德爲左右副將軍暨都督僉事何文輝等以騎卒越秦隴趨成都上密諭友德曰夏人聞吾西伐必悉銳守險東扼瞿塘北阻金牛若出不意直搗階文門戶既隳腹心潰矣。

中書右丞相魏國公徐達往北平練兵。

戊子宋國公馮勝往陝西葺城堡衞國公鄧愈鎭襄陽餉西軍。

令吏部月理貼黃蓋選官里氏履歷詳黃紙上貼于籍璽識之曰貼黃月一更歲終貯籍內庫。

詔禮部參倣歷代祀郊廟社稷日月諸神冕服幷百官陪祭冠服之制凡郊廟日月服袞冕餘用皮弁服陪祭各服本品梁冠祭服。

己丑賜太子大本堂記玉爲之質龍紐。

鞏昌臨洮慶陽地震

庚寅作圜丘方丘日月社稷山川壇及太廟于臨濠上以畫繡欲都之劉基曰中都曼衍非天子居也

定公主駙馬封號南昌王女福成公主蒙城王女慶陽公主宜改郡主駙馬都尉王克恭黃琛宜改儀賓上曰吾兄早亡不忍降其女封號如故歲祿五百石克恭兗州衞指揮使琛淮安衞指揮使各賜誥

諸王儀鸞司改儀衞司司仗改典仗

置福州衞

立武靖岐山高昌三衞卜納剌爲武靖衞指揮同知朵兒只班爲岐山衞指揮同知和尙爲高昌衞同知

辛卯。何鎖南普爲河州衞指揮同知。朵兒只汪家奴爲僉事世襲。領千戶所八軍民千戶所一。百戶所七軍民百戶所二。

壬辰。河南知府廣濟徐麟求終養。改知蘄州。刑部侍郎左安善爲河南知府。

甲午。置建寧都衞。

丙申。定王國宗廟社稷壇之制。

諸暨水災。免田租。

戊戌。立內城門禁。

己亥。中書省上郡縣官之數。郡縣凡千二百三十九。官五千四百八十八員。

頒御史憲綱。上語臺臣曰。元貴本族。輕南士。不得入風憲。非公也。殿中侍御史唐鐸曰。聞元時遣使宣撫百姓。初出甚震動。至則寂然。謠曰。奉使宣撫。問民疾苦。來若雷霆。去若敗鼓。至今貽笑。今陛下任官惟賢。立法度以安百姓。臣敢不仰承聖意。

龍州知州趙帖堅來貢。

壬寅。賜故元臣禿魯書。

癸卯。上以天寒。念邊戍之苦。命中書省製棉襖賜蔚朔寧夏吏卒。

元降將沙不丁爲驍騎前衞副千戶。

元樞密都連帖木兒等自東勝州來降。詔置失寶赤千戶所。領百戶所十一。五花城千戶所。領百戶所五。斡魯忽奴千戶所。領百戶所十。燕只千戶所。領百戶所十。甕吉剌千戶所。領百戶所六。

徙楊王廟于盱眙。徐王廟于宿州。各就其墓。

甲辰。治廣西興安縣靈渠三十六陡。蓋秦漢舊跡。復之。溉田萬頃。

乙巳。令宦官月廩一石。初月支粟九斗。中書省請加俸三石。上曰。彼衣食于內。何俸爲。卿輩毋開其端。

丙午。安南國王陳日熞賀平沙漠。貢馴象。

丁未。諭中書省旣設科取士。各行省連試三年。自後三年一舉。著爲令。

置大同衛都指揮使司。耿忠爲都指揮使。

戊申。雨木冰。

庚戌。定文武官歲祿。

二月乙卯朔。丙辰。轉山東糧十萬石餽大同。

戊午。吏部主事林唐臣。翰林編修王濂還自安南。陳日熞遣陪臣阮汝亮表謝貢方物。

吳朴曰。王濂。唐臣爲使。禮儀曲折。俱合典禮。日熞乃敢心萌犯上。往返數四。茲乃蠻夷示尊誑衆之術。然非所以施于受封也。慢朝使以示尊武。日熞本心亡矣。叔明篡弑。其亦有所窺而動乎

刑部郎中劉惟謙爲尙書。上諭曰。仁義者。養民之膏粱也。刑罰者。懲惡之藥石也。舍仁義而專刑罰。是藥石毒民。卿當體古欽恤之意。

太白晝見。

壬戌。湖廣行省參知政事盱眙戴德卒于京師。贈行省右丞。追封譙郡伯。世□□衛指揮僉事。

丁卯。鑄洪武通寶小錢。民便之。

戊辰。免太平鎮江今年田租。

己巳。燕府左相淮安侯華雲龍兼北平行省參政。左傅高顯兼大興左衛指揮使。

辛未。命工部市廣東耕牛給中原農民。

壬申。免寧國今年田租。

始會試。命耆儒鮑恂翰林學士宋濂主禮闈。得俞友仁等百二十人。

癸酉。設都指揮使司斷事六品。副斷事七品。

定淮浙山東中鹽之例。商輸粟中都每引淮鹽五石。浙鹽四石。輸開封淮鹽二石五斗。浙鹽二石。輸襄陽淮鹽二石五斗。浙鹽一石五斗。輸□安淮鹽四石。浙鹽三石五斗。輸辰永峽州淮鹽三石五斗。浙鹽二石五斗。輸荊州淮鹽四石五斗。浙鹽四石。輸歸州淮鹽二石。浙鹽一石二斗。輸大同淮鹽一石。浙鹽八斗。輸太原淮鹽一石三斗。浙鹽一石。輸孟津淮鹽一石五斗。浙鹽一石二斗。輸北平淮鹽一石八斗。浙鹽一石五斗山東鹽二石三斗。輸河南淮鹽一石五斗。浙鹽一石二斗。輸西安淮鹽一石三斗。浙鹽一石。輸陳州淮鹽三石。浙鹽二石。輸北通州淮鹽二石。浙鹽一石八斗。山東鹽二石五斗。

陳繼儒曰。明之兵與農分矣。然借鹽以屯邊。不至盡驅東南之農而養西北之兵者。則鹽屯爲之灌輸也。今策鹽者曰。苦課重。苦守支。苦私鬻。苦攤派存積也。策屯田者曰。苦牛具。苦溝洫。苦課稅子粒也。此亡他。以鹽屯之未合而祖制未復也。往高皇帝召商實粟邊下。商爲之募衆墾土。鹽與屯合。斥鹵千里化爲腴田。一利也。農不輸餉。兵不媮飽。二利也。商旦齎糧。夕受鹺券。交于左傽盈于右。三利也。邊實虜虛。即淮揚有儆而咽喉自在。四利也。且耕且守。人自爲戰。里甲成行。敵氣自寢。五利也。生齒繁。烟爨集。戍卒無鄉國之悲。而流移有土著之樂。六利也。商以邊爲陸海。虜以田爲地網。七利也。於乎。七利舉而即使劉大夫握管。趙先零給圖。何以讓哉。不然。江以北窘言兵。江以南窘言農。盻盻然枵腹相望。而兵則虜且薄之。農則水旱薄之。惟鮮衣大賈。跣手竪坐。以享獵天下之利。何不召而爲鹽屯易輸也。

慈利縣屢寇擾。免去年田租千四百七十餘石。

以臨濠傍近州縣通水漕者隸中都。壽邳徐宿潁息光安信陽五河懷遠定遠中立蒙城霍丘英山宿遷睢寧碭山靈璧潁上太和固始光山豐沛蕭。

甲戌上如中都。

壬午還宮。

元遼陽行省平章劉益以遼州降上地圖兵賦之數立遼東衞。授益指揮同知。

三月乙酉朔。策貢士于奉天殿。賜吳伯宗等進士及第出身有差。授伯宗禮部員外郎。賜袍笏冠帶。高麗貢士三人。金濤朴實柳伯儒惟濤登第。授安丘縣丞。不能漢語。遣還進士傳臚後聽東宮注授寫職名爲丸耦進而分拈之。下第貢士皆授縣丞。亦拈丸注選。

沈德符曰先一年庚戌以明經薦至京師者。上俱親策問之。賜徐大全等出身有差。番禺李德以明尚書薦預焉。授洛陽典史。歷濟南西安經歷。告改漢陽教諭。又任義寧縣致仕。見黃太泉佐傳中。則庚戌實第一科又蘇州錢氏世譜云庚戌狀元安大全則徐字之悞也。楊升庵紀洪武五年壬子科會元莆田陳忠狀元則朱善蓋連三年三賜廷對得大魁三人。而世知之者鮮矣。

丙戌改圜丘方丘壇。

癸巳命東勝蔚朔武豐雲應皆極邊。止設千百戶。統領軍民耕守。不設有司。

丙申置濠梁後衞南陽衞。

丁酉罷司農司。

戊戌日中黑。

庚子。命皇太子觀元史世祖時事。曰。彼初有天下。政不及漢唐。況古人乎。

辛丑。許山東山西陝西歲辦鹽課即貿其地棉布備軍裝。

壬寅。皇子椿生。

膚施縣旱免租二萬八千二百餘石。

癸卯。令欽天監官久任。

山東山西鹽課折收銀布。赴大同易米餉軍。

乙巳。定命婦封號。一品二品夫人。三品淑人。四品恭人。五品宜人。六品安人。七品孺人。

徐達徙順寧興州邊民九萬三千八百七十人于北平。

置懷遠衞于臨濠。

丁未。遣祭歷代帝王山陵。陳州伏羲。商高宗。孟津漢光武。洛陽漢明帝章帝。鄭州周世宗。鞏縣宋太祖太宗眞宗仁宗。滎河商湯。項城唐堯。曲阜少昊。內黃商中宗。滑縣顓頊高辛。酆縣神農。寧遠虞舜。會稽夏禹。宋孝宗。中都黃帝。咸陽周文王武王成王康王宣王漢高帝文帝景帝。興平漢武帝。長安漢宣帝。三原唐高祖。醴泉唐太宗。蒲城唐憲宗。涇陽唐宣宗。著于祀典。俱二八月朔祭。禁民樵採。

戊申。贛州人悞宿逃囚。刑部坐其罪。上曰。彼不以爲囚而宿之。亦恆情也。遂釋之。

庚戌。令有司滿三年稱職始給告身。

召還薛顯于海南。

閏三月甲寅朔。置延平衞。

乙卯。南海縣送官牛至京。多道死。工部責償。且送臨濠。上曰。彼遠役。又何堪焉。止勿償。

戊午。蘇州知府陳寧爲浙江行省參政。
己未。上諭省臺臣擇宮僚端謹文學者。省臣曰。邪正未易辨。上曰。尊德樂義。正也。便佞褻慢。邪也。故驕奢淫佚鮮不由于褻慢。而端莊中正必皆本于好德。
戶部尙書宋冕爲河南行省參政。
賜功臣墳戶。李善長徐達常茂馮勝各百五十戶。鄧愈唐勝宗陸仲亨華雲龍顧時陳德耿炳文吳禎都督孫恪郭子興各百戶。
庚申。置法酒庫。
侍御史商暠往山東北平收故元漢軍。按籍十四萬一百十五戶。每三戶出一卒。分隸北平諸衞。
夜。有星自壁宿流游氣中沒。
辛酉。賜韓國公李善長牲醴米茗。時董建臨濠宮殿。
置太原左右二衞仁和衞。
甲子。刑部尙書班用吉降江西按察副使。磨勘司令王宗爲刑部侍郞。
乙丑。定內臣品秩。上諭侍臣曰。古閹人不過司晨昏供服役。自漢鄧太后稱制。專常侍小黃門通命。漸至權傾人主。朕防之極嚴。犯法必斥。霜冰之戒也。
談遷曰。高皇帝嚴宦寺之戒。亦嘗遣使于外。又祖訓略不之及。何也。得無狃其積輕。謂後之人必世世遵此。更不足慮耶。
故元宣慰司僉事范自野自察罕腦兒來降。
丙子。刑部侍郞李友諒爲尙書。

戊寅。命故元臣脫列伯招諭甘肅塔灘等處。

庚辰。兵部尙書劉貞爲治書侍御史。

長陽縣盜執縣丞曹原善里人黃再文擊平之。賜百五十金。

辛巳。陳寧爲御史中丞。宋冕爲中書省參政。

壬申。陳修爲吏部尙書。蔣毅趙垔爲刑部侍郎。朱從善爲戶部侍郎。

置秦州守禦千戶所。

是月。征西將軍湯和等攻夔之大溪。營陽侯楊璟引兵出溪口。趨瞿塘。夏平章莫仁壽守瞿塘。以鐵鎖關關。左丞相戴壽平章鄒興副樞張□□益兵鑿兩崖引纜爲飛橋。置砲石竿鑞匝兩崖。璟戰勿利。所遣指揮韋權出赤甲山李仁出白鹽山。俱卻還歸州。

刑部捜繫囚得嘉興王升所遺其子平涼知縣瑱書。奏上之。書曰。當官先廉。貧士常也。以仁慈撫民。以忠勤報國。以謙敬處己。暇日玩味經史。則自然無私無邪。入熟讀律令。則守法不惑。蓋仕學不可偏廢。人便可致。附子二三枚。川椒一二斤。經稅乃來。毋致餘物。上覽書善之。詔升曰。昔元之初。人務實學。其後尙虛名干權勢。朕習見世情貪沓。有如蠅蟻。是慈父失敎耶。抑敎而子不從也。爾升庭有善訓。朕甚嘉之。賜爾百金絹十匹。附子五枚。川椒五斤。仍復其家。嘉興府志嘉興王軫。

四月癸朔。岳州知府蔣思德復爲戶部尙書。侍儀使韓寬爲戶部侍郎。楊冀安爲禮部侍郎。

置梧州守禦千戶所。

甲申。滎陽侯鄭遇春都督僉事莊齡往臨濠開行大都督府。

禮部侍郎秦文繹爲戶部尙書。

丙戌。征西前將軍潁川侯傅友德克階州。初。友德入陝。揚言曰出金牛。引精騎五千趨陳倉。緣山晝夜行。抵階州。守將平章丁世眞來拒。擊敗之。

戊子。征西將軍中山侯湯和克歸州。分遣南雄侯趙庸宣寧侯曹良臣克桑植容美洞。會江夏侯周德興克茅岡覃垕寨。和次歸州。

己丑。申定王府官制。

傅友德抵文州。夏人斷白龍江橋。友德葺而濟。至五里關。丁世眞復來拒戰。都督同知巢縣汪興祖中飛石死。友德奮戰破之。拔文州。

庚寅。西師未捷。命永嘉侯朱亮祖爲征西右副將軍。濟師。

壬辰。置京城金川門太平門二千戶所。

癸巳。傅友德兵渡靑川果陽白水江。會都督僉事王成趨隆州。克之。

乙未。湖廣行省平章廣德侯華高卒于崖州。高含山人。自巢湖來歸。性怯。屢從征引避。至是自請招撫廣東。無子。予祭葬。納鐵券墓中。追封巢國公。謚武莊。

置長淮衞于臨濠。領舟師。

丁酉。前弘文館學士羅復仁卒。復仁吉水人。漢翰林修撰。壬寅歸我于九江。甲辰授中書諮議。說下陳理。拜國子助敎。歷使山西安南。以質直重。

廖道南曰。馬援有言。非惟君擇臣。臣亦擇君。夫中原鼎沸。醜虜羶汚。羣雄角立。未知鹿死誰手。復仁乃辭其故主。翊戴眞龍。推心置腹。直見本眞。其綸綍之褒。非溢美也。

戊戌。太白晝見。

庚子。徵儒士趙晉張羽。俱至晉直秦府。致仕。羽放歸

辛丑。五色雲見。

秀才丁士梅爲蘇州知府。童權爲揚州知府。

傅友德克隆州。

禁直馳御道。橫度者勿論。

癸卯。傅友德兵徇下江油彰明二縣。趨緜州。遣都督僉事藍玉夜襲其壘。守將向大亨兵擾。淩晨友德自後乘之。大亨潰。遂克緜州。龍驤衞指揮史鑑戰死。大亨走漢州。

乙巳。置文州漢蕃千戶所。

丙午。徵天下儒士下第貢舉及山林隱逸農而志仕者。給廩傳遣之。

戊申。五色雲見。

册皇太子妃常氏。常遇春女

太白晝見。

置岳州衞。

己酉。五色雲見。

辛亥。定太廟侑祀功臣合祭。

綏寧縣鄭成名等作亂。敗官軍。命江陰侯吳良討之。

王廉爲澠池縣丞。縣患虎。廉撰文祭城隍神。果絕跡。

故元知院白文顯先來降。至是叛于華亭。平涼衞指揮秦虎討平之。

是月。祠元御史大夫福壽上曰。朕渡江來。元守臣如福壽無外兵之援。其殉國忠矣。令有司歲祭。

五月壬朔日中黑。辛巳始隱。

乙卯。免江西田租。詔曰。朕本農夫。深知民間疾苦。及親率六師。南征北伐。備悉將士之勞。天下一統。東戍遼海。南鎭諸番。西控羌夷。北靖沙漠。皆以中國精銳屯守。邊要艱難萬狀。朕不忍言。然欲鎭安黎庶。必資守邊之力。其于科徵轉運。事宜得已。念惟江西之民。土豪割據。狠驅蠶食。貲財一空。歸附之後。供給繁重。已九年矣。兩浙歸附以來。貪官汚吏。害民肥己。亦四載于茲。今雖掃除。尙未蘇醒。其免今歲秋糧。於戲。四海蒼生。旦暮念之。事有緩急。故恩有先後。唯爾下民。體朕至意。

作用寶金牌二。中書省大都督府各留一。値請兵牌入。始出寶用之。又走馬符牌事急。遣使佩之。又金牌二十。銀牌二十。俱鐵爲之。長五寸。博二寸五分。藏內府。遇調發則出。

中山侯湯和攻瞿塘。以江漲。次大溪口。欲待秋水落乃進。

丁巳。李守道詹同爲吏部尙書。

戊午。置上蔡新蔡縣。隸汝寧。

己未。赤星晝見午位。

傅友德阻漢江。乃造舟百餘艘。夏人益震。

辛酉。江寧縣進白兔。

進士郭翀爲廣□知府。廉澗爲松江知府。楚嶽爲湖州知府。

詔天下吏人服皁。

甲子。令工部鑄銅板鹽課引目。預造朝服備給散。

乙丑。禁諸司于掾令史外濫設貼書。
丙寅。立中都大社。
故元平章魁的斤等以千餘人自東勝塔灘來降。
故元平章洪保保馬彥翬入舟等叛殺遼東衞指揮同知劉益。
壬申。置太原前衞。
癸酉。定中宮妃主常服及外命婦朝服常服之制。
戊寅。禮部尙書楊訓文爲戶部尙書。
己卯。傅友德治舟訖。作木牌數千。大書某日克階。某日克文。投漢江。順流而下。以達湯和。夏人見之奪氣。
辛巳。上與廷臣論刑法。御史中丞陳寧曰。法重難犯。吏察難遁。上曰。不然。法重則刑濫。吏察則政苛。施重刑而又委之察吏。民手足無措矣。朕聞帝王平刑緩獄。天下服從。未有用申韓之法。致堯舜之治也。寧慚而退。
六月壬午朔。太白晝見。
傅友德渡江。克漢州。初。夏人悉力守瞿塘及階文。陷。丞相戴壽太尉吳友仁自瞿塘來援。未至。我偪城下。向大亭出戰。大敗之。援兵至。復敗之。遂拔漢州。壽大亭走成都。臨江侯陳德又追敗之。俘三千餘人。友仁走古城。友德又敗之。友仁走保寧。
平陽知府徐本爲戶部尙書。
故建寧降將阮德柔贈武德將軍管軍正千戶。
丙戌。詔讓征西將軍湯和曰。傅將軍冒險深入。克階文諸州。次于平川。乘勝之機。正在今日。將軍當水陸夾攻。夏人首尾受敵。乃頓師漢口俟水落。將軍欲辨象馬乎。皇帝問將軍。前與將軍言不記憶。何怯也。德慶侯廖永忠聞命。又得漢江木牌。乃自白鹽山伐木開道。由紙坊溪趨夔州。

戊子。劉季通爲起居注。陳則爲戶部侍郎。丘民爲禮部侍郎。杜寅趙彰爲兵部侍郎。

廖永忠敗平章鄒興于舊夔州。殺溺甚衆。

辛卯。廖永忠進兵瞿塘。鐵鎖飛橋亙關口。不能舟。遂選壯士數百。衣青莎雜卉。自草舁小舟。持餱糧水筒。踰山度關。出其上。度已至。夜出精兵黑葉渡。皆頭裹鐵。置火槍火砲。昧爽。與夏人戰上流之舟。鼓而下。下流之師火而上。夾擊大破之。鄒興中砲死。焚其飛橋鐵鎖。爲鎔。擒其將八十餘人。斬千餘級。副樞張□□遁去。永忠入夔。明日湯和至。分軍和率騎卒。永忠率舟師。約會于重慶。

癸巳。中書省參政宋冕爲江西按察副使。班用吉爲江西行省參政。

丙申。傅友德薄成都。

丁酉。儒士趙新爲開封知府。

戊戌。夏平章丁世眞復陷文州。守將指揮僉事如皋朱顯忠僅七百餘人。悉力拒戰。死之。千戶王均諒被執不屈。被磔于東門外。事聞。並祭恤其家。贈顯忠鎮國將軍都指揮。

夏平章俞思忠以金州九龍山寨來降。

北平地震。

己亥。置成安縣。廣平。

廖永忠抵重慶。次銅鑼峽。明昇大懼。右丞劉仁等勸其奔成都。昇母彭氏泣曰。今大軍勢如破竹。守必不支。若使天統之君。薦其血腥。以比于蒲卑開明。妾母子毋久苦蜀人也。昇乃詣軍納款。永忠曰。征西將軍未至。不受

庚子。唐宗魯爲工部侍郎。

壬寅。故元右丞張良佐左丞房暠自遼東來降。貢馬殺馬彥翬洪保。保走納哈出營。執平章八冊知院僧兒等至京。納元所授印敕金牌。上嘉之。授斷事吳立及良佐暠俱遼東衞指揮僉事。

癸卯。湯和至重慶。受明昇降。送昇幷降表于京師。表略曰。見同井蛙。計窮穴兔。揣罪實由于己。啓釁用非其人。迎拜道旁。竊效子嬰之繫頸。仰瞻天上。敢希孟昶之傾心。

高岱曰。蜀地與中原隔絕。昔人謂其後天下而亂。亦後天下而平。大抵中原有事。蜀必割據。天下一統。蜀亦不能久存也。玉珍非有雄才大略。以我所爭在西北。勢不暇及蜀。故得稱雄僻壤耳。及我定中原。清關陝。明昇自當稱臣內附。不失茅土世封。楊璟之書。譬曉明切。而昇不能從。可謂不度德量力矣。

甲辰。置彭城濟州濟陽衞北平。平山衞山東。

製武臣金銀牌。指揮佩金牌。雙雲龍雙虎符。凡五百。千戶佩鍍金銀牌。獨雲龍獨虎符。凡二千。百戶佩銀牌。凡萬有一千。牌博二寸。長尺。竅其首。紅縄貫之。上親爲文曰。上天祐民。朕乃率撫。威加華夷。實憑虎臣。錫爾金符。永傳後嗣。

丁未。夜。諸暨大雨水。溺人。

征西右副將軍永嘉侯朱亮祖兵至重慶。

戊申。吏部尙書詹同禮部尙書陶凱作宴享九奏樂章。曰本太初。曰仰大明。曰民初生。曰品物亨。曰御六龍。曰泰階平。曰君德成。曰聖道成。曰樂清寧。上以協律善之。悉屛俗樂。

賜故元臣驢兒書曰。爾所守封疆。與朕邊將旌旗相望。若不通介使。恐將軍他日進退兩難。幼主倘失圖。强臣自立。將軍能忘君以事仇乎。名義所在。含恥忍辱。諒不爲也。不然。必驅兵向之。茍力不足。麾下一旦解體。將身死人手。妻子離散。又何益哉。將軍幡然改悟。結我以善。後他日遇難來依。朕不食言。

倭寇膠州●

庚寅。上御奉天門。問吏部尚書詹同古帝王之治。曰。無過唐虞三代。上曰。三代而上治以心●三代而下治以法。心則道德仁義。其用無窮。法則權謀術數。其用有時而窮。故擇術不可不愼也。

是月。遼東衞奏元將納哈出據金山擾邊。上遣萬戶黃儔致納哈出書曰。元地非不廣。兵非不衆。一旦紅巾起于汝潁。盜徧中原。盜名字者數人。韓林兒帝亳。徐壽輝帝蘄。陳友諒帝九江。張九四王姑蘇。明玉珍帝蜀。皆爲我俘虜。此天命非人力也。大廈既傾。非一木可支。機之後先。惟將軍自思之。納哈出留儔不遣。

七月辛亥朔。存心錄成。

豐城知縣林唐臣爲吏部考功郎中。唐臣前使安南還。命令豐城。坐事逮至京。獄中上書。釋之。

置定遼都指揮使司。馬雲葉旺爲都指揮使。總遼東諸衞兵。

命徐達自北平往山西練兵。

番禺等縣大風拔木三日。

壬子。命中書省毋奏祥瑞。災異蝗旱卽以聞。

南寧大雨。江溢。壞城舍。

庚申。傅友德圍成都。戴壽向大亨驅象戰●前鋒弩射之。象反踩蜀兵●友德亦中流矢●已聞昇降。乃降。得士馬三萬。壽大亨。鄒興。莫仁壽。劉仁。丁世眞。皆夏謀勇臣也。壽大亨仁壽既降。至夔峽。皆鑿舟自沈死。

辛酉。夜。太陰入南斗魁中。

壬戌。傅友德分兵徇崇慶。知州尹喜清拒戰。擊斬之。判官王桂降。

曹國公李文忠往四川撫綏軍民。

癸亥。蒲州地震。

吏部尚書陳修卒。修弋陽人。自□官擢兵部郎中。出守濟南二年。進今官。參酌時宜。秉公核實。蓋修啓之年五十一。

甲子。龍游縣大雨水壞人居。

乙丑。明昇至京師。命議受降禮。省部上言。宋乾德三年。蜀主孟昶降。請考故事。雜定其儀。宜御奉天殿。昇進表午門外。叩頭伏地待罪。侍儀使奉表入。承制出釋罪。賜冠服。引至墀下拜謝。上曰。昶奢淫自恣。昇幼孽自臣下。可免其叩頭伏地。是日。率官屬見。封歸義侯。賜冠帶衣服甲第一區。

丁卯。中書省請諸生俊民吏胥俱許應舉。上以吏胥心猾。獨不許。

戊辰。故元僉事院副使南木哥僉事丞朵兒只以二千餘人自河西來降。

置汝陽 汝寧 無極縣。眞定

己巳。置商水縣。陳州

辛未。置薊州衞。

淮安侯華雲龍兵至雲州。夜襲元平章僧家奴營。盡俘其衆。

乙亥。占城國王阿答阿者來貢。上金葉表。長尺。博五寸。夷書內訴安南侵擾。請兵器樂器。上命中書省檄王安南。已罷兵所請兵器助鬬非義也。擇爾國數人諳華語者來習樂。幷諭福建免占城之榷。

丙子。置四川行省。刑部尚書劉惟謙爲參政。

夏。平章丁世眞率其餘黨攻秦州。守禦指揮潘基固守五旬餘。擊走之。世眞敗。夜宿梓潼廟。爲小校所殺。小校赴京師自言功。上曰。殺主帥非義也。不予賞。

八月辟朔。置振武衞親軍指揮使司。
改用寶金牌。博三寸。長九寸五分。上鈒鳳二。下鈒麒麟二。
癸未。皇子柏生。
乙酉。夜天鳴。
丙戌。徙應天治于江浦。
庚寅。罷鞏昌故元總帥府。
癸巳。浡泥國王馬合謨沙來貢。浡泥。西南海中闍婆屬國。
置柘城考城縣。開封。
上以北平艱運。命發銀三十萬。布十萬。即近地易米餉吏卒。又遼東衞乏馬。發山東布萬匹。貰馬給之。
甲午。令商輸米重慶。給鹽引。淮鹽一石一斗。浙鹽一石。
免淮揚臨濠泰滁無爲今年田租。
乙未。夜有赤星自右旗流游氣中沒。
己亥。中書省左司郎中海淵爲戶部尚書。
國子祭酒魏觀謫隴南知縣。司業宋濂謫安遠知縣。以考孔子祭禮不即上。
庚子。江夏侯周德興等克保寧。執吳友仁檻送京師。蜀平。
上語侍臣曰。孫武論將。使愚使貪。其言殊謬。夫武臣當量敵制勝。智勇兼盡。不可使愚。捐軀殉國。以廉養士。不可使貪。
癸卯。遣拂菻國人揑古倫持詔諭其國王。

故元宗王子巴都麻失里沙加失里院使汪家奴等來降。
戊申。潁州上猶縣盜起。命宜春侯黄彬剿之。
己酉。關中饑。賑之。凡二萬五千餘戶。
遣諭雲南八番烏撒等蠻。
是月。海寇羅子仁陷高州。殺通判王名善。雷州衞千戶黄淸擊斬之。
河南陝西山西及北平河間永平臨濠常州旱。大名水。

九月癸朔日食。

甲寅。高麗入貢。
乙卯。夜。熒惑犯壘壁陣。
丙辰。册秦王㰕妃王氏。元右丞相河南王保保女弟。
　談遷曰。高皇帝憂在漠北。意未始一日釋也。于故元主臣屢麾尺一。終不我報。而又最忌畏擴廓帖木兒。將來平城之慮。必其人也。欲縻制之不得。締姻天室。蓋卽劉敬公主遠嫁之策而逆用之。非尋常所測也。
磨勘司令端以善爲刑部尚書。茹太素任升正。張度□□爲監察御史。
分遣御史往山東河南北平覈鹽課逋賦。
庚申。三佛齊國王馬哈剌孔八剌卜來貢上金葉表。
壬戌。工部尙書安慶爲北平行省參政。
癸亥。夜。月食。
庚午。諭省府臺臣曰。海外諸蠻夷阻山越海。僻在一隅。彼不吾擾。朕決不伐之。惟西北胡世患中國。不可不備。

呂宋俊還自暹羅國國王參烈昭昆牙入貢馴象六足龜及方物表賀明年正旦。

贛縣地震。

丙子。置成都衞及右中前後四衞。

丁丑。命郡縣富民爲萬石長主賦。蓋郡縣吏多漁民。故以民治民。必不朘削。

戊寅。日中黑。

上因手書與劉基曰。近西蜀悉平。稱名者盡俘京師。我之疆宇亦日博。廣前元以寬失天下。朕今救之猛。然小人但喜寬。遂恣謗罵國家。扇惑是非。莫能治。即今天象叠見。天鳴已八載。日中黑子見三年。今秋天鳴震動。日中黑子。或二或三或一日更有之。更不知災禍自何年月日至。卿年高。靜處萬山中。必有眞知。今遣刻期往卿問訊。使行勿賚茶飯。返之。基悉條對而焚其草。大要勸上國威已立。宜少濟以寬大云。

改虎牢關曰古殺關。

是月。置保寧守禦千戶所。

衞國公鄧愈平鄖縣盜。

江陰侯吳良平綏寧蠻。還師。

十月。厲朔。癸未。置重慶守禦千戶所。

夜有星自五車分而二。沒于四輔。

癸巳。日本國王良懷遣僧祖來入貢。先是趙秩往。未納。秩書諭之。始聽命。偕秩至京。

乙未。改廣興府曰廣德州。

置朶耳衞指揮使司。

丙申。征西將軍中山侯湯和等還京。上印綬。

丁酉。俘吳友仁等至。以首釁誅友仁。餘戍徐州。

戊戌。置雅州守禦千戶所。

甲辰。大都督府上京師兵額二十萬七千八百二十五人。

置秦州守禦千戶所。

丁未。置敍南青州二守禦千戶所。

是月。分建諸王邸。

十一月甋朔。丙辰。冬至。祀圜丘。

眞臘國巴山王忽兒那入貢。

丁巳。西安鳳翔慶陽旱。免田租十九萬三千三百餘石。

己未。召魏觀宋濂還朝。爲禮部主事。

庚申。上聞京衞將士多酣費。詔曰。儉爲治本。奢爲喪源。習奢不已。入儉良難。非保家之道。爾其裁之。

命官吏犯贓者無貸。初元末政以賄成。上深知之。曰。此弊不革。欲善治無由也。

壬戌。五色雲見。

癸亥。京師大軍倉火。

丁卯。祥符陳留等縣雎州旱。免田租。

己巳。置曲周縣。廣平。

庚午。置禮店千戶所。秦州。

壬申。中書省請稅河南山東北平陝西山西淮安屯田。命免科三年。後畝租一斗。
上御武樓。下語驍騎左衞指揮使郭英等曰。汝亦思守身家乎。曰。臣愚亦念及此。上曰。軍士作臨濠宮殿。爾私役之。非自全計。英等駭謝。
甲戌。犨緯宋晟郭英爲廣東江西河南衞都指揮使。
乙亥。定衞所逃軍之罰。
是月。安南陳叔明弒國王日熞自立。叔明。日熞叔也。日熞居國色荒。常以兩女進。其豔巧六宮無並者。後復以女進。上不悅。曰。彼謂朕漁色耶。併出前二女返之。命使臣曰。歸語王。嫁之猶女也。日熞竟以昏荒爲叔明逼死。
十二月䠶朔壬午。高郵守禦千戶所改高郵衞。置揚州衞。
暹羅斛國王參烈昭昆牙入貢表賀明年正旦。
癸未。定吏卒優給之例。
甲申。上聞諸勳臣所賜莊戶不法。召諸勳臣戒之曰。卿等晚節宜留意。而莊戶怙勢若不戢。下必累爾德也。
乙酉。吏部奏天下府百四十一。官八百八十人。州百九十二。官五百七十二人。縣千三百。官三千四十一人。
定文武官祖父封贈之制。
丙戌。命工部尚書朱守仁察吏山東。
故元惠王伯都不花儲王伯彥不花宗王子蠻蠻伯帖木兒入朝。各賜宅給月廩。
命吳王左相靖海侯吳禎籍溫台慶元方氏遺兵及蘭秀山流民凡十一萬一千七百五十人。分戍各衞。仍禁瀕海民不得私出海。
庚寅。戶部言。漢中之金州石泉漢陰平利西鄉產茶。採之十採其一。官園十採其八。每裹五十斤。二裹爲引。貯有司。易馬西番。從之。

辛卯。賞平蜀將士。傅友德廖永忠各二百五十金。幣二十雙。顧時百五十金。幣十五。陳德百金。幣十二。郭子興以罪譴止幣十二。故都督同知汪興祖金幣如陳德。都督僉事何文輝王簡藍玉張溫金朝興各五十金。幣十。陳桓幣十。王成幣七。湯和僅克李逢春山寨。幣十五。周德興幣十二。俞通源幣十。梅思祖幣五。都督僉事仇成葉昇幣如之。林霽峯幣六。指揮幣八千戶衞鎮撫幣六百戶所鎮撫幣四。總旗十二金。小旗十一金。卒十金。惟楊璟趙庸朱亮祖不賞。上諭之曰。亮祖破保寧。不足掩潞州之敗。趙庸合攻瞿塘塞。中道返。朱亮祖比至重慶。城已下。故賞所後也。又讓湯和怯和頓首謝。

王世貞曰。平蜀將帥。古多不利。自桓南郡外。如吳漢岑彭之于公孫述。鄧艾鍾會之于劉氏。郭崇韜康延孝之于王衍。王全斌之于孟昶。大者僇敗。小亦責數。勳賞俱廢。昔賢嘗記之。國初如傅潁川廖德慶之下明昇。功最卓絕。至勞人主紀頌。而賞亦薄。二將俱不益封。主帥湯東甌又數督責。與昔所聞無異。可怪也。

壬辰。賜中山侯湯和田萬畝。鞏昌侯郭子興田租千石。故大都督府同知汪興祖追封東勝侯。世襲祿千石。令指揮千戶幼襲止給半祿。年二十全之。

聽軍民採江上蘆葦。毋侵占。

四川馬湖路總管安濟入貢。

癸巳。禮部欲罪鎮江官騺瘠者。徵其直。上不許。

漢中知府費震坐事逮至京。震多善政。值旱饑。貸倉糧十餘萬石。俾秋稔還之。饑盜俱減。上聞而嘉之。至是釋之以勸良吏。

丙申。故元施南道宣慰司覃大勝。隆中路宣撫司同知南木什用。金洞安撫副使達谷什用。東鄉五路軍民府知府結剌什用及四川容美洞宣撫司田光寶各遣子弟入朝。

置永寧貴州二衞瞿塘關漢中階州三千戶所。黔紀云置永寧宣撫司。

戊戌選故常遇春參隨葉壽等六十八人俱授京衞百戶。

置橫海衞。

定官民揖拜禮毋胡習。

乙巳置寧國安吉宣武三衞于河南置諸城守禦千戶所。

丙午故元宣政院副使常繼祖等自河州來降。

大都督府僉事沐英何文輝爲同知都督。

戊申馬湖路總管安濟入貢詔改馬湖府。

是月徐達還京師。

延安中部盜起延安衞千戶曹隆擊平之。

裁僧道善世玄敎二院。

國榷卷五

壬子洪武五年

正月己酉朔。庚戌。併河南左右二衛爲河南衛。置陝州守禦千戶所。

日中黑。

故元兵犯汾州。大同衛指揮僉事蔡端追擒八百餘人。

壬子。置親王護衛指揮使司。各設三護衛。衛設左右前後中五所。所千戶二。百戶十。又圍子手二所。各千戶一。

瑣里國王卜納的入貢。三年六月遣塔海帖木兒持詔往諭因偕至

癸丑。詔犯罪當謫戍兩廣者發臨濠屯種。

遣翰林待制王禕偕蘇成往雲南詔諭元梁王把匝剌瓦爾密。

乙卯。忠建元帥府元帥墨池釋用來朝。置忠建長官司。

庚申。併振武神武鳳翔英武宣武廣陵等十二衛俱入豹韜衛。

播南故元參政佘仲方來朝。

辛酉。上幸太平興國寺廣薦法會。搢玉圭禮佛再拜。聽法于僧宗泐。受戒于僧慧日。癸亥。還宮。

談遷曰。聖祖崇尚六經。于釋老二教亦不廢也。蔣山法會。宋濂記之。雖廣薦戰殤。然遣一使足矣。何至枉車駕。其禮特至也。

壬戌。暹羅斛國來朝。

甲子。遣楊載詔諭琉球國。
爪哇國昔里八達刺蒲入貢。
耀州宜君縣盜起秦州衞指揮僉事王溥等捕斬之。
置蒙古衞。
乙丑。賜徐達李文忠馮勝交趾弓五十。彤弓百。曰。古者諸侯有四方之功。則賜弓矢。卿宜此賜。
歸德侯陳理歸義侯明昇居嘗怨望。並安置于高麗。昇性雅純。通論語孝經。母彭氏召入宮
談遷曰。降國之主。鮮能自全。嫌忌既深。械穽猝發。劉鋹錢俶俱生日賜酒。不保其年。彼寬仁之朝。猶罹此禍。況嚴察如聖祖者哉。漢夏二豎。不異長安一布衣。終投海外。諒無生理。幸漠北尚强。故崇禮侯得食寄公之祿。否則踵歸德歸義而三之矣。
播州宣慰使楊鏗同知羅琛播州總管鄭瑚等來朝。仍置播州宣慰司。鏗琛秩如故。改總管爲長官司。
元貴州宣慰使鄭彥文及土官宣慰使靄翠等來朝。
普定府女總管適爾及來朝。改知府。世襲。
龍番安撫使龍舜昌方番安撫使方德用韋番安撫使韋勝祖金石番安撫使石良玉新添安撫使宋亦鄰眞各來朝。
戊辰。定武選之法。
己巳。命皇太子及秦王樉往臨濠祭陵。
庚午。五色雲見。
上御武樓。計邊事。曰。擴廓游魂尚出沒。奈何。魏國公徐達曰。亟發兵坑豎子耳。度兵幾何。曰。十萬足矣。上曰。吾

與卿十五萬騎。拜達征虜大將軍出雁門。曹國公李文忠爲左副將軍出應昌。宋國公馮勝爲征西將軍出金蘭。各五萬騎。征擴廓帖木兒于沙漠。

辛未改留守司曰留守衞。

危素疾。

甲戌。上戒徐達等曰。大將軍出中路。揚言趨和林。實持重。致其來擊之。左副將軍出東路。掩其不備。征西將軍出西路。取甘肅以疑其兵。令虜莫測。乃善計也。

靖海侯吳禎航海餉遼東。給北軍。

命衞國公鄧愈爲征南將軍。江夏侯周德興江陰侯吳良副之。討古州田州澧州諸處洞蠻。愈率營陽侯楊璟宜春侯黃斌出澧州。德興率南雄侯趙庸指揮僉事左君弼出南寧。良率平章李伯昇出靖州。

置廣東衞。

城中都。周四十五里。

丙子。故元知樞密院伯顏赤斤帖木兒以部衆五百餘人來降。

置四川納溪白渡二鹽馬司。

五色雲見。

故元知樞密院呵輦眞巴藩王子赤斤帖木兒等來降。

龍虎衞改燕山護衞。置西安太原廣西三護衞。

是月。危素卒。素字太樸。金谿人。至正初。薦授翰林檢討。五年改國子助教。學問淵奧。兼長筆札。順帝初。薦入官。歷嶺北行省左丞。爲時名臣。尋解官。寓居房山。順帝北奔。淮王帖木兒不花監國。承制起翰林學士承旨入朝信宿。國破。將投報恩寺井。寺僧救止之。入明。拜翰林侍講學士。時年六十八。尋兼弘文館學士。旣謫含山。踰年恚死。

解縉曰。予讀元史。至于危素建言擇將帥。任守令。撫流民。務農保境。臥薪嘗膽。以圖中興。而順帝稍用其說。京南之境幾無曠土。其所辟舉皆能有功效。驚曰。是殆可以圖存。而何至于覆亡耶。蓋未幾而素出爲嶺北右丞。而所舉者亦皆散亡。而元遂亡矣。悲夫。士不遇時。雖或小試。而終以泯沒無聞。可不惜哉。

薛應旂曰。素之在元。秉文衡。握樞要。不但以文藝名。且崇尚考亭龜山豫章延平九峯西山之學。請諸儒從祀孔廟。其規爲氣志不凡矣。一失節焉。靦顏于元亡之不賀。泚顙于東閣之履聲。竟死含山。甘心溝瀆。仰視黃㝛。何霄壤也哉。

何喬遠曰。蔡邕被收。請黥首刖足。繼成漢史。古人重史如此哉。以身博史。則畏史官者耶。危素來歸。首尾不三年。竟卒謫所。悲夫。名亦不載于元史。是以記之。

二月己卯朔。上諭羣臣曰。昔范仲淹居位事。今日不盡。明日必補之。其心始安。賢人君子。精心如此。朝廷豈有不治。元季諸臣。皆苟且溺職。日徇肥甘。于生民疾苦。政事得失。懵如也。紀綱日弛。民心土崩。朕夜不安寢。未明視朝。嘗恐怠政。卿等當體朕懷。共修厥職。

潮州盜據揭陽。潮陽潮陽衛指揮僉事王友等擊平之。

辛巳。疏通泰運河。

令蘇湖漁人商人舟居無田者充漕輓。

壬午。上諭羣臣曰。設官定分。上不陵下。下不諂。昔參政丁謂爲寇相拂鬚。準正色呵之。前元憲官某寢疾。掾史候之。力疾杖起。因授吏杖。吏拱立不受。至再三。憲官悟。明日謝吏。吏曰。某雖公屬。非家僮。不敢瀆禮。彼憲吏皆正人也。爾等鑒之。

癸未。臨濠府火。

丙戌。安南陳叔明遣阮汝霖貢馴象。禮部受其表。主事曾魯視表。非陳日熞。乃叔明也。白尙書詰之。則叔明弑立。假入貢覘我。上卻之。

免河曲等縣食鹽米二千五百八十餘石。

己丑。併長淮衞于大河衞。置贛州衞。

辛卯。立四川等處茶鹽都轉運司于成都。鹽課司十五。歲辦鹽三萬七千八百四十二引有奇。

置秦州茶馬司。

何喬遠曰。國家設四司一所。以總茶課。聯西戎。控北虜。三邊永利乎。蓋陝之漢中川之夔保尤重矣。楊一淸所至舉職。不獨茶馬一事。胡彥所奏。亦盡心焉。夫此邊境之茶也。其上供茶天下貢額四千有奇。福建居二焉。自嘉靖二十五年。御史胡彥言茶課

郭桓爲山西按察司僉事。

壬辰。容美洞宣撫使田光寶入貢。改容美洞長官司。

京師火。燔龍江鷹揚二衞營仗。

盜掠陽江縣。尋平之。

丙申。羽林左衞總旗陳雲乞收永新等縣陳氏散卒三千三百七十人。上不許。詔以陳氏張氏軍相告者罪之。

宣寧進忠宣撫使田惟藏來朝。尋卒。子茂長嗣。

丁酉。高麗入貢。

庚子。雲州旱免鹽糧。

甲辰。停晉邸工。俟有秋營之。

乙巳。發河南兵二萬從馮勝北征。命都督同知何文輝率山東步騎二萬八千從李文忠出應昌。

令四川民戶滿三丁僉一軍。

羽林左衞軍張子英訴父弟及子皆充伍。命免其父弟。

戶部言。四川產茶四百七十七所。茶二百三十八萬六千九百四十三株。茶戶三百十五。定制十採其一。計萬九千二百八十斤。易馬西番。從之

丁未大將軍徐達遣都督藍玉先出雁門。至野馬川。値胡兵。追敗之亂山。

河南行省參政楊訓文卒。訓文。潼川人。元淮海書院山長。隱揚州。上徵拜起居注。歷禮戶部尙書。以學行政事稱。

日中黑。

是月。作申明亭。令郡縣里社。凡人有犯。書其過名榜之。

三月帳朔。免都民徭役。

己酉。命將官子弟入國學肄業兼騎射。

辛亥。重定官民相見禮。

壬子。戶部尙書徐本爲浙江行省參政。

癸丑。夜有星自太微垣流至蕃外沒。

乙卯。故元樞密同知別哥禿等來降。

丙辰。刑部尚書李友諒爲福建行省參政，工部侍郎黄肅爲尚書。

丁巳。前普定府同知安瓚入貢。

故元金筑安撫使密定、程番安撫使程谷英等來朝，俱改長官司。

庚申。禮部主事魏觀爲蘇州知府。

夜。月食。

癸亥。張遇林爲應天府尹。

丁卯。都督僉事藍玉敗擴廓帖木兒于土剌河，擴廓帖木兒遁去。

戊辰。夜。仙遊縣大水溺人。

庚午。澧州洞蠻作亂，尋平之。

壬申。囉囉斯宣慰使安定來朝。

癸酉。置靖州、武岡守禦千戶所，欽州百戶所，膠州守禦千戶所。

都督僉事單發有罪，降南寧衛指揮僉事。

南平縣大雨水。

是月。高麗國王王顓上表賀平夏，且請子弟入太學，許之。

四月戊午朔。己卯。濟南、登萊旱饑，命淮安轉粟賑之。

丁亥。中書省左司郎中呂本爲刑部侍郎。

夜。有大星自天市垣，有小星三隨之，行至游氣中没。

戊子。廣東逋卒王福可等聚盜，掠海豐，詔廣東衛兵討平之。宣化盜掠南寧，亦平之，俘二千八百餘人，斬百餘級。
庚寅。故元參政阿失寧自西番來降。上灌頂國王印。
丁酉。烏思藏僧章陽沙加仍灌頂國師。賜印幣。俾居報恩寺。化導其俗。
戊戌。詔天下舉行鄉飲酒禮。上思化民復古。令禮部取儀禮及唐宋之制。參定頒行之。
潯州天鳴。廣州梧州地震。黎城縣大風雹。
己亥。更定品官命婦冠服。
庚子。故元趙王汪古圖左丞錢友德來降。
征南將軍衛國公鄧愈兵至澧州。遣營陽侯楊璟等討散毛柿溪赤溪安福等三十九洞。平之。
盤順元帥墨稍什用入貢。置盤順長官司。
酉陽沿邊溪洞軍民宣慰司都元帥府元帥冉汝彪入貢。改酉陽州。汝彪爲知州。
五月朾朔庚戌。置諸司齋戒牌。祭則設之。文曰。國有常憲。神則鑒焉。
壬子。大將軍徐達至嶺北擴廓帖木兒賀宗哲合軍拒我。敗績。
癸丑。夜。中都萬歲山雨雹。
乙卯。卽墨膠水縣各大雨雹。
中書右丞王溥言。頃者採木建昌之蛇舌岩。見黃衣人歌。聲如鐘。忽不見。上以妖罔不之信。歌曰。龍盤虎踞勢岧嶢。赤帝重興勝六朝。八百年終王氣復。重華從此繼唐堯。
戊午。祭方丘。還宮。憂旱。命宮中后妃以下蔬食。逐雨。
丁卯。倭寇海鹽之澉浦。

戊辰。命募商于永平衛納米中鹽。

故元沿海行樞密院同知葉廷秀等來降。

是月。詔曰。朕本草芥之士。失習聖賢書。摧强撫順。無常寧處。一概粗疏。民不見化。鄉市里閭。尙染元俗。天下大定。禮義風俗。可不正乎。曩時兵亂。民散。因爲人家奴者。詔書到日。卽放爲良民。有家貧殘疾幷老幼少壯不得已乞覓者。本里里長及同里人戶助給之。工商農業。皆聽其故。俟有餘贍。然後償還。有司時察焉。不資給者。驗存其家糧糗。可以足用。餘沒官賑濟。里有出物周給者。有司具奏。孤獨廢疾。養贍之孤老院。聽出乞覓圖剩餘。箠楚者以闘毆論。誣告者抵罪。民間歲時宴會。拜揖坐次。皆序齒。治父母喪。富毋僭奢。貧無妄費。若信惑風水。暴停棺柩。婚姻論財。夷虜之道。蒙古色目人。既居我土。許與中國人往來嫁娶。人民避兵。散之四方。令復故里。有丁少田多。不許依然占護。若去時丁少。歸則丁多。許于附近驗官耕種。僧道本以誘俗。若修齋誦經。男女淆雜。飲酒食肉。有司嚴治之。福建兩廣等處。有豪戶閹割人。驅使者。以閹割抵罪。沒官爲奴。於戲。以朕德薄。恩澤未孚。倉庫未盈。六軍四戍。尙慮未悅下民之心。恐貽天怒。夙夜淵冰。咨爾臣民。期臻禮義之風。永底昇平之治。

征南副將軍江夏侯吳良兵次零溪。進克銅鼓五開潭溪。再戰歸騰浪。掩都莫越漂洞。既而搗地青滅龍里。通洪州所向輒克。獨秦洞崖山苗最桀黠。扼銅關鐵塞之險。久不下。良以計破之。殲其衆。

六月丙朔。置兵馬指揮司分司于中都。

定宦官禁令。

丁丑。定中官女職之制。設六局十司。尙宮尙儀尙服尙食尙寢尙功。局各四司。官七十五人。女史十八人。俱良家子充之。

高唐濮聊城棠邑朝城東昌民饑。命吏部尙書趙翥堅發粟千九百石賑之。

戊寅。征西將軍馮勝左右副將軍陳德傅友德兵次蘭州。友德先將五千騎趨西涼。敗元將失剌罕至永昌。敗太尉朵兒只巴至甘肅。故元將上都驢降。大獲其輜重。進掃林山。會勝等共擊胡兵。友德手射平章不花死。追斬四百餘級。降太尉鎖納兒加平章管著等。于是元將上都驢以吏民八百三十餘降。進至亦集乃路。守將卜顏帖木兒以城降。次別力罵山。元岐王朵兒只班遁去。追獲其平章長仰奴等。馬駝牛羊十餘萬。又敗之瓜沙州。獲馬騾牛羊二萬而還。

辛巳。五色雲見。

甲申。免登萊今年夏稅及逋租徭役。又發粟六萬六千餘石賑萊州東昌。

乙酉。太白晝見。丁亥滅。

丙戌。置遼東金復海蓋四州。

倭寇寧德。

丁亥。濟南蝗。大庾上猶南康大疫。

戊子。安化合水環縣民饑。賑之。

己丑。羽林衞指揮使毛驤于顯指揮同知袁義等率兵捕蘇松溫台瀕海流倭。

辛卯。敕遼東都督僉事仇成嚴備納哈出。

癸巳。定六部職掌。各司郎中員外郎主事分任。尚書侍郎總其政要。

置沂州衞。

甲午。戶部尚書海淵爲福建行省參政。

丙申。定公主宅制。

去年河間饑。免其徭。

定官民婚喪禮。

戊戌。改潭州府曰長沙。靖江府曰桂林。

己亥。夜有大星自天市西垣行至游氣中沒。

庚子。溫州衞千戶陳旺以追擊海寇失機伏誅。

青萊蝗。

壬寅。征南將軍江陰侯吳良平靖州會同縣蠻。

癸卯。句容民獻嘉瓜二。賜錢千二百。禮部尚書陶凱稱聖德。上曰。朕何德之有。時和歲豐。王者之禎也。

元人犯大同之宣寧縣。

指揮使毛驤敗倭于溫州下湖山。追獲舟十二艘。擒百五十餘人。

安曲縣地震。

甲辰。鐫戒后妃之辭于宮中。

左副將軍李文忠率都督何文輝等出居庸。擣應昌。進口溫河。元兵遁。獲牛馬輜重。至哈喇莽來。敵驚潰。至臚朐河。留其輜重。欲輕騎襲之。各持二十日糧。兼行至土剌河。元將蠻子哈喇章悉騎渡河。陣而待。戰數合。稍却進至阿魯溫河。敵益衆搏戰。馬中流矢。持短兵步戰。裨將劉義直前蔽之。指揮李榮授以所乘馬。自奪胡騎乘之。文忠策馬橫槊麾衆更進。士皆殊死鬭。大敗之。獲人馬萬計。追至騁海。敵又至。文忠勒兵守險。椎牛享士。大縱所獲馬畜示敵暇。三日。敵疑有伏。不敢近而遁。文忠引還。夜失道。糧盡。士多渴死。至哥兒麻思。文忠默禱。馬掊地泉溢。乃濟。獲故元官屬子孫及軍士家屬千八百四十餘人。是役也。宣寧侯安豐曹良臣驍騎左衞指揮使合肥周顯振武衛指揮同知定遠常榮神策衛指揮使壽州張耀俱戰沒。追封良臣安國公。謚忠壯。餘各予祭葬。

乙巳。命戶部遣使度四川田。

作鐵榜申戒功臣。毋縱奴僕倚勢作非。稱保全功臣之意。

七月辆朔。辛亥。陽曲地震。

壬子。自己酉至是。五色雲見。

甲寅。立觀星臺于中都獨山。

乙卯。夜有星自壘壁陣東北行丈餘。光如杯。至近濁沒。

丙辰。中山侯湯和等兵至斷頭山。戰失利。平陽左衛指揮同知龍泉章存道死之。

嚴從簡曰。按此和林之偏師也。我軍鮮利。高皇蓋數悔之。抑聞之長老曰。存道驍將。其死可惜。又曰。斷頭名惡。兵家忌焉。時有勸存道移軍者。不從。卒敗。噫。武王以甲子興。豈有是耶。雖然。柏人彭亡落鳳狽牙。在古亦有是說矣。將冥數有適會焉。

辛酉。崇明海門大雨。潮溢。壞廬舍。免田租。

壬戌。夜。京師地震。

丁卯。北平永清衛軍器庫火。

戊辰。裁媯川宜興雲四州。徙其民北平。

庚午。高麗入貢。奏耽羅國不朝。又蘭秀山數寇。請討。上諭止之。

辛未。遣諭故元□國公白鎖住書。時鎖住佯死。潛歸鄉里。諭曰。爾志本求安。然事難逆覩。獨不見隋末高君雅劉黑闥之事乎。一旦無賴，假爾爲名，以禍生民，後來之悔，爾當出詣有司，慷慨還朝，全家保生，豈不快哉。

日中黑。

是月，開封大水，徐州大同蝗，鳳翔平涼久不雨，至是雨雹傷菽，免田租。

八月乙朔己卯，貴州宣慰使靄翠請討所部隴右，上恐啓釁，不許。

庚辰，罷天下進賀聖節冬至表箋。上曰：正旦稱賀，禮固宜然，冬至亦賀于文多矣。朕考妣早逝，生日不勝悲痛，其皆罷賀。

甲申，詔浙江福建海上造舟六百六十艘，禦倭。

乙酉，徐溝縣天鳴，自癸未屢地震，義烏餘杭大雨，水溢，溺人畜。

丙戌，河南民獻白兔，縱之。

戊子，詔諭勳臣曰：敬謹爲受福之本，驕怠爲招禍之原，非知道者不足語此。

甲午，廣州地震，聲如雷，地坼二里許。

丙申，征南副將軍江陰侯吳良等平五開、潭溪、古州諸蠻，收撫洞寨二百餘，籍其民萬五千人，收散卒四千五百四十人。

倭寇福寧，大焚掠。

平陽衛指揮僉事張祥逐胡至崞縣之古洞山，被執。

戊戌，陽曲地震。

置台州衛、罷守禦千戶所。

己亥，五色雲見。

庚子。祠開平王常遇春于北平。有司歲祭。
壬寅。明州衞指揮僉事張德擊倭中流矢卒。賜祭。
癸卯。太倉衞言高麗使臣洪師範鄭夢周等渡海舟壞。溺師範等三十九人。餘漂至嘉興。上命護送歸之。
甲辰。故元兵侵雲州。殺同知黄里。
九月𠃊朔。南海盜起。詔廣東衞軍擊斬之。
丙辰。旦有星青白色。自太微西垣行至雲中沒。
丁巳。靖海侯吳禎還京。先是禎督餉遼東。練士悉收未附之地。至是南旋。併送故元平章高家奴知樞密院高大方同僉高希古張海馬遼陽路總管高斌等至京。
戊午。征南副將軍江夏侯周德興等討平婁鳳安田等州諸洞蠻。
壬戌。聖壽節。右丞相汪廣洋請賀。上不許。齋居素食。自是歲爲常。
陽曲地再震。
甲子。占城入貢。
置通州守禦千戶所。
乙丑。廣州地震。聲如雷。
十月𠃊朔。乙亥。浦口復置龍虎衞。
戊寅。陽曲地震。辛卯。又震。
庚辰。夜有星自五車流參旗。
辛巳。晉王左傅謝成兼太原都衞指揮使。

戊子。詔雜犯罪可矜者。免死輸作臨濠。

庚寅。高麗遣賀明年正旦。上以期遠淹使。又屢貢。命三年一聘。或比年所貢布十四足矣。毋過豐。其占城安南西洋瑣里爪哇渤泥三佛齊暹羅眞臘等國。各明告以朕意。

丁酉。韃靼五千九百餘人自東勝來降。

征西將軍宋國公馮勝等班師入京。

王世貞曰。是舉也。大將軍所遇勁。故敗失士馬數不可考。然孤懸塞外而能還保塞。諸將無所亡失。蓋一敗而能整故耳。左副將軍雖名爲勝之。敢深入。失亡過當。幾至喪師。征西將軍所遇靡。故全勝。而右副將軍功最多。然賞罰俱不行。史謂達與諸將固請北征。恐未必然也。

諭中書省。寬驛傳。必糧富丁多者充馬戶。有司務加存撫。

是月。免應天太平鎭江寧國廣德田租。詔曰。昔羣雄鼎沸。朕渡江屯建業。十有八年。其間高城壘。深濠塹。軍需造作。皆近京之民。率先効力。濟我時艱。朕心不忘。天下一統五年矣。雖嘗蠲四歲稅糧。未報前勞。故申飭有司。盡行蠲免。

十一月屇朔。復置寶慶衞益陽守禦千戶所。

丁未。併興化衞于鍾山。併天長衞于定遠。併振武衞于興化。併和陽衞于神策。併通州吳興二衞于龍驤。

庚戌。征南副將軍江陰侯吳良等班師還京。

壬子。置甘肅衞。

癸亥。建公侯第宅于中都。

免平涼田租。

甲子。征南將軍衞國公鄧愈營陽侯楊璟等班師還京。

詔將士戰衣旗幟色用黃赤。

丙寅。定封贈之制。

庚午。曉。熒惑犯鈎鈐。

辛未。靖海侯吳禎還京。

壬申。賞甘肅西征兵萬四百三十五人共四萬四千金。征西將軍馮勝等各私馳馬。不賞。諭曰。將不私其身。況物乎。祭遵憂國奉公。曹彬圖書數卷而何不古若也。勝等頓首謝。

納哈出犯遼東之牛家莊。燔糧十萬餘石。損軍五千餘人。

是月。詔征虜大將軍魏國公徐達左副將軍曹國公李文忠還京。

十二月。朔。詔曰。農桑衣食之本。學校理道之原。朕頒降條章。使敦篤敎化。民豐衣足食。理道暢焉。有司不遵朕命。給由赴京。往往無桑株數目。學校緣由。甚違朕意。今後敢爾。論違制。

夜有赤星自郎將旁行至雲中沒。

丁丑。征南副將軍江夏侯周德興班師還京。論功賞。征南將軍衞國公鄧愈綺帛各八。營陽侯楊璟宜春侯黃彬六之。都督僉事王誠等四之。周德興南雄侯趙庸各十二。江陰侯吳良指揮僉事左君弼各十。平章李伯昇等八之。餘有差。

庚辰。禮部尚書陶凱乞倣唐宋會要紀時政。從之。

裁黔江縣入于彭水。

命百司奏事皆啓皇太子。

甲申。上出三山門。見浚濠役人裸行水中求鋤不得。蓋吏擲之者。捕吏杖之。命罷役。曰。今日重裘猶寒。役苦乃爾。遂併遣工匠之營中都者。

太白晝見。

丙戌。京師定遠等衛火。

戊子。秦府左相兼陝西行省右丞耿炳文署行都督府事。燕府左傅高顯爲永平衛指揮使。

庚寅。驍騎前中衛併左右衛。

壬辰。禮部侍郎曾魯卒。魯字得之。新淦人。善記誦。徵修元史及禮書。授禮部主事。五年二月。遷侍郎。八月。主鄉試。九月。上鍾山甘露頌。遂乞骸。卒于南昌舟中。年五十四。所著六一居士集考異行世。

癸巳。貴州八番宣慰司同知趙安禮柏坪新鄉盧番洪番小龍番四安撫司程番盧山二長官司各朝賀。

甲午。兩浙都轉運鹽使李信爲廣東行省參政。未赴。拜吏部尚書。

乙未。設四川永寧茶局于界首鎮。雅州茶局于碉門。成都茶局于灌州安州筠連州。

丁酉。禮部主事宋濂爲太子贊善大夫。

是月。元梁王把匝剌瓦爾密殺我翰林待制義烏王禕于雲南。禕賫敕至滇。說梁王內附。不聽。館別室。數日。復說曰。朝廷以滇之百萬生聚。不欲血刃。故使臣開諭。若拒王命。必命秦甲發蜀彍。循棧道。略沉黎而西。大將軍踞昆明之上而飲其水。犄之角之。腹背受敵。王之將佐利王以爲功者不少。雖欲泥首牽羊。其將能乎。梁王心動。即改館。俄元使脫脫自西域至。責梁王忘國大仇。問明使者安在。不得已出禕見之。欲按屈禕。禕罵曰。爾之前王獵貉腥羶。踐華而君。祚幾百年足矣。爾嗣君僶德作怨。民散盜起。東裂西崩。不能幛控。皇帝神明威武。海內歸心。登大寶于布衣。取天下于羣盜。爾孽不自忖量。尚欲焰跋。爝燃死灰。三尺童豎知其無能爲也。公等區區。尙嚇誰乎。脫脫欲殺之。司徒達里麻參政喻金閭等從旁解之曰。王公才氣無雙。卽不從遣之耳。脫脫曰。今日雖晏嬰銜命。仲尼相禮。吾亦欲斮其頭。何知王公。禕顧梁王曰。殺我爾不國矣。遂見殺。禕少師事學士黃溍。歸隱青巖山。李文忠薦上。署中書省掾。文行端愼。上嘗曰。宋濂學問之博。王禕才思之雄。浙東大儒兩人耳。所著華川前後集玉堂雜著續大事記。

袁袠曰。昔李希烈殺顏眞卿。而王廷湊不殺韓愈。夫事固有幸不幸也。世多謂子充不卽死。又從匿民間。嗟乎。是豈知子充者哉。蘇子卿操節匈奴十九年。豈惜死者。誠悲夫死之不可復生也。是故子卿退之之不死。魯公子充之死也。要之不辱君命。自靖其志而已矣。流俗人惡知死哉。

吳朴曰。漢隨何使九江。能殺楚使。班超從郭恂使西域。能殺匈奴之使。今子充先至。脫脫後來。脫脫敢肆兇惡。吾獨不能誅脫脫乎。或者無隨何之權。其屬蔑班超之勇與。雖然。子充之節可少哉。

談遷曰。王子充學本黃晉卿吳立夫。詩本高季迪胡仲申。爲國初稱首。宜矣。銜命萬里。歿不蒙一字之褒。豈于事無少裨耶。優于裹革。略于筆塚。蓋開創之日爲然矣。

故皇姊隴西長公主加封曹國長公主。駙馬都尉恩親侯李貞封曹國公。

己亥。給僧道度牒。時僧道尼凡五萬七千二百餘人。禮部請鬻牒資用免丁錢。上從之。著爲令。

庚子。詔作獨轅車。山西河南八百輛。北平山東千輛。

內使奏增飼虎肉。上以虛費。送虎光祿寺。悉縱禽獸。

烏思藏帝師喃加巴藏卜等入貢。

吐蕃諸部川藏邀阻烏思藏貢使。命衞國公鄧愈爲征西將軍。率兵討之。

琉球國中山王察度入貢。

貽元少主書。又諭元臣劉仲德朱彥德書曰。至正之君。蒙塵而奔。幼主初立。大臣叛去。獨二生秉臣節。深可嘉尙。今遣使諭爾君。令取其子買里的八剌歸。毋絕父子之倫。君祀不絕。二生家族亦可保。不然大軍繇亙于陰山。二生能忠于君身。膏草野。亦奇男子也。或不能殉國。偷生苟免。將何面目于朕。其熟慮之。

是月。城大同。

河南侯陸聚罷歸鳳陽奉朝請。

命仍祀孟子。是年國子監請釋奠。命罷祀孟子。至是上曰。孟子辨異端。闢邪說。發明先聖之道。其復之。南京太常寺志翰林院故牘。

談遷曰。寧波府新志。洪武二十三年。令儒臣修孟子節文。上覽孟子土芥寇仇之說。謂非臣子所宜言。議欲去其配享。詔敢諫者罪以不敬。且命金吾射之。刑部尙書象山錢唐抗疏入諫。輿櫬自隨。袒胸當箭曰。臣得爲孟軻死。有餘榮。上見其誠懇。命太醫院療治。孟子配享得不廢。按唐以洪武三年謫壽州。四年卒。而配享之說乃在五年。安得相及。至于孟子節文。修在二十七年。謂唐之諫在于是時。尤謬。今考寧波舊志。止載唐諫釋奠一事。不及孟子。袒胸受箭之說。出自野史。豈好事者爲之耶。

又仁和姜南大賓辱語云。洪武二年。詔止釋奠曲阜。京師不必天下。刑部尙書錢唐疏。孔子百王宗師。先儒謂仲尼以萬世爲土。天下祀孔子。如天下祝聖壽。報本之禮。不可廢也。吏部侍郎程徐亦曰。帝王之治天下。敎養而已。天下不可一日無孔子之道。則敎不可一日廢。天下不可一日無孔子之敎。則祀不可一日廢。今使其人必讀其書。由其敎。行其道。而不得通祀。非所以崇本始。報功施也。上從之。

是年。都指揮使馬燁城貴州。黔紀。

置永寧衞。

癸丑洪武六年

正月聧朔。甲辰。故元千戶趙權以二千二百餘人自塞北來歸。

福州盜據白塔嶺。指揮耿良討平之。

溫州盜據瑞安萬里林。官軍捕滅之。置淡洋巡簡司。

談遷曰。劉誠意傳云。甌括間有地曰淡洋。南界福建。元末奸民盜鱗其間。方谷珍所由亂。基請設巡簡司。而民作奸如故。適盜周廣三反溫處。吏匿不以聞。基令長子璉徑詣上奏。不先白中書省。胡惟庸以前銜使吏訐基言淡洋地有王氣。基欲得爲墓。民不與則請立巡司逐民家。庶幾動上聽。遂欽章以聞。上奪基祿。基大懼。入朝不敢歸。而實錄云。周廣三等相結爲盜。守將領兵掩捕。盡獲之。卽其地立巡司。事徑捷如此。予友許重熙曰。刑部尙書宜興吳雲按浙東。奏淡洋事涉基。在五年秋。則所謂欽章未必胡氏也。

乙巳。豫章侯胡廷英收荆沔舊卒萬四千五百餘人。其舊校六十三人。俱授百戶分領之。

貢士蔣學閻鈍爲起居注。傳宗巖崔萃爲給事中。趙震殷哲爲翰林應奉。

丙午。來朝守令陛辭。上曰。慈祥愷悌。身德也。刻薄殘酷。身賊也。君子成其德而去其賊。故惠及于人。朕之任官。取用惟賢。舉廉興孝。惟欲厚俗。崇德勸善。惟欲成風。僞慈祥者必不愛。僞愷悌者必不誠。爾其戒之。

庚戌。于河州衞設郡縣。尋罷之。

壬子。命魏國公徐達曹國公李文忠等往山西北平防邊。已召還。命吉安侯陸仲亨詣代縣。都督何文輝詣北平。

癸丑。遼東金州復州旱。免去年田租。

甲寅。貢士永豐張唯祥符王輝河內李端洛陽張翀爲翰林編修。俱少俊。直禁中文華堂。命太子贊善大夫宋濂正字桂彥良教之。上政暇輒臨幸。課甲乙。日食大官饌。太子諸王遞爲主。時賜白金弓馬。

中書右丞相汪廣洋以巽怠降廣東行省參政。

吏部尚書李信爲山西行省參政。

設普定府流官。

丙辰。工部尚書黃肅坐法當笞。命俸贖。

諭御史臺臣曰。古云不剛不柔。剛則傷物。柔則廢事。嘗見貪者執謙。謙貶爲佞。廉者尙氣。氣增爲激。夫以中處剛。剛則不激。以正處柔。柔則不佞。

戊午。命省府臺部臣議練士。

己未。置西寧衞。

辛酉。諭儒臣詹同曰。聲色伐性之斧斤。前代敗者不少。況創業以爲後世法。倍宜戒也。

江西商人坐阻鹽法論死。上曰。彼直貪耳。無他心。俱輸作臨濠。

壬戌。夜伏羌縣南高山崩。

甲子。夜太陰犯心。

乙丑。貢士長山王璉淄川張鳳任敬棣州陳敏馬亮爲翰林編修。監生蔣學方徵彭通宋善王惟吉鄒傑爲給事中。俱文華堂肄業。

庚午。羅源盜起。官軍討平之。福州百戶王銘戰死。

辛未。監察御史馬貫爲戶部侍郎。

是月。安南陳叔明上表謝罪請封。使者言日熞以疾卒。叔明遜于野。國人推事之。上曰。日熞卒。國人當爲服。叔明且以前王印視事。俟能撫下順上。更議之。

成都衞指揮袁洪擊筠連州叛蠻。屢敗之。命所俘皆充戍。

置綏德衞。

二月癸酉朔。置烏思藏朵甘衞指揮司。領宣慰司二。元帥府一。招討司四。萬戶府十三。千戶所四。

丑。大雨雹。

庚辰。置洮州常陽十八族等處千戶所六。百戶所九。各族都管十七。並故元將吏。

海賈回回獻番香阿剌吉（阿剌吉即薔薇露。）上以導侈卻之。

辛巳。更置羣牧監于滁州。

壬午。申禁教坊司及天下樂人以古帝王義士爲優戲。

丙戌。番人寇隆德縣。平涼衞指揮莊德等擊敗之。

崇明縣潮溢。賑之。

丁亥。夜月食。

戊子。羣牧監改太僕寺。秩如故。應天鳳陽鎮江廬滁和等俱牧江北。便水草。江北戶牧一馬。江南十一戶牧一馬。歲三牝課駒一。

增築國子學舍。

役松江嘉興二萬人浚上海湖港及海鹽澉浦河。

壬辰。故元兵侵遷安。殺知縣夏□。永平衞指揮楊□戰死。指揮樊□來援。敵遁。追戰董家口死之。

興山縣盜起。殺主簿范□。都督僉事王成調襄陽衞兵平之。

乙未。諭中書省曰。有司科舉所進。能以學問措行事者絕寡。虛文相冒。自今罷之。其察舉賢才。先德行。次文藝。庶學者知嚮焉。

庚子。禮部尙書陶凱刑部尙書吳雲爲湖廣行省參政。工部侍郎王虎降蘇州知府。刑部郎中顏希哲爲戶部尙書。高萬傑爲刑部尙書。

故元將脫脫木兒犯慶陽保安會寧。延安衞兵擊走之。

夜。有大星自文昌流光燭地。經紫微。至勾陳沒。

是月。故元副樞失剌罕等犯鬌陽之槐安寨。殺百戶朱龍。指揮楊政等追敗之。故□國公驢兒復犯遷安。永平衞千戶李智追敗之。

牛諒爲禮部尙書。

三月癸卯朔。日食。

昭鑒錄成。初。禮部尙書陶凱主事張籌等創稿。秦府左傅文原吉翰林編修王僎國子博士李叔元助教朱復秦府錄事蔣子杰等續修。上序之曰。人雖至明。不免過愆。若覺前愆。修德消愆。子孫福也。已不省改。加之子孫嚚嚚不律。好還有日矣。靖江王守謙跡父之惡。雖未盡彰。彷彿如之。朕特命儒臣撮歷代藩王事跡。使自朝夕。書編未成。是子不悛。今示吾諸子。朕自平禍亂以來。憂懼萬千。豈無前愆。深懼積愆。德薄才疏。不足補過。熟察愼戒。必我子孫。

乙巳。定設給事中十二人。分六科。

丙午。秦府紀善荅祿與權國子學正鄭思先爲監察御史。

戊申。夜熒惑犯塡星。

壬子。命魏國公徐達爲征虜大將軍。曹國公李文忠宋國公馮勝爲左右副將軍。備山西北平諸邊。上曰。同艱已久。今宜少休。故往者召卿還。今聞胡人窺塞。事不可已。卿等至邊。圖上方略。俾朕覽之。

甲寅。命德慶侯廖永忠督運遼東。

乙卯。蘇州知府魏觀爲四川行省參政。觀在郡行賓飮。聘名士周南老王行徐用誠教授生徒。貢穎之定儀節。高啓王彝張羽聞文學。治行稱最。雖遷任。難其代。仍還郡。

廣西衞卒伍昇使沂州。受親故之饋。衞官株逮親故三十四人議罪。上曰。親故慰勞。恆也。皆釋之。

己未。貢士趙唯一等三十四人並年少。入國子監。

壬戌。蹕臨濠皇城。

甲子。詔廣洋衞指揮於顯爲總兵官。横海衞指揮使朱壽爲副總兵官。出海巡倭。

乙丑。儒士趙俶錢宰貝瓊鄭濤馬勝金珉謝徽爲國子助教。

丙寅。設四川行省織染寶泉雜造三局。

己巳。命滎陽侯鄭遇春仍守朔州。

是月。命翰林編修張唯等省侍。

四月。甲朔。太僕寺丞粱埜先帖木兒言。寧夏及四川西南至船城。東北至塔灘。相距八百里。沃野通舟。宜重將鎭之。招集流亡。務農屯田。十一而稅。兼行中鹽之法。可軍民足食。從之。

談遷曰。此經略寧夏之始。

甲戌。工部尙書黃肅刑部尙書高萬傑爲廣西行省參政。

運蘇州糧十二萬石航海赴北平。

丙子。羅山妖人王某謀亂。捕斬之。

己卯。設戶部照磨二。

故追封楚國公廖永安謚武愍。蔡國公張德勝謚忠毅。越國公胡大海謚武莊。梁國公趙德勝謚武桓。高陽郡公耿再成謚武壯。永義侯桑世傑與光武封寇恂承義侯景丹奉義侯同不重謚。

何喬遠曰。臣子之功。君父所明。從渡江之臣多矣。獨廖俞張桑胡耿趙七臣者。高帝所首旌也。以享太廟。抑天下將定。竹破席捲易爲力。惟夫豪傑分土。紛從戈戟矛矢中求成事。蓋論將草莽之初。難哉難哉。

命有司春秋祭元御史大夫福壽廟。曰。疾風草勁。板蕩臣忠。所以勸也。

癸未。故元知院撒爾禮拜弟卜顏帖木兒等來朝。

乙酉。甘泉膚施去年七月雹災。免田租。

丁亥。置西平衞懷慶衞。

戊子。平陽孔克表爲翰林修撰兼編修。孔子五十五代孫。

監察御史茹太素戴信何文鄭思先爲四川按察司僉事。

己丑。命天下州郡繪山川險易物產以進。

癸巳。高麗入貢。

戊戌。禁中置御藥局。俱內臣。

辛丑。命吏部訪求賢才。諭曰。山林之士。豈無德行文藝足稱者。有司宜勸駕。朕將任用之。

兩浙鹽運司副使李泰爲刑部侍郎。太和知縣劉昭先爲工部侍郎。

紫荆關蘆花山嶺各設守禦千戶所。

五月飪朔。御製祖訓成。凡十三篇。箴戒。持守。嚴祭祀。謹出入。愼國政。禮儀。法律。內令。內官。職制。兵衞。營繕。供用。序曰。自古國家建制立法。皆在始受命之君。夫其備嘗艱苦。閱人多而歷事熟。比長深宮甚相遠也。朕起孤貧。委身行伍。繼而收攬英俊。並驅羣雄。勞心焦思。慮患防微。近二十載。乃能剪除強敵。統一海內。人之情僞。亦頗知之。蓋自平武昌以來。卽與羣臣議定律令。損益更改。不計遍數。茲復爲祖訓一編。開導後人。首尾六年。七更乃定。豈非難哉。俗儒是古非今。奸吏舞文弄法。自非博采衆長。卽與果斷。莫就是書。凡我子孫。毋作聰明。亂我成法。

癸卯。作渡淮浮橋。聯舟四十五艘。

河南府訓導開濟爲國子助敎。

定公侯以下家廟禮。

成都衞指揮使袁洪等討平滕大寨蠻。

親王儀仗車輅成。

命省臺六部敎屬吏經史時務。年終考之。

乙巳。曹泰嗣宣寧侯。曹良臣子。

卿雲見。

房州段文秀作亂。衞國公鄧愈捕斬之。

陽曲地震。

己酉。封丘縣蝗。

夜。有大星自天廟流至游氣中沒。

庚申。故元兵犯鳳翔。徐達遣臨江侯陳德鞏昌侯郭子興擊之。元人遁。

甲子。盜陷儋州。官軍擊破之。

乙丑。作護駕先鋒銀牌千五百。尋革之。改守衞金牌。

戊辰。工部侍郎李敏爲尚書。

是月。置西安前衞。

江寧丹徒江陰無錫沭陽長洲嘉興諸暨蘭陽益都江夏並雨雹。

內使監典簿蘇□有罪誅。

六月辛未朔。甃京師城。

御用監改供奉司。

丁丑。五色雲見。

壬午。盱眙民進瑞麥。御史荅祿與權請薦廟。許之。

乙酉。浙江按察副使孫克義爲刑部尚書。

丁亥。置華山秦川二衞于西安。

戊子。臨江侯陳德等至朔州。元人遁。

己丑。戶部郎中呂熙爲尚書。

廣州雨米。膚黑。人爭掃之。至二三斗。

昏刻。有星自中台流游氣中沒。

壬辰。太白犯歲星。
兵部郎中劉崧等爲北平按察副使。
元擴廓帖木兒遣兵犯雁門關指揮吳均拒卻之。
乙未。裁各行省都鎭撫司。
戊戌。設敍州府。四川。
是月。河間開封延安蝗汾州旱各免田租。
諭京官迎養親屬量地給程費有不至者罪之。
七月癸朔辛丑。胙城縣旱免其稅。
癸卯。五色雲見。
御史中丞陳寧兼領國子監事。
丙午。改典牧署曰典牧所。正八品。
和州旱免田租。
大將軍魏國公徐達。分遣左副將軍李文忠濟寧侯顧時南雄侯趙庸潁川侯傅友德永城侯薛顯鞏昌侯郭子興臨江侯陳德營陽侯楊璟都督僉事藍玉王弼率騎兵右副將軍湯和南安侯俞通海永嘉侯朱亮祖宜春侯黃彬都督何文輝平章李伯昇都督僉事張溫等率步兵分戍山西北平。
戊申。龍游縣江溢壞城舍。
遣元臣盧道興北還招諭太尉伯顏不花爲王保保弟脫因帖木兒所殺。
己酉。都督僉事葉昇等逐胡子縣聚洞烟僥之擒百五十餘人。

置營造提舉司分司。

敍州南溪縣大雨水。

庚戌。戶部尚書呂熙改吏部尚書。安慶知府趙好德爲戶部侍郎。

辛亥。倭寇卽墨諸城萊陽濱海爲擾。詔各衞分逐之。

壬子。中書左丞胡惟庸爲右丞相。御史中丞陳寧爲御史大夫。

大將軍徐達自臨淸率師赴北平。

癸丑。故元僉院脫火赤等亦朶甘來降。

置儋州萬州守禦千戶所。時儋州山盜捕斬二千二百七十餘人。擒五百二十四人。以險曠。故戍之。

故元兵犯山西白登縣。大同衞兵擊擒八十七人。

置山東樂安州及海豐慶雲縣。

丙辰。兵部尚書樂韶鳳爲翰林侍講學士。刑部尚書孫克義四川行省參政劉仁俱爲兵部尚書。四川行省參政劉惟謙爲刑部尚書。吏部尚書詹同爲翰林學士承旨兼吏部尚書。

陝西都轉運使朱芾爲山東行省參政。

大將軍徐達兵自北平旋往山西。

庚申。大都督府經歷俞溥爲戶部尚書。

中書省言。京倉糧四百八十三萬石。臨濠倉九十二萬石。乞寬天下逋賦。上從之。

談遷曰。國初營繕不已。征討四出。而積貯充牣如此。則宂費絕而侵牟未開也。

壬戌。吏部尚書呂本爲太常司卿。

癸亥。陽曲地震。

常州呂城巡檢司執途人無引者送法司論罪。其人急祖母疾遠求醫。不及繻。上矜而釋之。

談遷曰。聞國初嚴馭。夜無羣飲。村無宵行。凡飲會口語細故。輒流戍。即吾邑充伍四方至六千餘人。誠使人凜凜。言之至今心悸也。

甲子。蘇州民饑。發粟貸之。

丙寅。台州舟師捕倭七十四人。船二艘。

長興侯耿炳文拓西安城。命中書省定其圖。毋踰費。俟來冬築之。

丁卯。儒士桂彥良爲太子正字。

戶部侍郎陳則爲大同府同知。戒其毋徇邊將。

戊辰。武靖衞指揮同知卜納剌卒。元世祖子西平王奧魯赤五世孫。襲武靖王。來降。授秩。至是命有司治喪給葬。世其職。

己巳。洮州衞指揮副使阿都兒等假出獵。約故元岐王朵兒只班犯河蘭二州。西寧衞千戶祈者公孫哥等擊之。斬滿答立等百餘人。千戶倫達力戰死。敵退。

太子贊善大夫宋濂爲翰林侍講學士知制誥。仍兼贊善。

是月。北平河南山西山東蝗。延安旱饑。賑之。

八月⿰钅庚朔。故元兵犯蔚州忻州。指揮僉事余觀禦卻之。

辛未。作釋奠孔子樂章。

乙亥。凡指揮戰沒。賜公田。

作陪祀官齋舍于北郊。

監察御史荅祿與權等請祀三皇。下禮部。言京城有廟。宜隸太常。于是五帝三王及漢唐宋初帝俱廟京師致祭。

丙子。故元兵犯河州。夜入玉門峽。千戶王才戰死。臨江侯陳德擊敗之。

丁丑。遣陳寧釋奠太學。右丞相胡惟庸誠意伯劉基參政馮冕等不陪祭而胙。上曰。儒臣不陪祭。何以勸學。停基冕月俸。

故元左丞忽都等屯天池山。謀犯塞。太原衞指揮使常守等夜襲斬之。

辛巳。四川按察僉事鄭思先言重慶夔州水運成都甚艱。乞減鹽價募商輸粟。代遠饋之苦。且重慶運糧貴州尤勞。減鹽價亦如之。報可。

更定親屬相容隱律。

癸未。置德慶惠州肇慶南雄韶州陽江六千戶所。

太原右衞千戶馮銘等復保德州河曲縣。先元將普賢奴陷之。

臨江侯陳德鞏昌侯郭子興進兵荅剌海。擊胡兵。斬六百餘級。擒同僉輿都等七百餘人。

甲申。夜月食。

乙酉。作歷代帝王廟于京師。殿五楹。中奉伏羲神農黃帝。左奉金天高陽高辛堯舜。右奉禹湯文。又左奉武王漢光武唐太宗。又右奉漢高祖唐高祖宋太祖元世祖。

丙戌。夜有星青白色。自雲中流游氣中沒。

戊子。衍聖公孔希學服闋來朝。

己丑。大同衞指揮王約夜襲元神仙寨。破之。執平章定定。

庚寅。攷五輅之制。上用木輅。其一朱漆專祭祀。一褁革專行幸。

辛卯。大將軍徐達至朔州。徙邊民于內地。

定各府糧二十萬以上曰上府。秩從三品。二十萬以下曰中府。秩正四品。十萬石以下曰下府。秩從四品。

丙申。改信寶提舉司爲信寶局。

敕大將軍徐達等曰。卿等與朕平定天下。而瑣瑣殘胡。不能盡討。孰任其咎。朕爲爾言。今駐師處皆有家室。一也。肥馬輕裘。不知下人饑寒。二也。玩愒因循。三也。昔田單攻狄。久之不下。魯仲連以爲將軍有生之樂。無死之心。今殆類與。

戊戌。置開州（四川夔州府）。

占城國王阿荅阿者入貢。且言擊敗海寇。獲舟二十艘。蘇木七萬斤。上厚賚之。

是月。華州臨潼咸陽渭南蝗。免田租。

九月妃朔。置長壽縣（涪州）。改開州爲縣。

庚子。工部侍郞劉昭先爲禮部尚書。贊善大夫趙翥爲工部尚書。

賑棗强饑民。

詔畿內浙江江西輸縣布代今年秋租。以給邊戍。

壬寅。翰林臣言。日曆秘藏天府。人不得見。請如唐太宗貞觀政要編集以傳。許之。纂修總裁官翰林學士承旨詹同。侍講學士宋濂。催纂官侍講學士樂韶鳳。纂修官禮部員外郞吳伯宗。儒士朱右。趙壎。朱廉。徐一夔。孫作。徐尊生。謄錄官貢士黃昶。監生陳孟暘等。

復置御用局（正七品）。

癸卯。定散官資級。京官滿歲考最進一階。外官三歲考最進一階。

定文武官制誥之等。

甲辰。設榜午門外及省府臺門。書戒飭之事。

丁未。初有司庶務月報或季報遞上之。頗繁碎。至是裁月報爲季報。季報爲歲報。因得專決。天下便之。

賜勳武臣公田。

戊申。作臨濠池河橋。

己酉。侍御史文原吉爲秦府右相。國子助教朱復爲燕府參軍。

王僎爲翰林待制。

庚戌。禁駢儷。先是翰林臣錄柳宗元代柳公綽謝表及韓愈賀雨表可式。上曰。古人文章明道綜世。二典三謨。率明白易知。孔明出師表。何嘗一費雕刻。至今誦之。激發人意。文士詞艱意近。卽過相如揚雄何裨耶。自今臣民表章毋四六。

壬子。賑灤城寧晉饑。

甲寅。隆平縣省入柏鄉。

乙卯。上諭皇太子曰。慮事貴明。處事貴斷。更親賢樂善以廣聰明。逆己之言。必求其善。順己之言。必審其非。

丙辰。工部奏各省鐵冶八百五十萬三千八百二十斤有奇。

置沔陽衞。

戊午。太和鐘成。

庚申。夜。歲星犯鬼宿。

壬戌。改臨濠府爲中立府。參政丁玉署府事。
詔羣臣朝服見皇太子。去蔽膝及佩。
十月己巳朔辛未。弘文館學士胡鉉致仕。
癸酉。中立行大都督府僉事莊齡王簡有罪。齡盜官物。宥死。徙家瓊州。簡占營舍。貰之。俱論功
丙子。徙山西弘蔚豐雲東勝定安武朔天城白登之民八千二百三十八户于中立府。蓋屢被寇掠也。各官給
車賜錢鹽布衣有差。
辛巳。暹羅斛國王女兄參烈思寧入貢中宮。卻之。十一月再至。再卻之。
留李文忠山西練兵。徐達馮勝冬盡還京。
高麗國王王顓遣臣金甲雨貢馬五十匹。甲雨至。言逸馬二。及馬至如數。上怒其不誠。卻之。賜顓璽書。一切浮
薄者勿遣。
甲申。夜。太陰犯昴。
庚寅。眞臘國王忽兒那入貢。暹羅斛國亦至。
刑部尚書李儼改戶部尚書。刑部主事陳璿爲尚書。
壬辰。設內正司。專糾內官失儀不法。
癸巳。中書參政馮冕署刑部尚書事。
置北平寶泉局。
甲午。夜。太陰犯角。
乙未。遣諭大將軍徐達等。聞王保保求和。非其意。善備之。

丁酉。祠開平王常遇春于中立府。

是月。置西安後衞。

十一月戊朔。日中黑。夜有大星自內階至文昌。有光而沒。已復見于西蕃。至北斗沒。

壬寅。諭皇太子諸王曰。用人之道。當知奸良。奸良之知。受事自見。知良不用。知奸不去。誤之始也。旣知奸矣去復何難。所得侮惑多緣姑息。

癸卯。重慶守禦千戶所改重慶衞。

戊申。大雷電。

己酉。占城告安南之捷。上諭省臣。宜檄安南占城各罷兵。

庚戌。賜高苑縣丞王公懋綺帛各五匹。以擒巨寇功。

徙綏德慶陽之民于內地。

壬子。夜。歲星退犯鬼宿。

徐達還代縣。聞王保保兵犯大同。率李文忠馮勝往至猫兒莊。雪甚。退屯雁踏堡。知彼千騎趨懷柔。卽遣三千騎擊敗之。

立元世祖廟于北平。歷代帝王廟于中立府。

甲寅。汾州官言。歲旱。免民租。仍秋稔。請徵之。上曰。此聚斂之臣也。不聽。

丙辰。定員丘燔柴禮。

丁巳。四川龍渠洞宣撫使墨吾什遣子來朝。

己未。潞州貢人參。上止其後進。曰。聞參難得。因謂省臣。往年金華貢香米。朕止之。開畝苑中。觀其耘耔割穫。亦足自迻太原歲進葡萄酒。今亦止焉。君以養民。豈累人口腹哉。
戶部尚書李儼爲刑部尚書。
庚申。改典禮司爲典禮紀察司。正六品。
暹羅斛國入貢。時國王參烈昭昆牙懦甚。國人推其伯父參烈寶昆牙嗯哩哆囉祿主國事。故來告。
甲子。晉冀趙饒陽新河武邑饑。命兵部尚書劉仁戶部主事尙質賑之。初饒陽知縣郭穪見民食草實。以狀聞。
報可。各蠲租。
丙寅。冬至。上不豫。改郊期。
丁卯。更作大輅一。象輅十。中宮輅一。
閏十一月戊戌朔。陽曲地震。
癸酉。置定遼右衛。
甲戌。夜有星自八穀流五雲中天潢。有小星隨之。
壬午。上南郊。
乙酉。田儼程斗南張偉錢允恭招諭緬甸國。不至而還。緬甸在滇西南。元時最强。通貢。先是賫詔往。値安南占
城搆兵。阻道二年餘。乃召還。僅儼至。餘道卒。
庚寅。刑部尚書劉惟謙詳定大明律。篇目皆准于唐。上親裁之。頒天下。
敖英曰。至矣哉。我朝之律。可謂情與法並行而不悖者也。如十惡不原。法也。八議末減。情也。干名犯義者。法
也。得相容隱者。情也。自首免罪者。情也。猶追贓証者。法也。罪有加者。法也。有減者。情也。有從重者。法也。有免
科者。情也。凡法之所在而不姑息者。義之盡也。凡情之所在而必體悉之者。仁之至也。此我朝所以忠厚垂

紀而社稷靈長。終必賴之。

壬辰。故元四大王侵岢嵐州。千戶唐誠吉禦卻之。

夜。太陰犯心。

是月。命攷古休沐假日。禮部以唐六典假日上。從之。令百官每月五日給假。

十二月酊朔。戊戌。紹興知府唐鐸爲刑部尚書。羣牧監丞也先帖木兒爲工部侍郎。

令郡縣止存大寺觀一。併僧道居之。禁女子爲尼。年出四十上者聽。

己亥。立臨清倉。貯餉轉運。

壬寅。六番招討使高英入貢。置天全六番招討司。從五品。

癸卯。故元兵侵撫寧瑞州。詔徙撫寧瑞州之民。廢瑞州。

丙午。立四川龍州。

夜。火星犯昴。

甲寅。雲陽州萬州改縣。又置井研資陽遷遠灌江丹稜榮昌永川蘆山縣。廢羅江縣。立九姓長官司。屬永寧宣撫。

乙卯。思南宣慰司爲思南道宣慰使司。永順安撫司爲永順宣慰使司。保靖軍民安撫司爲保靖軍民宣慰使司。從三品。隸湖廣。改貴州宣慰使司隸四川。

夜。有赤星自南河流至弧矢沒。

庚申。疏開封運河。役二十五萬人。

儒士朱右趙壎朱廉爲翰林編修。孫作爲太平府教授。

三佛齊國王怛麻來沙那阿者入貢。
乙丑。暹羅斛國表賀明年正旦。
丙寅。高麗表賀明年正旦。
西番土官朵兒只巴入貢。
是歲資遣各衞軍士嫠婦還鄉六千八百二十人。

甲寅洪武七年

正月朔戊辰。召四川按察僉事茹太素鄭思光。
柳州蠻叛。廣西指揮使周誼討平之。
庚午。命六部官毋輕調。
增中立府戍兵七千五百餘人。
賑鎭江水災戶各五千錢。
甲戌。命都督僉事王簡往彰德。王誠往濟寧。平章李伯昇往眞定。各練兵屯田。
靖海侯吳禎爲總兵官。都督僉事於顯爲副總兵。領舟師巡海。
乙亥。宣化府太平諸洞土官可主什用入貢。
命水軍右衞指揮同知吳邁廣洋衞指揮僉事陳權航海餉定遼諸衞。
定藩邸自承運殿入圜殿。又存心殿。城門曰端禮廣智體仁遵義。上曰。諸王能顧名思義。其長有國乎。
庚辰。夜有大星色赤。自天棓流至游氣中沒。

辛巳。月暈太微垣。

壬午。繁峙主簿虞文釆上言。行省及按察司官吏多不法。按有驗。上嘉之。擢大同知府。

暴風。

癸未。或訟曲阜知縣孔希大當逮問。以聖裔置之。

癸巳。方谷珍長子禮爲廣洋衞指揮僉事。

甲午。夜有大星自紫微西蕃流至陰德沒。

二月酊朔。日食。

己亥。田州土官總管黃志威爲奉議州知州兼守禦事。

癸卯。貴州衞指揮僉事張岱擊谷峽剌等叛蠻。走之。

乙巳。夜有赤星自軒轅流至北河沒。久之。又二星自紫微東蕃流至近濁沒。

增應天府知事照磨。

丁未。詔太子諸王祭旗纛之神。

己酉。故元甘肅行省平章江文殊奴左丞朵兒只星吉等自河州來歸。

辛亥。太陰犯角。

儋州黎人符均勝等叛。海南衞兵討平之。

甲寅。自庚戌至是日中黑。

昌邑縣潮溢。壞廬舍。

丁巳。上坐東閣。語京城西北龍灣獅子山扼險據勢。作閱江樓其上。先試羣臣記。記上。而上欲罷工。于是自爲文曰。朕聞昔聖君之作。必詢賢而後興。朕畏日食。自謀心。欲役囚徒建閱江樓于獅子山。朝無諫者。上天垂象。責朕不急。朕心惶懼。卽日念罷。聊試諸臣爲記。獻者比比。終無異超朕特假臣言而自尊不覺述之曰。臣某拜首稽首曰。臣聞君天下作宮以居。高城深隍以防。皆設險之當爲。非有益而不與。獅子山扼險拒勢之語。臣請較之而後舉。且夫金陵形勢。豈不魁哉。昔孫吳居此。以有南土。奸操忠亮。卒不能取。爺所繇然。長江天塹。亥由吳德以沾民。豈假樓閱江扼險而拒勢者。與夫宮室之廣。臺榭之崇。不急之務。土木之工。聖君不爲。皇上撥亂返正。新造邦國。聲敎遠被。守在遐荒。爲民父母。使愚夫愚婦無有譏謗。臣之願也。臣雖違命文不記樓。謹拜手稽首頌陛下納忠款而斂興造。息元元于市鄉。是庸作歌。天運循環。百物禎。頌眞人立命。四海咸安。臣歌聖德。齒豁鬢斑。億萬斯年。君壽南山。

談遷曰。高帝非拒諫者。其試諸臣閱江樓記。可推而覩也。當時忌諱多矣。君明則臣直。其然。豈其然乎。

歷城等縣。平陽太原汾州旱。免田稅。

戊午。修闕里孔廟器具。設孔顏孟三氏敎授。訓其族。

仁和衞指揮同知耿天璧卒。

己未。免汲縣田租。

癸亥。貸蘇州貧民米麥。

臨江侯陳德卒。會寧獲故元元帥禿魯迷失等九十七人。六安侯王志亥朔州。獲一百餘人。

甲子。置大同衞。

設直省舍人十人。秩從八品。專傳令遣使。

丙寅。置岐寧衞。

三月丁卯朔。召徐達李文忠馮勝還京。留六安侯王志南雄侯趙庸守山西。營陽侯楊璟汝南侯梅思祖守北平。

戊辰。兵部尙書劉仁刑部主事鄭九成爲廣東行省參政。

壬申。奉先殿鑛成。

甲戌。中書省奏徵播州貴州之賦自四年始。上曰。播州首附。隨其入。不爲賦。

置雅州碉門阜民司。

乙亥。蘭州郭買的誘番人入寇。詔購捕之。其兄着沙弟火石歹往諭。不聽。夜斬其首歸。衞官請賞。上曰。買的死固當。而兄弟手刃之。非義也。僅給以所獲牛馬。

夜。有星自勾陳經紫微東蕃至閣道而沒。

丁丑。改滑州爲縣。

戊寅。四川安縣地震。

己卯。燕山都衞送元降臣至京。道逸。諭徐達等曰。今後來歸者。其善撫之。無有失。

庚寅。賑嘉定饑民。

壬辰。廣西行省左丞方谷珍卒。年五十六。谷珍自始起至降凡十八年。本無學術。所用書佐參謀由胥吏進。皆苟利無遠略。一時政令租稅任意爲輕重。首鼠轅駒。窮而歸命。竟厚遇之。子禮。廣洋衞指揮僉事。完。虎賁所鎭撫。從子明謙。太倉衞指揮僉事。後以驕不法。舉家受僇。

癸巳。暹羅斛國王貢使沙里拔言。去年八月舟覆。所存蘇木降香兜羅緜等來獻。上怪其無表狀。疑番商也。卻之。詔高麗國三年一聘。海外之國以世朝。

乙未。置鞏昌西固城千戶所。

是月。安南陳叔明入貢。且稱老俾弟煓攝國。許之。然叔明實自擅也。

乙未。置杭州護衛青州護衛。

咸寧華陰長清武清蝗。命有司捕之。

四

月輛朔。丁酉。熾盛佛寶國師喃加巴藏卜入貢。

太常寺卿呂本奉祀不恪。被劾。免。輸作功臣廟。

戊戌。龍州宣慰司同知薛文勝等來朝。授文勝龍州知州。

中書省參政丁玉爲左丞。

己亥。刑部尚書唐鐸爲太常寺卿。

都督僉事藍玉攻興和。元將脫因帖木兒遣□國公帖里密赤逆戰。擊之于白酒泉。擒帖里密赤及官屬五十九人。脫因帖木兒棄城走。遂拔興和。

壬寅。永道桂陽諸州蠻叛。命金吾右衛指揮同知陸齡率兵討之。

太陰犯軒轅。

癸卯。置鐵冶所大使八品。副使九品。進賢新喻分宜興國黃梅萊蕪陽山鞏昌國豐國□大通潤國益國。

馮誠爲金吾右衛指揮僉事國用子。

雷州王子英搆海盜作亂。雷州衛指揮僉事朱永擊斬之。

甲辰。徽饒寧國非水道。艱運。令今後夏稅代以金銀錢布。

左副將軍李文忠遣裨將至三不刺。擒元平章陳安禮木屑飛。至順寧楊門。斬元將眞珠驢。至朔州。擒太尉伯顏不花。
乙巳。高陽縣有高辛氏廟。命致祭。
丙午。五色雲見。
癸丑。免漳泉溪海崩陷之賦。
甲寅。設中立府孳牧所大使從七品。副使。從八品。
裁容城縣。改雄州爲縣。
丙辰。宋國公馮勝衛國公鄧愈中山侯湯和鞏昌侯郭子興復鎮北邊。
戊午。都督僉事金朝興胡海等兵至黑城。獲元太尉盧的顏不花大司徒平章帖木兒不花等二十五人。
廣東行省參政汪廣洋爲左御史大夫。
己未。大同縣雨雹。
癸亥。彰德府稅課司稅及瓜菜柿棗畜牧飲食之物。上以苛細罪之。
是月。平鄉荏縣雄縣壽光膠州鞏縣樂亭青縣聊城俱蝗。捕之。

五月鈵朔。大明日曆成。自上起兵至洪武六年事。備載百卷。藏金匱。學士宋濂等又輯聖政。分四十則。自敬天至制蠻夷。曰皇明寶訓。五卷。刊示天下。
己巳。免蘇松嘉興夏稅。
辛未。刑部侍郎平定王中立郎中歷城李覯爲山西行省參政。
壬申。高麗國王王顓入貢表稱禮送大府監。按元大府監主收貢物。今特妄言非誠。上卻之。賜王璽書曰。寧物薄而情厚。毋物厚而情薄。仍令中書省檄其大府監之失。

癸酉。四川行省參政侯原善爲中書省參政。按察僉事茹太素爲刑部侍郎。鄭思先爲刑部郎中。
甲戌。修太廟。
丙子。嚴達爲工部尙書。趙著爲禮部尙書。
戊寅。北平眞定等旱。賑之。免田租。
辛巳。賑蘇州米麥穀三十九萬二千一百餘石。幷貸穀種農具。
壬午。四川散毛宣慰使司都元帥覃野旺湖廣永順宣慰司使汪備堂崖安撫使月値什用各入貢。上明玉珍賜印。
甲申。改商州爲縣。
丙戌。五色雲見。
己丑。澧州及澧陽慈利石門大雨。水壞城舍。
壬辰。兵部員外郎楊基爲山西按察司副使。監察御史荅祿與權爲廣西按察司僉事。呂本爲北平按察司僉事。
上以蘇松嘉湖賦重。令戶部計之。如畝稅七斗五升者除其半。民力始甦。
癸巳。五色雲見。
黃巖臨海寧海以積雨腐麥。命他物代輸。
增蘇州府同知通判各一。
置四川散毛沿邊宣慰使司。堂崖長官司。汶山汶川隴木頭靜州岳希蓬五長官司。山店巡檢司。
甲午。五色雲見。

禮部尚書牛諒改進膳禮。請大祀宰犢。上曰。儉可制欲。澹可頤性。傷物何益。諒曰。出周禮。上曰。周官不行多矣。獨自奉法之哉。

安南陳煓入謝。

是月。翰林學士承旨兼吏部尚書詹同致仕。賜敕。

何喬遠曰。惟楚有材。晉實用之。士不產于秦而願忠者衆。有以也。危素詹同故它仕。入明皆被眷知。素獨坐不敬斥耳。今徒意高帝威嚴盡下。而大誥首敍君臣同遊。何其盛也。宋濂稱帝爲文時或不喜書。使濂受辭榻下。不待凝注。沛然若長江大河。一瀉而千里。一日。和僧文康托鉢歌。夜二鼓。命兩黃門前跪手張。且讀且和。運筆如飛。食頃章成。蓋漢唐宋興基之主。未有文如高帝者矣。

六月紇朔。五色雲見。

日本國王良懷遣僧來貢。時良懷有持明之亂。爭立。僧賫陪臣書。不表。上卻之。已志布志島津越後守臣氏久亦遣僧上表貢方物。以私忱卻之。

丙申。江夏侯周德興江陰侯吳良署中立府行大都督府事。

丁酉。陳留蘭陽大雨河溢傷稼。

戊戌。長沙衛指揮同知丘廣爲都督僉事。

庚子。馬湖知府珉德遣弟貢馬。廷臣謂洪武四年授世職。今珉德既襲。不自朝。非禮。上卻之。

辛丑。辰州衛五寨長官司田文來朝。

夜。有星自紫微垣右樞流至少尉沒。

癸卯。詹同仍翰林學士承旨。罷兼吏部尚書。

壬子。免平涼逋租三萬八千五百餘石。

癸丑。置貴州大華麻嚮二長官司。

初定遼衞都指揮使馬雲漕海值風覆四十餘艘。失米四千七百餘石。損卒七百十七人。上厚恤死者家。金吾衞指揮僉事陸齡奏不盡實。遂下吏。

乙卯。日本僧七十一人遊至京。令居天界寺。

戊午。立皇陵祠祭署。汪文爲署令。劉英爲署丞。世襲。上微時。太平鄉孤村莊人劉繼祖子英。上幼育之。汪文鄰母汪氏子。又鄰人趙文達子璧。世指揮。

汰北方郡縣官。上命吏部臣曰。古稱任官惟賢。北方郡縣。有民稀事簡。設官與煩劇同者。量減之。毋疲民供于是共減官三百八人。

日本國歸所掠百有九人。詔各還里。

壬戌。西域撒里畏兀兒安定王卜烟帖木兒入貢。撒里畏兀兒地去甘肅千五百里。廣袤千里。居毳幙。產駝馬牛羊。上賜錦綺四。詔其酋長分四部。給銅印。曰阿端。曰阿眞。曰苦也。曰帖里。

癸亥。召淮安侯定遠華雲龍。未至。卒。雲龍起小校。累功封侯。鎭北平。頗驕僭。居脫脫大第。用元宮龍榻。上讓之。遂荒飮疾作。故事。侯當贈上公。雲龍葬祭仍侯禮。學士宋濂奉命作神道碑。有曰。侯從征四方。粗著勞効。初無獨建奇功駿烈。照耀人之耳目。然而封以大郡。錫之封爵。寵恩之加。不爲不重矣。奈何徇欲敗度。絕無憂國恤民之心。乃知往古韓彭之流。怙功自專。卒致夷滅。皆其自取云爾。

談遷曰。淮安侯以微時股肱。歷橫草之勳。列在帶礪。其湛飮自放。亦武人不學之過也。宋景濂輒引韓彭爲言。夫高帝豈石人者。自登極以來。猜端蘊積。輕啓嫌忌。雖不當諛墓。獨不少存帷蓋之義耶。其後誅廢接踵。

未必非景濂開之也。沙中偶語。反封雍齒。景濂胡不聞焉。

是月。南陽衞指揮僉事南陽郭雲卒。元季倡義保裕州泉白寨。歷加湖廣平章。元亡。我攻之不下。後被縛。上義而釋之。子洪。特授飛熊衞指揮僉事。

七月

甲子朔。更定南北郊從祀禮。

勅中書省臣曰。甲冑之成。勞民矣。其初剗山取鑛。鍊石成汁。凝精爲鐵。然後鎚鍊剪製。聞陝西甲甚多。當鏽蝕零落。使視而修整之。

左副將軍李文忠攻高州大石崖。克之。斬元宗王朵朵失里。擒承旨百家奴。又追至氈帽山。斬元魯王□□□□及司徒荅海俊平章把剌知院忽護都魯王妃蒙哥禿並金玉印一。

丙寅。太陰入太微垣。

丁卯。裁新安縣。保定府。改沔州鳳州爲縣。漢中。

戊辰。密雲衞千戶陳壽等巡塞外。以元平章白捨住等來降。

置思州龍泉坪長官司。

辛未。永平衞百戶畢勝巡紅羅山。獲元同知楊普賢奴。進八角山。擊犁田□□斬之。

壬申。倭寇膠州。官軍擊敗之。

甲戌。倭寇海州。百戶何達擊斬二十四人。

置南丹州。土官莫金爲知州。

乙亥。荒忽灘故元樞副撒里荅歹來降。

己卯。五色雲見。

置西安行都指揮使司于河州。轄河州朵甘烏思藏三衞。進朵甘烏思藏亦行都指揮使司

授朵甘烏思藏荅力麻八剌灌頂國師。賜玉印。元帝師後。

西番兆日酋長勘卜監藏等獻葡萄酒。上曰。中國有秫釀。其卻之。賜酋長文綺襲衣遣還。

庚辰。廢莫州東光陵縣。

辛巳。皇子桂生。

壬午。倭寇大任海百戶許章擊敗之。追戰死。

設公主府家令司丞錄事。

甲申。自庚辰至是日太白晝見。

丙戌。命山西陜西北平諸衞軍依期艾草。毋勞民。

庚寅。雲南建昌故元左丞阿里來降。

辛卯。廢瑞州。永平。

壬辰。李存義爲太僕寺丞。善長弟。

戶部尙書顏希哲爲山西行省參政。刑部尙書李儼爲陜西行省參政。戶部侍郎馬貫爲尙書。

是月。有御史還自廣西。上平蠻六策。內曰立威。上非之曰。威惠並行。此制蠻夷之道也。

八月钾朔。上躬祀歷代帝王廟。伏羲神農像勿冕服。于漢高祖加爵曰。古帝王皆有憑藉。惟君及我不階寸土也。其祭元世祖文曰。朕本元之農民。初無黃屋左纛之意。不揆菲德。繼承正統。唐虞禪授。湯武征誅。因時制宜。其理昭然。神靈在天。想自知之。

華亭開城綏德米脂俱雨雹。

禮部主事牛諒復爲尚書。
丁酉。申定兵衞之政。衞兵五千六百人。衞領千戶十。千戶所領百戶十。百戶領總旗二。
遣賜占城國王上樽文綺紗羅。賞去年獲賊功。
澄邁典史彭楨擊斬盜王官金。瓊州。
戊戌。遣故元威順王伯伯賫詔招諭雲南梁王把匝剌瓦爾密。
庚子。改中立府曰鳳陽。置鳳陽縣。
夜。太陰犯箕。
辛丑。刑部侍郎茹太素言三事。曰御史臺案牘宜守院御史檢舉。曰增磨勘司官吏分其科。曰外省會議須按察司官糾正。上從之。增磨勘司司令一。司丞五。首領官五。
詔曰。昝我軍士。爲朕開疆拓土。沒于戰場。屍不至家。魂無所棲。父母年高。妻寡子幼。不能存恤。民間避兵者。亦有至今父子分離。或子沒親老。或親沒子幼。靡所怙依。此皆朕過。有司具名聞。朕安居存養之。
罷安州千戶所。仍設青州千戶所。
癸卯。遣使賜故元臣禿魯書。
故元□國公乃兒不花欲降。懼責前釁。遣使言于大同。上詔勞之。
甲辰。遣元臣趙元祐張進沙德成賫詔諭雲南大理總管段明。許封大理國王。使還當給印誥。
乙巳。歲星犯軒轅。
庚戌。兵部尚書孫克義爲湖廣行省參政。召陶凱還。
癸丑。李世昌爲金吾衞指揮同知。思齊子。

乙卯。增列侯武臣祿秩。

高密縣大雨傷稼。

丙辰。左副將軍李文忠兵至豐州。追擊元兵。擒元將十二人。俘餘衆二百二十人。

己未。夜有星自紫微西蕃右樞旁流至雲中沒。

庚申。賑河間廣平順德眞定饑民。免田租。

辛酉。五色雲見。

監察御史荅祿與權請行禘禮。祀始祖所自出之帝。禮部謂漢唐來世系無考。故宋神宗嘗曰。莫知祖所自出。禘不可行也。上是之。荅祿與權有集一卷。雅談一卷。黃省曾序之。

九月癸酉朔。兵馬指揮司副指揮世家寶爲兩浙鹽運司副使。

甲子。安定縣雨雹。

乙丑。定躬祀儀。迎神四拜。飲福受胙四拜。送神四拜。著爲令。

丁卯。周嚴襲驍騎左衞指揮使。父顯戰死。

戊辰。中書省平章政事李思齊卒。思齊字世賢。羅山人。元季倡義兵。累功官太尉中書平章政事。後以臨洮降。授江西左丞。從征定西大同。年五十二。妾鄭氏自經。贈淑人。謚貞烈。子世昌。金吾衞指揮同知。

辛未。罷泉州明州廣州三市舶司。

罷信寶局。置寶鈔提舉司。

癸酉。昏有星自太子旁經紫微西蕃。抵北斗柄沒。

河間蝗。

丁丑。上曰。崇禮侯買的里八剌南來五歲。今旣長成。豈無父母鄉土之思。厚禮而歸之。復遣元主織金文綺錦衣各一襲。致書焉。選故元宦者二人送之

談遷曰。高皇帝雖以漠北爲外懼。屢馳尺一。開誘百端。終無一介之使稽顙南闕。則崇禮侯特空質耳。不足邀其舐犢之愛。何如歸之以示德也。五年之間。帝豈一日忘犂庭哉。寧爲放麑。毋爲破卵。則權此最熟矣

裁北平保定縣

己卯。翰林進回鑾樂歌。凡三十九章。肄于太常。

庚辰。設廣西行省參政。

乙酉。改王相府參軍爲長史。

丙戌。貴妃孫氏薨。年三十二。謚成穆。命周王橚服慈母斬衰三年。主喪事。皇太子諸王皆朞。葬朝陽門外之楮岡。初。禮部據周禮儀禮。父在爲母服朞。若庶母則無服。上迁之。定爲今制。

是月。燕山衞都指揮使朱杲通州衞指揮僉事鄭治汝寧衞指揮僉事馬俊密雲衞指揮僉事張斌等俱出古北口防秋。値元兵戰死。上手撰文祭之。

高麗國王王顓卒。

三佛齊國王麻那答里林邦入貢。

十月睽朔庚子。靖海侯吳禎總兵巡海還朝。

甲辰。置涼州衞。

丙午。五色雲見。

庚戌。收煢民入養濟院。凡千七百六十餘人。

甲寅。太陰犯軒轅。

丙辰。置岢嵐縣。

己未。皇長孫雄英生。妃常氏出。

置河州茶馬司。

庚申。置思南宣慰司平頭著可二長官司。沿河祐溪厥柵朗溪四蠻夷長官司。

琉球國中山王察度遣弟入貢。

十一月壬戌朔。孝慈錄成。因孫貴妃喪議服。于是敕翰林學士宋濂等。攷古今論喪服者四十二人。願服朞者十四人。服三年者二十八人。乃立爲定制。手序之曰。三年之禮。豈不近人情者哉。夫父母一也。父服三年。在則朞母。其于人情何如。且古人新喪。飲食不入口者。或五日。或三日。或六日。或七日。或朝抵暮而悲號。或三年不語焉。服內生子。謂之不孝。朕覽書度意。皆太過不近于人情。果然孝子之家。爲已死者傷。見生者十亡八九矣。在民人則生理罷。在王家則國事紊。非萬古不易法。且夫庶母無服。則父死而子可乘之耶。朕觀宮生之君。好任山林之士爲股肱。致牽制文義。徒非今是古。非天子不議禮。朕立爲定制。子孫爲父母。庶子爲其母。皆斬衰三年。嫡長子衆子爲庶母。皆齊衰杖朞。五服喪制。並著于書。使內外遵守之。

郭正域曰。古之帝王。以五禮經邦國。而以凶禮哀死喪。衰周之世。半去其籍。孟氏于諸侯之禮。未之學也。況其他乎。詩人所爲賦庶冠也。然典故之所掌。顓門之所謀。求視他禮。或有存者。禮記所載。喪儀居半。儀禮有士喪喪服士虞既夕諸篇。漢書載國卹爲詳。唐李義府許敬宗乃以爲非臣子所宜言。盡削而不書。國有大事。則臨時采掇。附比從事。事已諱而不傳。是不知送終之爲大事也。誤已甚矣。宋史園陵喪紀獨詳。高皇神聖。廣覽有諱無諱。而集禮一書。成于中年。南北不刊之典。至孝慈錄成。而大義微文。廣大精微。無所不至。如父母之制爲斬衰也。長子之降爲朞年也。三父八母正宗外族正服旁服之有殺也。三代聖人未之及也。聖人人倫之至。非高皇莫之能改也。

納哈出侵遼陽。千戶吳壽等拒卻之。

改廣東欽廉高化四府曰州。裁安遠合浦茂名石龎四縣。

置慶遠裕民司于思恩縣。專買溪峒之馬。

甲子。詔西竺僧的違撒哈咱失里爲善世禪師。又都綱副禪師。各給誥。

乙丑。更作奉先殿。

丙寅。詔曰。釋愆宥罪。昔君未嘗輕發。發則精詳至愼。恐有罪重而僥倖自脫者。眚災肆赦。怙終賊刑。書明載焉。漢唐及元。懦君承業。權由奸倖。因有大赦。雖脫君子之微差。善良之誤失。實則奸頑漏網。鬱抑多冤。日者五星紊度。黎庶匪寧。乖仁悖理。非朕而誰。特令條陳諸罪。若果眞犯。雖笞不原。其餘詿誤。因人致罪者。盡在赦。

壬申。夜有星自紫微東蕃流至天市沒。

丁丑。暹羅斛國世子蘇門邦王昭祿羣膺入貢東宮上箋。許之。

戊寅。改葭州爲縣。東平府爲州。

己卯。定羣牧監令五品。丞六品。

故宣寧侯曹泰弟聰溫恭俱爲千戶所鎭撫。

辛巳。杭州衞軍章憲詣闕言鹽法事。授本衞鎭撫。理鹽場。

壬午。詔中書省御史臺先官吏有罪謫佃鳳陽者。選其年及四十之上復用之。年未及者仍留屯田。故犯公罪經宥免者亦復錄用。時徵至百四十九人。各授秩。

改典禮紀察司爲紀察司。罷四川茶鹽運司。

太陰犯軒轅左角。

改永寧軍民安撫司爲宣撫使司。

丁亥。置播州黃平宣撫司容美洞宣撫司。

辛卯。泗城知州岑善忠利州知州岑志良奉議州知州黃志威各上表貢馬。

是月。置鎭西衞。岢嵐州。

十二月壬辰朔。增置朶甘思宣慰司及招討司六。曰朶甘思。曰朶甘籠荅。曰朶甘丹。曰朶甘倉溏。曰朶甘川。曰磨兒勘。萬戶府四。曰沙兒可。曰乃竹。曰羅思端。曰烈思麻。千戶所十七。

甲午。禮部員外郎許允德使朶甘烏思藏。

戊戌。開封陳留等縣水災免田租。

辛丑。上以臨洮蘭縣河州道遠每鹽引減納米二斗。餘處折收俱加五斗。

鑿石灰山河。

甲辰。上註道德經成。序曰。朕卽位以來。罔知前代哲王之道。皇皇宵晝。訪究諸人。人皆我見。試簡羣書。得道德經。文淺意奧。莫可知通。遂罷。觀之旬日。又獲他卷。註家復異。朕悉視盤桓。意欲試注。恐令後笑。一日見經云。民不畏死。奈何以死懼之。是時天下初定。民頑吏弊。雖朝有十人棄市。暮有百人而仍爲。豈不應與朕乃罷極刑而囚役之。不逾年而朕心減。故曰。吾言甚易知。甚易行。天下莫能知。莫能行。豈不信哉。

乙巳。召安陸衞指揮吳復。

庚戌。官軍平陽江盜。

壬子。貴州衞指揮僉事張岱討播州汪度叛蠻平之。
癸丑。裁濟南新縣。
乙卯。刑部侍郎李浩使琉球。以文綺百綺紗羅各五十陶器六萬九千五百事鐵釜九百九十市馬。
丁巳。石硅安撫司同知陳世顯及安撫使馬克用子村得什用來朝貢。
己未。禮部員外郎許允德卒于河州。
罷禮部尙書牛諒。
遣靖海侯吳禎往浙東。收籍台溫明方氏舊兵。惡少多蔓引平民富室爲兵。瀕海大擾。寧海知縣潞州王士弘上書言狀。上卽日罷之。已擢士弘南雄通判。
夜。有星自紫微垣北斗魁流至軒轅左角。分五小星以沒。
是月。詔衞國公鄧愈中山侯湯和還京。

國榷卷六

乙卯洪武八年

正月辞朔壬戌。中書左司郎中張善爲禮部尙書。

癸亥。夜祭經名山盧山三縣地震。

甲子。四川永寧長官司祿照爲永寧宣撫使。

置陝西歸德守禦千戶所一。罕東等百戶所五。

丙寅。上與學士宋濂等論人才。或隱于佛老卜筮負販之流。在上能拔用之耳。濂曰。昨僧名傳質臣文亦可取。上索閱。大善之。

汰四川屬縣冗官二十九人。

燕山衞都指揮使曹興爲大都督府僉事。

庚午。置俄力思軍民元帥府怕木竹巴萬戶府烏斯藏籠答千戶所。改四川石砫安撫司爲宣撫司。

辛未。增祀功臣廟華雲龍李思齊等百有八人。

改蠡州爲縣。

鄭州知州當塗梁敏以廉能著。晉工部侍郞。濟寧知府方克勤亦多善政。賜宴于禮部以寵異之。

壬申。五色雲見。

癸酉。上諭中書省曰。吾在民間。目擊鰥寡孤獨饑寒困踣之徒。常自厭生。亂離遇此。此心惻然。誓淸四海以同樂安。若天下民有一失所。非惟代天之工不盡。亦昧朕初志。郡縣其訪求無告者給屋舍衣食。

山陽民有父得罪當杖。請代。上曰。朕爲孝子屈法勵天下。釋之。

丙子。故元降將瑣納兒加爲治書侍御史。

改□□宣慰司冉如彪爲宣撫使。置平茶洞邑梅洞麻兔洞石耶洞長官司。

夜。月食。

庚辰。以酣飲奪濟寧侯顧時六安侯王志俸。仍諭大將軍禁約。

辛巳。翰林修撰李叔允致仕。

命衛國公鄧愈河南侯陸聚往陝西。中山侯湯和平章李伯昇往彰德。眞定指揮馮俊孫通賴鎮往汝寧。李諡耿孝黃寧李靑陳方盧武往北平永平。董兵屯田開衛戍守。

廣東盜陷會同縣。海南衛官軍擊斬之。

乙酉。陽曲地震。

丙戌。置安定阿端二衛。從卜顏帖木兒之請。沙剌爲指揮同知。亦班藏卜卜理不花護出院者帖木兒爲指揮僉事。

置失保赤千戶所。河州衛。

刑部侍郎茹太素降主事。

丁亥。命天下立社學。

罷鍾山衛雄武衛龍驤衛。尋改定遠衛曰龍驤。

湖廣行省參政孫克義降上元知縣。

是月。河決開封大黃等隄。詔役三萬人塞之。

溫州大風雨。潮溢。壞居人舟楫。

高麗占城暹羅斛日本爪哇三佛齊諸國皆入貢。

二月辦朔。故元平章柴驢兒右丞於眞自寧夏來降。

工部尙書李敏爲江西行省參政。

壬辰。夜太陰犯五諸侯。

癸巳。外夷山川附祭各省山川之次。如廣西附祭安南占城眞臘暹羅瑣里。廣東附祭三佛齊爪哇。福建附祭日本琉球渤泥。遼東附祭高麗。陝西附祭朶甘烏思藏。罷京城之祭。

甲午。置湖州守禦千戶所。

免雜犯死罪輸作終身。徒流罪限年輸作。吏犯贓謫鳳陽屯種。民犯流罪鳳陽輸作一年。然後屯種。

乙未。製陪祀官入壇牙牌。

己亥。罷保定遂縣。改平晉縣爲太原縣。

庚子。晉府左傅兼太原都衞都指揮使謝成爲大都督府僉事。左傅如故。

壬寅。重定頒賜及迎接詔誥儀頒詔諸番及番國迎接儀。

乙巳。大都督府經歷韓焯爲戶部尙書。

丙午。戶部尙書俞溥爲江西行省參政。

上作資世通訓成。凡十四章。首君道。凡十八事。曰儉。曰素。曰勤。曰敬。曰祀。曰戎。曰親。曰內。曰外。曰孝。曰慈。曰信。曰仁。曰智。曰勇。曰嚴。曰愛。曰以時。次臣道。凡十七事。餘十二章。民用士用工用商用等。

己酉。朱善爲翰林修撰。張迥高達善黃琮張美和爲國子助教。

辛亥。置四川鎭南宣撫司。鎭邊忠義安撫司。忠義蠻夷安撫司。池著洞田阿洞世業三洞長官司。大旺宣撫司。東流安撫司。皮蠟洞井壩洞九明蠻夷三洞市備全蘭四長官司。

日中黑。

壬子。戶部尚書馬貫爲浙江行省參政。

改代縣曰州。

癸丑。召大將軍徐達左右副將軍李文忠馮勝濟寧侯顧時等還京。

置書畫庫。

甲寅。御史中丞商暠爲浙江行省參政。

乙卯。改沔州曰縣。

戊午。改金筑長官司密定爲安撫司。

庚申。命刑部尚書劉惟謙申明馬政。諭曰。馬政國家所重。昔漢初一馬百金。天子不能具鈞駟。及武帝時。阡陌成羣。遂能北伐。唐初得隋馬三千。及張萬福爲太僕。至七十餘萬。此非官得其人。馬政修舉故耶。爾其申明馬政。有不如令者罪之。

三月辛酉朔。作大明寶鈔。鈔一貫。准錢千文。銀一兩。禁民間金銀貿易。商稅錢十三。鈔十七。

王世貞曰。凡貿易金大貴而不便小用。且耗日多而產日少。米與錢賤而不便大用。錢近實而易僞易雜。米不能久。鈔太虛。亦復有浥爛。是以白金之爲幣長也。

談遷曰。元世祖行交鈔。耶律楚材曰。金章宗時初行交鈔。與錢通。有司以出鈔爲利。收鈔爲諱。謂之老鈔。至于萬貫。惟易一餅。民力困竭。國用匱乏。當爲監戒。今印行交鈔。宜不過萬定。蓋鈔之難行久矣。高皇厭鼓鑄之僞。取桑穰之便。嚴立其程。百年以後。徒充宴賚商民手絕則虛楮終無以前民用也。

置行用庫。

夜有星自螣蛇流至奎宿。

詔計田均工役。初田一頃出一丁。至是計田定役。農隙赴京。役三旬。遣歸田。浮丁少。充以佃人。資粟一石。畝出米二升五合。他郡縣雜差亦如之。

癸亥。夜熒惑犯塡星。

甲子。免交河縣逋租。

丙寅。命皇太子及諸王祭皇陵。

丁卯。高麗王王顓卒。來告喪。

戊辰。選國子生林伯雲等三百六十六人分教北方。

庚午。浦子口倉火。

壬申。改內府鈔庫爲寶鈔庫。

丙子。立張巡許遠廟于歸德。

太平教授江陰孫作嘉興教授山陰胡隆成爲國子助教。

戊寅。戶部侍郎趙好德爲尙書。

置中都國子學。

甲申。德慶侯廖永忠卒。永忠。巢人。從兄永安以巢湖軍歸。取安慶九江。嘗六艇戰漢巨舟鄱陽湖中。拜征南將軍。平定閩廣。又拜征西副將軍。克瞿塘。平夏。號令嚴明。所至威惠。坐僭侈失人臣禮下獄死。年五十三。子權嗣。

王世貞曰。劉辰國初事蹟載永忠僭用龍鳳章服不法事處死。辰蓋其時人。當不誣。而攷之國史。于永忠卒立傳。且載其功頗詳。又云。上賻遺之甚厚。以其子權襲爵。而功臣錄吾學編皆因之。則辰說誣矣。及考洪武十年特赦江夏侯周德興罪。召大臣戒之。有云。廖永忠數犯罪。屢宥不悛。又復僭侈。失人臣禮甚矣。永樂十五年劾錦衣衛指揮紀綱獄詞有云。廖永忠爲開國功臣。以僭分犯法而被誅。乃知永忠實以誅死。蓋高帝一時之忿。不暇寬處。旣刑而後悔之。且念其功。故加賻葬。且使其子襲封。修史者緣而爲之諱耳。

袁袠曰。德慶侯兄弟皆以鷹揚之才。遭逐鹿之會。從龍渡江。首基王業。而楚公獨困于豫。且惜哉。方彭蠡之戰也。流血爲湖。僵屍成丘。而永忠出沒洪濤。輕捷若飛。矢石如雨下。而意氣彌厲。竟剪修鯨。功冠諸將。雖周瑜之赤壁。謝玄之淮淝。曾不足數。功亦奇矣哉。滅吳掃閩。席卷五嶺。及破瞿塘。搗重慶。智勇俱奮。功齊潁國。非至驍駿嚍克爾哉。昔渾濬爭功。鍾鄧搆孽。名隳身隕。爲世大笑。而德慶以湯公未至。不受壁降。從容推讓。有足多者。跡其勳伐。豈不六王。竟以小眚斬上公之賞。信哉成功之難居也。

談遷曰。德慶侯勳最鉅。以窺旨斬其上公。及平蜀。上自爲文曰。傅一廖二。獨不可以上公酬之乎。而終靳之。又必有故矣。卽僭用龍鳳章服。蓋沿胡元之習。非跋扈大不道也。因我宿嫌。加之重譴。裔是以降。鋩刃日銛矣。

乙酉。上閱驛傳。免馬人田租以優之。

丙戌。改莊浪州爲縣。

戊子。故元□國公乃兒不花來降。置官山衛。大同。乃兒不花爲指揮同知。

是月。洪武正韻成。初上諭翰林侍講學士樂韶鳳宋濂等曰。韻學起于江左。殊失正音。有獨用當併爲通用。如東冬淸青之屬。有一韻當析爲二韻。如虞模蘇遮之屬。此類未可枚舉。卿等廣詢刊定之。于是待制王僎修撰李叔允編修朱右趙壎朱廉典簿瞿莊鄒孟達典籍孫蕡荅祿與權共成之。

四月觥朔。奉先殿成。

遂寧李彥才因亂失其子添祿二十餘年。彥才隸應天衛卒。至是添祿薦任澧州石門稅課局副使。歷訪得之。求侍養。上憐之。除彥才伍籍許就養。

辛卯。上幸中都。遣祭滁陽王廟。

丙申。遣靖寧侯葉昇巡浙閩海上。造舟防倭。

庚子。慶遠府那地縣土官羅兒來降。命羅兒知縣事。

改獻州青州俱爲縣。

甲辰。皇太子攝北郊。

乙巳。仁祖淳皇帝忌辰。上祭皇陵。

置金州衛。

歷城地震。

遣祭開平忠武王常遇春。

丙午。遣曹國公李文忠祭外大父揚王。

丁未。五色雲見。

辛亥。淳皇后忌辰。上祭陵。

丁巳。還京。

彰德大名蝗。

臨洮平涼河州雨雹傷麥。免其租。

罷中都役作。初上倣周漢之兩京。至是費劇。寢之。

賜六部尚書各省參政公田祿米各百石。

誠意伯劉基卒。基字伯溫。青田人。元至順癸酉進士。除高要丞。進賢鄧祥甫善數學。盡授之。歸補行省掾。又補江南儒學副提舉。論御史失職。歸。起爲元帥府都事。進行省都事。奪官。再起遷樞密院經歷。假行省郎中。下補總管府判。忿歸。及應上聘。屢察乾象。畫計定天下。受爵。以胡惟庸嫉之。侍京師得疾。惟庸挾醫來。中其蠱。疾遂篤。上命歸里。月餘卒。封天文書。囑子璉服闋上之。勿習也。又遺書勸上修德省刑。祈天永命。諸形勢要害之地。宜宿重兵。年六十五。所著郁離子十卷。覆瓿集二十四卷。寫情集七卷。犂眉公集五卷。行世。

楊守陳曰。三代之英卓矣。漢以降佐命元勳多崛起草莽甲兵間。諳文墨者殊鮮。子房之策。不見詞章。玄齡之文。僅辦符檄。未有樹開國之勳業。而兼傳世之文章如公者。公可謂千古人豪矣。而世或疑其事元。或獨稱其象數。是猶訾伊尹之屢就。知周公止于才藝而已。不已陋乎。

袁袠曰。孟軻有言。五百年必有王者興。其間必有名世者。信矣哉。如劉公者。其卓然名世者乎。方其不卑小官。以鴻漸之翼。困于燕雀。其與五就桀者何異。及既佐眞主。謀謨帷幄。言行計從。懽若魚水。子房之于高祖。孔明之于先主。不足稱也。觀其先楚後吳。決成敗于一言。定大業于呼吸。大矣哉。王佐之才。其伊呂之儔與。功成身退。希赤松之辟穀。慕陶朱之遠遊。可謂既明且哲者矣。而卒困于胡惟庸之口。向非高皇帝之明。危矣。詩曰。讒人罔極。又曰。貪人敗類。可畏也夫。

王世貞曰。世以誠意伯多幃幄契。又善天官家言。諴巧合奇中矣。然不明其所由授。死而上之中秘。雖其家亦無習者世所傳皆謬。大較誠意伯之爲人。磊落慷慨。不愛其奇。以佐英主。男子哉。至明哲保身之微。視少伯子房小讓矣。

陳于陛曰。文成開創之功不減子房。道術亦相類。説者以末節不及。予謂高祖之豁達。可以情求。我太祖之英睿。難以死請。其時勢稍有不同。要之留侯以智全。誠意以忠全。其善終一也。

何喬遠曰。世言誠意伯讀書山中。山石忽裂。伯竄入其中。取出陰符經。其後多驗。用伯死。遺令燔屍揚灰。皆謾誕不足信。及觀世所傳基竊怪基以名世才佐高帝五百年之會不合徒多畸略小謀取屢中而已。予居京師。得與伯九世孫志學遊。爲予伯所佐高帝。皆廣論大義。志學言其家有諸父年九十餘。具述如此。伯奇智先占。而不免胡丞相之毒。何也。跡其明哲保身。視子房讓矣。至文治武略。求古佐命之臣。可謂兼焉。

五月帳朔。貴州衞指揮同知胡汝等討江力江松刺向等寨叛蠻。

戊辰。內使趙成往河州。以綾綺羅帛茶市馬。

談遷曰。此中人奉使之始。初閹禁甚嚴。不令識書有言。及時政立斥之。其河州之命何也。可奉使亦可鎮守監軍採權封貢矣。天下之患。嘗發于所不及料。聖祖既料之。亦未堅持其終也。

丘濬曰。自唐以來。中國馬不足。往往與戎狄互市。然多費財用而實無益于用。宋南渡以後。失中原宜馬之地。而所資以爲戰騎者。求于西南夷。蓋有不得已焉。今世全得中原之地。凡西北高寒之所宜馬之地皆爲吾之所有。苟制置得宜。牧養有道。典掌得人。又何患于無馬乎。患無其人耳。

己巳。召鳳陽行都督府都督僉事胡海。以都督僉事丘廣代。命永嘉侯朱亮祖等同潁川侯傅友德備北平。

陝西按察僉事虞以文言。漢中多深山。自軍民屯種外。皆莽塞。獸伏渠堰。荒棄乞減租徭。漸墾平野之田。從之。

庚午。五色雲見。癸未亦如之。

庚辰。戶部尙書宋冕爲陝西行省參政。
丙戌。故元廣平王保咱司徒保保威寧王帖文來降。
戊子。大同太原雨雹眞定蝗。
常州通判臨桂鄒彰治最。晉浙江按察僉事。
六月玘朔壬辰。五色雲見。己亥亦如之。
甲午。安南陳煓入貢。命中書省諭安南高麗占城等三年一朝貢。
丁酉。國子生李擴等以少俊直文華武英二堂。並命爲御史。
壬寅。置紹興織染雜造二局。
丁未。戶部尙書趙好德爲陝西行省參政。
庚戌。夜有星自天船流至五車沒。
丙辰。靑田盜起。命錢塘指揮僉事賈眞討平之。
戊午。高郵大水。滄景河間旱。免田租。
吏部尙書呂熙卒。
七月杞朔日食。
庚申。敕孔克伸爲曲阜知縣。時孔希大有罪。
辛酉。改作太廟。
壬戌。曹國公李文忠爲征虜左副將軍。濟寧侯顧時爲右副將軍。往北平。傅友德朱亮祖還京。
戊辰。許百官親喪不待報卽歸。北平按察僉事呂本。以官吏聞喪。先檄原籍。覈確始奔。訃于人情非便。上大是之。
京師地震。
庚午。國子生未娶者給錢婚聘。女衣二襲。月廩一石。
辛未。翰林待制祥符王僎致仕。元國子助教。
丁丑。應天太平寧國鎮江蘄黃久旱免今年田租。
甲申。定五祀禮。孟春祀戶。孟夏祀竈。季夏祀中霤。孟秋祀門。孟冬祀井。
丙午。禮部尚書張善爲湖廣行省參政。
淮安北平河南山東大水傷稼。
八月[子+戊]朔。己亥。敕太師韓國公李善長永嘉侯朱亮祖南安侯俞通源撫諭諸屯勸督農事。
己酉。遣使西涼甘肅。賜衞經歷熊鼎蔡秉彝衣裘。
故元右丞相河南王擴廓帖木兒卒于漠北。擴廓帖木兒。潁州沈丘人。少育于舅察罕帖木兒。遂子之。沈勇好義。元亡。嗣主走和林。以數千騎從之。數苦邊。上時致書幣。輒留使不遣。上心壯之。嘗宴問諸將。今男子誰也。皆曰常國公。上曰。遇春吾得而臣之。吾終無以臣王保保。眞男子也。夫人毛氏自經殉之。
王世貞曰。明之始興也。能爲勍者。惟陳友諒擴廓乎。其下友諒也得之速。非我速也。彼失之速也。其破擴廓也得之緩。非我緩也。彼失之緩也。
何喬遠曰。陳友定王保保爲元幾尺寸。然皆未見一心恭命。流離靡他。且夫王保保不國家之急而先私仇。使明得次第齊魯汴洛間。厥後乃遁而不南。卽男子晚矣。明得天下有天助哉。有天助哉。
談遷曰。水德將訖。羶風未恬。中原之布衣。如察罕。如李思齊。同祖並呼。力掃妖寇。擴廓繼之。環幷豫澤潞之師。勢得自擅。乘彼解紐。搆在同室。皇天后土。失盟于甯俞。瓊弁玉纓。閈羿于子玉。長城自壞。亦非一人。緩則仇之。急則將之。待勞臣以饑鷹。供上宰于讒虎。元之不德。亦云甚矣。王庭垂北。狠顧莫支。雖爲捲土之計。原涇蘭靖之間。屢煩王旅。中山號爲百勝。頓挫其績。則擴廓之能軍。亦可覩矣。盱眙之函徒閟。溲溺焉支之山。不無慟哭。世之爲男子者多矣。獨讓我擴廓。出于宸鑒。未始爲激論也。

乙卯。陳州雨雹。

丁巳。房山寧晉等縣蝗。

翰林修撰荅祿與權降典籍。

太白晝見。

是月。浚登州蓬萊閣河。役萬五千人。

九月牫朔。辛酉。改建大內宮殿。

癸亥。陝西逋卒爲盜。西安衞指揮使濮英捕斬之。

戊辰。湖廣行省參政宜興吳雲使雲南。招諭梁王把匝剌瓦爾密。雲仕元。授端本堂司經。遷翰林待制。元亡。授校書郎。歷刑部尚書外遷。辨有口。梁王嘗使知院鐵某等二十餘人于漠北大將軍。獲焉。送入京。上出雲獄中。同知院等入滇。行至沙塘口。知院相與謀。吾屬奉使中道被執。歸則死矣。不如刦雲。令爲漠北使以復命。皆曰善。因共持胡服脅雲。不聽。共殺之。

己巳。罷福建寶泉局。

甲戌。改光祿寺爲司。

丙子。故元將張致道數犯邊。至是大同衞兵捕斬之。

己卯。靖海侯葉昇都督僉事於顯舟師還京。
癸未。日中黑。
甲申召中山侯湯和吉安侯陸仲亨還京。
林溫朱右朱廉爲秦晉楚府長史。趙壎爲靖江王長史。
丙戌。三佛齊國以拂菻國入貢。
十月癸朔。上謂中書省臣曰古人立賢無方。孟子曰。有恆產者有恆心。今郡縣富民。多有素行端潔。通達時務者。
有司審擇之。遂命戶部第民租之上者。下其姓名諸道。訪覈以聞。
西安衞都指揮使濮英王銘都督僉事葉昇林霽峰往備邊。
命中書省工匠物故。棺歸之。復三年不役。
乙未。城鳳陽皇陵。
丙申。徙鳳陽郡治于臨濠新城。
丁酉。暹羅斛國占城國入貢。
丁未。改彰德千戶所爲彰德衞。
祥符杞陳留封丘睢商水西華蘭陽鹽城俱大雨水。免田租。
庚戌。五色雲見。
右丞丁玉還自北平。
壬子。命皇太子秦王晉王楚王靖江王遊中都講武。太子贊善大夫宋濂長史林溫朱右朱廉趙壎等從。上道
賜東宮濠梁古蹟一卷。命濂詢訪。及中都還。因導遊荊塗二山。

癸丑。改各都衞爲都指揮使司。俱隸大都督府。北平陝西山西浙江江西山東四川福建湖廣廣東廣西遼東河南又陝西山西行都指揮使司。

甲寅雷電。

乙卯。命翰林臣攷議陵祭朔望節序禮。翰林學士樂韶鳳奏。諸廟寢園各有便殿。日祭于廟。時祭于便殿。漢都洛陽以關西諸陵又遠。但四時致祭洛陽諸陵。每正月祭郊廟畢行禮。唐園陵皇祖至太祖陵皆朔望節序祭。皇考陵朔望節序進食。我朝每歲元旦清明七月望十月朔冬夏二至用太牢致祭。其伏臘社每月朔望用特羊。

丙辰。浚涇陽縣洪渠堰。

十一月訂朔壬戌。夜有星自天廚流至雲中沒。

乙丑。考大祀登壇脫舄之禮。樂韶鳳奏。古者侍坐于長者。屨不上堂。解屨不敢當階。漢魏以後朝祭則跣襪。唐禮正旦冬至稱賀。上公一人至西階脫舄解劍。宋開寶通禮太廟神祼饋食并禘祫。皇帝詣東階解劍脫舄。今擬于郊廟前期設御幕于壇東南門外。又設執事官脫履之次于壇門外西側。從之。

丁卯。暹羅斛國舊明臺王世子昭敕羅局入貢。

甲戌。甘露降南郊。羣臣表賀。上曰。人情好祥惡妖。然天道幽微莫測。若恃祥不戒。祥未必吉。睹妖能懲。妖未必凶。朕德不逮。惟圖修省。豈敢以此爲己所致乎。

丁丑。增設六部官。

戊寅。改嵜嵐縣爲州。

前福建按察僉事李泰河南知府周肅爲戶部尚書。戶部員外郎程昱松江通判王庸工部主事程昭爲戶部侍郎。

壬午。登州衛知事周斌爲戶部侍郎。

是月。故元寧肅王板的失里來降。至華陰疾卒。

十二月炳朔。丁亥。陝州人妄言得天書以惑衆。斬之。

戊子。置處州衛。

壬辰。京師地震。

癸巳。糧長雜犯死罪及流徙者杖之。仍掌糧稅。納銅贖罪。

潮州衛指揮僉事李德等捕倭逗遛。逮斬之。

丙申。前湖廣參政陶凱爲國子祭酒。時年老。仍致仕。

置鎭南大奴辰原龍潭采色臺平上河六安撫司。

癸卯。置西安中護衛。

丙午。免宛平蝗租。

癸丑。日中黑。

甲寅。賑蘇湖嘉興松江常杭太平寧國水災。

乙卯。鳳陽衛指揮使合肥瞿通以都督僉事致仕。洪武二十九年正月卒。贈右都督。子能嗣。

是月。納哈出犯遼東。都指揮使馬雲葉旺等戒蓋州衛指揮吳立張良佐房暠等堅壁勿與戰。納哈出至。見蓋州嚴。不敢攻。越之趨金州。時金州城未竣。戍士少。指揮韋富王勝分門禦之。納哈出裨將乃刺吾恃勇率數百騎至城下挑戰。城上弩射之。乃刺吾傷。遂獲焉。富等復出戰。走之。納哈出不敢徑蓋州。從城南十里沿柞河遁去。旺策其必趨連雲島。移兵柞河自連雲島至窟駞塞十餘里。壘冰爲城。隱釘板沙中。掘馬穽伏而待命。餘兵卷旗偃兩山間。約雲亦立旗城中。若虛無人者。敵至。旺等俟其過城南。砲之伏起。鼓聲如雷。矢石雨下。敵北奔。趨連雲。遇冰城。馬皆折入窨。遂大潰。雲自城中追擊至將軍山畢栗河。斬獲及凍死者甚衆。旺乘勝與良佐等逐至猪兒峪。獲人馬亡算。納哈出僅以身免。逐乃刺吾入京。授鎭撫。賜妻妾田宅。先是上敕雲等天寒虜必入寇。第堅壁淸野。扼其歸路。虜可坐致也。果如上所策。

丙辰洪武九年

正月厤朔戊午。擇勳臣子有才者一百四人爲散騎參侍舍人。秩視八品。

己未。詔太常朔望祭陵。以少牢著爲令。

辛酉。增華亭上海縣丞主簿各一。

甲子。上告諸王就國于南郊。先是告廟社山川。

刑部尙書徐本爲陝西行省參政。趙孚堅爲廣東行省參政。中書左司郎中韓士原爲刑部尙書。上元知縣孫克義爲廣東行省參政。

乙丑。定王國禮樂幷祭祀之制。

丙寅。遣祭雞籠山功臣廟。祔福建都指揮僉事余隆等百三十一人。

復保德縣爲州。

丁卯。徵謫佃鳳陽官吏五百十八人赴京。命中書量用之。

前監察御史焦普等三十三人爲秦晉燕府紀善等官。

庚午。太歲風雲雷雨嶽鎮海瀆鍾山京畿山川月將京都城隍諸神壇殿成。上親告祀。

癸酉。夜有大星自星宿行至近濁沒。又大星自軫宿行至游氣中沒。

甲戌。戶部侍郎湯槃爲秦府右傅。都督謝成致仕。湖廣參政陶凱爲晉府左右相。太原護衞指揮使袁洪。戶部侍郎陳顯爲左右傅。河南參政陳昧爲燕府右相。都督僉事丘廣。戶部郎中王務本爲左右傅。

丁丑。太陰犯房。

壬午。册燕王妃徐氏。達長女。

是月。中山侯湯和潁川侯傅友德都督僉事藍玉王弼中書右丞丁玉率師延安防邊。

免保定河間去年旱租。

故元四大王等侵朔州。

二月乙酉朔。丙戌。重定諸王公主歲祿之數。親王祿五萬石。鈔二萬五千貫。錦四十匹。紵絲三百匹。紗羅各百。絹五百。冬夏布各千。緜二千兩。鹽二千引。茶千引。靖江王祿二萬石。鈔萬貫。餘物半于親王。公主祿千五百石。鈔二千貫。莊田一區。歲紵絲紗羅各十四。絹布各三十四。緜二百兩。餘郡王郡主有差。

王世貞曰。是時親藩既少而物力方茂。故所定如此。及按會典所載。周王二萬石。襲封萬二千石。秦晉楚蜀慶魯寧瀋趙鄭襄荆德秀崇吉徽興岐益衡雍壽汝涇榮王各萬石。代王六千石。唐王五千石。遼韓伊王二千石。岷王千五百石。肅王千石。與前迥異。豈非慮宗支蕃衍爲式貢之地耶。然中間差等不一。如岷王之千五百石。肅王之千石。反不如他府之初封郡王。尚有二千石。而岷府之郡王五百石。更不若他府之鎮國。尚有一千。其他如代府之六千。唐府之五千。韓府之三千。遼府之二千。或係轉餉之艱。或係暫作行糧。俱不可曉也。又惟周王本色二萬石。或係太宗母弟之故。至其子孫尚存萬二千。則秦晉二王。獨非太宗之母兄乎。

己丑。泰安人于蒿里得玉簡十六。上之。則宋眞宗祀泰山后土文。仍命瘞其處。

歲星逆入太微。犯左執法。

庚子。秦王樉晉王㭎燕王棣將之國。命皇太子率往鳳陽觀祖跡。辭陵。辛丑。至鳳陽。

甲辰。河間知府偰斯爲戶部郎中。

己酉。自乙巳至是日太白晝見。

三月𨈏朔。辛酉。熒惑犯井。

乙丑。置同文局。

置江浦縣。

丙寅。太白晝見。

丙子。刑部侍郎臧哲給事中秉□府錄事李擴爲四川行省參政。起居注蔣覺翰林編修張鳳爲廣西行省參政。編修馬亮任敬王璉王輝陳敏張唯典籍王俤應奉殷哲侍儀使孫化祕書直長趙詔贊讀閻裕起居注嚴鈍給事中方徵彭通宋善王惟善爲監察御史。

授錢塘張善湖廣行省參政。初署職。

己卯。詔曰。朕都江左。于今九年。西征燉煌。北討沙漠。軍需甲仗。皆資山陝。且外有轉運之艱。而內有秦晉二府宮殿之役。民勞未息。比稽儲蓄。已有餘矣。夏秋稅糧。其盡蠲之。河南福建江浙北平湖廣及淮揚徽池安慶。亦與豁免。

夜。有大星自天槍行至角宿沒。

辛巳。侍儀使唐敏引進使陳汝器爲監察御史。

癸未。火你赤爲翰林蒙古編修。易名氏曰霍莊。
是月。故元兵侵山西。都指揮使常守道擊敗之。
賀州屯軍作亂。桂林衛指揮姜旺擊斬千餘人。

四月甲朔。刑部侍郎李浩還自琉球。市馬四十匹。琉黃五千斤。
日本國王良懷遣僧上表入貢。且謝罪。上以表未誠。詔諭之。
己丑。許天下銀鈔錢絹代今年租稅。
庚寅。有大星自太子星下行至勾陳沒。
壬辰。改驛傳俗名二百三十二。如揚州驛曰廣陵。鎮江驛曰京口。等皆翰林訂定。
甲午。裁漢陽桂陽府。改興國德安蘄澧全道武岡沅岳安陸沔陽郴靖嘉定廣元廣安潼川德慶諸府俱爲州。隨邛眉榮遂寧巴渠大寧達化欽諸州俱爲縣。裁澧陽湘淸營道武岡盧陽。
丙申。置考功承敕司。文三監令丞。改侍儀司曰殿廷儀禮司。
丁酉。墊江縣丞潘彝言。永寧衛軍苦遠餉。雖募商入粟中鹽。未有至者。入粟多得鹽少也。乞減粟增鹽、庶不趨矣。從之。
庚子。罷澧州千戶所。
癸卯。定武官誥敕之制。
戊申。熒惑犯鬼。
己酉。加贈戰沒功臣趙德勝廖永安俞通海胡大海張德勝耿再成桑世傑俱開國輔運推誠宣力武臣。柱國爵謚如故。

河州衞都指揮使甯正有邊功。敕勞之。正初冒韋姓。
官山衞指揮同知乃兒不花叛入沙漠。官軍追之不獲。
庚戌。京師自去歲八月不雨。至是日始雨。
五月甲寅朔。工部郎中魏鑑禮部員外郎瞿莊爲福建行省參政。
安南陳煓入貢。令中書省諭其期三年毋數。
乙卯。禁秦蜀軍民入西番互市。
丁巳。直武英堂監生郎敏爲監察御史。
戊午。上御奉天門。問學士宋濂等致賢何由。濂曰。取士莫善于鄉舉里選。用人莫善于因能任官。任官莫善于久居不遷。上是之。
壬戌。工匠乘危負重死者。令工部給槥櫝。國子生送致其家。免徭役三年。復爲文祭之。
癸亥。晉王妃謝氏薨。命議喪服。帝后服大功。諸妃小功。輟朝三日。從之。著爲令。
乙丑。將北郊。以有晉王妃之喪。攷古制。宋濂曰。郊祭大事。雖三年之喪不敢廢。示有尊也。上然之。
丙寅。命親王宮飾朱大青綠。餘室止丹碧。省臣請概大青綠。上曰。惟儉養德。惟侈蕩心。諸子年方冠。去朕左右。無靡之也。
癸酉。始霽。連雨踰三旬。
丁丑。夜有大星自狗國流至近濁沒。
壬午。日本人販海貢馬二。卻之。
改登州爲府。置蓬萊縣。

是月。故元□國公九住侵陝西塔灘。官軍追獲之。

六月甲申朔。丁亥。翰林侍講學士宋濂爲翰林學士承旨。知制誥兼贊善如故。賜誥曰。爾濂雖博通古今。惜乎臨事無爲。每事牽制勿決。若使檢閱則有餘。用于施行則甚有不足。然方今儒者以文如卿者甚少。念卿相從久矣。特授翰林學士承旨。

談遷曰。觀宋景濂制詞。則文人類可知矣。聖祖求賢如不及。辰褐卯紳。非不以三九藉景濂。顧其才未之逮也。建文帝任方希古。身國並敗。夫景濂之視希古也奚間乎。噫。聖祖勿可尙矣。

太白犯畢。

戊子。彭州知州胡子祺爲延平知府。

客星見天倉。七月乙亥沒。

己丑。中書舍人王輝任敬趙觀陳璐李雲爲監察御史。宋璲陶遠爲中書舍人。

敕大將軍徐達捕虜。

壬辰。大都督府同知何文輝卒。文輝。滁人。年十四。上子育之。從征屢有功。卒年三十六。

甲午。改各行省爲承宣布政使司。布政使一。左右參政二。

乙未。日照知縣馬亮考績入京。莒州上其考曰。雖未課農興學。而長于督運。上曰。農桑。本務也。學校。化原也。有司舍此。以督運稱舛矣。遂被謫。

丙申。開封知府王博爲戶部尙書。

丁酉。白虹見。

己亥。重作奉先殿成。

辛丑。征虜前將軍曹國公李文忠還自北平。
壬寅。翰林編修吳□爲承敕監令。周孟冬爲監丞。
乙巳。羽林左衞指揮使毛驤。羽林衞指揮使陳方亮爲大都督府僉事。
夜。有大星自太微垣五諸侯南流角宿沒。
戊申。召岐寧衞經歷臨川熊鼎還京。西至涼州。降戎朵兒只班叛。脅鼎不屈。殺之。及知事杜寅。內使趙成。予鼎祭葬。初。上下南昌。鼎謁留丞德淸入中書省博士。改太常。拜起居注。遷浙江按察僉事。歷今官。即上書言西戎狙詐。朵兒只班宜思制之之道。果如其料。鼎至正七年貢士。其書略曰。西涼岐寧。漢唐內地。不可棄。朵兒只班非有歸向之誠。特假我聲援。脅服鄰邦。爲自安計。朝廷宜思制之急。則席卷而遁。雖得其地而無民。緩之則恐羽翼既成而跋扈。宜稍給其種糧。撫其遺民。以安衆心。而以良將參守之。
己酉。罷各布政司寶泉局。
庚戌。山西平遙主簿成樂考滿。汾州上其考曰恢辦商稅。上曰。商稅有限。額外恢辦。苛矣。且于民事無裨。命訊之。
夜。太白犯井。
壬子。改龍州土官趙帖堅轄廣西。
錄故武官子孫遺棄者。
蕭山華克勤爲考功監丞。克勤以僧使日本稱旨。復姓。
七月酦朔。日食。
甲寅。刑部尚書汝上韓士原爲江西布政使。

丙辰。刑部侍郎顧禮以親屬罪極例免官。
壬戌。韓國公李善長子祺尙皇長女臨安公主。
甲子。立倒鈔法。鈔久昏爛抵行用庫收工墨三十錢。
丁卯。監察御史王偁等百二十三人爲守令。
戊辰。增各處遞運所。
己巳。兵部侍郎李允爲尙書。
甲戌。置黎州長官司。
丁丑。免蘇松嘉湖租三十九萬九千四百九十餘石。
監察御史濟源郎敏爲饒州知府。廉明有惠愛。樂平人誣大姓五十餘家謀逆。詔以兵往。敏力明其妄。俱得釋。
是月。賑昌黎盧龍遷安撫寧旱饑。
湖廣山東大水。
故元平章兀納歹執伯顏帖木兒來降。時入寇潁川侯傅友德大破之。俘其衆輜重羊馬亡算。兀納歹遂縛以歸。
大都督府僉事秉秦府左傅金興旺卒。
八月。朔乙酉。戶部侍郎周斌郎中偰斯爲尙書。左司都事徐鐸爲戶部侍郎。
戊子。選江淮軍士分守北邊關隘。
癸巳。五色雲見。
增給廣東馬價。初市民馬多轉買蠻境以應。

乙未。御史蔡儀韓宜可爲山西按察僉事。

陝西都指揮使曹震爲大都督府都督。

己亥。覽邦國王昔里馬哈剌的剌的入貢。

廣東布政司參政劉仁爲應天府尹。

吳印爲山東布政使。印孟縣人，幼薙髮鍾山上入寺。召語悅之，給家室，令受職。

辛丑。夜有赤星流于天津。

癸卯。國子生李繹鄭士昂高雋韓貞董哲徐思誠趙起潛王覲爲監察御史。

丁未。安然朱芾章善徐賁爲浙江陝西湖廣河南布政使。

己酉。遣祀歷代帝王陵寢，禁樵收百步內。設守陵戶二人，摧崩者封培之。三年一遣祭。郡縣所祠忠臣烈士，時葺焉。

庚戌。思南宣慰使田仁智入朝。還九江卒。致祭。

九月壬朔。癸丑。遣諭大將軍徐達曰：七月火星犯上將，八月金星又犯之。可徧諭諸將，嚴爲備。其故元閹官，尤宜防範。

戊午。召秦王晉王燕王還自鳳陽。

己未。太白犯右執法。

壬戌。華克勤趙孚堅爲山西廣東布政使。

甲子。禮部員外郞張籌爲尙書。

丙寅。御史大夫汪廣洋陳寧劾太師李善長。自子祺尙主，狎寵自恣。陛下疾不視朝幾及旬，而不知問候。駙馬都尉祺六日不朝宣至殿又不加禮大不敬請付所司論法善長率子免冠謝上宥之。
丁卯宛平大興地震。
高麗國王王顓子禑上表賀壽貢方物。
戊辰命外官祭祀敍品初獻都指揮使亞獻布政使終獻按察使。
庚午有大星自五車流天船閣道沒。
甲戌故北平都指揮使朱杲子煜爲燕山右衞世襲都指揮使都指揮世襲自煜始。
夜有大星自羽林軍流壘壁陣至十二諸侯沒。
戊寅皇子楧生。
大都督府照磨陳銘爲吏部侍郎。
置王山神策二門千戶所。
己卯中書省言福建參政魏鑑瞿莊掠奸吏至死上賜璽書曰吏詐則蠹政政蠹則民病朕嘗痛之今丞相所奏唯仁人能惡人也爾尙終始能其官。
是月故元太尉神保等來降。
閏九月任朔有星自天船流入紫微至四輔沒。
庚申災異詔求直言。
丙午海州學正南昌曾秉正上言創業與守成不同創業之初則貴富强用趨事赴功之人大統既定邦勢已固惟患保守成業于永久爲難耳此時當思盡革向弊何爲應天心何爲慰人望云云上嘉之召拜思文監丞
懷慶知府莆田林方徵上言風憲官以激濁揚清爲職今乃計其事績多寡定爲優劣以故不聞旌廉能而專

務羅織人罪。多徵贓罰。此大患也。又去年諸行省官吏悉坐空印被罪。而河南參政安然山東參政朱芾反得陞擢。朝廷賞罰有失明信何以示勸懲。上曰安然率齊東軍民內附。朱芾有幹才朕之鄉舊得陞擢議功能也。爾言羅織人罪何人。多徵贓罰何官。具對。徵懼。上怒降沁陽縣丞。徵莆田人。

庚戌。更大都督府參議曰掌判。

平遙訓導寧海葉伯巨上言。當今事太過者有三。分封太侈也。用刑太繁也。求治太速也。何以明之。日。君象也。月。臣象也。五星卿士庶人象也。臣愚不知天象。姑舉所聞。詩曰。彼月而食。則惟其常。月刑于日。猶之可也。而曰日月相見則月敢抗日者。臣敢抗君矣。臣竊觀主上起有天下。掃除羣雄。如踐草莽。包絡豪傑。如動臂指。公卿大臣猛將謀卿外擁數十萬衆。馳召以一介之使。拱手聽命。莫敢後時。安有抗衡之患。上天示象。似爲分封傳曰。都城過百雉。國之害也。大都不過三國之一。中五之一。小九之一。上下等差。各有定制。所以强榦弱枝。遏亂源。崇治本也。國家分裂境土。大封諸王。蓋懲宋元孤立之弊。然天子畿內地止千里。秦晉燕齊吳楚諸國各盡其境。以封年少淺事之王。都城宮室亞天子之畿。賜以甲兵衞士之盛。比于金吾緹騎。書曰。列爵惟五。分土惟三。王亦爵也。而國都兵衞與京畿等。倘有君臣之分乎。臣恐數世之後。間隙易起。觖望易生。漢之七國。晉之諸王。可爲永鑒。臣所謂分封太侈之過也。臣觀歷代開國之君。其結民心者。未有不自尙德緩刑者也。其離民心者。未有不自弛德急威者也。三代秦漢隋唐享國之數。具在方冊。昭哉可覩。今議者曰。宋元中葉之後。紀綱不振。專事姑息。以致喪亡。此行小仁而滅大義。主上所以矯枉太過。權神變之法。制不宥之刑。然臣聞開基之主。垂範百世。動靜合準繩。然後子孫有所持守。況刑者民之司命。可不愼與。夫刑罰貴中。過與不及。皆非天討。既不假貸。則一付大公可也。而定刑之際。皆出聖衷。至使治獄之吏。趨求上意。深者多獲功。恕者多獲罪。至論沒贓多寡以敍。治獄殿最。欲求平允。豈不難哉。近者雜犯死罪。免死充軍。其餘以次倣流徒律。又刪定舊條。減宥有差。漸見主上好生。全活者衆矣。然尙未聞申戒之令。是以法司猶踵舊習。古之仕者。以登籍爲榮。以罷職爲辱。今之仕者。以混跡無聞爲福。以受玷不錄爲幸。以屯田工役爲必獲之罪。以鞭笞箠楚爲尋常之辱。其始也。朝廷網羅天下士。若恐有失。有司催迫上道。如捕重囚。比至還除。多以容貌。所學非所聞。所用非所學。一陷于法。苟免誅僇。屯田工役爲輕典矣。士當未仕。尙知畏愼。旣薦入仕。盡決平生肆然而取諸人。則曰行且屯田工役。何以爲資。則曰行且身死。妻子何食。不畏廉恥。甘速官謗。弊在淸濁不明。善惡無辨。議賢議能之法廢而爲善者怠也。漢世閒徙大族于山陵矣。未聞實以罪人者也。今鳳陽龍興之地。陵寢所在。率以居之。近令願入軍籍者免其罪。復官者亦稍見原。而猶聞其餘丁口屬尙拘屯作。夫犯罪家長旣宥而復之矣。餘丁口屬。復何辜哉。是以怨嗟愁苦之聲。充斥園邑。甚非朝廷所以恭承宗廟意也。夫有戶口而後田野闢。田野闢而後賦稅增。異日百姓苦兵。流離他所。朝廷許之歸附。土膏未諳其利。耒耜未安其處。固宜權輿而休養之。殘虜僞四大王竄突山谷。如狐如鼠。以計擒獲。或猶可致。乃勞兵討之。彼之驚駭潰散于無人之地。較奔走則彼熟路而輕行。較生死則彼致死而重戰。捕誅數歲。不得首領。亦其固然。乃移咎新附之民。盡遷太原諸郡。旣許之附。又動之遷。是法不信也。近者已納稅糧之戶。雖特旨分釋還家。已起戶口。雖蒙憐恤。見留開封。期候軍士。尙猶枝漫村落。心膽震悸。居民訛動。莫知所爲。況太原諸郡。外界邊鄙。遷徙無常。反易逃匿。甚非朝廷所以安寧塞圉意也。凡此臣所謂用刑太繁之過也。昔年周自文武至成康而後敎化行。漢自高帝至文景而後富庶臻。致治之道。固不可驟也。國家紀元九年于玆。天下大定。綱紀大振。亦可謂安矣。而主上切切然猶以風俗澆漓。法出奸生。朝誅暮犯。民無所懼。乃致命下而尋改。已赦而復收。天下臣民莫之適從。夫天下之趨于治也。猶堅冰之將泮也。冰之堅非一日之太陽能消之也。天下之治非一人之聖能致之也。孔子曰。王者必世而後仁。道齊以刑。禮而漸摩以仁義。非空言也。今之天下猶古天下。因民好善惡惡之心以求治。則莫先正風俗。欲正風俗。則莫先使守令知所務。欲守令知所務。則莫先使風憲知所重。風憲知所重。則莫先朝廷知所尚。朝廷之所尚。則必以征賦期會獄訟簿書之不報爲可恕。而世俗流失。敝敗爲不可不問。古之守令。民之師帥。以善導民。使化成俗美者也。征賦期會。獄訟簿書。固亦其一職也。今乃以爲急務。而以農桑學校王政之本爲虛文。方春守令未嘗行課種蒔次第旱澇預備之具也。下一文帖里甲回申文狀而已。是虛文夫農桑也。廩膳諸生國家所資取人才之路。守令未有禮讓之實。作其成器也。朝廷置立社學。切切蒙養。守令未嘗巡行考視。敎以孝弟忠信之實。作其禮義廉恥之風也。是虛文夫學校也。此守令未知所務之失也。風紀之司。朝廷宣風導化。勸民成俗。拯治萬務者也。獲贓讞獄。特其一端耳。今也以獲贓多者爲稱職。以讞獄少者爲闒冗。雖有忠臣孝子義夫節婦。任其湮沈隴畝之間而不暇舉。若是謂之察惡亦近之矣。安在宣導勸成。使民遷善遠罪而不自知也。此風憲未知所重之失也。凡此皆臣所謂求治太速之過也。上怒其言分封。曰。此離間吾骨肉。逮下獄。瘐死。而同邑鄭士利亦言事被詰責。輸作終其身。時考較天下錢穀册書空印事起。凡主印吏署字有名者。皆逮御史獄。獄數百人。自尚書至守令署印者皆坐抵欺論死。佐貳以下榜一百戍邊。丞相御史大夫莫敢諫。士利詣闕上言數事。而于空印爲詳。上怒。詰主謀者。不爲屈。猶以假公營私罪之。卒殺空印者數百人。

談遷曰。葉居升論事切直。逆覩來轍。有洛陽痛哭之風。高帝能受言。獨犯霆怒。時方倚重屏翰。能無忤乎。空印事。諸主吏雖無他。然弊不可長。朝廷深懲之。未爲過。鄭好義慨然訟言其失。輸作終身。亦未爲非幸也。朱國楨曰。高皇開創。用法一主于嚴。胡大海方治兵處州。其子犯酒禁。手刃之。曰。寧胡大海反。吾號令不可違也。蓋截斷如此。而謂嘗之者有可幸。觸之者有可全乎。糧稅空印。雖行之已久。然高皇深惡舊習。事無小大。必經奏斷。方與施行。今未嘗奉旨。一發勢在必誅。于是每歲用御史查刷。其法至精密。而空印事亦迄今永革。當日上下相沿之習。非此一怒必不能撤而去也。至分封之疏。利害明白。誠爲正論。然高皇起徒步。成混一。精兵良將滿天下。偃之則不可。付之他人之手必且爲變。故分隸諸王。使之習兵。盡其才以暗讐奸人窺伺之志。卽如文皇天表雄奇。才幹超絕。決非人臣之相。一恆人知之。以高皇神聖。父子間周旋且四十年。豈不了了。而付天下于偏頂文弱之太孫。何居。特以倫序爲重。氣運尙艱。不得不盡人事之正以俟天道之徵。故置文皇于元之故都。隱然與南並峙。而祖訓中明開訓兵待命剪除奸臣之語。宛然文皇遺囑。上參氣數。下度人事。而中又卜之子孫。遲回審固。其慮長而其心則已苦矣。乃居升之言。既不足仰窺聖意。齊黃之議。則又身在建文厄運中。無可奈何。卒之北平兵起。一番掃除。天河地軸皆爲翻動。而藩王之權以次漸削。承平以至于今日。似皆入高皇計算中。意聖心淵微。上與天通。有不可明言而獨自逆覩。豫有以待者。夫漢高闊略。年不甚永。晩征黥布。傷且困矣。料身後事尙灼灼不爽。而況高皇度越千古。爲社稷蒼生計。反奢于制而兆之釁乎。總前後論之。其初太寬。勢也。中乃稍密。亦勢也。今則錮之一區之中。絕之四民之外。國賦傾廩矣而庶宗不得宿飽。玉牒充棟矣而宗子誰是維城。祖制然乎哉。祖制然乎哉。

時山東參政宋善。閻鈍。按察副使余奎。監察御史孫化。山東布政使檢校傅奎。守禦莊浪指揮僉事李景。各應詔言事。上是之。又崇信知縣潘卤。海寧縣丞方仲容。福山縣丞徐謙。黃巖縣丞徐季淸。安吉衛軍丘絨。山西分敎國子生余懋。亦言事。俱不可行。

罷弘文館。

十月辛亥朔。改定遼後衛爲蓋州衛。

夜有赤星自霹靂西行。數小星隨之。至天津沒。

丙辰。甘肅衛經歷沈立本爲戶部侍郎。西涼衞經歷許傑爲刑部侍郎。

己未。新太廟成。奉各帝后主于太廟。

庚申。四川黃平羅麼等叛蠻平。

辛酉。諭右丞相胡惟庸御史大夫汪廣洋等釐正大明律十三則。

丙子。命秦王樉晉王棡燕王棣吳王橚楚王楨練兵鳳陽。

戊寅。太陰犯心。

詔勞山東布政使吳印。時言事稱旨。

十一月辛巳朔。上與侍臣論及古女寵外戚宦官權臣藩鎮夷狄之禍。因曰。人君不惑聲色。宮闈嚴禁。貴賤有體。恩不掩義。則無女寵之禍。不牽私愛。裁以至公。則無外戚之禍。掃除供給。不假兵權。則無權臣之禍。修武備。謹邊防。則無夷狄之禍。

壬午。上南郊。夜有赤星自明堂犯房心二宿。一小星隨之。至近濁沒。

癸未。浙江都指揮使徐司馬調河南。

戊子。徙山西眞定民于鳳陽屯田。

庚寅。蘄水人王燾七世同居。旌其門。

華□嗣淮安侯。

西域獻良馬。

辛卯。翰林編修華亭朱孟辨。工部照磨崑山盧熊。吏部奏差鄞縣史靖可。俱博學能書。授中書舍人。

潼關守禦千戶所改潼關衛。

壬辰。故元保寧王雅納失里宗王洋古圖別里帖木兒把的忙哥者乃馬歹等及遼陽行省左丞速哥禿等自大同來降。俱授浙江等衛所鎮撫。

乙未。月食而暈。
丙申。夜太陰犯鬼。
壬寅。李新爲大都督府僉事。
戊申。靖江王守謙之國。
是月。饒州保定旱災免田租。
十二月庚戌朔。頒建言格式。初刑部主事茹太素上書萬七千言。言五事。上命中書郎中王敏誦而聽之。至六千三百七十言。言不當。上怒。扑之。次日中夜。上臥榻上。令人復誦。直至萬六千五百言。方有五事言。僅五百餘而四事可施行。于是立上書陳言式。繁文過式者罪之。自爲序。
甲寅。賑蘇湖嘉興松江常太平寧國杭荆黃水災。遣戶部主事趙乾等。
戊午。浙江參政商暠北平參政唐俊爲刑部尚書。江西參政李敏爲工部尚書。李仁爲戶部侍郎。
己未。定諸司官九年爲滿。知府歲一朝。佐貳官及州縣三年一朝。尋詔知府亦三年。
庚申。中書司郎中王敏爲吏部尚書。
辛酉。吏部侍郎張度降常州知府。
癸酉。罷西安行都指揮司。
己卯。改富州爲豐城縣。
貴州衞指揮顧成平新添甕傍等蠻。
送故元行省參政永寧蔡子英歸塞北。子英元進士。嘗參擴廓丞相軍事。兵敗單騎跳關中。轉入南山。吏跡之。傳詣京師。渡江一夕亡去。變姓名關中。爲人賃舂。久之復見跡。械過湯和所。困辱之不屈。有妻流洛陽。道欲見子英謬曰。吾故縲耳。遂至京。上欲官之。子英退而上書曰。皇帝恢廓宏圖。曲宥亡國之臣。不自死。慚負皇帝。往者軍敗見俘。漏命刃下。荆棘之息。延及七載。重勞吏卒掩捕。自外天化。復忤貴臣。萬分不足以辱膏斧。皇帝不即下司敗。使得以衣冠待罪外傳。傾否賜新。授骨封肉。上恩德死且不朽。臣有痼疾。迷于心志。藥石罔解。羈惟臣本書生。奪志行伍。過辱北帥知薦。仕厎七命。躍馬食肉十有五年。進不能效尺寸。陪國家之論。退不能畢命桴鼓以媿封圉之臣。一遘板蕩。靦顏失節。皇帝旣丕振武功。踐華苞宇。窮髮臣嚮。堅甲利兵。宿積陳糜。猶以爲歉于志。下有司飭學校。褒予死節。風示後世。豈以耆俊盈列。侍臣爲多。令亡命俘虜。玷維新之化哉。皇帝幸哀憐臣。毋血橐街。而以投瘴海。禦魑魅無人之境。臣若茹薺。書上。益異之。一夕哭不止。舍人問之。曰。吾念故主也。上聞而歎曰。吾何苦一蔡子英。彼喋喋泉下。訾我哉。敕有司送出塞。從元主于和林。

王世貞曰。語云。君行命。臣行志。豈不以天子之威。極于僇身止矣。勝國諸大夫委徇鈇鉞。然未有併其身全之者。夫節士所守。不見奪人。聖主所風。不奪人守。則高皇帝之謂哉。

談遷曰。高帝放蔡子英。眎廟祀福壽尤爲難。彼死魄耳。尸而祝之。適成我名。子英雖窮虜。安知非張元吳昊輩也。縱壑投林。包荒無外。大哉。其如天之德乎。雖然。子英之書不上。非江南老布衣。則復興中人耳。惡能垂日月之光。全其夙尙哉。

命大都督府同知沐英詣陝西至熙河問民疾苦。

是月。置杭州前衞登州衞。

上謂中書省臣曰。元末選法淹弊。選人久守乏資。則餬口卜醫。使賢者喪所守。非待士之道也。今亦聞久客空乏。其自今選後。皆予道里費。有司差品給舟車送之。著爲令。

敕兵部曰。天下衞所軍士。皆四方之人。月給足自支而已。死亡棺斂曷所出。自今予槥葬之。著爲令。

丁巳洪武十年

正月辴朔兵部尙書李允改禮部吏部侍郎麗水陳銘爲兵部尙書。

壬午汝南侯梅思祖往濟南靑州閱兵。

乙酉翰林學士承旨宋濂致仕令其孫愼護行。濂至家表謝上手詔答之自是歲一朝。

丙戌工部奏差張致中言三事曰選用御史曰立常平倉曰開北方荒田上嘉之擢宛平知縣。

癸巳西安州地震。

甲午都督僉事曹震爲河南都指揮使。

己亥罷將作司。

乙巳徵士李汶卒汶龍泉人同葉琛章溢等知名。

丁未罷司文監。

是月都督僉事藍玉練兵東昌。

融州盜起官軍捕斬之。

琉球國中山王察度入貢。

安南陳煓攻占城大敗被殺。

高麗求故王王顓謚號上聞其被弒不許。

二月癿朔遣祭歷代帝王及先農。

辛亥赦天下沙門講經化度。

乙卯。刑部尚書唐俊爲福建右參政。
丙辰。秀才淳安徐尊生爲翰林應奉。
丁巳。禮部尚書李允失職。降太僕寺丞。
戊午。夜。太陰犯鬼。
己未。裁香河縣。改滁州爲縣。
壬戌。翰林編修傅藻爲應奉。
癸亥。皇子植生。
甲子。賑蘇松嘉湖水災。
丁卯。免仕者徭役。著爲令。
薛應旂曰。國初待士免役。豈不厚哉。但後來士人有自處以薄者。受人詭田。而齊民率多重役。遂致勸士待賢之道不能有終矣。
己巳。遣監察御史吉昌等十三人分巡山東廣西等處。
白虹貫日。
壬申。北平按察僉事呂本爲禮部尚書。
國子生范與辰言事稱旨。命攝刑部主事。
三月甲戌朔。國子助教會稽錢宰致仕。宰博學能文。請老。特賜敕曰。爾積學訓士。士方有矜式。引年而歸。朕甚念焉。特授文林郎國子博士致仕。尙師表一鄉。開誘後進。不媿古者鄉大夫。
壬午。刑部侍郎李浩爲湖廣按察使。

甲申。夜。太陰犯天罇星。

癸巳。戶部侍郎徐鐸爲平陽知府。王鏞爲嘉興知府。

乙未。詔故官復其家徭役三年。子孫才可任者聽赴京。

改秭歸縣曰長寧。

夜。太陰犯心。

丙申。復永城侯薛顯全祿。

戊戌。增滁陽儀眞香泉六合天長牧監。俱隸太僕寺。計種馬萬七千三百八十五匹。

丁未。上與翰林諸臣論日月五星之行。皆主蔡氏左旋之說。上曰。天左旋。日月五星右旋。蓋二十八宿。經也。附天體而不動。日月五星。緯乎天者也。朕自起兵以來。與善推步者仰觀天象。二十三年矣。嘗于淸夜指一宿爲主。太陰居是宿之西。相去丈許。盡一夜。太陰漸過而東矣。由此觀之。蓋右旋也。曆家亦嘗論焉。

是月。靈璧袁亮等作亂。官軍捕斬之。

四月𢃇朔。己酉。衛國公鄧愈爲征西將軍。都督同知沐英爲副將軍。率師十萬討吐蕃。先是。吐蕃部川藏邀殺者翟哥鎖南等。故討之。

庚戌。善化長沙大水。

庚申。賑宜興錢塘仁和餘杭。

癸亥。儀鑾司大使江陵葉茂爲福建布政使。

乙丑。翰林編修桑愼陳晟署監察御史。

戊辰。賑太平寧國水災。

加贈高陽郡公耿再成泗國公子瑜威州衛指揮僉事。
己巳濟寧蝗。
是月故元將也速犯慶陽官軍擊卻之。
盜陷安溪縣泉州衛兵平之。
曲先衛指揮沙剌殺故元安定王卜烟帖木兒安定王子板咱失里殺沙剌尋亦被殺。
五月餓朔。廢獲嘉確山鎮平考城柘城新繁雙流金堂崇寧德陽井研資陽什邡彰明濛陽營山儀隴西充渠江慶符筠連珙昭化蒼溪南部江油青神威遠大邑彭山丹稜中江蓬溪射洪名山武隆新寧酆都南川隨應山歷城孝感光化棗陽上津竹山枝江益陽善化長沙當陽沅江通道新城定陶昌化交河滿城祁東明永淳等縣。俱糧少。併入之。改盂睢縣彭房濰賀融容藤橫等州爲縣。
畿內江浙糧長萬石以上者增副糧長一人。
甲申置宿州守禦千戶所。
乙酉蘇州知府江寧王興宗爲河南布政使河南布政使徐賁降懷慶知府。
丙戌高麗世子王禑入貢卻之。
丁亥靖海侯吳禎督浙江諸衛舟師仍海運遼東。
許邊民團結防虜。
戊子戶部尙書周斌改刑部禮部尙書呂本工部尙書李敏爲兩浙福建都轉運鹽使刑部尙書秦中商暠降郎中侍郎高萬傑降員外郎。
曹國公李文忠往鳳陽視師。

壬辰。陽曲地震陝西華亭雨雹。

減秦州茶馬司令丞各一。

遣監察御史王淵等六人分巡各布政司。

乙未。裁綏德州。

登州衞拓新城命俟農隙。

丁酉。戶部尙書偰斯爲山西右參政侍郎沈立本爲尙書。

己亥。置東宮通事司令丞。

庚子。命太師韓國公李善長曹國公李文忠共議軍國重事。

辛丑。征西將軍鄧愈至吐蕃。敗川藏之衆。追至崑崙山。斬獲甚衆。沿邊置戍而還。

丙午。復各布政司寶泉局。

誅戶部主事趙乾。以賑荆蘄等水災。朕寢食不安。乾稽賑。坐視民死不在念。

是月。臨淄縣丞王基乞發山海寶藏及禁職官言事。上責而斥之。

有內侍以久事內廷。泛言及朝政。卽日斥還鄉。終身不齒。諭中書省曰。閹人借小善小信固結君心而便辟專忍其本態也。苟一爲惑。將不可抑矣。朕決去之以懲來者。

河間旱。永州大水。

番酋也速脫火赤等寇涼州。指揮鄭遇春擊卻之。

六月朾朔。延安侯唐勝宗城潁上。

辛亥。夜有大赤星自天紀流天市西垣沒。

癸丑。江夏侯周德興往濟寧。宜春侯黃彬往沂州。練軍。

乙卯。定各道按察司各府首領官資格。

丁巳。令天下臣民言事得實封直達御前。

庚申。裁磨勘司。

進階文二縣爲州。改兩當縣曰徽縣。裁廣宗縣。

壬戌。召鄧愈班師。

丙寅。命中外政事先啓皇太子。然後奏聞。

永平大水。

丁卯。廢褒城沔洋漢陽平利縣。

甲戌。長子縣稅課局大使康有孚上言三事。曰重學校。曰褒忠良。曰文武並用。上嘉納之。

是月。遣韓國公李善長魏國公徐達等十八人分祀嶽鎮海瀆。

七月盯朔。戊寅。夜。歲星犯亢。

庚辰。儒士趙晉爲東宮文學。

辛巳。夜有赤星自漸臺流天市垣沒。

甲申。置通政使司。陝西參政曾秉正新受命。未赴。拜通政使。應天府尹劉仁爲左通政。

改承敕書監令丞爲郎。

刑部尚書周斌爲陝西布政司左參政。大都督府經歷尹性爲刑部尚書。

置四川敍南府。

乙酉。普定女知府適貴來朝。

殺山東按察副使浦江張孟兼。孟兼負才氣。輕布政使吳印。印故僧也。印訴上。即治所笞之。孟兼捕書奏者。印復訴上。逮至棄市。詔印曰。除爾害矣。

方孝孺曰。孟兼中實無險賊之心。祇以尙氣好高人。以故爲人所陷。才能者。人所欲得也。苟無謙以處之。而挾以驕人。其爲身害奚怪哉。

丁亥。國子助敎胡隆成爲齊府長史。

戊子。劉璉爲國子監丞。基次子。

戊戌。初昏。歲星犯亢。

壬寅。給中外諸司散官。

乙巳。劉仁仍爲應天府尹。

是月。遣監察御史巡按郡縣。

北平諸郡俱大水。

淡巴國王佛喝思羅入貢。

湖廣都指揮使周賢卒。

八月朾朔。戊申。命行人李子南祭南昌康郎山兩廟死事諸臣。

己酉。置定遠牧監。

庚戌。屋員丘爲太祀殿。將合祭焉。太師韓國公李善長等董其役。

辛亥。置寶泉庫。

壬子。夜太陰犯心。

癸丑。選武臣子弟入國子學讀書。

改建社稷于闕右。亦合祭。

丁巳。三佛齊國王但麻沙那阿者卒。子麻那者巫里立。入貢請封。

丙寅。熒惑犯天罇星。

丁卯。夜有星自閣道經大將軍。至游氣沒。

壬申。定百官儀從。

是月。平涼隕霜殺稼。

九月丙子朔。免浙西被水田租。

戊寅。上謂侍臣曰。荒君怠主。莫不藉口無爲。孰知無逸乃逸。否則帝舜何曰倦勤。大禹何曰惜陰。文王何曰不遑食。朕未旦臨朝。晡後還宮。夜披衣數起。仰觀天象。一星失次。卽爲憂惕。量度民事。次第筆記。待旦發遣。非不欲暫安。惟祗畏天命。恐羣臣以天下無事。便欲佚樂。股肱旣惰。元首叢脞。故言及此。

乙酉。暹羅斛國王遣子昭祿羣膺入貢。命禮部員外郎王恆齎詔印。封參烈寶毘牙嘿哩哆囉祿爲王。

成都地震。

丙戌。占城入貢。

辛卯。夜太陰犯昴。

癸巳。浙江布政司右參政茹太素省親。

丙申。賑紹興金華衢水災。

辛丑。右丞相胡惟庸爲左丞相。左御史大夫汪廣洋爲右丞相。右御史大夫陳寧爲左御史大夫。右丞丁玉爲右御史大夫。

是月。分教北方監生俱召還錄用。

十月辆朔。社稷壇成。行奉安禮。升上祀。奉仁祖淳皇帝配。

壬子。觀心亭成。致仕翰林學士承旨宋濂來朝。召諭曰。朕廟社日致齋于此。卿其記之。傳示來裔。知勿懈愈虔。

夜。太白犯進賢星。

乙卯。熒惑犯輿鬼。

丙辰。敕中書省曰。熒惑占云主冢宰凶。貴人下獄死。不爾則火災。上帝好生。故愛人而象之。爾諸大臣知改德省過焉。

復令河州嚴備。

良家子弟充驍騎舍人者悉放還。

永平火。賑災民米布。

戊午。封大都督同知沐英西平侯。祿二千五百石。

辛酉。賜百官公田充祿俸。

甲戌。封廠那者巫里爲三佛齊國王。賜駝紐銀印。

是月。大內宮殿成。

十一月紇朔。上以大內宮殿不侈。謂侍臣曰。節儉足以養性。侈靡必至喪德。朕夙夜慮驕盈。凡有興作。量度再三。不獲已乃爲。亦未嘗敢侈。皇后宮中亦能儉以率下。躬服浣濯。皆非矯飾。實恐傷民財。殄天物。皆對曰善。上曰。

爾等歲祿有限。日費無窮。倘或過度。侵牟剝削。皆原于此。須體朕懷。與共寶之。

己卯。皇次孫允炆生。東宮妃出。

癸未。爪哇國王八達那巴入貢。

衞國公鄧愈卒。愈虹人。自盱眙率所部從于滁州。累戰功得封。以征西將軍討吐蕃。沉毅詳敏。有所委不憚危苦。功成不矜。敬禮朝士。尤孝友。年四十一。道卒壽春。喪至。上臨奠。擇葬城南西山。追封寧河王。謚武順。子鎭嗣。改申國公。銘西安衞指揮僉事。

陶望齡曰。衞公恭謹奉法。事親孝。與下有惠。可謂士君子之質行矣。當王業始創。專閫受脤。軍旅四駕。以愈才武。又上所最信愛。然未嘗一當大敵。所至輒留鎭撫。豈戰守之任各有當與。誠不足託于上。勇不足威敵。仁不足柔邇。或可使進取難與守也。然則愈之烈豈不偉哉。

袁袠曰。寧河王之勳大矣哉。方友諒之順流東下也。卷土合圍。氣吞豫章。頓兵堅城之下者三月。其鋒銳亦少挫矣。卒之漂血康郎。僵屍彭蠡。一發而殪。雖高皇帝之神武。然固守以待王師。扼其喉咽。使友諒進退失據者。寧河之功也。作鎭八州。威嚴以敵愾。恩信以撫人。禮下賢士。雖古名將何以加諸。

王世貞曰。愈之初以敢戰深入名亡幾而建方面。勳最多而不甚偉。然汗馬者無寧歲矣。儋爵上公。帶礪六王。而以夭死。不獲終享其奉。或謂高皇末功臣鮮自保者。得夭爲幸。是不然。以愈之忠順勤勞。雖爲畢萬可也。

吳□□曰。寧河之卒。猶在强年。乃其東蕩西滌。鎭撫八州。聲色已奕奕在諸將上。至今襄陽人猶道之。朱夢炎稱寧河事母孝。撫弟愛。匪獨將略之雄。兼有君子之行。以故太祖心重之。光輔帝業。作我世臣。有以也夫。

丁亥。至日。始合祀天地于奉天殿。祝文曰。曩遵古制。分祀天地。周旋九年。于心未安。誠以父母天地。覆載生成之德一也。及嚴奉禋祀。別異南北。人子事親。曷敢異處。竊惟典禮。其分祀者。禮之文也。合祀者。禮之情也。自今春首合祀南郊。永爲定禮。

己丑。夜月食。

甲辰。夜歲星犯房。

是月。免河南陝西廣東湖廣今年田租。

江夏侯周德興有罪當下獄。特赦之。召諭將相大臣曰。昔廖永忠犯罪。屢宥不悛。又復僭侈。朕甚惜焉。朕祭祀之時。一心奏格。及遣爾輩。輒多私利。慢神國家宮室之外。未嘗築一臺榭。汝輩私取材木。自廣結構。念昔相從。皆赦不治。夫法度者。所以一天下也。爲功臣詘之再三。難矣。智人君子。既自守法。又能訓子孫。是以爵位傳于無窮。

御史大夫丁玉爲平羌將軍。討四川威茂等叛番董貼里。

諭新除有司官。

十二月乙巳朔。日食。

丙午。命諸司啓事東宮者。二三大臣參決奏之。

丁未。錄殉事及病故功臣子孫丁忠等五百十一人。授指揮千百戶有差。

戊申。置神宮監內使。掌太廟洒掃陳設之事。

庚戌。內使金吉爲員丘署令。洪文杜慶爲司香奉御。

辛亥。眞臘國王莽荅甘武者特達志入貢。

丙辰。陽曲地震。

甲子。夜白虹貫月。
戊辰。威州土酋董貼里降。置威州千戶所。
是月。各道按察司道來朝。諭以風憲盡職。
高麗入賀明年正旦。上諭中書省。彼王顓被弒。奸臣竊命。貢使五至。宜遣人問嗣王安在。如政出嗣王。當依前王歲貢馬千匹。明年貢黃金百斤。銀萬兩。良馬百。細布萬匹。仍還我遼人。否則弒賊奸詐。將構禍于邊氓也。

戊午洪武十一年

正月甲戌朔。封皇子椿蜀王。柏湘王。桂豫王。楧漢王。植衛王。改封吳王橚周王。
己卯。中山侯湯和進封信國公。誥曰。爾和雖舊將。惟守毘陵。于忠有欠。念相從之久。泯前過。論功。今復念東平越南下閩。西擒察罕腦兒酋長。下巴蜀。頗有其功。特授信國公。祿三千石。世襲。
羅鶴曰。湯信公雖云世祿。二十八年湯公薨。其世子鼎署前軍都督僉事。早卒。嫡孫晟且長。終太祖之世。不令襲爵。豈猶不忘毘陵時意耶。
壬午。皇子橞生。
甲申。置黃平守禦千戶所。
丁亥。雨木冰。
己丑。置江陰守禦千戶所。
是月。安南陳煓弟煒遣使告哀。命中使陳能弔祭。
徵天下布政司官及各知府來朝。

二月⿸戶甲朔。辛亥。太陰犯井。

丙辰。敕中書省減淮浙鹽價。俾商輸粟西河梅川給餉。

浚滹沱河。

己未。徙故元臣二十五人部衆千九百人于平涼。

壬戌。熒惑犯五諸侯。

癸亥。皇太子祀皇陵。右丞相汪廣洋從。

東平侯韓政卒。政睢人。以元義兵長來歸。授江淮行省平章。攻下張士誠將李濟于濠。穴城攻安豐。獲忻都。敗竹貞。平淮東西山東。出師河北。剗平堅寨。得封。上臨其喪。贈鄆國公。子英散騎舍人。

甲子。考功監丞郭傳署湖廣布政司右參政。

辛未。遣嚴海康遂溪潮患。免其租。

是月。置茂州衞。時四川都司修灌縣橋。至天陶關。汶州土酋孟道貴疑沮之。指揮胡重勝等分由石泉灌口進。蠻伏山崖投石。不能進。乃間道潛出兩山後。聲砲。蠻駭遁。連敗之。土酋楊者七降。詔置衞。仍命平羌將軍御史大夫丁玉率兵征松潘。

三月⿰酉癸朔。暹羅斛國入貢。

甲戌。翰林應奉永寧荅祿與權致仕。元河南北道廉訪司僉事。

丁丑。河間知府楊冀安等考績來朝。分三等。稱職無過者賜坐宴。有過稱職者宴不坐。有過不稱職不預宴。立于門。宴者出乃退。

己卯。夜大星自天津流五丈餘沒。

庚辰。皇太子還京。

壬午。秦王樉晉王棡之國。燕王周王楚王齊王還駐鳳陽。

命禮部定奏式。

丁亥。命庶官有才能者不次擢之。西安知府李焕文寶鈔提舉費震俱擢户部侍郎。餘量遷九十五人。

己丑。太子正字桂彥良爲晉王右傅。燕府長史朱復爲左相。

禮部員外郎朱夢炎爲侍郎。

都督僉事王誠陳桓爲浙江都指揮使。

辛卯。征四川茶蠻洞俘百五十六人悉宥之。

甲午。熒惑犯積尸氣。

丁酉。始作牙牌給朝臣。

庚子。置莊浪分衞于碾北。

是月。遼東火。

梧州知府望江周樂世致仕。樂世有善政。歸自衣衾外惟書一篋。

四月𦪇朔。乙巳。寧夏地震城摧。

戊申。歲星犯鍵閉。

己酉。闍婆國王摩那陀喃入貢。

禮部侍郎朱夢炎爲尚書。夢炎博學有文稽古定制預焉。

兵部郎中陳銘爲吏部尚書。

甲寅。定賞軍節錢例以期給。
丙辰。興化衞指揮使張赫爲大都督府僉事。
戊午。永嘉侯朱亮祖言安東沭陽二縣有野鬼數百夜持炬。上製文遣祭。
置寧川衞。成都。
丁卯。戶部尙書沈立本免。侍郎費震爲尙書。員外郎王琚爲侍郎。侍郎李煥文爲兵部尙書。
辛未。置寧海衞。山東寧海州。
是月。建皇陵碑。以儒臣多文飾。自作文直述微時艱難。勒之。
元嗣君愛猷識理達臘殂于和林。謚昭宗。子脫古思帖木兒立。
談遷曰。元嗣君初在儲貳。膺監撫之寄。逞其私臆。猜擴廓而奪其兵柄。最計之失也。中原盡棄。流離漠北。雖屢侵屢敗。而俘不爲突厥臣。不爲呼韓。終世長朔野。不享不庭。亦餘氣所分臘矣。國史輒稱其入寇。彼故元之東宮也。今日之事。楚人得之。楚人失之。乃云寇哉。
改太原護衞爲太原中護衞。
籍鳳陽屯田者爲軍。補貴州衞。
慶陽靈州屯田百戶山丹等叛陝西。都指揮使葉昇討平之。俘二千六百五十人。
五月壬朔。皇子橞生。
癸酉。命東宮文學傅藻等編纂春秋本末。
丙子。定天下歲造軍器甲冑等萬三千四百六十五。騎卒刀二萬一千。弓三萬五千一百。矢百七十二萬。
高麗琉球入貢。

庚辰。遼東地震有聲。

癸未。下沙木洞蠻叛。湖廣官軍討平之。

甲申。置府軍衛。

丙戌。月食。

丁酉。免蘇松嘉湖逋租六十五萬二千八百二十八石。

留守衛改留守中衛。

戊戌。免永年等縣夏稅。

己亥。羽林左衛指揮使張銓武德衛指揮使孫恪留守衛指揮謝熊興化衛指揮同知張德俱爲大都督府僉事。遼陽都指揮馬雲爲遼陽行大都督府僉事。各增賜公田千石。

庚子。賑閩喜萬泉饑民。

宥廣東左右參政劉益康濟罪。當徙。上念其以監生侍諸王也。

應天府尹武昌劉仁卒。予祭葬。（元四川行省右丞降。）

胡人侵陜西歸德州之三岔口。官軍擊敗之。

燕府左傅丘廣卒。廣定遠人。初冒嚴姓。從渡江。累功歷都督僉事。追封昌樂侯。謚景成。

六月辛卯朔。戊申。改黎州長官司苟得爲安撫司。

己酉。兵部尚書李煥文改吏部。戶部侍郎王琚改兵部。吏部尚書陳銘謫大都督府掌判官。

壬子。遣使祭元嗣君曰。當宋末造。中原豪傑。故非一人。君祖宗起沙漠而遂有之。及君父子垂衣。何期失焉。朕託身緇流。又何期得之。天也。嗚呼。曩者因君與羣臣之固志。是用鄰好不修。我不敢多使比聞君長往。念昔元孫。安忍不弔。行人致奠。唯靈如在。
壬戌。夜。熒惑犯右執法。
丙寅。置燕山中左二衞。
丁卯。夜。寧夏衞風雨。兜牟旗槊有火光。
己巳。五開洞蠻吳奋兒作亂。靖州衞指揮僉事過興死之。命辰州衞指揮楊仲名往討。
七月辛未朔。丁丑。賑猗氏等縣旱饑。戶粟一石。免夏稅。
戊寅。前戶部侍郎沈立本署刑部侍郎。
己卯。寧夏大雨。地震。
辛巳。西平侯沐英城岷州。置岷州衞。碾北衞。
癸未。置寧山衞。
甲申。歲星犯斗。
辛卯。西安旱。蠲其租。
癸巳。皇孫高熾生。燕王出。嫡長子。
丁酉。禁謫戍人不得上封事。
己亥。命光祿少卿徐英以茶紙衣服往罕東市馬四百六十九匹。
遣廣東布政使趙享堅詔諭故元丞相驢兒于應昌。
是月。蘇松台揚海溢。賑被災者。
八月庚子朔。丙午。歲星犯房。

戊申。前刑部侍郎顧禮爲户部侍郎。

置鳳陽中右二衞。

甲寅。高郵獻白兔。

乙卯。陝西華亭雨雹傷稼。免田租。

己巳。工部侍郎朱瑛爲尙書。

是月。詔曰。興王定亂。肇福天下。惟思民之勞。先朕率兵渡江。姑熟金陵京畿宣城廣德徽州長興安吉宜興江陰。相次版圖。六州四縣。久勞于前。朕不忘于我子孫。今年秋糧。特盡蠲免。

遣使詔諭金山元將納哈出。

九月甲辰朔。御殿頒曆。

癸酉。册寧國公主。

丁丑。太白犯氐。

戊寅。成都華陽地震。

吉安侯陸仲亨汝南侯梅思祖赴召踰期。收仲亨公田。奪思祖俸。

甲申。置黔江守禦千戶所。

丙戌。敕李善長等曰。卿等董大祀殿工有日矣。善撫梓人。速成之。來日實朕父母劬勞辰。勿以此事離重役。

丁亥。置遵化衞。

夜。太陰犯天街。

己丑。客星掃天井西南行。至十月己未。陰雲不見。

壬辰。太原地震。

丙申。追封劉繼祖義惠侯。婦婁氏夫人。繼祖。濠之太平鄉人。元總管致仕。好施予。捐地葬仁祖焉。

談遷曰。劉繼祖之德比麥飯荳粥鉅矣。誠不可忘。然首唱義旗。肇開大業。則滁陽王尤萬世功也。進而推之。雖血胤無傳。求其支屬。爵以列侯。予茅土。祠春秋。不爲溢矣。

置府軍左右二衞。

是月。永寧衞落下池蠻賊作亂。官軍討平之。

中都國子助教崇德貝瓊致仕。瓊。元貢士。博學知名。

復遣祭元嗣君。

十月孩朔。戊申。遣內臣吳誠詣總兵官指揮楊仲名行營觀方略。

談遷曰。此內臣監軍之始。卽不預軍事。恐爲所怵也。

庚戌。駙馬都尉曹國公李貞薨。貞。盱眙人。徙臨淮東鄉。上姊字之。性醇謹。宴見不以時。每駕行。輒令守宮省。屢幸其第宴。懽甚。貞表謝曰。臣生長田疇。勿勤稼穡。惟知食力。何望顯榮。初年特蒙仁祖皇帝不以臣之庸愚。俾居子壻之列。久在侍下。報之罔極。繼而中原兵起。室家無存。獨攜幼子。避難他方。跡寄于豺狼之區。奔走于荆棘之地。命危朝露。豈意生全。幸遇聖明。待以肺腑。緬思往時之艱苦。豈意今日之榮華。尺寸絲毫。莫非帝力。年七十六。追封隴西王。謚恭獻。葬盱眙靈跡鄉。

乙卯。梅殷爲駙馬都尉。尙寧國公主。

丙辰。蘭陽河決。免田租。

戊午。驍騎左衞改府軍後衞。

夜。太陰犯南斗。

辛酉。占城入貢。

武德衛改府軍前衛。

癸亥。前戶部侍郎程昭爲寧國知府。

甲子。興武衛改武德衛。

是月。大祀殿成。

歸元平章完者不花于故元丞相驢兒。原丞相部屬。

十一月辛酉朔。寧國知府涂節爲通政使。

置寧化守禦千戶所。靖樂縣。

五開蠻平。命內臣尙履奉御呂玉勞指揮楊仲名。

西平侯沐英爲征西將軍。率都督僉事藍玉王弼征西蕃。

甲戌。占城入貢。

戊寅。封丘河溢。免田租。

皇孫允熥生。

癸未。置太原左護衛。

夜。月食。

乙酉。陝西華亭縣旱蝗。免田租。

庚寅。皇太子妃常氏薨。

壬辰。臨江侯陳德卒。德。鳳陽人。從渡江。累功封。贈杞國公。謚定襄。

是月。蘇州知府李亨。在官勤廉。憂去。賜米鈔。有敕曰卿守服朕未嘗忘也。恐艱日給。特賜家用。服滿來朝。

十二月紀朔。辛丑。太白犯壘壁陣。

除蘇松杭嘉湖魚課。

復置興武衞。

癸卯。署刑部侍郎沈立本爲尙書。

丁未。彭亨國王麻哈剌惹荅饒百花國王剌丁者望沙入貢。

辛亥。暹羅斛國王入貢。

甲寅。致仕翰林學士承旨宋濂來朝。

乙卯。衍聖公孔希學來朝。

丙辰。吏部尙書李煥文爲四川左參政。

戊午。金吾前衞改羽林左衞。

是月。僧宗泐等使西域。

敕賜廣西布政使諸城臧哲米六十石。鈔二十五錠。儒士。仍服闋來朝。自是官憂去皆有賜。

遣高麗使還。敕責其挾詐殺使之罪。

詔諭故元丞相哈剌章蠻子驢兒納哈出等曰。元末多事。羣臣有棄君自全。有託命自擅。目擊非一。卿等獨仗義衞君。深塞有始有終矣。聞欲立新君。其親王有三。皆嫡派。毋抑尊而扶卑。若有賢愚之別。從賢則吉。夫當流離之際。臣能竭力不絕元祀。豈不難哉。或置尊卑賢愚勿論。但立君爲名。自專生殺。非人臣之道。況彼此疑猜。

卿等富貴如飛霜。深可慮也。

己未洪武十二年

正月巳朔辛未燕王周王楚王齊王自鳳陽來朝。

乙亥罷天下運司批驗所三十二。

己卯合祀天地於南郊大祀殿奉仁祖配先齋三日。風和日暖。夜升壇澄霽尤甚。上大悅令儒臣紀之。

太常寺志曰丘文莊云漢儒六天之說旣有昊天上帝又有天皇大帝又有太乙感生帝之類。皆非正禮也。

本朝惟大祀殿祀昊天上帝。凡所謂天皇太乙五大帝之類一切革去三代以上祀典之正所僅見也。又曰

聖祖合祀天地于南郊之門壇而加屋焉則是泰壇明堂爲一制也列聖相承皆以太祖太宗配是郊祀宗祀爲一體也。其義起者與。

太陰犯井。

甲申征西將軍沐英移兵征洮州十八族叛蠻。

丁亥儋州倉副使李德言天下有司例滿九年而兩廣瘴厲乞減一考。從之。于是雖兩廣非瘴厲者仍九年。汀漳郴贛龍南安遠亦瘴厲通敍。

定丞相御史大夫等官歲祿之數。

辛卯永嘉縣地震。

戶部員外郎任彬爲侍郎。通政使涂節爲御史中丞。

甲午復置陝西行都指揮使司于莊浪。

乙未。命守制官在任三年上無贓犯者。月如俸級予半級。在任三年。如品級予全俸。三月。養其廉。著爲令。

談遷曰。聖祖特嚴贓吏。而祿及倚廬。所以勸廉至詳且渥也。不知自何時廢矣。惜哉。

丙申。始許國子生歸省。賜衣鈔。

平羌將軍御史大夫丁玉平松州叛酋。

二月戊朔。曹國公李文忠往河岷臨洮鞏昌梅州。措置城守邊事。

乙巳。給天下孤老鈔。助薪炭。又京民孤幼戶給鹽十五斤。孤寡戶十斤。

初昏。有大赤星自天市東垣流游氣中沒。昧爽。有星自紫微上輔流文昌沒。

戊申。作神樂觀。

己酉。定遣使外國儀注。

辛亥。召前丹徒知縣濟南李思迪于閩中。俾訓國子生。迪元進士。國子助教。洪武初。授起居注。歷山西行省參政。貶丹徒。坐失入人罪。安置閩中。上嘉其守。召之。

壬子。定公主郡縣主歲祿之數。

丁巳。命登州收渡海遺骸。罪舟人棄者。

己未。羽林衞軍進白兔。

癸亥。敕李文忠曰。二月二十五日。知大軍入西番。勝負必決矣。符至爾。即從洮州鐵城取道而出。朕嘗有密諭。當遵而行。事須速成。山西之軍還衞洮州。擇人守焉。

甲子。夜。有星自上台流井宿。五小星隨沒。

丙寅。信國公湯和。率吉安侯陸仲亨。江夏侯周德興。宜春侯黃彬。鞏昌侯郭子興。練兵臨清。

征西將軍沐英等兵至洮州。追擊其十八族酋長吐蕃川藏皆降。遂置洮州衞。指揮聶緯陳暉等守之。

三月戊朔。戶部尚書費震爲湖廣布政使。侍郎顧禮爲尙書。

初昏。太陰犯辰宿。

辛未。暴風。

敕平羌將軍丁玉曰。三月三日捷至。松州已克。徐將貧糧于容州。進取潘州。若盡三州之地。則壘州不窮兵自服。凡降酋必遣入朝。朕親諭之。

壬申。置兗州護衞。

給軍士布縷。自製戰襖。從山西布政使華克勤之言。通行各邊。

江西布政司參政劉璉下獄。以誠意伯基子。特宥之。

丙子。國子司業樂韶鳳爲國子祭酒。

戊寅。暴風。

壬午。海陽人朱得原作亂。潮州衞指揮崔延討平之。

初昏。太白犯昴。

乙酉。萊州知府董俊爲兵部尚書。明州知府余文昇爲工部尚書。平陽知府徐鐸爲應天府尹。

丁亥。曹國公李文忠言洮州艱運。敕曰。羌虜旣斥。若棄之不守。數年後將患邊。慮小費生大患。非計也。令所獲牛羊分給將士。亦足二年食。阿卜商瘦嗉子必縛送之。

己丑。皇子㮨生。

乙未。上朝退。坐便殿。召儒臣論治道。國子學官李思迪馬懿獨默。上謫之。敕國子師生曰。師也者。模範其志。竭胸中所有。發世之良能。不隱而訓。昔仲尼入周廟。閱三緘于西階。戒妄言者也。如其法異。何嘗禁拘。國子學正李思迪馬懿。朕日召同游。望時闕。朕乃非有所問。終日不語。遣侍東宮。亦復如之。或因旁言問及。不過就他人言以對。畢後未嘗效誠。此深其所學。祕而務獨善者耶。故敕師徒必達模範之所以。

丙申。敕李文忠沐英以所得馬悉送京師。

敕曰。朕給幼儒筆札。令日講四書一章。先儒古文一篇。明日皆來。其先儒古文。多以韓柳尋行數墨者有之。粗知大意者有之。柳子厚之兄司牧邕州。構亭馬退山巔。斯逸樂也。子厚不規。乃咏亭美于民。何利。馬退山茅亭記。文之無益也。幼學亦以將至。空逾日月。此其可不戒哉。

四月酊朔甲辰。眉縣人彭普貴作亂。殺知縣顏師聖。敕四川都指揮晉亮等捕之。

戊申。刑部尙書沈立本爲江西布政使。大都督府斷事官霍矩爲刑部侍郎。

庚戌。皇子橞生。

光祿寺卿徐興祖致仕。賜銀鈔。仍祿之。

夜。滁州雨雹。

丁巳。置內府尙衣尙冠尙履三監。針工皮作巾帽三局。甲乙丙丁四庫。改尙珮局曰監。

戊午。募浙人補校尉力士。凡千三百四十七人。

庚申。日交暈。

遼東守將潘敬葉旺等言。高麗致書饋。上戒以人臣無外交。爾其愼之。

乙丑。敕李文忠沐英等曰。四月庚申日交暈。在秦分。主戰鬭。

己未。太白見東方。甲子順行而西。西征大利。宜順時追擊番寇。

敕吏部曰。朕思創業以來文武羣臣宣力效勞。皆天之賜。今多年高。宜令致仕。樂其壽考。秩三品以上者仍舊。四品以下各陞一等。賜誥敕。沂州判官李齊等。泗水主簿陳禮等。皆加官致仕。賜敕。

前湖廣左參政無錫張籌爲禮部員外郞。

丙寅。臨汾縣地震。

是月。置松州衞。紹興衞。

五月。

庚午。給工匠鈔。悉遣還。

丙子。初昏有赤星自柳宿流游氣中沒。

己卯。定遠縣雨雹傷麥。

癸未。免北平稅課。

戊子。青田縣大雨水。壞居人。

初昏有大赤星自天廚沒于螣蛇。昧爽有星自建星沒于女宿。

己丑。敕責四川都指揮晉亮朱輔等淹師蔓寇。不卽擒滅。爾罪何逃。軍中惟指揮茅貴勇略有功。千戶瞿闕亦效力將士勤怠。朕悉知之。

庚寅。敕李文忠分軍自棧道勦蜀寇。

壬辰。嚴州大雨水。漂廬舍人畜。

閏五月蚵朔戊戌太白晝見。

丁未。日本國王良懷入貢。

丙辰。夜有大星自螣蛇至雲中沒。

庚申。袁州通判即墨隨贇爲廣東按察使。贇元官。入朝授英山主簿。討叛。晉知縣。禳虎暴。晉通判。政簡事治。

辛酉。初昏有星赤芒自六甲行至文昌沒。

六月癿朔丁卯。上欲罷松州衞。平羌將軍丁玉言其不可。從之。詔玉還四川。

都督僉事馬雲征大寧。平之。

華容縣大水。

壬申。定東宮與親王往來書式及相見禮。先東宮書曰記。諭答諸王書曰記。答諸王奉東宮書曰謹啓。

甲戌。敕遼東守將潘敬葉旺。以高麗龍州鄭白等率男婦來降。切不可留。春秋有云。毋納逋逃。不然。邊患啓矣。

夜。太陰犯房宿。

丙子。召吉安侯陸仲亨江夏侯周德興宜春侯黃彬還京。

戊寅。夜有赤星自壁宿行至羽林沒。

庚辰。設北平各門兵馬司。

辛巳。改黃州守禦千戶所爲黃州衞。

甲申。賜元丞相驢兒書。丞相微有疾。朕聞之深爲憂。特遣賫藥物。其服之無疑。

乙酉。編春秋本末成。

己丑。江夏商水縣大水。

甲午。夜有星自外屏行至近濁沒。

改廣西護衞爲桂林左衞。桂林左衞爲桂林中衞。

七月秄朔。祔海國公吳禎等百九十三人于功臣廟。
丙申。召曹國公李文忠還京。
夜。有大赤星自王良行入紫微上宰沒。
乙巳。荆州故陳友諒舊校孫諒等謀逆。捕斬之。
胡人犯阿蘭溪口。大同右衛指揮魏平擊敗之。俘六百餘人。
夜。太陰犯建星。太白犯鬼宿。
丙午。有赤星自土司空至鈇鑕沒。
丁未。裁河州府。
庚戌。河州衛千戶甯正爲寧夏指揮僉事。
甲寅。陝西都指揮使葉昇留守右衛指揮仇成爲大都督府僉事。
乙卯。夜。有赤星自婁宿行至近濁沒。
丙辰。平羌將軍御史大夫丁玉討眉縣盜彭普貴等。平之。命罪都指揮香亮等如軍法。
己未。曹國公李文忠還京。提督大都督府事。
庚申。改瞿塘守禦千戶所爲瞿塘衞。隸湖廣都司。
八月秄朔丁卯。上御華蓋殿。語侍臣曰。人之害莫大于欲。惟禮可以制之。先王制禮。所以防欲也。循禮可以寡過。肆欲必至滅身。
己巳。吏部尚書陳煜卒。
辛巳。右丞相汪廣洋疾。敕勞之。

乙亥。夜。熒惑犯鬼宿。

丙子。改蘄州守禦千戶所爲蘄州衞。

丁丑。置漢中嘉陵等七驛。

陝西檻送番酋二十二人湖廣檻送盜蠻九十四人。永寧蠻婦二十七人。戍海南遼東。洞獠蠻婦分送孳牧所。皆給糧。

戊寅。減案牘繁文。元末案牘最繁。宂專聽老吏。恣奸利。至是上厭之。命廷臣定其制。

夜。熒惑犯積屍氣。

己卯。昧爽。有大赤星自奎行至游氣中沒。

庚辰。延安侯唐勝宗督海運還。京上遼東城堡兵餉之數。

辛巳。令致仕官鄉居宴會。毋坐士庶下。同官序爵著爲令。

壬午。國子助教馬從龍告老。以翰林應奉致仕。

癸未。太常司卿唐鐸憂去。

乙酉。發三千騎屯鞏昌臨洮。防番寇。

增兩廣要地巡檢司。

丁亥。勅宋國公馮勝曰。命爾督建周王宮室。聞將以九月興工。中原之民。所恃二麥。此其播種時。勅到放還之。

九月。巤朔。乙未。戶部尙書顧禮改刑部。

丙申。置山西廣昌守禦千戶所。

己亥。征西將軍沐英等擊敗西蕃三副使兵。擒三副使瘿嗉子等。殺獲數萬人。獲馬二萬。牛羊十餘萬。班師。

庚子。刑部尚書顧禮卒。禮崑山人。

癸卯。興化府地震。

通政司左參議江夏方鼎爲中書省左參政。禮部員外郎張籌爲尚書。

甲辰。御史臺右御史大夫丁玉爲左御史大夫。浙江布政使安然爲右御史大夫。四川右參政秦中爲左御史中丞。重慶知府殷哲爲中書省右參政。戶部侍郎任彬爲尚書。滁州知州魏鏗爲禮部侍郎。

乙巳。河南都指揮使曹震爲大都督府僉事兼四川都指揮使。

丁未。常州知府張度爲吏部尚書。

戊申。置四川威州衞。

己酉。改鳳陽行大都督府留守司爲留守中衞。置留守左衞。

丙辰。置北平永寧衞及古北口守禦千戶所。

戊午。占城入貢。中書省不卽奏。內臣出以聞。敕責胡惟庸汪廣洋等。

龍巖人汪志賢作亂。福建都指揮斬獲殆三千人。餘遁海。

壬戌。閩縣地震。

釋爪哇使臣還國。初爪哇東番王勿陀勞網結西番王勿勞波勿入貢。以不敬留其使。

罷四川梁山大竹二守禦千戶所。

癸亥。秦王樉晉王棡來朝。

十月甲子朔。大都督府僉事陳方亮降海南衞指揮同知。

辛未。初昏有星自女宿行至建星沒。

戊寅。月食。
己卯。爪哇國王八達那巴那務入貢。
征西將軍沐英等至京。
辛巳。有星自軒轅行至軫宿沒。
甲申。置鎮海衞。太倉州。
乙酉。暹羅斛國入貢。
海南衞濮英爲陝西都指揮使。
丙戌。興化府地震。
丁亥。置浙江昌國守禦千戶所。
召永嘉侯朱亮祖于廣東。亮祖多不法。番禺知縣道同以聞。故召之。
癸巳。儒士吳沈爲翰林待制。

十一月甲朔。上讀漢武帝紀。語吳沈曰。人主理財。當視國如家。父子而異貲。家必墮矣。君民猶父子也。損民益君。君獨富。能乎哉。
錄征西功。封大都督府僉事仇成安慶侯。藍玉永昌侯。謝成永平侯。張龍鳳翔侯。吳復安陸侯。金朝興宣德侯。曹興懷遠侯。葉昇靖寧侯。曹震景川侯。張溫會寧侯。周武雄武侯。王弼定遠侯。俱祿二千石。世襲。
儒士耿祿張經道爲吏兵部員外郎。吳玄高炳爲刑工部員外郎。
乙未。夜有大赤星自天苑行至外屏沒。
己亥。北平都指揮使郭英浙江都指揮使王誠陳桓陝西都指揮使濮英蕭成寧州衞指揮僉事高顯虎賁右衛指揮同知何德府軍衛指揮僉事張翼並爲大都督府僉事。

上御奉天殿朝訖語待制吳沈曰進賢納諫最人主要務第行者鮮之故亂多治少上又曰眞知其賢與國何有不進眞知其諫忠也何有不納惟知之不眞耳。

庚子雷。

甲辰中書右參政殷哲降通政司右通政。

壬子置雁門守禦千戶所。

甲寅濟寧侯顧時卒于北平時臨淮人倜儻善戰從渡江累功封侯攻濠州從征張士誠戰昇山從北征世封拜征西左副將軍平蜀又拜征虜左副將軍與李文忠分道出塞迷失道糧盡士疲不能戰獨引數百人擊胡敗之掠糧重振士卒年四十六贈滕國公謚襄靖子敬嗣。

戊午刑部員外郎東平呂宗藝爲尙書。元中書省參政降。

庚申都督僉事馬雲平大寧寇。

清遠人房文廣作亂。

辛酉戶部員外郎張璉爲侍郎通政司右通政殷哲爲中書省左丞左參議李素爲右丞。

兵部侍郎趙本爲尙書吏部員外郎陸鎮爲侍郎。

十二月癸朔故虎賁左衞指揮僉事李實贈大都督府僉事予祭葬實從沐英征番戰死土門峽。

甲子徐州衛譙樓銅壺自鳴。乙丑復鳴。

壬申太陰犯井宿。

丁丑東宮侍書張紞翰林院修撰迮原霖爲通政司左右參議。鳳陽府知事白志仁爲戶部侍郎。

戊寅。致仕翰林學士承旨宋濂來朝。
庚辰。衍聖公孔希學來朝。
甲申。平羌將軍御史大夫丁玉還自四川。拜大都督府。進左都督。上戒其在軍少謀士。又不得士心。
庚寅。監察御史夏伯俊爲戶部侍郎。
夜。熒惑犯軒轅大星。
壬辰。諭中書選卜筮官。
是月。右丞相汪廣洋貶海南。追殺之。廣洋字朝宗。高郵人。乙未赴召。留幕下。歷省臣。工書咏。頗耽酒色怠事。又憚胡惟庸。祇浮沈取容。御史中丞涂節言惟庸毒劉基死。上問廣洋。諱之。怒其欺給。貶次太平。馳敕曰。昔助文正江西。雖不能匡惡。自當明其不然。何幽深隱匿。以致禍生。前同楊憲中書。憲奸惡萬狀。匿而不言。觀爾之爲君之利視之君之禍亦視之。如此肆侮法。所難容。特追斬其首。用示柔奸。

談遷曰。國史云廣洋得所賜書。益懼。遂自經。夫使人奉敕從事。安有坐視其投繯者。則史臣飾之也。廣洋當天造草昧。短于相才。宜早自引退。乃欲以容容之福覬效。嚴主不敗何待。

開西安府甜水渠。李文忠引龍首渠水入城。始甘飲。
安南陳煒入貢。上以安南剽占城不已。遂詔煒曰。書不云乎。毋爲亂首。爾國與占城搆兵十餘年。朕未覩是非所在。然以社稷爲博。剽椎焚遺。男女不得耕織。朕秉愛海外元元。甚愍之。往者詔諭爾等。使寢戈舒忿。爾實不奉詔。陽解陰搆。毋乃首亂違書戒哉。春秋列侯國亡慮百數。相繼迸滅。無他。背君好戰二者已耳。爾其鑒之。
高麗署國事王禑貢黃金百斤。銀萬斤。以違約。卻之。
徵天下博學老成之士。皆至京。江西布政使沈立本招故元吏部侍郎西域伯顏子中。飲鴆死。子中西域人。寓江西。舉省試。授東湖書院山長。遷建昌教授。及亂。辟贛州路經歷。歷分省都事福建行省員外郎郎中。以吏部侍郎持節發廣東兵救閩。至則廣東下。變姓名爲黄冠遊行江湖間。會事定。遁還江西。嘗以鴆自隨。至是聘下。子中啫。大泣曰。死晚矣。歌七章祭祖父師友。仰藥死。

王世貞曰。嗟夫介哉伯顏子中也。其間關險阻躓而愈振。與盧陵信公何異焉。天下盡屬明。分已定。久子中亦幾無日處死矣。詔至乃從容仰鴆。竟示不臣忠之時也。而諸薦紳先生薄元虜。謂無所當徇。嗚呼。虜不得君臣哉。

是歲除官二千九百八人。儒士人才五百五十三人。墾田二十七萬餘頃。

國榷卷七

庚申洪武十三年

正月睽朔。詔讓高麗貢不如約。

甲午。御史中丞進賢涂節告左丞相胡惟庸與御史大夫陳寧等謀逆。上親臨鞫。初。惟庸得上意。竊肆威福。橫甚。封事稍嫌。匿不奏。四方饋遺亡算。家人爲奸利。事道關。榜辱關吏。吏奏之。上怒。殺家人。切責丞相。謝不知。乃已。又以中書違慢。數詰問所由。惟庸懼。乃計曰。主上魚肉勳舊臣。何有我耶。死等耳。寧先發。毋爲人束死。惟庸兄女妻李善長弟存義子祐。相表裏爲重。其定遠故里第井中忽生石笋。水溢數尺。三世塚皆夜有光怪燭天。而數以事見督。遂誘吉安侯陸仲亨平涼侯費聚。使出招士馬爲外應。間與存義謀。令微諷善長。善長驚曰。爾言何爲者。寧欲族我耶。居旬日。惟庸復謂存義。苟事成。盡捐淮西地王太師。善長心動。乃歎息起曰。吾老矣。惟爾等所爲。惟庸乃遣元臣封續致書漠北請兵。又使指揮林賢通倭使。俾載精兵千人僞貢。及期會府中。掩執上。度可取取之。不可則掠武庫兵入海。惟庸因僞稱第中甘露降。請上臨幸。許之。會西華門內使雲奇走告變。當蹕。勒上馬言狀。氣鬱舌駃不能宣。上恚甚。左右撾箠亂下。奇臂將折。猶奮指惟庸第。上悟。登西皇城樓而眺。顧見丞相第中壯士伏甲屏間數匝。亟發禁兵擒之。而後召奇。氣絕矣。贈奇內官左少監。

王世貞曰。攷贈司禮監太監雲奇碑。奇以內使守西華門。時胡丞相居第距門甚邇。而欲謀逆。詭稱所居井湧醴泉。邀上幸。而伏甲以待。奇偵知之。亟走當蹕道。勒上馬言狀。氣鬱舌駃不能宣。上恚甚。左右撾箠亂下。奇臂將折。猶奮指逆臣第。上悟。登西皇城樓而眺。顧見丞相第中壯士裹甲伏屏間數匝。亟發禁兵捕擒之。

而後召奇氣絕矣。詔贈奇內官監左少監。而國史則謂惟庸以驕恣漸露。不自安。而會故所居定遠里第井忽生石笋。水湧起數尺。三世塚火光燭天。遂爲瑞有非分之覬。右丞相汪廣洋以巽懦不能持正外謫。益自疑。而其子嘗走馬衢道中。誤踐人死。上怒。欲抵償。請納馬贖罪。不許。于是搆李善長諸將陸仲亨費聚御史大夫陳寧中丞涂節同謀逆。節恐事露。奏發之。尚書商暠時謫爲省吏。亦發之。上臨鞫皆驗。惟庸與陳寧皆磔死。史之紀茲事詳矣。第不及醴泉出要上臨而伏甲謀爲逆也。雲奇發惟庸逆謀功甚大。而史逸之。且又以府第醴泉溢爲故里第石笋發井涌起數尺。何牴牾若此。第上既登城樓覩伏甲掩捕之得反狀矣。而又何假于涂節之告變也。豈節以事發始首。故不免于死耶。

戊戌。誅左丞相定遠胡惟庸。御史大夫茶陵陳寧。夷三族。盡誅其僚黨。凡萬五千人。以涂節不早告。亦棄市。惟庸初事上。爲元帥府奏差。轉宣使。丁酉授寧國主簿。晉知縣。吉安通判。歷湖廣按察僉事。漸大用。陳寧元末鎮江小吏。來金陵代軍帥草奏稱旨。因薦用。通經有治才。嘗守蘇州。燒鐵烙人肌。入拜御史大夫。益嚴酷。雖詔責不改。子孟麟數諫。寧杖之死。上怒其不情。寧懼。遂同逆。惟庸誅後。指揮林賢以倭兵四百餘人與僧如瑤來獻巨燭。中藏火藥兵器。事泄。磔賢。倭兵戍雲南。降詔切責日本云。

談遷曰。胡丞相猥才竊柄。睥睨名器。見于雲奇之走訴。則已伏甲。據涂節猶在謀議間。大抵雲奇爲不妄也。第英主龍興。手剪羣雄。如竈上掃除。事且大定。而逆黨不數人。藏甲不數百。覬專諸于窟室。冀聶政于東社。自非嬰孺。其敢任之。或曰。惟庸非叛也。素作威福。忧于汪廣洋之斬首。積疑成獄。既斧鉞不少貸。而緩李善長陸仲亨費聚何也。可以知其故矣。

羣臣言胡惟庸任寧國知縣。賂太師李善長黃金五百。得躐拜太常少卿。惟庸在相多不法。懼上英明。欲反。以玉具劍奉善長。善長遣奴操兵四十人從待日舉事。善長爲國首輔。負大恩。當斬。上召善長坐與食。語舊事。甚悉。雪涕顧羣臣曰。吾初見太師。長吾十四歲。而謀計多合不爽。累功至貴顯。吾女女太師子。謝諸臣爲我曲宥太師。請誅吉安侯陸仲亨。上曰。仲亨年十七。父母兄弟俱亡。以一升麥藏草間。朕見而呼之曰來。遂從朕長育以功封侯。此吾微時股肱腹心。其勿問。幷宥平涼侯費聚。遂止誅。存義幷赦祜。

己亥。諭朝臣欲罷中書省。任六部。監察御史許士廉請設三公府。太師太傅太保。總百僚庶務。上然之。

庚子。山西左參政偰斯爲吏部尚書。河南按察使鄭九成爲禮部尚書。前北平按察副使劉崧爲禮部尚書。應天府尹徐鐸爲戶部尚書。

作太倉鎭海蘇州三衞海船百六十六艘。轉運。

癸卯。罷中書省。進六部尚書正二品。侍郎三品。改大都督府爲五軍都督府。分理事務。詔天下。自是奸臣貪吏。益嚴誅責。

王世貞曰。六部彷彿周官之舊。獨戶部兼冢宰制國用之職。而宗伯兼司徒掌邦敎之職耳。繁簡劑量。頗亦得宜。秋官之外。復設都察院大理寺。夏官之外。復設中軍都督府。雖兵刑爲重。亦後世不得已之意。要之不如古者。令太密文太繁。兵民之途太分而已。

武官子弟常安等百三十人爲參侍舍人。遇春姪。

乙巳。上御奉天門。命吏部選官。以北平山西陝西河南四川之人。用于浙江江西湖廣直隸。浙江江西湖廣直隸之人。用于北平山東西陝西河南四川廣東西福建之人。用于山東西陝西河南四川。考覆不稱及降謫者。不分南北。悉于廣東西福建汀州江西龍南安遠湖廣郴州之地遷用。以示勸懲。

置邳州衞。

丙午。定五軍都督正一品。

裁湖州守禦千戶所。
丁未罷鐵甲弓箭毛皮織染神帛等局。
罷軍需庫。置軍器局罷龍江分司。置龍江提舉司。
戊申改雞籠山爲雞鳴山。
庚戌遣覈天下倉庫蓄積之數。
丁巳。御史大夫安然爲左御史中丞。
己未罷山西河南北平鳳陽等城兵馬司。
庚申減湖廣靖州桑山二衛中鹽引價四之一。
辛酉大都督府掌判官洪彝爲吏部尚書。
是月。廣東右衛百戶建昌翁顯討山寇房文廣等戰死。贈都指揮僉事。子儀襲湖廣都指揮僉事。
二月戊朔。詔有司舉聰明正直孝弟力田賢良方正文學及術數之士。
嘉興知府薛祥爲工部尚書。
發丹符驗天下錢穀。
詔安陸衞指揮僉事柳依率兵守漢中。
敕諭天下巡簡司。
城兗州。
命文武官年六十以上者。聽致仕給誥敕。
己巳。夜有赤星自張宿流雲中沒。

辛未。上諭皇太子諸王曰。吾平日無優伶狎褻。無酣歌夜飲。正宮無自縱之權。妃嬪無寵幸之私。朝政稽衆參決。惟善是從。燕閒之際。一人之論。尤加維審。每日星存而出。日入而休。非疾勿惰。以此自防。猶恐不及。與爾言之。使知持守之道。

壬申。吏部尙書偰斯改禮部。

暴風。

故元□國公脫火赤樞密知院愛足率五萬餘衆屯和林。命西平侯沐英以陝西兵擊之。

癸酉。四川都勻定雲土官大金總等來歸。

乙亥。遣應天府官祀漢蔣子文晉卞壼南唐劉仁贍宋曹彬元福壽五廟。

夜。有赤星自游氣中流近濁沒。

丙子。作潭王邸于長沙。

泗城州知州岑善忠子振作亂。寇利子。廣西官軍討之。

丁丑。重定文武官歲祿。

辛巳。太師李善長請老。上所給儀仗二十戶。許之。

壬午。命舉至賢良方正孝弟力田文學之士八百六十餘人。禮部給廩餼。主事一人掌之。

丙戌。罷江陰守禦千戶所。

己丑。召故眞人張正常子宇初詣闕。嗣正一嗣教道合無爲闡祖光範眞人。

辛卯。詔十月朔進明年大統曆。

三月壬辰朔。減蘇松嘉湖賦額。初上惡吳民殉守張士誠。故重其科。時天下田租畝三升三合五勺。蘇松等至七斗五升。蘇額元三十六萬石。張氏百萬石。明歷減。尚二百七十餘萬石。

陸深曰。國初總計天下稅糧。共二千九百四十三萬餘石。浙江二百七十五萬二千餘石。蘇州二百八十萬九千餘石。松江一百二十萬九千餘石。浙當天下九分之一。蘇贏于浙。以一府視一省。天下之最重也。松半于蘇。蘇一州七縣。松纔兩縣。較蘇之田四分處一。則天下之尤重者。惟吾松也。

丙申。鄧鎮嗣申國公。

湖廣崇山衞指揮僉事楊仲名督軍屯田。

戊戌。裁戶部印引局。

辛丑。作魯王邸于兗州。

壬寅。燕王棣之國北平。賜燕山中左右三護衞。吏卒五千七百七十人。吳僧道衍從。

戊申。定六部官制。各子部四。吏部曰總部。司封。司勳。考功。戶部曰總部。度支。金部。倉部。禮部曰總部。祠部。膳部。主客。兵部曰總部。職方。駕部。庫部。刑部曰總部。都官。比部。司門。工部曰總部。屯部。虞部。水部。其郎中員外郎主事多寡各有差。

庚戌。琉球入貢。

定吏員月俸。

壬子。西平侯沐英兵至靈州。遣候騎偵知脫火赤兵亦集乃路。遂踰賀蘭。涉流沙。七日夜至其境。夜去穹廬四十里銜枚四分其軍。自當前圍。擒得其全部以歸。

定教官首領官雜職官三等。

癸丑。兩浙都轉運鹽使呂本言。舊制鹽四百斤爲引。官給工本米一石。准米價兼支錢鈔。今驗鹽場地產分則永嘉等二十場增鹽千四百五十七引。下沙等十一場增鹽萬七千二百九十引。許村等四場增鹽六千八百三十七引。報可。

乙卯。定公侯稱號。不稱散官稱開國輔運推誠宣力武臣某公某侯。

丁巳。罷南昌衞置袁州衞。

戊午。置長沙護衞漢中衞。

四月辛酉朔。乙丑。禮部侍郎劉崧署吏部尚書。

壬申。翰林待制吳沈降編修。工部侍郎淸遠李鏞改兵部。

癸酉。翰林應奉陳溥致仕。賜御製詩文。

壬午。工部員外郎周誼爲侍郎。

甲申。都督僉事濮英襲故元柳城王等于西涼。破之。獲部民千三百餘人。馬二千餘匹。

丁亥。濮英請開哈梅里之路通商。從之。

戊子。翰林編修張美和致仕。上製文賜之。美和篤實善著書。理學類編八卷。羣書備數十二卷。及元史節要行世。年八十三。

己丑。諭羣臣各舉所知以聞。

裁廣洋縣。廣德州。

改封故楚國公廖永安爲鄖國公。豫章侯胡美爲臨川侯。

是月。國子助教淸江聶鉉致仕。鉉辛亥進士。授廣宗縣丞。適旱蝗。言民困。詔蠲其租。遷翰林待制。改助教。十八年分考禮闈。就廬陵教諭。終其身。

廖權嗣德慶侯。永忠子。

五月辛亥朔，復漢陽德安府隨州桂陽州孝感應城安陸應山枝江沅江通道善化上津光化竹山等縣。

都督僉事王簡卒。簡壽州人。從渡江，累功追封霍山侯，謚忠毅，賜葬鍾山。子虎，留守右衞都指揮使。

進各省都指揮使正二品，布政使從二品。原正三品。

甲午，雷震謹身殿。

乙未，詔曰：朕以非德，託萬姓之上，不期宰輔失計，肆奸擅權，使賢愚陷罪。朕思䟽業之初，念民生之不易，首誅奸惡，鋤根剪蔓，及其餘黨，錄刑之際，不無過焉，甚非上帝好生之德。五月甲午，時及申，雷震謹身殿，朕甚懼焉。天下有罪，自十惡外，咸赦除之。釋在京及中都屯作者，免太平鎭江宣城廣德滁和今年田租，還山西軍二萬四千餘人爲民。坐事免官者，自思無罪，則身來朝，仍授職。

丙申，釋在京及臨濠屯作者。

御史臺左中丞安然，予告，韓國公李善長理臺事。

戊戌，禮部員外郎李冕爲侍郎。

己亥，詔免天下今年田租。

工部侍郎肅寧劉敏改刑部。敏初中書吏，織蘆席奉母，或瞰亡遺靑瓷器懸梁上，俟後還之。授楚府錄事，時給沒官婦女，敏獨不請。故胡黨事無預。

庚子，戶部主事王克己試吏部侍郎。

壬寅，都督僉事濮英兵至白城，獲故元平章忽都帖木兒，進攻赤斤站，獲故元豳王亦憐眞及部屬千四百人，金印一。

癸卯。命吏部銓次薦辟者皆授官。賜夏衣一襲。諭曰。爾朝廷失得。有司利病。必盡知之。當盡心所事。爲朕福民。

癸丑。皇子松生。

戶部郎中范敏署尚書事。

丙辰。會寧侯張溫雄武侯周武往河南理軍務。

敕遼東都指揮使曰。五月二十五日。知高麗周誼至遼東。此必有詐。前元庚申君索女其國。誼女入元宮。庚申出奔。朕內臣得此女歸。今誼數至。殊有意。卿等不可不備。

敕嘉興府教授吳源以中書舍人林廷綱薦召之。

己未。松州雨雹傷麥。

是月。署吏部尚書劉崧致仕。

罷御史臺及各道按察司。

日本國王良懷入貢。以無表卻之。

六月辛酉朔。免太原大同鹽課。

許敍州重慶輸布代絹。

癸亥。安南陳叔明入貢謝前諭。煒一名叔明。

嚴各省軍餉及官吏月俸。

丙寅。雷震奉天門。

揚州倉火。

丁卯。敕江陰侯吳良臨川侯胡美都督張銓於顯孫恪。以災異止山東湖廣各王邸工作。

己巳。復吳沈翰林待制。

庚午。儒士趙楫試通政司右參議。

癸酉。太常寺少卿仁和阮畯爲吏部尚書。

敕召儒士李延齡李幹。御史薦。

甲戌。平涼雨雹。

乙亥。罷各府照磨。

敕召儒士楊良卿王成季。翰林典籍戴安薦。

丙子。敕召儒士陝州石器荊至靈寶王道楊原張知閿鄉王仲寧張謙郭黼趙規。尚書范敏薦。

鄧元錫曰。聞之高皇帝以武功創業。顧慕用耆儒。見耆儒輒喜。以耆儒無誕譎。可厚俗也。至鷹擊豪猾。剗除汚染。率倚幹敏敢任之賢。竭才力赴功。然非久計也。故是時天下儒多質行長厚。無綺言。記曰。春者蠢也。春者物之始生也。國之始基運也。如春。於乎。豈非天哉。

召江都訓導胡志遠。給事中王和薦。

丁丑。置諫院官左右司諫各一。左右正言各一。

戊寅。諭戶部。軍民嫁娶喪祭之物。如舟車絲布等。皆勿稅。

己卯。置行人司行人一。左右行人各一。

壬午。閩縣大風雨。傷人。

癸未。大風。

甲申。復降吳沈翰林編修。

召儒士呂愼明及湖州敎授童冀。吳沈薦。又儒士劉仲海鄒魯狂宋季子。各專敕儒士揭樞王興龔文達白天民。遣召不赦。

置判錄司判錄一。正七品。副判錄二。從七品。專驗京官俸給。

罷天下抽分竹木場。

禮部尚書溧陽偰斯致仕。元嘉定知州降。

延安侯唐勝宗督浙江衛官作海船繕城。

暹羅斛國入貢。

是月。上省災避正殿。羣臣表請。答曰。朕勿克行仁。乖上帝后土之好生。負海岳之呵護。累祖宗于地下。致五雷奉命著跡殿廷。雖不寧于此時。恐忽忘于永久。卿請朝正殿。朕不違羣情。賴爾臣民。匡朕不逮。

玉田蘇恭讓爲漢陽知府。恭讓應薦授郡。簡明嚴愼。稱治行第一。

臣戒錄成。因胡惟庸命儒臣纂古宗戚宦官悖逆二百十二人。頒天下。

七月朏朔壬辰。諭戶部運陝西布于近邊易米麥。

詔京官復其家。

癸巳。罷祕書監。悉歸翰林典籍。

甲午。太白晝見。

遼東都指揮使潘敬葉旺。送高麗貢使周誼至京。上以高麗貢不如約。留誼。遣其通事先還。禁彼使毋擅入。

乙未。海康縣大風雨。壞官署。

辛丑。罷寶鈔提舉司及外都布鹽運司照磨。

壬寅。復封鄭遇春滎陽侯。

置廣東新興千戶所。

廖昇爲淮安衞指揮僉事。永安從子。

倭寇東莞。

甲辰。許給事中屯留張純求歸娶。上嘉純謹厚。遣賜鈔。其家致之以婦至。

廣東都指揮使王眞卒。眞壽州人。以元千戶降。累戰功。從征浙閩。鎭粤七年。賜葬鍾山。已贈前軍都督同知。追封臨沂侯。諡桓義。

戊申。召儒士林克堅林有學林孟高孟思淵。

壬子。韓國公李善長等請賀聖節。不許。又請。制曰。父母劬勞。昊天罔極。當生之日。痛心無已。所以奉祀靜居。無敢歌懽。卿等數云。天下太平。及朕年高。固請稱賀。今不違羣情。毋致過侈。自是在外諸司五品上聽表賀。明歲爲始。

夜。有大星自河鼓流雲中沒。

丙辰。兩廣溪峒人居京師者。悉聽還鄉。

平章潘原明往福建理軍務。

丁巳。禮部侍郎李冕試尙書。

八月札朔。庚申。皇子模生。

辛酉。置壽州廬州儀眞衞。

癸酉。徵賢良方正楊遇春等至京。遇春乞歸。許之。

丙子。祭歷代功臣。用常服行禮。
陽曲縣地震。
戊寅。罷松州衞。
己卯。置翰林院檢閱官。
丙戌。太白犯心。
置應天府學。設教授一。訓導四。
倭寇海豐。
是月。給天下儒學諸生廩膳。
九月孩朔。庚寅。永嘉侯朱亮祖卒。亮祖六合人。本元義兵元帥。擒于寧國。釋之。戍浙東。取溫台。由海道從征廣東西。至海南。以征虜右副將軍助平蜀。杖死軍校。不與賞。鎮廣東。多不法。徵還。番禺知縣河間道同奏其事。上責數之。不服。死杖下。上憐之。賜葬江寧安德鄉。手撰壙志不諱。實錄云以亮祖功臣不下吏但罷職令居江寧之安德鄉。
辛卯。景川侯曹震。營陽侯楊璟。永城侯薛顯。屯田北平。
甲午。日本入貢。無表。卻之。
乙未。夜有星自壁宿流離宮。三小星隨之沒。
命天下諸司正官首領來朝明年正旦。
戊戌。改行人判錄司爲司正。左右行人判錄副爲左右司副。
己亥。徵儒士王本等至京。敕諭之曰。朕與艱難。朝無良佐。道乖政靡。勿獲泰安。四凶雖誅。賢士未至。今得爾諸儒。旬有餘日。厥志未知。特爾敕問。果志秉忠誠。可交神明。與朕同游。以康天下。

辛丑。召太原府學訓導王觀陽曲訓導李德彰。
癸卯。夜月食。
乙巳。萬壽節。上御奉天殿受朝賀宴羣臣謹身殿。歲爲常。
占城入貢。
丙午。始置四輔官。兼太子賓客。告太廟。□□王本安邑杜祐貴溪龔斆爲春官。壺關杜斆趙民望莆田吳源爲夏官。秋冬官兼攝。
丁未。詔戒守令曰。曩奸臣弄權。百職罔忠。遂致刑典。所授有司皆出編民。宜知稼穡艱難。民生疾苦。舊任未代者。若仍前非。則國有常憲。
戊申。敕四輔官王本等曰。卿受斯任。民生繫焉。可不重乎。卿等昨爲庶民。今輔朕掌茲二儀。敬事不可有乖。
己酉。夜。河州地震。
庚戌。改北平大興右衞爲燕山右護衞。
辛亥。後軍都督府僉事高顯卒。顯巢縣人。從渡江。累功。賜葬鍾山。追封汝陽侯。諡武肅。
癸酉。南靖縣大風雨。
是月。詔陝西衞軍以三分之二屯田。
召儒士梁俯賈惟岳。
十月。朔。敕王本等曰。是春徂秋。天災疊見。惟秋之暮。天氣尙暄。諭爾齋沐精勤。爾等奉命盡誠。候及立冬。朔風釀寒。以成冬令。嗚呼。感應如響。古者三公四輔。論道經邦。理陰陽。順四時。乖戾則曰失職。卿等尙竭忠勤。用佐厥終。

諭吏部。有司舉士非人者。罰無貸。
召儒士張叔廉陳眞宋訥敎諭石瓊楊盤訓導曹文壽張𧫴李睿。
壬戌。罷諸王府錄事。置左右長史。正五品
高郵大水。免田租。
乙丑。前戶部尚書徐鐸試湖廣右布政使。
丁卯。置廣西平樂千戶所。
己巳。眞臘國王參答甘武者持達志入貢。
召魏國公徐達還京。
乙亥。致仕兵部尚書單安仁言江淮運道事。停之。
丁丑。琉球瓜哇入貢。
己卯。試禮部尙書李冕爲江西布政使。
乙酉。汰天下巡簡司非要地者三百五十四。
福建都轉運使司副使龍泉周時中坐罪。當棄市。宥之。除名。
是月。吏部引見國子生二十四人。命授守令。面諭以撫民事君之道。
十一月。𠫓朔。戊子。罷在京行用庫。
癸巳。擢敎諭石碟戶部侍郎。
乙未。魏國公徐達還自北平。
庚子。重定王國社稷山川壇制。

甲辰。崇明潮決，溺人畜。
丙午。故元平章完者不花與朶兒不花率數千騎入桃林口。犯永平。指揮羅田劉廣迎擊之蔡家莊。兵少被殺。千戶王輅裹創以後軍邀歸路。又戰燕河。敗之。伏發。擒完者不花。劉廣子榮官城門尉。至是襲廣職。
戊申。河州涼州地震。
己酉。莊浪地震。
庚戌。進夔州爲府。綿眉葭橫安縣爲州。睢陽縣改睢州。復來安全椒含山等縣。
癸丑。吏部重定功臣及常選官封贈等第。
丙辰。儒士宋訥爲國子助教。
十二月盯朔。戊午。令春月海運。免風雪覆溺。
己巳。夜。廣州大雷雨。
壬申。太倉衞指揮使朱文質福州左衞指揮僉事陳文俱爲後軍都督僉事。
甲戌。福州廣州地震。
丁丑。夜。河州地震。
庚寅。湖廣試布政使李叔正試禮部侍郎。
癸未。改雜職方印爲條記。
乙酉。南昌府上賀正旦表。不如制。宜罪宥之。
是月。承敕郎曾儀等乞歸省。敕曰。朕聞士有五患焉。患同庶人。不同庶人矣。患無學。學矣。患不齒于志學者。齒于志學者矣。患無官。官矣。患不忠。忠矣。患不孝。儀等以生員選入國學。異庶人矣。未及數年授以官。出國學者矣。今各言歸云省親。云歸祭。亦知孝身矣。惟志學忠君。未審何若。若患不出于志學而忠君。則當思孟軻三鼎五鼎之厚薄也。民之享也。無鼎乃徽士之享也。有鼎乃貴。貴有厚薄以三五鼎者。則必思志學而忠君矣。

重作天禧寺。舊長干寺。

詔諭日本。

南雄侯趙庸鎮廣東。

辛酉洪武十四年

正月癸朔。戊子。故元平章朵兒不花等犯邊。命魏國公徐達爲征虜大將軍。信國公湯和潁川侯傅友德爲左右副將軍。率諸將討之。

改岳州爲府。

戶部試尙書范敏免。

命新任官各舉文學賢良方正聰明正直孝弟力田及才幹之士。

己丑。涼州地震。

乙未。置松潘等處安撫司。龍州知州薛文勝爲安撫使。

庚子。戶部郎中徐輝試左侍郎。

壬寅。置各布政司左右參議。

甲辰。夜太陰犯角。

乙巳。國子助敎趙新爲山西布政使。

命吏部。凡郡縣所舉諸科賢才日引至端門廡下。令四輔官諫院官共論議。覘其才識。

壬子。白虹貫日。

罷天下造兵器。

癸丑。諭勳武臣子弟皆入國學受業。

丙辰。詔求賢曰。哲士幽潛而闕世。天道勳忍以增能。士隱耕釣。困覊旅。高才至智。不能伸者。有司以禮敦致。朕將尊顯之。

禮部侍郎靖安李叔正爲尚書。

是月。命天下編賦役黃冊。

命刑部錄囚。具案奉旨送四輔官諫院官給事中覆覈奏之。有疑讞。四輔官封駁。著爲令。

四輔官龔斆杜斆趙民望吳源並致仕。以安然爲四輔官。兼太子賓客。

二月丁朔。己未。改潮州爲縣。

壬戌。賜諫院右司諫石中判錄司左司副夏守忠鈔各十定。以公直敢言也。

甲子。浦江鄭湜爲福建布政司左參議。時訐湜兄弟通胡惟庸。吏逮之。爭入獄。事聞。宥之。錄用湜。

乙丑。融縣猺民作亂。官軍討平之。

夜。太陰犯井。

丙寅。楚王楨之國武昌。

暹羅斛國入貢。

辛未。試戶部侍郎武進徐輝爲試尚書。

癸酉。更定徒罪煎鹽炒鐵例。

乙亥。儒士鄭孔麟王德常爲河南廣東右參議。

丁丑。申明鄉飲酒禮。

己卯。增布政使左右。

庚寅。覈實天下官田。

改明州爲寧波府。

甲申。令武官三品以上有犯請旨。乃鞫。四品以下竟逮問。

乙酉。自壬午至是日日中黑。

三月炳朔。詔曰。唐虞三代刑措不用。朕夙夜究心。未臻斯効。良由委任非人。其大赦天下。與之更始。

丁亥。復置各道按察使及分司。

己丑。蘇州人附私物運船。上以運木勞苦。赦之。

庚寅。詔刑部。犯徒流罪者毋處以荒地。定道里遠近居之。全其生。

癸巳。夜太陰暈入太微垣。

甲午。置高州廉州守禦千戶所。

乙未。定王國慶賀禮。

丙申。敕內外倉庫司局官各舉賢良方正文學才幹之士。

敕致仕刑部尚書李敬爲國子祭酒。禮部侍郎劉崧爲司業。

己亥。閩莆田平陽縣地震。

夜。月食。
辛丑。頒九經于北方學校。
宋國公馮勝爲征虜將軍。節制河南。息民練士。
癸卯。敕刑部官吏受賂者。必求所賂人併罪。家徙邊。著爲令。
丙午。召前御史中丞安然爲四輔官。
署兵部員外郎劉逑爲試侍郎。
丁未。置東宮左右春坊司直郎。正六品。
戊申。軍儲倉副使李忠爲刑部侍郎。
命郡縣訪明經夙儒。補訓導。
辛亥。起致仕四輔官龔斅爲國子學司業。敕曰。其爲朕一來。坐以敎道。無奔趨筋力之勞。而成就後學之美。亦儒者素志也。
壬子。涼州地震。
癸丑。工部主事李文仲爲侍郎。
四月丙朔。改國子學于雞鳴山南。
令國子生兼讀劉向說苑及律令。諭祭酒李敬曰。劉向說苑。多載前言往行。朕時觀省。深有勸戒。律令國家法制。參酌古今。可遠刑辟。宜兼讀。
簡精騎萬六千三百三十五人赴北平。從大將軍征胡。
己未。國子司業禮部侍郎劉崧卒。崧字子高。泰和人。元貢士。洪武三年。授兵部郎中。遷北平按察副使。清苦自持。坐事免。胡氏敗。起禮部侍郎。署吏部尚書。致仕。起司業。年六十一。上自爲文祭之。博學有志行。所著北平八府志、東游錄、嶺南錄、職方集、文集等行世。

袁袠曰。劉子高之淸。近世所未有也。其權吏部也。不踰月而免。功業不槪見。惜哉。今之世得如崧者以司銓。貪濁之風。或少衰矣乎。

壬戌夜。歲星犯壘壁陣。

癸亥昏刻。太陰暈五帝座。

甲子。上諭刑部臣曰。惡名人所恥。仕者孰不欲保爵祿。彰善譽。或差或誤。雖悔無及。自今犯者。宥罪復職。榜過門端。改則除之。

戊辰。儒士吉安伍朝賓爲諫院左正言。

庚午。大將軍徐達出塞。右副將軍傅友德至北黃河。敵駭遁。輕騎夜襲灰山。克之。獲人畜甚衆。西平侯沐英等略山寨。獲全寧四部以歸。

夜。大星自北斗魁流游氣中沒。

癸酉。召前武昌知府義烏傅藻爲河南按察使。博學善詞章。

乙亥。置定海守禦千戶所。

復置磨勘司。

己卯。北平布政司乞仍徵焰硝。上以息兵。罷其輸。

癸未。罷廣東海北鹽課司。

甲申。改陽山縣爲連州。尋置陽山縣隸之。

五月乙亥朔。哈梅里回回阿老丁來朝。

吳沈進千家姓。

丁亥。復廉州爲府。化縣欽縣爲州。置茂名合浦縣。

庚寅。裁穰縣。鄧州。

辛卯。復施州。

乙巳。夜。太陰暈歲星。

甲辰。前翰林學士承旨宋濂卒。濂字景濂。浦江人。少師吳萊。即能文。薦授翰林編修。辭。歸。上聘入。拜江南儒學提舉。改起居注。歷文學侍從之職。最被眷注。嘗作醉學士歌。既致仕。歲一朝。孫愼坐通胡惟庸誅。并怒濂。欲死之。皇后以東宮師力救。乃安置茂州。至夔州。宿僧舍。歎曰。佛書報應以類。何爽也。夕自經。年七十三。竟葬於夔。後蜀王遷葬華陽。濂篤倫品。寡嗜慾。內外誠恕。日不釋書。所著潛溪集。蘿山集。龍門子。浦陽人物記。翰苑集。芝園集行世。

朱國楨曰。先生篤行眞修。學有本原。文歸爾雅。遭際聖神。大弘制作。守先王之道而見之行。無道學之名而有其實。收宋儒未竟之功。開我明大成之運。決當從祀孔廟。而先生既不自名。世亦無有名之者。汶汶至今。良可歎息。太祖勞其身以憂天下。切齒于人之不仕者。御製班班可考。先生二十餘年魚水之交。鞠躬盡瘁。死而後已。自其職分。末年引疾。實拂聖心。若有意避遠。并子孫亦杜仕籍。恐天威一振。全族皆沈。欲徙死于夔。其可得哉。俗儒之哀。吾不欲聞之矣。

談遷曰。明儒竊宋之理而遺其實。又文萎薾。不足觀也。景濂且英華千古。首闢草昧。館閣之正始也。醉染天毫。夢形睿想。遇合不爲不渥矣。一眚株累。頓忘宿昔。素髮垂領。首丘望斷。嗟乎。苟品遇不景濂也者。將百口是盡悲哉仕宦眞畏途也。

袁袠曰。傳曰得士者昌失士者亡。高皇帝下金陵。定栝蒼。首聘四子。此亦巖渭弓旌之遇也。宋公雖白首侍從。無封侯之業。優遊禁近。非堯舜之道不陳于王前。其所奏對。諷而不失正。輒見採納。觀其始見高皇帝問取天下大計。卽以不殺爲對。此豈小儒曲學。瑣瑣富强者能之哉。卒能以其所學。潤色洪業。使我明之禮樂。煥乎與三代同風。區區叔孫桓榮之徒。不足數矣。

己酉。造軍衞廬舍官署。

夜。有星自羽林軍流西南。還羽林軍沒。

庚戌夜。有大星自勾陳流文昌沒。

壬子。陳鏞嗣臨江侯。

癸丑。山西布政使趙新爲翰林修撰。

甲寅。改湖廣平陽守禦千戶所爲桂陽守禦千戶所。

是月。五溪蠻作亂。江夏侯周德興請行。上老之。未許。請益力。敕遣之曰。忠武之臣。盡智力筋力。禦災捍患。身終乃已。朕史書見之。常歎羡焉。溪蠻爲盜。方命壯帥。卿時侍旁。卽願請征。不覺與歎。豈謂古有今無。朕閔卿年邁。卿復固請。凱旋之日。賜田一莊。於乎勤忠不怠。非卿者誰。

靖州蠻作亂。衞兵討平之。

六月甲朔丙辰。選國子生三十七人敎習。

安南陳煒入貢。時思明府言安南脫峒二縣。攻其永平等寨。安南亦訴思明見攻。上以煒欺詐。卻之。

戊辰。置施州衞。

壬申。夜。有星自招搖流雲中沒。
戊寅。築浙西海塘成。
癸未。置黔江縣。
夜。辰星熒惑太白聚東井。
七月甲申朔。乙酉。重定進賀表箋禮。
丁亥。刑部郎中錢塘胡楨爲尙書。
戊戌。日本入貢。卻之。令禮部移書責國王良懷。
裁工部雜作局。
己亥。左軍都督僉事何德卒。德光州人。從起兵。累功。年五十二。賜祭葬。贈左軍都督同知。追封廬江侯。謚壯毅。
壬寅。前刑部員外郎寇徵爲應天府尹。
癸卯。置密雲衞。
丁未。定文武散官之制。
己酉。前軍都督府經歷商英試刑部右侍郎。
臨洮雨雹傷稼。
壬子。各省社稷山川等祀。武職不預。
夜。大星自天津流。三丈餘。數小星隨之。至紫微右樞沒。
八月癸丑朔。諭征雲南梁王把匝剌瓦爾密先備資裝。
壬戌。進重慶州爲府。

癸亥。夜白虹見。

乙丑。南雄侯趙庸平陽春縣蠻。命誅首惡。餘宥之。

丁卯。致仕戶部侍郎李仁爲滁陽牧監正。唐州人。

廣安州人僞彌勒佛惑衆。官軍捕斬之。

庚辰。河決原武祥符中牟。上令護舊隄。毋重困民。

四輔官兼太子賓客安然卒。然柘城人。元山東行省左丞。降。年五十八。上爲文祭之。

辛巳。置南海衛。

大將軍徐達等還京師。

九月壬午朔。潁川侯傅友德爲征南將軍。永昌侯藍玉西平侯沐英爲左右副將軍。步騎三十萬。征雲南梁王。上餞龍江。曰。朕不能親至其地。然嘗覽輿圖。詢彼地豪傑而得其阨塞。進取當自永寧。先遣驍將別將一軍向烏撒。大軍繼自辰沅入普定。分據要害。乃進兵曲靖。彼所必守。既下曲靖。三將軍以一軍趨烏撒。應永寧之師。大軍直擣雲南。彼此牽制。破之必矣。下雲南。大理必次下。餘郡邑部落可撫而有也。

敕播州宣慰使楊鏗南征。

魏國公徐達鎮北平。

陽曲地震。

癸未。改翰林院欽天監太醫院正五品。翰林學士一。侍講學士侍讀學士各二。五經博士五。典籍侍書各二。侍詔六。史官修撰三。編修檢討各四。

西域僧古麻辣室哩山丹室哩等辭歸。先自中印度來朝。命遊五臺山。六年留京。至是賜而遣之。

甲申。五色雲見。

置北平山海衞。

乙酉。置湖廣寧州衞。

己丑。復置起居注。

壬辰。立滁陽王廟于滁。

丙申。置復州衞。

丁酉。置中都留守司。駙馬都尉黃琛爲留守。

己亥。改蔣山興國禪寺爲靈谷寺。

辛丑。敕刑部尚書胡楨等曰。唐虞之世罪疑惟輕。四凶之誅。止于流竄。有司既不能宣明教化。使民無犯。及小過或加苛刻。朕甚閔焉。自今十惡眞犯決如律。餘皆減死論。

衍聖公孔希學卒。

甲辰。白氣貫日。

乙巳。夜。大星自八穀至四輔沒。又赤星自婁至壁。

丙午。上謂四輔官王本曰。天于君猶父于子。有警敢不懼。朕與卿等。皆當謹愼無違。

四川水盡源通塔平散毛諸峒長官作亂。江夏侯周德興討之。

禁有司薦舉教官。

丁未。考功監令李澂爲兵部尚書。

己酉。翰林修撰樂淸趙新致仕。予敕。

以李幹何顯周爲四輔官兼太子賓客。

十月壬朔日食。

癸丑。命法司論囚奏聞。從翰林院給事中及春坊正字司直郎會議平允奏決。

甲寅。免應天太平廣德鎭江寧國今年田租。官田半之。

丙辰。南靖民亂。南雄侯趙庸討平之。

秦府右長史奉化蔣子傑爲山西按察使。

庚申。古田民亂。主簿蘇璉等討平之。

辛酉。給事中鄭相同言。國初之制。凡啓事東宮官屬稱臣。朝臣則否。蓋尊無二上。今概稱臣。于禮未安。下廷議。編修吳沈等奏曰。東宮國之大本。繼聖體而承天德者也。臣子之敬無異。凡啓事東宮稱臣如故。從之。

壬戌。置水馬驛二十六。

癸亥。陽曲地震。

甲子。改鳳陽右衞爲河南左護衞。

遣監察御史林愿孫榮等分按各道罪囚。重者送京師。從大理寺詳讞。

己巳。禁瀕海軍民私通外夷。

壬申。曉辰星見東方。

定考功法。

甲戌。江西按察司吏許副使某常服寫表。以妄許。正其罪。

丙子。夜。熒惑犯太微垣。

己卯。衢處溫三郡盜起。延安侯唐勝宗都督僉事張德討之。

海陽民亂。南雄侯趙庸討平之。擒千餘人。

是月。周王橚之國河南。

瓜哇國王八達那巴那務入貢。

工部尚書薛祥坐累杖死。祥仁厚直諒。其不能脫禍。蓋數然與。

十一月壬朔甲申。吉安侯陸仲亨鎭成都。

黑氣亙天。

戊子。上聞盜掠黃陂而西。敕宋國公馮勝于汝寧南陽伺其出沒捕之。

庚寅。嚴天下廢寺田入官。

甲午。夜太陰犯塡星。

乙未。大星自上台流軒轅沒。

丙申。河南神武衞改河南右衞。

己亥。復置大理寺審刑司。左右審刑正六品。左右詳議正七品。

甲辰。諭吏部兵部擇用志學武臣子弟。

乙巳。浚揚州官河。

蘇人上治安六策。上曰。治國當用賢。致治在得人。此首言用法。悮矣。

丙午。南雄侯趙庸平程鄉盜。

丁未。賜國子生冬至節錢。

平涼侯費聚兵趣普定。
江陰侯吳良卒。良定遠人。從克滁和。渡江。拜指揮使。要遮江陰。爲功最。既封。平右江諸峒蠻。年五十八。贈中軍右都督。追封江國公。謚襄烈。賜葬鍾山之陰。子高嗣。

何喬遠曰。高帝始取天下。虞漢吳相結。使吳良守江陰。耿炳文守長興。先以剪漢羽翼。漢斃。然後併力向吳。亦惟二臣稱任使。當時論者。謂二人善守之日。吳已亡矣。逆黨肅清。榜示勳臣。儷于徐鄧。可謂鑒在上心者乎。

起復太常寺卿唐鐸爲兵部尚書。
己酉。禁有司不得差遣學官。
庚戌。福安人作亂。官軍討之。遁入山。適延安侯唐勝宗討處州盜。分兵捕滅之。
廣州海盜曹眞掠東莞南海翁源等縣。南雄侯趙庸以一萬五千人分擊破之。擒賊二萬餘。斬五千有奇。
十二月辛亥朔。壬子。禮部郎中高信試尚書。儒士張子源試侍郎。張宗德試兵部侍郎。
中軍都督僉事孫世卒。世巢人。從渡江。敢戰。贈都督。追封富春侯。謚忠勇。
乙卯。龍巖人作亂。官軍討平之。
僧宗泐還自西域。俄力思軍民元帥府巴者萬戶府從入朝貢。
丁巳。常德多虎。命留守司選勇士百八十二人從回回唐哈撒捕之。唐哈撒善捕虎。
命翰林院編修檢討典籍左春坊右司直郎正字考駁諸司奏啓。
戊午。歐陽倫爲駙馬都尉。尚安慶公主。
辛酉。征南將軍潁川侯傅友德等率大軍至湖廣。遣別將郭英陳桓胡海等以兵五萬趨烏撒。自與藍玉沐英。

由辰沅趨貴州。進攻普定普安。皆下之。留兵戍守。趨曲靖。

癸亥。復置四川納溪鹽馬司。

乙丑。右正言田友信試戶部右侍郞。

敕遼東都指揮使潘敬等。高麗李仁人弑主。今願聽約束。其貢有一物不如約。即卻之。毋被其誑。

戊辰。傅友德等至曲靖。梁王把匝剌瓦爾密遣司徒平章達里麻將精兵十餘萬。拒戰白石江。右副將軍西平侯沐英請諸軍嚴陣。乘道蒙霧。潛渡白石江下流。出其後。而達里麻陣動。大軍遂畢濟。乘而擊之。力戰自旦至暮。敵大潰。擒達里麻。俘以萬計。克曲靖。分遣左右副將軍藍玉沐英趨雲南。自率衆數萬。循格孤山而南。搗烏撒。元樞密院副使燕帖木敗歸。妻脫脫懷氏閉門不納。曰。爾受梁王厚恩。兵敗不死。何以見妻。遂飲鴆死。乃鴆其二男一女。命侍兒曰。我死。爾焚其屋。毋辱我。

庚午。元梁王把匝剌瓦爾密聞兵敗。與左丞達的參政金驢遁入羅佐山。

辛未。賜國子生明年正旦元宵節錢。

敕傅友德等。烏蒙烏撒果降否。前恐蠻地無糧。令將軍分軍回衞。今資糧于敵。軍不可回也。遣內臣敕烏蒙烏撒東川芒部建昌諸酋長。如悔罪來朝。否則遣貢。朕當罷兵。以安黎庶。

戶部尚書徐輝有罪下獄。上以勤事。減死論。

壬申。梁王把匝剌瓦爾密走普寧州。忽納砦。驅妻子赴滇池死。夜同達的金驢遁自經草舍。

癸酉。沐英藍玉至雲南之板橋。元右丞觀音保等出降。明日。進金馬山。梁王內臣也先帖木兒上金寶。我師入城。撫定吏民。自克雲南至出師。凡百日。

談遷曰。元祉久墟。雲南獨險遠。遺孽分據者十四年。自謂限隔天地。不享不庭。及天戈西指。複嶺叢箐。忽焉土崩。滇池不足飲我馬矣。梁王雖怯。有死無二。亦朔漠之錚錚者。未可以訖運置之也。

丙子。延安侯唐勝宗平衢處溫山盜。斬二百八十級。俘三千三百餘人。賜田一莊。

征南左副將軍永昌侯藍玉。遣景川侯曹震定遠侯王弼宣德侯金朝興分兵趨臨安諸路。

戊寅。金朝興至江川。元右丞五輔臺降。

是月。甘露降鍾山。

城普定烏撒。初傅友德搗烏撒。元右丞實卜遁去。頃復合。友德故止戰以觀士。士無不願死。友德下令曰。我軍深入。有進無退。彼遁而合。必不一心。併力與戰。破之必矣。吾故以觀汝曹。汝曹果可用也。遂大破實卜軍。拔烏撒城之。得七星關以通畢節。進克可渡河。東川土官左丞勝石及烏蒙芒部諸蠻。皆望風降。越州土官龍海降而復叛。擊斬之。

太常寺卿呂本卒。壽州人。女即皇太子妃。

裁京畿都漕運司。

壬戌洪武十五年

正月辟朔。大宴。始用九奏侑食樂章。

癸未。前石埭知縣石楨爲嘉興知府。

甲申。五色雲見。

始置諸司勘合。

乙酉。城播州。

丙戌。翰林侍講火原潔等編類華夷譯語。

丁亥。置貴州都指揮使司。平涼侯費聚汝南侯梅思祖署都司事。置雲南左右前後衞。普定黃平建昌東川烏撒普安水西烏蒙芒部尾洒等衞。

己丑。諭刑部大辟俱減死論。

庚寅。免開封河決去年田租。

甲午。勑傅友德等雲南既克。必置監司郡縣。其烏撒烏蒙東川芒部建昌。宜約束其酋長留兵守禦。禁其民毋挾兵刃。至如靄翠輩。不盡服之。雖有雲南。亦難守也。軍士疾弱者。每衞限十五人先還。

乙未。爪哇入貢。

南雄侯趙庸平東莞翁源四會諸盜。

戊戌。凡將校雜犯死罪俱戍邊。

辛丑。免山東舟師出海巡倭。第嚴備之。

癸卯。大理守段信苴世上書傅友德曰。聖朝受命。奄有區夏。以雲南屠使梗化。問罪之師有不得已。麾下長驅一鼓。席捲曲靖。非天助順。何以及此。流言兵至如烈火。遷其土著。擄其妻子。故疑畏而不敢即也。夫雲南遐荒。歷代不能臣。秦漢通使。諸葛孔明不留鎭兵。諸夷信服。唐鮮于仲通調師十二萬而覓敗。皆蒙氏前事也。我段氏有國。抗趙宋三百十五年。元興內附。命仍大理部閫會。以建昌威楚姚安鶴慶東川騰衝等處幷三十六酋長。悉聽節制。百三十年。今賴天聰。遣參議張普招諭。來頒雲南王金寶之詔。麾下又榜諭信苴世。夫民情向背。基于撫虐。天道損益。應于謙滿。可不戒乎。且兵久則變生。事苦則慮易。莫若班師罷戍。奉揚寬大。比備覲儀。先遣張元亨詣麾下聽諭。傅友德檄曰。天厭元德。命我聖皇。經綸草昧。掃蕩欃槍。電驅席卷。四海來庭。南檄異區。

恃其險遠。蟻聚蜂屯。嘗遣諭使。愈肆猖狂。特命討罪。兵臨曲靖。直抵滇池。旬日之間。千里寧謐。爾大理未嘗遣使。今書來乃云吾兵烈如猛火。夫曲靖烏撒之戰。白刃相向。勝敗存焉。况兵入重地。人自爲戰。雖欲不猛。其可得乎。至遷其土著。擄其妻子。則未之有也。諸葛亮亙古豪傑。不留鎭兵。用其渠帥。蓋一時權宜。鮮宇仲通楊釗出自屠沽。彼豈將才哉。今玄闕之北。日本之南。無不景附。新附州縣。悉署衙廣戍。爲萬世不拔之計。領寶之說。前憤梁王殺我使者。故有是命。如發兵共滅。庶副前約。而天兵南下。反率衆爲援。聞敗而遁。又敢大言以祈前詔乎。亟降。當卽奏聞。否則深溝高壘以俟兵至。欲爲城下之盟。必不可得。汝其察之。

丁未。白虹貫日。

庚戌。致仕參政何眞爲山西左布政使。

令天下朝覲官薦士。

詔諭烏蒙烏撒東川諸夷。其洗心滌慮。效順中國。

是月。宣德侯金朝興兵次臨安。元右丞兀台元帥完者都土酋楊政等降。

裁臨安宣慰司。置臨安府衞。改武定路爲武定軍民府。土酋商勝知府事。

二月辛朔。壬子。命駙馬都尉李祺賑河南水災。

癸丑。前軍都督僉事謝熊戈預左軍都督僉事馮誠署雲南衞。時簡致仕武官五十七人。分守雲南。

諭水西烏撒烏蒙東川芒部霑益諸酋各通道。博十丈。六十里置驛。

南寧衞指揮僉事單發爲右軍都督僉事。

甲寅。詔平雲南。

乙卯。置雲南布政使司。汝南侯梅思祖平章潘原明署司事。敕傅友德藍玉沐英曰。雲南地上古遐荒。禹跡所奄屬之梁州。漢隋若唐。莫不內統。將軍率精兵不逾五日取之。自非重臣。未可付委。特命梅思祖潘原明暫假布政司事。平定之後。除代爲眞。

張適曰。滇自楚莊蹻略定之。遂留自王。至漢建元間。王恢唐蒙司馬相如王然于等所招徠降下之者。種以十數。置益州郡。而云自靡莫之屬滇爲大。今之縣爲昆明者也。北至楪榆。古曰嶲州。及所謂弄棟者。今之大理也。臨安者。本句町王地。所爲邛人僰人也。漢爲牂牁郡。而蒙化者。漢之永昌。曲靖者。舊爲東西爨者也。自嶲以東北。則徙斯爲漢嘉。而筰在雅州。則皆蜀之徼也。且漢初略夜郎。置犍爲郡。卽今之戎州。乃發卒治道。自僰道指牂牁。此又漢疆地之夾也。又云自滇以西求身毒國。往往閉昆明。則嶲之南昆縣也。此又自滇略通徼外之跡也。且滇在禹貢爲梁州界。井鬼所屬分。則固非九州之外窮荒矣。地又沃壤千里。名爲富饒。水土之美。生物之盛。十百他所。雖絕遠。其爲要劇可知矣。今道所從入。貴州古之鬼方也。道隘且要。假令一夫猖狂。則懸車束馬之塗。不知所出矣。且以今兵威。因秦時額略通五尺道。黔中者。大索之諸夷間。廣爲岐涂。何不可哉。夫制禦者先之形便。則威無不迄。久安者據其要領。則無偏廢不舉之患。所謂搤吭拊背建瓴之勢在我。則雖有邪謀變計。何能爲乎。且與其緣險塞。徑懸度。臨不測道。一孔之所出。孰與交衢四注。分裂其支郡。而關梁出入。動悉由我。有事若從天而下。豈足道哉。又按漢所爲關沬若梁孫水者。若水出蜀旄牛徼外。南道越嶲邛都。以至犍爲朱提入于江。所謂朱提銀者也。是水之所出自其界也。而犍爲故役屬西南夷。又豈假他道哉。

丁巳。賜六部尙書侍郎馬。

己未。左通政張紞儀鑾司副使宋昱爲雲南左右參政。通政司右參議韓鑰試左通政。范□祖爲左右參議。賜敕賦詩二章以勞行。

乙丑。琉球入貢。

丙寅。敕傅友德藍玉沐英曰。雲南諸夷。自古叛服不常。馴服之道。必寬猛適宜。兩漢十叛。諸葛亮平其地。終亮世不反。亮卒後四叛。唐九叛。元七叛。將軍觀此。非惟制其不叛。重使其無叛耳。

丁卯。應天衛指揮使丁德爲左軍都督僉事。

辛未。改製使節。

置大名縣。

甲戌。天鼓鳴。

翰林典籍劉仲質爲禮部尙書。

夜。大星自七公流天市東垣沒。

乙亥。南雄侯趙庸盡俘乳源山盜。

募商輸粟雲南中鹽。

是月。播州宣慰使司隸貴州。

閏二月辟朔。甲申。命禮部定諸司移牘。

南雄侯趙庸平陽山歸善等蠻寇。

丙戌。日中黑。

改雲南威遠府爲威遠州。

夜。大赤星自亢流游氣中沒。

戊子。黃平衛改千戶所。置平越千戶所。改衞。

甲午。賜雲南諸土酋冠帶誥敕任知州等官。

置楚雄衞。

乙未立曲靖衞軍民指揮使司。

戊戌。敕征南將軍潁川侯傅友德左右副將軍永昌侯藍玉西平侯沐英取大理。

癸卯。西平侯沐英進攻大理克之。初元大理宣慰使段明搤下關。玉使定遠侯王弼由河水東趨上關。自率衆抵下關。而使都督胡海洋夜從間道出點蒼山後。立旆其上。昧爽。我軍抵下關。英騎涉河。水齊馬腹。壯士被羽先登。關破。伏軍從後夾擊拔之。擒段明。分兵取鶴慶略麗江破石門關下金齒。由是車里平緬等咸降。諸夷悉平。段氏亡。其臣楊名楊保皆自經。國人義之。合葬弘圭山。

楊愼曰。滇僰于三代爲荒服。漢僅剽分其地。然胡元力勝之而不能守也。于今列箐落而郡縣之。馴介鱗而冠裳之。華風渥澤。同域共貫。昭代恢宇。前是孰並。傳稱神農地過日月之表。幾近是哉。

高岱曰。黔中古南詔地。在鬼方之西。漢武帝通牂牁羌僰。至鑿昆明池于長安習水戰。固嘗銳意圖之。而點蒼金齒之域。終未能帖然盡入版圖。唐一勤兵。至覆師四十萬。自古及今。未有郡縣其地。寧謐底定無反側。如今日之盛者。蓋由聖祖神謨聖略。而諸將規畫甚詳。故能變荒裔爲文明。道路險夷。與兵將分合之機。攻取前後之勢。歷歷如指諸掌。雖生長其地。習在戎行者。未能若是之悉也。天生聖人。豈偶然哉。

甲辰。諭刑官曰。笞杖雖輕。亦傷肌膚。自今犯者。送滁州種苜蓿。笞十者十日。杖十者二十日。

乙巳。置平緬宣慰使司。土酋思倫發爲宣慰使。改車里路爲車里軍民府。土酋刀坎爲知府。

三月丙午朔。置順寧府。土酋阿悅貢署府事。

辛亥。置鶴慶府。土酋高隆署府事。

壬子。置普定軍民指揮使司。

乙卯。承敕郎茹瑺爲通政司參議。尋轉通政使。

令天下僧道田土不得賣買。

丙辰。改國子學爲國子監。

中軍都督僉事陳清卒。清巢人。善戰。從渡江。累功。年五十七。追封合浦侯。謚榮武。葬鍾山之陰。子亮。襲英武衞指揮同知。

置大理衞。

丁巳。翰林編修吳沈降渭源敎諭。未行除典籍。

戊午。定征南賞格。遣使入雲南給勞之。

己未。定雲南所屬郡縣。府十二。州十三。縣五十四。

癸亥。南雄侯趙庸籍廣東蜑戶萬人爲水軍。

敕孔克嗇爲曲阜知縣。五十五代孫。

乙丑。頒軍法定律。

丙寅。工部試侍郎趙俊爲尚書。吏部試侍郎李信爲尚書。吏部司封員外郎朱同升之子。爲禮部試侍郎。

丁卯。顧敬嗣濟寧侯。

更定官吏相遇及公參禮。

己巳。賜雲南文武官祭服。

庚午。禮部郎中杜思進爲戶部試侍郎。

河決朝邑募塞之。
辛未。密雲昌平懷柔蝗。
壬申大同衞知事朱安仁試戶部右侍郎。
癸酉。幣聘文學汪叔喩等。
甲戌復選致仕武臣署雲南郡縣事。
乙亥。初昏熒惑犯右執法。
丁丑置永昌衞。
四月䫉朔辛巳。廉州巡檢王德亨上言。家本階州。界外產水銀靑綠紫泥。乞兵取其地。上曰。開邊啓釁。帝王之深戒。苟用兵爭利。後悔無及。
定封贈官制。
置僧錄司道錄司。總其敎。郡縣設僧綱道紀司。
甲申。徙故元梁王把匝剌瓦爾密及威順王子伯伯等家屬居耽羅。
丙戌詔天下通祀孔子。賜學糧。增師生廩。
故龍虎衞千戶兪賢南征戰沒。賜祭葬。
襄陽衞知事賈勵試兵部右侍郎。
丁亥。太白晝見。
刑部總部郎中閻育試右侍郎。
初昏。辰星犯井。

壬辰。詔曰。上帝眷我生靈。統一以來。時徭雨暘。終未凶荒。江左民減衣薄食。助我興王之供。朕首定中原。江西浙西爲我越大江入河淮。抵北平而漕河南山東。民東供遼左。北給北平關內。民北供塞北。西給洮河。二省之民又皆惇實力田。無巧取無强凌弱。今年夏秋稅糧盡行免之。

癸巳。工部尚書趙俊請飾東宮以青綠。不許。

命國子生沒者。給棺歸其家。

夜。熒惑入太微垣端門。

乙未。改儀鸞司爲錦衣衛。

丙申。定春坊爲左右春坊。設大學士左右庶子諭德贊善司直。

戊戌。設雲南各處儒學。

己亥。烏撒諸蠻復叛。敕傅友德等曰。諸蠻伺官軍散處故叛耳。曲靖普安烏撒建昌。勢在必守。東川芒部烏蒙。未可守也。宜聚大兵盪除之。使畏威方分兵守禦。

癸卯。儒士吳顒爲國子監祭酒。

乙巳。改岷州衛爲軍民指揮使司。

丙午。戶部言天下進賦役黃冊多錯悞。宜逮罪。上曰。地廣民繁。不無悞也。命官給費再造。仍悞則罪之。

旌遼東石城高希鳳家五節婦。南河寨裴皮鐵婦李氏貞節。

戊申。陸賢爲駙馬都尉。尚汝寧公主。仲亨子。

是月。西堡蠻寇普定。貴州衛指揮同知顧成擊敗之。初攻城堅壁不動。徐伺其怠。出北門挫賊。

五月配朔。皇長孫雄英薨。追封虞王。諡曰懷。

談遷曰。虞懷王本嫡長孫。沒而王之。其時禮制未定故也。若封以皇太孫爲當。

乙卯。監察御史雷勵坐失入人徒罪。下法司按勵爲刻戒。

丁巳。給囚米人日一升。

己未。新作太學成。舊國學爲應天府學。

庚申。五色雲見。

辛酉。遣祭武昌右衛指揮僉事孫靖。延平衛指揮僉事馬驥。虎賁右衛千戶楊貴。百戶嚴整。驍騎千戶余淸。皆戰沒者。靖貴整雲南淸施州驥龍巖。

乙丑。上幸國子監。皮弁釋菜。再拜。退御講堂。親講大禹皋陶謨洪範。宴儒臣。頒釋奠儀注于天下。

丁卯。散騎舍人耿瑄爲尙寶司卿。炳文子。

置陽春守禦千戶所。

庚午。頒國子監學規。

辛未。試戶部右侍郎朱安仁試左侍郎。

癸酉。郭允道爲戶部尙書。舉賢良方正。兵部侍郎王琚改戶部。

丙子。廣平府吏王允道請開磁州臨水鎭鐵冶。以擾民杖之。流海外。

安南陳煒入貢。卻之。上以其詐。勅廣西已後勿納。

諭各省事凡勞民必奏上始行之。毋擅役。

丁丑。遣行人敕天下有司訪經明行修之士。年七十以下。三十以上。聘送至京。

是月。上聞運卒溺海。語羣臣曰。遼陽早寒。土曠人稀。朕不欲置行省。勞百姓。衛戍之歲餉海上。非得已也。每聞一夫當航海之行。家人懷訣別之意。近復有溺死者。朕通夕不寐。爾等其議屯田法。

六月戊朔。詔國子監官年高者值暑月及雨雪。朔望免朝參。

癸未。四川茂州土知州楊者七謀叛。官軍捕斬之。盡徙羌民城外。

置大渡河守禦千戶所。

乙酉。命各道選郡縣諸生年二十以上願入國學者送京師。

丙戌。敕傅友德等曰。知盤江道梗且乏食。可留兵四百守水西城。覘靄翠動靜。普定留兵亦如之。兩軍合勢。攻烏撒諸蠻。食其糧。彼奔命不暇。尙及搗我空城耶。否則士卒饑矣。

會同文昌縣人作亂。廣東都指揮使王臻討平之。

夜。塡星犯畢宿。

辛卯。敕安陸侯吳復平涼侯費聚曰。符到。可疾報征南三將軍。凡烏撒烏蒙東川芒部盤江關索諸蠻。悉除蕩之。爾二侯攻擊栅寨。安陸總兵。平涼副之。若通關索嶺路。勿戰嶺上。當分搗賊巢掩之。使彼各內顧。不能糾抗。其旁土寨即未下。俟三將軍合攻。必克也。

貴州諸番長皆來朝。

雲南北勝州酋長高策甫七歲。率所部降。後十年入朝。送太學。及長還爲土官。令所歷土官視效之。莅事之日。即禁通把事。毋置田宅以漁于民。邊境賴之以寧。

壬辰。禁官民等服飾玄黃紫色。

定王國樂工樂器冠服之制。

雲南志成。時命儒臣採訂。六十一卷。

癸巳。故濠梁衞指揮僉事如皋朱顯忠。贈鎭國將軍指揮使。洪武四年守文州。禦西寇戰死。

甲午。暹羅斛國入貢。

辛丑。初昏大星自閣道旁流。至大將軍沒。太陰犯畢宿。

是月沐英自大理還軍滇池。會傅友德進擊烏撒。

七月朔。太白晝見。

癸丑。詔免曆日工錢。初頒曆民間。有司例徵工錢。上曰。頒曆授時。君職也。止勿徵。

乙卯。故元四川分省左丞瓦剌蒙遣理問高惟善等自西番煎爐長河西來朝。尋遣還。

滎澤陽武河溢。

丙辰。禮部侍郎吳玄爲山西按察使。

辛酉。太白晝見。

甲子。解州學正孫詢。訐稅使曾必燾故善胡惟庸。今改名必貴。故元參政黎銘。逃王官谷爲道士。今仕聞善訓導。嘗訕謗朝廷。上曰。告訐非儒者事。竟不問。

丁卯。彗星見于西南。

己巳。敕西涼都督僉事濮英及守禦都指揮宋晟曰。七月二十日。彗出西南。主賊兵自今回回之地。有駝馬羊入。止遣一二人往視。切勿兵迎。恐借貿馬伏兵也。

敕征南將軍傅友德等曰。人來皆云守禦無糧。以朕坐料。莫若大軍守雲南大理楚雄臨安曲靖普安。其身子裏守禦處。如東川芒部烏蒙。除烏撒見守。令其人民給軍足歲。餘且勿駐軍。使軍都督合往攻殺。令諸蠻畏服。然後從東川衞于七星關南一日半。烏撒北一日半。立一衞。令東川人民給軍足歲。七星關立一衞。或烏蒙或芒部。令其民人給軍足歲。自永寧南至七星關。分中劄一衞。令六詔羿子等蠻給軍足歲。郵傳四達。軍勢交通。有變剿捕。便可會合。若深入萬山。割而守之。深昧阻絕。難制服矣。

旌新樂韓太初婦劉氏孝行。太初以元知印例遷和州卒。劉氏事姑甚謹。嘗刲股和粥。喪不能還。哀號五年。上聞之。資其歸葬。賜衣鈔。

辛未。李堅爲駙馬都尉。尚大名公主。

壬申。監察御史馬守中錄囚福建。

乙亥。前國子助敎洛陽開濟試刑部尙書。楊汝賢試侍郎。

傅友德沐英進擊烏撒。大破之。斬三萬餘級。餘遁。又追捕之。

丙子。命天下諸司官朝明年元旦。

棠邑人坎地得黃金。有司以進。上仍歸其人。

是月。蘄春侯康鐸卒。茂才子。鐸嗣爵。後墾田鳳陽。征辰州洞獠。平松疊諸州。巡海。從徐達北征。至是南征。年二十二。贈蘄國公。謚忠愍。葬幕府山。子淵幼。

宣德侯金朝興卒。朝興巢人。從渡江。定閩浙。累功都督僉事。屬西平侯平西番洮河戎。至是征雲南。卒于會川。年五十二。還葬太平門外。追封沂國公。謚武毅。子鎮嗣。後貴州平壩衞指揮世襲。

八月玎朔。詔復科舉。期三年。著爲令。

陳于陛曰。古之選舉專論行。今之進士專論文。似相背馳。然古以行舉者。未必便保其終。如玆科目。雖以文進。而進士一科。尤爲世所崇重。士登其目者。未免自顧科名。愛惜行檢。不敢爲非。是勵行崇化之道。實默寓其間。古之辟舉。蓋異轍而同途矣。

楊愼曰。本朝以經學取人。士子自一經之外。罕所通貫。近日稍知務博。以譁名苟進。而不究本原。徒事末節。五經諸子。則割取其碎語而誦之。謂之蠡測。歷代諸史。則抄節其碎事而綴之。謂之策套。其割取抄節之人。已不通經涉史。而章句血脈。皆失其眞。有以漢人爲唐人。唐事爲宋事者。有以一人折爲二人。二事合爲一事者。予曾見考官程文。引制氏論樂。而以制氏爲致仕。又士子墨卷引漢書律曆志先其算命作先算其命。近日書坊刊布其書。士子珍之。以爲祕寶。轉相差訛。殆同無目人說詞話。噫。士習至此。卑下極矣。

己卯。有廣東儒士上治平策。上曰。安有立說數千言。不一及用賢者乎。

庚辰。王寧爲駙馬都尉。尙懷慶公主。

敕監察御史余公大錄囚秦州。

辛巳。敕勞征南將軍傅友德副將軍藍玉沐英曰。卿等南征諸夷。兵臨普定。如風行草上。風去草仰。致有小疵。及入雲南。擒首帥曲靖之西。敗烏蠻可渡之北。席卷金馬碧雞。摧堅敵于點蒼山下。金齒不戰。率土而降。雕題聞知。獻生遣貢。檄從百夷之種。威來重譯之邦。將軍勞至矣。欲勞樽酒。遠不能及。特以朕心勞之。

先是。減死戍邊者。多艱衣食。上聞而閔之。命還家取貲。與爲期。五十三人先至。上喜。宥之。給費還里。

嘉定縣饑。貸倉粟二萬八千一百二十石。

頒學校禁例十二則。鐫碑臥明倫堂左。

夜。大赤星自天苑流至天園。沒。二小星隨之。

壬午。諭禮部。以郡縣申明亭概書雜犯小過。非懲惡之意。自今犯十惡。奸盜詐僞。有傷名義。贓至徒者。書于亭。餘非干風化。一切除之。

丙戌。皇后馬氏崩。后微時依郭子興家。事上備極艱苦。每佐征討大策。補縫行間。雖貴極。謙素不渝。上或譴怒。

輒婉解。朝夕尚食。手劑之。其謹微類此。疾篤。不復飲藥。曰。藥無益。徒爲醫者累。年五十一。上慟甚。逾年。宮人歌曰。我后聖慈化家邦。撫我育我思難忘。不忘懷思于萬年。泌彼泉下悠蒼天。

丁亥。百官奉慰。命考皇后喪服之制。京官人給西布製服。

戊子。定大行皇后喪禮。京官入臨三日。

己丑。監察御史張良有罪下獄。疏自訟。貶雲南府教授。

肥城知縣宜興陳好問上言。秦爲漢閏。隋爲唐閏。元爲國朝之閏。伏望愼刑罰。昭勸懲。緩差徭。容直諫。致中和。以丕顯文明之治。上善之。

延安侯唐勝宗長興侯耿炳文巡督陝西城守屯田。

癸巳。敕責平山衞指揮陳鏞。擅遣軍三百人追逮補伍。其至京具陳其由。

乙未。敕傅友德等。知大軍七月二十八日圍烏撒。俘獲亥第。見搜林箐諸蠻。烏蠻地山多徑隘。必會合永昌平涼安陸二侯。王張郭三都督軍士。一處彌滿搜索。則彼無所逃匿。近人自七星關來。道芒部烏撒二蠻。夤夜持炬照道。挈家靄翠地方。當令靄翠蠻盡出以獻。關索嶺非古正道。又在西北西南。甚爲不隘。人馬經行。必令大軍蕩滌開通。以接普定。芒部酋目。必盡獲之。

丙申。諡大行皇后曰孝慈。

丁酉。秀才江夏曾泰爲戶部尚書。泰有學行。

庚子。上始釋服視朝。

辛丑。作蜀王邸于成都。

命吏部以七條考徵至秀才。

壬寅。秦王樉晉王棡燕王棣周王橚楚王楨俱入臨。

靖州衛指揮僉事龐虎等勘地貽入調守霑益臨安二衛。

敕傅友德等曰。雲南糧餉甚難。當有處置。乃可久居。舍人至軍中。令諭守禦軍人。毋輕逃竄。入蠻未有得出身者。不被殺。深山中。卽亦墩木令種田也。三侯三都督皆會合搜殺。勿戍軍無糧處。可赤水畢節七星關各立一衛。又立一衛于黑張以南瓦店以北。分布守定。聲勢相犄。水西靄翠用十萬軍盡蹂躪之。此等料度。皆我坐算。可行與否。軍中聽便。

營陽侯楊璟卒。璟合肥人。從起太平。摧城先登。從征江漢。克全永靖江。贈芮國公。諡武信。子通嗣。

黃金曰。璟本俎豆中人。而好軍旅。其志在于撥亂濟世。故其用也。威望著于分閫。功業見于專征。我聖祖初平吳。卽命徐達常遇春取山東。胡美取福建。璟取廣西。廖永忠取廣東。四征而天下大定。璟之功于是爲大。自餘隳城拔砦。執俘獻馘。出于指揮談笑之間者。又多足以潤色大功。蓋其甲兵素韜于胸中。故其勳烈茂昭于馬上。諭蜀一書。識論偉甚。見其以文飾武。古有所謂儒將。璟近之矣。若夫勝負兵家之常。固有如聖諭所及。奚得以此而少之。

是月。萬州崖州人作亂。陷陵水縣。海南衛官軍擊敗之。追至藤橋。斬三百餘人。

九月朾朔。太白晝見。

戊申。敕傅友德等。知盤江道未通。無糧甚也。符到。水西但留四百城戍。看靄翠變不爾。雲南普定亦四百戍之。有糧蠻人。日合軍往攻。莫徒困守空城。饑我軍士。且夫蠻應吾攻之不暇。更何餘力搗我空城。

己酉。吏部以經明行修之士鄭韜等三千七百餘人入見。上曰。卿等固皆賢人君子。山林之下。又豈無如卿者。其悉告朕。于是單縣儒士張寧薦宛平董倫。復遣使徵之。

乙卯。五色雲見。
儒士蕭尙仁爲潭府左長史。辭老。改平涼訓導。
諭吏部善待徵士。其疾卒者。有司給櫬歸其家。
己未。夜塡星犯畢。
壬戌。始鑄御史印曰繩愆糾繆。
癸亥。始設各道按察分司。儒士王存中等五百二十一人。俱試按察僉事。人治二縣。期年轉官。陛辭。上曰。吏莫甚貪庸鄙劣之廉問糾舉。勿蹈因循。
致仕晉府長史桂彥良上太平治要十二事。法天道。廣地利。順人心。養聖德。培國脈。開經筵。精選舉。審刑罰。敦教化。馭戎狄。蒐才俊。廣咨訪。上嘉納之。
甲子。聖節。以孝慈喪免朝賀。
乙丑。戍逃軍于雲南。
夜。熒惑犯南斗。
丙寅。敕傅友德等曰。九月乙丑。熒惑犯南斗。蓋天象示戒。卿等宜加戒飭。且蠻夷好毒水中。將士飲食愼之。
五色雲見。
丁卯。北平關隘二百處。俱設兵戍守。
己巳。夜大赤星自井宿天罇東行丈餘沒。
庚午。葬孝慈皇后于孝陵。
占城入貢。

壬申。儒士沈士榮上章請召對條列事宜。上納之。尋授翰林待詔。

是月。雲南諸夷復叛。初我兵分攻諸山寨。雲南戍卒少。諸夷欲乘我。土官楊苴紿之曰。總兵官回矣。雲南城可下也。糾衆二十萬來攻都督謝熊馮誠力拒。發弩射之。間出擊賊。因連營爲固。沐英等自烏撒以萬騎至。賊執我偵卒。卒紿曰。三十萬衆且集。因駭遁走安寧羅次。又剿平之。

遷番禺東莞增城降民四千四百餘人于泗州屯田。

十月䄙朔。更置都察院監察御史八人。正七品。秀才李元明詹徽等爲之。又浙江河南山東北平山西陝西湖廣廣東廣西各道監察御史。正九品。

桂林理定縣主簿宜君楊時敏罪戍雲南。言家有母年八十餘。失侍九年。乞便道省母就戍。上憐之。復其官祿養。

敕傅友德等。烏撒若平。便趨芒部。即平芒部。烏蒙東川脫令來歸。且權待之。莫責其虛實。先調軍剿毋役西蒲等處。然後復往下之。最後乃下水西。

己卯。孝慈皇后主祔廟。

辛巳。夜有星自井流星宿沒。

壬午。署雲南布政司事汝南侯梅思祖卒。思祖夏邑人。本元義旅。從張士誠。以右丞守淮安。降于徐達。從征。晚撫夷方。人甚安之。還葬鍾山之陰。

癸未。刑科給事中栗恕試戶部右侍郎。

詔天下來朝官各舉一茂才。

丙戌。增內使三百六十一人。

戊子。令各按察司精考儒學官。
頒劉向說苑新序于天下學校。
置徽州守禦千戶所。
南雄侯趙庸討平廣東羣盜。
癸未。秦王等還國。
乙未。詔齊王榑之國青州。
丙申。命刑部都察院錄囚。
夜。太陰犯軒轅右角。
戊戌。諭刑部禁越訴。
庚子。定諸司錢糧刑名常行事擬大政事請旨處分。
壬寅。故元平章月魯帖木兒自雲南建昌來朝。
刑部尚書開濟言。諸司奏箚輒千萬言。難省。上然之。禁煩文出入人罪。
癸卯。北平有子訴父冤。法司擬越訴之罪。上曰。凡子訴父枉者。勿論。
故驍騎右衞指揮僉事武陟李英從征烏撒戰沒。贈指揮使。子堅駙馬都尉。
甲辰。大將軍徐達還京。
十一月𥘉朔。置雲南鹽課提舉司。
癸丑。冬至。以孝慈喪。常服行禮。
丙辰。命天下衞所月鹽俱鈔代。

丁巳。諭都督府各都司不許役軍營造。

高遜志試吏部侍郎。張來儀爲太常司丞。

上海訓導顧彧爲戶部左侍郎。

戊午。倣宋制置殿閣大學士。禮部尚書劉仲質爲華蓋殿大學士。翰林學士宋訥爲文淵閣大學士。檢討吳伯宗爲武英殿大學士。典籍吳沉爲東閣大學士。仲質尋降監察御史。

庚申。宥振武衛指揮桑桂以積勞。併復其官。

辛酉。五色雲見。

徵耆儒崇德鮑恂上海全思誠安吉余詮高郵張長年至京。恂年八十餘。餘皆年七十餘。禮部主事劉庸薦。上賜坐顧問。拜文華殿大學士。皆辭老。上曰。留卿等輔導東宮耳。免早朝。從容侍對。不久聽還。庶不負卿平生。恂等復固辭。皆放歸。又鄧州張紳後至。授鄠縣敎諭。恂少師吳澄。著大易傳義等書。學者稱西溪先生。思誠等並著學行。上海縣志。思誠爲文華殿大學士。兼左中允致仕。敕曰。卿懷才抱德。行合古人。惜乎以衰老之年。志雖存而力不能任。朕不忍復勞。令卿還鄉里。以撫子孫。享其奉養。

廖道南曰。粤自商山茹芝。冥鴻寥落。上下千載。數人而已。思誠敕賜。恂詮被寵。龐眉皓首。安車蒲輪。雖竹帛所載。圖畫所傳。何以加焉。

戶部左侍郎程照爲雲南黑鹽井鹽課提舉司提舉。

壬戌。修國子監書板。

甲子。儒士董倫爲右春坊右贊善。

丁卯。敕各都指揮使詢所徵秀才爲僉事者。具行實以聞。

上以浙江江西民好訟。諭戶部頒示江浙民。各改過從善。永爲遵守。

普定軍民知府者額來朝。上手作誥賜之

郭子章曰。貴州知府。我明自者額誥文。見御製文集。者額能讀漢書。拜爲知府。奢香入覲金陵。封爲夫人。高皇帝所以羈縻者。意可知已。今或虜使之。鬼遇之。犬羊譙訢之。欲其無蹢躅得乎。

戊辰。都察院以巡按事宜頒按察司。

己巳。夜太陰入氐宿。有大星自天苑流游氣中。光燭地沒。

庚午。吳印張紞爲雲南左右布政使。

令布政司造兵器。毋衞所自作。

壬申。監察御史任昂爲禮部尚書。翰林典籍李翀爲侍講學士。

署雲南布政司事平章潘原明卒。原明泰州人。從張士誠起兵。後歷浙江行省平章。守杭州。降入朝食祿不署事。世指揮同知。賜葬鍾山之陰。

癸酉。置五軍十衞參軍。

兵部尚書唐鐸爲諫議大夫。都御史趙仁爲兵部尚書。

是月。裁故元廣西路宣撫司。置廣南府。土酋儂郎金爲同知。

十二月紇朔。封中軍都督僉事李新崇山侯。孝陵功。

故元平章月魯帖木兒爲建昌衞指揮使。土官例不俸。特給之。

辛巳。日中黑。

癸未。故驍騎右衞指揮使郭□妾柏氏。贈貞烈德人。氏殉死。旌典降正妻一等。

浚揚州儀眞河。

乙酉定僧道服色。

丙戌詔各部逮繫人悉送訊刑部。

辛卯以北平大水傷稼許月給屯軍米毋苦饑。

丙申定雲南安寧鹽井中鹽法。

戊戌定河泊所官凡天下河泊所二百五十二。

己亥永城侯薛祿南雄侯趙庸懷遠侯曹興練兵山西。

夜大赤星自天船至天大將軍分五星至奎宿沒。

庚子訓導滿九年爲敎諭。

辛丑罷濟南青萊採鉛。

是月敕通政使曾秉正曰朕觀昔帝王之用臣也無疑而臣懷奸者奉君多智是有作聰明探王嚮是非喋出斯古人所以殄姓陷身爾秉正聰敏幹辦凡有言慮朕常聽從何其計出多端自欲深根後程乃有效古殺身之奸夫鰥寡孤獨聖王先恤爾誦古聖是非曉然矣朕憐爾才能免死免竄使還鄉里爾鬻四歲小女聲曰爲資昔人有云忠臣去國不潔其名爾何如也旣不能父難種于父朕命閹之是其罰矣。

癸亥洪武十六年

正月乙巳朔上御殿朝賀不舉樂。

賜琉球國中山王察度山南王承察度各鍍金銀印時中山王山南王及山北王怕充芝爭雄長上各敕諭之。

丁未。詔諭雲南諸蠻。遣紀事奉御徐保諭大將軍。今年至十月。月三犯畢。主大戰。防水。每屯軍須自穿井。

戊申。白虹貫日。

壬子。諭刑部尚書開濟都御史詹徽等曰。論囚須原情。毋深致人罪。昨有子犯法。父求賄免。御史併論。夫父救其子。人情也。朕赦之。自今論決。必三覆奏。

甲寅。夜。月食。

丁巳。國子祭酒河南吳顒免。以武臣子弟怠學也。

戊午。魏國公徐達鎭北平。

辛酉。敕松州衞指揮僉事耿忠賦西番民馬。三十戶輸一。

壬戌。文淵閣大學士宋訥爲國子祭酒。

命徒流而下代農民力役贖罪。

烏撒烏蒙芒部三府隷四川。

曹國公李文忠兼領國子監事。以公侯子弟多怠學。特勸勵之。

二月㚢朔。上觀唐太宗帝範。歎曰。此十二篇。雖于古帝王有間。然子孫克守其言。唐不世世哉。故祖宗之法。有所當守也。

丁亥。旌安平烈婦張氏。氏字國子生翟德。德竊比舍生物。氏恥之。自經。命旌于父家。

己丑。東閣大學士吳沈等進精誠錄。上覽而善之。

丙申。令各郡縣儒學歲貢諸生一人于京師。

故元雲南右丞相觀音保參政劉車車不花等送至京。授觀音保金齒衞指揮使。賜姓名李觀。

辛丑。開濟實授刑部尚書。

敕遼東都指揮使潘敬葉旺曰。二月六夜。太陰有象。主胡兵入寇。已發兵屯眞定北平。如果犯遼。卽以北平兵邀歸路。毋逸。

故元軍士占籍爲民相告者不理。

三月甲申朔。敕傅友德等。卿等久勞于外。班師之期。宜自審度。復敕沐英。大軍一回。恐彼相煽爲患。爾留鎮之。

永免鳳陽臨濠二縣徭賦。

罷天下郡縣按察分司。

定詐僞律條。

乙卯。故龍虎衞指揮使胡斌戰曲靖黑松林。中矢死。贈都督同知。胡海洋子。

敕四夷及土官入賀者。會集近畿。同入京。

四月甲申朔乙亥。上語侍臣曰。人君不能無好尚。好功則貪名者進。好財則言利者進。好術則游談者進。好諛則巧捷者進。有好。卽累其心。故好功不如好德。好財不如好廉。好術不如好信。好諛不如好直。

松潘等處安撫司納馬置驛。

庚寅。刑部尚書開濟。議法巧密。上曰。竭澤而漁。害及鯤鮞。焚林而田。禍及麛鷇。巧密之法。百姓何堪。非朕所望也。

辛卯。故錢塘衞千戶仝椒袁興從征雲南。贈指揮僉事。

故元海西右丞阿魯灰求內附。敕勞之。

賜暹羅占城眞臘諸國勘合驗朝臣出使者。

五月甲辰朔。乙巳。敕天下衛所習射。各月十選其一。赴京比試。
戊午。廣東都指揮使狄崇乞封妾何氏淑人。不許。
庚申。定嫡妾封贈及文官封廕例。
六安侯王志安慶侯仇成鳳翔侯張龍督兵往雲南。繕城立屯。置郵傳。安輯人民。
免應天太平鎮江寧國廣德田租。
六月癸酉朔。敕傅友德等。近聞永昌侯軍出食瀘敍。意甚佳也。第不知何時。可過幾時。若駐瀘敍不久。欲還曲靖等處。不知秋收可幾何。地產民賦可幾何。計至明年新穫之交。可不懸心。人來言亦九子寨蠻密邇四川。恃險不賦。時出中途。損我軍士。莫若于內踐食一冬。擒獲其人。亦使之畏。來春軍還。休瀘敍可爾。
甲戌。刑部尙書開濟議五六日旬時三審五覆之法。上戒毋徇其名。
選舉儒士。
定考覈之制。
改都察院正三品。設左右都御史副都僉都御史各道按察司。從三品。設按察使副使僉事。
己亥。敕傅友德等。聞雲南老人言。死可代地方三十六路。其初元人皆有之。後乃析入蠻。當元之世。雲南大理不知其蠻。又侵楚雄西南遠幹威遠二府。以此觀之。不可不備。還軍遲速。尙宜度思。其亦九子寨戎縣地面。五村大壩上下落鄉十池等處。及黃平羅木洞蠻。靄翠管下阿呂雨宗碎瓦莫得阿胡遣等蠻助烏撒叛者。大軍所過就便合勢。略加以威。如可行之。不可還軍。軍還須從黃平辰沅岳州。直至武昌。載舟爲便。
是月。倭十六艘寇金鄉衛。拒卻之。
七月壬寅朔。庚戌。上謂侍臣曰。自昔興王勤儉。亡主奢侈。其失得可鑑。後人不知戒。何也。大抵心淸則無欲。無欲則不受縱。苟心縱則驕奢淫佚日至。不旋踵而敗矣。

熒惑出太微垣。

御史錄囚各省。

山西左布政使何眞致仕。還廣州。集舊部兵校二萬餘人送京師。

癸丑。敕傅友德等。朕思還軍一節。尚恐未可。曲靖等處。雖支吾近餉。未見謀及冬春。假令曲靖下種八百餘石。不過收稻八千餘擔。僅得四千餘米。守禦軍士月約三斗。計不耐冬盡。欲待明歲夏麥。何以充腹。若守軍無糧。大軍一還。必至逃散。城虛復作患矣。計雲南尙有未服蠻夷。可攻而取其糧。待諸郡收穫。乃還大軍。符至。多方思其便。

戊午。更定冕服之制。

丙寅。武德衞指揮使梅義思祖子。爲遼東都指揮使。

庚午。太白晝見四日。

八月

甠朔。日食。

癸酉。令內臣張林徵鳳陽親鄰二十家赴京。予衣履。入見謹身殿。宴奉天殿左廡。宿于會同館。明日早朝入見東宮。各賞鈔。宴。上親送之西長安門。

甲戌。上諭右僉都御史詹徽等曰。比者政事苟且。上下相蒙。闔郡連歲不聞有所激勸。或乃云吏稱民安。其令御史及按察司巡歷訪察之。

丙戌。東閣大學士吳沈進講後期。降翰林侍書。尋改國子博士。

戒武臣毋受民囑託。撓有司。

旌邳州孝子李英。

九月辛卯朔。國子生親在三年一歸省。仍許歸娶奔期喪。

壽節。復常儀。不舉樂。

癸亥。中國公鄧鎭爲征南將軍。臨江侯陳鏞濟寧侯顧敬爲左右副將軍。率兵討江西龍泉等山寇。時廣東猺叛。江西永新龍泉縣民煽動。都指揮同知戴宗剿之不克。

鳳陽大龍興寺成。即皇覺寺有御製碑。

遣給事中清戎。

命來朝官豫進功業冊。

十月辛卯朔。授武定軍民府女知府商勝中訓大夫。誥賜冠服金帶。故土官法叔妻。

劉文徵曰。施羈縻于夷狄。非絡首穿鼻之術。蓋授之爵賞。被之章服。俾自爲治。而用夏之變與焉。全滇諸夷。其麗不億。而提其綱領。則自土知府而下數等。列冠帶者百十人。或綰符與銅墨雁行。或捍圉與游徼旅進。或沒齒不與期會。或經年不釋介冑。深山荒服。崩獸角以奉版章。棘矢桃弧。賈毒怒而敵王愾。無選擇更置之勞。有奔走禦侮之效。此羈縻之善物也。其或負三苗之固。雄夜郎之大。跋扈病于指脛。縣疣阨于喉吻。潰癰必決。而存亡繫之矣。

召魏國公徐達。雄武侯周武。永平侯謝成。翟昌侯郭子興。南雄侯趙庸。永城侯薛顯。都督僉事馬雲。蕭成還京。

高麗入貢。卻之。命禮部移檄責其欺詐。如聽約束。當輸前五歲失貢馬匹金銀。

辛卯。右僉都御史茹太素降翰林檢討。

壬辰。太白晝見三日。

乙未。頒鄉飲酒圖于天下。

是月。安陸侯吳復卒于普定。復合肥人。以義兵自歸。累功都督僉事。從沐英平西番洮州。既封。再征普定及廣西泗城州蠻。殺獲甚衆。妾楊氏年十七。自經。賜葬鍾山之陰。追封黔國公。謚威毅。子傑嗣。末年降南京衛指揮。封楊氏貞烈淑人。

郭子章曰。吳黔國定普定。卒于盤江。衝冒矢石。體無完膚。所謂以身殉國非耶。至于艾妾自經以殉。黔國忠臣。烈婦萃于一門。主臣夫婦無遺恨矣。

十一月庚子朔。壬子。祀李冰文翁張詠于成都。祀黃霸于鈞州。祀卓茂于密縣。祀陸遜抗凱于松江。祀李龍遷于隆州。祀狄仁傑于彭澤。祀謝夷甫于建州。祀李黼于九江。祀李宗可于安慶。宗可元義兵萬戶。佐余闕戰守。同時死。

定朝參官吏坐次。

命在外上表箋必遣職官。

諸司來朝及使還者。先朝見後詣所司。

十二月庚午朔。賜在京官民元旦元宵節錢。

歲貢生部試後送國子監。

武英殿大學士吳伯宗以弟三河知縣吳仲實薦舉失實。降伯宗翰林檢討。

陳仁錫曰。坐其弟薦舉不以實降官。國初之嚴于薦人也。

甲午。刑部尚書開濟及侍郎王希烈。郎中仇衍。主事王叔徵等伏誅。濟强敏綜核。上最委任。怙寵盩人。善深文。莫能自脫。又立簿曰寅戌之書。限僚屬出入。上責之曰。古人卯入酉退。今違之。非人情。濟不聽。嘗揭部例于文華殿上。又責之。其鬻獄。借死囚脫代獄官。發之。竟棰獄官死。又嘗竊人驢。勸賞役甥女關氏。見劾。每懷奏不即上。務伺旨觀望。上怒。下濟獄。廷訊。幷誅希哲等。蓋濟雖才辨而狡毒諛悅。終亦不自免也。

國榷卷八

甲子洪武十七年

正月己亥朔。定軍士修城。毋得役民。

乙巳。孔訥襲衍聖公。孔子五十七代孫。

優給故官家屬。

丁未。郊。

戊申。旌山陰徐允讓及妻潘氏節孝。允讓嘗値寇。斫其父安頸。大呼曰。寧殺我。毋殺父。寇果舍安殺允讓。將辱潘氏。紿曰。夫死。從汝必矣。若能焚吾夫。則無憾也。寇信之。潘聚薪焚夫。卽投火中死。至是有司以聞。上以允讓能捐生以救父。潘氏能紿賊以全貞。詔旌其門。

左僉都御史詹徽爲左都御史。戶部右侍郞栗恕試尚書。參軍府左參軍劉逵試刑部尚書。右參軍麥至德試工部尚書。右僉都御史邵質。給事中徐文顯試刑部左右侍郞。虞部郞中韓鐸試工部左侍郞。工部總部郞中李端試戶部右侍郞。進左右都御史正二品。副僉遞進。

須文達那國入貢。

己未。敕景東土官俄陶爲景東知府。麗江土官木德爲麗江知府。土官那直沅江知府。高政爲楚雄知府。阿散太和縣正千夫長。兼試千戶。

命文官居憂歷職五年無過者。給半祿。終制三年者。全祿三月。

壬申。信國公湯和巡視浙福山東海道。

甲子。起余熂吏部尚書。

丙寅。諫院右司諫官賢翰林侍讀學士李翀爲山西浙江左右布政使。

遣僧智光等使西天尼八剌國。

二月巳朔。定吏員考滿陞轉出身資格。

定天下諸司移文式。

三月戊朔。頒科舉條例。五經皆主古註疏。不專宋儒。

曹國公李文忠卒。文忠字思本。臨淮人。上之甥。從起兵。東定浙。北定元上都。沈厚誠恪。懌近儒生。遂巡書史。勸上少殺僇。又諫宦官太盛。上怒其館客敎之。盡殺其客。遂病悸不治。又族誅諸醫及侍婢六十餘人。年四十六。

追封岐陽王。諡武靖。賜葬鍾山之陰。子景隆嗣。

蘇伯衡曰。僞吳之滅。由王覆之諸曁。元祚之終。由王蹙之應昌。遠若西番之地。無不涉歷而疆理焉。所謂有以服人于智力之外。而勳蓋世者哉。皇上眷遇加異。無間存沒。固自繇此。非徒以肺腑故而崇奬之也。

王世貞曰。岐陽王不數爲大將。將輒有功。敦詩說禮。有儒者風。斯所以肺腑哉。高帝起民間。屢更饑饉。兄之子獨大都督文正。姊之子獨岐陽王。大都督不善居勳。父子以廢徙。而高帝念之不絕。蓋二百餘年而南面猶故也。臨淮之紹侯。其亦高帝遺意哉。

袁袠曰。岐陽王。高皇帝姊子也。以肺腑之親。攀風雲之會。東征西討。所向輒克。五出漠北。深入不毛之地。克上都。破應昌。殘胡竄匿。獸駭鳥散。繫孫子。擄名王。雪白登之夙恥。攄靑衣之積忿。壯矣哉。雖李靖之禽突厥。介子之斬樓蘭。蔑以過也。家居恂恂若儒生。賦詩雅歌。有祭征虜之風。詩曰。文武吉甫。萬邦爲憲。吉甫有焉。

庚子。征南副將軍中國公鄧鎮等平永新龍泉山寇。

丁未。江夏侯周德興請決荆州嶽山壩以通水利。從之。歲灌民田增租四千三百餘石。

征南將軍潁川侯傅友德。左副將軍永昌侯藍玉班師入朝。

停寶鈔。

定有司祭祀。僧道官不預。

甲子。大赦。

丙寅。改刑部都察院大理寺公署于太平門外。名其處曰貫城。

四月戊戌朔。頒八事于州縣爲挈令。

壬午。論平雲南功。進潁川侯傅友德潁國公。世襲。永昌侯藍玉安慶侯仇成定遠侯王弼並世爵祿二千五百石。封後軍都督僉事陳桓普定侯。右軍都督僉事胡海東川侯。前軍都督僉事郭英武定侯。張翼鶴慶侯。並世襲。祿二千五百石。賜鐵券。餘將校遞陞有差。

癸未。賞征南將校正總兵綵幣二十雙。鈔百錠。餘有差。

更定內官六尚局品秩。

濟南衛指揮何誠言幼孤。伯父子之。雖先人已贈。乞推恩伯父。示報。事下禮部。謂宋右僕射李昉封其繼叔彙

贈本生。上乃許之。

己丑。旌鈞州卜者張宗魯孝行。宗魯幼瞽。避亂負母路氏。曲事之。終還鄉合葬。

庚寅。收征南將士遺骸。棺葬之。

德慶侯廖權卒。賜葬安德門外。永忠子。

乙未。翰林編修吳伯宗卒。伯宗金谿人。洪武辛亥進士第一。溫厚詳雅。博學能文。所著南宮集使交阯集成均玉堂集。

五月戊戌朔辛丑。平越衞指揮使鳳陽孫恪仍爲後軍都督僉事。

辛酉。吳高嗣江陰侯。吳忠嗣靖海侯。

是月。敕遼東守將唐勝宗絕高麗。必歲貢如約。始許之。

六月丁酉朔。詔天下官吏朝正旦。書功于册。圖土地人民。俱臘月臨盡五日畢至。唯雲南遠徼。免之。

庚午。上御奉天門。諭羣臣曰。治天下之道惟禮樂。禮樂必並行。然後化淳。或以有禮樂不可無政刑。此特輔禮樂爲治耳。卿等宜加意焉。

辛巳。命禮部作大成樂器。頒天下學校。

置郡縣醫學陰陽學。

夜。長樂縣大風雨潮溢。

高麗謝罪。請進馬二千匹代貢金。許之。

丙戌。歲星塡星太白聚參宿。

辛卯。福建按察使鄞縣陶垕仲僉事上虞謝元功劾左布政蠡州薛大方貪狡。上即令按察司訊之。大方亦誣辨。並逮入。聽于都察院。大方伏誅。垕仲元功復位。閩人快之。

乙未。睢州河決。

作國子監祭服。

七月丁酉朔。戊戌。敕內官毋預外事。諸司毋與內官監移檄來往。

作朝天宮。

上御東閣語翰林待詔朱善等曰。人主以天下之好惡爲好惡則公。以天下之智識爲智識則明。又曰。君子揚人善不揚己之善。貸人過不貸己之過。又曰萬事不可以耳目察惟虛心以應之。四方不可以智力服惟誠心以待之。

己亥徐允恭署左軍都督府事。徐達長子。

癸卯曉太白犯天罇。

丙午諭吏部薦舉冒濫其申嚴之。凡考覈務從至公。

許迎養父母者皆官給舟車。

甲寅遣國子助敎楊盤等使安南徵糧助餉雲南。陳煒卽輸五千石于臨安。

命吏部簿錄朝覲官所薦屬官及儒士人材。記其舉主姓名。任滿考當否爲黜陟。

免應天太平鎭江寧國廣德滁和今年官民田租之半。

諭戶部定里驗丁糧贏縮產業厚薄均其力。

丙辰皮作局大使許士哲上言治道之要。明賞罰以清官吏。問疾苦以安生民。均賦役以甦民力。嚴銓選以擇賢才。揀精卒以杜妄費。興武舉以羅英才。崇節義以厚風俗。明禮義以敎萬民。立平準以利商賈。置常平以惠農民。用直臣以任糾彈。開言路以通民情。滅亡胡之餘燼以絕後禍。監前代之興亡以壽國脈。上嘉納之。

北平降卒編入京衞者。悉放爲民。

徵士陳遇卒。遇字中行。江陰人。元溫州敎授。退歸顏其堂曰靜誠。上渡江。卽聘之。最眷注。嘗曰吾子房也。所奏對祕不示人。嘗三幸其第。屢拜官不受。最後辭禮部尚書。遂不復强。時稱靜誠先生。賜祭葬。

楊士奇曰。予聞先生志尚清遠。興韻蕭散。游心繪事。嘗寫高皇帝御容。妙絕當時。然未嘗自名。世亦無能得之者。先生有弟中復。嘗隨入侍。永樂初授翰林待詔。予數得晤語。其爲人端重清雅。不苟言笑。間出論議。娓娓近道。亦妙繪事。爲文皇帝所重。時中復子孟雖以善書從予翰林。簡靜修潔。絕口不道繪事。予間與中復語及之。曰。此兒頗有志操。不屑意鄙事者也。少年在先生側。戲弄筆墨。先兄叱曰。吾豈他無一長。汝乃習其下者。今雖老。每思前言。未嘗不內媿。然無及矣。嗟夫。先生履素操潔。識明義正。革運之際。躬荷知遇。卒完所守以沒。雖一藝所耽。昔人不免春苑池之屈。先生浩然之氣。不爲時屈。非一世之豪哉。

林之盛曰。異哉陳公。謂其冥鴻。而時在帝旁。謂其從龍。而不受帝職。客星之位。不賓之臣。與功名非不可記。而皎皎霧外。思若起羊裘叟而媲美之者。眞聖代異人也。士各有志。玩世與用世不同。李贄乃謂公在劉誠意下。恐非確論。

馮時可曰。陳先生抱懸藜之姿。日侍斧扆。而始終不就一官。確乎其不可拔。潛龍哉。其于四皓。咸以布衣臣天下。四皓四出不留。先生久留不官。要于無所緇染。歸潔其身。鳳集鴻飛。抑何以異。至于剷草焚札。民無得而稱。陳羣之長者何加。上所以屢歎君子也。

朱國楨曰。靜誠召見時。年方強仕。非秦元之篤老比。曾爲教官。亂而退隱。非輕世肆志者比。得遇聖主。參幃幄。蒙賞賜。非洗耳投淵。果于忘世者比。其決于辭官。辭而皇祖亦不力強。此其人本末可知。始爲秦元之所薦。旣又合薦陳文輝。博得飛龍在天一書。聲氣學問。自是儒者一派。然文輝辭于始。應于後。卒以迂滯投金水橋以死。靜誠逃死。非逃官也。當日與王景象得此數人。自負未肯卽臣。皇祖因而風厲。待之非三傑。非四皓。外不失尊禮之名。而內收豪傑嚮用之實。豈與用事諸臣課功實分高下哉。

秋。暑。命刑部慮囚。

景川侯曹震請征容管勾沿邊大旺散毛等洞蠻及西番朵甘思曩日族。不許。

八月辛酉朔。庚午。滎陽侯鄭遇春東川侯胡海督金吾等衞造海舟百八十艘。

壬申。平緬宣慰使思倫發入貢。平緬在西南夷。稍遠自雲南大理越金齒至其地。所謂百夷也。元時屬緬甸。產象馬。

河決杞縣。遣使者塞之。蠲田租。

癸酉。通經儒士陳玄爲右僉都御史。林文爲左春坊司經局試正字。

壬午。詔撰皇伯壽春王墓文立石。

癸未。定考績法。

乙未。儒士婺源汪仲魯爲左春坊左司直郎。仲魯舉明經。講尙書西伯戡黎。上甚喜之。

諸州不及三千戶。俱改縣。凡三十七。

九月辛卯朔。戊戌。懷慶府戴莊湖廣都司副斷事高翼俱爲右僉都御史。靜寧州判官元善爲右僉都御史。東昌敎授馬叙爲左春坊左贊善。

己亥。前瓊州知府趙瑁爲左春坊左諭德。

征南士卒悉爲小旗。免比試。

更定親王冠禮。

命布政司儲備兵食。邊衞足三年。內地足二年。

十月庚申朔。壬申。魏國公徐達上北平諸衞吏卒之數。凡十七衞。計吏卒十萬五千四百七十一人。

後軍都督僉事陳文卒。文合肥人。少孤。事母最孝。力農致富。從渡江。年六十。追封東海侯。謚孝勇。本朝謚孝止文耳。
冊淑妃李氏攝宮中事。
丙子。河南永平水。命駙馬都尉李祺歐陽倫王寧李堅梅殷陸賢賑之。敕河南布政司及守令曰。大河之水。天泉也。所在牧守仁心。吏行事如律。卽蜿蜒東注。無摧山裂石之勢。若牧守吏不仁不律。則洪流洶湧。波濤駕平野。魚鼈游園林。河南河水瀰漫數州。民居皆徙。朕日夜疚心。特命駙馬祺等往賑。慮不足厚給之恩。爾奉行無怠。
復遼東海運。
置稽疑司尋罷。
乙酉。景川侯曹震言。四川貴州二都司。易番馬四千二百五十四。請分給陝西河南吏卒。又自眉州峩眉至建昌古驛道。平衍無瘴毒。宜通其道。從之。
丙戌。左春坊左諭德趙瑁爲禮部尙書。秀才王斌試左參軍。史玄齡歐陽旻試右參軍。
丁亥。秀才宋矩等十七人爲監察御史。周渙奎高孟文爲翰林院檢討。
成都府吏訐知府張存仁。不聽。
閏十月朔。上曰。聞方面官多侵郡縣職。失治體。自今民間庶事自州縣始。縣有不公。州理之。州有不公。府理之。府有不公。布政司理之。布政司所任非人。從按察司彈糾之。亂政擾民者罪無赦。
令天下論獄皆屬都察院訐允。送大理寺審復。乃決之。
欽天監博士元統言。曆法隨時修改。今曆名大統。而積分猶授時之數。授時曆以至元辛巳爲曆元。迄今甲子。積百有四年。推曆法得三億七千六百一十九萬七百七十五分。經稱七十年差一度。每歲差一分五十秒。辛巳至今年數漸盈漸差天度。臣今以洪武甲子歲冬至爲大統曆元。推衍得授時曆辛巳閏准分二十萬二千五十分。洪武甲子閏准分一十八萬二千七十分一十六秒。授時曆氣准分五十五萬六百分。洪武甲子氣准分五十五萬三百七十五分。授時曆辛巳轉准分一十三萬二百五分。洪武甲子轉准分二十萬九千六百九十分。授時曆辛巳交准分二十六萬三百八十分。洪武甲子交准分一十一萬五千一百五分八秒。蓋七政之原。遲疾逆順伏見不齊。其理深奥。實難推演。聞磨勘司令王道亨有師郭伯玉精數法。請得同之推演大統曆。成一代之制。上是之。

楊廉曰。前代之曆。唐虞三代無可考。自漢至元。凡四十餘曆。漢興四百餘年更三造曆。唐興三百餘年更七造曆。宋興三百餘年更八造曆。國朝大統曆。採用元授時曆。自洪武至今百四十年。未嘗更造。而一一皆驗。眞可以行之永久矣。授時曆乃許平仲郭守敬所作。知曆數明曆理。恐古今未有過之者。其法不用歷代積年日法。最爲簡易。瓊山丘氏太學衍義補引洪武中博士元統之言。謂授時曆元年遠漸盈漸差天度。擬合修改。攷之統所改元推步。不應曆家尚仍授時之舊。而丘氏復謂今去統時年遠。數多所差益甚。是亦泛論焉爾。曆法疎密驗在交食。今日月之食。分秒不差。又何得而疑之哉。

永城侯薛顯母卒。工部請給棺。不許。謂功臣恩典自上裁。非可請也。

魏國公徐達還京。

癸亥。清類天文分野書成。二十四卷。頒諸王。

十一月甲子朔。乙丑。上御東閣。謂侍臣曰。責難之詞。人所憚聽。明君受之無難。諂諛之語。人所易從。昏主信之尤入。右春坊右贊善董倫曰。惟明主能愼擇之。上曰。責難不入于昏君。而諂諛難動于明主。人臣事君。在守正矣。

丙寅。江西布政司參政胡昱請討金山納哈出。不許。昱故元降將也。

己巳。敕孔希文爲曲阜知縣。孔子五十六世孫。

文官年七十許致仕給誥敕

雲南左布政使吳印還京張紞爲雲南左布政使。

壬申。牛誠爲駙馬都尉尙崇寧公主。

癸酉。鞏昌侯郭子興卒子興臨濠人從滁陽王麾下。轉事上。備宿衞往往裹創力戰。年五十四。追封陝國公謚宣武。

黃金曰。子興以瓌瑋之資自開國以來。從龍上下。盡瘁所事。所至以英勇聞。是故攻無不克。戰無不勝。視轉萬里之遠。歷歲之久若堂奧與朝夕焉。雖鋒矢交集。饑渴不時。咸不避悔。必盪殲渠凶。歸報終事乃已。卒能爲國恢拓疆宇。勒勳西陲。誠可以不朽矣。其亦人傑也哉。

丙子。宣寧侯曹泰自貴州水西市馬還。得五百匹。

楊通嗣榮陽侯。璟子。

十二月卯朔壬寅。翰林待詔朱善上言。國重世臣。家重世婚。今民間婚姻之訟甚多。兩浙江西尤甚。問之皆舅姑兩姨子若女。蓋以法不當婚。故爲仇家所訟。或已聘而見絕。或既婚而復離。至婚嫁已久。兒女成行。有司尙爾逼奪。使伉儷分離。子母永隔。冤憤抑鬱。感傷嗟歎。議律不精。禍一至此。按律尊屬卑幼相與爲婚者有禁。若謂父母之姊妹與己之身。是謂舅姑兩姨。皆名尊屬。己不可以卑幼匹之。若己爲舅姑兩姨之子。彼爲舅姑兩姨之女。門地相耦。長幼相若。嫌靡尊卑。美儷鈞敵。爲子選婦。爲女選壻。宜莫先此。昔成周之時。王朝所婚。不過齊宋陳杞數國而已。故當時稱異姓大國曰伯舅。小國曰叔舅。列國之君。齊宋魯衞陳鄭秦晉。亦各自爲甥舅之國。降及後世。如晉之王謝。唐之崔盧潘楊之睦。朱陳之好。無不世婚爲重。其顯然可證者。如溫嶠之玉鏡臺。此以舅子娶姑女也。呂榮公夫人。待制張昷之女。而待制夫人。卽榮公母之姊。此以小姨子娶大姨女也。若此律不明。獄訟繁興。風俗凋斂。甚可傷閔。顧下臣奏議弛禁章。上從之

乙巳。左都御史詹徽奏。太平人毆死孕婦。當絞子請代。下大理寺。卿鄒俊議曰。死婦係二人之命。犯人當二死之條。與其存犯法之父。孰若全無辜之子。上從之

西平侯沐英。剿廣西維摩餘寇。通四川餉道。

乙卯。東川侯胡海招集山東元遺兵千四百四十餘人。

庚申。國子助敎楊磐還自安南。陳煒遣使隨入表賀正旦。貢閹豎三十人。

是年。泗州朱貴上祖陵圖帖。厚賜之。除奉祠世襲。

乙丑洪武十八年

正月癸朔。琉球暹羅俱貢賀。

太原府同知溫祥卿爲兵部尙書。

戊辰夜。熒惑犯外屏。

課朝覲官四千一百十七人。稱職四百三十五人。尋常二千八百九十七人。不稱職四百七十一人。貪黷百七十一人。闒冗百四十三人。詔擢稱職。復常任。降其不稱職。下貪黷于法司。餘免爲編氓。

儒士劉三吾爲翰林學士。

丁丑。高麗進馬五千匹。金五百斤。銀布各五萬。

戊寅。諭禮部令高麗三年一朝。止進馬五十匹。

己卯。命郡縣第民戶上中下三則。編賦役冊。驗輕重役之。

辛巳。慶遠府東蘭州蠻韋富撓作亂。初富撓世據東蘭州。洪武己未。富撓遣舍人韋錢保入貢。匿富撓名。因授錢保知州。致隙。至是廣西官軍執錢保。改他吏。蠻民乃安。

癸未。禮部頒外官到任儀注。

甲申。江夏侯周德興往河南招故元兵。

乙酉。歲貢會試落第者還學讀書。再落者罰爲吏。

丙戌。福建按察使鄞縣陶垕仲以父兄徙鳳陽。乞得聚養。許之。垕仲按閩。盡刷宿弊。德惠流洽。嘗劾布政使薛大方。見累得雪。復官。閩人謠曰。陶使再來天有眼。薛公不去地無皮。

戊子。魏國公徐達創愈。上書勞之。

辛卯。定王國祭祀社稷山川等禮。

二月喽朔甲辰。時陰雨雹。詔中外官民卒伍皆得盡言。

國子祭酒宋訥上守邊策曰。今海內既安。蠻夷奉貢。惟沙漠胡虜。尙煩聖慮。若置不治。則恐久爲患。若欲窮追遠擊。又恐艱難疲勞。陛下爲聖子神孫計。不過謹備而已。備邊在乎實兵。實兵在乎屯田。漢本始中匈奴率十餘萬騎而南。趙充國將四萬騎分屯緣邊九郡。單于聞之引去。當時籌畫區分。可以想見。今陛下宜于諸將中選謀勇數人。每以東西五百里爲制。隨其高下立法分屯。如充國兵數斟酌損益。率五百里屯一將。布列邊地。遠近首尾相應。耕作以時。訓練有法。遇敵則戰。寇去則耕。此長策也。上嘉納之。

國子學正陳潛夫上四事。奬直臣。簡師儒。勵廉恥。審用人。國子博士高允憲請如漢事。旌卓異。賜金增秩。上皆是之。

乙巳。初昏。五星並見。

丁巳。右春坊右贊善董倫爲左春坊大學士。

己未。錄軍國重事太傅右丞相魏國公徐達薨。達鳳陽永豐鄉人。從上起兵拜鎭撫領諸將。竟定天下。九佩大將軍印立功蓋世。彌折節恭謹。嘗宴醉甚。上令舁臥故吳王時邸中。醒知之起伏階下呼死罪。上益悅。治甲第。表其坊曰大功。年五十四。追封中山王。諡武寧。賜葬鍾山之陰。

彭韶贊曰。天眷聖明。篤生賢輔。削平羣雄。翼我洪武。反狄陰山。雪恥千古。攻城勿屠。手完藏府。錫爵分茅。以有魏土。奠彼朔方。莫予敢侮。氣作山河。不物以腐。

王世貞曰。高帝之取天下。計初下建康。再與陳友諒角。實在行。而其他皆大將軍力也。大將軍之廉靜仁武。沈幾策勝。即古名世之佐曷過焉。勞而不伐。夙夜匪懈。與功名終。蓋所以處君臣之際微矣。元女佾配英主。整其成師于十五年後而資靖難。兩都二公光表後裔。寵冠羣辟。夫豈幸哉。儒生之第武者。輒先太公望。夫太公因累世之聖。奉以伐不仁。牧野一戰。倒戈攻北。無所藉于鷹揚。而殷社粟矣。土一胙而疾驅于安丘之逆旅。舉賢尚功。汲汲以爲齊世計。孰與夫大將軍受脤而忘其家。誓衆而忘其身。論爵第賞而忘其子孫哉。吾故特標而昂之。以爲古今勛臣第一云。

何喬遠曰。大將軍謀勇兼資。雖勞不伐。夙夜匪懈。以功名終。處草昧君臣間微矣。天下甫平。副將軍不及論功與共享之跡。其當時皆一心歸誠。皦然而無間。非徒以勇力冠軍人。以太祖之興比漢高祖。然曹平陽未必盡平天下。韓淮陰善戰而不善居之。未有如兩將軍者也。

袁又新曰。予讀中山世家。乃知弔伐之師。智在不貪。仁在不殺。勇貴能斷。中山兼之。所以謨冠羣策。勳席皇圖。即阿衡尚父。九王六弢。與肩疇踵。亡以逾焉。况功高不伐。禹績所以承家。陽羨賜莊。子孫二大國。歲祿萬石。聖明之酬勞如是。則鳥盡弓藏之喻。淮陰亦易于反脣矣。天下僅五公。中山子孫居二焉。

松州羌反。討平之。仍轉餉給松州衞。

三月戊午朔。廷試貢士黃子澄等四百七十二人于奉天殿。賜丁顯練子寧花綸等進士及第出身有差。

甲子。諭西平侯沐英。凡指揮同知陞指揮使。指揮僉事陞指揮同知。正副千戶衞鎮撫陞指揮僉事。百戶陞副千戶。俱世襲。

乙亥。免應天太平寧國鎮江廣德滁和今年田租。

進士自授官外。餘觀政諸司。給以出身祿米。

丙子。丁顯練子寧花綸爲翰林修撰。進士出身馬京齊麟等爲編修。吳文等爲檢討。□震爲承直郎。陳廣中書舍人。同進士出身危瓛衞府紀善。李鴻綱潭府奉祠正。楊靖吏科庶吉士。黃耕承直郎。蹇瑢中書舍人。鄒仲實國子助教。瑢後改義。

以進士未更事。俾觀政諸司。

分宜黃子澄蕭山魏觀。皆少年美才。恆備顧問。明年。觀憂去。子澄滿三載。授修撰。今翰林院題名錄。以子澄爲一甲三人。非是。

命工部增造京官私第。

禮部主事陳章上言禮制。納之。

丁丑。定翰林院官制。學士殿閣大學士俱正五品。侍讀學士侍講學士各二。從五品。侍讀侍講各二。正六品。五經博士五。正八品。典籍二。八品。侍書二。九品。待詔六。從九品。史官修撰三。從六品。編修四。七品。檢討四。從七品。首領官孔目一。

夜。歲星會塡星金星入井宿。歲星入亢宿。

戊寅。張麟爲駙馬都尉。尙福淸公主。張龍子。

庚辰。定番國進表禮。

辛巳。禁河南伐桑棗楡槐。

罷考功監。

壬午。太常博士薛文舉言各官稱職宜久任。上納之。

戊子。塡星歲星太白聚東井。

戶部侍郎郭桓胡益王道亨等盜官糧至七百萬石。下獄。詞連禮部尙書趙瑁刑部尙書王惠迪兵部侍郎王志工部侍郎麥志德等。舉部伏誅。株累天下官吏死徒數萬人。寄染徧天下。民中豪以上皆破家。詔奸吏永不赦。御史余敏丁廷舉言法司迫切。皆歸謗朝廷。遂磔審刑司右審刑吳庸等以息天下之謗。瑁等皆棄市。

談遷曰。帝素惡元法之刓。最加意兵食。而當時死徒徧天下。一空印。一盜糧。禍至溢矣。盜糧至七百萬未盡。計臣或符籍稽誤。沿至大謬。蓋狃元習而不之戒也。然自是法日詳。奸民少戢矣。

敕靖寧侯葉昇等。上天垂象。宜嚴城守。如敵至。第保障淸野。俟怠歸急擊勿失。

是月。翰林待詔朱善爲文淵閣大學士。

四月⿸尸壬朔。癸巳。五色雲見。明日如之。羣臣表賀。不許。

乙未。敕靖寧侯葉昇等繕海蓋復三州城。

丁酉。殺吏部尙書余熂。熂崑山人。家故鏞工。少喜學問。其掌銓稱平。未嘗譖毀人。以鄉人國子學錄金文徵。憚祭酒宋訥方嚴。與學錄田子眞何操學正陳潛夫告熂。言訥老耄受賄餓死諸生。尅落師生廩膳。熂移文令訥致仕。訥陛辭。上驚問故。怒熑專擅。并金文徵等誅之。圖形暴罪。

劉鳳曰。熑雖踽踽然畏慎不被嫌猜。其事乃不能詳。既總百官。備宰阿。蓋亦有足稱矣。

談遷曰。余茂本其人長者。居家尤恭謹。望里門輒下。詎嫉宋仲敏而驅之哉。偶信姤說。身伏斧鑕。嚴主之不測如此。噫。彼號爲畏慎。猶未免蒙罪。况其踰濫者乎。

戊戌。置雲南沅江府。因進羅必甸長官司秩六品。正流官。土人白文玉副之。

己亥。太白晝見三日。

壬寅。錄有司善績著聞者。揭鄉之旌善亭。有顯罪者。揭申明亭。

丙辰。馬平縣主簿孔性善言。溪洞猺獞恃險殺掠。兵至則竄。兵退則恣。乞于要地置寨。扼其出路。食盡易勦。然前知縣陳景文。猺獞俱應役。厥後撫字乖方。始復反側。則守令貴得人也。上嘉納之。下吏部擇賢守令撫輯之。

置五開衞。

思州諸洞蠻作亂。信國公湯和爲征蠻將軍。江夏侯周德興副之。從楚王楨討平之。

五月辛酉朔。文淵閣大學士朱善進講心箴。上曰。人心道心。機相倚伏。人常持之可也。

丙寅。罷判錄司。

庚午。太陰犯平道。

湖廣洞蠻作亂。討平之。

右軍都督張赫督海運七十五萬餘石往遼東。

己丑。沔陽衞指揮僉軍和州潘進爲雲南右衞指揮同知。滇夷叛服不常。至是屯田繕械。軍資不乏。

六月辛卯朔。丙申。太白晝見六日。

戊戌。頒命婦冠制。
丙午。僉各處民充力士萬四千餘人。增錦衣衛六千戶領之。
夜。月食。
戊申。定朝覲官三年爲期。初歲至。
是月。下第貢士俱授教官
四川蠻酋吳奮兒倡亂。稱剗平王。古州十二長官司悉應之。號二十萬。靖州衛遣兵擊之。不利。遂攻靖州。指揮僉事過興敗于九里岡。與子忠死之
七月。辛酉朔。高麗權國事王禑獻馬。請襲爵。求故王王顓封謚。從之。
乙丑。丹徒知縣胡孟通。縣丞郭伯高。金壇縣丞李思進。坐事當逮。耆民詣闕保留。特釋之。皆賜敕。勞酒一尊。復賜耆民酒。面諭之曰。朕孜孜求賢。分任方隅。多失厥職。方欲窮罪而更張之。爾等列爾令丞善狀。嗚呼。昔人君巡狩四方。詢民知政。朕今坐而得縣官之賢。官得其人。朕復何憂。特勞爾酒。爾其合享之。
丙寅。命戶部廳事刻天下稅糧課程一歲收用之數。
公侯親屬占籍他處者各召還。
己巳。罷四川普定軍民府。
庚午。以盜糧株累良民。詔大赦天下。詔曰。天道以有餘補不足。人乃以不足奉有餘。嗚呼。罪盈自己。惡怒人神。天譴既臨。尚造多非。如戶部侍郎郭桓闔部等。刑部尚書王惠迪侍郎□修闔部等。兵部侍郎王志闔部等。工部侍郎麥至德闔部等。禮部侍郎趙瑁闔部等。贓貪亂政。賄賂屯集。罪已分明。尙掩殺身之計。妄指善良。爲寄贓所。朕設官造民業不勝任。又且罪盈法古天討。以除民害。愈加害民。必欲除奸。復生奸甚。實朕不才之致。凡

我天下良民。憐朕不敏。書不云乎。天位艱哉。仰觀俯察。寢食不安。惟圖康民。人心若此。自詔以後。大赦吾民。所有不赦。惟是奸貪。

辛未。免陝西欺隱田糧十二萬餘石。

壬申。浙江按察使陶晟坐事死。

甲戌。遣國子學錄張溥詔封王禑高麗國王。遣國子典簿周倬追謚故王王顓恭愍。

丙子。時郡縣官當去。其父老詣闕乞留者。皆賜敕留加賜衣幣。

甲申。歲貢生不雋者。提調官及教官奪祿一年。

丙戌。國子生値疾。官給醫藥。久不治者。護歸其家。

八月鯨朔乙未。祀姜嫄公劉于邠州。

癸卯。吏員役滿避本貫互用。

丙午。賜公侯鈔人萬錠。俾還鄉治宅。

己酉。進士方昇梁德遠等六十七人爲六科給事中六部試主事。

宋國公馮勝爲征虜大將軍。偕潁國公傅友德永昌侯藍玉往北平會兵備邊。

丙辰。上御華蓋殿。論治道。文淵閣大學士朱善曰。致治在任人。擇衆賢爲耳目。則視聽周。任衆智爲計慮。則澤

癸丑。復設糧長。

施溥。今天下太平。選任賢才。宜留聖臆。上曰。然。

己未。指揮千百戶鎭撫年五十以上。許子代襲。

是月。賑河南。

九月辛朔。庚午。上御華蓋殿。大學士朱善講周易家人卦。上曰。家國一也。在誠實而有威嚴。誠則恩篤。嚴則無失。
壬申。駙馬都尉黃琛卒。琛武昌人。初名寶。從上麾下。尚皇兄蒙城王女。及卽位。封女慶陽公主。寶都尉。三年改名琛。年四十九。子鋭。左軍都督僉事。
乙亥。楚王楨請親征吳奮兒。許之。命信國公湯和爲征蠻前將軍。江夏侯周德興。都督同知湯醴。副之。敕湯和曰。行師須愼。毋輕視深入。雖來降。亦須審察。楚王尙幼。敬遣都督僉事劉寧總宿衛之兵。軍旅之事。卿自裁決。然後啓王知之。楚護衛兵六千五百人。會湯和等號二十萬。
甲申。定諸番頒貢禮。
丁亥。翰林檢討茹太素爲戶部尙書。
築漳河堤。
行人韓曄父同知致仕。年七十。得罪當輸作。曄請代。釋之。
戊子。星變。敕諭秦王晉王周王。
壬寅。太白連晝見。
是月。文淵閣大學士朱善卒。善字備萬。豐城人。九歲通經。能文。元末隱居纂述。國初授南昌教授。八年。薦入翰林修撰。逾歲。降典籍。放歸。復徵爲待詔直閣。乞骸。卒于家。年七十二。所著詩經解頤等集行世。
十月己朔。上作大誥。頒示天下。
何喬遠曰。高皇帝本淮右布衣。幼苦孤貧。長遭兵亂。人之情僞。無不盡知。自平武昌以來。卽與羣臣議定律令。損益更改。不計數。卽位之初。首頒大明令百四十五條于天下。次爲直解。使愚民盡知。蓋疎節闊目。欲以簡以嚴。共期無刑之化。而物態多端。律文不載。比例繁多。奸吏因得出入。至六年。重定明年律成。篇首準于唐律條令六百有六。可謂詳矣。而貪墨之吏。奸頑之民。尙未格心。帝乃大召天下耆德高年之人。禮于有司。使得執貪吏。禽奸民面奏。奏實者加非常之誅。于是有挑筋。剁指。刖足。斷手。刑臏。鉤腸。去勢。以止大憝。府州衞所右廨左廟。名曰皮場。吏受賕至六十金者。引入場中梟首剝皮。更代之官。設皮坐。造淮淸樓。令校尉下瞰城內。有吹彈蹴踘賭博無作務者。捕置樓中。僅許水飮。游手逋賦之僧。欲地埋軀。以行鏟頭之會。其他徙邊實都。墾田築城。自贖罪者。不可勝計。于是揭著文武臣民罪由。布于天下。而大誥之篇出矣。所以人人惴慄。吏畏民馴。其時徵辟之士。有司督趣如捕罪囚。仕于朝者。多詐死佯狂。求解職事。自非剛敏博達之士。溫恭愨畏之臣。烏能勝其任而遇合乎。然原高帝之意。皆以革元人姑息之政。洗故俗汚染之非。非爲訓于後王。故祖訓首章。特戒守成之君。黥刺腓劓閹割之刑。永不可用。臣下不匡者。磔其身。誅其家。誠恐嗣君宮生內長。人情眞僞善惡。未必灼然無疑。一時不當。悞傷良善也。末年更定吏戶禮兵刑工。分爲六類。析十二篇爲二十九。約六百六條爲四百六十。異日權宜法外之法。蕩滌蠲除。與天下更始矣。是以高皇帝雖昭威顯辟。誅殺大張。而天命永眷。人心不移。延及建文。餘教未衰。二三碩士。投火愈烈。擠淵彌厲。若自附于不貳有終之臣。天地神靈。知高皇帝無淫威之意。海內臣民。諒其有德愛之實也。

賜湘王潭王魯王蜀王十七史等書。

免北平今年田租之半。

癸巳。翰林院待詔孔希善言。孟氏子孫有以罪輸作者二人。上曰。大賢之後。當屈法宥之。遂遣還。諭工部曰。孟氏後甚微。脫或死。行凋盡矣。凡在輸作者。爾等詢其出自聖賢。卽便釋還。

徵天下武官赴闕。

乙未。進士胡昌齡等十人爲御史推官。二甲。進士李烜等二十人爲各部主事各縣丞。三甲。

丙申。築欽天監觀星臺于雞鳴山。因雨花臺爲回回監觀星臺。

有星孛于斗。

癸卯。召大將軍馮勝回京。

乙巳。湘王柏之國荊州。

丙午。命蜀王椿之國居鳳陽。

己酉。魯王檀之國兗州。

乙卯。敕洮岷武臣送馬。

征蠻前將軍信國公湯和先次辰州衞。諭銅鼓諸司。能縛致吳奤兒者宥。奤兒逋上黃。于是湖耳十長官司相繼降。兵經銅鼓。次十萬坪。分四道約會古州。夜搗其巢。旦日。楚王督戰。盡毀其柵砦。殺獲四千餘人。至屈團頓寨。而寨尋誘執吳奤兒等送京師。詔楚王還國。

宜興主簿王復春爲常州同知。遣吏科庶吉士楊靖敕勞之曰。爾羞朘下民之膏。不徇上官之欲。方今鮮此。尙竭乃心。用光初志。

十一月己亥朔。裁城門郎。其門禁鎖鑰銅牌歸中軍都督府。

水災。免山東租二百五十餘萬石。河南及常德三十餘萬石。

甲戌。進士宣城秦逵爲工部右侍郎。

十二月戊子朔。定鈔二貫五百文准米一石。準充祿賜。

庚寅。潭王梓之國長沙。

癸卯。吏科庶吉士楊靖爲戶部右侍郎。

丙午。詔曰。向令有司舉聰明正直之士。至者多孤朕望。朕聞古者選用孝廉。孝者忠厚愷悌。廉者潔己淸修。如此則可以從政矣。其令州縣。凡有孝廉聞鄉里者。正官與耆民以禮遣送京師。

高麗入貢賀明年正旦。

己酉。遣行人王本敕諭建陽知縣郭伯泰縣丞陸鎰曰。曩古人臣立志忠君。在內則和而不同。在外則不避權勢。所以上昭主德。下福民生。通政司言爾伯泰鎰持法愛民。靡所撓怠。嗚呼。忠志之道。朕今見之。特命行人勞爾酒醴。陞爾伯泰爲泉州府同知。鎰福州府通判。尙堅乃心。厥有終始。

壬子。高麗請大統曆。賜之。

癸丑。平緬宣慰使思倫發叛。千戶王昇死之。

罷各布政司煎煉鐵冶。

是月。建雞鳴山寺。

丙寅洪武十九年

正月甲戌朔。壬戌。賑北平大名江浦水災。

戊寅。湖廣通城崇陽二縣山險。輸布帛代粟。

己卯。罷四川永寧茶馬司。

平郴州融縣洞蠻。

庚辰。頒大誥于國子生及各儒學。

甲申。雲南左布政使張紞言。異時商輸粟金齒。每斗鹽十斤。以穀准粟者聽。後禁輸穀。中鹽遂少。乞仍之。報可。

是月。征蠻前將軍信國公湯和班師還朝。乞骸骨。上尋諭曰。卿强健。爲朕一行海上。爲倭備。初倭寇浙東太倉衛。指揮僉事方鳴謙。故谷珍從子。上問以海事。對曰。倭海上來。則海上備之。爾若量地遠近。置指揮衛若千戶所。陸聚巡司弓兵。水具戰船。砦壘錯落。倭無所得入海門。入亦無所得。傅岸魚肉之矣。上曰。然。于何籍軍。對曰。兵興以來。軍勁民胁。民無所不樂爲軍。若四民籍一軍。皆樂爲軍也。至是和偕鳴謙往視要地。築城增戍。起登萊歷江浙。凡五十九城。簡浙東丁壯三萬五千戍之。和自巡城工。多入民家墻階之石及諸碓磑。槅諸城下。民多貲舂者。浙人謳曰。京國巨倉。公卒聊浪。墻除碓磑。公城堀礨。鳴謙入言之。和曰。吾聞成遠算者不近量。任大事者不細謹。若以國之無備。及于戈鋋。蔓草生竈下。蟲豸生井臼。安所得碓磑乎。復有讟者。老夫將手刃之。

二月。𡚁朔。高麗貢馬千匹。布萬匹。

己丑。上坐東閣。與侍臣論天人之際。上曰。天人無二。人當以心爲天。又論儉。上曰。不可儉者祭。然不可瀆。不可儉者賞。然不可濫。

雲南臻洞西浦擺金擺榜諸蠻叛。命潁國公傅友德討平之。

置雅州茶馬司。

丁未。遣使敕勞常熟知縣成蒐奇。賜以酒。時郡吏馳縣中。道榜執之。上嘉其能。

戊申。定首領官于本司九年考課。正官九年稱職。予誥敕。

壬子。命新除官不用符契。止給箚。

癸丑。賑河南饑民。

省躬錄成。編漢唐以來災異應臣下者。

三月。𠀘朔。罷審刑司。

給來朝官鈔二十錠。治膳。

丙寅。傅忠爲駙馬都尉。尙壽春公主。友德子。

辛未。大誥續編成。

左春坊司直郎汪仲魯致仕。命以秋行。是日。忽召至。賜坐。曰。爾今老。可卽還。無容來矣。所戒者近侍臣歸。有司來見。當閉門謝之。曰。仲魯蒙恩予告。杜門謝客。輸租應役。則有恒制。其敢以是自速厥戾。如此則可以考終。仲魯頓首謝。明日。辭歸。

置牧監諸羣。

罷文武官節錢。俱賜筵。

辛巳。復頒北方學校九經。

甲申。復雲南納米給鹽之例。

四月炳朔。分工匠輪班三年。赴京輸作。三月遞代。

在京文職官吏俸。置倉另貯。

丁酉。李景隆嗣曹國公。誥曰。貴戚之家。保富貴者鮮矣。貴戚之位。忠臣義士之所矜重。奸邪之所窺妬。是有束手而傾。不自重而覆。嗚呼。守是位者。必動止合宜。語默無妄。靜觀社稷安危察奸邪之所以。若有邪臣黨比。則祕其事而幽其機。以待一舉。而患難爲之捍禦。朕姊子文忠命居羣將之列。功至公位。嗚呼。非智非謙。幾累社稷。身不免而自終。其薨也三年矣。以骨肉之親。兼著勞于朝野。服制旣終。命爾襲爵。爾其愼鑒前失。永受朕訓。

朱國楨曰。岐陽之功。莫大于浙西。莫迅于應昌。莫險于駸海。蓋亞中山。匹開平。而文學議論。又宛然儒者氣象。自古人臣文武全才未見有及者。太祖固居然以唐太宗目之矣。非智非謙。幾累社稷之語。盡吐心事。親爲帝甥。共平天下。如何用智。如何執謙。岐陽至是。其道窮而其功乃所以爲累。上固籌之深矣。借事發怒。借館人行刑。中道而逝。延其世賞。君臣甥舅之間。情不足而體尚存。千古變局。殊不忍言。至景隆紈綺子。能讀書談兵。自其家傳。堂堂乎張也。貌而推之。情而信之。天也。卽豪傑如何。卽岐陽尚在亦如何。而況景隆。噫嘻。

贖河南水災所鬻子女。

應天衞軍有父母子女者。月給米一石。

丙午。置建昌姚州越嶲會川五井鹽課提舉司。

慈谿縣丞秦仲彰爲寧波知府。寧波知府李仲文降慈谿縣丞。時仲文遣吏行縣。不法。執送闕下。故陞仲彰降仲文。

是月。吳傑嗣安陸侯。

五月朔。上諭吏部進士魏安仁等六人。謫浙江按察司吏。知已自新。其召用之。

丙辰。命四民各守本業。醫卜安土。其遊惰匿他所者。謫徙。

丁巳。嘉興知縣畢輝縣丞齊搏剛正能其官。賜敕書酒醴。

市馬雲南。

戊辰。妖僧玉琳與新淦人楊文曾尙敬等謀亂。紀元天定。捕誅之。

己巳。行人王良至常州。黷貨。知府范好古以聞。械至。罪之。勞好古酒醴。

壬申。平靖州苗蠻。

乙亥。程鄉人鍾文遠作亂伏誅。

甲申。麗水卜者妄告大姓陳公望等五十七人謀叛。遣千戶周原往捕之。知縣南昌倪孟賢微行察民。耕織如故。疏其誣。遂論妄告之罪。

命光祿寺市價視常販每百錢增十。爲民息。

六月配朔。己丑。廣西興業知縣王獻縣丞曹玉容徵稅踰期。以進士宥之。

辛丑。雲南地震。

命戶部給祿皆以石計。先是或升斗零。

甲辰。詔曰。朕有天下十有九年。方域粗安。奸臣間之。恩未施而勿及。德將布而阻行。舊歲大誥頒行。民從朕命。奸擾吾民者。循治而斂跡。監生職任于諸州。想吾民樂生有漸矣。特命有司存問高年。撫卹無告。篤疾殘廢者。收入孤老院。歲給之。民八十九十。無公私之辱。非隸卒倡優。貧無產業者。八十以上。月給米五斗。肉五斤。酒三斗。九十以上。歲加賜帛一匹。絮十斤。田業僅自贍者。給酒肉絮帛如之。富戶應天鳳陽民。八十以上。賜爵社士。九十以上。賜爵鄉士。天下人八十以上。賜爵里士。九十以上。賜爵社士。皆與縣官平禮。免其雜徭。正官歲一存問。月遣敦篤生員。詣門送賜給米。敢有冒年受禮侚者。家族誅。曾被公私淑慝者如之。所在鰥寡孤獨。果有田糧。有司卽與除去差撥。無者給米六石。孤無依者。責令親戚收養。無親戚者。責令鄰里。累年開邊有勞。或矢石傷殘。或因傷身亡。兒女見存者。優免三年。垛集士軍。因傷殘疾者。優免軍役三年。因傷死者。優免十年。入爲民籍。更免雜徭三年。官軍從征戰沒者。卹賞其兒女。襲父職者陞一等。

丁未。賑青州開封旱災。

癸丑。給糧長賦役冊籍之費。

平越衞麻哈苗楊孟等叛。征南將軍潁國公傅友德討平之。
七月甲午朔。敕蘇州知府王觀同知曹恆經歷王昫曰。爲官蒞政。非權無以馭下。迂儒俗士。官名而已。爾當廳箠死猾吏錢英。如此則令行禁止。安民有日。特遣行人白思中賚敕勞醴。尙篤新志。共永高明。
癸亥。三辰晝見。
置東寧衞。
設揚州武昌等糧長。
丙寅。左都御史詹徽通政使蔡瑄。左通政茹瑺。工部侍郎秦逵。戶部侍郎楊靖。俱公勤。詔有司復其家。
甲戌。賜中山王及韓國公李善長等十四人鳳陽東西山場。
丁丑。國子博士金華吳沈致仕。
己卯。太白入太微垣。
癸未。詔舉經明行修練達時務之士。年七十以下置翰林。六十以下置六部二司。
八月甲子朔。乙酉。上閱宋史太宗改封樁庫爲內藏庫。歎曰。人君以四海爲家。何自私爲。
辛卯。命吏部選應天富民子弟補吏。
己亥。六安侯王志卒。志鳳陽人。從渡江。克定京畿江楚。從馮勝渡河。取懷慶澤潞。更入察罕腦兒。絕塞卻胡。封年五十二。追封許國公。謚襄簡。
甲辰。皇太子往盱眙。葬三祖帝后衣冠。加修築。曰祖陵。
己酉。定吏員轉補資格。
九月甲午朔。復置寶鈔提舉司。

庚申。西平侯沐英言。雲南廣蕪。宜軍士屯田。從之。召征南將軍潁國公傅友德回京。

高麗占城入貢。

皇子橞生。

丙子。天雨粟。

癸未。行人劉敏唐敬偕內臣賫磁器賜眞臘等國。

十月甲申朔。庚寅。太白晝見七日。

乙巳。優給已故武官子孫父母老者全俸終身。

是月。頒至戒錄。採逆臣百餘事。

十一月癸丑朔。甲寅。韓勳嗣東平侯。

乙卯。澧州蠻亂。討平之。

長興侯耿炳文率陝西軍赴北平聽征。

庚申。免大同鹽稅虧額。

辛酉。日本來貢。卻之。

癸亥。改車里軍民府爲宣慰司。

丙寅。高麗請易冠服。不許。

行人往廣西。圖山川與蠻洞相接者。

十二月癸未朔。日食。

作京師各門及橋道邸署。俱罪人輸作。

濱海置守禦千戶所八。
甲申。陝西市馬。
乙酉。重囚令大理寺覆決。
戊子。市馬高麗。
癸巳。大詔三編成。頒天下。
己亥。岷州山寇作亂。討平之。
庚子。盧氏主簿徐存義上言。大梁居中土。形勝可都。不宜在于江左。守令當重佐貳。不必多設。倡優俗樂不可用。當修明雅樂。上嘉奬之。
甲辰。都察院左都御史詹徽上言。陛下理刑。每存欽恤。今莫若嚴刑。使人知畏而重犯法。上曰。用刑之道。貴于得中。得中則刑清。失中則刑亂。卿言非也。
雲南巨津州土酋阿奴聰叛。襲劫石山營千戶浦泉戰死。吉安侯陸仲亨率指揮李榮鄭榮討平之。
乙巳。命運糧給施州衛。餘崇山等衛令屯田自食。再請復給之。
詔武官謫戍雲南遼東者。皆縣次續食。
戊申。置都勻安撫司。
親王令節慶賀。止本城官行禮。
安南入貢。
是月。諭宋國公馮勝征金山納哈出。先運粟松亭關及大寧會州富峪。仍分置邊隘諸衞。

丁卯洪武二十年

正月壬子朔。癸丑。宋國公馮勝爲征虜大將軍。潁國公傅友德永昌侯藍玉爲左右副將軍。定遠侯王弼趙庸爲左參將。東川侯胡海武英侯郭英爲右參將。率師二十萬征納哈出。初納哈出以元萬戶守太平。獲之。以元世閥。厚待之。尋逸去。元亡。不從主漠北。擁大衆金山。三分其部。曰榆林。曰養鵝莊。曰龍安一禿河。輜重富盛。畜牧蕃息。數患遼左。上諭勝駐師通州。覘其出入。先克慶州。徑擣金山。仍遣前番將乃剌吾北還。賜納哈出書及毛閤撒里達溫鸞子晃石台和尙伯蘭等。

焚錦衣衞刑具。送囚刑部。先是重刑下錦衣衞。甚酷橫。上曰。訊鞫法司事也。時令錦衣審重罪者。欲先得情耳。豈令煅煉耶。

己未。修闕里孔廟。

改松潘衞爲松潘軍民府指揮司。松潘安撫司爲龍州。

甲子。郊天氣澄明。上悅。

己巳。裁潭府魯府審理所官。

丙子。府軍前衞老校丁誠請開河南陝州銀礦。上曰。好利必戕民。元時採金豐城。歲久金竭。民甚苦之。豈可效也。

徙民墾成都蕪田。

二月壬午朔。上閱武午門外。仍令將軍衞士自習射于墀。

夜。五星皆見。

甲申。大將軍馮勝至通州。遣輕騎出松亭關。納哈出屯慶州。命藍玉乘大雪襲破之。殺平章朶來。擒其子不蘭奚。

戊子。浙直進魚鱗圖冊。初分遣國子生武淳等履畝繪圖。

辛卯。琉球入貢。

壬辰。上耕耤田宴羣臣于壇所。

甲辰。上註書洪範揭御座右。

三月辛亥朔。宋國公馮勝出松亭關築大寧寬河會州富峪四城。

丙辰。宜興縣丞張福生犯法以國子生宥之。諭曰進士國子生皆朝廷所培養。初仕即有罷法者。雖欲改過無繇。自今雖犯法三宥之。

辛未。復設太原府交城縣大通鐵冶所。其地置冶。歲採鐵十萬斤。後聽民採。至是以繕兵復之。

癸酉。市馬高麗。辭其直。不許。詔歸我流民三百五十八人。耽羅國亦貢馬。并償直如之。

馮勝駐兵大寧城。

甲戌。雲南左布政使張紞秩滿來朝。璽書褒諭。令復職。

徙民墾成都蕪田。

四月辛巳朔。增禁門校卒。

癸未。諭大將軍馮勝進兵。選元舊官部下能騎射者。擇千百戶領之。充前鋒。

戊子。江夏侯周德興往福興漳泉。抽民戶三丁之一。戍海上防倭。圖上城守要害。築城十六。增巡簡司四十五。

罷磨勘司。

禁番使以麻鐵出境。

丙申。有國子生任陝西知縣。受賄逮至。上念其年少。宥之。

己酉。左都御史詹徽言軍某犯罪當杖。第兩宥不悛。乞併前重論。上不聽。仍杖遣。

五月𢧐朔。庚申。敕西平侯沐英、吉安侯陸仲亨、平涼侯費聚、南安侯俞通源、四川都指揮使甯正、楚雄衞指揮使袁義、大理衞指揮鄭祥、品甸衞指揮賴鎮、金齒衞指揮李觀、儲傑等曰。近御史李原名自平緬歸。朕聽其說。百夷事不下萬言。皆無倫敍。及有倫敍處。大抵稱其詭詐。符到。晝夜緝壘金齒、楚雄、品甸及瀾滄江中道。要當城高壕深。排柵粗大。收火銃火箭火藥以備之。來勿輕戰。可戰乃出。向者雲南初下。軍中遣人與百夷往來。以今觀之。小人淺事。一概張威。貽笑諸蠻。自今並不許遣。彼來持有文書。祇答大概。若無文書人至。毋與較論。固守此言。毋中彼慢。絕跡不交。靜以待之。彼乃無策。

諭戶部。各處積貯滿二年者。聽折收。

丙寅。敕大將軍馮勝曰。天象水火相犯。宜嚴號令。整行伍。遠斥堠。

辛未。敕馮勝曰。觀天象。其咎在虜。宜乘機取之。納哈出勢必來降。黑山魚海之間。地平無備。可盡滅也。

癸酉。諭兵部。軍士身亡。父母兒女無依者。並優給之。

諭刑部尚書唐鐸曰。有司犯者欲盡法治之。人謂刑重。彊奸不則。靡所忌。古云。書用識哉。欲並生哉。自今輕犯悉宥之。徒流及雜犯死罪。皆戴罪復職。有至再三者。亦錄其罪而復其官。

六月躬朔。乙酉。惠州山盜起。討平之。

己丑。潯州知府沈信言。府界柳象梧藤間山猺盤據。近殺廣西布政司參議湯敬。官軍討之。遠遁不克。今桂平、平南二縣降猺。皆善弩。歷險。乞選千餘人。俾團寨協捕。上不許。第謹備之。

丁酉。廢昌國縣。徙其民置寧波衞。

馮勝等至遼河東。獲納哈出屯卒三百餘人。進金山之西。遣張允恭迓乃剌吾。見納哈出于松花河。驚曰。吾謂汝死矣。乃得復相見。因遣左丞劉探馬參政張德裕隨允恭來獻馬。覘我師。納哈出迓乃剌吾漠北。胡主欲殺之。以救免。仍歸納哈出。

太白經天。

宜春妖賊作亂。捕斬之。

戊戌。優給武官老疾無子姓者。

己亥。敕金齒衞指揮儲傑嚴武曰。金齒遠在邊徼。負固守險。不比中原五敎之民。非德重名播。不足守之。指揮李觀所以命也。所移徙不下萬數。皆奸儒猾吏累犯罪人。不易制治。遣往指揮千百戶鎮撫。亦多恃功放肆之徒。當以號令彈壓之。朕用李觀。用德而用名。若欲彈壓。必爾傑武。

趙汝濂曰。黔中古南詔地。在鬼方之西。三代之末。綏漢武帝通牂牁羌僰。銳意圖之。而點蒼金齒。終未入版圖。唐一興師。覆衆四十餘萬。自昔以來。未有郡縣其地。寧謐康定如今日之盛者。蓋聖祖神謨廟略。度越千古。而諸將經略進取。悉中機宜也。嘗伏覩諸將出師。聖祖臨軒面諭。及所下詔敕。其于地里遠近。道路險夷。與夫攻守分合之勢。歷歷如指諸掌。雖生長其地。久踐戎行者。未能若是悉也。天生神聖。統一寰宇。豈偶哉。

臨江侯陳鏞從征納哈出。將至金山。與大將軍異道相失。戰死。

癸卯。馮勝兵踰金山。元將全國公觀童來降。

丁未。馮勝次金山東北。遣左副將軍藍玉取納哈出。降其衆。納哈出計無從。乃剌吾勸之降。納哈出猶豫未決。復遣使至勝營獻馬。陽納款。勝遂遣左副將軍藍玉往受之。耀之以大軍。納哈出彈指曰。天不使我有此衆矣。率數百騎詣玉約降。玉酒之。甚洽。納哈出別㩦酎酬玉。玉讓之先。納哈出先飲。復觴玉。玉解衣衣之。曰。請衣此後飲。勿肯衣玉亦持不飲。久之。納哈出取酒澆地。顧其下咄咄語。鄭國公常茂。勝子壻也。部將趙指揮解胡語。謂茂此且欲遁也。茂遽前搏之。納哈出驚起欲就馬。茂拔刀斫之。傷臂不得去。都督僉事耿忠騎擁納哈出見勝。納哈出所部妻子將士在松花河北。凡九十餘萬。聞之皆潰散。其餘衆四萬餘騎欲來追。勝遣觀童往諭之。幷得其所部二十餘萬人。羊馬驢駝輜重亙百餘里。勝厚禮納哈出。奏捷。幷言茂驚潰虜衆狀。遂驅降衆南行。使都督僉事濮英將三千騎爲殿。

王世貞曰。是役也。踰于霍冠軍之降休屠渾邪矣。第以大將軍與鄭公茂爭功相訐。然玉處置之失宜。僅亞于茂。而茂之直前斫納哈出。稍失之躁耳。亦未可盡非也。

陳仁錫曰。渾邪王與休屠王等欲降漢。上恐其以詐降襲邊。令霍去病將兵往迎之。渾邪王裨將多不欲降者。頗遁去。病乃馳入得見渾邪。斬其欲亡者八千人。遂獨遣王乘傳先詣行在。盡得其衆渡河。號十萬。故虜欲襲邊。多詐降。卽眞降而中有不欲降者。擒斬不可已。常茂斫納哈出。傷其臂。正爲約降而中悔也。

談遷曰。納哈出控弦二十萬。畜產彌野。果其佐元孽。翼擴廓東西遞擾。無寧歲。亦勁敵也。患在自雄。不肯與元主期。故我軍得度金山之北。否則和林分騎突犯北平大同間。大將軍且狼顧不暇矣。大抵虜勢合則强。散則瑕。高帝又善星象。計納哈出必降。誠神算也。

閏六月配朔。元司徒完者不花來降。

馮勝兵次金山亦迷河。更獲遺軍四萬五千。馬數千匹。傷痍老弱二萬四千餘人。

庚申。都督僉事濮英殿大軍而還。初虜衆竄山谷間。我盡驅之。又多奪良馬。憾甚。設伏邀擊後軍。英猝爲所乘。又馬踣被執。絕食不言。乘間自剖腹死。英合肥人。勇敢累功。追封金山侯。謚忠襄。明年。贈樂浪公。英子璵生數月。封西涼侯。祿二千五百石。

朱國楨曰。諸將死事者。又有濮眞。云洪武初征高麗被執自殺。致高麗太祖不鬪加一矢用一兵。濮眞師之深入取敗。果何所據。夫國初最重武臣。贈都督僉事以上。其卒也未有不錄。況死于異國。又烈烈如眞。竟不一見。何哉。斷是濮英一人而悞書之。其剖腹同。謚同。贈同。子之名同。表門之語又同。此可概見。決當歸一。無煩爲眞作贅詞矣。

申養老之政于天下。

敕福建造海舟百。廣東倍之。以九月會浙江出海捕倭。

己巳。立羣牧所五隸句容縣牧監。

甲戌。上聞捷。諭大將軍降衆隨便居住。立衞與漢軍雜處。常茂驚潰虜衆。械赴京師。

七月戊戌朔。上遣賜納哈出白玉黃金帶銀幣。及其部曲冠帶鈔幣有差。

倭患。削台州衞指揮同知陳亮官戍金齒。

庚辰。詔有罪軍官戍遼東者悉赴京師。

高麗進市馬五千匹。

乙未。徵還山東捕盜官軍。專罪有司。

丁酉。納哈出所部營王失剌八禿等雲王蠻吉兒郡王桑哥失理和尚國公等來降。馮勝遣定遠侯王弼發兵迎之信州。（信州即二禿河）被襲。亡馬七百餘匹。

有司請立武學。祀太公。立昭烈武成王廟。上曰。文武非二塗。太公從祀帝王廟。去王號。罷其舊廟。

辛丑。左右參將南雄侯趙庸東川侯胡海並落參將。聽征。

壬寅。太白三辰晝見。

封何眞東莞伯，祿千五百石。

行人唐敬等還自眞臘。其國王黎列保毘耶甘苦者貢象五十九隻，香六萬斤。

暹羅入貢椒萬斤，蘇木十萬斤。

八月朔庚申，遣使賜眞臘國王金印綺繡。

癸亥，作泗州祖陵祭殿。

故元尚書塔不歹來降。

丙寅，市四川耕牛萬頭往雲南屯田。

庚午，上聞馮勝等在軍多不律，遂敕勝及傅友德等曰：古之名將，爲國效忠，勛名千載。我朝若徐達、常遇春，平定夷夏，未嘗行一不義。何馮勝膺大將軍之任，專爲己私，播惡胡中，降虜致恨。古名將豈如是耶。以嘗有戰功，姑容自新，若改行易慮，庶可保全。往來人言頗多，畢其大槪于將軍，亦赧哉。

命會寧侯張溫、永平侯謝成、前軍都督商暠率兵追討金山餘衆，復遣帖木兒等榜諭之，竟寢。

命北征諸將還京，留宋國公馮勝分軍各衞，潁國公傅友德提督。

辛未，置大寧衞。

銷六科條記。上曰：故以防欺僞，若果正人君子，又焉用是。

定入覲止正官首領官吏各一，給驢禁乘傳，免雲南道遠者。

收馮勝大將軍印，召還，永昌侯藍玉行總兵事。

詔景川侯曹震選卒二萬五千，卽雲南品甸屯田備征，仍復中鹽法。

乙亥，詔遣雲南戍守家屬，每戶賜十金，鈔十錠。

丁丑。征虜大將軍宋國公馮勝以納哈出部將三千三百餘人至京。上捷表。

詔民年二十以上不許爲僧。

九月䤈朔。納哈出入見。賜一品服。封海西侯。祿二千石。

辛巳。置台州健跳桃渚守禦千戶所。各築城。

西平侯沐英自楚雄至景東每百里置一營屯種。備蠻寇。

置大寧都指揮司及大寧中左右衞。

詔潁國公傅友德編集新附軍士。簡練精銳。屯大寧防虜。尋徵還。改左軍都督僉事耿忠攝征虜副將軍事。

調湖廣官軍五萬餘人征雲南。

丙戌。定百官品祿。

癸巳。永城侯薛顯卒于軍。顯蕭人。從趙均用守泗降。從征漢吳中原。俱著功。坐妄殺胥吏獸醫火者馬軍千戶吳富。封顯侯不劵。後補劵。北征還。次山海關卒。贈永國公。謚桓襄。無子。收劵。後坐黨不論。

徵雲南土知府等官赴京。

置北平及各邊馬驛。

撒馬兒罕回回滿剌朝貢。

乙未。上壽六十。受朝賀。

高麗入貢。

丁酉。安置常茂于廣西之龍州。茂娶馮勝女。勝故兒子畜之。數責誚茂。時慢詞以應。勝故修恚。前劾緣飾之。茂自訴。搏納哈出故。且訐勝罪。胡中生子死二日。强娶其女。使閽行酒于納哈出妻。求大珠異寶。自掠胡馬亡算。

上曰。是亦勝罪。罷勝就第。奉朝請。茂削爵。流龍州。土知州趙貼堅妻慕茂。閥女妻之。爲他夷所發。茂聞。服毒死。洪武二十四年也。或云隱他所。實不死。上兵索之不得。徐聞其死。乃小解。

談遷曰。金山之款。萬一納哈出脫去。必以衆戰。憂方大也。中山王勳蓋天下。未盡快志于胡。馮宋公適投天隙。徒幠千里。斬溫禺以釁鼓。血尸逐以染鍔。不是過也。常茂雖紈綺從戎。裁抑過甚。遂生珠犀之謗。近開肺腑。指蹤之略。概廢干城。易賞而罪。何以勸功。噫。菹醢功臣。浸浸乎其漸矣。

市馬高麗。

定屯卒五百畝納糧五十石。

致仕兵部尚書單安仁卒。

收養納哈出所部贏馬。

丁未。永昌侯藍玉爲征虜大將軍。延安侯唐勝宗。武定侯郭英爲左右副將軍。都督僉事耿忠。孫恪爲左右參將。率兵進討殘胡。

長興侯耿炳文率陝西衞軍城西寧。

十月軸朔。封後軍都督僉事朱壽舳艫侯。右軍都督僉事張赫航海侯。世祿二千石。俱漕運功。

雞鳴山歷代忠臣廟成。漢秣陵尉蔣子文。晉卞壼。唐劉仁瞻。宋曹彬。元福壽。歲五祭。

庚戌。衍聖公孔訥來朝。

壬子。顏禬爲溧陽縣丞。顏子五十八代孫。

劍川州土酋楊奴等叛。討斬之。

各衞指揮同知僉事分領千戶所事。

定勳戚出使非奉符驗不得乘驛。

辛酉。月食。

癸亥。定武臣賵賻格例。

丙寅。詔長興侯耿炳文率陝西軍三萬三千往雲南。

選南方學官往敎北方增廣北學諸生復其家。

簡力士五千六百隨駕。

訂定朝參等禮二十六則。

庚申。永昌侯藍玉奏天寒虜遠遁。量留應戍者。其大軍分回各鎮聽調。從之。

丙子。惠州海盜謝以青作亂。討平之。

討雲南阿魯禿遁走武關。至鄜州。擒之。

是月。宋國公馮勝還京。令就第鳳陽奉朝請。

十一月丁丑朔。戊寅。復置陝西鹽池鹽課司。

壬午。普定侯陳桓靖寧侯葉昇于雲南屯定邊姚安畢節等衞。時欲征平緬。

乙酉。徵河南儒士岳宗原等九人授布政使等官。

戊子。河南府訓導葛鈞爲翰林侍讀學士。

選陰陽官子孫習曆學。

信國公湯和海上還奉朝請。

增馬牧所軍月餉人五斗。

錄京衛將校子弟皆試百戶。
庚子。置雲南三衞中左千戶所。
募商納米雲南中鹽。
十二月朾朔。免徽鳳陽商稅。
賜武官復職者千六十二人。
賑濟南東昌登萊饑民。
庚午。置遼東三萬衞。
凡將校自洪武四年守邊有功者。遞陞有差。
辛未。還河間阜城驛戶孳生馬匹。
運鈔百餘萬抵山東登萊賑饑。
置高麗疆界其鐵嶺以南人。悉歸之。
詔鎭南衞從征五開陣亡家屬。悉放還爲民。
前晉府左長史桂彥良卒。彥良。慈谿人。元貢士。仕平江教授。罷歸。上徵入奏對稱旨。除太子正字。授承事郎侍講。選入文華堂。教習給事中蔣學等十七人。屢有獻替。上曰。卿帝者師也。十一年。敕授晉府右傅。改長史致仕。
見道純一。超豁洞達。見嚴主而心盡。
林之盛曰。高皇帝時。有將無相。將若徐中山。詩詠公旦赤舃几几。德音不瑕。中山有之。乃他日論相。獨有沓于伯溫。先生對曰。宰相者。以義理爲權衡。而己不與焉者也。一言盡相道矣。先生尙自以嫉惡過嚴。逡巡遜謝。而竟不果相。夫不嫉惡則容奸。容奸豈宰相事。而謂嫉惡果隘耶。彥良啓聖德。平好惡。而本乎無私。能宰相革中書省事。分六卿。權歸天子。聖祖之睿慮遠矣。

前軍都督僉事於顯卒。顯黄梅人。丙申來附。累功。追封英山侯。謚襄武。

乙亥。頒武臣大誥二十二篇。

國榷卷九

戊辰洪武二十一年

正月丙朔。戊寅。召前諸城知縣陳允恭于雲南。上聞其修職愛民。諭吏部復之。

己卯。思倫發入寇。結寨于摩沙勒。沐英遣都指揮甯正擊破之。斬千五百餘級。

壬午。葺韶州張九齡余靖祠。

免徐州運租入京。悉輸濟寧。

丁亥。復置上思州忠州定州及陵州祿州。

旌孝子王興。

辛卯。浙江道監察御史淩漢爲右副都御史。漢鞫獄平恕。或德之。餽于塗。置金焉。漢曰。此定法。非我私子。卻其金。故有是命。

有自青州還者。言青州饑。已賑尚艱食。命馳驛賑之。逮其官吏之不以聞者。

故元將信童來降。

永嘉人市暹羅沈香。當死。上以經過貿易。非交通比。釋之。

復馴象衞。于廣州龍州捕象。後徙横州。

韶州英德人周廣全等作亂。降胡叛于廣西。皆討平之。

二月丙朔。庚戌。詔都督蕭用王庸等。分天下各都司衞所軍爲十班。今歲八月始。輪赴京師較藝。仍先下操練法。

免其久戰屯田者。

癸丑。福建布政司進禮記註疏。

甲寅。定歷代名臣從祀風后。力牧。皋陶。夔。龍。伯夷。伯益。伊尹。傅說。周公旦。召公奭。太公望。召虎。方叔。張良。蕭何。曹參。陳平。周勃。鄧禹。馮異。諸葛亮。房玄齡。杜如晦。李靖。李晟。郭子儀。曹彬。潘美。韓世忠。岳飛。張浚。木華黎。博爾忽。博爾术。赤老溫。伯顏。凡三十七人。侑帝王廟。去趙普安童。

裁郡縣禮生及儀從人。

戊午。遣官祭歷代帝王廟。去隋文帝。

定貴州宣慰使靄翠歲輸糧三萬石。安撫使密定三千石。免其逋課。

遣官開辦四川六番茶課。

壬戌。以五月當日食。敕永昌侯等防戒不虞。

仍聽四川人採茶通羌。

禮部主事高惟善還自西番。上安邊策曰。巖州寧遠等處。原古郡治。苟列戍築城堡。開墾山田。撫近威遠。則烏思藏朵甘鎮撫長河西可拓地四百餘里。番民專販碉門烏茶于巖州立市。則此輩衣食皆仰給于我。以長河西伯思東巴獵等八千戶爲外藩。犄角天全六番招討司八鄉之民。免其徭役。令造烏茶。貯巖州倉。易番馬。比雅州利倍之。幷開大渡河兩岸荒田。通碉門巖州道路。量遠近立郵傳。與黎雅烽火相應。上從之。

丙寅。夜有星出東壁。色黃赤。占文士效用。

丁卯。令達軍隸各衛編戶。丁男月給米一石。

帝王廟及上元縣署火。

己巳。朝參官門籍各自置。

庚午。四川天全六番招討司改武職。

調北平軍赴大寧代還舊軍。

甲戌。更建天界寺。

故元四大王來降。命隨西平侯戍雲南。

三月乙亥朔。策貢士施顯等。賜任亨泰唐震盧原質等進士及第出身有差。特建題名碑于太學。時對策斥落二人。

上謂侍臣曰。驕凶德也。田子方云貧賤驕人。朕謂不然。君子以恭敬爲本。

戊寅。鎮守遼東後軍都督僉事葉旺卒。旺六安人。少從長槍軍謝再興。及事上。歷遼東都指揮使。鎮守十七年。剪荆棘。立城堡。號令整肅。恩威兼濟。與馬雲齊名。至今遼人尸祝之。

己卯。東莞伯何眞卒。眞字邦佐。東莞人。爲元淡水場管勾。棄官起義兵。障鄉里。平王成陳仲玉之亂。累進福建行省右丞。王師下廣。眞先歸。上甚禮之。許以竇融李勣。子榮嗣。坐藍黨誅。

辛巳。上召考官陳宗順等于武門。論列子鄰人竊鈇事。知人之疑信皆生于心。信心常出于忠厚。疑心必起于偏私。因給筆札。撰疑信論。

詔申國公鄧鎮。定遠侯王弼。南雄侯趙庸。東川侯胡海。鶴慶侯張翼。雄武侯周武。懷遠侯曹興等。從征虜大將軍永昌侯藍玉北伐。

乙酉。增修南郊壇壝。更定郊禮及各廟祭章。

丙戌。賑山東饑。

辛卯。廣東海陽人曾承膺等作亂。討平之。

癸巳。增置羣牧監。

己亥。遣進士行監察御史事分巡郡縣。偕一御史久任者。

徙三萬衞于開原。

壬寅。朵只生番入寇。討破之。

甲辰。西平侯沐英討思倫發。大破平之。時思倫發悉衆三十萬。象百餘。大寇定邊。新附諸夷皆動。英自將兵一萬討之。選驍騎三萬。兼程旬有五日。使馮誠挑以輕騎百餘。思倫發以萬人驅象迎戰。指揮張因以五十餘人射仆象。追殺其酋長。大呼而入。斬首數百級。諸軍皆乘勝進。英使軍中列火銃神機矢爲三行。象來前行發。不退。次行發。又不退。三行發。明旦緬人悉象來。背欄楯竹簾。鈎釺鑪鑣。左右雜標。英三其軍。馮誠前。甯正左。湯昭右。下令曰。聞砲齊戰。捷一級。一隊賞。退一卒。一隊僇。鼓之。前行之矢發。銃砲動山谷中。象皆挺透決驟。英軍怕呼而鏖戰。緬大紛拏。戈甲戛摩。飛血塗濺。張因因與千戶張榮祖乘勝追之。盡焚其寨。昔剌亦百夷之勇人也。復來殊死戰。英望見左隊少卻。曰。取其隊首來。左帥顧見。與其衆奔之。大敗緬人。斬首三萬級。俘萬人。緬人戰則渠帥縛身坐象裹革兜披鐵甲。于是皆身中百餘矢。殪象背上。其衆連日不得食。死者相枕。思倫發遁去。

是月。征虜大將軍永昌侯藍玉諜元主脫古思帖木兒在捕魚兒海。率勍騎十餘萬。自慶州間道襲之。遂踰大磧。度黑山。師次游魂南道。無水泉。軍士渴甚。過小山。忽泉溢乃濟。

四月乙巳朔。何榮嗣東莞伯。

行人董紹往占城。

乙卯。藍玉兵至百眼井。去捕魚兒海尙四十餘里。哨不見虜。玉欲引還。定遠侯王弼曰。吾屬提兵十餘萬。深入。無所得虜。何以復命。玉曰。是也。戒軍中穴地爨。令虜不見烟。黎明至捕魚兒海南。知脫古思帖木兒營在海東北八十餘里。玉以弼爲前鋒。直薄之。虜始謂我軍乏水草。必不能深入。又大風揚沙晝晦。軍行皆不知。虜主方欲整衆而北向。忽大軍至。其太尉蠻子率衆拒戰。敗之。殺蠻子及其軍帥數十人。其衆遂降。虜主與太子天保奴知院捏怯來丞相失烈門等數十騎遁去。玉率精騎追之。出千里不及。獲其次子地保奴后妃及故太子妃公主等百十九人。擒其詹事院同知脫因帖木兒于深草間。追獲吳王朵兒只等將相官校三千人。男女七萬七千餘口。馬四萬七千匹。駝四千八百餘頭。牛羊十萬二千四百五十四頭。車三千餘輛。幷得其寶璽圖書金銀印宣敕照會諸物。聚其鎧仗而焚之。遣人奏捷班師。

談遷曰。馮勝之降金山。藍玉之襲魚海。懸師深入。俘壘幾盡。衞霍之功。于今爲烈。漠北自兩敗後。其勢寖微。而後文皇帝四犂虜庭。雖王赫斯怒。論其斬獲。視金山魚海後之矣。中山之篋。兩將不終。追誦龍蛇之章。爲之太息。

文華堂庶吉士解縉。妙年讀中祕書。上嘗諭曰。朕于爾義則君臣。恩猶父子。當知無不言。上在大庖西。縉入奏曰。陛下挺生南服。一統華夷。取天下于羣盜。救生民于塗炭。此放勳也。良平信布。無所賴藉。出師命將。皆受成䇿。徐定燕都。市不易肆。絕女寵外戚寺人藩鎮之患。亡聲色游畋之娛。此湯武也。惟願陛下篤若臨。若對之嚴愼不覩不聞之獨。雖處深宮。如奉郊祀。喜怒哀樂。一聽于理。上下四旁。均視同仁。令出惟行。不宜于數改。刑期無刑。寧失之不經。夫令數改則民疑。疑則不信。刑太繁則民玩。玩則不清。國初至今將二十載。無幾時不變之法。無一日無過之人。陛下嘗教臣云。世不絕賢。又嘗教臣云。民不畏死。奈何死懼之。陛下好善而善不顯。惡惡而惡日滋。善者未必蒙福。惡者未必蒙禍。良由誠信有間。而用刑太繁也。嘗聞陛下震怒。鋤根剪蔓。誅奸逆矣。未聞詔書褒一大善。賞延于世。復及其昆。尊榮恩賚。終始如一者也。或朝貴而暮僇。或忽罪而忽赦。陛下每多自悔之時。輒有無及之嘆。是皆私意使然。存養之功未加也。陛下天性素嚴。或差卞急。克伐怨欲。臣知聖性所無也。陛下好觀道德心經及說苑韻府雜書。臣竊謂甚非所宜。劉向說苑。學不純師。陰氏韻府。蠅集兎園。寒士之詞而已。臣願陛下聚一二儒賢。上泝唐虞夏商周孔之華奧。下及關閩濂洛之葩根。勒成一書。令臣執筆而隨其後。又今六經殘闕。禮記出于漢儒。踳駁尤甚。宜及時刪改。訪求審樂之儒。大備百王之典。作爲樂書。以惠萬祀。若夫配天宜復掃地之規。尊祖宜備七廟之制。奉天不宜爲筵宴之所。文淵猶未備館閣之隆。太常非俗樂可肄。官妓非人道所爲。任諸侯王以衆職。定久任法而加封。除山澤之禁稅。蠲務鎮之征商。木輅朴居。勿興土木。佈墾荒田。毋貪荒裔。驅僧道之壯者。復于人倫。火經咒之妄者。絕其欺誑。斷瑜珈之教。禁符式之科。痛懲法外之威刑。永革京城之工役。流十年而聽復。杖八十以無加。婦女帷薄不修。方令逮繫。大臣過惡當誅。且勿加戮。治曆明時。授民作事。但仲播植之宜。何拘建除之謬。方向煞神。事甚無謂。孤虛避忌。亦且不經。東行西行之論。天德月德之云。臣料唐虞之曆。必無此等之文。陛下天資至高。合于道徵。百家神怪。誕妄恍惚。洞矚之矣。然猶不免欲借以愚黔首。臣謂天下已定矣。人心已服矣。一切奸雄已慴矣。天無變災。民無患害。聖躬康寧。聖子神孫。繼繼繩繩。所謂德眞符者矣。何必興師以取寶爲名。愚衆以神仙爲應哉。且陛下拳拳于畏天畏鬼神而畏民未也。孳孳于治民治强暴。而治心未也。夫粢盛之潔。脩擧之時。衣服之擧。儀文之備。此畏天畏鬼神之末也。簿書之期。獄訟之斷。詔誥之勤。鈎距之巧。此治民治强暴之末也。古云天視自我民視。天聽自我民聽。孔子曰。聽訟吾猶人也。必也無訟乎。近年以來。臺綱不肅。以刑名輕重爲能。以問囚多寡爲勞。甚非所以厲清要。畏風采也。御史糾彈。皆承密旨。未聞擧善。但曰除奸。但聞上有赦宥。則必故爲執持。意謂如此則上恩愈重。不知被赦之人。疑上好諛。此輩皆市井小人。趨媚劬勞之細術。陛下何不肝膽鏡照之哉。何嘗眞有一人持法固爭。謂某不當罪。某當刑。如舜之曰殺之三。皋陶曰宥之三哉。臣竊知陛下輕天下之士者。皆此輩無以稱塞淵之表也。然誰不願其父母妻子安榮哉。所以諫諍固難。總緣禍從不測。入人之罪。或謂無私。出人之罪。必疑受賄。逢迎甚易而或蒙褒。營救甚難而多得禍。禍不止于一身。刑必延乎親友。誰肯舍父母捐妻子。批龍鱗以犯天怒者哉。陛下進人不擇賢否。授職不量輕重。建不爲君用之法。所謂取盡錙銖。置奸朋倚法之條。所謂用如泥沙。監生進士。經明行修。而多困州縣。孝廉人才。冥蹈瞽趨。而或布朝省。椎埋嚚悍之夫。剔履負販之傭。朝捐刀鑷。暮擁冠紳。左棄筵篚。右綰組符。雖曰立賢無方。亦盍恍詢有德。是故賢士羞爲等列。闒宂習其風流。以貪婪苟免爲得計。以廉潔受刑爲飾詞。故有無錢工役無盤纏之俚諺。翳謗官人沒商量之童謠。出于吏部者。無賢否之分。入于刑部者。無枉直之判。天下皆謂陛下任喜怒爲生殺。而不知皆臣下之少忠良也。古者鄉鄰善惡必記。今雖有申明旌善之舉。而無黨庠鄉學之規。至知之法雖嚴。訓字之方未備。序禮講學。既無其地。仁義法制。又無其漸。紀綱不立。節目無依。勢使然也。臣欲取古人治家之禮。睦鄰之法。若古藍田呂氏鄉約。今義門鄭氏家範。布之天下。世臣大族。率先以勸。旌之復之。爲民表率。行且作新于變。漸次時雍。陛下不可謂迂而不切也。至于下農貧戶。多有死徙。或賣產以供稅。產去而稅存。或裨補以當役。役重而民困。又里胥度田高下不均。瘠鹵膏腴。起科無別。臣以爲莫若行授田均田之制。兼舉常平義倉之法。古時多有書院遺基。學田舊業。貢士有莊。義田有族。皆宜興復而廣益之。以延天下之俊人。今內外百司。捶楚曹屬。甚于奴隸。一爲下官。肌膚不保。宜使同寅協恭。相守相序。以重廉恥之節。若夫罪人不孥。罰勿及嗣。連坐起于秦法。孥僇本于僞書。今爲善者妻子未必蒙榮。有過者里胥必陷其罪。况律以人倫爲重。而有給配婦女之條。聽其相爲不義。則又何取夫義婦節哉。此化原所繇也。臣心欲言。固不止此。承付忖量。急于陳獻。惟陛下少垂鑒納。書上不報。已復陳太平十策。參井田均田之法。兼封建郡縣之制。正官民。興禮樂。審輔導之官。新學校之政。省繁宂。薄稅斂。務農講武。上手持入。顧其言頗迂。上數稱縉奇才。大臣忌之。上改授御史。

剿廣西叛蠻。

己未。夜月食。

壬戌。高麗請舊壤鐵嶺地。上令禮部尚書李彥名諭止之。毋啓釁。蓋舊界鴨綠江也。

癸亥。敕西平侯沐英破賊後。移兵漸逼景東。務圖萬全。隨地屯田。與之相持。俟大軍四集。如納款。即可許之。

甲子。惠州瀧川興寧歸善縣民作亂。討平之。

丙寅。命都察院戒諭江西御史花綸等官吏事重。始逮問。毋苛細與大獄。

太白晝見。

藍玉既班師。復破降其太師哈剌章。獲將士萬五千八百人。馬駝四萬八千一百五十餘匹。

五月戊甲朔。日食。

戊寅。議軍民對支法。

甲申。胡觀爲駙馬都尉。尚南康公主。海子。

乙酉。五色雲見。

庚寅。皇子棟生。

定誥命冊符用敕命之寶。

甲午。藍玉捷表至。上曰。戎狄久禍中國。今朔漠一清。無憂北顧矣。羣臣咸賀。遂遣通政使茹瑺前望江主簿宋麟賫敕勞之。曰。周秦禦胡。上策無聞。漢唐征伐。功多衞李。宋遭遼金之窘。以終其世。神器弄于夷狄。腥羶汚乎九州。朕起平定。與民更始。已有年矣。胡虜聚衆。復立王庭。意圖不靖。朕當耆年。失今不征。必爲後患。命爾等率十餘萬衆北征。去年爾親拘納哈出來降。今復躬擐甲冑。衝冒風露。穿地取飲。禁火潛行。越黑山而徑趨。追蹄蹤而深入。直抵穹廬。胡主棄璽遠遁。諸王駙馬六宮后妃部落人民皆悉附歸。漢衞唐李。何以過之。使至敕勞。

悉朕至懷。

丁酉。定雲南官吏軍民犯罪條律。

戊戌。減豐城官租。

萍鄉縣有假彌勒佛惑衆者。誅之。

辛丑。安慶侯仇成有疾。賜內醞。書勞之曰。朕創業以有天下。惟卿勤勞。邇年海宇雖寧。尚有匆庭之夷。累卿高年久鎭邊陲。東西攻守無寧歲。近喜廓淸。方將偃師修文。同卿華居美食。忽聞感疾。實疚朕心。是用遣人存問。嗚呼。征討之時。櫛風沐雨。所自疾也。尚愼藥節嗜。副朕至懷。

六月。癸卯朔。暴風。雷震洪武門獸吻。

甲辰。信國公湯和上言。臣老矣。願得歸故鄕。爲容棺之墟以待盡。上大悅。從之。賜敕。賜和白金二千兩。黃金三百。鈔萬五千貫。文綺四十有副。賜胡夫人黃金二百兩。白金千。緡楮五百貫。幣三十。蓋上不欲諸將屢典兵。故厚和也。

甲子。東川諸蠻叛。命傅友德仍征南將軍。沐英爲副。討之。

皇子楹生。麗妃葛氏出。

己巳。徵隱士謝天啓爲山西布政司參議。

敕諭武臣曰。朕觀國初諸將收撫士卒。或一二十人。或百人。至四五人。皆視如兄弟。愛如骨肉。以故爭先効功。所向克捷。人稱善戰。不知由其善撫士。今爾等居位食祿。豈爾能。皆爾祖父貽爾慶。爾則不念祖父富貴由士卒。時或苦虐。使不傳心。敗國喪身。職此之由。夫虐下不仁。敗國不忠。亡先人績不孝。曷不思之。因頒軍士護身敕。述始終之際。艱難之故。

七月癸酉朔。追贈故金山侯濮英爲樂浪公。

戊寅。元后妃公主等俘至。賜宅廩。或言藍玉私元后。上怒。后慚自經。次子地保奴有怨言。徙琉球。

辛巳。江夏侯周德興還鄉。厚賚遣之。

甲申。置北平行都指揮使司于大寧。

安慶侯仇成卒。成含山人。從上渡江。遇敵先登。彭蠡功最。追封皖國公。謚莊襄。

故元詹事院同知脫因帖木兒謀叛。事洩。藍玉僇之薊州。脫因帖木兒。故王保保弟也。

丙戌。頒天下武臣大誥。俾子弟誦習。

己丑。詔天下武臣致仕年未六十者。依原官半俸。

丁酉。敕傅友德等曰。東川芒部諸夷。皆出羅羅。厥後分土異名。曰東川烏撒烏蒙芒部祿肇水西。唐時征閣羅鳳于大理。道經芒部。羣蠻佯順。據險設伏。致喪師二十萬。近東川諸蠻雖不叛。須豫備。使不得肆。蠻人與猿猱無異。大軍一至。竄入林藪。猝難捕獲。宜住兵屯糧。待以歲月。然後可圖也。

辛丑。海西侯納哈出從征雲南。卒武昌舟中。還葬京師。子察罕嗣。改瀋陽侯。

八月壬寅朔。西平侯沐英調都督僉事甯正會攻東川。

乙巳。夜。太陰犯亢。有大星自北斗杓徐東南行三丈餘。分二星。又五丈餘。分三星。經昴宿。復爲二。經天庫。復爲一。至天苑中沒。

壬子。罷天下守令所舉耆宿。

癸丑。遷山西澤潞貧人墾彰德眞定臨淸歸德太康閒田。免賦役三年。戶給鈔二十錠。備農具。

甲寅。監察御史桂滿。劾右都御史凌漢。刑部左侍郎高鐸失職。降漢刑部右侍郎。鐸右僉都御史。俱停俸。

召天下致仕武臣任布政使官者悉還京。

高麗千戶陳景來降。言故元帥崔完部校也。今四月國王王禑欲寇遼。使都相崔瑩李成桂治兵西京。令景屯乂州。餉匱退師。王怒殺成桂子某。成桂還攻囚王禑及崔瑩。故景來降。命嚴邊備。

乙卯。令九卿各舉文學幹濟之士。

青州知府賈紹祖等民饑不即聞。降紹祖及屬官十七人。

癸亥。納哈出故部曲千餘人來降。

甲子。天鳴三日夜。

丙寅。征虜大將軍永昌侯藍玉。送護故元諸王官屬士馬至京。

丁卯。藍玉入朝。上褒其功。仍責以汚亂及遣人伺動靜之罪。玉拜謝。宥之。頒賞玉二千金。鈔千錠。文綺五十。左右副將軍唐勝宗郭英各千金。鈔四百錠。文綺十。左參將定遠侯王弼千金。鈔八百錠。文綺四十。右參將都督孫恪五百金。鈔三百錠。文綺十五。餘有差。

戊辰。宴北征諸將于奉天殿。賦平胡詩二章。命羣臣和。

封後軍都督僉事孫恪全寧侯。世襲。祿二千石。

是月。御製諭武臣敕凡八則。

九月軠朔。航海侯張赫督官軍八萬二千餘人漕海。還自遼東。

賜新除官張士平等千四百餘人靴帶襲衣。

丁丑。敕五軍都督府下令各衞所屯田。

定各衞馬步軍服色。

丙戌。秦晉等九王來朝。凡七日。過壽節辭歸。

眞臘入貢。謝賜印。

越州土知州阿資與羅雄州酋長發東等叛。命總兵官西平侯沐英會征南將軍潁川侯傅友德討之。

癸巳。監察御史鄭賜試湖廣布政司左參議。翰林檢討吳文試右參議。

甲午。景川侯曹震、靖寧侯葉昇分討東川叛蠻。

更定歲貢生例。府歲一人。州二歲。縣三歲各一人。俱年二十上。

造軍戶圖籍。

乙未。捕獲潮惠等寇。

改歷代帝王廟于雞鳴山之陽。

十月辛朔。壬寅。南安侯俞通源奏雲南新附官民軍士田糧馬牛之數。

庶吉士解縉爲監察御史。諸大臣忌縉才。兵部右侍郎沈溍奏縉索皂隸。部堂言語嬉謾。上不問。改縉。

丙午。故元□國公老撒知院捏怯來丞相失烈門于耦兒干地等三千人來降。初元少主脫古思帖木兒敗後。欲走和林依丞相咬住。値也速迭兒于土剌河。被襲而潰。獨與捏怯來等十六騎遁去。適咬住等以三千人來迎。欲依闊闊帖木兒。其衆强。會大雪三日未發。也速迭兒又追至。執脫古思帖木兒縊之。幷殺太子天保奴。故

捏怯來等恥事之。來降。

丁未。靖寧侯葉昇進兵東川。獲五千五百一十八人。

命都督府更定屯田法。

武臣以贓敗。追奪告身。

甲寅。高麗國王王禑請遜位于子昌。上曰。前聞其王被囚。今請遜位。必李成桂謀也。東夷狡詐。姑俟之。

丙辰。夜月食。

乙丑。頒武臣訓誡錄。

丙寅。徐允恭嗣魏國公。徐達子。常昇嗣開國公。遇春子。

庚午。雲南置瀘州赤水層臺四州瀘州衞。

十一月辛亥朔。傅友德討阿資。築平夷堡戍之。後立平夷千戶所。

庚子。女直千戶孛羅哥從征東川。行至沅江。謀叛走思州。明年正月平。

賜國子生鈔。製冬衣。別作室養疾。

頒賜武臣保身敕。時廣西指揮耿良科斂激變。江西指揮戴忠勦盜貪賄。皆得罪。

十二月辛巳朔。癸丑。安南表謝。敕書令三歲一朝。方物隨產。許使臣一。

壬戌。進封永昌侯藍玉涼國公。初擬梁國公。意嗛之。鐫其過于券。

阿資陷普安。傅友德等擊敗之。

兵部置軍籍勘合。

庚午。安南國相黎一元幽其國王陳煒。尋弒之。立叔明子日焜主國事。一元。叔明壻也。一名季犛。

己巳洪武二十二年

正月辛亥朔。丙子。鄧銘爲西安護衞指揮僉事。愈次子。

壬午。會寧侯張溫北平行都指揮使周興拓大寧等城。

占城遣使謝罪。
甲申。貯鈔殿廡下備賞賜給事中掌之。
丙戌。改大宗正院爲宗人府秦王爲宗人令晉王燕王爲左右宗正周王楚王爲左右宗人。
戊子。高麗遣使奉其權國事王昌入朝上以廢立止之。
癸巳。改大醫院令爲院使。
罷供奉司。
征南將軍傅友德等擊阿資破走之。還越州。擒千三百餘人指揮徐凱追擊松潘叛蠻破斬之。
二月孫朔。定內外官品級。
賚賜者民復其家。
癸卯。兵刑右侍郎錢塘沈溍夷陵趙勉俱爲尙書。署吏部給事中平度侯潚爲吏部右侍郞。試禮部右侍郎吉安張衡刑部右侍郞邵永善俱爲左侍郎。
丙辰。改六部所屬總部名吏曰選部。戶曰民部。禮曰儀部。兵曰司馬部。刑曰憲部。工曰營部。
己未。凉國公藍玉往四川修城練兵起信國公湯和江夏侯周德興節制鳳陽留守司。
壬戌。禁武臣預民事。
癸亥。遣行人賜平陽知縣張礎敕曰。乃者金鄉衞造軍器擾民爾礎執法。卽具聞朕。朕深嘉歎。特遣賚鈔三十錠內酒一封。至。爾領焉。
楊靖秦達爲戶工部尙書。
湖廣安福千戶所夏德忠誘九溪洞蠻作亂。命東川侯胡海普定侯陳桓靖寧侯葉昇往討之。昇潛出賊後。擒德忠斬之。

置九溪永定二衞。改大庸衞爲千戶所。

平越衞察隴乾溪牛場苗蠻作亂。傅友德討平之。

是月。沐英遣都督僉事甯正從傅友德擊敗阿資。斬其黨五十餘人。勢蹙請降。置越州馬隆二衞。扼其要。

三月愱朔。詔潁國公傅友德軍沅州。申國公鄧鎭軍大庸。魏國公徐允恭軍常德。曹國公李景隆軍安陸。開國公常昇軍辰州。靖寧侯葉昇軍襄陽。普定侯陳桓軍岳州。雄武侯周武軍武昌。吉安侯陸仲亨軍蘄州。安陸侯吳傑軍茶陵。東平侯韓勳軍黃州。東川侯胡海軍寶慶。南雄侯趙庸軍長沙。宣寧侯曹泰軍瞿塘。宣德侯金鎭軍施州。靖海侯吳忠軍衡州。江陰侯吳高軍永州。會寧侯孫恪軍泗州沔陽。延安侯唐勝宗軍黃平。都督張銓王誠孫彥軍桂陽道州。信國公子湯鼎六安侯子王威軍長寧夷陵。上以諸蠻易亂。恐大軍還旋叛。故分扼要地。休士控夷。

送貢生于國子學。

己卯。增置殿廷儀制司丞四人。

運鈔于北方市糴備賑。

戊子。令天下軍丁習匠藝置弓矢。

改普定軍民府爲指揮司。

改給事中魏敏卓敬八十八人爲元士。又改源士。後復舊。

己丑。思明知府黃忽都卒。世襲。

戊戌。南安侯俞通源卒。通源巢人。同兄通海來附。以平章鎭守江淮。屬大將軍征中原。封。沒逾年。坐黨不論。子祖。痿不能俟除。

四月妃朔命蘇杭湖溫紹興松江民無田者往淮河以南及滁和等州墾田官給鈔免賦役三年。

置大寧衞命捏怯來爲指揮使失烈門以下俱授武職。

罷北平及行都司軍士。

起山東流民居京師人賜鈔。

復造鈔自十文至五十文便民用。

賑萊兗九江湖廣貧民。

甲寅故元諸王來降者俾居暹羅諭其國築舍。

談遷曰元裔來降仰資俸給今暹羅窮僻之地盡置流胡外無升斗之入死亡可待雖深于慮患恐非遠人慕化之初心也。

丙辰分建五軍斷事司于太平門外。

甲子何福討都勻叛蠻破平之。

丙寅置詹事院秩正三品兵部尚書唐鐸兼詹事鐸爲上微時友厚重愼密從三十餘年交不變色口無惡聲。其胥吏數舞文弄法見誅而不罪鐸。

青州衞軍犯罪將決妻請代夫死釋之。

五月巳朔軍士父子皆役死者官其子一級。

辛卯置泰寧朵顏福餘三衞指揮使司于兀良哈之地各居降胡阿里失禮等爲泰寧衞指揮塔賓帖木兒爲指揮同知海撒男答奚爲福餘衞指揮同知脫魯忽察兒爲朵顏衞指揮同知。

右僉都御史碭山黃政從征雲南。還至普安遇寇。與其子琬皆死之。

猥洞黃平蠻叛。傅友德討平之。

六月戊戌朔庚子。上退朝。謂侍臣曰。人常慮危。乃不蹈危。常慮患。乃不及患。車行峻阪而仆平地。保天下者。亦如御車。

辛丑。孝廉茂才年四十以下者。于行人司遣用。

癸丑。收廢銅鑄當二當十錢。

戊午。免河南開封永城至彰德夏稅。巡按許珪奏之。右都御史詹徽言其要譽。上不聽。

並置各省寶源局。

癸亥。傅友德置貴州興隆衞。即猥洞黃平安撫司。

定茶馬價額。

七月丁酉朔丙子。命禮部遣使諭故元丞相失烈門入朝。時既降數稱疾。遷延未至。

給文武官朝服錦綬。

辛巳。彗見紫微旁。乙卯滅。

甲午。有星自外屏西南流二丈。化爲白雲。

傅友德有疾。召還。諸將皆還京。

八月丙辰朔癸卯。高麗署國事王昌再求入朝。不許。

丙午。除瑞金縣徭役及無徵之賦。縣丞古亨言之。

庚戌。淸諸司案牘。惟國子監翰林太常太醫勿問。

乙卯。令守令舉高年有德識達時務年貌相稱者一人。
韶州闕龍山人郭曰輝等作亂。討平之。
戊午。更定大明律書成。
故元丞相失烈門襲刼知院捏怯來被殺。其衆潰散。詔朶顏三衞賚給之。
九月䝼朔。日食。
量減雲南鹽價。方用兵故。
丁卯。誅西安衞指揮王綱。綱從征多箠死軍士。
戊辰。廷臣有言比來儒士起自田里。擢用驟峻。非朝廷愛重名爵之意。上曰。朕患不得賢耳。若伊尹出有莘。孔明起隆中。豈嫌驟哉。
甲戌。賞沁州人告願屯田者百十六戶。俱賜鈔。
戊寅。定王世子冠服禮。
定外衞軍犯笞罪例。
十月䡇朔。丁巳。西平侯沐英來朝。賜宴賚。起第鳳陽。尋還鎭。
辛酉。東川侯胡海等還京。賜金銀鈔綺有差。
王威嗣六安侯。郭振嗣鞏昌侯。威尋降安南衞指揮使。
壬戌。增國子監學舍居監生攜家者。
十一月乢朔。上與翰林學士劉三吾論治民之道。三吾言。南北風俗不同。有可以德化。有當以威制。上曰。地有南北。民無兩心。帝王一視而已矣。蓋德以化君子。威以制小人。因乎人。不失乎地也。

丙寅。宣德侯金鎮。宣寧侯曹六。泰安侯王威。安陸侯吳傑。練兵湖廣。
命後軍都督僉事孫恪募山西民。徙彰德衞輝歸德臨清東昌墾田樹桑棗。
己巳。餘姚有妾訴其族長私販海者。上以傷化置妾于法。
虜也速迭兒旣弑主。立坤帖木兒。
擢海州同知陳龔爲太僕寺少卿。龔故元南臺御史大夫福壽子也。倅海州。坐事當戍邊。特宥而擢之。仍賜鈔。
己卯。通政使經歷楊大用使百夷。思倫發寇摩沙勒及定邊。沐英連敗之。乃遣把事來雲南。委罪其下刁廝郎
刁廝養乞貸罪輸賦。故大用以敕諭。悉下之。遂貢象馬白金縛送刁廝郎等百三十七人。
命選民間耆年有德者里各一人。同有司入覲。隨朝觀政。三月遣歸。
談遷曰。近縣令入覲。例糧長二人隨之。其實從役代應也。國初每里僉役。大邑且四五百人。費于何籍。雖上
不時召對。間有旌拔。然民勞已劇。不若休息于田里也。
癸未。上與侍臣論進君子退小人。兵部尚書沈溍曰。君子小人。猝未易識。上曰。良玉委泥。色澤不變。君子在衆。
德操自異。
乙酉。安南陳煒遣使來朝。時煒弑黎一元。懼罪。假其名入貢。
十二月乙亥朔。己亥。申嚴巾帽之禁。
定遠侯王弼往山西。雄武侯周武往河南。全寧侯孫恪往陝西。俱練兵聽北征。
甲辰。周王橚私至鳳陽。詔徙雲南。未行。命還國。
丁未。討平把撒川番賊。
己酉。授六尙局宮官敕。

庚戌。魯王檀薨。謚曰荒王。王謙約好學。上以其近內服丹石。故謚荒。不以私恩廢公。

癸丑。魏國公徐允恭曹國公李景隆自湖廣還京。

甲寅。以浙東鹽引給大寧軍儲。

倭十二艘掠山東艾子口。捕斬七人。遁去。

丙辰。禮儀司丞古里奇等出塞訪故元丞相咬住太尉乃兒不花等所在。

白虹貫日。

富川縣逃吏糾賊爲亂。殺知縣徐原善等。都督僉事韓觀討斬之。

甲寅。招諭故元兀納失里大王于和林。

高麗入貢。

徵士梁寅卒。寅字孟敬。新喻人。善五經。元集慶路訓導。放歸。隱居教授。嘗應上聘。隸禮部。討論精審。不拜官。還隱石門山。學者多從之。稱梁五經。年八十二。時尊之曰石門先生。

封都督僉事胡顯梁國公。顯父泉。都督僉事。女爲充妃。生楚王楨。顯以指揮遷都指揮。從楚王征蠻。累功封。世祿三千石。

談遷曰。帝最慎封賞。梁國之券。刓于藍玉。而胡顯特裨校從征楚黔。未聞殊績。因椒掖躐而進之。顰笑少爲移矣。

是月。高麗李成桂廢其主王昌。立王瑤。

是年。定民牧法。初民間各牧馬。一歲納駒一。至是五家共牧馬。納駒一。闕駒納鈔七百貫。家牧牛歲納犢一。其牛馬俱屬監羣。種馬北七萬。南三萬。歲五馬。俵解一匹上京。

庚午洪武二十三年

正月乙丑朔。命周王長子有燉監國。

丙寅。更造奉先殿祭器。

肅清逆黨榜功臣五十七人。功高望重。連歲總兵。曰魏國公徐達。曹國公李文忠。宋國公馮勝。衞國公鄧愈。信國公湯和。長興侯耿炳文。江陰侯吳良。西平侯沐英。專簿書。聽指示。曰韓國公李善長。義封。曰滎陽侯鄭遇春。六安侯王志。平涼侯費聚。從征累戰功論舊。曰江夏侯周德興。南雄侯趙庸。安慶侯仇成。崇山侯李新。南安侯俞通源。永平侯謝成。鳳翔侯張龍。靖海侯吳禎。東勝侯汪興祖。普定侯陳桓。航海侯張赫。舳艫侯朱壽。德慶侯廖永忠。臨江侯陳德。濟寧侯顧時。延安侯唐勝宗。吉安侯陸仲亨。淮安侯華雲龍。建功。曰潁國公傅友德。永昌侯藍玉。靖寧侯葉昇。會寧侯張溫。定遠侯王弼。武定侯郭英。景川侯曹震。懷遠侯曹興。雄武侯周武。安陸侯吳復。宣德侯金朝興。永城侯薛顯。東川侯胡海。鶴慶侯張翼。永嘉侯朱亮祖。因武功封。曰開國公常昇。蘄春侯康鐸。全寧侯孫恪。西涼侯濮璵。持兵來歸。曰東平侯韓政。宣寧侯曹良臣。營陽侯楊璟。河南侯陸聚。汝南侯梅思祖。宜春侯黃彬。豫章侯胡美。

王世貞曰。此榜多有不可曉者。旣載沐西平。而傅潁公建平蜀之勛。又與藍涼公平滇。功在西平上。不得預名其列。若止以存者論。則徐中山以是歲沒。尚可言。而鄧寧河之捐館久矣。李岐陽吳良。亦以前兩歲沒。苟不分存沒。則常開平廖德慶何以不載。

何喬遠曰。予次勳封。衋然傷焉。其起草萊與高皇帝定天下者。公十二人。侯五十七人。伯六人。是皆鐵券寶綸。天盟廟授。食租衣稅。不與民社事。所以預宥而前全之者也。乃藍胡之獄。誅鉏萬數。一時功臣。十去六七。

觿怪諸臣皆僇力捐軀。入水出火。爲高皇帝滌蕩腥羶。洗濯日月。天下既定。固當使之能者有勸。善人不懼。及考諸臣所以行事。皆失其理。夫風雲之際。雷霆易轟。雪霜之餘。李梅不實。大禹尙宜謙抑。周公以之退遜。是皆田間武夫。附翼攀鱗。安知守滿居成之道。況夫高皇帝睿聖神武。刑賞號令。無所疑錯。罰焉加必而臨之者哉。斯知魏文所以疑心。漢高因之僞遊。是以徐達醉驚而趨寢。湯和稽首以還鄉。鞠躬隱智。存乎其人。逮夫永樂之間。內難削平。以七戰論功。既而北驅殘虜。南縛交酋。西靖羌番。東捕倭韓。降胡廝養。往往登封。而景隆以負國墐戶。江陰以被論入劵。長興以傲上奪田。越嶲安陸之流。載復載仆。終夷氓隸。前封所存。僅魏西平武定三家而已。開國靖難。至分新舊之官。高帝之舊封詘矣。夫以常李鄧湯之功。而裔末流于荒徼。養屬幽于都闕。圭組委于泥塗。工師作室。雖賀主人。上賓飫庖。猶賚行炙。繼體英君。守文令主。能不惻然動心者耶。

蜀王（椿）之國成都。以國子助教兼翰林院檢討茶陵陳南賓爲長史。昕夕獻納。王甚重之。南賓洪武二年應聘至京。授膠州同知。治先敎化。遷國子助敎。講洪範。上善之。書名于殿柱。故擢之。

丁卯。詔晉王燕王北征。以故元丞相咬住太尉乃兒不花知院阿魯帖木兒等將患邊也。拜潁國公傅友德征虜前將軍。南雄侯趙庸懷遠侯曹興左右副將軍。定遠侯王弼全寧侯孫恪左右參將。赴北平聽燕王節制。王弼先往山西。聽晉王節制。

己巳。康鎭爲大寧右衛指揮使。（康茂才子。）

庚午。鳳翔侯張龍滎陽侯鄭遇春平涼侯費聚龍江衛指揮同知徐恭等往雲南置驛傳。

辛未。長興侯耿炳文練兵陝西。

進五軍斷事官秩正五品。

召還指揮蔣旺等。雩都知縣查允中奏其擅討山賊傷農也。召還。令有司招降之。
倭登浙江穿山浦。殺掠。百戶單正不即勦捕。坐誅。
信國公湯和自鳳陽來朝。因風疾。留京師。
庚辰。貴州蠻作亂。延安侯唐勝宗討平之。
進士王希曾請出母之喪。不許。
辛巳。翰林院學士劉三吾降國子博士。侍講學士葛鈞降助教。時授晉世子經。稍怠。尋復秩。
以胡騎指揮安童爲刑部尚書。
西番作亂。藍玉往大渡河擊之。
癸未。高麗人言國王王昌實辛旽子。禑子。之故國人不服。別擇定昌君瑤立之。乞准嗣。上諭禮部尚書李彥名曰。高麗限山隔海。廢立事眞僞未知。聽其所爲。移檄國人知之。
詔高麗人在遼東留還者勿禁。
一戶二軍者免其一。
故元平章把都帖木兒等來降。聽就水草便地居之。
戊子。潮州補戍生員陳質求卒業。許之。除其伍。兵部尚書沈溍難之。上曰。人才始得其用。朕豈少一持戟之士乎。
蜀王椿奏西番作亂。焚里崖關。已遣都指揮瞿能同知徐凱以萬三千人助藍玉往大渡河邀擊。
贛州山盜糾湖廣諸洞蠻作亂。命東川侯胡海充總兵官。普定侯陳桓靖寧侯葉昇爲左右副將。率師討之。
己丑。作點鋼長鎗。付京城各門守衞。

從征千百戶以應襲子弟領後事無者總小旗領之。
延安侯唐勝宗鳳翔侯張龍仍往黃平平越鎭遠貴州練兵屯田。
辛卯遣都御史古思帖木兒齎敕諭故元丞相咬住太尉乃兒不花知院阿魯帖木兒等。
增江北馬戶初江南十一戶牧一馬江北戶一馬至是均之五戶牧一馬馬二官歲徵一駒。
定竈戶計丁辦鹽每丁歲辦小鹽十六引引二百斤。

二月乙未朔。丁酉。國子祭酒宋訥卒。訥字仲敏。滑人。父壽卿。元陝西行省侍御史。贈魏國公。訥天性遲重。記聞該博。至正癸卯進士。尹鹽山。洪武十三年拜國子助教。橫經發難。剖擊愚蒙。超遷翰林學士。尋改文淵閣大學士。自宋濂詹同後。惟訥蒙眷。改祭酒。年逾七十。振飭學規。諸生畏敬。歷七年。召其子望江主簿麟侍養。年八十。上甚悼之。歸葬。服滿。仲子訓導顯祖擢國子司業。

袁袠曰。董生有言。養士莫大乎太學。太學者。賢才之關而風化之本也。高皇帝初建成均。首得宋公爲師。其敎人先躬行而後口說。故士皆務實。國初人才多質直朴醇。足以適用。何則。身敎行而師道立也。諺曰。桃李不言。下自成蹊。惡在其多言哉。

庚子。考定王國合祀山川。
六科失記旨意。增減失實。覆軍籍不明。俱下獄。
癸卯。宥給事中彭與民等罪。先是諭給事中父兄伯叔來朝觀政。歸以書諭其鄉里子弟。使爲善無犯法。人予鈔遣還。而與民等下獄。父九霄來朝。上表引咎。上憐之。同宥十七人。九霄尋卒。命歸葬。
甲辰。諭晉王燕王備虜。
戊申。藍玉擊破西番蠻人。幷討平岩州雜道蠻人之攻圍大渡河者。俘其男女數千人。

擒龍川賊蘇文山等。誅之。

壬子。隱士吳敦義李翰爲陝西布政司左右參政。

詔有司過悞一犯至三犯。皆記罪復職。

民戶米對撥官軍俸糧。

丙辰。龍川知縣陳敬詣闕言事稱旨。擢吏部右侍郎。

戊午。沅陵主簿張傑坐輸作。自陳有老母守節。乞宥罪歸養。許之。命禮部榜母節于天下。加俸資養。

庚申。逮治千戶虞讓子瑞。嗜酒不習武也。發邊。幷諭武臣子弟。

癸亥。誅河南妖寇朱黃頭等。

藍玉克散毛洞。擒土酋而下萬餘人。

阿資既平。置陸梁衞。

築歸德黃河隄。時河決鳳泗。徑夏邑永城諸縣。有司不時上。歸德人入奏。命發興武等十衞軍與歸德人塞決口。甫月而成。官言者。罪其有司。

三月甲子朔。乙丑。燕王率諸大將出古北口征虜。

申定官民服飾。

臨洮僧巴竹領占爲侚師。

部院歷事官三年無過者給全俸。一年者給半俸。

庚午。改公主府家令爲中使司。用內臣。

雄武侯周武卒于河南。武開州人。遷江陰。丁酉從軍常州。取江南。累功都督僉事。屬西平侯討平西番洮州戎。

封世指揮使賜劵追封汝國公諡勇襄子興龍江右衞指揮同知。

定公朝卒葬輟朝禮。

諭山東河南春夏貸粟秋成還官。

郝從道試大理寺右少卿趙居仁試通政司左參議俱人才侍朝觀政者。

鄧余陳紀王瑊爲尙寶司丞申國公臨江侯六安侯之弟。

癸巳燕王初出古北口諭諸將曰虜地曠絕吾千里行師無間諜難以成功乃發騎偵虜屯迤都冒雪抵其營。諸將欲止燕王不可先以指揮觀童招之觀童故善乃兒不花至則持而泣倉卒間大軍壓其營遂降觀童以乃兒不花及丞相咬住等見燕王慰勞甚至悉收其部落數萬畜產數十萬而歸。

談遷曰史歸功燕王予意傅潁公等從征此必諸將之力或後人過飾也。

晉王出塞不見虜引還。

四月钾朔。潭王梓暴薨。王母定妃達氏封長沙王慧而文。數設醴召府僚賦詩品高下金繒賞之至是妃家坐事。王不自安。遣使慰諭。且召之。王驚。闔宮焚死。年二十二。無子。國除。

徐學謨曰高皇帝承勝國之後用重法刑亂王固親子坐妃家事連竟亦不赦。於乎豈不誠神武聖人哉。

談遷曰何喬遠紀潭王事亦聞曰達定妃故陳友諒姬上妃之妃居常爲語所以爲妃故王不勝忿閉門反。竟自焚夫齊庶人母亦達定妃也豈妃居常泄于潭諱于齊耶且安有宴然千乘而輕爲亡魄發難者眞村瞽之說也上召潭王或面慰諭之非有他意先是周王謫雲南益自疑耳徐宗伯謂王固親子竟亦不赦又苛論矣帝雖嚴馭獨無放麑之德哉。

吉安侯陸仲亨臨江侯陳德家人犯法奪舊賜公田。

丁酉。詔濱海衞所每百戶造二舟邏海上巡簡司如之。

庚子。置京師外城十五門。

改龍里長官司爲衞。尋改軍民指揮使司。

甲辰。暹羅斛國貢香十七萬餘斤。

閏四月癸丑朔。東平侯韓勳西涼侯濮璵瀋陽侯察罕左軍都督僉事王憲練兵東昌。

燕王捷至。上喜曰。清沙漠者燕王也。

戊午。改徽州千戶所爲新安衞。

命傅友德部元降將至京。徙部落于嶺南。

乙丑。安南入貢。以非期卻之。

吳朴曰。安南凡有篡逆立者必厚貢中國。以固其位。然以其貢厚而故詰責。如我聖祖者鮮矣。

國子生李約父元恭坐事謫廣東吏。老疾。約乞代。釋之。

丙寅。置大田軍民千戶所。隸施州衞。

辛未。授故元太尉乃兒不花留守中衞指揮同知。阿魯帖木兒燕山中護衞指揮同知。咬住爲右副都御史。忽哥赤爲工部右侍郞。尋進乃兒不花阿魯帖木兒指揮使

故元國公藏卜來降。

甲戌。除百官期年奔喪之制。

丙子。詔免滁陽定遠六合天長儀眞舒城等縣馬戶田租。民田全免。官田半之。著爲令。

涼國公藍玉平施南忠建二宣撫司叛蠻。初。叛蠻據龍孔。遣指揮徐玉攻圍之。擒宣撫覃大信。至是。玉又破諸

寨。斬獲千七百餘人。

丁丑。舳艫侯朱壽二子興能俱犯法當死。特宥之。

丙戌。仇正嗣安慶侯。仇成子。

置平壩衞。

免湖廣江西廣東被寇逋租。

新添龍里威淸安南淸平六衞降六安侯王威安南衞指揮使。宣德侯金鎭平壩衞指揮使。

戊子。賜宋國公馮勝江夏侯周德興永平侯謝成定遠侯王弼會寧侯張溫武定侯郭英江陰侯吳高鶴慶侯張翼崇山侯李新安慶侯仇正南雄侯趙庸鈔各二十錠。建先塋神道碑。

辛卯。討河東黃田山盜袁萬三等平之。

法司官年老者賜馬。

五月癸巳朔。戶部尚書楊靖改刑部。兵部尚書沈溍改工部。工部尚書秦逵改兵部。刑部尚書趙勉改戶部。俱賜誥。未幾。溍仍兵部。逵仍工部。

上念列侯老。悉遣還鄉。魏國公曹國公開國公宋國公申國公潁國公各金三百。銀二千。文綺三十。綾十。鈔三千錠。永平侯南雄侯崇山侯懷遠侯鳳翔侯定遠侯安慶侯武定侯鞏昌侯各金二百。銀二千。鈔千錠。文綺卅。

丁酉。御史劾奏太師李善長。詔勿問。初胡惟庸謀亂。私遣元臣封績通漠北。事敗。績留胡中。藍玉獲績于捕魚兒海。善長不以聞。至是或告之。訊績得狀及善長私書。法司請罪善長。寢之。于是御史糾善長追理胡惟庸事。不報。

庚子。御史復請按李善長。幷其從子佑伸。下佑伸獄。時善長家奴盧仲謙等言。胡惟庸令寧國善長薦爲太常卿。謝黃金二十斤。善長送家奴耿子忠等四十人于惟庸。惟庸皆厚與金帛。酬善長古劍及白玉酒壺玉刻龍蟠盞玉蟠桃杯。而吉安侯陸仲亨家奴亦告仲亨及延安平涼南雄三侯皆黨善長謀變未發。下廷臣訊之得實。羣臣請誅善長。上不許。復使讞。皆具伏。

己酉。播州貴州宣慰司各遣子來朝。求入太學。許之。

壬子。命各郡縣置倉糴穀備賑給。時方召天下老人至京。命所召老人賫鈔往各處催糴。

乙卯。太師韓國公李善長自殺。時年七十七。耄不能飭下。有言善長私鑿定遠水達淮。便芻粟。治第從信國公私假衞士三百。信國公怒不與。京民向通惟庸。法當徙邊。善長入其賂。數奏請給其親。上固疑之。會夏星變。占爲大臣災。上大殺都民之怨逆者應之。善長曰。是中亦有良民。上怒曰。善長事朕二十九年。陰陽朕意。凡事皆待朕發端。念或有過。則可歸責于君父。斯可居上公理天道應陰陽者耶。善長昔黨胡惟庸。得曲原。乃爲悖民求情而封績之事見告。至是上召善長奉天門。語舊事甚悉。流涕顧羣臣曰。諸君爲我曲宥太師。羣臣不可。上曰。法如是。奈何。善長大慟曰。臣誠負陛下。卽歸自經。賜佑及吉安侯陸仲亨延安侯唐勝宗平涼侯費聚南雄侯趙庸皆死。上命葬善長。爵除。善長定遠人。從起義。早足饋餉。定章程。一制度。厥伐不細。卒以嫌死。天下莫能明也。子駙馬都尉祺。卒江浦。祺子芳。留守中衞指揮僉事。茂。旗手衞鎮撫。茂子恆。停襲。恆生城。城生宜。宜生鸞。嘉靖中。錄絕封。改文蔭世襲七品。

袁袠曰。昔劉項戰滎陽成皋間。蕭何功第一。史稱高祖知人善任使。舉國而委之。非至明孰能之哉。方高皇帝之趨彭蠡也。西畏强楚。東逼勁吳。謀臣猛將。空國以爭死敵。建康草創。人無固志。岌岌乎殆哉。李公一書生。固守根本。晏然亡虞。此與蕭相何異。東討西征。給饋餉。繕器械。未嘗乏絕。和輯諸將。一心同力。以贊王業。

其所奏定法制。綱洪目細。可法可傳。雖聖謨宏遠。臣畫不少矣。而學士大夫罕迹焉。豈以胡黨少之哉。
王世貞曰。高帝神武所斷決皆自臆。而善長奉行之。卽善長功胡能比蕭酇侯哉。爵爲上公。位至太師。贈王之約同于帶礪。其班先徐武寧。恩數百劉文成。而中不惡人。亦不異議者。帝固有以心知之也。人臣無將。將必誅。身從逆而再屈法以寬之。必不得已而令自盡。以禮葬恤。帝之恩德不亦深厚加諸公萬萬哉。雖然。其初獄詞抑何曖昧少證也。隱之十載而後發。發之後一獄詞視初十年而詳者。寧能使善長瞑也。嗟乎。王國用之疏。可味也已。
何喬遠曰。蕭何雖買田宅自汚。而不治恒產。曰。後世賢。師吾儉。彼亦有以自高于人主。善長當日月之下。雖破私捐愛。猶慮不足以承之也。況有所徇比而賣惠于夫人。進言雖忠。服刑雖不衷。欲繇以免難矣。
顧起元曰。逆臣作難。片語株連。高皇帝旣幸已釋公。公乃終不免蒙疑以死。何也。嗚呼。難言矣。公心以爲上幸不爲相國何之暴繫者。臣得去鐘室畢命牖下足矣。氂纓盤水北面而謝主恩。卽言之竟何爲也。或曰。庚申初訊。公嘗奉詔歸鳳陽矣。復召理臺事。稱疾力辭。或可以免不見信國之休沐而安乎信國之謹厚。上所信也。公之智略。上所疑也。疑而欲遠跡以自引。則益厚其疑。東西南北惟命之從。毋寧束身以聽于上耳。公之此心。高皇帝亦知之。夫以韓國之封。寢于身後。朝堂之榜。夷于大憝。上意似終恝然公者。何以知以駙馬祺之亡恙。王國用之無罪知之。上臨馭久。天下安危之慮深。無將之戒不得不嚴。以肅臣紀耳。此高皇帝所以獨斷于九重。而公之所爲甘瞑于萬世者與。
談遷曰。漢之興。藉三傑。明初徐中山類淮陰侯。而勞愼過之。劉文成則子房也。保身之道不足。李太師褎然酇侯矣。聲榮冠于列服。究其終去葅醢無幾耳。末年刑書定自家奴之口。此厮養者流。果足蔽大獄。示大信于天下乎。噫。貴賤有等。胡嚚亂之甚也。又史稱禮葬之。厚卹其家。夫當時籍入六萬金。僅免孥僇。則所云禮卹。或史筆曲爲之飾也耳。

頒逆黨二十人姓名于天下。韓國公李善長。豫章侯胡美。亂宮死。延安侯唐勝宗。擅乘傳責捕代縣期年下獄久之復爵遂反。吉安侯陸仲亨。謀逆爲家奴所覺。臨江侯陳德。匿西征裔產餓死軍數千言之而怒遂反。平涼侯費聚。往姑蘇不奉命責之遂反。營陽侯楊璟。屢敗兵責之而反。永嘉侯朱亮祖。本粗鹵爲誑所惑與之反耳。汝南侯梅思祖。本元義旅造反身故事覺于家奴族滅弟姪子孫但存婦女。河南侯陸聚。宣德侯金朝興。宜春侯黃彬。爲胡所誘。淮安侯華忠。六安侯王志。都督僉事毛驤。於顯。陳方亮。爲胡陳所誘。耿忠。於琥。先在寧夏任指揮聽胡陳計通虜。

六月壬戌朔。乙丑。給事中朱樷私毀奏箚。當死。上惜其才。宥之。

都勻安撫司散毛撒狗長官司蠻叛。藍玉遣鳳翔侯張龍討平之。

給雲南諸衛屯牛。

海門縣颶風三日。夜壞廬舍。詔賑濟築隄。

戊辰。傅友德師還。

定馬戶產一駒。賜鈔十錠。種馬及駒不及數。勿問。

己巳。召鳳翔侯張龍于雲南。

南海主簿周德任有罪當城旦。妻高氏訴願沒官贖罪。宥之。

施南宣撫司土官覃大勝作亂。藍玉兵討之。擒八百八十八人。誅大勝。

定公侯伯鐵冊軍。先是公侯伯各給卒百十二人。曰奴軍。至是遣還鄉。設百戶領之。盡公侯之世。給屯戍。俾自耕食。鑄于鐵冊。

右軍都督僉事□□坐事當死。自訟于上。宥之。逐雲南代其父屯守。尋除□□衛指揮使。

丙戌。定司經局官制。

庚寅。命京衞各置軍器庫。

駙馬都尉歐陽倫往雲南賚新兵。

尙寶司卿楊頤往雲南。尙寶司丞楊鎭往貴州。閱各衞兵。

七月辛卯朔。寛卹竈戶。

壬辰。西涼侯濮璵練兵臨淸。

河決河南。命賑災民萬五千七百十三戶。

丁酉。追還軍衞水馬符驗。

己亥。景川侯曹震還鄉。

封丘人劉安壽進禁書數十種。

癸卯。景川侯曹震理四川軍務。

甲辰。高麗送故元伯伯太子男六十奴來京。蓋上徵之。

丙午。太僕寺少卿祝孟獻往滁陽添省牧監。從民便。

丁未。定內外文武試職實授借除等則。

辛亥。敕法司在外死罪眞犯者具狀申刑部議定。遣官審決。免死者輸作京師。

乙卯。安陸侯吳傑練兵長沙。籍土軍萬八千四十三人。分隸平壩威淸諸衞。

戊午。鑄晉世子妃印。黃金十五兩。方寸。餘世子同。

詔五軍都督府淸各衞所吏卒部伍。

八月庚申朔。吏典役滿三年。悉赴京師。

重作黃冊。

甲子。航海侯張赫卒。赫濠人。以千戶從起兵。有功。累後軍都督僉事。轉漕遼左。追封恩國公。謚莊簡。子榮。自致功指揮使。黨事爵除。

辛酉。給事中有薦士者。上問宜何官。對曰宜牧民。問所長。曰年少才高勇于敢爲。上曰。才高者多過中。勇敢者少循理。其養于學而後用之。

己巳。改鑄監察御史印。先是分河南等十二道。每道印二。篆曰繩愆糾繆。今制如浙江則曰浙江道監察御史。餘道同。如出使云巡按惟浙江江西直隸事繁。每道置印十。餘皆五。

壬申。涼國公藍玉還京。增祿五百石。尋還鄉。賜金三百。銀二千。文綺三十。綾十。

詔選舉毋錄隸卒。

甲戌。復命兵部清驛傳符驗。限其請給之數。

賑河南山東北平水災。

丙子。考定使節之制。竹修三尺。旄三重。如漢。

壬午。敕監守倉糧陳腐者之罪。

己丑。置北平行都司儒學。

九月庚寅朔。日食。

賜應天考官及貢士鈔錠。

辛卯。長興侯耿炳文還鄉。

乙未。加封中山王徐達。岐陽王李文忠。三代皆王爵。如開平王例。潁國公傅友德。江國公吳良。海國公吳禎。鄖國公韓政。黔國公吳復。皖國公仇成。樂浪公濮英。虢國公俞通海。三代俱封公。全寧侯孫恪。景川侯曹震。會寧侯張溫。崇山侯李新。長興侯耿炳文。三代俱封侯。

置大寧等衞儒學。

丁酉。福建右參政太康王鈍爲浙江左布政使。

戊戌。分戶部四子部爲十二部。雲南則四川兼領之。刑部同。

通政司參議嚴震直爲刑部郎中。

壬寅。封中軍都督僉事桑敬徽先伯。世傑子。祿千七百石。世襲。

丙午。御史夏長文劾左副都御史袁泰。上宥泰。進長文左僉都御史。

都督宋晟練涼州兵備虜。

壬子。豫府長史輔導失職。皆免官。

癸丑。定外官公宴節錢。

賑湖廣饑民。

命景川侯曹震疏四川永寧水道二百七十餘所。

十月紀朔。置倒鈔庫。聽民換易。尋罷。

定鈔一貫准千錢。

雩都賊夏三等皆平。

辛未。尚寶司丞何雄爲少卿。何眞次子。太子洗馬詹紱爲尚寶司丞。徽之子。

戊寅。刊行宋儒黃公紹韻會。

辛巳。賜故誠意伯劉基次子仲璟及孫廌織金文綺鞍馬省墓。

甲申。封右軍都督僉事定遠張銓永寧侯。世祿千五百石。積功征雲南尤著。

追封宣寧侯曹良臣安國公。謚忠壯。

乙酉。置閣門使正六品。劉仲璟爲之。

禁通外蕃。

十一月亞朔申明善惡勸懲天下。

戊戌。改置太僕牧監之地。

永川知縣王佐爲翰林侍讀。

己亥。錦衣等二十衞于江北岸草場牧馬。

耆民百六十七人授郡縣官。歷事諸司。

茹瑺試兵部尚書。諭曰。朕虛心待人。汝等當思盡言。不宜容默苟順。無利于天下。

丙辰。賑河南水災。

十二月紀朔。諭刑部尚書楊靖。犯十惡并殺人論死。餘皆輸粟北邊自贖。力不及者。或二人三人併輸。令還家備資以行。

高麗貢玳瑁筆。分賜翰林劉三吾等。

壬申。罷天下歲織段匹。造弓矢。賞賚用絹帛有匱乏。卽織于京師。置後湖局。專造弓矢。

甲戌。福建進南唐書金史蘇轍古文。初上購書。先刊行之。

禮部侍郎原武凌漢有罪免官。請留居京師。尋復秩。漢嘗面折左都御史詹徽見忤。
刑部尚書楊靖以郭桓盜糧事當從坐。詔勿問。
戊寅。遣國子生鍾必興等十四人視山東流民。令有司存恤。
賑廣西驛遞人。
庚辰。夷陵州學正張智試禮部左侍郎。鞏昌府教授李本立爲翰林編修。
西番諸夷西天尼八剌國曰灌頂國師吉剌思巴監藏巴藏卜。曰烏思藏衛俺不羅行都指揮使司。曰仰思多前司徒公爲巴思。曰烏思藏衛都指揮使司僉事班竹兒藏卜。曰分司僉事管卜兒監。曰輩思寨官喃兒加。曰啞力巴輩卜闌。曰箚唐千戶端竹藏卜。曰宣慰司列思巴端竹。曰烏思衛鎮撫朶兒只藏卜。曰班竹兒藏卜。曰汝奴藏卜。曰約兎占寺僧星吉旦。各入貢賀正旦。
戊子。國子生陳通奏祖罪謫陝西。年七十無子孫侍養。乞赦。許之。
賑山東水災。
西平侯沐英遣兵擊蒙化賊高天惠等。斬之。奏立蒙化景東二衛。
是歲。辟耆民千九百十六人。
宣德侯金鎮降平壩衛指揮使。六安侯王威降安南衛指揮使。俱黨論。（威亡。子志。次子城。調淸平衛。）
滎陽侯鄭遇春卒。遇春濠人。從渡江。克定江南北。從大將軍開中原。下汴洛。朔得封。坐累失侯。十三年復爵。卒。國除。
黃金曰。李牧之守雁門。李勣之守幷州。吳玠之守蜀。皆得其善者也。而世稱其功。當國初擾攘。六安南接蘄黃。朔州北接胡虜。並爲要害。遇春控弦守之。皆保無虞。肆聖祖定封于諸臣之功。銖稱寸度。至公而無私。然必任重職者。始授侯封。遇春一衛使耳。乃亦列爵封侯。而又兼官督府。是非超躐而貴之也。豈亦以其維城之烈。出于方略有過人者。宜受上賞與。

工部郎中王國用上書訟李善長之冤曰。臣聞君親無將。臣子誅意。惡莫慘于逆。天下所共聲。幽明之同糾也。雖然。臣聞世有輕重。福亦有輕重。擇重福者易輕禍。釋重禍者薄輕福。人心之或然者也。竊見故太師李善長與陛下一死生。畢謀智以得天下。爲勳臣第一。生封公。死封王。男尚公主。親戚被綺繡。福莫重焉。當元之季。異姓烏集。超張奮霍。欲如陛下者甚衆。然卒陛下得之。天也。其始異姓豈得奉頭牖下哉。莫不虀粉耘折。爲世大悲。禍莫重焉。夫人之親其子。孰與親其兄弟之子。安享萬全之富貴。孰與僥倖萬一之富貴。不格明甚。雖至病狂。必不易也。善長于惟庸。兄弟之子之親耳。于陛下。子之親也。即謂善長有病狂心。欲自爲。臣猶未敢深理。今謂其佐惟庸者。萬一成事。不過勳臣第一耳。生公死王耳。尚主納妃耳。富貴無增加。僥幸焉。是重福之所無擇而重禍之所必至者也。善長年四十一。從陛下四方之事。今七十餘。挺解摧頹。鼓舞倦矣。其子又託禁掖骨肉之親。夫爲此者。非其血氣槁暴。橫動于中。則必有深仇急變。大不得已之事。而後父子之間。或至相挾以求脫禍。兩者無一焉。平居宴然。忽起此端。此臣所以爲善長疑者也。若謂天象告變。大臣當災。則殺人應之。豈天心與王憲哉。善長已不幸失刑。臣猶懇惻爲陛下明者。願陛下作戒于將來也。國用疏。御史解縉代草。其時大理寺卿陳輝亦上疏。如國用言。上皆不之罪。

朱國楨曰。韓公之死。王國用一疏。發揮明切。高皇亦無辭以解。然止論韓公之地位。未究當日之事情也。韓公有心計而無遠識。觀其料張士誠一節。便可概見。既以布衣特起。佐平天下。富貴已極。耄且倦勤。而高皇益振厲。法在必行。雷霆時擊。上之恩既不勝其威。而摧折甚多。下之懷又不勝其慴。韓公久居班首。屢旨切責奪祿。甚曰欺可斬。危矣。日岌岌焉憂及身家。徇弟姪之言。密通惟庸。爲脫死計。應亦有之。要之惟庸以黠才偶當上意。而奸僞情狀。傍觀豈不了了。伯溫顯與之抗。中山屢爲之言。而我以姻故相媚。比豈腹心功臣。善自保全之策乎。昔蕭何常識韓信矣。身追之自亡命。立拜大將。特達之智。千古無二。然鐘室之斬。卒紿之使入。蓋古人一心爲國。識大計如此。並稱三傑。抑有由來。使何以舊恩終始。與信綢繆。恐其辱決不止械繫。而王衛尉亦決不得以一言動漢祖之聽。今韓公籌軍食。輯和諸將。誠可比蕭何。而其知人。則遠不及。雖廑識景濂。不能識伯溫。而歸宿乃貿貿于惟庸之邪說。舍曰舉發。而又比焉。惟庸族矣。弟且誅死矣。猶徘徊觀望。遲之十餘年。迫而引決。總之是世味中人。搆風雲。履盛滿。不制而敗。終屬可憐。溫陵嫚罵儒者。顓爲上上人說法。而乃以辭爵分祿。責韓公以隔靴搔癢。誑國用此。豈其聰明之極。眞可抵掌千古者乎。

辛未洪武二十四年

正月玘朔。定國子監官品秩。

立限淸覈勘合。

乙未。築上虞海隄。改造石閘。

景川侯曹震至成都。以四川都司左同知助一。右同知徐凱。成都後衛指揮使茆正。治永寧瀘州納溪至摩尼驛道。以貴州都指揮同知馬煒。治永寧至曲靖驛道。以四川都指揮僉事月魯帖木兒。治建昌驛道。以成都後衛指揮僉事王淸。治保寧驛道。以茂州衛指揮僉事俞勝。治松茂驛道。以播州宣慰使楊鏗。重慶衛千戶鍾洪。治貴播驛道。

雲南遷謫官軍給半俸。

庚子。歲饑。免靑兗登萊濟南糧課。

戊申。潁國公傅友德爲征虜將軍總兵官定遠侯王弼武定侯郭英爲左右副將軍。率諸將練兵備邊。

曲阜知縣孔彥文不報災。當逮。宥之加賑。

辛亥。北平布政司左參議周倬請增驛馬及白河浮梁。從之。

是月。蕪湖知縣李行素爲刑部右侍郎。

二月犹朔。西域請以馬互市。不許。至者送京師。

景州學正胡季安爲國子祭酒。

丙寅。上謂侍臣曰。朕閱漢書賜民爵至二級三級。聽民轉移與子。甚無謂也。夫爵以命有德。禮曰。賢以制爵。予無賢不肖。賢人君子何勸焉。

命戶部武臣死罪而宥者給半祿。餘罪宥全給。死而有子孫。給如之。

癸酉。植桐棕漆樹于朝陽門外各五十萬本有奇。備漕艘之需。種苜蓿于江南曠土。

三月犹朔。日食。

魏國公徐輝祖。曹國公李景隆。涼國公藍玉。徽先伯桑敬。都督馬鑑。指揮嚴麟朱銘徐質陳義徐勳衛增壽。往陝西練兵防邊。

己丑。市高麗馬萬匹。索閹人二百。

甲午。上謂廷臣曰。朕發庫中古鏡十餘。鑑多失眞。召工問之。皆莫能答。最後一工曰。範模不正。朕惕然悟君心焉。

乙未。靖寧侯葉昇練兵甘肅。

丁酉。廷策貢士許觀等三十一人于奉天殿。賜許觀張顯宗等進士及第出身有差。下第貢士張孟鏞等授主事。
劉廌嗣誠意伯。賜誥。增祿共五百石。
太僕寺少卿陳龔爲兩浙都轉運鹽使。福壽子。一曰龔福。
丙辰。命齊王榑同總兵官出開平。圍獵遇敵可自爲陣。或左右總兵官。或繼後。奏凱日毋自伐。八月秋高。可以師旋。
詔天下貢茶。俱以茶戶採芽進。毋預有司。定建寧爲上。曰探春。曰先春。曰次春。曰紫筍。並歲著額。
四月戊午朔。己未。敕後軍都督僉事沐春曰。今廣遠遁。已設大寧都司及廣寧諸衞。足守其一片石等關。止存十餘人游徼。餘悉屯田。
辛酉。逮靈璧縣丞周榮。父老詣闕保舉。宥之。賜鈔及宴。還職。
聽流民所在占籍。
戊辰。鑄渾天儀成。
江北患虎。命哈散率衆往捕。
辛未。封皇子㮵慶王。權寧王。楩岷王。橞谷王。松韓王。模瀋王。楹安王。桱唐王。棟郢王。㰘伊王。
罷承敕郎。改郎張斌梅福楊禮爲御史。
江寧縣沙洲修築土城。
詔更定侍班官。並勒石大書品級立兩墀。
丙子。彗星見。
戊寅。定有罪罰役充京官皁隸一年。

命燕王率傅友德等收捕番將阿失里。

辛巳。修奉化縣海隄役八萬一千六百餘人。

乙酉。齊東知縣鄭敏坐事逮繫。邑人詣闕頌其廉勤。賜鈔復官。

南雄府同知吉原以鎮撫賄獄不署案。反被誣。赴京得直。擢知府。

五月丁亥朔。諭兵部尚書茹瑺議給布政以下官乘馬。

己丑。復停造寶鈔。

御史解縉同父開先還鄉。

辛卯。午節宴羣臣奉天門。幸龍光山閱射。

定文武官封贈。

戊戌。漢王、衞王、谷王、慶王寧夏、岷王往臨清練兵。並設護衞。

癸卯。申明鈔法。

甲辰。浚鄞縣東湖灌田。

乙巳。國子生日本滕祐壽爲觀察使。

國子生于京衞講武臣大誥。

丙午。涼國公藍玉防西邊。墜馬蘭州。敕勞之。

戊申。捕誅分宜縣妖民。

甲寅。賑北平水災。

六月丙辰朔。丁巳。命禮部清理釋道二教。

定有司朔望謁文廟禮。
己未詔部院同翰林儒臣參考歷代禮制。更定冠服居室器用制度。
選歷事官往各布政司整飭庶務。勸學求才責成有司。
甲子。久旱命刑部及御史清中外獄。
定軍官替襲封贈之制。
儒學訓導位雜職上。
甲戌頒通鑑史記元史于諸王。
頒北方學舍書籍。
己卯。翰林侍講學士葛鈞降國子助教。
壬午。大理寺丞周志清爲卿。
是月河決原武黑陽山經開封城北五里。又南經項城潁州潁上。東至壽州正陽鎭。全入于淮。故道遂淤。又自舊曹州鄆城過安山而元之會通河塞。
七月朔丙朔。丁亥東川侯胡海卒。海定遠人。以軍百戶從起兵。累功右軍都督僉事。屬潁川侯征雲南封。年六十三。子斌戰沒。贈都督同知。次子觀。尙南康公主。孫炳忠襲指揮僉事。爵除。
天下僧道庵觀非舊額者。悉毀之。
戊子。太白熒惑歲星塡星聚翼宿。
庚寅。刑部左侍郞李似左僉都御史張構。同閣門使觀察使侍班。百官奏事有闕遺者。隨事規正。
上諭廷臣曰。漢高祖徙豪富于關中。朕初不然之。今思京師天下根本。亦欲令富民居焉。遂徙五千三百戶。

辛卯。諭戶部曰。應天太平寧國鎮江廣德。朕念國初供億之勞、民田盡免賦。官田半徵。民情玩恩。復爾逋負。朕所以全徵之。今終不忘其半徵如故。

許罰役吏守喪。

大風雨雷火江寧衞草場災。

戊申。禁罪人引誣良善。雖輕亦重罪之。

壬子。上念秦府致仕左長史文原吉輔導功。敕賜銀二錠。鈔十錠。錦帛三十。

八月躬朔。秦王樉見宮瓦碧。將殺耿炳文。上召王還。久之。又市人浙江。至是召還京師。十二月遣歸。

置天下諸司架閣庫。度案牘。設吏掌之。

賜眞人張宇初龍虎山正一玄壇之印。

命皇太子巡陝洛。擇文武諸臣扈從。所經郡縣。以宿頓聞。

定封贈止嫡母正妻。

增六部司務祿米。

高麗進市馬千五百匹。

辛未。更定雲南鹽法。

癸酉。黃巖縣海盜搆倭入寇。擊斬之。

乙亥。都督僉事劉眞宋晟征哈梅里。破之。

天久陰。馳敕皇太子曰。爾自幼至長。未嘗遠出。今命爾行陝。渡江之際。雷起東南。爾征西北。夫雷天威也。爾前行雷後從。其兆威震。然厥陰不雨。業已旬日。占法主有陰謀者。爾宜愼舉動。節飲食。嚴宿衞。親君子。遠小人。威震佳兆。未可恃也。

雲南土酋雨龍等叛。討平之。

壬午。罷耆民糴糧。

發山東河南預備倉貸貧民。

九月乙酉朔。許科舉歲貢于大誥出試目。

禮部主事寬徹御史韓敬大理寺評事唐鉦使西域。賚詔諭別失八里國王黑的兒火者。時遣使貢馬。徹等至其國被留。以敬鉦二人還。

丙戌。誅寧波白蓮教妖僧。

壬辰。宋國公馮勝子諒殺人當論死。以功臣子。特免之。

癸巳。皇太子至西安。

庚子。罷建寧歲造龍團茶。惟芽進。

罷閣門使。改尤長徐曰莊爲禮部主事。

丁未。舳艫侯朱壽左軍都督僉事黃輅漕海還自遼東。

吏部考功主事永嘉周丹復爲新化縣丞。丹治新化。課最。既遷。邑人詣闕言丹去後邑大擾。遂復之。賜宴賚。

己酉。修臨海縣橫山嶺水牐。

壬子。潁國公傅友德等還京。

是月。倭寇雷州。百戶李玉戰死。錄其子爲千戶。

嘉興府通判龐安獲私鹽。以其鹽勞捕者。戶部以違例責狀。安奏律信于萬世。例出于一時。詎以時例壞萬世法。若依例。則非律所云應捕人給賞之言。上是之。詔論如律。

十月甲寅朔。遣元臣承徽院使康完者等使高麗。以王瑤新立偵之。

丁巳。北平河間大水。詔免今年田租。

宋國公馮勝潁國公傅友德同涼國公藍玉陝西練兵。

定生員巾服之制。

乙丑。南豐縣典史馮堅上九事。養聖躬。擇老臣。攘外夷。選有司。褒祀典。減宦官。調邊將。訪廉能。增關防。上嘉之。擢左僉都御史。

丙寅。湖廣寶慶衞舍人倪基上四事。任用武臣。制民恒產。興舉社學。選賢授職。上嘉之。命參贊淸平軍衞事。

十一月癸未朔。占城入貢。上以其國臣門閣勝殺主自立。絕之。

癸巳。禮部諭天下生員兼讀誥律。

丙申。宋國公馮勝等請勒兵巡邊。討西番未附者。上諭天象未利征討。俟後命。

己亥。高麗送市馬二千五百匹。

命錦衣旗手虎賁左右興武鷹揚金吾前後羽林左右龍驤豹韜神策驍騎幷府軍中前後左右衞。俱江北官道旁草場牧馬。

賞民間誦大誥子弟十九萬三千四百餘人。

庚戌。皇太子還自陝西。初。上薄南都。命太子圖關洛形勝。至是獻圖。擬都長安。

郭子章曰。都秦者西漢二百餘年。唐二百八十年。秦隋俱二世亡。其長短之數可睹矣。都洛者東漢百九十五年。魏晉百年。唐末徙洛。至宋靖康。在汴洛間二百二十年。拓跋完顏又百年。其長短之數又可睹矣。則洛何以不如秦哉。夫秦天下之首也。洛天下之腹也。首之爲體尊。而腹之受大。其可以都一也。明興定都金陵。似若循六朝之舊。洪武初營汴爲北京。則亦周公意也。末年東宮營秦。則亦婁敬張良藝祖意也。而卒不果。豈天將以待燕耶。

齊王榑來朝。

賑河南水災。

五開苗蠻作亂。討平之。

十二月癸酉朔。詹徽爲吏部尚書。仍兼左都御史。

高麗權國事王瑤遣其子定成君奭入賀正旦。

戊寅。國子生夏倫楊砥購書還。頒賜北方儒學。

工匠役內府者皆給鈔。

安南入貢。

辛巳。阿資復叛。討降之。

更六科給事中品秩。

壬申洪武二十五年

正月癸卯朔。丁亥。右都御史袁泰劾御史胡昌齡等四十一人不言時政。上曰。人臣進言。會有時耳。安知卒不言。泰曰。昌齡等非不能言。懷詐耳。上曰。以詐罪人。此何異張湯誹謗法。泰乃不敢復言。

戊子。周王橚來朝。

令屯軍樹桑棗柿栗胡桃等備歲歉。

庚寅。開封河患。仍免田租。

辛卯。宥死罪輸粟于邊。

癸巳。定歲貢府學二人。州再歲三人。縣歲一人。

何福討都匀蠻。平之。並以貴州宣慰使靄翠妻奢香桀驁宜兵。上以非稔惡不許。

丙申。送故元梁王孫愛顏帖木兒于高麗。轉入耽羅。

壬寅。晉王燕王楚王湘王來朝。諭歲訓將練兵。周視封疆。作軍器必精良。以固邊圉。

甲辰。天策衞卒吳英父得罪。自請沒官贖父。宥之。

辛亥。靖江王守謙薨。守謙。皇兄南昌王孫。初南昌王子文正謫死桐城。育守謙宮中。及長就封。淫虐不悛。召諭之作詩刺譏。俾鳳陽力田七年。復爵鎮雲南。淫虐如故。召置鳳陽。猶橫恣奪牧馬。乃笞之。幽京師。卒。子贊儀爲世子。

是月。古州洞蠻叛。都督俞通淵討平之。

二月壬子朔。傳制遣使持節等儀。皆出東階。

歲饑。免濟南青兗登萊魚課。

召曹國公李景隆涼國公藍玉開國公常昇長興侯耿炳文東平侯王弼江陰侯吳高鶴慶侯張翼全寧侯孫恪安慶侯仇正西涼侯濮璵東平侯韓勳瀋陽侯察罕徽先伯桑敬還京師。仍命靖寧侯葉昇于河南衞。宜寧侯曹泰于平涼衞。安陸侯吳傑指揮陳義于岷州衞。駙馬都尉李堅于鞏昌衞。都督僉事江信于臨洮衞。都督宋晟于涼州衞。都督劉眞于甘肅衞。指揮使嚴麒于慶陽衞。指揮朱銘于延慶衞。徐賓于寧夏衞。各練士伕後命。

上諭刑部尙書楊靖等曰京師之獄。卿等三覆奏。朕親臨決。猶慮不當。中外有司安能人皆盡職。所上獄卿等詳讞之。

都督茅鼎等俘五開叛酋。

甲子。命儒學諸生兼習射書數法。

丙寅。夜月食。

癸酉。詔諸將流罪以下謫戍雲貴者。復其官。曰。此皆從朕萬死一生。不戒而犯。朕不忍置于法。今旣有年。必自新矣。

令天下衞卒以十之七屯種。其三城守。

賜涼國公藍玉米千五百石。

復寶鈔行用庫尋罷。

曹縣主簿劉郁因事逮繫。耆民詣闕言郁廉勤。上喜。復其官。

辛巳。潁國公傅友德請懷遠等縣官地九頃有奇爲圃。上曰。祿賜矣。而猶請地。獨不聞公儀休乎。

談遷曰。上以公儀休折友德。安知其不爲王翦蕭何也。嚴主之莫測如此。

三月壬朔。罷民間歲輸馬草。

癸未。命宋國公馮勝理西安平涼諸衞。潁國公傅友德理山西諸衞。曹國公李景隆理鞏昌洮岷河州。涼國公藍玉理蘭涼莊浪西寧甘肅。宣寧侯曹泰理秦金長興。侯耿炳文理慶陽延安綏德寧夏。東平侯韓勳理潞州平陽。安慶侯仇正理振武朔州。西涼侯濮璵理嵜嵐蔚州。定遠侯王弼理彰德懷慶寧山。江陰侯吳高理綏陽歸德武平全寧侯孫恪理河南吉安寧國宣武弘農潼關東莞伯何榮理陳潁徽先伯桑敬理南陽信陽各繕城堡閱武。

敕諭燕王殘胡散處塞外必爲後患其選六七千騎或萬騎各裹糧以乃兒不花等所部爲鄉導令北平都指揮使周興爲總兵官出塞搜捕。

庚寅豫王桂改封代王漢王楧改封肅王衞王植改封遼王。

罷築鳳陽城。

乙未建寧府教授周斌爲中都國子監司業。

癸卯兩浙都轉運鹽使陳襲坐胡黨宜論死以元忠臣福壽子宥之謫雲南敕西平侯善遇。

談遷曰陳襲再坐罪一宥戍一宥死豈福壽遺烈果獨結主知耿耿不可泯者哉上取天下斬艾人亡算寧無一福壽也者必福壽而追念之不衰則幸在京國示其重爲式閭表墓之勸耳彼福壽才猶在余安慶李江州下奉詔討張士誠不卽進羣盜蝟起不卽滅藉一死炳然天壤間人奈何不自勵也。

改將作司爲營繕所。

庚戌四川敍州山盜作亂討平之。

四月壬子朔涼國公藍玉追逃寇祁者孫遂征西番罕東。

癸丑建昌故降將月魯帖木兒叛。

丁卯申肅朝儀。

辛未藍玉分置甘州左右中三衞。

左春坊大學士董倫爲河南布政司右參議。

丙子。皇太子薨。年三十九。上慟哭。命禮部議喪禮。上服齊衰十二日。祭畢釋。廷臣入臨文華殿三日。詣春和門會哭。明日素服奉慰。

陳懿典曰。自三代而降。所以教太子者。未有如高皇帝者也。隨事隨地。必稱述民間疾苦。興創艱難。以身爲矩範。至以大臣領東宮官。又超軼千古遠甚。太子仁心爲質。奉教惟謹。然天命有在。竟不克長世嗣統。高皇識洞天人。詎不知此廢彼興。而立法垂後。示萬世則。太子四月薨。九月遂立建文爲皇太孫。嗚呼。難言矣。

談遷曰。不有所廢。其何所興。懿文之早世。天所以開靖難也。彼孝友仁慈。出自至性。周成漢惠。將駕而三之。天之勿永其年。以免玄武門之血。懿文幸矣。然遺其憂于太孫。天未厭亂。罹此疾威。惜哉。

戊寅。上御東角門。諭羣臣曰。朕老矣。太子不幸。命也。因大哭。

談遷曰。上御門時。稱國有長君。社稷之福。燕王類朕。朕欲立之。何如。翰林學士劉三吾曰。將置秦晉二王何地。上不及答。因大哭。國史雖如此。然永樂所裁定。未遂確也。上言動曲中。安有越秦晉二王。私樹燕邸。此孤竹君趙主父之覆轍。謂高皇帝出諸口乎。在文皇未免借其說。以欺靖難諸人。又曲筆張大之。似非所以安高皇帝也。

印州蠻叛。

詔都督僉事聶緯爲總兵官。都督徐司馬。四川都指揮使瞿能爲左右副使。討月魯帖木兒。蓋藍玉遠在甘肅也。俟玉至。皆受節制。

五月辟朔。招諭河州諸番族。以茶易馬。皆降之。

藍玉兵至罕東。欲縱兵深入。將佐多言西虜負固已久。卒聞大軍深入。必鳥獸散。莫若遣將招諭。宣上威德。令彼獻馬。因撫其部落。全師而歸。揚威示德。在此舉矣。玉不從。遣都督僉事宋晟等率兵徇阿眞川。土酋哈昝等皆遁去。又襲祁者孫勿及既命討月魯帖木兒。又欲深入番地。取道松疊。以達建昌。會霖雨積旬。河水泛急。玉悉驅將士渡河。麾下知非上意。相率道亡。玉乃不得已由隴右抵建昌。

壬辰。寧夏衛副千戶何忠爲指揮僉事。初忠坐事奪官。詣闕自理。上曰。爾萬戶何勝孫乎。曰。然。上曰。勝克滁和有功。子震從渡江。俱戰死。朕甚念之。故有是命。

高麗入貢。謝賜禮幣。時李成桂廢王瑤。自篡其國。

六月辝朔。癸丑。置建昌蘇州二衛。會川千戶所。

戊午。封右軍都督僉事俞通淵越巂侯。世祿二千五百石。以征蠻功。

己未。藍玉至建昌。

丁卯。西平侯沐英卒。英字文英。定遠人。幼孤。上子畜之。同東宮食起。年十八。授帳前都尉。守京口。累功。以征番部川藏封。鎭雲南。威惠大著。聞東宮變。哭嘔血一日卒。年四十八。滇人莫不流涕。追封黔寧王。謚昭靖。侑享太廟。還葬江寧長泰鄉。

王世貞曰。人言黔寧王爲高帝外婦子。非也。帝長于英十五年。當英之生。帝方窶孤。安從取外遇哉。英以愼靜饒兵略。爲天子篳路藍縷以開滇土。晟武則不競。而德繼之。世保赤社。爲明藩屏。夫豈一朝夕之所致哉。

袁袠曰。予嘗聞黔寧善用兵。能以少擊衆。方其蹋崑崙。踰流沙。焚穹廬。雖衛霍不過也。遂殲梁王。定雲南。作鎭十年。數平蠻僰。撫卒伍。禮賢者。政令寬簡。西南屢寧。子孫世封。奄宅滇土。匹休中山。盛矣哉。

何喬遠曰。岐陽黔寧。高帝肺腑。岐陽好文。今其子孫皆文。余嘗見岐陽像。髭鬚之外。口四角復有微鬚。人言黔寧高帝外婦子也。帝長黔寧十七歲。時方貧困。外遇婦人。豈其然與。

戊辰。議時享禮。時有東宮之喪。禮部右侍郎張智。翰林學士劉三吾等考宋會要王制三年不祭。惟祭天地社稷。蓋不可以卑廢尊也。眞宗居喪。易日而服除。明年遂享太廟。合祀天地。服袞冕。其鹵簿儀仗車輅。登歌鼓吹。並如常儀。宰臣畢士安請設樂不作。今大祀宜如宋。惟太廟樂備而不作。從之。

癸酉。敕總兵官涼國公藍玉曰。都指揮使瞿能討賊失機。許自贖。月魯帖木兒詭詐萬狀。遽信其降。斂兵縱敵。非愚而何。其謀主楊把事及達達千戶二人。宜即捕之。月魯帖木兒多子。如出質。收撫之。以擒月魯帖木兒。毋惑。

七月庚辰朔。秦王樉還國。

上御右順門。諭侍臣曰。治有緩急。治亂民不可急。急則益亂。撫治民不可擾。擾則不治。

癸未。四川都指揮使瞿能討月魯帖木兒。破雙狼寨賊。遁。進托落等寨。復遁。累勝至打冲河。大敗之。俘五百餘人。溺千餘人。賊又遁。因窮搜。先後俘殺千八百餘人。月魯帖木兒走柏興州。

普定侯陳桓修陝西連雲棧道入四川。都督僉事王誠治貴州險阻開道。

己丑。貴州苗寨悉平。

壬辰。以寧正爲都督僉事。鎮雲南。馮誠何福副之。

戊戌。雲南土官王春作亂。討降之。

丁未。改詹事院爲府。起致仕兵部尚書唐鐸兼詹事。左通政祝春右僉都御史李文吉爲少詹事。

己酉。命商人支鹽入海者勿禁。

敕刑部榜諭天下學校。時各學教諭訓導考滿入京。上召問民間所苦。岢嵐州學正吳從權。山陰教諭張恒。皆對曰。不知也。而非職事。上曰。學官卽勤教。豈有不與人接者。朔望節暇。民務當及之。學期用世。君問不答。何所用也。其竄之極邊。

還江浦縣于江北新口。

八月甗朔都察院右都御史袁泰卒。泰萬泉人。洪武辛亥進士。授鄠縣丞。改羅山。超右僉都御史。才辨。明于法律。有能名。廉直執法在臺。嚴其屬。諸御史不能堪。至被訐不問。雖頗深刻。然奸吏不能肆也。

己未江夏侯周德興以帷薄不修伏誅。

談遷曰周江夏以帷薄之嫌。此豈死道哉。刑書所坐。或別有微旨。事未易一二爲衆人言也。

庚申葬皇太子于孝陵之左。謚曰懿文。

總兵官都指揮使周興出塞。敗虜于徹兒山。擒五百餘人及畜產符印。悉送京師。擇卯罕阿魯溫沙二人。令賫榜北還諭虜。

丙寅國子監立射圃。賜諸生弓矢。

丁卯諭馮勝傅友德等曰。屯田守邊。今之良法。然寓兵于農。亦古制也。與其養兵困民。曷若使民力耕自守。爾等宜集山西守令父老諭之。于是開國公常昇定遠侯王弼全寧侯孫恪鳳翔侯張龍永平侯謝成江陰侯吳高會寧侯張溫宣寧侯曹泰徽先伯桑敬都督陳俊蔣義李勝馮鑑往平陽。安慶侯仇正懷遠侯曹興安陸侯吳傑西涼侯濮璵都督孫彥謝熊袁洪商暠徐禮劉德指揮李茂之往太原。簡民戶四丁以下。籍其一爲軍。復其家。分大同等各衞屯田守禦。

戊辰平富州蠻寇。

建宗人府五府六部太常司官署。列朝門外。東西向。惟三法司仍太平門外。

甲戌仍歲給公侯祿。歸舊賜田于官。

丙子。靖寧侯合肥葉昇坐前交通胡惟庸伏誅。

是月。頒醒貪簡要錄于內外諸司。蓋具百官歲俸計田穀人牛若干。

九月。朔朔辛巳。戶部左侍郎陳宗禮大理寺丞曹瑾罪當杖降官。命免杖。工部辦事。

戊子。左軍都督府經歷唐奉先干請通政司葉獻。刑部以聞。罪當杖。上念其進士。免罪。紀其過。

右僉都御史淩漢爲左春坊左贊善。

鑄各按察分司印四十有八。

召太常寺卿許昇問祭禮。不能對。典簿劉仲實從旁代對甚詳。上責昇曰。國之大事。而昏惰不恭。降刑部主事。

進仲實太常寺卿。史概劉實

庚寅。立皇太孫允炆。懿文太子次子。

高麗知密直司趙胖等言。權國事王瑤昏縱不道。今七月十一日。恭愍王妃安氏廢之。宗姻無其人。推立門下侍中李成桂主國事。上令禮部檄聽之。

工部尚書秦逵有罪自殺。

乙巳。分監生往各布政司考校諸司案牘。

戊申。疏溧陽銀墅東壩河。

左軍都督僉事王珪卒。

除方孝孺漢中教授。孝孺徵至。上曰。今非用孝孺時。

談遷曰。高皇帝進賢如不及。朝褐午組。卯來辰綬。至不愛高爵以寵才敏學行之士。其于孝孺。非今所用。則用之更何日也。宋藝祖留張齊賢于太宗。意或類之。而拘學泥古。殆灼灼乎若觀火矣。

十月。配朔。申諭較試軍士之令。

辛酉。修築陽武河防。

癸亥。上度地自牛首山接方山。傍河淮爲上林苑。以妨民罷之。

己巳。故西平侯沐英追封黔寧王。謚昭靖。

沐春嗣西平侯。鎮雲南。召還甯正等。

訪精諳曆數之士國子生山東周敬心上言。國祚長短。在德厚薄。不在曆數。三代尙矣。三代而下。德澤最厚。莫如漢唐宋。國祚最短。莫如秦隋五代。如漢高之寬仁。繼以文景昭宣。光武之廓大。繼以明章。唐太宗之仁義。繼以肅憲。宋太祖之誠愛。繼以眞仁。是以有道長也。始皇之酷虐。煬帝之苛暴。五代之窮凶。是以無道短也。由此觀之。皆係人事。不在曆數。陛下以神武之資。膺天眷命。掃滅胡夷。救亂誅暴。厥功偉矣。然神武過漢。不及其寬大。賢明過唐宋。不及其忠厚。是以御宇以來。政教行而民不悅。法度嚴而民不服。陛下若效兩漢之寬大。唐宋之忠厚。講三代所以有道之長。則帝王之祚。可傳萬世。何必問諸孤方小技之人耶。臣又聞陛下連年遠征北出沙漠。臣民萬口一詞。爲恥不得傳國璽。欲取之耳。臣不知璽何始哉。聞楚平王時。琢以卞和之玉。秦始皇琢之名曰御璽。自是以來。歷代帝王珍如執券。不得則若有所遺。然戰國之君。趙先得璽。其國不守。五代得璽。不旋踵亡。臣又聞莊宗滅梁。取蜀璽歸于唐。及晉石敬瑭反。潞王從珂攜傳國寶登樓自焚。則秦璽雖在。固已燬矣。敬瑭入洛。更以玉爲之。契丹滅晉。重貴獻之。詰其非眞。言故乃止。女眞之亂。遼王延禧遺傳國寶于桑乾河。元世祖時。有札剌爾者。漁而得之。今元人所挾。石氏璽耳。昔者三代不知有璽。仁爲之璽。故曰聖人大寶曰位。何以守位曰仁。今陛下國則願富。兵則願强。城池則願高深。宮室則願華麗。土地人民則願廣大。征伐兵革。歲無虛日。此忽三代之大寶。而求秦皇之小璽也。臣聞自古不妄殺人者。能一天下。秦隋元魏。好殺不已。迨其後世。至于滅絕。東海悮殺孝婦一人。枯旱三歲。人事天應。不可不謹。洪武四年錄天下官吏。十三年連坐胡黨。十九年誅天下積年民害二十三年大僇京民妄詈罪人。不分臧否。一概被誅。夫其中豈無忠臣烈士善人君子。于茲見陛下之薄德而任刑矣。水旱連年。豐稔不臻。夫豈無故。臣又聞明主賞不僭而刑不濫。刑既濫矣。賞復無節。天下老人非功非德人賜鈔五錠。出征軍官位高祿厚。平寇禦侮固其職事。而賞賜無盡。厚斂窮民。此亦明主所宜戒也。上大是之。

何喬遠曰。書不云乎。士傳言。庶人謗。何稱頌乎。一士諤諤。不諱英嚴之朝。可以知時政焉。

十一月戊戌朔。置海寧萊州大小總寨備倭。

庚寅。景川侯曹震奏四川鹽課鹽商糧儲建衛軍器五事。上並從之。

翰林院編修唐震卒于泗州。特命往祭。歸喪京師。

丙戌。翰林修撰任亨泰爲少詹事兼修撰。杜澤楚樟爲詹事府丞。先是左通政祝春爲少詹事。

甲午。總兵官涼國公藍玉進攻柏興州。遣百戶毛海誘致月魯帖木兒并其子胖伯。遂降其衆。送京師伏誅。玉因奏四川控扼西番蠻夷梗化。由其山險地曠。備禦寡疎。宜增置屯衛。籍民爲軍守之。又請移兵討長河西朵甘百夷。上報設諸衛。毋籍兵。籍兵困邊民也。兵久在外。毋重勞之。朵甘百夷之行。非四十萬衆不可。爾其還師。蓋上自用兵以來。無不愼重。又徐常在軍。惟上所命。未有請移書往攻者。玉征西番罕東。已非上意。更無所得虜。復請移兵攻朵甘。宜上之難之也。

置貴州宣慰司儒學。

癸卯。少詹事李文吉仍爲右僉都御史。

是月。重定中外文武官品階勳祿之制。陰陽醫學僧道官不給祿。

十二月丁亥朔。敕宋國公馮勝潁國公傅友德備邊。

改製鐵券。賜諸功臣。

丙辰。宥安陸知州余彥誠因征稅愆期當逮。邑人奏其愛民緩征也。

安慶府知事周昌請寬宥小過。從之。

籍廣東海島人爲兵。

乙丑。都督僉事楊春討平靖州蠻。

庚午。雲南布政司右參議當塗范祖爲左參議。（范常子。）戶部郎中雲南楊大用爲右參議。

壬申。宋國公馮勝及諸侯伯還朝。

甲戌。宋國公馮勝潁國公傅友德兼太子太師。曹國公李景隆涼國公藍玉兼太子太傅。開國公常昇全寧侯孫恪兼太子太保。詹徽爲太子太保兼吏部尚書。任亨泰爲少詹事兼翰林修撰。杜澤楚樟爲詹事府丞。各給兼俸。

丙子。五府諭各都指揮使上兵餉之數及圖關隘衝要山川險易道里遠近以聞。

閏十二月玎朔。乙酉。高麗李成桂請更國號。上以朝鮮名最善。卽賜之。

辛卯。定巡檢考課之法。

壬辰。戶部尚書趙勉有罪下獄。

廖道南曰。勉受高皇之知。覩其詔諭諸篇。惓惓以恤民節財爲意。視文景免租軫恤郡國者。何愻復也。勉亦不克終。豈君臣相遇。自古爲難哉。

甲午。翰林學士劉三吾以趙勉婦翁自訴失教。免其官。

命僧錄司造周知冊頒天下。京師百福寺有囚徒逃卒冒僧游食。于是造冊。盡編居止年月及度牒字號。

戊戌。宋國公馮勝潁國公傅友德往山西河南練士。

甲辰。趙勉伏誅。

刑部尙書楊靖鞫一武臣。門卒檢其身。得一大珠。靖曰。僞物也。椎碎之而以聞。上歎其四善。得奇物不獻。一也。其珠必有所受轉詰且起大獄。碎不問。二也。門卒無所嘉獎。杜小人之倖端。三也。敏才應卒。四也。敕褒之。

宥死囚輸粟于邊。凡四百四十八人。

定按察僉事坐長史之上。

是年。琉球入貢。遣子及國相子入太學。

國榷卷十

癸酉洪武二十六年

正月朾朔。册諸妃生子者。

免天下耆民入朝。

置四川越巂衞。

敕周王晉王發屬衞官軍。築城屯田于塞北。

辛亥。中軍都督僉事徐司馬卒。司馬揚州人。幼孤。爲上養子。長從軍。累功。好文學。謙恭惠愛。善拊士民。自少富貴。家無餘貲。時人賢之。

癸丑。定雲南烏撒中鹽則例。

乙卯。起致仕兵部尚書唐鐸兼太子賓客。

丁巳。置廣寧七衞。

癸亥。肅王[楧]遼王[植]慶王[㮵]寧王[權]之國。初肅王都甘州。遼王都廣寧。慶王都寧夏。寧王都大寧。至是惟寧王就國。餘俟完邸。集餉。駐肅王平涼。遼王大凌河北。慶王韋州城。

大理寺右少卿曹銘奔父喪。葬訖起復。

置建昌白黑二鹽課司。

頒大成樂器于天下儒學。

會同縣山盜王漢等平。

重定諸王公主婚禮。

辛未。刑部尚書楊靖兼太子賓客。

二月丙朔。命晉王總馮勝傅友德等兵出塞。代王亦率護衛兵出塞。受晉王節制。召勝友德及開國公常昇定遠侯王弼全寧侯孫恪等還京。

長興侯耿炳文入朝。三月復往陝西。

辛巳。置大同陽和天城懷安萬全左右東勝左右宣府左右鎮朔定邊玉林雲川鎮虜宣德等衛皆城守。

頒西番金銅信符。

乙酉。太子太傅涼國公藍玉謀大逆。族誅。玉定遠人。以常遇春婦弟勇敢善戰。所向有功。既貴。狠愎不學。在軍中擅升拔將校。黥刺軍士。家畜莊奴假子數百人。出入乘勢漁獵。嘗占東昌民田。民訟之御史。御史按問。玉棰逐之。其先征北還時。匿駞馬珍珠。亡算。夜度喜峯關。關吏不即納。玉毀關入。上聞不悅。及切責其私元妃事。漫不省。侍坐侍宴。動止輕傲。至是還。以爲太傅。玉攘袂後言曰。吾故當爲太師。玉時奏事。上不之從。退曰。疑我矣。將收集其舊部將及諸士卒家奴。伏甲爲變。錦衣指揮蔣瓛以聞。廷鞫。命皇太孫及吏部尚書詹徽錄玉。玉不服。徽叱曰。速吐實。毋徒株連人。玉大呼徽卽臣黨。太孫曰。有是哉。捽徽下獄。具磔玉于市。鶴慶侯臨淮張翼。普定侯定遠陳桓。景川侯鳳陽曹震。南雄侯趙庸。舳艫侯朱壽。會寧侯張溫。瀋陽侯察罕。東莞伯何榮。都督僉事黃銘蕭用馬俊。尚書詹徽。侍郎傅友文等。凡諸功臣文武大吏以至偏裨將卒坐黨論死者。可二萬人。知名之士。若南海孫蕡。長洲王行。皆在誅中。蕡嘗爲玉題畫。非其罪也。詹徽父同。亦吏部尚書。徽才敏果決。上所最委任。先是楊憲淩說高見賢夏煜開濟俱强執。前後皆坐法。徽殆兼諸人。而內行修潔過焉。然好窺上旨。終及于禍。

何喬遠曰。涼國公之亡也。豈不有狗烹弓藏之悲。然涼國以汰。宋國以貪。潁國公之功。豈不大哉。抑古人有云。主上急有死而已。何至行無禮。不然。勳且與徐常鄧湯差次矣。

談遷曰。藍涼公非反也。虎將粗暴。不善爲容。彼猶沾沾一太師。何有他望。胡惟庸通倭虜。頗有跡。涼公欲以部校家奴數百千人。冀幸萬一。雖至愚不爲也。富貴驕溢。動絓疑網。積疑不解。釁成鐘室。噫。功臣菹醢。安得止大樹之下。晚游赤松。庶幾哉不殆不辱矣。

庚寅。太常寺卿丘玄清卒。玄清鈞州武當山道士。薦拜監察御史。遷太常。賜宮媛。不受。至是遣禮部右侍郎張智諭祭。

朝鮮進馬九千八百餘匹。以紵絲棉布酬之。

乙未。遼東開原衞軍馬名廣上言五事。曰瀋陽廣寧義州宜復舊學。曰工商技藝之家不宜任政。曰兵老無丁者除其籍。曰狹鄉之民遷于寬鄉屯種。曰倣唐府兵居重馭輕。上納之。授泰和縣丞。

南雄侯趙庸舳艫侯朱壽伏誅。

黃金曰。庸與仲中初焉分路揚鑣。既而監兄之覆轍。範我馳驅。卒以致遠。西擊秦隴。北衞燕塞。無不如志。蹙吳踣漢。如出一軌。其功業當與傅潁公廖德慶並驅而爭先。若餘將瑣瑣者當之。則駑攀驥乘。十駕莫及。稽庸之勳。蓋其然矣。而徒從人妄議。其所終不幾于侏儒觀場者乎。是故與功者不徇名。論人者貴考實。

丙申。瓜哇國入貢。

國子生魏照坐累罰爲吏。上言乞改過秋試。許之。

辛丑。給事中梁煥署吏部事。

西番僧貢龍馬。
三月辛酉朔。戊申。平緬國入貢。
定救日禮。
辛亥。代王率護衞出塞。聽晉王節制。
乙卯。敕燕王曰。有告指揮乃兒不花有逆謀者。人言夷狄畏威不懷德。果然。可遣人防送至京。胡人反側背恩。不可無備。爾護衞士卒遇出獵。必選數千騎披堅執銳。訓練使習。則臨陣不怯。宋國公勝今已召還。當諭諸將士防禦之策。舊防胡兵非出征不可輕縱。恐盜馬潛遁。陰泄事機。若欲用禦敵。常參錯之。
駙馬都尉王寧掌後軍都督府事。
丙辰。宋國公馮勝潁國公傅友德往北平受燕王節制。
戊午。太白經天。傳諭晉王燕王及諸將巡邏塞外。候來歲築城。
庚申。諭晉王燕王各統所轄軍馬。其大賞罰以聞。小卽從宜處分。
西安右衞併于西安中護衞。
會寧侯張溫都督蕭用等以黨誅。
癸亥。都督楊春平蠻召還京。
甲子。駙馬都尉李堅掌前府都督事。
庚午。諸司職掌成。
雲南左布政使張紞考滿來朝。宴賚。復其任。
晉王請于下水築城。諭止之。

甲戌。秦州衛改西安右護衛。

是月。頒稽制錄于功臣。蓋考漢唐宋功臣食邑多寡及名號虛實等第。使朝夕省覽。

四月乙亥朔。孝感人言民饑乞貸預備倉糧萬一千石。卽命行人驛給。因諭天下有司自今歲饑先貸後聞。

己卯。福建鎮海衛千戶黎旻巡海遇寇先遁。陷百戶韓觀公四十人。旻伏誅。

壬午。誅瀋陽侯察罕。

誅叛虜阿魯帖木兒。

壬辰。滑縣訓導宋復祖爲國子司業。宋訥次子。

丙申。以安南廢立。命廣西都指揮絕其使。

齊東知縣鄭旻考滿來朝。宴賜。復職。

五月乙巳朔。定庶子侯長擇賢者襲職。

乙卯。陝西人當戍邊。婦道病。其弟代之。御史以責弟。並監送者以聞。上義之。賜其贐。

詔功臣墳塋葬具皆自營備。戰沒者官給之。

乙丑。道士請給度牒。審皆逃民。發錦衣習匠。

定學官殿最視貢舉多寡爲差。

戊辰。越巂侯俞通淵有罪。削爵。

六月乙亥朔。左春坊左贊善凌漢復爲左僉都御史。尋致仕。

乙丑。免武定侯郭英合輸糧稅。仍撥賜佃戶。

遼東報朝鮮招誘女直五百餘人潛渡鴨綠江。上敕戒之。

都督馬俊以黨誅。
申明錦衣衛鞫刑之禁。逮者俱屬法司。
乙未。監察御史陳繼先卒。繼先泰和人。乙丑進士。歷按山西福建。善章奏。時稱陳古文而不名。
丁酉。徐增壽爲左軍都督僉事。李增枝爲右軍都督僉事。沐晟爲後軍都督僉事。
左春坊大學士董倫爲河南布政司參議。趙州吏目諸葛伯衡爲陝西布政司右參議。伯衡蘭溪人。洪武初薦辟。倫轉河南。卽薦之。
宣寧侯曹泰卒。
戊戌。戶部侍郎郁新工部侍郎嚴震直並爲尙書。
開卜筮禁。
辛丑。敕曰。朕考前代勳臣受封。皆受虛號。祿食給繒帛而已。我朝賜以腴膏土田。待有功不薄。尙有不知分限以速戾者。業頒稽制錄而敎之。爾禮部尙將公侯食祿及服舍器用等殺著爲定式。申朕保全之意。
壬寅。重定朝賀傳制等東宮朝儀。
召諸王入朝。
置鹽井衛。
七月卿朔。日食。
丙午。罷各布政司寶泉局。京師如故。
戊申。選秀才張宗濬等侍皇太孫。日隨春坊官分直文華殿。進說民隱。開陳古今文德才藝諸事。
辛亥。敕遼東嚴備朝鮮。

定武職參隨人數。

癸丑。耿瓛爲前軍都督僉事。炳文子。

辛酉。欽天監監副李德秀言故元至元辛巳爲曆元。用消長每十年長一日。百年消一日。今監正元統作洪武甲子曆元。不用消長法。考春秋曆晉獻公十五年戊寅。去至元辛巳已二千一百六十三年。推辛巳曆元。冬至在甲寅日夜三刻。洪武甲子推曆元。冬至在己未日午三刻。較辛巳差四日六時五刻。宜用至元法。元統疏辨其不爽。上令驗七政交會行度無差可也。

乙丑。復賜故東川侯胡海田。前以罪收。至是子觀尙主故。

戊辰。廣東樂昌盜起。

民間一產二子者。行人賜鈔十錠。米五石。其子分養。月給米五斗。三年止。著爲令。

辛未。遣官祭廬山周顚仙。立御製碑。

談遷曰。國初如鐵冠道人張中周顚仙。于國家無毫髮之益。自蒙宸眷。今人猶豔稱之不置。神道設敎。上欲以祛天下之惑。然其惑也深矣。

普定土人作亂。討平之。

八月甲戌朔。庚辰。命吏部今後除官卽與實授。勿試職。儒學訓導始冠帶。

崇山侯李新開溧水臙脂河。通兩浙輓漕。

赦胡藍餘黨。

朱國楨曰。功臣自杞公陳德外。多坐胡藍二黨。或卽死。或已死得免。然猶有僇其家奪其襲封者。大抵飛揚跋扈。自武人常事。難以爲非黨。以爲無謀。太祖諄諄告誡。未必卽從。熟窺情狀。先事誅夷。寧過無不及。前後坐者至三萬餘人。當時已難分別。何況二百年後。得以意懸斷乎。惟陸仲亨胡美曹震趙庸附胡藍之後。其鶴慶侯張翼普定侯陳桓會寧侯張溫已不可考。餘皆入功臣傳中。以爲枉則聖人不宜大忍。以爲當則疑似之間。爲身後慮。何所不至。蓋曹公事已有確據。宋潁二公亦太倉卒。故朱亮祖詰而不服。卽藍玉面叱詹徽。徽非反者。雷霆之下。何所不靡。爲聖人生。卽爲聖人死。乘化往來。其亦何憾之有。

乙未。復興國州鐵冶。

庚子。太白晝見。

九月螇朔。戊申。復劉三吾翰林學士。

己酉。道州蠻作亂。討平之。

丙辰。宥工部尚書嚴震直弟姪罪。其鄉人訴弟姪不法。卽命震直按之。獄上不欺。故併釋。

丁巳。河南按察司僉事王平行部孟津宜陽。屬吏斂賄械其人以聞。上敕勞之。賜鈔百錠文綺襲衣。

甲子。鄭濟爲左春坊左庶子。王懃爲右春坊右庶子。初舉東宮官屬。廷臣請召浦江鄭氏王氏子弟詣闕推擇之。

賜京師寺田。

朝鮮謝罪入貢。

嚴從簡曰。隋煬帝以征高麗而亡國。唐太宗以伐高麗而致悔。凡以好大喜功。不恤民命之爲累耳。我聖祖之于李旦。忍其詐侮。或擯絕之。或切責之。諄諄然以口舌代戈矛。豈其力有不足哉。亦慮師旅一興。肝腦塗地故也。不惟示包荒之量。實寓好生之仁。卒致內寧外威。而朝鮮賓服。迄今晏然爲我四輔。不可以覩聖祖宏遠之略也哉。

十月酸朔。丙子。擢兵部吏崔士先爲戶部主事。
定諸王來朝及還國祭祀禮。
丙戌宥朝鮮海寇罪。
己丑。裁中都國子監。並入國學。
壬辰。監生二百四十一人除教諭等官。
丙申。監生劉正等六十餘人擢左布政使等官。
更給天下工匠輪班勘合。
將校有罪削爵聽征者悉復官。
十一月酐朔。雲貴蠻悉平。
立鑾駕庫。
修漢中棧道。
討東莞亂民。
霑化縣典史杜護坐事當罪。縣民訟其廉幹復之。
詔朝鮮人止隔河互市毋入境。
戊午。太陰犯鬼宿。
己未。叛寇何迪伏誅。迪東莞眞之弟。以次子宏罪死。自疑作亂。殺南海衞官軍三百餘人入于海。官軍追捕之。
十二月酐朔。工部尙書嚴震直降監察御史。
時天下學官入覲。咸侍朝摛文備顧問。獨泰州訓導門克新敷奏亮直。紹興教授王俊華文詞優美。擢克新左贊善。俊華右贊善。上召諭曰。所以左克新。右俊華者。重直言也。
永鑒錄成。賜諸王。歷代宗室諸王悪逆者。
世臣總錄成。輯歷代人臣爲勸懲。頒羣臣。
癸酉。皇子楠生。
罷越嶲商人中鹽。
丙戌。禁軍民命名不得用三公以下官稱。

甲戌洪武二十七年

正月辛朔乙巳。命都察院戒飭天下按察司官。
丁未。復置平陽二鐵冶。
蠻寇建昌。擊敗之。
辛亥。中都國子司業寧德周斌爲齊府左長史。
甲寅。禁用番香番貨。
歸併天下僧寺道觀。
信國公湯和有疾。上念之。召入朝。尋遣還。
辛酉。上退朝。顧翰林學士劉三吾曰。朕歷年久而益懼者。恐懈也。日愼一日。效尙未臻。甚矣治難。夫愛民之心不實。則民不蒙澤。民不蒙澤。則衆離怨積。朕嘗懼焉。
曹國公李景隆爲平羌將軍。鎭甘肅。

都督宋晟劉眞率兵備邊。
丙寅。置各布政按察司及各府照磨檢校官。不署案不分遣。
選江北良家女侯太孫婚。
戊辰。道州蠻作亂。討平之。
立雞鳴山漢壽亭侯廟。
二月辛朔。重定優給例。
遣都督劉德商暠巡海上。練兵備倭。
停朝鮮給曆。
罷外官公宴。
丁亥。增遞運驛夫糧額。
辛卯。繁峙知縣劉英坐事被逮。耆民詣闕乞貸。釋之。給道里費遣還。
敕都督府再詰朝鮮。
免各處荒蕪田租。
三月庚朔。策貢士彭泰等百人于奉天殿。賜張信景淸戴德彝等進士及第出身有差。
辛丑。上謂侍臣曰。人主聰明不可使壅蔽。壅蔽則天下之事不達矣。翰林學士劉三吾曰。惟博採衆論。任用賢能。則視聽廣而聰明大。上善之。
癸卯。河南按察僉事王平爲左僉都御史。
魏國公徐輝祖安陸侯吳傑訓練沿海軍士。

起太子賓客兵部尚書唐鐸爲太子少保。

城東勝州。

丙午。進士張信爲翰林修撰。

丁未。令武官襲職者年二十例比試。詘則給俸三年再試。又詘謫戍。著爲令。

上謂侍臣曰。毀譽之言不可不辨也。問君子于小人。小人未必能知。鮮不爲所毀。問小人于小人。朋黨阿私。譽必衆矣。人主能知毀中之賢。則誣謗可息。知譽中之不肖。則偏黨可絕。

庚戌。命天下種桑棗。

定行人司品秩。皆用進士。

甲寅。韓王松瀋王模年幼。命省秦晉燕周齊五王。

鎭安府土官輸糧每石折一金。

中禁胡俗嫁娶。

癸亥。有儒士初授知縣。陛辭。上曰。試言蒞民何先。曰。先敎化。曰。敎化何先。對曰。獎勸之。上曰。先身焉。故曰以身敎者從。以言敎者訟。

命工部。天下大定。取甲兵裹藏之。

四月辛卯朔戊寅。罷司牧局。

庚辰。下乾州立唐渾瑊祠。

更定番國朝貢儀。

壬午。嚴越訴之禁。命民間高年老人理其鄉之訟。

癸未。上謂太子少保唐鐸曰。帝王體天道。順人心。則國家基業自久。朕思前代亂亡之故。未有不由于違天而逆人。卿久事朕。賫弼良多。朕有勿逮。卿卽言之。

丙戌。徵儒臣定正宋儒蔡氏書傳。

己丑。曲阜知縣孔希文坐貢舉不當。宥之。

五月妃朔。辛丑。免祁陽孝子郝安童軍役。安童當補伍定遼。詣闕言母老無養。上閔而復之。

壬寅。前軍都督僉事馬鑑卒。

左都督楊文鎭太倉。

甲寅。安南自廣東入貢。卻之。

辛酉。禮部議開詔。勞軍。賞賜。祭祀。賑濟。徵賢。黜陟。使夷俱遣行人。如特遣。不拘例。

癸亥。少詹事兼翰林修撰任亨泰爲禮部尙書。

六月巳朔。癸酉。上語侍臣曰。昔楚莊王謀事而當。羣臣莫能逮。朝而有憂色。魏武侯謀事而當。羣臣莫能逮。朝而有喜色。一喜一憂。得失判焉。喜則志滿。憂則志下。故楚卒霸而魏日以衰。人君當遜志納善。而臣以道事之。蔑不濟矣。

戊寅。與遼東各衞屯田。

全州及灌陽猺民亂。擊破之。

七月戱朔。更定親王婚禮。

甲寅。旌涞水孝子李德成及節婦高氏。擢德成光祿寺署丞。歷尙寶司丞。

八月帗朔。甲戌。安陸侯吳傑。永寧侯張銓往廣東備倭。

乙亥。遣國子生及人材分詣各郡縣修治水利。
階文千戶張者叛。左都督甯正討之。
禁用錢。專通鈔法。
庚寅。京師酒樓成。時江東諸門作樓十四。娛臣民。賜文武百官鈔。宴于醉仙樓。
丙申。禮部主事蓋霖下獄。其父上書願以次子從軍求贖。釋之。
九月戲朔。浙江右布政使楊允恭。參政羅鍾。李文華。湖州知府王楨。俱事逮。非貪墨。宥之。復官。歸安縣丞高彬亦連坐。耆民訴其公廉。即釋。
日照人江伯兒殺三歲子禱母疾。上聞而怒之。杖戍海南。因命禮部定旌孝例。如割股臥冰者不與。
丙午。撒馬兒罕國王駙馬帖木兒入貢。
置四川行都司于建昌衞。
己酉。錦衣衞卒誣告樂清人。逮至。得其枉。誅衞卒。
定正蔡氏書傳成。時致仕翰林編修張美和。國子博士錢宰。助教觀覲。教授高讓。學正王子謙。教諭張士諤俞友仁何源銘傅子裕周惟善。訓導唐棐周寬趙信洪初萬鈞王賓謝方吳子恭。博士解震生熊釗揭軌蕭尙仁王允昇張文翰張思哲宋麟。翰林學士劉三吾總焉。自洪武初。黑氣凝于奎壁。是春氣銷。爲興文之象。書上。賜曰書傳會選。
生員廩十年學不進者罰爲吏。
庚申。寰宇通衢書成。天下道里從一萬九百里。衡一萬一千七百五十里。四夷之驛不與焉。
丙辰。遼東屯田十年始收租。

停岷王宮室。

十月丁卯朔。鑄六尚局印。

辛巳。翰林院詹事府成。賜宴落之。

壬午。令武官子弟自十五歲以下入郡縣學。

十一月丁酉朔。朝鮮貢馬謝罪。

潞州知州劉士源。沭陽知縣周質。衡山主簿紀惟正。被逮得直。進質士源參政。惟正參議。

辛亥。土官襲職免比試。

癸亥。敕盱眙知縣方素易曰。爾涖政三載。內艱去官。民勿忍舍。詣闕留任。何以致之。特遣使齎鈔二百錠。衣服被各一襲。靴襪各一對。用旌爾能。爾維懋哉。素易入謝。賜宴禮部。許歸葬而後復官。

越州土酋阿資復叛。西平侯沐春等討破之。

乙丑。太子太師潁國公傅友德自殺。友德先宿人。後徙碭。初從青衣李善之。李敗。歸明玉珍。不用。歸漢。自九江降。驍勇絕人。累立大功。以藍玉誅。內懼。定遠侯王弼謂上春秋高。行且夕盡我輩。宜自圖。上聞之。會冬宴。徹饌未盡。友德起。上責友德不敬。且曰。召爾二子來。友德出。衞士傳語以首入。頃之。友德提二首至。上驚曰。何忍也友德出匕首袖中曰。不過欲吾父子頭耳。遂自刎。上怒。分徙其家屬于遼東雲南。友德兄友仁。冠帶總旗。亡子。友德長子忠。駙馬都尉。次子春。出繼友仁。生讓。又絕。族人保州知州潤之次子繼讓。世總旗。

王世貞曰。友德之顯。以敢力戰也。然十失身冒百死。而無一足稱。及其遇眞主。虎變龍從。刃不虛下。策不虛畫。以至列通侯。爵上公。於乎天哉。當時持重善將將。無如中山王。至喑嗚跳盪。獨開平王。而友德差次之。稱二虎將。開平死大封之後。友德始益展。而有方面勳。取巴蜀。定滇笮。其燁燁蓋庶幾中山矣。

袁表曰。明興。猛將雲從。數倍雲臺。而六王最著。其以驍勇稱者。莫如常開平。次則傅潁國耳。觀其下蜀掃滇。踰險隘。涉荒遠。席捲飈馳。辟之良駿超軼絕塵。而造父爲御。奮迅騰驤。一日千里。其用兵方略。悉稟廟算。是豈泛駕者哉。

朱國楨曰。潁公有宋公之功而無其過。乃三數月中相繼暴卒。並停襲封。若曰高皇末年。疑忌殺僇。則防其身可耳。何以廢其子。世聞奇偉人遭此氣運。功成身死。或兵或縊。不妨明言。以著聖人之失。而寂然不著本末。謂有所諱與畏。則韓涼二公不啻詳言。謂可略不必細書。則一代大功臣生死之際。豈宜草草。此秉筆諸公不得辭其責。而尚論者動曰寬仁大度。曰愛惜功臣。此只可論本心。不可論作用。聖祖如青天白日。其心天心也。其威天威也。欲殺便殺。殺之不當。亦多自悔。至于文人何事曲爲之詞。獨惜公之沈冤。進不得聲于廟廊。退不得詳于典籍。雲南一祠。殊覺荒寂。至今山陝浙閩之間。傅氏皆引爲遠祖。理亦有之。未可盡以爲妄也。

傅友德季子添錫。遭亂幼相失。游錢塘。補諸生。說潘原明以杭州降。授明州訓導。縛奸僧機先通倭者。進大名知府。七日。値元孽犯境而逃。安置雲南之永平。明年。除大理衞知事。未幾。普安賊叛。死之。槀葬驛後。添錫子寬。寬子瑄。瑄子澄。澄子敎諭江安。江安子良弼。工科給事中。正德十六年。詔立添錫祠于大理。

馮時可曰。金元以來。侏駃魁編。斥我寓內矣。微管之歎。孰無是念。然祿利之路。人情胡能自裁。以吳許之理窟猶然。刺促腐鼠。而公獨掉然高蹈。其倜儻殆魯仲連也。厥初草昧。獲鹿茫然。而早窺隆準。振策從龍。卽叔皮高識。又何踰焉。至若倉皇被執。脫死僅毫釐耳。而從容數語。狂獷格天。遂令王師功收不戰。偉哉普安之役。馬革裹屍。一何壯也。其人沒而千載如生矣。

詔刊韻會定正。

郭正域曰。韻者六書中諧聲之學也。先王之世。書既同文。而又巡行方岳。考律同度。典樂之官。依永和聲。同文則無異字。和聲則無異音。三代而下。俗字日增。而方音各異。近禮部惟宗唐韻。而今所傳韻類。卽唐禮部韻也。故唐詩宗之。我明文章家以古韻爲騷選。中州韻爲詞曲。古韻有叶有轉。中州韻以入爲平。近體韻不可入古。古韻不可入絃管。而詞韻不可入詩。何多端也。蓋支流愈多。而聲音愈不可調矣。古人譏柳子厚輩皆讀書不識字。今以韻學觀之。奚以異是。

十二月甗朔。置寧夏羣牧千戶所。

辛未。鑿廣西鬱林州北流南河二江。

甲戌。申定皇城門禁。

定遠侯王弼自殺。弼定遠人。鳩義兵附人。善雙刀。累功封至是。爵除。

漢中府同知柴庸以事下獄。其僚屬言庸廉介。特宥之。復其官。

癸巳。貴州蠻叛。討平之。

雲南臨安知府致仕蒙古世家寶卒。元集賢院學士。守膠萊。降。

辛卯。耿瓛爲宗人府儀賓。尙皇孫女江都郡主。懿文太子長女。

買哈剌寇鹽井。指揮僉事陳進死之。

令民團社互耕種。

乙亥洪武二十八年

正月輛朔。庚子。置四川鹽井陝西都司等衞儒學。

捕廣東海寇。

左都督甯正平階文叛寇。復從秦王征洮州諸戎。

辛亥。命晉王周王發屬衞官軍三萬四千餘人。屯田築城于塞北。

壬子。置皇城四門倉糧給守卒。

甲寅。命晉王發官軍二萬六千四百餘人。屯築塞北。

甲子。命燕王發屬衞步卒萬人。騎七千。同都指揮使周興右軍都督僉事宋晟劉眞往三萬等衞。勦捕野人女直。

西平侯沐春討阿資。擒斬之。初阿資據龍窩。諸將失利。無議兵者。沐春曰。彼恃其地險。且各土酋俱姻婭耳。若廣調土酋從征。俾不相通。行授首矣。乃進兵赤窩。獲之。誅同惡一百四十一人。

先是命福建右參政王純招諭麓川平緬二宣慰司。不受聽。

二月乙丑朔。丁卯。太子太師宋國公馮勝自殺。勝初名國勝。又名宗異。定遠人。好儒書。同兄國用謁上。俱備宿衞。國用早世。勝饒智略。勇悍善戰。累功封。上既春秋高。多所猜忌。勝又時失上意。勝家居僮僕倚勢橫欄稅。輜重乘載。勝穫稻打場。瘞甑場下。碾碌礡其上。取其有韃韐聲。出入騎善馬。邑有樊父善爲瘳。國用妻家也。勝一日爲酒。召樊父。盛陳其金銀器皿。與樊父戲。而令瘳之。樊父既得。難勝曰。必千金乃還。勝怒走訴于上。樊父亦訟勝。言其居家所爲。且曰。場下瘞兵器。上予勝酒曰。我不問。勝歸。遂自殺。諸子皆不得封。勝去傅友德死財兩月。開邊之猛將盡矣。

王世貞曰。馮國用不死。其岐陽伯仲乎。勝有大將才。積戰功久。而其中不能無欲。且又時時見桀驁焉。能免乎。金山之役。璽書凡三下。以中山開平二王爲喻。始而勉之。中而戒之。終而媿焉。雖然。勝功大。罪不能掩。譎廢可也。嫌死不可也。不王可也。不侯不可也。

朱國楨曰。功臣非謀逆而受禍者。其根必有所自起。宋公之失。在于不奉命擅歸。而多欲。夾之西陲初下。反側未安。任寄何如。而可以輕委。夫以中山王布衣兄弟。功業蓋天。凜凜不失尺寸。宋公親奉行間。不能則效。敢以意自爲出入。寧止桀驁而已。金山之役。詔戒至三。終不能率。要之非大將才。聖祖以二王既逝。特以勇略。不得已用之。又夾及于涼公。皆不克終。蓋以悍將事嚴主。理勢固然。無足怪者。顧其功遠在甌寧上。甌寧智人也。亦福人也。宋公智既不長。福亦遠謝。寂寂至今。不聞一線一酎之報。吾是以憐之。敍其功列于六王之次。

復分宜縣鐵冶。

戊辰。徙青兗登萊濟南民就東昌開墾閒田。

與烏撤衞屯田。

庚辰。詔右軍都督府榜諭龍州土官趙宗壽。初。鄭國公常茂謫龍州。宗壽娶故土官趙貼堅次女爲妾。會茂卒。宗壽與貼堅婦爭印相失。婦赴京訴宗壽從子不應襲。上不問。至是有言茂匿龍州未死。故令宗壽送茂入京。如果死。亦赴京言狀。否則兵至不貸。

戊子。命罪人罰役死者免父兄追捕。

三月甲午朔。丙申。罷龍江大勝港抽分場官。

戊戌。中軍都督僉事朱信充總兵官。領海運。

己亥。東勝衞百戶吳信坐侵暴屯卒誅。仍諭守邊將士。

乙巳。谷王橞之國宣府。

殺長洲王行。行博洽工文翰。以客藍玉所被逮。責狀。對曰。本書生。辱大將軍客禮。甘與俱死。有銀工爲玉治酒器。旣誅。銀工質所記主家姓名。皆捕逮。

劉鳳曰。王生有縱橫才。當羣雄間。慷慨欲立功名。旣無所就。卒乃死黨人。幾若蒯通。雖其言不外聞。然玉之威强震主。性又暴戾。豈足與者。無生平舊而一旦遂爲石交。生旣無以勸之抑損。而又甚之。坐取夷滅。非不幸也。

談遷曰。王行事不足存。今記之何也。癸酉九月。赦藍胡餘黨。詔曰。藍賊爲亂。謀泄。捉拿族誅萬五千餘人。餘不盡者。已榜赦之。越二年。王行猶罹其禍。則前詔直故紙耳。頴宋駢陷。鉗忌滋蔓。凡摧鋒衝堅。鞭霆扼虎之才。委命獄吏。求死無地。而帝之寢食少安矣。無何遽有靖難之師。諸將皆庸才。不如是不足以開聖人也。

癸丑。秦王樉薨。年四十。謚曰愍。冊曰。朕封建諸子。爾以年長首秦。期在永保祿位。夫何不良。竟殞厥身。特謚爾愍。妃王氏殉死。謚愍烈。

戊午。罷太僕寺羣監官。收其馬屬有司。

討西番。破之。

編立籍定里。里各百戶。姻喪疾患。富助貲。貧助力。春秋耕穫。或無力。百家代之。以敎民厚。

四月甲申朔。命國子生分行天下。勾稽吏牘。

己巳。禮部右侍郎張炳爲左侍郎。翰林編修齊麟爲右侍郎。盧原質爲太常寺少卿。

辛未。命秦世子尚炳嗣秦王。

禮部尚書任亨泰議喪服。記諸侯受天子之命服其命服。使者出。返喪服。即位而哭。詔行之。

壬申。蠻寇鄧華仔等伏誅。

致仕兵部尚書唐鐸諭趙宗壽。

五月⿰阝癸朔。大陞指揮以下等官。

庚子。李芳英為中都留守司留守。景隆子。

四川賊田大蟲作亂。討斬之。

六月⿰女癸朔。乙丑。肅王楧之國甘州。

壬申。四川雲南邊夷皆立學校。

辛巳。總兵官周興等至開原。追西陽哈于黑松林。不及。獲男女馬匹而還。

丁亥。曹國公李景隆飭兵陝西。

己丑。上御奉天門。諭羣臣。用法止守律與大誥減等。其請用黥劓等刑及請設丞相者。處以極典。外戚有犯。除謀逆外免逮。會議上報。

普定蠻忩掠。命都指揮顧成等討之。

七月⿸尸壬朔。癸巳。翰林編修馬京署通政司事。

廣西總兵官韓觀擊斬宜山蠻酋韋召趙成秀等。班師。

戊戌。確山縣野蠶成繭。羣臣請賀。不許。

詔故武臣傷亡者。子弟嗣秩。雖比試不合。仍還衛署事。予半俸。二年後比試。仍不合。謫戍。

工科給事中陳洽等言。大臣犯重罪蒙宥。宜降其班。從之。班九品後。

戊午。敕國子生習春秋。曰。孔子修身立政之道備矣。處事決疑。孰能舍諸。

方士獻道書。卻之。

八月⿵戊壬朔。丁卯。左都督楊文爲征南將軍總兵官。廣西都指揮使韓觀右軍都督僉事朱晟爲左右副將軍。劉眞爲參將。率京兵三萬至廣西。會師討龍州趙宗壽及奉議南丹向武等州叛蠻。

戊辰。禮部尙書任亨泰監察御史嚴震直使安南。諭以討趙宗壽之故。恐其接壤易疑也。

信國公湯和卒。和字鼎臣。鳳陽人。以滁陽王牌頭爲招討。授統兵元帥。累軍功自中山侯進封。和長帝三歲。初起兵。諸將皆等夷不相下。和執部曲禮甚謹。性愼畏。卒以功名終。年七十。追封東甌王。謚襄武。

王世貞曰。以湯信公之戰伐。其績何寥寥也。其後乃爵上公。贈眞王。便蕃之賜。諸勳舊不敢望焉。顯融令終。美哉乞骸一語基之矣。夫以絳侯勃之定策。有社稷勳。而煩人主詔乃怏怏之國。彼其君臣俱失之也。予嘗按行登萊海上。其父老歷歷指燧戍云。湯信公功不可剷滅。微信公。吾其鯨鯢食矣。嗟乎。高皇之能器使人也如此。

何喬遠曰。予觀鄧寧河之摧抑不怨。湯東甌之受責自謝。而知功臣保世之道焉。不然。開國諸公。何林林也。李沐則肺腑矣。獨二公者。能與徐常褎然太廟之列耶。

丙子。命江陰侯吳高領南寧兵。安陸侯吳傑領柳州兵。各千人。從征龍州。

趙宗壽伏罪。詔楊文等罷兵。移討奉議等叛蠻。仍命兵部尙書唐鐸參軍事。

戊子。更定皇太子親王等封爵冊寶之制。

九月軠朔。甲午。岷王楩之國雲南。

龍州趙宗壽來朝。

丁酉。征虜前將軍胡冕追捕桂陽山賊。悉擒斬之。

左都御史曹銘有罪誅。

免山東及應天鎮江太平寧國廣德田租。

崇山侯李新有罪伏誅。

命衞所鎮撫發夜巡銅牌。

庚戌。頒祖訓條章于內外文武諸司。敕曰。自古國家立建法制。皆在始受命之君子孫遵守而已。蓋始受命君起自側微。備歷周知。恐後世守成之主。未諳世故。山林初出之士。自矜已長。至有奸賊之臣。徇權利作聰明。上不能察而信任之。變更祖法。以貽禍敗。是以日夜精思。永垂典則。朕少遭亂離。賴天之眷。翦除混一。即位以來。勞神焦慮。與海內期乎平治。作祖訓一篇。開導我後人。世爲家法。禮部其頒條章于天下。後有言更者。以奸臣論。殺無赦。

免烏撒烏蒙芒部東川歲賦氈衫。

北平永清衞之龍門嘉禾生異莖同穗。

庚申。楊文討廣西右江歸德州土官黃碧等。滅其壘課。

是月。重定宮官六尙品職及內官監司庫局與諸門官并東宮六局王府承奉等官職。

閏九月壬朔丁卯。吏部尙書翟善受賄當死。其父謙乞宥。成許之。降宣化知縣。

諭征南將軍楊文等鑿井避水毒。

沅州苗賊廣西思恩洞蠻俱平。

壬午。冊燕世子。高熾。

丁亥。鎮遠苗蠻作亂。討破之。

庚寅。詔定親王歲賜祿米。親王歲萬石。郡王二千石。鎮國將軍千石。輔國將軍八百石。奉國將軍六百石。鎮國中尉四百石。輔國中尉三百石。奉國中尉二百石。公主及駙馬二千石。郡主儀賓各八百石。縣主儀賓各六百石。郡君儀賓各四百石。縣君儀賓各三百石。鄉君儀賓各二百石。

重定皇明祖訓。召諸王賜之諭以子孫衆多減祿之意。晉燕楚蜀湘給歲祿萬石。秦王幼與周王皆未給。餘千石或五百石。未之國或邊地荒歉。

十月觪朔。癸巳。上于東宮親王世系預命二十字爲名。首一世一字。臨時足二名。

給還安南備餉價直。初輸米二萬石餉奉議向武軍。其黃金千。銀二萬。還之。

免百官朝參賜食。

國子生劉簡乞宥父罪養祖。許之。

癸卯。册光祿寺卿馬全女爲皇太孫允炆妃。

征南將軍左都督楊文等討奉議南丹叛蠻破之。左副將軍韓觀分討都康向武富勞上林等州縣。斬渠帥黃世鐵等先後斬萬八千餘人。招蠻民復業。徙置象州武宣縣。蠻寇悉平。致仕兵部尙書唐鐸參軍事。會諸將置奉議衞。並向武河懷集武宣賀縣守禦千戶所戍守之。

置龍州軍民指揮司。

討兩廣土官儂貞佑擒之。

十一月酻朔。癸亥。侍臣進講尙書無逸篇。上悅曰。朕每觀是篇必反覆詳味。求古人之用心。

顧成討貴州土官阿傍平之。

乙亥。夜月食。

禮制集要成。其書載冠服。房室。器皿。傘蓋。牀帳。弓矢。鞍轡。儀從。奴婢。俸祿。奏啓。署押。體式。定制頒布中外。

郭正域曰。夫禮者。本天殽地。綱紀人倫。利用安身。敎民成俗。唐虞三代。代有損益。革命之際。多沿先代。周人初年。肇稱殷禮。漢草朝儀。雜采秦法。唐皇修文。多用隋禮。宋初通禮。半約唐儀。卽有損益。所因居多。胡元之世。天澤既易。禮安用之。先王典刑。淪澌無存。冠冕椎結。號令侏儒。大拜報天。卽日月山。金書玉篆。用蒙古字。冊后之初。帝后並坐大明殿。右丞相起而上壽。壽帝壽后。冠禮婚禮。從其本俗。大宴而服只孫。冬則納石室里。夏則鈸笠都納。剪柳代射。跪足代拜。行之百年。文物盡矣。高皇闢乾坤而新日月。朝百神而首庶物。在位三十餘年。世而後仁。卽位之始。敕中書省。禮制未定。令天下郡縣高潔博雅之士。年四十以上者。于是儒士徐一夔梁寅劉子暨周子諒胡行簡劉宗弼董彝蔡深滕公琰至京。詔同修禮書。而元年議郊祀耕籍禮。三年敕尙書崔亮等議喪禮。九月大明集禮成。其準五禮而益以冠服車輅之儀。狀鹵簿字學。五月考定服色。所尙。尙赤。先是議百官禮儀。俱尙左。四年八月。諭中書省。以房舍服飾。明立禁條。頒示中外。俾有所守。五年三月。諭禮臣。稽考曆禮。布之天下。庶幾返古。六年三月。禮官上所言禮儀。其更參訂。務合人情。七年十一月。孝慈錄成。言父母三年喪制。自是十餘年間。所著禮書。曰國朝禮制。曰稽古定制。曰國朝制作。曰大禮要議。曰皇朝禮志。曰禮儀定式。曰大明禮制。曰洪武禮法。曰禮制集要。曰禮制節文。曰太常集禮。曰禮書。諸所藏祕閣繪圖議文者。未暇悉數。上之郊廟朝廷。次之侯王郡邑。下之閭巷州黨。洋洋優優。無大無細。隆禮曲禮。如正至而傳同度。則行慶之施也。朝覲而定黜陟。則明試之規也。祭祀而去俎豆。則順時之意也。訓儲而議再拜。則敎胄之模也。永思而隆徽稱。則追王之遺也。宮闈而等后妃。則軒轅之制也。封拜而嚴本支。則主器之辨也。冠婚而逮士民。則周道之隆也。喪服而均斬衰。則孺慕之本也。冠服而有五冕。則易簡之道也。曰嬪而正禮文。則釐降之義也。其間損益百王。超越千古。或以義起。或沿時革。逮巡狩監國之禮。肇于文皇。詩書禮樂之文。正于宣皇。講幃談經之儀。定于英皇。陵廟嫡庶之分。正于孝皇。郊廟耕蠶之儀。舉于世皇。而我明一代之禮。伯夷不能典。柱下不能述矣。

魏國公徐輝祖往鳳陽。長興侯耿炳文往陝西。錦衣衛指揮使劉智往鎮江。練兵。

參將劉眞等攻破南丹州。蠻地悉平。

海外諸國入貢。

都勻蠻平

十二月餗朔。壬辰。山東河南新栽桑棗。俱免起科。

丙申。邊境築城軍士停役一年。

總兵官胡冕平桂陽賊。進兵兩廣。

戊申。詔楊文等班師。蠻寇未靖者。有司撫恤。

己酉。朝鮮入貢。賀正旦。上表而慢。詔逮其撰者。

辛亥。洪武志成。述都城山川地里封域之沿革。宮闕門觀之制度。以及壇廟寺宇街市橋梁之易置。

戊午。內使趙達宋福使暹羅斛國。祭故王參烈寶毘牙思里多羅。賜嗣王蘇門邦王詔祿羣膺文綺羅布敕諭。

重建朝天宮成。專羣臣習儀。

丙子洪武二十九年

正月帪朔。壬戌。詹事府丞杜澤爲吏部尚書。左春坊左贊善門克新爲禮部尚書。

乙亥。朝鮮國王李旦（即成桂。）請印誥。上知其非誠。令禮部諭止之。

疏西安城中水渠。

丁丑。定擒獲倭賊賞格。

貴州蠻亂。討平之。

辛巳。散騎舍人湯醴爲左軍都督僉事。和庶子。

肅府長史司吏郭希顏給由長史林琰等啓王留之吏部以聞。上不許。曰。事雖小。然防其漸。王年幼。聽信左右。恐後非便。可遣諭王此意。仍令長史司官吏以狀對。

二月己丑朔。庚寅。遣行人李思聰錢古訓使平緬麓川。時麓川思倫發侵平緬。上各賜詔諭解之。思倫發聞詔謝罪。願罷兵。平緬亦聽命。思倫發餽古訓金寶象馬等。卻之。古訓還。奏著百夷傳。紀其山川人物風俗道里之詳以進。賜襲衣。

辛卯。仍給東甌王家祿三千石。

甲午。禮部尙書任亨泰使安南。諭以討龍州趙宗壽之故。陳日焜奉命。亨泰還。私市蠻人爲僕。降御史。

陝西軍壯代役者老幼悉徙黃河南岸屯種。三年輸租。軍老者還鄉依親。無依者回京養贍。肅州軍糧從近地支給。皆陝西行都指揮使司僉事張豫之言。上從之。

安南告前王陳叔明之喪。以簒殺。罷弔慰禮。

癸卯。征虜前將軍指揮僉事胡冕討郴桂山寇。分遣指揮僉事宋晟等平廣東潭源諸洞及廣西平川壖益之地。斬數千餘人。械渠帥八人京師。僇之。遣使諭曰。命爾往征寇亂。意在殲渠。乃概行駢僇。宋曹彬不殺。後嗣以昌。曹翰殘酷。身罹窘窮。往者不追。後當爲戒。

丙午。浚武進縣奔牛呂城二壩。

辛亥。寧王權言。巡塞見脫輻。意胡兵往來道上。慮且寇邊。詔燕王選精卒壯馬。抵大寧全寧。沿河南北覘視。隨宜掩擊之。

壬子。命陝西行都指揮使陳暉同知馬溥等率甘州等衛兵五千。討失剌罕僞王撒力失等。斬獲甚衆。

甲寅。給恩軍月糧。先籍沒人免死者曰恩軍。

乙卯。赦遂昌民繆宗等六人。初以捕殺奸民論罪。

御史辛彥德過彭澤。奏民饑有司不能存恤。詔賑之。杖有司。

三月戊朔甲子。燕王出塞逐虜徹徹兒山。敗之。擒其酋孛林帖木兒等數十人。追至兀良哈城。遇哈剌兀。復戰敗之。

丙寅。國子監學正吳啓署祭酒。博士楊淞署司業。學錄張毅署監丞事。面諭以簡身飭行。守道尊嚴。使諸生敬慕而化。

壬申。行人司副楊砥請孔子從祀罷揚雄。進董仲舒。從之。

談遷曰。揚雄仕莽作符命投閣。年七十一。天鳳五年卒。按桓譚新語云。雄作甘泉賦一首。夢腸出。收而內之。明日遂卒。而祠甘泉在永始四年。雄卒去莽篡尙遠。劇秦美新或出谷子雲。非雄也。

戊寅。延安知府李廣坐累。同知李受言其勤政愛民。釋之。

清水江蠻叛。捕獲之。

壬午。行人陳誠立撒里畏兀兒爲安定衛指揮使。給印五十八。

四月戊朔戊戌。增海運糧八十萬石。

湘陰縣丞劉英酷刑。逮斬之。

甲寅。魏國公徐輝祖同禮部翰林官考國子生次第。送部錄用。

是月。右軍左都督甯正卒。正壽州人。從上滁和。渡江累功。子忠鷹揚衛指揮使。擢前軍都督僉事。

五月丁巳朔。續置文官歷任貼黃簿。

有司修築各處河隄。

貴州蠻亂。殺土官王應名。討平之。

四川土官普習叛。討誅之。

蜀王平四川叛番。

庚午。以淮徐桑種二十萬給民。栽于辰沅靖金道永寶慶衡州。

壬申。夜月食奎宿。

戊寅。始給詹事府翰林院尚寶司中書舍人六科給事中儀禮司牌驗出入午門。

六月丁亥朔。廣西捕獲叛蠻三千餘人。

癸卯。都督府斷事廖昇爲太常寺左少卿。翰林編修張顯宗爲太常寺丞。左僉都御史辛彥德爲詹事府丞。

七月丙辰朔。上觀唐書至宦者魚朝恩。謂侍臣曰。漢末雖宦官驕縱。尚無兵權。至唐授之太阿。馴至劫脅天子。廢興在握。朕深鑒前轍。役使而外。重者傳命四方而已。但有罪罰無赦也。

惠州指揮丁振等禦倭。坐怯懦誅。

丙子。定未入流官陪祭俱用祭服。

先是遼東百戶夏質送朝鮮使者。誘質渡鴨綠江。沈之。敕左軍都督楊文檄朝鮮義州。詰其實。

癸未。晉王進陽曲等縣嘉禾。

頒表箋。式務典質。

衛卒鬬傷。其子救之。擊鬬者死。坐絞。上原其情。赦之。

漢中教授方孝孺主試應天。

八月炳朔。置開平四屯衛。

丁亥。沅陵黔陽諸洞蠻叛。楚王自沅州伐山踰阻。至天柱山。深入苗寨。平之。

丁未。免太平寧國應天鎮江廣德田租。

己酉。禮部尚書門克新卒。克新陝西秦州人。任本州訓導。入朝。敷奏亮直。超左贊善。遷今官。寬厚和易。上惜之。遣祭。護喪歸葬。

庚戌。改六部諸屬爲清吏司。稍更官名。於吏部曰文選司。驗封司。稽勳司。於禮部曰儀制司。祠祭司。精膳司。於兵部曰武選司。車駕司。武庫司。於工部曰營繕司。屯田司。都水司。虞衡司。餘司仍舊。

重定諸王見東宮禮。禮官議。諸王來朝。冕服見上畢。次見東宮。敍家人禮。但常服。王入文華殿東門。至後殿。王西向。東宮南向。四拜。王坐受。敍坐。東宮正中南向。諸王左右。奏上。從之。時諸王皆東宮叔父。故有是議。然頗以尊屬詘。藩釁始萌。

九月炳朔。兵部尚書唐鐸參軍事廣西。請修興安縣三十六陂漑田。命御史嚴震直督工。遂通漕。

丁卯。朝鮮國王李旦以上責表文粗謬。送撰人鄭總等入京。上以其樂禍挑釁。留之。

閉延安綏德慶陽鹽池。

乙亥。召天下致仕武臣于京師。大賚之。曰。朕起兵時。與爾皆少壯。今老矣。久不相見。居恒思之。賚爾薄物。還終天年。朕與爾同歷諸艱。天佑朕子孫。則爾子孫亦有無窮之祿爵。諸臣感激。有墮淚者。諭兵部人陞官一級。

丙子。民有論死者。其弟請從軍代贖。上憫之。同繫三十餘人皆免死謫戍。

己卯。諭車里軍民府知府刀砍爲亞中大夫車里軍民宣慰司使。

十月乙酉朔。定各司奏事次第。

抽選屯田壯士更代。

己酉。更定雲南通海鹽價。

甲寅。皇曾孫文奎生。皇太孫長子。上以十月數終。又晦日。詔勿賀。

省天下按察。分四十八道爲四十一。

十一月乙卯朔。免國子生朔望朝參。

壬戌。增詹事屬官左右清紀郎司諫通事舍人。

十二月乙酉朔。行人陳誠呂讓使安南。諭還思明侵地。先是思明土知府黃廣成奏。元初征交趾。去銅柱百里。立永平寨軍民萬戶府戍守。元季交人破永平寨。越銅柱二百餘里。奪我丘溫如嶅慶遠懷銳等五縣。又尙書任亨泰立站于洄登。彼云屬銅柱界。則建武志可考也。上據奏遣誠等往諭。久不決。誠等遺陳日焜書曰。使者不佞。辱主上明命。久未決。無以復主上也。使者今援古證今。析利闚害。以告執事。在後漢時。徵側反。馬援討夷之。立銅柱經內外界。在唐五管之一。宋始自樹。然李乾德寇邊。郭逵討之。擒僞太子洪眞。乾德懼而割廣源門州思浪蘇茂桄榔之地以降。元初有天下。爾先王光昺首稱臣修質。迨日烜嗣。改操。于是世祖來討。爾日烜蒙荆棘竄島浮舶。城郭宗社人民幾盡。日燇鑒前失。祈命于元。且曰。向者天使辱臨小國。迎送止祿州。懼冒侵越之罪。不敢過丘溫也。則是丘溫以北地。不在爾國明矣。今爾國乃越淵脫。踰如嶅慶遠而盡有之。將乘元末兵亂。伺隙僥倖而得之耶。行人下車之日。王之君臣皆曰。此地故屬安南。不言所以始也。毋乃爲大言誑我耶。抑王懼以侵地得罪。强自飾耶。主上神聖。不計王前罪。乃計王飾罪。其熟圖之。日焜不聽。

己巳。頒稽古定制書。俾功臣家遵守。上自序曰。昔先王制禮。別尊卑。定貴賤。上下秩然。朝代雖改。禮樂制度。多相因也。或有損益。小過不及而已。朕自定天下以來。立綱陳紀。頒布天下有年歲矣。至若官民房室墳塋碑碣。亦嘗斟酌前代著畫一制。豈期奸臣胡惟庸故紊條章。俾諸功臣不遵守。雖先塋碑碣亦不樹立。最甚無如藍玉。房屋家奴人至數百。馬坊廊房皆用九五間數。營店舍宅垣中招集百工。與爲市易。心欲背朝廷爲亂。夫自古賢人君子。一心公朝。念所食祿不耕不蠶。坐享民供。又敢興販。與之爭利。今我文武臣。往往不屬厭。使子弟奴僕家人。坐賈行商。至出外倚勢中鹽。越資攙次。撓法多端。今命翰林酌唐宋制。定墳塋碑碣丈尺房屋間架。及食祿之家興販禁例。編類成書。永遵守之。嗚呼。敬聽朕言。聿求多福。

討永寧土賊及瀧水縣叛蠻。

己亥。月食于井。

丙午。定鎮國將軍與公侯駙馬伯文武官相見禮及出入稱呼之制。

永州知府余彥誠。齊東知縣鄭敏。定遠知縣高斗南。儀眞知縣康彥民。岳池知縣王佐。安肅知縣范志遠。當塗知縣孟廉。縣丞趙森。懷寧縣丞蘇益。休寧縣丞甘鏞。皆坐事逮獄。各耆民詣闕稱善政。上並嘉之。賜襲衣靴鈔遣還。仍賜耆民道費。

順寧府土酋阿羅叛伏誅。

五星紊度。

丁丑洪武三十年

正月戊申朔。命禮部諭朝鮮。勿用狂生撰表箋搆禍。

丙辰。長興侯耿炳文爲征西將軍總兵官。武定侯郭英副之。選精鋭步騎于陝西甘肅以備胡。

乙丑。敕肅王楧。曰古者兵出于農。有寇則戰。無事則耕。春氣方和。宜及時督軍屯種。遇有征伐。親率精兵與長興侯耿炳文進討。

沔陽吏高福興及民人田九成搆亂。敕耿炳文郭英兵討之。

復敕秦王尚炳治備。

丁卯。置行太僕寺于山西北平陝西甘肅遼東。

沔賊入略陽。殺知縣呂昌。焚徽州。殺學正顏叔彬。

辛未。左春坊司諫袁實言三事。曰歲貢經學未明。曰太學房舍未備。曰侍衛將軍宜識書知禮義。上納之。

左都督楊文往遼東練兵屯田。

城開平衞。

壬申。初置雲南按察司。

除黃河兩岸魚課。

癸酉。御史劉觀景清司中署左僉都御史。刑部主事鄧文鑑署右僉都御史。俱半俸。署通政司事翰林編修馬京進左通政。監生王鐸張翼爲左右參議。

丁丑。遣使諭別失八里國王黑的兒火者。先是□部主事寬徹等使哈梅里別失八里。及徹至別失八里被留。副使二人得還。

己卯。改禮儀司爲鴻臚寺。太常光祿二司爲寺。

詔郡縣貸預備倉于貧民。

翰林修撰張信爲侍讀。編修戴德彝爲侍講。諭曰。唐陸贄崔羣李絳之徒。雖在翰林。皆嘗正言讜論。以益時而聞後。爾其勉之。

頒爲政要錄。其書十三則。載文武官屬體統及僉書案牘次第。軍士月給廩餼。與宿衞之禁。屯田之政。

二月朔丙戌。朝鮮國王李旦入貢謝恩。仍戒諭之。

遷江西貧民于武陵等縣耕種。

丁酉。以朵甘烏思藏長河西等番以馬易茶。令發四川官軍于松潘碉門黎雅河州臨洮各關隘巡徼。禁私販。

己亥。命靖江王世子贊儀往省晉王及燕周楚齊代肅遼慶谷秦諸王。欲其展親習勞也。

甲辰。行人陳誠呂讓還自安南。卻其贐。陳日焜移咨戶部曰。丘溫如嶅慶淵脫五縣。自昔供輸下國。而洞登乃淵縣之地。天使孔道思明府馮祥人每歲與下國淵縣人交騎。置于馮祥界坡羅唯關。今思明人乃謂下國于洞登立站侵占。何戾也。所以建室舍。蓋上司有把截過界之命。稍戢便吏宿耳。已乃復撤。何預于侵。又謂元時大軍再捕交。回軍設永平寨。責交人助餉。竊考元帥再伐。多不利歸。史雖諱不詳。然至鎮南王則曰。王在內傍闕。賊兵大集。以遏歸師。王遂由單巴縣趨盝州間道出。觀此則軍勢可知。歸路夐辨。豈有回軍永平而設寨以守。又責交人助餉者哉。又謂下國越銅柱二百餘里。侵其所屬丘溫等五縣者。計銅柱初立時至今千三百五十餘年。陵谷遷變。誰復能辨。又謂因前王官失于申明。作襲收職書圖具呈。及以建武志爲說。豈有廣城之高曾祖父不識古事。識古事乃在廣成耶。下國與思明接境。思明之人往往侵田土。殺掠人畜。下國僻在荒裔。無所告愬。思明狃小獲。乃圖大利。而誣至此。下國因畏罪自反不暇。何敢有侵乎哉。唯聖天子一視同仁。敢傾心陳訴焉。敢逃罪。廷臣以其抗命當討。上曰。蠻夷相爭。古有之。彼恃頑不服。當取禍耳。毋動。

命禮部檄諭河西酋長月魯帖木兒買哈剌等。

辛亥。白虹亙天貫日。

三月癸丑朔。策貢士宋琮等五十八人于奉天殿。賜陳䢿尹昌隆劉謬等進士及第出身有差。

討廣東蠻寇李敬宗等平之。

定令吏典史巾服。

癸亥。遣駙馬都尉謝達諭蜀王椿曰。制夷狄之道。當賤其所有。貴其所無。秦蜀茶自碉門黎雅抵朵甘烏思藏五千餘里。皆不可無。前代重之。非以專利也。我國家榷茶。本資易馬。今惟易紅纓等物。蓋因邊吏不譏。私販出境。茶爲夷賤。夫使番夷坐收其利。而馬入中國少。豈所以制之哉。其諭布政都司嚴禁焉。

諭禮部以打煎爐長河西土酋未歸。招諭之。

甲子。鈔法阻滯。禁民間金銀貿易。

征南將軍顧成擊水西蠻寇。破之。

刑部署尚書夏恕都察院署左僉都御史司中等請加反逆夷三族法。不許。

庚辰。古州上林洞蠻林寬作亂。攻陷龍里千戶所。千戶全椒吳德鎮撫盱眙井孚力戰死。贈德指揮僉事。孚正千戶。子各襲職。命都指揮齊讓爲總兵官。平蠻將軍都指揮吳勉指揮宋福爲左右參將。率湖廣兵征之。號二十萬。

壬午。曹國公李景隆齎金牌勘合直抵西番。給之爲符契。以絕奸欺。

熒惑入太微。敕楚王曰。太微居翼軫。楚分野也。太微爲天廷。五星無故不入。入則災必甚焉。且五星徑入而東往。猶之西也。今順入而逆出。已八十日矣。在內廷十日。占有妨君者。有妨后者。有妨相者。矧八十日乎。爾冢子悼簡王忽疾逝。天象豈虛應哉。

四月癸未朔。甲申。申百官相見禮及司屬稟踞之式。

乙酉。敕晉王燕王修邊十事。

申禁海外互市。

戊子。市馬西番。

古州蠻犯平茶千戶所。千戶紀達擊破之。

辛卯。敕燕王曰。玉井天城。皆西北要地。非堅城深池。莫能守之。山西軍已城玉井。宜令北平軍往城天城。

敕晉王燕王曰。近占天象。胡當寇邊。朕度人事。前秋山西塞外降胡。逃歸嶺北。數人居山西八年。豈不以中國虛實。告之胡人。其令都司行都司。簡騎卒或三萬。或二萬。常兼步卒數萬。每騎五百。領以一將。分爲五隊。隊領一戰將。五將咸聽一將之令。步兵亦如之。與騎夾攻。我馬雖少。步卒則多。彼無步卒。來可戰矣。

丙申。刑科給事中張思恭爲刑部右侍郎。或夜賂思恭金。卻之。其人委而去。詰旦。思恭以聞。上嘉其守。擢之。

癸巳。戶部上富民名籍。田七頃以上上爲差。藏籍印綬監。以次召至。量才用之。

定考覈署事官監生等第及武官從人額數。

丁酉。罷所在鐵冶。

壬寅。平水西蠻。

御史嚴震直爲右都御史。前刑部尚書楊靖爲左都御史。

五月壬子朔。日食。

甲寅。議定贖罪事例。

大明律誥成。罷除即位以來禁例榜文。

懷寧縣丞蘇益坐逮縣人。乞留。復之。

乙卯。敕楚王楨征古州蠻。湘王柏副之。

郭子章曰。銅鼓所西有十萬坪。相傳楚王駐兵處。嗟乎。楚湘二王。帝子也。不難深入林箐。破苗賊。播州之役。諸大將觀望首鼠。天下有事。安得令若輩如二王耶。

庚申。夜大星入紫微垣。二小星隨之。至游氣中沒。

壬戌。朝鮮貢馬謝恩。以非時且無故而謝。卻之。

丙寅。徙山西民墾山東曠土。給復四年。

己巳。敕晉燕代遼寧谷六王曰。驗之歷代。天象若此者。邊戍不寧。雖非今應。二三歲間。灼有寇者。胡馬計有十萬。爾等所守地方不下六千里。聚會爲難。每處軍馬多者一二萬而已。吾老矣。精力衰微。籌慮多艱。爾等藩屏朔土。安危亦繫。吾今與爾謀。各守分地。胡若入寇。且無與戰。或入壁壘。或據險隘。夾以步兵深伏待之。彼見不戰。必抄掠四出。俟其驕騁。隊伍怠散。邀截要道。破之必矣。若一見輒輕赴。必且失利。不可不審。

晉王燕王出塞。敕曰。今塞草豐茂。山後地高。夏無酷暑。宜留心防禦。上天垂象。不可刻寧。訓練士馬。控弦備之。

中軍都督僉事陳信築遼府于廣寧。仍諭謹備朝鮮。

己卯。天下講讀師生來朝者十九萬三千四百餘人。並賜鈔遣還。

庚辰。赦當塗知縣孟廉縣丞趙霖復職。部民保其勤廉也。

六月辟朔。再策下第貢士于奉天殿。初禮闈斥落多北士。口語藉藉。上命儒臣覆試。得六十一人。于是更廷對。賜韓克忠王恕焦勝等進士及第出身有差。于是前會試主考翰林學士劉三吾。吉府紀善白信蹈。同考官侍讀張信。贊善王俊華。司直郎張謙。校書嚴叔載。正字董貫。長史黃章。紀善周衡蕭楫及陳郊。皆下獄論死。謂三吾信蹈藍黨。餘皆胡黨。磔于市。三吾以老戍邊。翰林修撰陳郊編修劉諤流戍廣。後召郊除司賓司儀署丞。伏法。
蓋郊善星曆。初計偕語人曰。文星見閩分。榜首當在閩而不終。上故禁私習天文。及是人競傳郊語。見繆
談遷曰。有藍胡之黨。得借以譖考官。景泰間王文陳循輒引劉三吾事排詆主司。蓋未知其繇也。
黃佐曰。予聞之故老。多言國初草昧時。官民冠冕衣服之制。皆出自三吾。可謂有制作才矣。不獨擅華國之
文而已也。論者又謂三吾文章不如宋濂。而渾厚過之。先見不如劉基。而質直過之。勇退不如詹同。而事功
過之。語曰。尺有所短。寸有所長。信哉。
何喬遠曰。宋濂詹同而後。上待諸臣益肅。諸臣兢兢救過不暇。劉三吾雖才不逮前人。然當時推文學矣。
立政平訟理二牖論四。引至承天門。奏當者行人持訟理牖傳諭。無罪者持政平牖傳釋之。
乙酉。進士韓克忠爲翰林修撰。王恕焦勝爲編修。行人司副陳繼善行人陳誠爲檢討。
庚寅。靖州洞蠻作亂。命顧成討之。許五月召還。
丁亥。敕楚王湘王曰。前命爾兄弟七月廿日以前進勦洞蠻。今占天象。太白七月三日伏。兵未可行。十月二十
五日當夕見西方。太白出高。深入者勝。用兵當知也。指揮齊讓已壓蠻境。即遣語之。今且嚴備。俟太白出後併
力討之。生擒蠻人。切勿輕殺。兵非殃民。所以安之。
敕晉王燕王曰。知爾兄弟出開平數百里。統軍深入。古人論兵。知彼知己。若能知彼。不能知己。不勝無凶。既不
知己。又不知彼。凶莫甚焉。自遼東至甘肅。東西六千餘里。我可戰馬僅十萬。京師河南山東雖云有馬。猝戰難
集。苟事之急。北平口外馬不過二萬而已。胡人良馬。動計十萬。折衝鏖戰。雖古名將。亦或難之。所以算我馬數
必欲知己。縱有步軍。不可追北。但可夾軍馬助聲勢。今爾等率數千馬。離開平三四百里。無輕騎遠堠。駐曠塞
中。設胡兵數萬。晝潛夜行。隱柳藏荻。猝然相遇。何以制之。即欲縱轡疾馳。奈軍士何。夫吾馬數既少。全仰步軍。

止可常附城壘去城二三十里。往來屯駐。遠斥堠。謹烽燧。設信砲。若猝有急。一時可知。萬一不測。可固守待援。今不深思熟慮。提兵遠行。其不遇敵。則僥倖耳。噫。吾起寒微。因天下亂。不得已入行伍中。不二年。從者如雲。猶且聽命諸雄。又二年。帥將士東渡建業。秣馬厲兵。以觀事變。其時諸雄皆放恣無籍之徒。元不能馭。乃命中山開平總兵四征。與之並驅。又不十數年。乃殄滅之。以有天下。當並驅時。張士誠稱王于姑蘇。陳友定扼險于八閩。方谷珍擅命于甌越。杜遵道劉太保僭亂于中原。徐壽輝陳友諒相繼僭號于江漢。元義兵李察罕輩奮起河洛。劉太保莫能與敵。梁地遂平。察罕之兵。徑入齊魯。滅亂雄毛氏之類。渠帥雖能嬰城固守。及與拒戰。所在敗北。察罕驕盈狂詐。卒殞敵手。其甥王保保率兵。一切作爲。蹈勇乏謀。不能服衆。以致部下聲言效忠朝廷。請命加誅。從是元內外釁生。朕觀其機。發兵討之。兵渡江淮。長驅齊魯。席卷河南。遂入潼關。復遣大將由鄴趨眞定。營通州。元君棄城北歸。晉冀關中相繼底平。不三年而天下一統。噫。吾用兵一世。指揮諸將。未嘗敗北。正欲養銳。觀胡之變。夫何諸將日請深入。不免疲兵和林。此蓋輕信無謀。致傷生靈。所以爾兄弟提兵遠行。吾甚慮之。自古及今。胡虜患中國久矣。歷代守邊。先謀爲急。吾于北鄙。尤加繫心。爾聽吾訓。能明事勢。無少懈幾。雖未必勝。亦不爲患。

談遷曰。高皇帝睿算周悉于兵事。尤愼。其惓惓諸藩。蓋各以神武之業望之矣。噫。古人封建。大僅百里。今諸王享千里之奉。護衞外又節制數萬衆。文武大吏俱俛首請命。旣尊而威。易世之後。柔則我玩。强則我抗。雖英君誼辟。未能咏蓼蕭之章。櫜虎皮之事也。況建文帝之優游不斷者乎。漢初慮匈奴。而高祖一晏駕。遽有產祿之變。明初憂和林。而孝陵之抔土未乾。涿鹿之戰繼之。原其萌蘖。則諸王專兵長驅出塞。千慮一失。所繫匪小也。

駙馬都尉歐陽倫賜死。時禁私茶。倫檄陝西布政司起車五十輛。販茶河州。倫家人周保縱暴。驅迫有司。爲蘭縣河橋巡檢司吏所發。上怒。並布政司官論死。沒其茶。敕勞巡檢司吏。

談遷曰。外戚干禁。罪無所逭。然誅周保等。奪倫爵。布衣就第。亦罰之宜也。遽賜灰釘之命。將置長主于何地。帝晚益振厲。刑威黷矣。夫私茶與謀逆孰重。倫不良死。李祺謫江浦。順逆殊軌。生死異法。未敢謂得其平也。

七月庚戌朔。置都知監。掌內府各監事。秩正四品。

癸丑。命御史裴承祖張亨聞良輔李昇鮑正康鸞楊直林山松王中等十人同署都察院事。

丁巳。左都御史楊靖賜死。靖山陽人。洪武乙丑進士。自庶吉士試事吏科。歷戶刑部尚書。明敏有識。善敷奏。上最任之。至是鄉人繫獄。家人擊登聞鼓上狀。靖稍改刪。為御史所劾。不問而言官論之不已。故賜死。

甲子。太常寺丞張顯宗署國子祭酒事。翰林修撰韓克忠署司業。行人匡顯鄧彥質蔣祺張庸許子謨周鐸王禮署助教。

上諭兵部曰。守邊將其初皆能戡禍定亂。後乃罔嚴禦虜。但逐財貨。如甘肅西涼守將宋晟莊得張文傑等。多獲夷馬。牧于塞上。以所擄胡為奴。待如親屬。不思一旦變生。不掠羣馬去耶。其令自今毋奴胡人。毋私鬻所畜馬。欲用財則入馬官買之。征討之日。分給騎士。損者償馬之直。

丙寅。上諭羣臣曰。人不能無過。平心自知矣。其心本公。為事或繆。此則局識致差。若緣私而戾。故為耳。此君子小人之辨也。然君子之過。雖微必彰。小人之過。雖大勿形。蓋君子直道而行。小人巧于修飾。人君不察。品且莫辨。又曰。朕觀往昔議論于廷。有忤主意。必君子也。其或順從。必小人也。忤而怒之。順而悅之。小人得幸。君子斥矣。人主進退。當取衆論焉。

己巳。申明學規教條。

壬申。致仕兵部尚書兼太子少保唐鐸卒。鐸鳳陽人。初從軍。授西安縣丞。召除中書省管勾。出守延平。三年拜殿中侍御史。復守紹興。歷刑兵部尚書。重厚愼密。上悅甚。作大誥。舉鐸及詹徽曰。天下忌徽剛。則謗訕滿朝。謂鐸德而愚之矣。其眷遇竟上之世。年六十九歸。其喪贈䘏甚渥。

談遷曰。史稱鐸重厚愼密。夫方高帝時。軼才異能之士。接跡于朝。似重厚愼密。無所用之也。乃旅貴旅刑。如楊憲淩說高見賢夏煜開濟詹徽秦逵楊靖。並以幹局稱。無一免者。而鐸保其牖下。非德餘于才耶。周勃厚重少文。卒安社稷。鐸亦類之矣。

編定郡縣糧長。

丙子。上聞山海衞指揮黃祐以罪調開平。屬校各鬻馬騾從行。命罪祐。逮鬻者。

敕曹國公李景隆爲征虜大將軍。練兵河南。

八月朔辛巳。黔陽辰溪等蠻作亂。敕楚王楨以二萬四千餘人從護軍與都督湯醴甯忠往征之。

丙戌。楚王請軍餉。上敕讓之曰。兵止一隅。欲糧三十萬石。可媿也。況三十萬在靖州。備銅鼓立衞。五開缺食。不可輕費。爾兄弟兵十餘萬。不卽撲滅。九月間當別使大軍進討。

丁亥。河決開封城。命作倉庫于滎陽高阜。

己丑。右都御史嚴震直爲工部尚書。

義門鄭沂爲禮部尙書。稅戶人材湯行爲吏部右侍郎。嚴奇良爲戶部左侍郎。潘長壽爲右僉都御史。王聰丘顯爲左右通政。沈成盛任爲湖廣山東左布政使。

丙申。禮部言番使絕販。命諭瓜哇國。恐三佛齊阻之。移檄暹羅假道至瓜哇。以三佛齊屬瓜哇也。

癸酉。勦四川鹽井叛酋。

丁未。諭在外諸王不得私有興作。

吏部尚書杜澤請取用登名富民。詔先用山東河南淮東。

戊申。平羌將軍都指揮齊讓討古州叛蠻。留所降于營。敕曰。元時蠻叛詐降。路其平章左右。遂厚待之。夜劫平章以去。閹而奴之。覆轍可戒。如來降。宜散其衆。收其械。爾其愼之。

九月庚戌朔。沔賊高福興伏誅。

辛亥。令天下里置木鐸。以老人持鐸徇于路。曰孝順父母。尊敬長上。和睦鄉里。教訓子孫。各安生理。毋作非爲。又村置鼓。農月晨而鼓之。鼓鳴衆集。及時力種。老人督其怠者。婚喪隨助。

癸亥。敕楚王湘王築銅鼓城。立衛。鎭遠淸浪偏橋五開銅鼓瞿塘六衛。置在川貴境。而湖廣都司遙領之。

戊辰。麓川刁幹孟逐其宣慰使思倫發。走雲南。西平侯送至京師。

蠻攻黎平千戶所。齊讓遣大校往援。遇賊潮門橋。戰勿利。還鬬。死者千餘人。蠻乘勝躡至鐵爐坡。不復退。遂據高壁自寧溪抵銅鼓一帶山箐間。列柵扼險。令人馳奏。

乙亥。平羌將軍都指揮齊讓討古州苗無功。命右都督楊文爲征南前將軍。右軍都督同知韓觀副之。錦衣衛指揮使何淸鳳陽衛指揮使宋忠爲左右參將。復命都督顧成以貴州兵往。敕文等用兵以嚴明爲務。賞罰當功罪。官軍入山追捕。日可行十五里。十里。或二十里。暮卽歸營。如此則寇不得恣其狙詐。若五開蠻連搆。卽命征南將軍顧成同勦之。其安陸侯吳傑江陰侯吳高以事獲罪。可與步騎四三千。俾之立功。甯都督湯都督嘗佐楚湘二王駐黔陽辰溪。亦令從征。宋都督劉都督可與軍一二萬。俾自當一路。仍檄思州宣慰司土官轉餉。

十月己卯朔。癸未。詔折徵天下逋租。乃寬估直。

乙酉。平羌將軍齊讓械蠻酋林寬入京。上謂寬等庸人。諭楊文索其主使。

戊子。以遼餉頗裕。停海運。令本衛屯田自給。

乙未。重建國子監孔廟成。

裁涼州鹽課司。

詔禮部。令朝鮮三年一朝貢。復以表語涉譏訕。拘留其使。

十一月丙朔。御史裴承祖奏武定侯郭英多養家奴百五十人。擅殺男女五人。被劾宥之。

都督僉事徐凱討叛酋賈哈剌。

丙辰。上御奉天門。見侯家子爲散騎舍人衣甚麗。問其直。曰。五百緡。曰。此上農歲入也。而曹不織而衣。作法于涼。災及爾身。何日之有。

癸亥。夜月食。

癸酉。西平侯沐春爲征南前將軍。左軍都督何福徐凱爲左右副將軍。率川雲兵討刁幹孟。

鳳翔侯張龍卒。龍鳳陽人。累功都督僉事。從西平侯討西番洮州戎。封子麟尙福淸公主。竟除。

甲戌。齊讓至京。坐逗留伏誅。

十二月丙朔。癸未。上不豫。廷臣數問安。敕曰。比失調受疾。卿等頻問候。禮也。堯舜禹湯文武之世。皐夔稷契伊傅周召爲之臣。其有志匡王一也。朕以此示卿等。宜竭忠修職。副朕至懷。

乙巳。遣思倫發還雲南。

曹國公李景隆還自西番。

戊寅洪武三十一年

正月丙朔。乙丑。諭戶部督山東河南民屯種。仍籍其耕穫之數以聞。

暫開鐵冶一年。
二月戠朔定吏員出身事例。
庚寅設學于虎踞關選儒士。
倭掠山東擊敗之。
再試寄監下第貢士次第授敎官其殿者八十餘人並除州吏目。
癸巳命監察御史裴承祖署浙江按察僉事。
丁酉倭寇浙東詔發兵出海追捕。
總兵顧成再討水西蠻。
庚子西平侯沐春奏麓川刁幹孟求入貢命姑許之伺變進師。
楊文討古州蠻平之召還先是十月兵至沅州伐山開路二百餘里抵天柱貴州都指揮程暹亦至遂涉苗境營小坪而偏師別由渠陽零溪西南山徑銜枚夜發犄角以進文等直抵洪州泊里福祿永從諸洞寨分道夾攻大破之擒馘凡二萬一千五百餘人顧成亦勦平臻部六洞螃蟹天柱天堂大坪小坪諸寇。
郭子章曰古州八萬諸苗卽今之黎平苗也洪武五年吳襄烈征之十八年傾楚王湯信國之兵至三十萬二十年越嶲侯俞通淵又征之三十年楚王湘王帥都督楊文韓觀俘斬二萬餘級豈眞三苗五谿之裔耶何反覆叵測也。
甲辰都督僉事徐凱擒叛酋貢哈剌至京師誅之哈剌麼岁土豪也來降授指揮尋同月魯帖本兒叛據卜木瓦寨險絕臨大江湍急不可舟惟尺道通人跡故屢攻見扼至是絕其汲道始蹙敗之。
三月帧朔定武官子弟十五歲方許承襲外衞者十歲。

己酉。琉球國中山王察度入貢。
丙辰。學官得除傍近郡縣。
己未。晉王棡薨。謚曰恭。葬地限八百畝。
丙寅。戶部尙書郁新等榜示敎民。戶婚田土鬬毆事。本里老人斷決。
四月丁丑朔。罷回回欽天監。
庚辰。五府兵部請討朝鮮。不許。令禮部詰問。
敕燕王曰。塞烽數警。虜詐也。欲誘我出。縱伏邀之。其令毋近烽處。卽望遠亦須去三千許里。此秋或有虜騎南行。不寇大寧。卽襲開平。度其人馬不下數萬。可調都指揮莊得張文傑于西涼。召劉眞宋晟二都督于開平。召武定侯郭英等于遼東。會兵一處。急出遼王及北平山西都司護衛軍馬。以步軍十五萬。布陣而待。令英眞晟翼左。得文傑翼右。爾與代遼寧谷五王居中。彼此相護。首精而外銳。
復設衛經歷。
刑部侍郎暴昭言事稱旨。進都察院右都御史。
己丑。上享太廟。畢。步自門。指桐梓謂侍臣曰。往年植此。不覺成林。鳳陽陵樹。當亦似此。因感愴泣下。
立晉世子濟熺爲晉王。
天策衛經歷周璿爲左僉都御史。龍江衛經歷黃福羽林衛經歷邊昇爲工部左右侍郎。俱言事稱旨。
敕燕王曰。周天下治矣。周公猶告成王曰。詰爾戎兵。今雖無事。天象示戒。可不防乎。朕諸子汝獨才智。秦晉已薨。繄汝爲長。攘外安內。非汝其誰。已命楊文郭英兼總諸軍。聽爾節制。爾其統率諸王。相機度勢。防邊乂民。以答天心。以副吾意。

五月朾朔。西平侯沐春進兵平緬。先導思倫發于金齒。遣何福瞿能等以五千人擣南甸。大破之。還擊景罕寨。不下。我食盡。福等告急。春帥五百騎往。且渡怒江。馳騎揚塵蔽天。克其寨。刁幹孟乞降。乘勝破崆峒寨。春有疾。命何福代之。擒刁幹孟以歸。思倫發還平緬。踰年卒。

庚戌。開四川南部蓮花鹽井。

甲寅。上不豫。

丙辰。四川平茶洞長官司楊欣來朝。

戊午。敕左軍都督楊文率北平兩都司並燕谷寧三護衞從燕王參贊。又命武定侯郭英都督劉眞以遼府護衞遼東都司悉聽節制。

置山東都指揮使。

齊泰爲兵部左侍郎。上嘗問邊將。泰悉對無失。嘗欲考圖籍。泰袖出所手錄以進。上大重之。

戶部尙書郁新奏山西民徙耕山東已三年。當照民田徵租。上命再復一年。

四川蠻叛。平之。

閏五月丙子朔。乙酉。上崩于西宮。上素少疾。及疾作。臨朝決事如故。皇太孫侍湯藥甚謹。親扶掖。雖穢褻必躬以進。深夜侍衞。或寢呼太孫。卽唯。目不交睫。形至骨立。大漸。諭曰。燕王不可不慮。齊泰受顧命。壽七十一。遺詔曰。朕受皇天之命。膺大任于世。定禍亂而偃兵。安生民于市野。謹撫馭以膺天命。三十一年。憂危積心。克勤不怠。專有意于民。奈何起自寒微。無古人博智。好善惡惡。過不及多矣。今年七十一。筋力衰微。朝夕危懼。惟恐不終。今得萬物自然之理。其奚哀念之有。皇太孫允炆仁明孝友。天下歸心。宜登大位。以勤民政。葬祭之儀。一如漢文帝。孝陵山川因其故。無改。諸王臨國中。毋得至京。王國所在文武吏士聽朝廷節制。惟護衞官軍聽王。諸不在令中者。推此令從事。

史臣曰。上以天縱之資。起自田里。遂成大業。當是時。元政陵夷。豪傑並起。大者竊據稱尊。小者連數城邑。皆恣爲殘虐。靡斁生民。天下大亂極矣。上在民間。憫焉傷之。已而爲衆所推戴。不得已起義兵。卽條法令。明約束。務以安輯爲事。故所至撫定。民咸安堵。十餘年間。盪滌羣雄。戡定禍亂。平一天下。雖曰天命人歸。要亦神武不殺之所致也。卽位之初。稽古禮文。制禮作樂。修明典章。興廢舉墜。定郊祀。建學校。尊孔子。崇儒術。育賢才。註洪範。敍九疇。罷斥異端。表章經籍。正百神之號。嚴祭祀之典。察天文。推曆數。定封建。謹法律。愼賞罰。撫四夷。海外遠方。皆遣子入學。南極炎徼。北逾冰壤。東西際日月之所出沒。罔不率服。昧爽臨朝。日晏忘飡。虛心請問。從善如流。神謀睿斷。昭見萬里。退朝之暇。卽延接儒臣。講論經典。取古帝王嘉言善行。書置殿廡。出入省觀。斥侈靡。絕游幸。却異味。罷膳樂。泊然無所好。敦行儉樸。以身爲天下先。凡詔誥命令。詞皆自製。淳厚簡古。洞達物情。戒諭臣下。動引經史。諄切懇至。聽者感動。訓勅子孫臣庶。具有成書。詔法萬世。謹宮壼之政。嚴宦寺之防。杜外戚之謁。而家法尤正。紀綱法度。彰彰明備。至于禮先代。罷獻俘。尊高年。褒孝弟。勵農桑。蠲逋負。宥死刑。焚獄具。旌廉能。斥貪酷。摧奸暴。佑良善。寬仁愛人。專務德化。是以身致太平。三十餘年。民安其業。吏稱其職。海內殷富。諸祥之物。莫不畢至。功德文章。巍然煥然。過古遠矣。傳稱唐虞禪。夏后殷周繼。然成湯革夏。乃資亳衆。武王伐商。爰賴西師。至于漢高。雖起徒步。尙藉亭長。徒衆所附。上不階寸土一民。呼吸響應。以有天下。方冊所載。未之有也。嗚呼盛矣哉。

謝鐸曰。太祖有度越歷代者五事。攘克夷狄。收復諸夏也。肇基南服。統一天下也。威加勝國。鋒刃不交也。躬自創業。臨御最久也。申明祖訓。家法最嚴也。

王世貞曰。漢高帝之功。勝湯武矣。桀紂虐痡其國人。不能徧四夷也。明高帝之功。勝舜禹矣。洪水災而居食廢。人猶人也。故夫漢高之功。一世功也。高帝之功。萬世功也。於乎休哉。

陳于陛曰。太祖雖得天下易于漢高。而經理太平之業。幾百倍有三焉。其一高祖不數年而卒。太祖三十年。纖悉具備。無以加矣。其二漢高雖承秦火。大抵因襲秦敝。太祖掃胡元而復帝王之制。其三高祖猶有諸臣。太祖無輔相。自聖心神畫者獨多也。

李維楨曰。有以匹夫得天下者。未有以江左一天下者。有以中華乘夷狄者。未有中華胥爲夷狄。而能驅除之者。匹夫起江左。用夏變夷。身創之十年。身守之三十年。其法罣牢而制之。若制子孫垂三百年。偉哉高帝之爲烈也。萬世一人矣。孔子論三代之道。殷人先罰而後賞。傳聞洪武時。吏民不寒而栗。奸怪之屬莫不返懿。倘所謂由商政者耶。

何喬遠曰。仲尼聖湯武。豈不以救民哉。至其慚德。不逮漢高。高帝所由起與漢高同。抑不似其爲秦亭長。至神武謨算文學之長。不啻過之。若夫兢兢業業。不少寧荒。雖二帝三王所稱。蔑以加矣。

談遷曰。方帝之微時。視雷澤芒碭尤困矣。一餐之德。猶若終身。及應運拔興。宰割天下。不異夙習者。非神解天授。曷克勝此任乎。功德隆洽。綱舉目張。漢唐以下所未逮也。重典刑亂。至移之功臣大吏。市血陳殷。殆同秦隋。而天下寧謐。奸盜惕息。則愛民之心。天地百神。深爲諒之。國祚靈長。職此故也。實錄于末命特持符召燕王。建文用事者矯詔卻還之淮安。疾劇。上問第四子來未。此永樂時飾說也。先是敕燕王備虜。蓋無一日忘者。寧溺愛啓嫌于諸王哉。淺之乎窺高皇矣。

國榷卷十一

惠宗嗣天章通誠懿淵恭覲文揚武克仁篤孝讓皇帝。御諱允炆。太祖高皇帝之孫。懿文皇太子子也。繼妃呂氏出。洪武丁巳十一月己卯生。性慈慧。幼卽孝友。好詩書及古典禮文章。庚午夏六月。懿文背癰痛甚。號呼不絕口。含泪撫摩。日夕不暫離。聞號呼惶惶若不欲生。親吮吸之。踰旬而愈。太祖聞之。召侍醫問狀。得其實。歎曰。有孫如此。朕復何憂。更二年。懿文疾甚薨。哭踊哀慕。事事如禮。水漿不沾口五日。太祖撫之曰。毁不滅性。禮也。而誠純孝。獨不念朕乎。始一啜糜。欲服喪三年。太祖不可。然三年間忘怒笑。屏牲醴。不樂不內。諸弟皆幼。躬撫育之甚悉。同寢食。隨事諄諭。太祖每聞輒喜。一日。臨其宮。兄弟四人並侍。命對曰。兄弟相懷本一身。卽應曰。祖孫繼體宜同德。太祖嘗御東角門。向羣臣泣。翰林院學士劉三吾曰。皇嫡長孫富于春秋。請早定大計。壬申九月庚寅。立爲皇太孫。命禮部定親王相見禮。凡來朝。冕服見天子畢。次見東宮于文華殿。四拜坐受。始敍家人禮于後殿。王西向坐。太孫東向四拜。已敍坐。太孫中席南向。諸王列左右。而諸王並尊屬。多不悅。藩釁開矣。太祖嘗授以大明律。越數日成誦。因問名例之義。對曰。名者聖人勵世磨鈍。故生人大倫。名義爲重。名教爲例。庶幾刑罰之中。太祖曰。然。此書首刑圖。次八禮圖。但愚民無知。如本條下卽注寬恤。必易犯法。故以廣大好生之旨。總列名例律中。太孫曰。名例律中某則。覺嚴而不恕。帝曰。爾試改之。明日。呈五則。上甚善之。因改定七十三則。太祖聽政。怒輒誅僇。嘗朝退。太孫迎曰。何怒之深也。曰。遇奸惡不得不爾。太孫曰。上失道而後下犯法。得情勿喜。是或一道也。帝色解。明日。常州陳理以子弑父。訊于太孫。竟釋之。蓋父病踰歲。惧藥死。繼母憎而誣之。太祖覆按果然。又訊盜七人。其首則主人子。偶出莊。而佃客皆盜也。脅以刼商舟。不及首被獲。太祖問何以察其非諡。曰。周禮聽獄色聽爲先。尙書亦稱惟貌有稽。其人視聽端詳。寧諡乎。乙亥十月。册光祿寺卿馬全女爲妃。丙子十月晦子文奎生。太祖不懌曰。月日皆終。其不沒乎。建文末不知所終。戊寅閏五月乙酉。嗣位。壬午六月出奔。追廢爲庶人。萬曆乙未九月。命復建文年號。崇禎甲申七月。詔上尊諡。故帝紀如前例。

戊寅洪武三十一年

閏五月丙朔乙酉。太祖高皇帝遺詔皇太孫嗣皇帝位。太孫哭踊哀動左右。敕有司喪儀悉遵周禮。于是倣金縢遺制。前朝後殿左右角門及西宮內寢各設座十有一。久不御者。卽香湯洒掃之。陳祖訓于東直殿。設重器于西直殿。京官四品上朝服執鉞立諸陛上。日哭臨如禮。晝不飮勺水。夜不枕簟。先是太祖不豫。多暴怒譴僇甚衆。太孫躬侍嘗藥扶掖。唾壺溺器等。靡不手奉。容色愉婉。太祖氣漸平。多全宥。每深夜侍衞。酣寢有呼則應。終夕未交睫也。至是哀毀骨立。是日。諸大臣逆之大明門外。臣民望容聞慟。俱歎爲純孝。喁喁然有至德之思焉。

辛卯。皇太孫卽皇帝位。詔曰。天祐下民作之君。我皇太祖高皇帝統有萬邦。宵衣旰食。弘濟斯民。凡有益于天下者。無所不用其心。政教休明。規模宏遠。朕以眇躬。纂承大統。恭依遺詔。于洪武三十一年閏五月十六日卽皇帝位。夙夜祗懼。思所以克相上帝。以無忝皇祖之大命。永惟寬猛之宜。誕布維新之政。其以明年爲建文元年。大赦天下。於戲。德惟善政。政在養民。當遵先聖之言。期致雍熙之盛。百辟卿士。體朕至懷。

葬太祖高皇帝于孝陵。止諸王會葬。哭臨本國。所在吏民軍士。悉聽朝廷節制。燕王入臨。將至淮安。兵部左侍郎齊泰言于上。急敕還。

朱鷺曰。難端見矣。遺詔先之也。父死不奔喪。其何以令。敕符勒歸。重猜貳耳。曷益乎。若詔書未至而文皇先來。勿可止也。其不奉詔。亦勿可止也。

談遷曰。高皇賓天。七日卽葬。以方中俱備也。其止諸王會葬。遂爲永制。而讓皇獨見責于天下。何也。定行三年喪。初有司執例不可。上諭。先太子殂。欲終喪未果。今敢不如禮。有司曰。天子之孝。與庶人異。當念宗社生靈。安得循庶人之節。況遺詔在乎。諭曰。魏文帝胡人也。猶能守禮。況朕讀書知禮義。爾等不欲朕遵古。是謂吾君不能也。有司復曰。郊社宗廟祭不可久虛。又朝貢訟獄之繁。故漢文詔以日易月。歷代因之。遺詔諄諄。其慮甚遠。願陛下少抑至情。俛循衆請。復諭曰。朕非敢效古人諒闇不言也。郊社宗廟。朕將執紼而行事。朝貢獄訟。罔敢不親。但朝則麻冕麻裳。退則齊衰杖絰。食則饘粥。有何不可。不然。食稻衣錦。爾輩眞以爲安乎。羣臣曰。陛下勤政致哀。敢不惟命。遂上儀注。

甲午。定保舉法。命中外文臣五品以上及縣令。各舉賢才。毋問下僚布衣。非其人。連坐。

兵部左侍郞齊泰爲尙書。太常寺卿黃子澄兼翰林院學士。參軍務。泰受顧命。時諸王皆尊屬。擁兵專制。上以問子澄。對曰。諸王雖有三護衞。僅足自固。萬一有變。以六師臨之。誰其能支。漢七國非不强。卒底滅亡。小大强弱之勢不同。而順逆之理異也。上曰。善。同齊泰倚任。

八月㶓朔。甲辰。上太祖欽明啓運俊德成功統天大孝高皇帝。孝慈昭憲至仁文德承天順聖高皇后尊謚。

尊母呂氏爲皇太后。

中書舍人蹇義爲吏部右侍郞。戶部主事夏原吉爲右侍郞。

立孝陵衞。

革冗員。

初省州縣。

朱鷺曰。撫世馭民。代有機局。紹洪武後。而不知安靜以需至治。是失局也。建文帝志切養民。而所爲多戾。四年之間。今日省州。明日省縣。今日并衞。明日并所。今日更官制。明日更勳階。宮門殿門名題日新。雖以干戈倥傯。日不暇給。而曾不少休。一何擾也。傳曰。琴瑟不調。甚者乃解而更張之。當時甚乎。不甚乎。而樂此紛紛乎。是正學之過也。然在後世。民殘于多牧。祿糜于冗員。重以中官出使。道路驛騷。則汰官省邑。固亦有足采者。未可謂建文時臣畢竟非也。

丙午。日赤無光。

驛召漢中府敎授方孝孺爲翰林院博士。上素聞其賢。將大用之。爲當事所忌。授博士。尋遷侍講。

王紳爲國子監博士。待制王禕子。

釋黔卒及囚徒還鄉里。

平江知縣陳彥回入臨。給事中楊惟康薦其文學廉幹。爲徽州知府。

七月□□朔乙酉。召前河南布政司右參議董倫于雲南。爲禮部左侍郎兼翰林院學士。倫至。屢請親睦宗人。不聽。

詔行寬政。赦有罪。蠲逋租。

周府汝南王有爋。告其父橚及世子有燉反。會曹國公李景隆往訊。大索金寶。王不能應。坐罪執至。詔諸王議其罪。燕王請寬之。上欲且止。齊泰黃子澄曰。若然。婦人之仁耳。乃廢周王爲庶人。徙蒙化。置世子臨安。時齊泰黃子澄謀削藩。泰欲先燕。子澄曰。不然。燕猝難圖也。先取周。剪其翼。而周王亦自爲備。長史王翰屢諫不納。卽斷指佯狂去。至是官屬皆就理。翰竟無所坐。奉祠正周是修嘗諫王。調衡府紀善。敎授吉水黃金華。洪武戊辰進士。論死。

王世貞曰。有爋之訐父兄。虎狼虺蠆所不若也。而文皇待之如此。得無失刑而傷義乎。有爋以洪武二十三年生。僅十歲耳。卽世子以洪武二十二年生。亦十一歲。世子之不敢承反。固忠孝天性。非人所可測。而有爋十歲兒。豈便作此狡獪得非齊黃諸公欲以質成定王之罪。而使人誘其左右閹宦以告密之利。可以奪嫡纂父耶。將毋有㷀爲左右所誘刼而不能制耶。文皇是以諒而曲全之。然至宣德三年。世子紹位。新安王有熹僞爲兄反書號箭。約趙王舉事。趙王發之。上疑都指揮王友爲孽。捕治幾成大獄。亡何事露。乃知爲此事者有熹。而主謀者又有㷀也。于是俱削爵爲庶人。錮之西內。子孫俱幽死。固天道之好還。而虎狼虺蠆。生而殘毒險忮。要不可以童幼解也。

朱鷺曰。人臣無將。將則誅。然以手足骨肉之間。有異志。無叛徵。處之要自有道。太上默銷之。賈誼之衆建。主父偃之推恩是也。其次化諭之。至再至三而後加討焉。猶曰議親之辟。不可過也。跡周王已事。第不能兢兢祇愼守法。叛謀未布聞也。重以貪夫恣索。强坐不原。逼一王而諸王心戰。又可禁乎。相繼告變。攡龍爭卒成大故。伊誰咎也。大抵齊黃計躁于削國。而慮不能遠。正學志迂于法古。而目不見近。人事實誤。可謂盡天意耶。

丙申。六科定員都給事中。省左右給事中。

授張鳳等錦衣衛千戶世襲。皆西宮殉葬父兄也。

燕王簡壯士爲護衛。以周王得罪。益爲備。

八月□□朔乙巳。敕魏國公徐輝祖兼太子太傅。練兵山東。

國子監祭酒程師周言。諸生有三五年未歸省。宜令知本。從之。方孝孺亦言。近代文字好奇。三吳尤甚。因責祭酒第其高等。賜襲衣束帶歸省。

召王景彰于雲南。爲禮部右侍郎兼翰林侍講。

徵江西處士楊士奇。

庚戌。增國子監司業以學錄張智爲之。訓導鄒緝爲國子助教。

雲南右布政使陳迪爲禮部尙書。

詔興州營州開平等衞軍全家在伍者。分房回籍。天下各衞軍營放一人爲氓。

九月甲子朔。乙亥。征虜前將軍雲南總兵官西平侯沐春卒。春字景春。黔寧王英長子。少侍南征。身先士卒。癸亥還京。乙丑授後軍都督僉事。壬申嗣侯。鎭雲南。拓屯田三十餘萬畝。復流民五千餘戶。鑿鐵池河灌田甚廣。屢平緬甸東川越巂麓川之叛。百蠻震慴。沈毅果敢。明識絕倫。年六十六。遣祭。護喪還京。謚惠襄。

庚辰。裁各省左右布政使止布政使一人。

罷築銅鼓衞城。徵安陸侯吳傑還。

魏國公徐輝祖還自山東。

辛巳。增浙江江西湖廣福建山東山西河南陝西各布政司及揚州織染局大使副使。

壬午。臨江推官劉翼爲知府。

癸未。裁五軍都督府斷事。復設大理寺卿一。左右少卿寺丞各二。左右司正一。

丁亥。都督同知何福爲征虜將軍。總兵征百夷。都督僉事徐凱等從。

兵部尙書茹瑺爲吏部尙書。工部侍郎練子寧蹇義爲吏部左右侍郎。

己丑夜。長星西隕。聲如雷。

壬辰。增兵部武選職方司主事四員。

兵部左侍郎齊泰爲尙書。右侍郎劉儁爲左侍郎。郎中盧淵爲右侍郎。時兵科給事中王垣康健。兵部郎中潘行杜禹祁昭員外郎石朴張子眞。一云八月辛未。

辛卯。復設大理寺。

錦衣衛鎮撫試百戶散騎舍人張鳳李衡趙福張弼汪賓孫端王斌楊忠林良李成張敏劉政爲錦衣衛千百戶。世襲。皆孝陵殉葬宮人父兄也。

征虜將軍何福進兵金齒。

十月□□朔壬戌。戴元禮爲太醫院使。

熒惑守心。

十一月□□朔戊寅。召總兵左都督楊文還京。去年備禦開平。

前監察御史解縉入臨。謫河州衞吏。初太祖令歸學十年擢用。至是未及期也。

詔舉山東才德之士。

上偶感寒疾。視朝稍晏。監察御史尹昌隆曰。高皇帝雞鳴而起。昧爽而朝。未嘗日出臨百官。百官于是乎戒懼。故能庶績咸舉。天下乂安也。陛下嗣守大業。宜繩祖武。憂勤萬幾。今乃溺於晏安。日刻甚晏。猶未臨朝。羣臣宿衞。疲伺廢業。上下懈弛。臣恐播天下。傳四夷。非社稷福也。上曰。朕過矣。示其奏于天下。知朕不德。

代王桂如蜀。代王貪虐。而與蜀王同母。方孝孺請德化之。使法蜀王之賢。

齊府中人曾名深告變。徵齊王榑入京留之。

十二月辞朔。上省牲郊壇。明年將有事于南郊。駕往省牲滌器。嚴飭百官。是日還宮。

庚辰。吏部尚書茹瑺署河南布政司事。雲南左布政使張紞爲吏部尚書。

工部右侍郎張昺署北平布政司事。時諸藩不靖。議簡守臣有威望者。以昺往。

授楊士奇齊府審理副。

福建布政司左參政王鈍爲戶部尙書。

起鄭賜徒中。爲工部尙書。黃福爲右侍郎。

謝貴爲北平都指揮使時燕王稱疾不出。人言其有異志。故假備虜。遣貴及張昺偵禦之。

進士盧陵曾鳳韶爲監察御史。

流人盧陵劉有年爲太平知府。有年洪武中舉明經。拜御史。求歸養。謫通州。上儀禮十八篇。詔藏祕閣。及守郡。

持正尙法。革黠胥。去淫祠。釐蠹政。以儒術飾吏治。靖難不迎駕。戍雲南。後起交阯按察僉事。

右都督沐晟嗣西平侯。充總兵官。鎭守雲南。

進何福右軍都督同知。

燕府參軍事訓導康汝楫爲安岳知縣。

召宋懌還京。懌故翰林學士承旨濂之孫。從戍夔州。至是授翰林侍書。

承天門災。詔求直言。舉山林巖穴懷才抱德之士。

上虛心求治。聽諫訪逸。于是壽州訓導劉亨。崇仁訓導羅恢。皆言事。擢用。吉安知府朱仲智薦蕭用道。授靖江

府直史。蘇州知府姚善薦錢芹。授戶部司務。遼州知州王欽薦高巍。授前軍斷事。

都察院左僉都御史劉觀改嘉興知府。

命征南將軍總兵官何福都督顧成班師。先是遣成及副總兵都督宋晟韓觀征水西蠻。既平。仍令移師征五

開蠻。克獲甚衆。

詔曰。朕卽位來。小大之獄。務從寬減。獨賦稅未平。農民受困。其賜明歲天下田租之半。

己卯建文元年

正月辛酉朔。上南郊。奉太祖高皇帝配。先是戊寅。御奉天殿。誓百官。夕齋于文華。己卯。舍皇邸。庚辰子夜。脫舄行禮。昧爽。還朝受賀。翰林侍講方孝孺上郊祀頌。

詔養老。賜高年米絮帛有差。命官贖民鬻子。

癸未。改行都司昌州爲昌州長官司。普濟州爲普濟長官司。威龍州爲威龍長官司。

丁酉。遣使告卽位于天下神祇。國子司業張智詣闕里。

詔京省開科鄉試。

廢代王桂爲庶人。幽于大同。中府都督同知陳質發其陰事也。靖難後誅之。

百夷平。征蠻將軍總兵官何福等師還。

敕修太祖高皇帝實錄。禮部左右侍郎兼翰林院學士董倫王景彰爲總裁官。太常寺少卿廖昇翰林院侍講學士高遜志爲副總裁官。國子監博士王紳。漢中府教授胡子昭。齊府審理副楊士奇。崇仁訓導羅恢。雲南馬龍他郎甸長官司吏目程本立等纂修。

二月辛卯朔。癸卯。大理卿改太常卿。

增太僕寺官。

丙午。都督韓觀練兵德州。

己酉。令親王不得節制文武吏士。

庚戌。追尊皇考懿文皇太子爲孝康皇帝。廟號興宗。皇妣懿敬皇太子妃爲孝康皇后。

立妃馬氏爲皇后。封弟允熥吳王。允熞衡王。允熙徐王。詔曰。祖宗廟謚稱號。所以褒顯功德。薦之天下後世不宜諱。自今諱廟諱廟諡稱號勿諱。山林巖穴有才德廉能之士。有司以實聞。軍民年八十以上亡男女者。賜米一石。肉十斤。酒二斗。九十者加帛一。綿一斤。犯杖以上及嘗爲隸優者不與。鰥寡孤獨貧無告者。歲給米三石。親戚養之。亡親戚者。里鄰相收卹。田荒不可治者。除其賦。義夫節婦孝子順孫及同居五世以上者。有司以聞。不能嫁娶喪葬者。部伍鄰族相資助。民罹災者。速賑。軍中孤兒廢疾無養及老有代者。一體撫綏。還鄉自便者聽。前代兵後骸骨。春時掩埋。毋令其露。衞所軍戶絕者。除勿勾。

纂修官程本立爲左僉都御史。

立子文奎爲皇太子。

宗人府儀賓耿瓛進駙馬都尉。江都郡主進公主。瓛領前軍都督府。

魏國公徐輝祖曹國公李景隆加祿秩有差。

辛酉。廣東鹽課提舉司改廣東都轉運鹽使司。海北鹽課提舉司爲海北分司。

乙丑。革戶部刑部十二淸吏司。立戶部職民度支金帛倉庾四司。刑部立詳憲比議職門都官四司。

燕王棣來朝。絕馳道。登陛不拜。監察御史曾鳳韶侍班奏曰。諸王來朝。殿上宜主臣禮宮中宜家人禮。今燕王大不敬。當問。上不報。

己巳。天下提刑按察司改肅政按察司。分巡道改分司。革照磨所。

戶部左侍郎卓敬上言。燕王智慮絕人。酷似先帝。北平强幹之地。金元所由興也。宜及今徙封南昌。羽翼旣剪。變無從生。萬一有之。亦易控制。夫萌而未動者。幾也。量時而爲者。勢也。勢非至剛莫能斷。幾非至明莫能察。上曰。燕王至親。何及此。對曰。楊廣隋文非父子耶。帝王之孝在保安社稷。小節非所論也。上默然良久曰。卿休矣。朕方思之。事竟寢。

談遷曰。宗釁既開。猜望日甚。而燕王輕身試不測之地。雖逆知朝廷無人。亦豈眞有自全之策哉。不過伺間釋嫌。徼幸萬一耳。卓惟恭能伐其謀。陰絕禍本。而帝以優柔不斷。置之。其後寧王權國南昌。文皇百年外。宸濠犯順。不浹月而平。于是信惟恭之爲慮遠也。曲突徙薪。用之則爲碩畫。不用則爲眇論矣。惜哉。

駙馬都尉郭鎭卒。鎭武定侯英子。尚永嘉公主。

中軍都督僉事宋晟總兵鎭守甘肅。

免民賃舍錢。

命布政肅政二司官糾察屬吏。

戶部右侍郎夏原吉給事中徐思敬等二十四人充採訪使。巡行天下。問民瘼。課吏治。皆得便宜行之。

革松潘衞。

詔求賢自守令以上皆得薦舉。

三月□□朔。辛未。進各布政使秩正二品。堂上遞進一級。

革略陽縣。

丁丑。上釋奠太學。訖。御彝倫堂。賜師生幣鈔。

戊寅。裁應天鎭江常蘇松江鳳陽淮安杭紹與金華武昌荊黃衡長沙開封河南彰德懷慶南陽南昌臨江吉安袁撫西安延安濟南兗靑登萊東昌太原平陽大同北平大名成都重慶廣福各府檢校。

癸未。散騎舍人張成等七十一人爲沿海巡檢。

前監生傅以莊爲商河知縣。以莊舊名中。繫極刑家屬。除名。

丁亥。鴻臚寺及山西陝西甘肅行太僕寺主簿俱改典簿。

己丑。定廣惠庫舊鈔免進天財庫。就庫收放。立廣惠庫。

庚寅。仁化縣賊鍾均道降。均道作亂掠南韶。官軍討之。輒遁湖廣界。至是就撫。授本縣扶溪巡簡司巡簡。

辛卯。燕王還國。遣校尉徐安護行。燕世子高熾及弟高煦高燧留京師。

癸巳。京師地震。監察御史尹昌隆言大臣專政。陰盛陽微。譴見于天。忤時貴。貶福寧知縣。上曰。求直言而以直棄之。人將不食其餘。尋復之。昌隆還朝。又言節民力。謹嗜慾。勤政治。務正學數事。上嘉納之。

甲午。命參將宋忠屯兵北平。都督徐凱練兵臨清。耿瓛練兵山海關。忠至開平。徵邊兵三萬。選燕護衞之銳士隸麾下。遣護衞胡騎指揮關童等入京。永清左右衞軍調彰德順德。皆防燕也。

四月庚子朔。乙巳。更定官制。進六部尚書秩正一品。增左右侍中。位侍郎上。都察院設都御史副僉都御史各一。罷左右都御史。增左右補闕左右拾遺各一。

辛亥。裁烏撒軍民府同知推官知事。

乙卯。通政司改曰寺。使曰通政卿。左右通政曰左右少卿。左右參議曰左右寺丞。經歷司曰典簿。知事曰錄事。增左右補闕左右拾遺各一。

丙辰。分太常寺少卿寺丞爲左右。進寺丞秩正五品。分鴻臚寺少卿寺丞爲左右。進寺丞秩正六品。分陝西山西甘肅行太僕寺少卿寺丞爲左右。增典廐典牧二署。署轄二羣。曰驌騻十五羣。遂生三羣。

分光祿寺少卿寺丞爲左右。進少卿秩從四品。省署丞二。天壇祠祭署曰南郊祠祭署。泗州祠祭署曰泗濱祠祭署。宿州祠祭署曰新豐祠祭署。

增各省中布政使。復左右布政使。

朱鷺曰。官制祖周官。夫亦慕古盛意乎。獨不念高皇帝經理天下三十年。百度貞密。何者不折衷于周官。善法者師意何遽不如古而騷然變更乎。孔子稱孟莊子之孝。而獨難其不改臣若政。建文君臣何改之忍也。

癸亥。革考城柘城延津寧陵訓導。

丁卯。湘王柏有罪自焚國除。王母胡順妃。豫章侯美女。洪武戊午正月朔封。國荊州。讀書能韻。書法遒勁。篝燈警枕。囊尊自隨。開景玄閣。招延俊乂。被服儒雅。兼有神仙之氣。望之如玉山晴霞。而武力過人。有俠氣。先奉命數從楚王將兵有功。坐僞造寶鈔。虐殺人。上降敕切責。召之。王怒。焚其宮室。美人乘馬執弓。躍入火中死。年二十。謚曰戾。文皇改謚曰獻。置祠官守塚焉。

徐學謨曰。高皇帝用武功定天下。安不忘危。故遣諸臣親歷行陣。乃諸王亦各以韜鈐矜奮。克敵斬將。綽有父風。此嗣君猜忌之媒也。建文初疏離之禍起矣。賢如湘獻。宮廟爲燼。悲夫。

立鍾山祠祭署。設奉祠祠丞各一。

革南丹衞。

遣燕世子及郡王高煦高燧還北平。時魏國公徐輝祖。雖元舅。密請留之。曰。諸甥中高煦悍剽無賴。異時者亡論叛君。且叛父。上以問輝祖弟都督增壽。增壽故善燕。力護之。尋遣還。高煦入輝祖廐。竊善馬馳去。初齊泰欲收之。黃子澄曰。若爾則先發有名。不如遣也。尋悔而追之。不及。燕王見諸子。大喜過望。

高岱曰。天之所與。人豈能禦哉。方齊黃建削奪策。齊泰欲先燕。果用其言。所謂迅雷不及掩耳。先事以制人也。黃子澄明知成祖難圖。乃先從事于所不足忌之列國。而機事久洩。情態盡見。練兵畜威。從容爲備。及世子兄弟俱入朝。在成祖未有必歸之策。徒以安朝廷之心。而使諸子同蹈不測之險。此其爲危亦甚矣。而子澄又居然遣之歸國。夫欲制于千里之外。而顧縱于閨闥之中。雖至愚者不爲也。豈天將啓帝王萬世之業乎。

戶部侍郎郭任言。天下事先其本而後其末則易成。除惡而不務其本。過也。今儲財粟以備軍實。本誰爲者。而北討周。南討湘。舍其本而末是圖。曠日既久。銳氣竭而姑息從之。所謂强弩之末不能穿魯縞也。將坐自困耳。願陛下熟計而早斷焉。

戊辰。故翰林待制王褘贈學士。謚文節。其子紳請之。

五月辛未朔。連州賊兒阿孫授連州西岸巡簡司副巡簡。添設。

癸酉。廢齊王榑爲庶人。留京師。誅青州中護衛指揮柴眞等。諸藩煽動。朝議削奪。並讓燕王。皆齊泰黃子澄主之。

壬午。錦衣衛千戶徐斌改蘇州衞。以常州捕賊功。

秦府右長史茅大方爲右副都御史。左補闕胡閏爲大理寺左少卿。

北平按察僉事湯宗告按察使陳瑛密受燕府金錢。詞連右布政使曹昱。按察副使張璉。俱逮繫詔獄。安置瑛廣西之河池。昱削籍。璉謫典史。

庚寅。封楚世子孟烷。

辛卯。選補天下儒學官。

丁酉。省連山縣入連州。

六月庚子朔。省興濟縣。

監察御史戴德彝爲左拾遺。

四川岳池教諭程濟上言。大難起宗室。某月某日兵發西北。上怒。逮至京。召入見。濟仰面大呼曰。陛下且囚臣。不驗。死未晚。遂下獄。濟有奇術。岳池去家數千里。寢食在朝邑。日治學事。岳池不廢。

宋徵爲宗人府經歷。

陝西按察司僉事林嘉猷來朝。

貢士樓璉爲翰林院侍讀。璉洪武中以藍田知縣擢廣東道監察御史。謫戍雲南。

廢岷王楩爲庶人。錮于雲南。

漢陽知縣黃巖王叔英爲翰林院修撰。布衣吳縣錢芹爲戶部司務。召河州衛吏解縉爲翰林院待詔。叔英在漢陽多惠政。嘗禱雨隨澍隨止。建文時方孝孺欲復井田。叔英移書曰。夏時周冕之類。行于古而亦可行于今者也。井田封建之類。可行于古而難行于今者也。拜修撰。上資治八策。務學問。謹好惡。辨邪正。納諫諍。審才否。愼刑治。明利害。定法制。皆援古證今。鑿鑿可行。且曰。太祖除奸剔穢。抑强鋤梗。不啻如醫者之去病。農人之去草。急于去疾則或傷其體膚。嚴于去草則或損其禾稼。固自然之勢然。體膚疾去之餘。則宜調攝其血氣。禾稼草去之後。則宜培養其根苗。亦自然之理也。錢芹幼自修立。居貧漠無所營。意良苦。蘇州知府姚善愛士。貺米郡人俞貞木。誤致之芹所。芹以守賢也。不逆。他日貞木見善。乃知之。因欲見焉。不可。期謁于郡學。遺以書。皆時略。善薦于朝。故有是命。

燕山左護衛百戶倪諒上變。告燕府官旗于諒周鐸等。誅之。籍其產。婦女給配。且詔讓燕王。稱疾佯狂。暈仆彌日。盛暑擁爐猶稱寒。北平左布政使張昺都指揮使謝貴防稍懈。燕府長史葛誠伴讀余逢辰告昺貴曰。殿下本亡恙。公等毋忽。恐一旦不可測。昺等深然之。謀益急。

遣中官逮燕府官屬。

七月巳朔。北平都指揮使張信叛款燕。上密敕信縛燕王者再。信驚告母。母曰。不可。而父嘗言王氣在燕。分王者不死。非汝所能執也。不如轉禍爲福。信然之。因謁王。不得入。詐乘婦人輿以入。燕王佯風疾不能言。信曰。殿下果有意。當語臣。王猶諱疾。信曰。殿下果無意乎。信奉密敕在此。當就執。王實告之曰。生我一家者子也。先是太祖擇僧道衍住持北平□□寺。專祝釐燕王。道衍雖學佛。以師道士席應眞。通占筮。兼綜兵術。既久侍王。一日問以卜。曰。大王卜天子耶。王曰。咄。毋妄言族矣。對曰。主臣。大王幸賜臣。燕無左右窺聽。故敢畢其愚。主上猜間宗室。侵漁諸藩。所僇辱囚首隸士伍。蓋五王矣。雖未及燕。燕可覬幸免耶。大王。先帝所最愛也。又仁明英武。得士卒心。主上所最忌也。夫燕。勝國之遺。而北方雄鎭也。其民習弓馬。地饒棗栗。悉雄薊屬郡之材官良家子。數甲可三十萬。粟支十年。大王之護衛精兵。拔石超距者。又不下一二萬。鼓行定山東。略淮南。此勢若建瓴而下。誰爲抗禦。大王卽不南。機或先發。欲高臥得耶。且莫匹夫耳。臣竊謂大王卜之心與臣卜無異。燕王悅曰。子休矣。道衍曰。臣有所與相者。請以決大王。問爲誰。曰。鄞人袁珙。曰。汝與偕來。珙至。就傳舍。燕王從貌類者十餘人往就珙相。曰。吾等俱護衛校耳。珙獨起指燕王。拜。王手止之。稍間命入宮。則悉屏左右。珙俯伏曰。大王太平天子也。臣游燕市中。燕市中諸將相肩接也。則皆以大王故。大王幸毋忘臣珙。燕王益大悅。潛勒東部士。鍛兵器于窟室。雜鵝鴨棲其上。聲相亂也。問道衍起兵期。曰。未也。俟吾助者至。曰。助者何人。曰。吾師也。及聞張信語。疾召道衍。適簷瓦墮地碎。王不懌。道衍曰。政欲易黃瓦耳。王悅。遂定謀。

談遷曰。道衍袁珙皆世之不祥人也。以術合。非以大義合。長陵信有天命。卽無道衍輩。豈以北平終哉。彼妄有所窺測。藉口佐運。一傳而朱恆王斌。再傳而李士實劉養正。誰俑之令踵禍于天下也。

壬申。燕王殺左布政使張昺。都指揮使謝貴。燕府長史葛誠。伴讀宣城余逢辰死之。時昺貴以在城七衛幷屯卒布列九門。塡溢街巷。迫圍燕邸。又木柵斷端禮等四門。約護衛指揮盧振內應。我兵鼓譟。震動城內。張昺愛司吏李友直。幹敏。友直竊其奏草。達燕邸。燕王急呼護衛指揮張玉朱能等。率勇士八百人入守。能曰。先擒貴昺。餘無能爲矣。燕王曰。不如計取之。已定計。稱疾愈。御東殿。集官僚。依內官所坐官校名收之。召付昺貴。先伏甲廡間。昺貴入。止從騎于門。王扶杖宴之。會進瓜。王食瓜。怒且詈曰。今編戶齊民。兄弟宗族尙相卹。身爲天子親叔父。旦夕莫必其命。縣官待我如此。天下何事不可爲乎。因擲瓜于地。伏甲出。千戶譚淵首捽昺貴下殿。王投杖曰。我何病。迫于若奸臣耳。我何病。遂曳斬昺貴盧振等。葛誠余逢辰泣諫亦死。外兵驚相告。稍稍散去。都指揮彭二急躍馬大呼市中。集兵千餘人。欲突端禮門。被殺。張玉等夜攻九門。克其八。西直門不下。燕人紿之曰。毋自苦。朝廷已聽王節制一方矣。亦下。都指揮使馬宣巷戰敗。走薊州。俞瑱走居庸關。燕人據北平。張昺澤州人。北兵入京。滅其族。里人戍邊。發塚焚屍。面如生。謝貴平陽人。葛誠以進士爲長史。密疏燕事。以朝王。恨誠殺之。夷其族。余逢辰宣城人。燕兵未起。頗聞其謀。遺書示子。誓以必死。及起兵。泣諫。死之。

袁袠曰。建文君以北平屬昺。而昺以屬李友直。甚矣。知人之難也。夫天將開文皇帝以萬世之業。卜鼎幽燕。配天罔極。而昺以淺謀自速顚隕。其智不足稱也。

羣忠事略曰。嗚呼。當擐甲王宮之時。政所謂騎虎之勢也。昺乃輕身寡謀。一召而往。自投虎口。又誰之咎耶。

談遷曰。燕邸英武。屢出塞克敵。可智取。不可力攻。張昺等當陰捕諸校。招致其宮僚護卒。出彼不意。旦夕可盡。而聲形既露。宜鼓行直搗。不延晷刻。乃甲馬馳突于街衢。鉦鼓喧鬨于遐邇。俾望影知備。事急變生。且輕其七尺。附從朱邸。雖嬰兒之智不爲此謀。國無人。宜其敗也。

燕王禡祭。見被髮者旌甲蔽天。道衍曰。北方之將玄武。吾師也。誓師稱靖難。曰。罪人既得。法周公以輔成王。爾嘗其體予心。毋違命。擢丘福張玉朱能爲都指揮僉事。李友直爲北平布政司右參議。使集餉楊柳青。督浚齊化諸門城濠。卜卒金忠爲燕府紀善。燕王上書曰。臣聞書曰。不見是圖。又曰。視遠惟明。今事幾甚著。陛下略不垂察。臣竊惑之。當元之季。生民塗炭。羣雄角逐。皇考太祖高皇帝披霜冒露。東征西伐。赴矢石。被創痍。艱難百戰。然後定天下。封建諸子。鞏固宗社。爲磐石之安。不幸賓天。陛下嗣登大寶。奸臣齊泰黃子澄輩包藏禍心。爲謀以悞陛下。橚榑柏桂樉五弟。雖有懸愆。未聞不軌。重可裁減護衛。輕可賜敕誠厲。乃動見削奪。轉徙流離。行道嗟歎。柏尤可傷。不得良死。今尚未厭。又以加臣。臣守藩二十餘年。事君之誠。明于皎日。奸臣跋扈。蔽明害公。執臣奏事之人。箠榜棘熱。迫其告變。分布宋忠張昺謝貴于內外。圍守臣府。臣之一家。如臨湯火。已而貴昺爲護衛所執。始知其出奸臣之謀。臣聞伐大樹者。必先剪附枝。危君室者。必先除公族。朝廷孤立。社稷危矣。不待明者而後見也。高帝祖訓曰。凡新天子即位。朝無正臣。內有奸惡。則親王訓兵待命。天子密詔入誅之。臣謹領鎮兵。俯伏待命。以遵皇祖之訓。惟陛下念之。周廣同姓。緜祚八百。秦人孤獨。二世而亡。明鑒斯在。詩曰。价人維藩。大師維垣。大邦維屏。大宗維翰。懷德維寧。宗子維城。無俾城壞。無獨斯畏。易曰。大君有命。開國承家。小人勿用。惟陛下念之。書上。不報。又傳檄天下。言朝廷崇信奸回。殘害骨肉。稱遵高皇帝祖訓。奉天征誅。誅奸臣齊泰等爲名。去建文紀元。惟書歲。留世子守北平。僧道衍敦賫內使賽因帖木兒等輔之。自出師。次子高煦高燧從焉。

王世貞曰。文皇靖難師在己卯秋。寧庶人作亂亦在己卯秋。相去正得二甲子。文皇之起以都督三司謝宴。伏兵戮縶之。寧庶人亦然。豈偶合耶。抑有所借襲也。其用李士實爲太師。劉養正爲軍師。却似有取于韓公誠意同姓。然高帝之帝業成于鄱陽一戰。而庶人却敗于其地。則大相反矣。文皇以壬午入紹世廟以先一歲入紹。而亦以壬午改元。帝王自有眞。所謂妙合者。固不在彼而在此也。

屠叔方曰。燕王之變。創亦反不創亦反。齊黃之議未盡非也。燕王特藉口于此耳。二氏之後不絕。倘亦有天意乎。

甲戌。燕王次通州。指揮房勝降燕。

丙子。北平都指揮使馬宣起兵薊州。燕人使朱能攻之。宣再敗。與衛鎮撫曾濬俱被執。死之。拔薊州。遵化衛指揮蔣玉。密雲衞指揮鄭亨。各以城降。

裁和曲州祿勸州南寧雎寧二縣。

己卯。燕人陷居庸關。都指揮使俞瑱守關。王曰。居庸。吾咽喉也。乘其衆心未固攻之。命指揮徐安往。瑱方部署。燕人賈勇先登。克之。瑱走懷來。依都督宋忠。

甲申。懷來潰。燕王以宋忠守懷來。必爭居庸。須其未至。邀擊之。忠躁復寡謀。衆心不一。易與耳。率指揮徐祥馬雲等八千人捲甲疾馳。忠果援居庸。怒其將士曰。爾等父兄家北平。燕盡殺之矣。速報仇。諸軍或疑或怒。燕王使其前鋒用家幟先登。城中子弟望見幟。皆喜。無鬭心。忠敗奔入城。城遂陷。都指揮使彭聚孫泰力戰死。忠急匿廁。燕軍捕出之。幷獲俞瑱。俱不屈死。兵勢大振。于是山後諸州皆不守。而開平龍門上谷雲中諸守將。往往叛附矣。是日。大同參將都督同知陳質來援。兵敗。回大同。

丙戌。燕人陷遵化。指揮馬鎖住降。

庚寅。燕人攻永平。指揮使趙彝郭亮叛降燕。燕人進灤河。

辛卯。省躬殿成。殿在乾清坤寧二宮間。專退朝燕居。翰林侍講方孝孺爲之銘。

大寧總兵劉貞。都督僉事陳亨。都指揮卜萬。引兵出松亭關。攻遵化。萬素智勇。貞巽懦。陳亨故貳于燕。燕王獲二卒。遣之。爲書置一卒衣中。多予之金。使書通萬。而若素通者。其一卒無所賞。卒恚。歸訐于貞。貞搜卒書。執萬以聞。命籍萬家。下之獄。

朱鷺曰。異同之爲事。利害也甚矣哉。彼已相能。固于堅城。一水一火。鬭所自起。若亨萬同心一德。其利斷金。誰判無間之刃哉。亨既忌萬。將亦有意色可揣。而萬曾不覺。何闇也。志曰。當發不發。大賊乃作。卜萬之謂乎。亨以叛全。萬以忠獄。冤哉。其亦足以爲共事者萬世鑒矣。

壬辰。命長興侯耿炳文爲征北大將軍。駙馬都尉李堅都督寧忠爲左右副將軍。率師三十六萬討燕。安陸侯吳傑江陰侯吳高都督都指揮盛庸潘忠楊松顧成徐凱陳暉平安李文等俱從軍。祭告天地宗廟社稷及江淮旗纛之神。書諭諸王。削燕屬籍。詔曰。朕奉先皇帝遺詔。纂承大統。宵衣旰食。思圖善政。以安兆民。豈意國家不幸。骨肉之親。屢謀僭逆。去年周庶人橚潛爲不軌。詞連燕齊湘三王。皆與同謀。朕以親親之故。不忍暴揚其惡。止治橚罪。餘置不問。今年齊王榑謀逆事覺。推問犯者。又言與燕王棣湘王柏同謀大逆。柏知罪自焚。榑已廢庶人。朕以燕于親最近。未窮其事。今乃忘祖。逆天稱兵。構禍。意欲犯闕。危宗社。悖逆如此。孰不駭聞。昔先皇帝時。棣包藏禍心。爲日已久。印造僞鈔。陰結人主朝廷。窮極藏匿罪人。先帝震怒。遂以成疾。至于升遐。海內聞知。莫不痛忿。今不悔過。又造滔天之惡。雖欲赦之。而獲罪宗社。天地不容。已告太廟。廢爲庶人。遣長興侯耿炳文等率兵三十萬往討其罪。咨爾中外臣民軍士。各宜懷忠守義。奉職平燕。與國同心。永安至治。布告天下。咸使聞知。又諭誡北征將士曰。昔蕭繹舉兵入京。令其下曰。一門之內。自極兵威。不仁之極。今爾將士與燕對壘。務體此意。毋使朕負殺叔父名。上方銳意文治。日與儒臣討論周官法度。謂燕人不足憂。齊泰黃子澄等以北兵强。彙誘朵顏諸虜。不早禦之。將遂失河北。故大發兵焉。

朱鷺曰。諭誡將士。是興亡一大機也。內兵心忌文皇。膽張此怠而彼奮。此瑕而彼堅。又何俟接戰覘勝負哉。夾河戰後。文皇直抵京師。無退計。挺身當前。或單騎殿後。上敎之也。夫不忍叔父。其自忍乎。眞宋襄之仁義也。若欲勿殺。則如讓之。欲兵無害。則如已之。讀史至此。而不啞然笑。失聲愾乎。當時在廷諸臣。曾不出一言相難。何與。殆天祕厥衷。而默以相靖難之成與。

置平燕布政司于眞定。刑部尙書暴昭署司事。

檄山東河南山西給軍餉。

江北蝗。有司請使督捕。上曰。朕之不德。又殺蝗以甚之。爾臣民其極言朕失。俾得改過。有司赦疑獄。捐逋租。周窮乏。以修實政。是歲。蝗不爲災。更有秋。

八月戊朔。翰林侍講方孝孺主試應天。錄二百十四人。長洲劉政第一。深器重之。曰。此他日可託孤寄命者。

己酉。耿炳文兵次眞定。遣都督徐凱屯河間。都督潘忠都指揮楊松屯鄚州。松引九千人爲軍鋒。進次雄縣。約忠爲殿。

壬子。燕人屯樓桑。晡食渡白溝河。夜襲雄縣。楊松縱飲不爲備。雄人登陴罵北兵。遲明。燕緣雄屠之。獲馬八千匹。

癸丑。燕人次灤河。張玉曰。楊松潘忠扼吾南路。宜先擒之。玉先驅覘耿炳文兵。還言南軍無紀律。其上有敗氣。

甲寅。都督潘忠來援楊松。燕將譚淵以千餘人過月漾橋。蒙茭伏水中。使勇士邀戰于路隅。伏出水據橋。忠松無所退。俱被執。燕庶人遂自將百餘騎趨鄚州。官兵盡降。南兵還屯白溝。燕庶人曰。耿炳文在眞定。不虞我至。由間破之必矣。時炳文兵營滹沱河南北。部將張保降燕。言狀。燕庶人厚撫之。令詐言被縛而逃。言燕兵屢勝。行卽至。須河南兵移北併禦之。炳文果移營。

庚申。都督徐眞擊燕兵于大王莊。敗績。

壬戌。燕庶人自引精騎直趨眞定西門下。破其二營。耿炳文覺。起門橋。橋紖斮于北軍。乃出戰。燕將丘福以奇兵擊炳文背。朱能挺丈八長矛。圍二拱。餘率二十餘騎突入陷堅。燕庶人麾衆從之。追奔及滹沱河。南軍尙數萬。列陣北向。朱能貫頤奮戟衝陣。衆狼顧不支。相駘藉死。炳文奔北入城。卒闔門不得入。自相斮乃入。燕騎士薛祿刺左副將軍灤城侯駙馬都尉李堅墮馬。獲之。右副將軍甯忠都督顧成都指揮劉遂俱見執。失亡九萬人。溺死亡算。喪馬二萬餘匹。炳文入城堅壁。燕兵攻之不下。引還。炳文夙將。長于戰。而未嘗總大衆。諸將多紈綺子弟。失律僨事宜也。

安陸侯吳傑率師援眞定。兵潰。

九月戚朔丁卯。召耿炳文還。命曹國公李景隆爲征北大將軍。代耿炳文北征。上聞敗。始有憂色。黃子澄曰。無憂。勝敗兵家之常耳。上曰。雖然。孰堪更將。曰曹國公李景隆可。比用景隆。眞定已破矣。遂召炳文還。上親餞景隆江上。賜諸將犀玉帶有差。安陸侯吳傑。江陰侯吳高。都督盛庸。徐凱。李文。陳暉。平安等各帥偏師步騎數十萬。諸道並進。直搗北平。而景隆奸懦專闔。自負文武才。意殊輕敵。識者憂之。

備遺錄曰。或云。初李景隆父子好賢下士。與方孝孺交誼甚篤。景隆之師師北伐。由孝孺薦之。既而兵敗不誅。漸有異志。人多知之。以告建文。建文雖信至不復疑。卒開門以降。蓋不免于誤國也。

故前軍都督府斷事高巍。參贊李景隆軍。巍貢入太學。母喪。廬墓三年。洪武甲子。旌其孝。授前軍都督府斷事。奏墾河南山東北平荒田。及抑末技。愼選舉。惜名器數事。太祖嘉納之。後坐累戍貴州關索嶺。值赦。上疏乞歸鄉。宥還遼州。知州王欽應詔辟巍。巍上言。太祖有文王純一之德。皇后有后妃不妬之行。則百斯男。上齊三代。分茅胙士。各據形勢。關陝百二山河。其民悍勇。西鄰吐蕃。故以藩王之長秦府王之。山西表裏山河。地產良馬。其民剛壯。所謂山西出將者也。北近胡虜。故以晉府王之。燕國雖無名山大川之限。其南冀州眞定保定順德廣平大名。所謂桑麻之野。坦平肥沃。其北雖沙漠不毛。然廣畜馬羊。其人衣皮食肉。馳射是務。遼金殘元。藉之興業。故以燕府王之。四川僻在一隅。山河阻深。劉備據之。虎視吳魏。故以蜀府王之。其餘楚湘齊兗寧遼谷代慶肅。星羅棊布。比諸古制。雖分封過當。然太祖聖意。莫不欲讓中國而屏四夷也。今各處親王多驕逸不法。違犯朝制。不削則隳紀綱。削之則傷親親之恩。賈誼曰。欲天下治安。莫要于衆建諸侯而少其力。力少則易使以義。國小則無邪心。眞裁制諸侯之長策也。今盍師其意。下推恩之令。命秦晉燕蜀四府子弟。分王于齊兗吳楚湘潭。齊兗吳楚湘潭。分王于秦晉燕蜀。其餘皆然。則藩王之權。不削而自弱矣。上奇其才。命赴行營。

谷王橞自宣府遁歸京師。長史劉璟上十六策。不報。命參議李景隆軍中。

齊泰言。遼王寧王地近燕。請召還二王。從之。遼王植至。徙荊州。寧王權不至。削護衞。初燕庶人嘗巡邊。與寧王相得甚歡。及聞削護衞。喜曰。取大寧必矣。乃遺寧王書。告窮蹙求解。若不知詔削也者。寧王喜燕兵遂趨大寧。

戊辰。監察御史韓郁上言。臣聞人主親其親。不獨親其親。臣歎陛下愛諸王之至。待諸王之厚。而諸臣不體也。凡見藩封太重。疑慮太深者。豎儒耳。諸王親太祖遺體也。而貴則孝康皇帝手足。尊則陛下叔父也。太祖遺體。則不可使賤。親之手足。則不可使缺。陛下叔父。則不可使絕也。高皇帝孝康皇帝爲天子。子與弟以爲僇。在天之靈。安乎。臣念至此。未嘗不流涕也。夫亡唇寒齒。舐糠及米。言者曰。二叔流言。周未嘗不誅也。六國反叛。漢未嘗不削也。遂使周王播遷。谷王流離。于是齊王廢。湘王焚。代王遣。岷王又見告矣。諸王自爲計。必曰兵不舉。禍必結。是陛下激之也。燕王舉事兩月矣。前後調兵不下五十餘萬。有一矢之獲乎。經營已久。軍興輒乏。將士挺敗徒。令中原赤子。困于輸戰。九重之憂方深。帷幄之計彌磩。日甚一日。語曰。親者割之不斷。疏者續之不堅。臣恐陛下不察。不待十年。必有噬臍之釁。伏惟興滅繼絕。釋齊代岷之囚。封湘王之墓。還周王京師。迎楚蜀爲周公。俾各命世子持書勸燕。罷兵守藩。以慰宗社之靈。明詔天下。撥亂反正。篤厚親親。宗社幸甚。上不聽。

談遷曰。方建文初。莫不以强藩爲慮。如高巍韓郁。其策合矣。當事若罔聞。何也。周代湘岷。未始稱兵。于以展其惇睦。計之得也。燕人矯命雄行。長驅千里。安得與周代湘岷幷日論乎。使此兩人早陳于靖難之先。眞救時之藥石矣。今中朝之過舉已彰。北平之兇鋒方肆。而猶轉圜之是望。宜格格乎不相入矣。

參贊軍務前軍都督府斷事高巍。請身使燕。諭以大義。許之。巍至北平。稱國朝處士臣高巍。再拜上書燕國大王。巍聞世之大丈夫。爲國家排難解紛。上安宗社。下安黎庶。爾巍雖無丈夫之才。竊慕魯仲連之爲人。喜排難解紛。附名世而不朽也。頃太祖上賓。今天子布維新之政。天下莫不感悅。不意大王與朝廷有隙。張皇三軍。不知其出何名。在朝諸臣。執言仗義。以順討逆。殆無不勝之理。巍不忍兵連禍稔。挺身開說。苟聽巍策。可使帝者復帝。王者復王。君臣之義大明。骨肉之恩愈厚。巍所以置死度外。來見大王。蓋夙許太祖以殞首結草之報。豈它有求哉。昔周公遭流言。居東土以俟成王之悟。大王誠解護衞。休甲兵。釋骨肉猜忌之疑。塞讒賊離間之口。不與周公比隆哉。慮不及此。使任事者得藉口以爲大王欲效漢吳王倡七國以誅晁錯爲名。萬一有失。大王獲罪先帝矣。今大王據北平。取密雲。下永平。襲雄縣。掩眞定。雖易若建瓴。但自興兵以來。經今數月。尙不能出區區一隅之地。較以天下十五而未有一焉。大王將士。殆亦疲矣。況朝廷以天下無限之師。大王以一國有限之衆應之。大王同心之士。大約不過三十萬。大王與今天子。義則君臣。親則骨肉。尙生離間之疑。況三十萬異姓。可保終身死于殿下乎。若大王信巍言。上表謝罪。按甲休兵。朝廷寬宥。再修親好。天意順。人心和。太祖在天之靈亦安矣。不然。執迷僥倖。卽幸而事成。後代公論爲何。倘有蹉跌。取譏萬世。于斯時也。追復懇款之愚。其可得與。書再上。不報。

談遷曰。高參軍使燕。豈眞欲以三寸舌賢十萬之師哉。蓋覘燕動靜。俾知朝廷雖冗散疎逖。尙有人焉。探虎穴。撩虎鬚也。若必曰希仲連之已事。又爲參軍所賣矣。

鎭守遼東江陰侯吳高令都督耿瓛楊文率兵攻永平。不克。

徵謫戍官伏頣等入京。仍指揮等官。

李景隆至德州。收耿炳文敗卒。得五十萬。進營河間。山東布政司參政鐵鉉。飛芻輓粟。水陸並進。賴以不乏。燕庶人聞之曰。李九江（景隆小字）膏粱豎子耳。未嘗習兵。色厲中餒。曷克任事。以數十萬衆付之。是自坑之也。趙括今復見矣。吾當往援永平。彼乘虛來攻。回擊之。成擒矣。諸將以北平兵少。燕庶人曰。戰則不足。守則有餘。吾出非專援永平也。直誘其至耳。吳高怯不能戰。聞我出必走。我一舉而解永平之圍。且破九江也。遂行。戒世子嚴守勿出戰。

長興侯耿炳文還朝。上言臣失利而旋。萬死難逃。天恩不罰。叨劵莫何。然臣有一言。足以贖死罪。惟陛下聽之。燕王與上皇父爲同母弟。陛下之嫡叔父。其性尙未離骨。陛下何至解支體而散肝膽于他人。不如誠信親迎使受顧命。授以國政。而陛下燕恭坐理。親臣夾輔。勳業湊翼。可保燕王之無敢有他志也。不然。新進用謀。驟而操兵握權。敢當國家之重任。諸王皆太祖之親子。臣輩皆太祖之親臣。彼不屠食而空不已也。陛下何至以太祖之天下爲屠肆而以太祖之子孫太祖之舊臣爲犬豕乎。奏上。不報。見劉三吾墓志銘。

調撫州守禦千戶所官赴德州。幷徵謫戍武官。

燕人猝至永平。吳高不及軍。退保山海關。

十月酊朔壬寅。燕庶人襲大寧。都指揮使朱鑑力戰不支。死之。寧府長史石撰不屈。支解。撰平定州人。都督陳亨。都指揮房寬叛降燕。大寧古惠州地。國初設行都司。遼東宣府左右之。寧王權建國。列城九十。帶甲八萬。革車六千。諸胡騎若朵顏諸夷皆驍勇善戰。其三護衛皆中州閭左。北地苦寒。日夜思歸也。寧王善謀。燕善戰。先是歲秋行塞相會。及燕人將出師南向。慮寧王躡其後。則歎曰。安得有大寧兵斷遼東。助我以諸夷哉。至是燕庶人從千餘騎直趨大寧。時劉貞陳亨悉兵守松亭關。燕庶人徑道卷旆登山。從後攻度關。至大寧城西門崩。克之。獲都指揮房寬。殺卜萬于獄。都指揮朱鑑戰死。總兵都督劉貞等引軍還援大寧。陳亨故通燕。出貞不意。與營州中護衛指揮徐理陳文襲貞。貞悔曰。吾失斷也。夫自廣寧浮海還京師。

辛亥。征北大將軍李景隆聞燕人出自蘆溝橋。進攻北平不克。遂築壘九門。遣別將攻通州。景隆自屯鄭村壩。待燕人至。大兵十萬圍北平。攻麗正門急。燕盡出婦女乘城。轉礟石。都督瞿能與其二子帥騎千餘戰入張掖門。勢銳甚。城垂破。景隆密止之。退十五里而軍。燕世子令夜汲水澆城。俱冰。城遂不可登。都指揮梁銘等時時夜出斫營。官兵輒亂。

甲寅。燕庶人脅寧王（權）棄大寧而西。初。燕人下大寧。止騎城外。輕身入。執寧王手大慟。具言所爲起兵故。因求王草表。王置酒驩會數日。燕庶人令親信吏士稍稍入郛。陰結諸胡酋兀良哈等及閭左思歸之士。濱行。寧王郊餞。燕千餘騎擁王入關。諸夷酋閭左一呼皆集。從王府妃妾世子皆擕其財寶隨還北平。而大寧城一空。分諸夷酋閭左爲五軍。張玉將中軍。鄭亨何壽副之。朱能將左軍。朱榮朱濬副之。李彬將右軍。徐理孟善副之。徐忠將前軍。陳文吳達副之。房寬將後軍。和允中毛整副之。而兵遂盛。

庚申。燕人至廣昌。守將易勝以城降。靈丘諸縣皆降。

辛酉。遼王（植）來朝。王以大寧破。懼而入。改封荆州。

徵雲南兵入京備征。

十一月躬朔。庚午。燕庶人自大寧還。李景隆移營白河西。燕人禱曰。河冰則天相燕也。其日。雪。河冰。燕師盡渡。都督陳暉追躡之。燕庶人還擊暉。暉敗。跳冰遁。冰乃皆解。至連破南軍七營。

壬申。李景隆值燕庶人于鄭村壩。戰三日。大敗。失亡數萬。降燕者亦數萬人。都督火眞焚儆轆以暖燕庶人。鎧者趨焉。楯人呵之。燕庶人曰。止。是皆壯士。其夜。景隆棄其輜重走德州。

燕人乘勝還攻北平之九壘。破其四營。餘皆潰。

癸酉。燕庶人入北平。

乙亥。燕庶人再上書傳檄天下曰。前上書已歷三月。未蒙垂察。兵討不已。竊聞朝廷論臣不軌。罪八。悉奸臣誣臣。寃濫明甚。且陛下與臣皆出太祖高皇帝孝慈高皇后。于屬最親。奸臣猶得誣以極惡。則疏遠小臣天下細民。欲置之死。可望雪理耶。其不濁亂天下。傾危宗社不已也。今諸王臣序爲長。周齊湘代岷已去。獨臣未去。臣去則秦晉諸國不難去矣。寧王無罪頃又削其護衛。辟諸人身手足皆去。身能獨全耶。伏乞斷然不惑。奮去臣奸。不勝懇切。遂傳檄天下。

壬辰。罷兵部尙書齊泰太常寺卿黃子澄以說于燕人。

朱鷺曰。謂罷齊黃足弭靖難耶。何愛二人而不以謝天下。卽二人亦何愛一身而不以存社稷。授而甘心焉可也。如漢景帝斬錯東市亦可也。名逐而實留之。欺遠損重。謂國體何。度文皇有心。是特借二人以發難。逐亦來。不逐亦來。又安取罷二人以快敵。示朝廷怯。嗟乎。此二人實釀亂。非能賢也。陽逐之。陰留之。至其後也旋逐之。旋又欲還之。幾見用人如此而國不亡者。

召茹瑺爲兵部尙書。

李景隆復聚兵德州。命禮部左侍郎陳性善監其軍。

十二月酉朔。燕庶人忌鎭守遼東江陰侯吳高。曰。高怯而密。去高。楊文雖勇不足慮也。遺二人書。易其函。各以聞。朝廷疑高。削爵。安置廣西。

甲寅。增工部營繕司虞衡司主事各三。

乙卯。燕庶人出紫荊關。攻廣昌。燕人知李景隆圖後擧。先趨大同。誘其援。以疲于奔命。是日。廣昌守將楊宗以城降。

岷府典膳李英等伏誅。

駙馬都尉王寧謀叛。幽之。

河北指揮使張倫等自拔南歸。

初令武官襲職。兵部關旨五府。

進李景隆太子太師。時軍敗。上不盡聞。兼賜勞敕金幣珍醞貂裘等。

選募謀勇士。中牟楊本爲錦衣衞鎭撫。沅州周拱元爲所鎭撫。本精遁法。時吳王撫軍。及登臺。見大水淼茫。一軍不見。本曰。此水遁也。及帥師北征。諸將皆敗。惟本與平安有功。李景隆忌本。不以聞。

肅王楧乞內徙。徙蘭縣。

殺留守衞指揮同知李申。申子讓。燕府儀賓。守北平甚力。

錢芹爲行軍署斷事。

法司奏今歲論囚減往十之二。

朝鮮國王李旦請老。以子芳遠嗣位。旦尋卒。

安南臣黎季犛弑其主陳日焜。立其長子顒。未幾。復弑顒。立其幼子⿱宀⿱豕攵。又弑之。大殺陳氏宗族。簒其位。季犛自謂舜裔胡公滿之後。更姓名胡一元。其子黎蒼更曰胡奃。國號大虞。一元僭稱太上皇。奃僞大虞皇帝。改元元聖。

庚辰建文二年

正月⿰齒丙朔。天下官來朝。免賀。

戊辰。楚王楨薨。謚曰昭。世子孟烷嗣。

燕庶人攻蔚州。指揮李誠出哨見獲。遂約獻城自效。縱遣入城。謀覺。下獄死。已。守將王忠李遠以城降。自是全晉皆潰。

辛未。上南郊。還京受賀。

燕庶人克雁門關。進攻大同。

二月輛朔。壬寅。禮部左侍郎兼翰林院學士董倫太常寺右少卿高遜志主禮闈。分考右拾遺朱逢吉史官吳勤葉惠仲趙友士徐旭張秉彝。監試御史俞士吉王度。知貢舉禮部尚書陳迪右侍郎黃觀。時得吉水王艮。常熟黃鉞。莆田陳繼之。閩縣葉福。皆死壬午國難。廬陵胡廣。崇仁吳溥。建安楊榮。新淦金幼孜。武進胡濙。太康顧佐皆知名士。

戶部司務錢芹署行軍斷事。

進都給事中秩正七品。給事中秩從七品。

癸亥。省行人司隸鴻臚寺。

改大理寺曰司。左右寺正曰都評事。寺副曰副都評。左右司各設評事六。

甲子。改都察院曰御史府。置察院一。省監察御史。定二十八人。

乙丑。詔江西浙江蘇松人仍官戶部。

燕庶人破大同。自是東自天城陽和。西自雲州嵓嵐。皆不守。燕人安行取代州。略太原。長驅度井陘。

李景隆自紫荊關援大同。

湖廣布政司左參議楊砥上書請罷兵。略曰。帝堯之德。始于親睦九族。今當務惇睦。不宜加兵。自剪其輔。枝葉盡而根本撥矣。忤旨。安置遼東。

迤北可汗坤帖木兒死。刺王猛哥帖木兒款北平。

燕人還北平。不值援兵。李景隆遺燕庶人書。請息兵。不報。

保定知府雒僉叛降燕。

三月丙戌朔。日食。

策貢士吳溥等百十人于奉天殿。賜胡廣王艮李貫等進士及第出身有差。上欲首艮。寢其貌。易胡廣。賜名靖。其對策云親藩陸梁人心不搖。上善之。後艮殉難。靖歸附。仍名廣。

戊辰。賜御史衣。

壬申。乙榜貢士選署教諭訓導。

辛巳。改詹事府爲御史府。便朝謁。左都御史耿淸爲御史大夫。副都御史練子寧爲御史中丞。賜宴于新治。

壬午。巡撫廣東大理寺丞彭與民等奏撫黎事宜。詔從之。

纂修官齊府審理副楊士奇爲翰林院侍講。監察御史戴德彝爲左拾遺。

鎮東將軍總兵官楊文督遼東兵士攻永平。不克。

袁義爲右府都督僉事。

進士黃鉞爲刑科給事中。

諸廢弁叛降燕。

朱鷺曰。高皇帝起布衣濠上。奮一劍成帝業。專意右武。而當日干城爪牙。輻輳歸命。爭效死力以集事。勳名爛焉。方是時。左班不得望幸澤。而亦無短長可效。不過定制度。修文章。兢兢奉上旨而已。及建文帝注思講學。恬武兢文。縉紳親而介胄疎。于是翰苑有錫謚尚書登一品四稔之間。氣若移焉。而文臣莫不踴躍致身。趨死如歸。其凜凜著節者。亡慮百數。蓋振古一創見。而武臣率懷移貳。叛附接踵。其臨陣生心。甘爲虜縛者。多至千人。皆身爲將帥都督指揮者也。砥柱礩流。增國壯烈。自魏公輝祖父子暨謝貴馬宣朱鑑外。幾何人哉。噫。兩朝相及曾不甚遼。一何文武離合之異也。豈非上所化哉。故夫人主治天下。德澤威嚴格之或不足。

意嚮移之而有餘矣。

四月。輙朔廬陵顏伯瑋舉賢良授沛縣知縣。

辛丑。燕庶人率衆渡馬駒橋南軍武淸。

丙午。李景隆兵次德州。武定侯郭英等兵次眞定。約合攻北平。景隆糾合亡散幷未傳者。軍號百萬。

增各王府賓輔二人。秩三品。伴講伴讀伴書各一。郡王賓友二人。教授一人。俱坐禮如賓師。贊謁名不臣。

癸丑。李景隆進河間。先鋒參將平安至白溝河。郭英吳傑等自眞定移營保定。期會軍白溝河。燕人進至固安。

乙卯。行營大雨。水平陸水深二尺。

己未。諸軍次白溝河。燕庶人既渡。平安伏萬騎邀擊。安驍勇。合戰。互有勝負。都督瞿能奮勇衝之。燕屢却。會都指揮何淸敗被執。安收兵還營。李景隆及郭英吳傑等合六十萬聯營白溝河。及燕庶人夜戰。燕庶人從數騎爲後殿。迷失道。下馬視河流。乃辨倉卒渡河去。

庚申。燕十萬衆渡河。瞿能平安賈銳翼攻平安。遂斬都指揮房寬。寬驍將也。都指揮丘福以萬騎衝南軍。殊堅。燕庶人以精騎突入南軍左掖。南軍復繞出燕後。連戰百餘合。南軍矢如雨。燕庶人馬三創三易。射矢盡三櫜。提劍左右擊。劍缺。遂稍卻。追重隄。瞿能幾及之。燕庶人佯提鞭後招。能軍疑。乃不前。平安運槊驍健。斬燕將陳亨。斮都指揮徐忠兩指。忠自斷擲之。裹血而戰。高煦見事亟。率精騎數千合戰。彼此相扼。至日中。瞿能大呼滅燕。入北軍。斬其數百騎。越嶲侯俞通淵陸涼衞指揮滕聚亦前會。旋風起。折大將之旗。南軍相視而動。燕人乘風燔諸營。南軍大潰。俞通淵瞿能父子滕聚俱陣沒。監軍禮部左侍郎陳復初朝服躍馬入于河。郭英等潰而西。景隆潰而南。殺溺殆二十萬。暴胔如莽。委棄軍資萬萬計。燕人追及月漾橋。降十餘萬人。景隆單騎走德州。

魏國公徐輝祖全軍而殿。瞿能合肥人。國初功臣瞿通子。驍勇有名。先四川都指揮使。從征西番。又副總臣從征建昌月魯帖木兒俱有功。俞通淵巢人。以參侍舍人累功屬西平侯征蠻。洪武壬申封祿二千五百石。予誥世。明年罪削。建文初授豹韜衞指揮使。至是敕葬兄虢國公通海墓旁。二子靖端尋卒。竟除。蓋建文末諸將校往往失世官也。

談遷曰。白溝之役。南軍百萬。幾于破竹。一跌不收。全師俱覆。惜以瞿能償彼譚淵陳亨之兩將。語云。有能之將。無制之師。不可以勝。豈欺我哉。自昔大戰。亦不數睢水之風。昆陽之雨。帝王得天。雖夷險萬狀。終不可以人力爭也。

壬戌。燕人攻德州。

己巳。參贊軍務前軍都督府斷事高巍督餉山東。左參政鐵鉉相值于臨邑。大慟。誓趨濟南死守。

禮部右侍郎黃觀爲禮部左侍郎。

五月甲朔辛未。李景隆棄德州。奔濟南。

癸酉。燕人入德州。奪餉百萬。轉掠濟陽。敎諭吉水王省被執脫歸。坐明倫堂。伐鼓諭諸生曰。今日君臣之義迫矣。大哭。頭觸柱死。諸生欷噓歎泣不能出戶。省字子職。洪武壬子貢士。有文學。授浮梁敎諭。歷艱轉濟陽。女靜適郎墨周簿。預遣人求父骸葬之。

鎭撫楊本上言。刑屬三千。罪莫大于不孝。人倫有五。德莫大于盡忠。忘君虐民者不可以不懲。喪師失律者不可以不罪。令都督袁宇與耿炳文喪軍士二十萬于燕。皇上不忍加刑。李景隆四月進兵。喪失軍馬無限。乃歸罪于裨校。乞假臣爲總兵。凡先鋒參謀。臣自保舉。仍命親王爲監軍。疾馳燕師。則可奠宗社于太山矣。本遂率孤軍獨出。被擒。囚北平獄。後濟南失利。高燧恐人心搖動。殺之。燕庶人大怒。蓋愛其才。欲用之也。

丁丑。燕兵至濟南。燕兵掠長蘆。盡得我軍餉。

己卯。李景隆出戰大敗。遂圍濟南。百計急攻。鐵鉉高巍等每出不意襲擊之。城壞輒繕治。及隄水灌城。城中恐。鉉令軍中詐降。燕迎。燕庶人入。約其壯士。懸鐵錠伏城上闉。則使守陴之卒晝夜哭曰。濟南魚矣。亡無日矣。乃撤守具。出居民伏地請曰。奸臣不忠。使大王冒霜露。爲社稷憂。誰非高皇帝子。誰非高皇帝民。其降也。然東海之民。不習見兵。大軍壓境。不識大王安天下子元元之意。或謂衆而殲之。請大王退師上里。單騎入城。臣等具壺漿而迎大王。燕庶人大喜。從之。馬過城下。城下呼千歲聲聞于闉。錠及于馬首。燕庶人驚。改馬而馳。濟南人挽梁。梁則堅。燕庶人覓從梁馳去。復圍濟南城。益急。城毀于礮。鉉書高皇帝神牌。當毀處。遂不敢擊。尋完城如故。

都督僉事朱榮棄樂安走還。伏誅。

貴州都指揮使程暹爲左軍都督僉事。

史仲彬爲徐王府賓輔。仍兼翰林侍書。

六月卯朔乙巳。詹事府設少師少傅各一。賓客二。置資德院。設資德一。資善二。屬官贊讀贊講贊書著作郎各二。掌籍典簿各一。增國子監司業二。省博士學正學錄。增助教十七人。

丙午。令王府賓輔伴讀伴講伴書及賓友教授進對侍坐稱名不臣。用師賓禮。

己酉。八百土官刀板面遣頭目入貢。

壬戌。徵鳳陽官軍赴京。

遣監察御史周觀閱兵徐州。

鎮守遼東都督楊文圍燕永平。不克。

齊泰等計兵屢敗。欲求成。紓濟南之急。尚寶司丞李得成慷慨請行。見燕庶人于濟南。燕庶人泣曰。吾兩上書矣。而不見報。親王下天子一等。吾何求哉。直自救耳。得成還。口報上。怒其辱命。囚之。已乃釋。

七月甲子朔。壬辰。蘇州府通判徐宗實署兵部右侍郎。

都督平安出兵二十萬。次單家橋。奪北餉。遣沒者五千渡河。與都督盛庸合攻德州。復之。燕將陳旭遁。

八月癸巳朔。承天門災。詔求直言。禮部尚書陳迪言淸刑獄。卹流民數事。戶科給事中陳繼之請捐公私逋負。江南僧道多占腴田。蠶食百姓。宜限給之。皆見採納。

癸卯。改承天門曰皐門。端門曰應門。午門曰端門。謹身殿曰正心殿。改大學士爲學士。華蓋文華武英正心殿文淵閣各學士一。各殿增待詔典籍。革東閣大學士。

乙巳。增翰林院承旨一。學士一。省侍讀侍講學士。置文翰文史二館。改中書爲侍書。隸之。

石首楊敬爲修撰。孫子敬爲檢討。歸州梅遇春爲左春坊左司諫。國子助教漢川胡灝爲檢討。

戊申。遣都督陳暉率兵援濟南。

燕庶人聞德州破。引濟南之師還。時攻圍三越月。力竭終不克。鐵鉉出戰。北師大亂。遂去之。參軍宋徵說鉉曰。濟南天下之中。北兵南來。其留守北平者類老弱。且營薊趙深初定。人心易搖。郭布政資輩皆書生。大參公誠出奇兵。由深趙道廣平。抵眞定。諸將散亡者稍稍收合。不數日至北平。其間豪桀起義者。大參公便宜權署戎階號召之。共圖北平。北平破。北師惶駭內顧。將散而歸。徐沛間風氣悍激。項羽朱溫皆徐產也。大參檄顏知縣鼓倡義勇。合南軍征進者。俟彼歸。晝夜躡之。大參館穀北平。休養士馬。以佚待勞。彼至迎擊。使腹背受敵。大難旦夕平耳。鉉雖善之。而餉盡于德州。守卒久疲。南將多駑材。無可恃。不如固守濟南。以牽彼師。使江淮有備。彼不能越。歸道出濟上。吾邀擊之。全勝計也。遂不果從。既卻燕。諸郡縣皆復。兵勢大振。捷聞。進鉉山東左布政使。

有功官軍姜貴等五十四人陞賞有差。時死傷俱不獲賞。貴等亦賞不酬勞。軍中怨望。鮮鬬志矣。

談遷曰。燕之于濟南。不遺餘力矣。時遼左楊文。紫荆房昭。單橋平安。能乘其遠攻。竟擣北平。而中道邀其歸路。燕之危若朝露。乃彼此觀望。餘三月。其勢莫敢先動。倘謂國有人哉。鐵鼎石不用宋參軍之計。猶孔明不用魏延也。行之非難。行之而非其人焉爾。惜哉。

翰林侍讀學士方孝孺改文學博士。

九月庒朔。辛未。召李景隆還。左都督盛庸爲平燕將軍總兵官。右都督陳暉平安爲左右副將軍。馬溥徐眞爲左右參將。北伐。景隆還朝。黃子澄練子寧慟哭請誅之以謝祖宗厲將士。不聽。景隆闚機以應燕。故其戰不力也。

辛卯。赦流放官。錄其子孫。

十月庒朔。平安次定州。與燕將陳亨戰韡山。斬之。徐凱陶銘次滄州。盛庸次德州。相犄角以困北平。燕庶人以滄州新築。凍土易敗。可襲而下也。佯令曰。攻遼東。至通州。循河而南。或曰。征東何南也。燕庶人曰。夜有白氣二道。自東北指西南。占書曰。利南。乃自直沽疾行三百里至滄州城下。掩擊之。凱銘倉卒戰敗。遂破之。凱及都督程暹都指揮俞琪趙滸胡原李英張傑將校百餘人皆被執。降軍數萬。北還燕庶人爲殿盛庸堅壁待師過襲之不克

山西清遠衞卒羅義扣燕投書請罷兵。復詣闕上言。天子當篤親親。厚諸父。已北征之役。上不悅。下之獄。

辛亥。復置御史府照磨所。

十一月醉朔。定京官還家程限。

壬申。燕庶人掠景州。次臨淸。尋移軍館陶。取糧焚舟。至冠縣。向東平。

十二月醉朔。盛庸軍東昌。先鋒孫霖以五千人營滑口。燕將朱榮劉江襲破之。執都指揮唐禮。遂至東昌。

乙卯。盛庸鐵鉉等椎牛享士。背城而戰。前其火器精兵。燕庶人突入其左翼。不動。衝其中堅。傷于礮弩。燕軍大

亂。適平安兵至。麾旗大戰。斬燕都指揮張玉。燕騎有解甲降燕。燕庶人幾不得脫。朱能等奮擊我東北。燕庶人從西南易服潛遁。我軍乘勝斬首萬餘級。大破之。燕庶人間道還北平。盛庸檄眞定滄德諸將邀歸路。竟不及。是役也。盛庸鐵鉉簡銳悉力。遂大捷。燕庶人數危。知朝廷不欲死之。時獨身殿諸將。短兵接。莫敢加。故得免。先是僧道衍曰。師且捷。費兩日耳。及敗。曰。臣固已言之。昌于文兩日也。此後全勝矣。

王世貞曰。東昌之戰。盛庸于耿李累敗之餘。而能鼓率諸將士以取勝。可謂奇矣。若眞定之師能協力邀擊。事未可知也。以後雖數角數不利。然至京師已下。而尙能軍。亦一時巨擘。惜少一死耳。而卒不免。亦何益也。庸在洪武中爲都督。而戰功不甚著。史僅載冊其女爲周郡王有爌妃。當是修史者削其實耳。

高岱曰。成祖用兵如風雷迅忽。人不可測。如鬼神之變化。出沒不常。令人不知所備。方景隆以大軍駐德州不進。則往襲大寧。誘至城下而還師破之。所謂致人而不致于人也。其攻大同。景隆以師往救。則不與交兵而由井陘還北平。所謂敵佚而能勞之也。及欲取滄州。則陽言攻遼東以怠其軍心。所謂攻其不備也。料事料敵。卓有成算。分合遲速。動合古兵法。蓋其驍捷似唐太宗。而機權變化。漢高帝以下所不及也。及東昌之敗。罪己勵衆。褒死錄功。使肝腦塗地之家。不惟不怨懟其上。而且仇敵雪恥。此皆高世之能。帝王鼓舞豪傑之術。豈區區景隆輩所能禦哉。雖然。亦天命之所在也。當時在內如徐輝祖。在外如鐵鉉。皆可以當元戎之任。總北伐之兵者。乃棄不用。而用一景隆。暨其敗也。又不加誅焉。夫景隆不但才不任將。且觀望持二心。故逗遛退縮。雖有平安瞿能之勇。竟無寸功。而黃子澄以文武全才薦之。何悞甚耶。大抵天有所興。必有所悞。故曰。成祖之靖難。建文之不終。皆天也。非人之所能爲也。

置威武中衞。

國子助敎王紳卒。紳字仲縉。翰林待制褘之子。聰敏能文。走雲南求父遺骸。泝滇南慟哭。紀薦修實錄。年四十一。有繼志齋集三十卷。
監察御史鄒瑾爲大理司左司丞。
都督李文兵潰于德州。文欲合鐵鉉復眞定。燕將張武率精騎自長蘆搗德州。文不戰而潰。

辛巳建文三年
正月辭朔。凝命神寶成。上在儲。夢帝致寶。既卽位。得青玉于雪山。方二尺。質理溫栗。琢之。文曰天命明德。表正萬方。精一執中。宇宙永昌。至是告天地宗廟。御奉天殿受賀。
燕庶人還取任丘威縣眞定。都督平安遣兵邀擊之。不利。
燕將譚淵破獻縣。知縣向朴死之。朴慈谿人。時獻當兵衝。無城郭。朴選民兵。激以義勇。衆寡不敵。被執以死。
乙丑。燕人克深州。平安復遣擊之。不利。遂攻德州。
詔舉文學之士。山陰唐愚士爲翰林院侍讀。
戊辰。燕兵入蠡縣。南兵號三十萬。將進攻。燕將朱能王眞掩擊之。不戰而潰。
辛未。上南郊。還宮受賀。
壬申。宴羣臣奉天殿。羣臣賦詩紀成頌天下。
燕兵破武邑棗强諸軍。出我不備也。深州丘縣威縣諸寨兵皆沒。
丁丑。享太廟。告捷。
召復齊泰黃子澄官。
二月甗朔。己酉。燕庶人出保定。時平燕將軍盛庸軍二十萬次德州。吳傑平安自單家橋進屯夾河眞定。北進。

乙卯。進禮部尚書陳迪太子少保。

大理司少卿汪善聞良輔。調河南湖廣肅政按察司副使。

鎮江知府薛嵓。左補闕胡閏。爲大理司左右少卿。

三月𢅥朔。辛未。盛庸兵至單家橋。

己卯。盛庸營夾河。

辛巳。燕庶人緣滹沱去盛庸四十里而舍。庸堅壁以待。燕兵掠之不動。燕兵退。庸以千騎追之。燕萬衆相薄。庸督西涼都指揮使莊得等力戰。斬燕都指揮譚淵董眞保等。燕小卻。燕庶人以勁騎掩我後。殺傷相當。迫莫各還壁。燕庶人以數十騎傴庸壘而宿。凌晨鳴角徹營而去。諸將莫敢發一矢。

壬午。會戰自辰及未。疲坐地息。起復戰。忽東北風起。塵蔽天。南軍咫尺不相見。燕乘風橫擊。都指揮使莊得張能楚智力戰死。我軍大潰。失亡十餘萬。燕追及滹沱河。盛庸還德州。初將士恃東昌之捷。輕敵。盛飾衣甲。謂役不再舉矣。竟飽北橐。都督吳傑引兵至。聞盛敗。復還眞定。

甲申。平安擊燕兵于單家橋。擒其將薛祿。祿逸去。復戰。陳暉不相援。遂敗。

閏三月賡朔。乙未。燕人掠眞定。吳傑移軍滹沱河。燕人騎渴上流。步卒輜重從下渡。傑移營藁城。燕人夜趨之。諸將以日不利。燕庶人曰。拘小忌者誤大謀。

己亥。吳傑平安列方陣于藁城。燕攻其東北。火器毒弩矢石如雨。燕牙旗集矢如蝟。平安登樓車望戰。見其軍勝。鼓之。燕庶人趨之。平安下樓車而走。會大風起。發屋拔樹。我軍亂。都指揮鄧戩陳鵬等被執。失亡六萬餘人。傑等還眞定。

朱鷺曰。諭誡已足藉敵。風沙又佐敗焉。于人爲亂命。于天爲祐逆。天人搆厄。其可振乎。

燕人徇順德廣平大名。皆陷。

復謫齊泰黃子澄。諭燕罷兵。燕庶人上書曰。臣聞虞舜首去四凶。殷湯改過不吝。帝王之盛美。萬世所師法也。臣奉藩二紀。不敢違越。奸臣齊泰黃子澄。懷莽操之逆圖。志傾宗社。造滔天之釁。剪藩輔之親。屢削諸王。次及于臣。欲陷臣家。並置死地。臣瀝懇號天。天聽甚高。古云大杖則走。陛下所以杖臣大矣。以兵自防。非臣得已。上賴天地宗廟。鑒臣衷誠。憫臣非辜。大軍見臨。輒自摧衂。臣不敢爲喜。輒用傷悼。誠念皆皇考之民。橫被奸臣驅之白刃。彼實何辜。是以夙夜控籲天地祖考之靈。冀開聖明。助震威斷。比聞二奸皆已竄逐。臣之一家。鼓舞更生。臣下令三軍將士。天其悔禍。可以釋憾。三軍將士。且恐且喜。合慮同詞。前告于臣。二奸雖逐。大兵未退。名爲格佞。實用弛謀。亦人事之或然者也。臣恐陛下未推豚魚之孚。尙惑獘棘之聽。此非獨撤其藩籬。抑將傾夫堂室。莽操之事。前鑒甚明。惟陛下力斷行之。書至。文學博士方孝孺侍中黃觀曰。燕終不罷兵矣。暑雨方沴。燕軍久住大名。不戰自困。永北二平。燕根本地。若密調軍士爲攻擾之計。陽示報書。往復間度二三月。號令旣集。燕且歸援。我大軍可躡其後矣。上曰。善。

丁未。徐王府賓輔史仲彬還自山東。見上文華殿。曰。夾河之役。非戰之罪也。盛庸智深勇沈。當今將略爲第一。至西涼都指揮使莊得張能楚智百戶平元。斬將搴旂。力戰以死。宜加恤典。燕王用强恃壯。親掠我陣。幸庸結陣甚堅。屹不可動。復以數騎逼營。鳴角穿營而去。蓋恃毋殺叔父之命也。軍中多謂皇上失之太仁。上曰。奈何。已有是命。不可反也。默然者久之。更奏密事。上叱左右無泄。

命大理司卿薛嵓往赦燕庶人罪。嵓至燕軍中。曰。皇帝使啓大王。釋甲還燕。南謁孝陵。朝至莫收軍矣。燕庶人曰。嘻。是不可紿三尺兒。而指諸將曰。有丈夫者矣。因連營列隊。馳射觀之。遣嵓還而語之情。嵓還報。上曰。然。誠如卿言。曲乃在我。

談遷曰。斬晁錯以謝七國。攘齊黃以款北平。今昔之謬。如出一轍。天方授燕。卽函齊黃首致之。曷益哉。李得成甫歸。薛嵒繼往。一而再。再斯褻矣。興師百萬。而猶思假酈商陸賈之口。疇爲信之。固不竢其逆命也。

禮制成。頒天下。

翰林侍讀唐愚士卒。愚士山陰人。父肅。國初翰林應奉。謫死臨濠。葬訖。求父遺文。荒郵敗壁。高崖斷石。靡不探錄。愚士善文。贍蔚有俊氣。尢工詩。上欲集經史中治亂昭鑒戒。方孝孺薦愚士同纂。拜侍讀。年五十二。所著萍居稿文斷諸書。

四月紀朔。燕人攻順德城。不克。

都指揮吳玉擊燕人于新城。敗績。

五月玘朔。甲寅。燕軍餉大名。盛庸平安出兵扼其道。不克。

燕人使燕山衞指揮武勝上書曰。有詔解兵。吳傑等復倍先發也。上覽之曰。燕王朕叔父。奈何須兵哉。方孝孺對曰。兵戢難張也。若燕不罷兵。長驅犯闕。胡以禦之。遂下勝錦衣獄。尋斬之。

刑部左侍郎王艮以問燕府人未滅。左遷。降浙江肅政按察使。

六月牫朔。辛酉。燕庶人遣別將李遠等南掠沙河徐沛餉道。

壬申。燕人李遠至濟寧。領五千騎。衣裝如南軍。入沛縣。大焚漕舟。河沸。魚鱉皆浮死。軍興以來。資糧仰給徐沛。至是告竭。

壬午。都督袁宇以三萬人邀擊李遠。中伏大敗。

殺觀海衞指揮使張壽。以被酒言觸時事。坐妖言死。

太僕寺少卿祝孟獻市馬朝鮮。

七月孩朔。燕庶人侵彰德。都督趙淸禦卻之。時日掠樵採。城中乏薪。析屋而炊。因招淸降。淸謝曰。殿下至京師。第片紙召。不敢不至。今守朝廷封疆。其敢棄君之命。燕庶人善之。緩其攻。

癸巳。燕人克彰德之蟻尖寨。于是順德大名衛輝皆降。惟保定未下。遂專意山東。蟻尖寨。林縣西北四十里。卽倚陽山頂也。周八十里。

平安自眞定向北平。軍于平村。燕庶人使劉江還戰。江傳砲不絕。聲言大軍且至。安兵駭走。被殺數千。

初。燕世子與季弟高燧居守。郡王高煦從軍。高煦高燧弗恭于世子。內臣黃儼亦數相與短世子于庶人。方孝孺門人林嘉猷嘗在燕邸。知之。于是孝孺曰。師老矣。漕道又絕。臣聞燕父子兄弟可間也。間世子。燕庶人必疑。疑必歸北平。燕不得爭中原。而我師通漕。襲其後。此一策矣。因爲上具道世子可間狀。乃使人函世子書。書至。世子勿發。封致燕庶人軍中。高燧果令儼馳見高煦。共短世子。語未旣。世子之函書來。燕庶人驚曰。幾殺吾子。

朱鷺曰。誘子却父。殆所謂急而走險者耶。亦不念先以逆敎天下與。幸而無成。成亦羞萬世。孝孺生平以正學自遇。動軌聖賢。何相背之戾也。仲尼曰。顚沛必于是。難言哉。

安陸侯吳傑降南寧衛指揮使。

壬寅。大同都指揮房昭引兵入紫荆關。狥下保定諸邑寨。號召義勇。承制版授指揮千百戶。進據易州水西寨。寨險峻。集兵糧。刻期進攻北平。燕人卽旋師還援保定。

高岱曰。盛庸吳傑輩率數十萬之衆。盡力禦之。不能少回成祖之駕。而房昭一出紫荆關。卽班師。此孫臏致龐涓之策也。觀其命劉江還鎭北平。則所忌者不在相持之地。而恆恐南師乘間以擣根本之虛。諸將爲此策。亦有見也。特失先後之權。而不中事機之會耳。方成祖與庸等相持勝負未決之日。若使房昭出紫荆。楊文出山海。以擣北平。而庸等又以大兵綴成祖之師。使不得還救根本。豈不危哉。今德州眞定之兵屢已摧敗。而遼東大同之衆又復不相應。楊文敗歸。房昭始出。及成祖之還也。眞保之將。不以大衆連兵而徒偏師赴援。盛庸在德州若罔聞知。成祖乃得以從容破敵。撫定根本。雖天命之有在。豈非人謀之不臧乎。

增欽天監五官監候一。

都昌知縣俞貞木卒。貞木吳人。薦授樂昌令。改都昌。

甲寅。詔限僧道田人五畝。餘賦于民。

定銓選法。

八月丁巳朔。燕庶人渡滹沱河。

戊午。克保定。留大將孟善守之。

平安敗燕將李彬于楊村。

御史府僉都御史程本立爲江西按察副使。

丙子。眞定總兵吳傑遣都指揮韋諒以萬人援房昭。入水西寨。

丁丑。燕庶人聞韋諒至。曰。昭得諒兵糧益難下也。率三萬騎遽圍之。遣別將朱榮圍定州。

癸未。省各布政司參議各一。

老撾宣慰使入貢。

放還不識字人才及少年。

九月丁亥朔。置沛豐衞軍民指揮司。集民兵五千人築堡備禦。

燕人解水西之圍。專攻定州。時房昭堅壁不能下。

都督平安敗燕將。進攻北平。不克。還次眞定。

倭寇浙東。

戊子。詔北方衞所幼弁赴南衞優給。

十月丙辰朔。丁巳。平安遣都指揮花英鄭琦以三萬人援水西寨。燕庶人自定州馳還。戰齊眉山。襲英後。大敗之。都指揮王恭指揮詹忠等俱被執。房昭韋諒脫走。棄水西寨。

燕庶人還北平。

定州陷。燕將朱能軍西嘉山。都督陳暉戰敗。失定州。倒馬玉門諸關皆降燕。

徙慶王㮵于寧夏。

十一月乙酉朔。遼東總兵官都督楊文以萬人攻燕永平。守將郭亮禦之。不克。遂掠昌黎。燕使劉江救之。文敗績。指揮王雄等七十一人皆被執。

兵部右侍郎徐垕招集兩浙義勇。

北虜通燕寇鐵嶺衞。殺百戶彭城。

皇少子文圭生。

迤北可汗坤帖木兒死。鬼力赤爲可汗。

十二月乙卯朔。太祖高皇帝實錄成。

燕庶人復出北平。

丙辰。燕人據西山寨。敗眞定游兵。

置神武中衞錦川衞。

立鎭淮衞于盱眙。

命駙馬都尉梅殷鎮守淮安。殷有謀能騎射。太祖甚任之。末受顧命。在淮安悉心防禦。

燕人焚眞定六縣軍餉。

詔奉使中官毋得外橫。國初約束中官。不得與士民交易。至是頗暴橫。許所在有司械送京師。于是中人奪氣。密謀北歎。約直搗京師爲內應。燕庶人然之。始不返轍。初燕雖屢勝。攻城克邑。旋下旋失。鏖戰三年。才據北平保定永平耳。

遼府紀善程通爲左長史。

戶科試給事中龔泰爲禮科都給事中。

右副總兵平安帥遼東兵十萬圍燕通州。不克。及燕人大戰九城門。敗績。

左軍都督僉事徐眞右軍都督僉事馬溥充參將。率偏師北進。

國榷卷十二

壬午建文四年

正月甲申朔。召周庶人橚于蒙化。居之京師。

命魏國公徐輝祖領京衛軍援山東。

都督平安復攻通州。不克。

燕庶人使都指揮李遠朱能覘南軍德州。都指揮葛進率萬衆渡滹沱河。值李遠。敗于藁城。奔還眞定。

都指揮賈榮與燕將朱能戰衡水。敗績。

燕人由館陶渡河。至東阿。拔之。

戊戌。陷東平。指揮詹璟被執。吏目臨海鄭華死之。華洪武丁丑進士。授行人。建文中謫。至是力疾戰死。年三十。

庚子。燕人克汶上。執都指揮薛鵬。遂攻濟陽。國子生高賢寧作周公輔成王論射城外。竟陷。後被執。欲官之。賢寧固辭。遣歸。

燕人駐沙河。盡掠南餉。

庚戌。燕人攻沛縣。守備指揮王顯迎降。知縣廬陵顏伯瑋自經。伯瑋年五十。子有爲亦自刎。主簿唐子淸典史黃謙被執不屈死。

晏璧曰。古語云。謀人之軍。師敗則死之。謀人之邦。國危則亡之。若伯瑋以藐然之躬。寄百里之命。其平居素志已定。視死如歸。賦詩述懷。其賢于人遠哉。

羣忠事略曰。嗚呼。伯瑋才足以折衝。死足以善道。且能使其子與僚屬皆殉焉。是豈偶然也哉。

置四川英武前衞。

國子祭酒張顯忠爲工部右侍郎。

燕人至徐州。守將堅壁不出。燕人使軍辱之。二日。守將怒。渡河追北。兵。燕人馳斷其歸徑。皆潰。

二月⿰貝甲朔。癸丑。諸軍追燕人何福陳暉平安軍濟寧。盛庸軍淮河。

刑部尙書侯泰督餉濟寧。

蘇州知府姚善起兵入衞。

始置京衞武學。

丙寅。榜征討功于德州。陞賞有差。

己卯。更定品官勳階。尙書曰特進資政上卿。侍中曰資政卿。侍郎曰資政亞卿。郎中曰資政中大夫。員外郎曰贊政中大夫。給事中曰嘉政中士。

三月⿰車甲朔。燕人攻宿州。右副總兵都督平安以四萬騎躡之。燕人伏二萬騎于淝河。

壬辰。燕庶人至渦河。令白義王眞劉江與平安戰。佯卻引之入淝。伏起。平安轉戰。圍王眞數重。創之十餘。創。眞自刎馬上。平安遇燕庶人于北阪。矛幾及焉。胡騎指揮火耳灰矛距庶人十步之內。燕將童信射斃其馬。被擒。弁哈三帖木兒。平安大敗。初戰之夕。燕庶人夢厄于平安。有白馬將自西馳斷安馬足。問之曰。臣莘之神也。平安駐宿州。燕人斷徐州餉道。

燕人陷蕭縣。知縣仙居鄭恕死之。恕工詩能書。聚徒談經。薦署昌國訓導。轉蕭縣。死年五十六。後追僇其家。妻女入浣衣局。

鍾士懋曰。吾鄉有鄭本忠先生者。治尚書。能賦詩。工字畫。好古博雅。一室蕭然。學徒數十人。今年秋。明州新守聞其賢而貧。署之爲昌國縣訓導。夷攷其時。正建文間。按死難間有蕭縣知縣鄭恕本訓導陞授者。豈卽本忠與。若恕字本忠于義爲協。然未敢必其然也。庸書附于此。

遣監察御史曾鳳韶使北師。不報。

四月癸朔。甲寅。平安軍小河。亙十餘里。翼張而東。燕將陳文橋河街守之。都督總兵何福引兵循河而東。值燕庶人。騎斬文。奪所守橋。燕將張武突出林間。與庶人合。乃擊卻南軍。南軍據橋南。北軍據橋北。相持累日。時燕連喪王眞陳文。頗喪氣大懼。會魏國公徐輝祖援至。北軍大懼。

甲戌。魏國公徐輝祖合何福平安擊燕人于齊眉山。大破之。初戰自午至酉。兩軍相當。輝祖斬燕蔚州衞千戶李斌等十餘人。會大霧。還營掘塹。官軍再捷。勢大振。

乙亥。燕將皆懼。說庶人曰。軍深入矣。暑雨連綿。淮土蒸濕。恐有疾疫。小河之東。平野多牛羊。二麥將熟。若渡河擇地休士息馬。觀釁而動。可持久也。庶人曰。兵事有進無退。勝形成矣。而復謀退。士不怠乎。公等所見拘攣耳。朱能曰。諸君勉矣。漢高與項王百戰百不利。而帝業克成。今僅一不利耳。而遽旋旆者。何也。且旆一旋。可復至此耶。庶人意決令曰。欲渡河者。恣公等所之自是諸將不敢言還。時庶人不解甲數日矣。南軍樹砦相慶捷鬪。

廷臣有曰。燕且北矣。京師固不可無良將。上遽召輝祖還。

陳建曰。兩敵相持。貴進忌退。朱能勸進。而輝祖召還。南北成敗之機。亦可以覩矣。

遼東諸將圍燕保定。積四十日。不克。乃還。

都督韓觀兵次保定三臺。北兵次小保定。逆戰大敗。觀軍復還戰。敗績。

丙子。何福諸軍次汴河。及北兵大戰。敗績。師潰于洪塘。無援。引兵會平安于靈璧。

丁丑。平安軍靈壁以六萬人爲方陣。裹餉護行。燕兵遮之。平安突至。殺北軍千餘。矢如雨。燕庶人麾兵斷南軍爲二。南軍大敗。何福出壁。與平安共殺傷北軍。北軍乃卻。而高煦伏兵起。庶人還戰。福大敗。盡得南餉。福入營壘。門私令士曰。旦聞炮突圍出。就糧于淮河。

庚辰。北軍舉炮三攻營。何福軍謂信砲也。爭開門遁。已知爲北軍。皆大亂。指揮使宋瑄戰死。何福走。都督平安、陳暉、馬溥、徐眞、都指揮孫成等三十七人。監軍禮部左侍郎山陰陳性善、大理寺丞萬安彭與民、欽天監副劉伯完、指揮王賫等百五十餘人。皆見執。降數萬人。獲馬二萬。庶人縱性善等南還。性善衣朝服投河死。彭與民慙憤。裂冠裳棄去。庶人謂平安曰。淝河之戰。公馬不蹶。何以遇我。曰。纍臣不佞。致效鉛刀。庶人曰。壯士。陳暉中道逸去。不知所終。宋瑄西寧侯宋晟長子。永樂中瑄子本宜嗣。以惡瑄。乃侯瑄弟琥。陳性善洪武己丑進士。授行人。進翰林檢討。初劉基卒。子璉上觀象玩占命錄之諸生。懼太祖威嚴。臨書手戰。性善獨安雅莊楷。久之。超禮部左侍郎。永樂初追僇其屍。家徙邊。彭與民貢太學。授兵科給事中。遷大理寺丞。

吐蕃寇保寧千戶所。陷之。

辛巳。燕人敗韓觀于安州。

遼東兵至直沽。遇燕將宋貴等。邀擊大潰。

燕兵日南。兵部尙書齊泰請調遼卒十萬。合濟南兵絕其後。竟潰散。無一至濟南。

燕兵陷徐州。

燕兵陷宿州。宿賫糧頗盛。北兵奪據。南軍不戰而潰。

五月。樸朔。山西布政司理問徐讓、孝義縣丞衞健初應募。賫書往燕。不答。還朝。並授衞鎭撫。後健守金川門戰歿。讓亦巷戰死之。

己丑。燕庶人至泗州。指揮周景初以城降。庶人曰。不戰而降。何德也。景初曰。泗有神。民禱焉。曰降吉。其日。謁祖陵。

壽州千戶劉源以城降。

辛卯。燕庶人渡淮。初盛庸軍淮南。庶人軍淮北。使士艤舟編筏若渡者。潛遣丘福朱能等濟淮而西。鼓出盛後。庸軍大驚。走盱眙。遂陷。守淮兵部主事應城樊士信死之。後夷族。士信洪武己丑進士。

燕兵據鐵裹寨及韓觀軍。戰大敗。

丙申。遣京衞官軍防江。

戊戌。燕兵次三河。諸軍迎戰。敗績。

己亥。下揚州。指揮王禮通燕。而露。指揮使鄧崇剛監察御史東平王彬下之獄。禮購千戶徐政張勝等。縛崇剛及彬。並不屈死。江都知縣張本開門降。初燕庶人渡淮。至盱眙。議所向。或先鳳陽。趨滁和渡江。或先淮安。自高郵達揚州。庶人曰。鳳陽城堅。且震驚皇陵。淮安雄鎮。未易下也。不若直趨揚州儀眞時鳳陽知府鄞縣徐安。毀浮橋。斂舟拒守。駙馬都尉梅殷都督孫岳鎭淮安。備禦甚嚴。庶人請假道進香。殷叱曰。進香皇祖有禁。宜遵不宜悖也。割使人耳鼻。留其舌。還報。庶人畏惡之。後獲一漁舟。乃鄞人陳仲禮也。始渡河。後授仲禮寧波衞指揮使。竟趨揚州。

壬寅。燕人次高郵。指揮王傑降。以黃旂入城招諭。軍民皆降。通泰諸州咸潰。遂底江北。

詔曰。燕禍日深。旦夕犯闕。中外臣民文武吏士。宜剋日勤王。不忘爾報。詔下。臣民聞之。無不慟哭。

遣禮部右侍郎黃觀刑部右侍郎金有聲工部右侍郎張顯宗翰林修撰王叔英等分道徵兵。齊泰黃子澄亦出募。

文學博士方孝孺曰。事急矣。許之割地。猶可以待勤王之師。乃遣慶成郡主往見燕庶人。庶人哭曰。忍心至此乎。我父陵土未乾。我兄弟頻見殘害。讒臣之言。如漆投膠。懿親之言。如水灑石。今日之來。豈得已哉。郡主亦泣下。因問曰。周王安在。曰召還矣。未爵也。齊王安在。曰猶囚。庶人噓唏不勝。郡主徐述上旨。庶人曰。凡所以來欲得奸臣耳。皇考所分吾地。尚不能保。何望割也。

蘇州知府安陸姚善。寧波知府日照王璡。徽州知府莆田陳彥回。松江同知周繼瑜。樂平知縣龍泉張彥方。前永清典史武昌周縉。各糾衆勤王。命姚善兼督蘇松常鎮嘉興義兵。彥方至江上。値燕游騎死之。縉字仲紳。歲貢。多文學。授典史。居官廉謹。既起義。度不支。佩印南奔。聞繼母喪。還家喪畢。糾義旅勤王。治具略備。亡何南師熸。匿民間。逮之獄。戍興州。居數年。子代返里。屏跡。年八十。

燕兵次六合。諸軍禦之。敗績。

燕兵克儀眞。儀眞屯兵十餘萬。舳艫蔽江。燕縱火焚之。

甲辰。諸軍至骷髏灘。値燕。大潰。

徽鳳陽諸郡種馬赴京。至大柳樹驛。燕掠取之。

衡府紀善周是修。靖江府直史蕭用道上書論大計。

命曹國公李景隆守金川門。黃子澄等言其不可。不聽。

六月癸丑朔。燕庶人至浦子口。盛庸等迎戰。大敗之。庶人亦欲割地和。次子高煦引胡騎至。大喜。遽起拊其背曰。勉之。世子多疾。如得天下。以若爲嗣。盛庸軍緣江上下。待於高資港。

乙卯。燕庶人渡江。高煦先登。庶人麾精騎繼之。庸軍大敗。追數十里。都督僉事陳瑄以舟師降。

鎭江指揮童信叛降燕。遂入鎭江。鎭江人望見海舶之黃幟。曰海濱應矣。則皆降。兵部侍郎盧江陳植督師江上。廑下議降。植以大義責之。都督金某殺植邀賞。燕庶人立誅之。命殮植。遣葬于白石山。宗人懼禍。無會葬者。

周暉曰。太祖順流自采石取金陵。成祖逆流自儀眞入金陵。長江險矣。而江防爲要。宋人之言曰。屯兵據要在于江南。而挫敵取勝。多在于江北。

庚申。燕庶人進次龍潭。上大懼。方孝孺曰。今城中勁兵二十萬。城高池深。糧食充足。尚可以守。請下淸野之令。城西南隅崩。築未竟。又崩其東北。孝孺曰。終無如割地。郡主。婦人耳。若使大臣往。或庶幾焉。今天下惟蜀王不背朝廷。其地四塞。令決一死戰。不利則收士幸蜀。萬一可圖也。上乃命曹國公李景隆兵部尚書茹瑺都督王佐往北營。景隆等至。伏地頓首。庶人曰。勤勞公等。有言乎。景隆稍述及割地事。庶人笑曰。公等游說耶。初吾無過。輒坐大不韙削奪之。今救死不瞻。曷以地爲。吾故有地矣。凡所以來。爲奸臣耳。景隆還報。

癸亥。上復遣谷王橞安王楹等詣燕庶人營。曰。奸臣逐矣。執而得之。且用釁鼓。庶人見諸王。涕泣相勞。竟曰。欲得奸臣。諸王還報。上會羣臣慟哭。或勸幸浙江。或曰不如從湖湘入蜀。方孝孺請堅守待援。議不決。乃遣魏國公徐輝祖開國公常昇分道禦戰。

甲子。出蠟書促勤王兵。燕盡獲之。軍薄都城。左都督徐增壽謀爲應。大理寺丞鄒瑾監察御史魏冕知焉。與同官十八人毆增壽殿前。呼聞大內。上拘增壽禁中。

乙丑。燕庶人至金川門下。谷王橞從城上望見燕鉦鼓。與曹國公李景隆開門迎入。庶人馳千餘騎衞周齊二王。周王曰。吾死矣。曰。燕王之騎兵也。乃喜。入見拜且哭。庶人亦哭。已並轡握手登樓相慰藉。門卒崑山龔翊慟哭去之。京師大譁。刑部主事扶溝劉原弼以家人巷戰死。百戶平元拒戰。力竭死。兵部左侍郎滎澤邊昇率兵拒之。被獲不屈死。上恨徐增壽。手劍誅于左順門。幷欲誅李景隆。不果。徘徊無所出。乃火其宮。馬皇后自燔死。庶人望宮燄。使中使馳救不及。還白。庶人哭曰。小子何騃。吾來輔國耳。蓋宮人指皇后屍謂上也。而上急時欲自殺。翰林編修朝邑程濟曰。臣逆知有今日也。爲今計。莫若出亡。臣素習術。往南方其免。太監王鉞曰。太祖遺篋藏奉先殿。云濱大難發之。及啓視。皆髡緇之具。度牒二。白金十鎰。上曰。數也。因大慟。羣臣亦哭。兵部侍郎廖平進曰。功莫大于存嗣。臣請保太子。上急命太子出拜平。潛出之。羣臣多願從亡。程濟曰。多人不能無生得失。因薙上髮。牒名應文。吳王敎授楊應能。監察御史松陽葉希賢。亦薙髮。牒書應能應賢。濟易黃冠。尚書張紞御史曾鳳韶哭曰。臣頃卽以死報陛下。上手麾去之。同程濟及中書舍人定海梁良用潛出西華門。沿河得空舠。良用鼓枻抵南門。舍舟易塗。良用哭曰。臣從此別矣。遂赴朱雀橋水死。良用與中節良玉田玉同族。八人同仕于朝。而赴水死者五人。上潛出聚寶門。乘月之神樂觀。宿道士王昇所。詰旦。楊應能。葉希賢。刑部右侍郎貴池金焦。翰林修撰松陽吳成學。編修三原趙天泰。濱州知州南康蔡運。中書舍人定海郭良郭節梁中節梁良玉宋和。刑部司務黃巖馮漼。侍中常州黃直。欽天監正襄陽王之臣。刑部郎中定海梁田玉。指揮杞縣王資。鎭撫沅州牛景先。杞縣劉仲。翰林院待詔浦江鄭洽。徐府賓輔吳江史仲彬。太監海州何洲周恕。俱至。諭。今後稱師弟。分竄。約後會。而楊應能葉希賢程濟日夕相依。往來諸名勝。吳成學蔡運馮漼趙天泰梁田玉史仲彬。則郵致衣食者也。程濟與師終始。楊應能葉希賢俱從游浪穹。壬辰三月。應能卒。四月。希賢卒。從亡朝夕不離于側。並葬于浪穹。廖平襄陽人。匿太子文奎于家。妻以妹。後平家徙漢中。自隱會稽賣薪。稱曰耶溪樵者。竟與會稽山中吳成學變姓名爲僧。號雪菴。厲重慶善慶里之觀音庵。祕跡以死。馮漼隱夔州。課童子。黃直往來夔慶間補鍋。乙未八月。漼直訪師于滇南。卒于蕭寺。王之臣衣葛出走。傭莊浪會家數年死。蔡運祝髮隱會稽雲門寺。稱稽山主人。梁田玉亦薙髮。郭良梁中節俱道士服。良玉走海南鬻書。明年夏卒。王資易服爲道人。隱金華玉華山。甲申。景先卒杭州寺中。仲卒天台。金焦卒祥符。趙天泰卒蜀。鄭洽卒公安。宋和臨川人。郭節連州人。變姓名以卜筮走四方。給衣食。和稱槎主。節稱雪翁。從亡之卓然可紀者。而上出亡。宿工部尚書陝西徐貞所事覺族誅。命敎坊羣亂其妻至死。翰林檢討澤州程亨初不與從亡之約。棄家逃。夷其族。亨就郭節于連州。丁亥。省師雲南。史仲彬以宣德丁未被訐下獄死。所著致身錄與程濟從亡隨筆並傳。是以知建文帝實不沒也。

崔銑曰。建文務滅懿親。甚悖矣。尾大不掉。患可虞也。處之豈無其道。燕無不可赦之罪。誘其左右與賊其主。此兩國相傾莫之何而用之周則無故圖孤燕勢而削。夫豈九伐之正哉。齊黃誤之。希直敗之。事危矣。陽罷策臣謝過。陰令起兵于外。大根已仆。末榦胡濟。蹈拙行詐。殆同兒戲。高巍之謀不聽。盛庸鐵鉉之武略不存。李景隆之敗衂不辟。政刑蔑矣。舍滅亡何適哉。故曰。諸君死國之忠。不足贖其亡國之罪也。

鄭曉曰。予好問先達建文時事。皆爲予言建文君寬仁慈厚。少好文章禮樂。不喜任律法。操切人。比得位。得方孝孺專意行周官法度。輒改高皇帝約束。靖難兵起。不爲意。即有敗狀來聞。亦輒謂直多發兵盪平在旬朔間耳。諸大將統重兵北進者。又多懷貳心。以故成祖至江上。不戰而潰。予至建業。問之江上老人。曰。成祖乃天授。建文君何尤。

王世貞曰。建文之出奔。王文恪陸文裕鄭端簡俱詳載其事。以爲天順中出自滇南。呼寺僧曰。我朱允炆也。胡濙名訪張邋遢。其實爲我。衆聞之大驚。以聞。詔傳送入朝。衆無識者。僧曰。固也。有中官吳誠俾來驗之。亦不識也。曰。吾予汝肉。汝兩手俱有所扳。伏于地而口取之。記否。始拜而哭。命居大內。以壽終。葬西山。不封不樹。而史不及之。豈有所諱耶。薛應旂憲章錄則言正統十二年。廣西思恩州獲異僧。陞州爲府土官知州岑瑛爲知府。瑛初遇老僧于道。從者呵之不避。詰其度牒。乃楊應能也。曰。此非吾姓名。吾有所託而逃者。汝不聞金川門之事乎。云云。瑛大驚。送之京師。使尙膳太監吳誠識之。其說亦如諸公。考之史。第云正統五年。有僧年九十餘。自雲南至廣西。紿人曰。我建文也。張天師言我四十年苦。今滿矣。宜亟反邦國。命其徒淸進持詣思恩府土官知府岑瑛。執送總兵柳溥。械至京。會官鞫之。乃言其姓名爲楊行祥。鈞州白沙里人。洪武十七年度爲僧。歷遊兩京雲貴至廣西。上命錮之錦衣獄。四月而死。同謀僧十二人。俱戍邊衞。此事與應旂所紀相近。然應旂實借此而附會前說耳。其人乃楊行祥。非楊應能也。建文以洪武十八年生。距正統六年。當六十四年。不應九十餘也。是時英宗少。三楊皆其故臣。豈其不能識而僅一吳誠識之。識之又何忍下之獄而死。戍其同謀十二人也。且事發于正統五年。非十一年也。思恩故府。未聞某年陞州爲府也。大抵建文出亡與否不可知。僧臘既已深。當滅跡以終。必不作詩以取禍。亦必不肯出而就危地。所以有此紛紛者。止因楊行祥一事悞耳。

李維楨曰。帝自踐祚。日以削諸藩爲事。其時勢則然也。諸藩削必爲變。獨不思所以待之者安出乎。齊黃非鼂賈比。又謬以李景隆爲周勃。不亡胡待。夫五年爲天下共主。而廟食闕焉。至今高帝蒙其虛號。孝子慈孫。無所逃責矣。

馮時可曰。予嘗見婁江王先生。謂建文君實自焚于火。世所傳說髡緇爲僧者。謬。然歸自田州。葬于西山者。又何人耶。由二百年後臆決前事。亦難矣。予以癸未遊黔西永洪庵。僧徒皆謂建文君曾駐此三十年。又云主初來時。兩比丘與俱。未幾卽去。所謂兩比丘者。抑葉與程耶。初相從。卒相散者。豈當時物色之急。不能終捍牧圉耶。投騷而哭。志可知矣。嗟夫。君臣之義。辟之父子。厥考貿首之仇。厥子回面而改嚮。此直禽鹿視肉。寧有人理。故當死則死之。不當死則逃之。要以成其仁而已。

袁懋謙曰。成祖之起。纘高祖之緒。非仇姓也。誅亂之臣。非有亂君也。纘其緒。誅其臣而止。帝之存亡不論也。故焚宮而出。成祖曰以天子之禮葬之。知其不死而不之問。成祖之心可知也。不然者。一統之日。非不可下大索之令。遣逃之虜。亦何必崇大行之議。成祖之非有憾于姪。蓋已明示于天下。而天下莫之知耳。建文之世。紛紛制作。雖督過之以變亂先皇之舊章。妲己褒姒不列于宮。斮脛爕室之政。不施于天下。三代而下。猶中主也。變則禦之曰毋殺我叔父。至則避之曰我實爲之民。叔季之世。何必非夷齊季札也。建文誠無罪于成祖。而成祖實無憾于建文也。

郭子章曰。吾學編雌伏亭筆記俱載帝在金筑長官司羅永庵題詩壁間。予入黔。令定番州守王應昌訪其庵。在羅榮寨五里許有白雲庵。卽帝避難處也。豈誤榮爲永。誤寨爲庵耶。庵畔一井。周匝可二尺許。深半之。傳帝所濬。井中水恆雨不溢。恆暘卽千萬人飲之不涸。時有雙鯉出沒其間。久旱出輒雨。淫雨去輒晴。其應不爽。庵後有洞。亦曰白雲。外窄中廣。可坐可臥。有臺可置燈。又有隙通天光明內徹。乃帝修煉所。庵左右有杉數章。大者數圍。小者合抱。皆帝手植。前臨龍濳金剛二寺。萬山朝拱。儼然居高臨卑。帝濳此數十年。豈無意。又嘗經宿威淸衞。爲劉氏書玩略堂。御墨猶存。劉卽今指揮世爵祖也。在宇內黔爲僻。在黔羅榮爲僻。終永樂之世。不能物色之。以此。嗟乎。古今帝王出亡。無復有歸者。亡而歸。惟帝。使成祖無德昭之恨。英廟成親親之仁。亦千古一快也。

何喬遠曰。變古亂常。不死則亡。誠哉是言也。建文君卽神聖。無過高皇帝。其臣雖賢。無過宋濂劉基陶安諸長者。高皇帝立法貽謀。垂之萬世。夙興夜寐。恆如不及。使諸臣博稽典故而斷之獨思。凡治世立敎之道。蓋大備。而鑒之前古。爲子孫者。遵行其所立。維持其所廢。雖有辟王。可類前哲。建文君撊然皇祖之典刑。馳騖三代周官之治。固已遠矣。且所以變政易令者。徒區區名號位分之間。未嘗深求古先聖王精意之所存。君子之道。施由親始。周人大封諸姬。宗盟後異姓。建文君隆恩廣大。寬通之理。將使天下無一物不得其所也。而卽位半歲。周齊湘代岷死徙囚殺。豈不曰晉王廢周王遷潭王殺。高帝爲之矣。父可得之。其子者兄之子亦可得諸其叔乎。天下之事。大之足以制勝。畏之益以召敵。以釁與人。使得爲詞者。乃有國者之深弊。惜乎齊黃諸臣過謀之。建文君過聽之也。鄙人何知。天佑命者爲有德。其闔宮自焚。子弟不得終。先人血食斬焉。

非不幸矣。然而乘人之敝車者。不以折轅不救。登人之壞舟者。不以遇溺不拯。以諸君子之才。上者通經學。次亦明韜習匱。可以效攻戰。令不徇溝瀆之說。皆足附鳳攀龍。垂名後世。而前僇既酷。後烈方遒。且欲以其九牛之毛。維天地而參三光。若此者亦足見高皇帝餘敎之未衰。而建文君尊賢敬士。求仁義者之報矣。陳植以遇害得葬。李貫以不諫受詰。孝己愛其親。天下皆欲以爲子。子胥忠其君。天下皆欲以爲臣。夫諸君子者。亦文皇帝所欲得以爲臣者也。

顧起元曰。壬午之事。建文帝遜位。自鄭海鹽。薛武進皆以爲實。然至正統後。移入京師大內云云。亦載于紀傳。然予考之西山不封不樹之說。毫無彷彿。使當時果有之。于時禁網業已漸弛。于洪熙之後。何所諱而人遂不一志其處也。且以帝遜爲眞耶。龍而魚服矣。鳳而鴻冥矣。何天不可摩而飛。何地不可錮而葬者乎。孝康之祀忽諸。又何所戀戀于京師一抔土也。弇州謂正統復出之說。妄。直據史斷之。其言良爲有見。予又疑靖難師至日。搜宮捕奸。爬梳無遺。當時誰敢指后屍誑以爲帝者。紀又載葬帝以天子禮。夫禮以天子。陵寢今在何地。既不爲置陵守塚。又何云以天子葬乎。此兩說者。姑以意逆之。存疑焉可也。頃有議者曰。使帝當日端拱臨朝。引周公弼成王以待成祖。不知成祖何以處之。嗚呼。此書生輕信之談也。靖難起兵者何事。而爲若言。夫騎虎之勢。可中下耶。且成祖卽肯退而北面。而僧道衍。東平。河間之倫。亦必以天與不取。反受其咎之說進矣。若成祖因而聽之。與後漢後周之事何異。故予嘗謂建文于靖難師起。手詔軍中毋使萬世而下朕有殺叔父名。及靖難師至。潛身遠遁。又毋使萬世而下。成祖有放逐名。眞可謂三以天下讓矣。是以成祖卽大位之後。人言紛紜。不復詔天下大索者。或亦有以動其心也。如前所言。彼不見允熥等之貶死。建庶人等之禁錮乎。是其意果何爲也。而爲此迂遠之論哉。又曰。父老嘗言。建文四年之中。値太祖紀法修明之後。一切以愷大行之治化。幾于三代。一時士大夫崇尙禮義。百姓樂利而重犯法。家給人足。外戶不闔。有得遺鈔于地。置屋簷而去。燕師至。日哭聲震天。諸臣或死或遁。幾空朝署。蓋自古不幸失國之君。未有得臣民之心若此者矣。

陳繼儒曰。帝之出亡。從鬼門出。從者由水關御溝出。薄莫會神樂觀之西房。時願扈駕者二十二人。其與帝同祝髮者三人。吳王教授楊應能編修程濟稱比丘。御史葉希賢稱道人。往來道路給運者七人。徐王府賓輔史仲彬。刑部司務馮漼稱塞馬先生。時稱馮翁。稱馬公。時稱馬二子。中書舍人郭節稱雪庵。時稱雪和尚。宋和稱雲門生。時稱稽山主人。稱槎道人。編修趙天泰適衣葛稱葛衣翁。時稱天宵子。欽天監正王之臣家世補鍋。稱老補鍋。鎮撫牛景先稱東湖樵。時稱東湖主人。其他如廖平金焦王艮蔡運梁田玉梁良玉梁中節王資劉仲鄭洽何洲。各徐散四方。遙爲應援。皆革除志吾學編所不載也。嗟乎。建文帝生不望重耳之反國。沒不及田橫之王者葬。獨其竄伏崎嶇。能使二十二人者君亡與亡。君存與存。詭姓名。屏聲迹。歷萬里而不渝。誓九死而不悔。其究君與臣兩全。七尺與十族。無剮臠屠滅之慘。視黃練方鐵慷慨請死者。不更難乎。

朱鷺曰。元覆明興。若五夜之須天曉焉。天實篤生高文。以開南鎮北。繇爲永晝。而特借建文爲靖難徙鼎之端。雖有懿質。其克究乎。變祖法。削親王。起二大敵而不知收。求前得蹶。求解得屯。坐自階厲。以促厥祚。此所謂天益之疾也。傳曰。天之所壞。不可支也。建文之謂乎。不然。春秋方富。銳意太平。若不及。如建文者。眞可謂有意之主。倘其佐理得人。審機識局。易紛更以靜守。代削除以推恩。朝端無事。藩邸相安。海內化于長厚。浹于大教。雖配高世享。豈曰忝哉。胡遽喪也。天實有心。又曷咎焉。

談遷曰。金哀宗不幸時曰。自昔敗國亡家。多驕奢不道。朕不由此。而亦敗亡。爲可恨耳。建文帝眞類之矣。然遜國之後。嚴網四張。人人在刀俎之上。而白龍魚服。終脫于豫且之械。則天之報仁人。亦不爽也。王元美最博洽。頗疑遜國事。以致身錄從亡隨筆二刻晚出。未及見之耳。漢高知吳王濞有反相。豫戒之。我太祖僚髡緇以遺帝至誠如神。亶其然乎。

高岱曰。成祖之靖難。與太祖創業。其施爲次第。固自不同。太祖與羣英並起。角力而臣之。一夫未服。不可强而帝也。當時不患元祚不亡。而未知鹿死誰手。故先芟刈羣雄。削平海內。而後以混一之勢。北逐元君。如摧枯拉朽然。蓋所急在四方而不在元都也。成祖以太祖之嫡子。不得已而興靖難之師。四方人心。多所觀望。惟視金陵成敗爲向背耳。若復攻城略地。廣土衆民。必待四方之服。而後徐議根本之計。則稽延歲月。師老時變。非所謂批虛搗吭之兵也。蓋其所急在京師而不在四方。故城有所不攻。地有所不取。長驅入京師。以先圖根本。根本既定。四方豈有不服者哉。此二祖用兵。所以有先後之不同也。乃建文君之失國。則以其君之行法不斷。臣之行事不當故耳。夫國之存亡。在任得其將。將之成敗。在馭得其柄。今帷幄之算。惟務兵多。而不先于擇將。折衝之寄。各求僥倖。而不先于合謀。蓋盛庸受推轂之任。而原非禦侮之才。平安有報國之忠。而不當專閫之任。則國事之去。由李景隆壞之于先。而盛庸輩不能振之于後也。庸之罪雖視景隆有間。而其爲敗則等耳。及師已渡江。方孝孺諸臣。始欲正景隆之罪。噫。晚矣。而建文君猶不忍行法。是豈御將之權。謀國之略哉。至若齊黃。身發大難之端。而卒逃其難。罪浮晁錯矣。惟方孝孺委身殉國。始終一致。固無容議。然其初誤以景隆爲文武全才。致僨國事。及河北已失。大事已去。猶循循欲行周官。改官職。易諸殿廷名。迂亦甚矣。豈非忠有餘而才不足乎。

朱國楨曰。建文帝以世嫡承基。其臣方黃齊練。皆奇才也。在事四年。道化融洽。路不拾遺。可謂盛矣。奈何生文皇阨之。殺運未除。文之不能勝武也。而天意甚微。天心甚愛。又生程濟翼之。文之半明半滅。終歸于天定。建文卽失位失國。有文皇在。可以見太祖。文皇終以成王藉口。欲窮其往。而無奈護行之神術。自古有變事。有恨事。卽有奇事。奇莫奇于程編修矣。程濟。

錢士升曰。史翰林有致身錄。所紀建文君出亡一事。與程濟所紀稍戾。意當時所謂鬼門者。亦疑兵也。觀牛景先家得禍可見。噫。鉞之啓昇之夢。豈非皇祖之靈於昭不爽乎。仲彬不易服。不遠遯。終始周旋。以一死畢事。眞可謂能致身者矣。史仲彬。

史繼階曰。考遜國之臣。未見有史仲彬名。乃于致身錄創覩之。卽不規規從亡。然無息不與帝相左右。後先擁護。餘二十年。尋師者再四。間關左執羈靮。上師之阽危而存。瘥而旋康者。嚋力也。隨緣之錫。五住菰蘆。竟之返國以老。而二十二臣亦免剸身湛族之禍。國體所全大矣。高皇帝培養人才。以收易世之用者。其曠古一事也哉。史仲彬。

錢士升曰。昔徐偃王愛民無權。曰吾賴于文德而不明武備。及走死彭城。羣臣從之不忍去。中山君出亡。挈戈隨死者二人。雖曰得士之報。要于大誼有不可解者。若夫枕股易襆之事。君則失矣。臣亦未爲得也。趙襄子賞功。高赫無功而上賞。曰。拘厄之中。惟赫也不失臣主。噫。臣主之義。無所逃于天地之間。昔也擠爵而析珪。今也贏糧而負襆。間關萬里。荼苦遑恤。是豈得以有位無位論乎。五蛇從龍。周流天下。亦計及十九年之富貴耳。孰與程濟輩三十九年之窮老。且萬死哉。善乎宛支之臣曰。我君是事。非事國也。臣曰從君。豈曰從國。從亡諸臣。

是日。御史府署僉都御史崇德程本立。兵部侍郎滎澤邊昇。太常寺少卿襄陽廖昇。翰林院修撰吉水王艮。編修鄞縣陳忠。戶科都給事中義烏龔泰。刑科給事中閩縣葉福。監察御史襄垣連楹。永豐魏冕。大理寺丞永豐鄒瑾。聊城丁志方。工部郞中定海張安國。揚州韓節。刑部主事扶溝劉原弼。參贊軍務前軍都督府斷事遼州高巍。死之。其在任遁去者。四百六十三人。兵部右侍郎黃巖徐垕。太常寺少卿兼翰林院學士蕭縣高遜志。監察御史鉛山韓郁。海寧李貞。吏部主事仙居顧碩。進士無錫陳周。德化敎諭鄞縣豐寅初輩。稍可徵。餘堙滅多矣。其出城迎降安王楹。兵部尚書茹瑺。吏部右侍郎蹇義。戶部右侍郎夏原吉。兵部左侍郎劉儁。古朴。刑部侍郎劉季篪。禮部左侍郎董倫。大理寺少卿薛嵓。翰林侍講王景。修撰胡靖。李貫。編修吳溥。楊榮。楊溥。侍書黃淮芮善。侍詔解縉。給事中金幼孜。胡濙。吏部郎中陳洽。兵部郎中方賓。禮部員外郎宋禮。國子助教王達。鄒緝。吳府審理楊士奇。桐城知縣胡儼等俱歸附。茹瑺先伏地勸進。楊榮請謁陵後入宮。燕庶人大善之。　程本立字原道。少讀書不務章句。洪武九年授秦府引禮舍人。改周府。進長史。謫雲南馬龍他郎甸長官司吏目。諭降叛夷。薦入翰林修實錄。署僉都御史。是年改江西按察副使。未行。聞變自經。所著巽隱集。　邊昇洪武中舉明經。累官兵部侍郎。有氣節。至是拒北兵。被獲。不屈死。　陳忠字思中。洪武甲戌進士第二。授編修。素有志操。燕兵入金川門。忠死之。　王艮字欽止。建文庚辰進士第二。授修撰。方事急。約同鄉胡靖。解縉。吳溥。死難。竟伏鴆卒。　廖昇以學行名。洪武丙子由左府斷事進太常少卿。預修實錄。龍潭之敗。慟哭與家人訣。自經。　葉福建文庚辰進士。北師起。自誓必死。守金川門。有內叛者。遂自殺。　龔泰字叔安。洪武丙寅貢士。明年入太學。吏部策試第一。除戶科試給事中。建文時遷都給事中。北兵渡江。泰巡城。與妻傅氏訣。俄宮中火。泰馳赴。見執。以非奸籍得釋。自投城死。年三十六。　連楹洪武中以太學生授贊善。上美其剛正。改御史。京城陷。楹立金川門下。馳馬欲殺燕庶人。被殺。白氣上冲。尸僵立不仆。　魏冕勁直有名。宮中火起。或謂冕宜急迎附。厲聲叱之。遂自殺。　鄒瑾。洪武中嘗官重慶成都。建文中遷大理寺丞。至是自殺。後夷其族。凡男婦四百四十八人。子鄒朴。以御史進秦府長史。歸里。聞瑾死。憤激不食卒。時謂瑾朴永豐連璧。　張安國。燕兵迫。謂妻賈氏曰。予不能帥兵應敵。又不能曲膝事人。奈何。賈氏曰。盍隱諸。安國乃與妻乘舟泛太湖。聞宮變。鑿舟沈死。　丁志方。洪武乙丑進士。北兵迫。謂妻韓氏曰。吾一死報國。汝攜幼子潛歸。以延後。及兵入。不屈死之。韓節守金川門。城破。爲亂軍所殺。　劉原弼字原輔。洪武中任刑部主事。時巷戰遇害。　高巍京城破。縊死驛舍。　徐壓字宗安。薦授銅陵主簿。謫淮陰驛丞。召還。陞蘇州通判。擢兵部右侍郎。奉命招集兩浙義勇。至是家覆。沒于京師。屋杜門終老。或曰。歸二年。逮至京。卒于旅。　高遜志字士敏。元末僑嘉興。洪武二年。徵修元史。授翰林編修。建文時歷太常少卿。庚辰主禮闈。稱得士。至是遁。去不知所之。　韓郁字康郁。爲御史。諫削藩不聽。至是遁。　李貞字□□。逃臨平山中。已謫佃玉田。　顧碩以通經授石樓知縣。擢吏部主事。棄官逃去。爲富家牧牛。每至山椒水湄。輒飲泣徵詠。出牧攜一竹笥。緘縢甚密。暮歸卽枕之。或問其中何物。不答。洪熙初。聞赦。歌曰。騎牛緩緩過前阿。手執牛繩口歎歌。牛飽人飢欲歸去。幸何幸何幸幸何。乃開笥服其衣冠。別主人而歸。詢其詳。乃碩也。　陳周善道術。薦之。逃錫山。　豐寅初字復初。洪武中國子司業。抗疏諫。燈謫敎諭。棄官躬耕。年百有五歲。

焦竑曰。漢唐宋統一天下。皆有太宗。乃克永世。藉第令如盈如建成如德昭。必無幸矣。由此言之。文皇帝殆天之所與。以長我王國。非偶然也。當是時。使中外臣工。人人楊蹇爭攀龍鳳之敺。絕跡羊豕之羣。豈不竹帛可期。身名俱泰哉。顧二心鮮媿。百羣皆奔。天柱折而將傾。人綱弛而莫振。究且富貴薰心。廉恥道喪。國亦奚賴焉。故殷湯立而務光沈于淵。周武興而夷齊去之西山。孔子曰。湯武順乎天。應乎人。而又曰。伯夷叔齊古之賢人也。蓋三子非湯武節不顯。湯武非三子祚不昌。豈非其道實有相成者哉。殉難諸臣。

錢士升曰。古來死忠代不數數。商惟墨允。漢獨龔勝。唐家河北無一義士。宋季南朝止李侍郎。未有開創裁再傳而忠節伉烈。千古爲盛。如昭代遜國之際者也。當靖難師起。以誅錯爲名。獨齊黃兩人耳。及天下大定。榜列奸臣前後凡五十一人。而引繩披根。株連瓜蔓。澤量若焦。孤猿夜噭。參夷之憯。于斯極矣。則孝孺十族之言有以激之也。愈激愈殺。愈殺愈激。至于斷舌碎骨。湛宗燔墓而不顧。而萬乘之威。亦幾于殫矣。夫讓皇何以得此于諸公哉。太祖當平元。捷至。詔羣臣嘗仕元者不許賀。建余闕李黼祠。贈謚福壽。每歲遣官致祭。而履聲橐橐之老臣。則媿之以文天祥。而終竄以死。蓋激厲培植若斯之至也。三十年亙萬世矣。食報之厚。

不亦宜乎。

錢士升曰。士居恆伉慨激烈。聞說古人忠義。輒掀髯搤腕。若人人龍比也者。一當事變。而蒙面靦顏。貽天下笑。此無它。氣無根而義難襲也。當其憤盈厥張。識者已知其薾然立竭矣。如王艮四公集議同舍時所爲。陳說大義。相約以死者。豈少哉。而別後哭聲。獨在流涕不言之王叔夫。其中之所存。固可想也。太史公傳伯夷。得其心于千載之下。曰夷齊恥之。義不食周粟。故首陽之餓。蓋自恥生也。介然有知。惛然而不容忍。而後氣節附焉。此豈可以聲音笑貌爲哉。士無眞廉恥而驕語氣節。未有不敗者。若溥者。可謂知微能相士矣。王艮

朱國楨曰。初讀鄒朴之傳。疑之曰。聞瑾死憤激不食卒。其同志耶。同宗耶。又曰永豐連璧。其兄弟耶。吾學編不以官分彙從其類。似有深意。特未能顯然合之爲一。惟吳太常副書稱朴爲瑾之子。太常守吉安甚久。有異政。留心節義。確據無疑。而吉安同時著節者。修撰王艮。寺丞彭與民。御史曾鳳韶。知縣顏環。教諭王省。縣丞劉亨。太常合祀。又爲之贊。予既服其古雅。因歎耳目難周。不履其地。亦不能考其眞也。鄒瑾。

袁袠曰。高生上書。翩翩有策士之風。以魯酈自負。然破竹之勢。豈口舌所能止哉。高巍

郭子章曰。革除諸公。過化黔中者。惟陳尙書迪敉普安高斷事巍。戍關嶺。今問二公姓名于普安關嶺。人無有知者。吠堯之犬。戀主之馬。永樂間人猶諱言之也。寧獨二公。建文君龍潛金筑十餘年。人猶未知。志莫敢書。況其下者乎。

成祖啓天弘道高明肇運聖武神功純仁至孝文皇帝。御諱棣。太祖高皇帝第四子也。母碽妃。玉牒云。高皇后第四子。蓋史臣因帝自稱嫡。沿之耳。今南京太常寺志載孝陵祔享碽妃穆位第一。可據也。洪武三年。封燕王。晚奉命屢出塞擊胡。深入有功。狀貌奇偉。美髭髯。英武寬仁。豪傑樂用。其善武事。老將皆謂不及也。及太祖賓天。

太孫嗣位。削藩束溼。諸王多不自安。建文元年七月。燕王稱兵于北平。去其紀年。但稱元年。

壬午建文四年 實錄稱洪武三十五年。

六月。聧朔。乙卯。大兵渡江。

乙丑。燕王入南京。傳檄散天下勤王兵。

諭在京軍民人等。予日者固守藩封。以左班奸臣。竊弄威福。骨肉被其殘害。起兵誅之。蓋扶持社稷。保安親藩也。今撫定京城。奸臣之有罪者。予不敢赦。無罪者。予不敢殺。或小人報仇。擅綁縛封略。禍及亡辜。非予本意。首惡聽擒。餘不許擅縛。其左班奸臣太常寺卿黃子澄。兵部尚書齊泰。禮部尚書陳迪。都察院左副都御史練安。翰林侍講方孝孺。禮部侍郎黃觀。大理寺丞鄒瑾。少卿胡閏。戶部侍郎郭任。盧迥。刑部尚書侯泰。侍郎暴昭。戶科給事中陳繼之。工部尚書鄭賜。右侍郎黃福。前監察御史尹昌隆。吏部尚書張紞。侍郎毛泰。監察御史董鏞曾鳳韶。王度。高翔。魏冕。宗人府經歷宋徵。戶部主事巨敬。已又榜奸惡官員。具如前。首方孝孺。加戶部尚書王鈍。禮部侍郎黃魁。左拾遺戴德彝。兵科給事中韓永。燕府左長史葛誠。翰林修撰王叔英。衡府紀善周是修。護衛指揮盧振。沛縣知縣顏伯瑋。北平左布政使張昺。戶部侍郎卓敬。兵部尚書鐵鉉。兵部郎中謝昇。戶科給事中龔泰。副都御史茅大方。徽州知府陳彥回。蕭縣知縣鄭恕。錦衣衛都指揮使總兵官都事宋忠。蘇州知府姚善。刑部侍郎胡子昭。左僉都御史周璿。南昌知府葉惠仲。參軍高巍。德慶侯廖鏞。魏國公徐輝祖。

丙寅。諸王羣臣請即位。不允。

丁卯。衡府紀善周是修自經于應天府學。是修泰和人。洪武中除霍丘訓導。高帝問其家居。曰。導人爲善。擢周府奉祠正。遷紀善。居官直諫。建文初改衡府。數陳北征大計。犯衆怒不顧。至是書訣其友解縉。胡廣。楊士奇。江仲隆。蕭用道。死學舍。初。諸友約同死。無一踐者。惟是修能不負矣。年四十九。陳瑛請追戮。詔不問。後楊士奇作傳。語其子曰。當時我死。誰爲爾父作傳。聞者以爲笑。所著詩小序。詩譜集義。論語類編。廣衍太極圖。綱常懿範。邇言家訓。進思集。芻蕘集。觀感錄。

尹直曰。或謂是修居散地。可以死。可以無死。乃獨勉行其志焉。彼皆全軀保妻子。方藉口管仲玄成。欲圖後功以飾恥。然則自靖自獻。確乎是修之素守。食祿盡心。大哉文皇之卹旨。嗚呼。捨生取義。是修有矣。

郭子章曰。高宗夢帝賚良弼而得傅說。建文帝夢異人授良藥而得紀善。雖興亡不同。而主臣遇合之跡。良亦奇哉。金陵不守之日。假令紀善不雉。何以見孝陵懿文于地下。至今文廟自經之帶。來鼏猶世藏之。嗚呼。睎蘇之節。段之笏。文之衣帶。爭烈寰中矣。予獨怪國初全盛。建文貽紀善有金風慘淡。淒涼江山之句。豈知燕之必興耶。抑亦詩讖耶。

何喬遠曰。嗚呼。君爲社稷死則死之。爲社稷亡則亡之。食焉而不避其難。聖門之所不非也。文帝即位。逐捕建文臣最嚴。所不附己者。合族誅夷。士皆恐懼。不敢遁匿。楊士奇輩親爲革除帝辟擢。皆自剪祓以至高位。雖輔四君。功業有所發明。君子以比管仲。而方孝孺之禍。至波及同黨朋友數百命。以獨成其一忠。跡未合于聖人。是修先身而死。擇所而縊。節不毀而完其家族。其爲明哲不遜大雅。可謂善死君矣。

殺徽州知府陳彥回。彥回字士淵。莆田人。少坐累戍雲南。值赦不及□□。易姓名黃禮。舉明經。授保寧府訓導。遷平江知縣。守徽州。政教一新。疏復名氏。奉命募民兵入援。被執不屈。年四十七。妻子給配。

袁表曰。昔嵇康被僇。而嵇紹卒爲忠臣。觀彥回之亡命。變易名姓。有足哀者。而卒以忠死。其許身殉國。素所畜積也。豈彼富貴苟生。忘親事仇者比哉。

戊辰。諸王羣臣勸進。

己巳。燕王謁孝陵。欷歔感慕。攬轡回營。諸王羣臣備法駕。奉寶璽。道迎。遮擁登輦。軍民夾道拜頫。懽呼稱萬歲。

詣奉天殿。即皇帝位。初建文時有道士歌于塗曰。莫逐燕。莫逐燕。逐燕日高飛。高飛上帝畿。已忽不見。至是驗云。

高岱曰。我成祖之興。雖天命之有在。亦人事所宜然者。建文君雖無大過。然仁柔不斷。事每牽于彌文。太祖百戰以成一統之業。羣雄雖剪。反側未安。豈宜以蕩蕩之德臨之哉。非成祖之聖神文武兼創守而靖華夷。則不有外變。必有內釁矣。故迄今二百年。海內得相安于無事者。則太祖開創之功。成祖戡定之略。並垂于不朽云。至削奪宗藩一事。非盡出建文君意。但不能自主斷。遂聽人所爲。迨釁孽既成。形迫勢蹙。則所謂騎虎之勢不得下耳。國初有言。殺運尙當三十年未除。豈其數當然耶。乃成祖謂陳瑛曰。朕初舉義。不過誅奸臣齊黃數輩。餘人多宥而用之。彼食其祿。自盡其心。又曰。諸臣盡忠于太祖。故盡忠于建文。朕非惡盡忠于建文。但惡其導誘建文變亂成法耳。觀成祖此言。豈深有藏怒宿怨于心哉。使當時諸臣工若能將順救正其間。則方孝孺輩或不至受禍若是之慘也。惜其不聞有一言之諫。顧有獻讒諂如陳瑛者。豈不可悲憐哉。

復周王橚齊王榑封國。

夜。月犯壘壁陣星。又大星赤光。自羽林軍流近濁。

庚午。復洪武舊制。革除建文紀年。稱洪武三十五年。復諸殿舊名。

朱鷺曰。方文皇帝駐師金川門。猶奉章皇太后曰。討賊輔成王。不得已來朝耳。有如建文天子誠將吏且毋用兵拒戰。出九卿中官百數人城外。雍雍然執爐御蓋。以親王禮奉迎曰。聞殿下欲法周公輔成王。成王敬速以入。而天子身自袞冕臨朝。設周公所負扆以待文皇帝。且奈何。勢不得引嫌自退。而必且假手。必且推刃以居天下之不韙。幸哉不出此也。遜去焉。崩聞焉。若虛位以須文皇之至。而文皇得晏然有之。而無所事湯武威。豈非天相其間。以善文皇帝之始與。爲文皇計。宜召父兄百官。而告以骨肉不幸之意。曰。既不獲。遂予輔成王初志。予敢以高皇帝天下付非其人。予不得不立。則爲建文議謚。議廟饗。議修實錄。議封後。綢繆委曲。不勝哀悼之心。而絕無快意一逞之迹。足可有詞于天下萬世。建文不失尊號。文皇不失顯名。豈不善終善始哉。顧急急乎革除年號。追廢天子。此何爲者。是異姓仇讐相剋之所爲。而安在其爲骨肉之不幸哉。且何以解靖難也。夫靖難執詞。庶幾天下之公義。而卒疑于私。則革除之爲也。況文皇帝正位之日。亦既發喪治葬。一如天子禮矣。豈其生擅天子之尊。死蒙天子之葬。而史獨貶而稱君。年獨削而不用耶。以爲建文不足存也。皇明之一葉。亦不足存耶。我太祖掃逐胡元。再闢宇宙。爲古今盛王。而令一傳剝蝕。四祀無主。實纘而名絕之。生榮而死辱之。儼然正位。華夷同仰。既有年矣。而一旦胥名實而劃滅之。辟如白日正晝而欲掩爲昏宵。則誰能信也。且高皇帝演沒後之年。是死而生之也。建文匿生前之號。是生而死之也。之死致生。之生致死。不兩倒哉。迹疑于私。而事入于倒。此忠臣義士之所浩歎而深惜。非惜夫建文之不存。而惜夫文皇帝當日之舉之誤也。嘗觀文皇帝發謀舉事。往往遲疑于天命去留之際。未之敢驟迫而後動。不得已而後起。上書則引祖訓。執詞則誅罪人。諭志則曰法周公。其心固曰吾一不當。而萬世之惡歸之也。及至城門不攻而自啓。主君不校而自亡。何憤不雪。何怒足留。而又必革除之爲快哉。嗚呼。豈謂文皇帝之聖也。而德宇若是其不寬宏耶。當是時。靖難諸臣。必有挾淺薄之見。肆殘刻之說。以從臾其間者。宋太宗問趙普後計。對曰。太祖已誤。陛下豈容再悞。太宗意遂決。諸臣其少普之徒哉。即如賊臣都御史陳瑛。天下平定踰三時矣。猶請追僇建文臣。賴文皇帝置勿問。況乃更擅之際乎。又何所不至哉。竊謂革除之舉。必非文皇帝意。即有之。必遺恨于在天之靈耳。

王世貞曰。今天下稱建文爲革除年。非也。成祖即位詔。稱今年仍以洪武三十五年爲紀。其改明年爲永樂元年。蓋猶秉踰年改元之禮。不欲冒建文之號耳。詔內第一款稱建文以來。又慰諭臣民敕稱太祖賓天。建文嗣位。大封功臣敕亦同。又戒諭文武羣臣敕詞。建文不君。蓋雖泯其尊稱。未嘗削其年號也。

復李諒中軍都督。

辛未。作皇帝親親之寶。

進燕山中護衞爲羽林前衞。左右護衞爲金吾左右衞。俱親軍指揮使司。

刑部員外郎宋禮署禮部事。廣西按察僉事汪泰爲鴻臚寺右少卿。

故右軍左都督徐增壽追封武陽侯。諡忠愍。

夜。水星犯積薪。

壬申。葬建文皇帝。致祭。輟朝三日。上問翰林侍講王景以喪禮。對曰。祭葬仍天子。從之。國子監博士歙縣黃彥淸。在駙馬都尉梅殷軍中。縞素發喪。私諡孝愍皇帝。

談遷曰。建文帝而在長陵何以置之。曰。不有生金之賜。卽一力士任耳。欲終爲濠梁布衣而不可得也。然則周公輔成王義何居。曰。其弟與子之不免。況其身乎。高皇帝諡元主爲順而廟其世祖。不忍以孫俘而歸之。嗚呼。高帝之厚。勿可及也。僅一傳。金陵故老無能指建文帝葬處。非其跡易湮也。史牒禪代沿例久矣。孟氏所以不盡信書也。

癸酉。指揮使丘福朱能鄭亨徐忠張武陳珪孟善李彬王忠火眞陳賢李遠郭亮房寬徐理唐雲陳旭劉才。俱爲都督僉事。王聰徐祥趙彝。俱爲都指揮使。張輔陳志李濬張興王友。俱都指揮同知。孫巖房勝。俱都指揮僉事。故指揮使張玉譚淵。贈都指揮同知。

浙江按察使祥符王良自焚于公署。良字天性。聞變。收印及家屬焚死。婦口氏先投河死。詔徙其族于邊。良死後。風雨晦瞑。人見其出。後官不敢處。葺宅以居。

羣忠事略曰。當時藩臬重臣死忠者。良與鐵鉉之外無聞焉。嗚呼。良初以武穆自誓。可謂允蹈其言矣。

禮部右侍中兼尚寶司卿貴池黃觀投水死。觀字瀾伯。初從許姓。洪武辛未禮闈廷對俱第一。授翰林修撰。歷尚寶司卿。建文初遷禮部右侍郎。屬定官制。改右侍中。仍兼尚寶卿。北兵渡淮。奉詔徵兵上游。至安慶。聞變哭曰。吾婦有志節。必不辱。招魂葬江上。明日報翁夫人給象奴。翁持釵釧給奴市酒肴。急攜女沈通濟橋。觀遂朝服投羅刹磯下。族其家。戍姻黨百餘人。翁夫人投水時。嘔血于通濟橋石中。成小影。陰雨則見之。悽容宛然。人咸異之。後人移置侍中祠。名曰血影石。

翰林院修撰黃巖王叔英自經于廣德。

魏國公徐輝祖召入不對。下獄。責狀。第書鐵券文以上。

王世貞曰。當文皇之起兵。而徐公其妃弟也。亡論成敗之猶匿。而公矢節故主。即革命之際。小一移志。爲曹公所爲。業以元舅居上公。備心腑。疇能易之。公舍而恬然就死。一何決也。于建文爲純臣。于中山王爲令子矣。

朱國楨曰。北兵既起。朝廷舍耿炳文李景隆。以魏公爲將。其可勝乎。炳文老矣。景隆驕汰妄人。其敗固宜。公誠實一節人。兵略難言。與大英雄爲對。難之又難。公之將而召還。天成之也。守死不移。出自性定。若公而肯爲景隆。貪元舅上公之尊。則先與其弟合謀久矣。至廖都督以功臣子收正學遺骸。不免坐死。孝莊先生罪與都督同。又親正學之壻。得終牖下。是文皇之待中山反在正學下。毋亦以世子郡王之歸。公獨堅留。爵高名高。易動人耳目。且武陽屍分可憐。恚其兄彌甚。必欲盡之獄中耶。嗟乎。藩邸受困。用兵三四年。辛苦危迫謁陵痛哭。恨恨何如。幾敗得成。大泄其憤。信乎怨毒之于人甚矣哉。

錢士升曰。書稱熊羆不二心之臣。保乂王家。而漢室帶礪之盟。爰及苗裔。與國同休。勛戚尚矣。況夫開國元功。密受偶寶之命者乎。靖難師入。正統攸歸。以遜順天。非若蕭牆之喋血也。以旦代辟。非若異姓之革命也。且椒塗有倪天之妹。潙汭有釐降之姬。誼託肺腑。委蛇新朝。不亦以功名終乎。而怏怏不忘所事。身可幽。名可榜。爵可停。而志必不可奪。蓋親臣所處極難耳。魯昭公之失國也。叔昭子祈死。君子以爲義而友之。司馬孚曰。臣死之年。固大魏之忠臣也。徐輝祖梅殷二臣亦云。

甲戌。戒諭羣臣。

都督僉事顧成爲都督同知。都指揮同知張信爲都督僉事。故都督僉事陳亨贈都督同知。指揮使王眞贈都指揮使。

命禮部定征守功。

乙亥。各處守城官及有司以次來朝。

丁丑。殺兵部尚書齊泰。太常寺卿黃子澄。文學博士方孝孺。禮部尚書陳迪。刑部尚書暴昭。吏部左侍郎毛泰。戶部左侍郎卓敬。郭任。盧迥。禮部侍郎黃魁。御史府中丞練子寧。大理寺左少卿胡閏。兵部侍郎盧植。左拾遺戴德彝。戶科給事中陳繼之。兵科給事中韓永。監察御史甘霖。高翔。戶部主事巨敬。袁州知府楊任等。籍其家。妻女給配宗戚。僇戍有差。凡奸黨皆如之。戶科都給事中義烏龔泰以非奸籍釋之。泰自投城死。　齊泰。溧水人。洪武丁卯解元。歷禮兵部主事。乙亥擢兵部右侍郎。受顧命。遂專軍事。爲北兵誅首。走廣德。逮入不屈。　黃子澄。分宜人。洪武乙丑進士及第。授翰林修撰。尋兼春坊官侍東宮。累遷太常寺卿。東宮即位。兼翰林學士。並議削藩。後走太倉。捕至不屈。家僇六十五人。戍姻黨四百餘人。初子澄謫時。攜子彥修竄籍崑山。及被戮。彥修解役至京。收骸藏于焦山。後葬于崑山之馬鞍山。　方孝孺。字希直。寧海人。師事宋濂。洪武中被薦召至京。太祖曰。此莊士。當老其才。用之。遣歸。杜門纂述。後授漢中府教授。蜀獻王聘爲世子師。建文帝召拜翰林學士。遷侍講文學博士。日備顧問。預議削藩。國亡。孝孺衰絰日夜哭。上數召之。不至。鎭撫伍雲縶以入。上曰。吾欲效周公輔成王何如。對曰。成王安在。曰。渠自焚死。曰。有成王之子在。上少之。曰。有成王之弟在。上語塞。曰。先生休矣。促草詔。孝孺擲筆哭罵不已。上曰。吾能赤人九族。對曰。即死安能加族我乎。行見後之叛俑今日也。下獄。逮其宗戚相踵示之。哭罵如故。上怒。命抉其吻。剔其舌。孝孺猶噀血犯御座。磔之。至死乃已。年四十六。所著遜志齋集。傳。餘書佚。僇宗戚八百七十三人。遠戍不可勝計。孝孺死。叔克家。子孝復。戍寧夏慶遠衞。洪熙初赦還其姓蕃。鄭曉吾學編云。竄姓葉氏。非也。上海俞斌原竄籍。販布寧海。冒方氏。竊改寧海縣志。于典史溧水魏澤下。摘去三行。云匿幼子德宗。託孝孺鄉人余學夔。攜于上海進士俞允孝家。改俞姓。鄉人葉琰爲置田宅。求王世貞作復姓記。纂歸宗錄。至寧海屢訟侵奪。萬曆末。浙江提學副使晉江王畿。蘄水周延光。讞斥之。天啓四年方氏奏上。事始定。坐方氏黨死。門人都督巢縣廖鏞。太常寺少卿寧海盧原質。監察御史寧海鄭公智。河南布政司參政歙縣鄭居貞。解元長洲劉政。爲尤著。鏞。德慶侯權嫡子。同弟銘。拾孝孺遺骸。葬聚寶門外山上。尋逃去。捕論。家戍邊。母湯和女也。同銘女入浣衣局。盧原質字希魯。洪武戊辰進士及第。授翰林編修。歷太常。上召見。不屈死。鄭公智字叔貞。力學好古。工文詞。建文初舉賢良。爲御史。吏事精敏。持法不阿。論死。戍其族。鄭居貞洪武中舉明經。歷禮部郎中。文行見重。參政河南。三年遷去。吏民思之。劉政字仲理。建文元年。舉應天鄉試第一。考官方孝孺得而喜。聞孝孺不幸。時屬疾。頓足榻前嘔血死。盧原質鄭公智鄭居貞俱族誅。　陳迪。字景道。宣城人。世撫州百戶。因家焉。幼倜儻有志。洪武乙卯貢士。辟撫州訓導。嘗代郡草萬壽表。上覽而異之。進翰林編修。陞侍講。預修大典。轉山東布政司左參議。捕蝗弭盜。乙亥。擢雲南布政使。平叛苗。建文初。拜禮部尚書。辛巳二月。進太子少保。尋督餉于外。聞變。赴京。召問。抗聲指斥。幷收其子鳳山丹山等六人。同磔于市。罵加甚。割鳳山等鼻舌。醢以食迪。迪吐去。大肆訴詈。比死不輟聲。其衣帶中詩。三受天王顧命新。山河帶礪此絲綸。千秋公論明于日。照徹區區不二臣。又有五噫歌。並悲烈。戍宗戚一百八十餘人。幼子珠生五月。乳母匿溝中得免。被訐。戍登州。　暴昭。山西浮山人。建文中。以刑部左侍郎充北平採訪使。清節甚峻。至是出亡。被縛至。抗罵。命去齒截手足。罵不絕口。至斷頸。　毛泰。浙人。建文初吏部左侍郎。數上方略。被詰問。不屈死。　卓敬。字惟恭。瑞安人。洪武戊辰進士。授給事中。遇事敢言。後改元士。後復給事中。進宗人府經歷。尋擢戶部左侍郎。建文初。燕王入朝。密請留之。改封南昌。以折禍萌。至是逮入。上曰。是嘗建議搖朕者耶。敬曰。日早從敬言。殿下安得至此。上怒。欲殺之而憐其才。下獄。道衍嘗憾敬。因曰。使敬謀誠用。陛下寧有今日。敬就死。從容歎曰。變起宗親。略無規畫。敬死有餘罪。夷其族。子孫有脫者。流廣武康。從外家姓宋氏。　郭任。丹徒人。不屈就僇。子經坐死。少子金三歲戍廣西。三女給配。　盧迥。仙居人。貢太學。太祖微行觀燈。聞書聲。問何不往玩。曰。離親就學。何暇之有。明日。召授戶部主事。歷侍郎。臨刑長歌而死。　黃魁。吉安人。工文章。習掌故。至是不屈死。族死六十三人。　盧植。□□□□□□□□□□□□。　練子寧。名安。以字行。新淦人。洪武乙丑進士及第。授翰林修撰。建文初。擢吏部左侍郎。改左副都御史。辛巳。改御史府中丞。至是不屈就僇。李景隆修憾。力傾之。遂族誅。姻戚死百五十一人。謫戍又數百人。所著金川玉屑集。子寧妾秦氏有身。生子戍所。名善慶。洪熙初放還。　胡閏。字松友。鄱陽人。能詩博學。洪武中。薦授都督府經歷。建文中。遷右補闕。進大理少卿。遜國後。召至不屈。命脫其皮。實以草。至是滅其族。子傳道併僇。傳福方六歲。充幼軍。調交趾。赦歸。景泰四年。年六十一。鰥而死。少女入功臣家。後釋歸。以處子終。凡與閏有連者俱死。戍。戍邊者百人。累死數千人。村里為墟。　戴德彝。奉化人。洪武甲戌進士及第。授翰林編修。進侍講。改監察御史。克舉其職。建文中。改左拾遺。至是不屈死。從弟德信德祐。俱被禍。京邸。時詔使錄原籍。德祐妻項氏燬其譜。匿二子于外家。掠拷至死不承。得宥。今二子之後蕃衍。祭酒洵是也。　陳繼之。莆田人。建文庚辰進士。授戶科給事中。論北事多指斥。又曰。徐承福燕之至戚。必有陰謀。宜先事誅之。不聽。

果開門降。至是責問。不屈磔死。夷三族。　韓永。西安人。召見欲復其官。曰。吾王蜀耳。何以官爲。不屈死。　甘霖。懷寧人。洪武丁卯貢士。授御史。持正不阿。被執。從容就戮。子孫相戒不仕。　高翔。朝邑人。重義槩。有文學。洪武中。舉明經。授御史。上聞其名。召翔將大用之。翔衰絰入哭。聲徹殿廬。夷翔族。燬其先墓。親黨三百人悉編戍。巨敬。靈臺人。洪武末爲御史。抗直敢言。建文中改戶部主事。充史官。清愼有聲。責問不屈死。夷其族。　楊任。嘉興人。洪武間薦守袁州。政多宜民。以疾去。黃子澄出奔至任家。圖匡復。俱擒至。磔死。族誅九十三人。餘戍邊百餘家。

羣忠事略曰。諸藩之釁。泰實開之。此罪之魁也。然初以習知邊事。受眷于高廟。及後專閫外之事。乃多失策。嗚呼。當國者若是。欲無亡得乎。幸其不屈而死。差可人意耳。齊泰。

許相卿曰。中庸九經。親親爲大。子澄不能引君當道。而踵襲晁錯之遺謀。狂謬又出其下遠甚。誤國之罪。萬死莫贖。特以一死爲不負其君焉爾。黃子澄。

袁袠曰。昔晁錯建議削諸侯。卒有七國之變。以建文之幼沖而削諸王。封爵紛紛變易。多出齊黃之謀。舉百萬之師付之一景隆。其敗宜矣。而特哀其忠于所事而疎于謀國。故特表焉。齊泰黃子澄。

朱國楨曰。北平兵起。雖以齊黃爲主名。坐曰亂政。曰奸臣。且遵祖訓。訓兵待命。夫復何詞。然請以建文時勢籌之。上承高皇之重。下値親藩之强。主父偃之策。迂緩何及于事。抑事有未易言者。周王悍悖。嘗棄國走鳳陽。秦晉二王。數以失德譴責。甚至召還。此皆孝慈親生子也。當高皇時。已恬不知畏。何有于建文。乃高皇可以父道謝建文。不得不以君道臨。何者。高皇先天而天不違者也。患在外。不在內。草昧之基。骨肉間義不勝恩。建文後天而天不可奉者也。患在內。不在外。極重之勢。堂陛間恩不掩義。而文皇以天挺之英。名則叔父。强則幽燕。威名旣重。羽翼暗成。直馳皇道。其何能堪。重以告變紛紛。南之圖北。北之抗南。勢所必至。而勝敗存亡之機已預定于冥冥之中矣。二公受建文知遇。泰既親承顧命。黃亦先有成言。畫策自當如此。若一主優容人心難厭。究且陵夷終于亡國。此在暗劣如漢之桓靈。甘心受制。謂仁明之主强力肯泯泯爲天下萬世笑乎。君可逃逃之。不可死之臣則盡心焉。盡命焉。又盡族焉。道如是止矣。若輕着口角。有誤國失策罪魁之語。此又與于陳瑛之甚者也。文皇亦且震怒焉。

錢士升曰。齊黃以英銳之姿。處專信之地。謀弱藩權。僇力天府。所以居重馭輕。强本弱榦之道也。卒至身夷族覆。毒流廟廷。良以偶國之慮太深。移封之事過激。舉動疎略。謀之不臧耳。夫王傅有割地之策。家令有削郡之奏。主父偃請推恩子弟。親屬畢侯。當是時。齊趙既分。吳楚亦滅。作左官之律。寢不掉之謀。夫三子固漢室之謀主也。爲國家建長策。亦既效矣。議者或以爲齊黃過。不已甚乎。惟是專閫重任。乃屬倚違觀望之景隆。逮喪師懷二而後請劍。尙方晚矣。君子不能不致憾于太常也。

徐必達曰。事莫重于綱常。忠莫大于報主。禍莫慘于殺身。夫處人骨肉之間。見微知著。不難以身發大難之端。讀晁錯傳。至今三尺孺子猶搤擊焉。至于國破君亡。身伏礁礩。洙泗之間。斷斷焉亟稱召忽之仁。不哀其不然者。卽功如仲父。直如魏徵。千載而下。謚爲辱人。況乎子爲人奴。妻爲人妾。九族陳屍。六親流血。無如建文死難諸臣。又況乎親以及親。友以及友。數千百人。咸輸城旦。逮其子孫。淸勾不絕。如建文諸臣親戚者。其足傷悼。豈勝道哉。

袁袠曰。昔管仲不死子糾。王魏不死建成。而卒以霸王之業顯。然春秋不以召忽之死爲非也。方公雖得慘禍。烏可少之哉。文皇帝他日有曰。彼食其祿。自盡其心耳。昭皇帝亦曰。若方孝孺輩。皆忠臣也。大哉王言。觀此則諸死難臣得失明矣。袁袠曰。方孝孺之于文皇。湯武之夷齊也。方孝孺。

王廷相曰。方遜學忠之過者。與要亦自激之甚致之。忘身殉國。一也。從容就死。不其善耶。激而至于覆宗。義固得矣。如仁孝何哉。輕重失宜。聖人豈爲之。文山國亡被執。數年而後就死。人孰非之哉。

許相卿曰。或謂李景隆北伐。孝孺實薦之。建文帝雅相信重。堅任景隆。卒至喪師賣國而亡。夫夷齊叩馬。子路結纓。志義烈矣。然其處死從容成就。一是而已。孝孺深痛過激。殲族糜軀。古今死義未有慘毒若斯之甚者也。悲夫。乃後文廟言及孝孺。輒憤憤頓足不能平。當時瀆犯口語可想見矣。

顧璘曰。方先生王者之佐。于時以彼其才。易服就列。宜致卿相之位。究厥謨猷。顧豈與唐王魏者等。先生不此之願。悲楚抗激。至磔身沉族而氣不少回。凡以存君臣之義。爲天下防也。嗚呼忠哉。抑有功于昭代深矣。雖報卹闕然。而遺文盛流。斯固列聖之惠與。

王世貞曰。先生之學。出于宋文憲。不能如文憲之博。而純則過之。非孔孟之書勿讀。非濂洛關閩之學勿道。而至一節之士。如周孟檣楊雲敞孔璋輩。津津稱之不容口。異日經濟之不盡究。而以效命遂志。終固其託寄樹立然也。世之哀先生者。或過有所褒飾。然不失爲志士。而國史成于宣廟時。似亦可以已矣。而曰孝孺叩頭求哀。命執之。嗚呼。彼寧是叩頭者哉。

何喬遠曰。孝孺平生傑然。必爲君子也。賤文章而貴道德。恥刑法而尊教化。慮無不發明聖訓。敷陳王道。當是時。天下皆以孟軻韓愈復生。亦自以遭遇時君。當世無二。奮然謂三代仁義禮樂爲必可。師田必可。井閭必可比。刑必可措。何其勇也哉。自待如彼其高。遇之如彼其信。所著深慮治要官政民政諸篇。誠救時之良藥。惜乎好古太堅。求治太銳。欲以一人之身。挽回數千年之世道。狹小前人。紛更高皇帝之制。夫先王之道。仁義禮樂。莫大乎親親。在廷諸臣可以得建文君者。宜莫孝孺若。雖有善者。無如之何哉。建文君旣亡。斬衰晝夜哭。觸犯嚴威。刑七日乃亡。宗族親戚朋友坐誅者千有餘人。古今成仁之禍。烈未加此也。嗚呼。文皇英武宏達。求士如飢渴。令孝孺與三楊蹇夏諸人。樹勳當時。固將列彝鼎。勒景鐘。又令稍掩剛懟。以存堂陛之詞。亦可及身而止。死者堙于市矣。猶然轟雷霆。赴水火如枕席。其心有所必然也。孝孺死。浙東之仕于朝者。以身殉建文君。獨多于天下。故夫行有勸而德有風。孔子曰志士仁人。其斯人與。其斯人與。

朱國楨曰。方先生以聖門之學。擅蘇氏之才。高皇帝養之。建文皇帝用之。庶幾可與敎化。而遭時大阨。退不得爲巢由。進不得爲周召。卽求平世卿士不可得。則有成其爲方先生而已。或訾以更改制度爲無成。或憐以激烈沈宗爲太過。噫。太祖之制。誠無可改也。直易視北平。以潤色太平爲得意。謂君臣千載一時不可失耳。乃建文知遇如此。謀人之國。至于極敗。不一明目張膽抗言之。而黯黯付此身尺組刀圭間。比于溝瀆。成何局面。金陳和尙兵潰城破。俟殺掠稍定。然後出曰。今日明白死。後世必有知我者。一武夫立志猶爾。何況先生。凡忠臣孝子。遇大不幸之時之事。一有顧瞻。便生退轉。則所謂叩頭乞餘生者。何所不至。而豈先生之本色哉。

錢士升曰。鉤黨之禍。始于漢季。聖朝方隆盛治。而逆黨誅夷于前。奸黨殲僇于後。何其酷也。夫不賞之疑。浸而成逆。猶可言也。匹夫有志抗而稱奸。則義士之扶去非乎。希直之族。益以游黨。坐死幾及千人。以視刊章捕治。收考徧天下。抑又甚矣。程濟載讓皇遁蜀時。夜聞人述諸臣慘死事。泫然飮泣曰。吾獲罪于神明矣。諸人皆爲我也。傷哉言乎。

談遷曰。方正學烈矣。而議者謂其于建文無稍濟。雖泥于古。然紛紛更制。未盡正學意也。道衍。忍人也。郊迓文皇于北平。首請全正學。自有深服其心者。匪獨以文矣。文皇方藉口周公而成王之子成王之弟二語。無解于天下萬世。其威加十族。溢于常典。而不能折南史之簡。則以成敗論者舛也。

羣忠事略曰。陳迪雖以文學進。觀其歷履。蓋有用之學也。及進位公卿。用違其才。且益晚矣。其死也。猶激烈炳烺。不下方孝孺云。陳迪馮時可曰。陳公以布衣洊至宮保●遇亦隆矣●當靖難初●抗詞不屈。遂致赤族●豫讓國士之報亡媿哉。陳迪。

許相卿曰。敬有高世之才。未及大展立朝慷慨英偉多所建明。于天文地理律曆兵刑靡不精究尤邃性理之學。詩詞宏壯爲文精神峭拔磊落如其爲人文皇自潛邸知其名死猶惜之曰國家養士三十年卓敬可謂不負君矣。卓敬。

焦竑曰天步初夷。屬搶攘而未定。故人懷靡常。舍神聖其奚屬●斯時也。以高帝之子。纘承高帝之緒。以高帝之略。龕夷高帝之人。新命舊邦非逐鹿之可擬。子燕孫詒豈瞻烏之靡定。公卽準管魏之操撫鐘簴而自怡。其與更二姓事二君者。當異日談也顧刀環築口。吠堯之語不輟。戟枝入頸。送往之情彌厲。臧洪同日誓不俱生。卞壼一門。幾無噍類。豈不痛哉。於乎方黃之死事非不烈也。而石畫無聞。胡解之委身非不智也而顯名佹失。前有曲突之謀。後無卹璧之辱。奮一時而超千祀者。其惟公乎。卓敬。

葉燦曰。公負瓌瑋杰特之才。爲一代經綸大手。是時宗子無維城之助。諸藩有猜忌之嫌●方正學泥古而不通。齊黃輩削奪以激變。而公獨建議徙燕于南昌。是眞善處人骨肉之間。而委曲調劑。卓然爲安邦定國之長策。使公之議得行。則隙不開。難不作。可以無壬午之事矣。惜其不用。而公止有一死耳●公死國。樂清樵夫死公所以死雖不同其心一也。卓敬。

朱國楨曰。卓公爲建文效死。忠義不必言。然最初論諸王服飾當辨●後言燕當徙封●又究心周邵理數之學●此其學問識力。青田之後一人。乃姚少師以舊怨激使必殺。夫當日迎則生。不迎則死。公之死計乃決。文皇自然不容。卽委曲宣諭。必抗必死。何藉于激。少師智人也。固惓惓于方正學矣。何獨于卓緼此心。多此口●人不可無學。學儒則仁義。學釋則慈悲。少師所學何事。佐文皇取天下。誅殺慘夷。既不能救。又益薪焉。卽溥洽之請。亦在屬纊之時。豈慈心至此始發。抑恩怨太重。英雄本色固然。文皇又可逢不可拂。成此殺運耶。

陳德文曰。王蠋襲勝非不死。不託孤膺寄。採薇積餓。從容引決。子寧固親信。誼均休戚。不得同日語也。恆言烈士殉名。練子寧豈殉名者。抑仲尼所稱求仁得仁者非耶。高皇帝聖性嚴重。子寧布衣慷慨犯之。今其言固在也。非見定于素哉。夫士無直言敢諫。必不仗義守節。子寧蓋臨難無苟免者。死重于太山矣。練子寧。

朱國楨曰。吾讀浩然堂記。深感死事者其忠同。其時勢之遲速不得不異也。文山一逃于京口。再逃于空坑。囚燕三年。從容就死。叠山居家已久。徵入燕不食死。其室家皆亡恙。黃練諸公一日幷命。又盡其族。此豈文謝之遲留。黃練之勇決。而文皇之至仁大聖。反不如元祖之寬厚哉。元以全力舉宋。得其降臣甚衆。狎之亦太甚。所不能降者。獨此兩人耳。必欲降之。故用緩法。文山亦時時志在興復。必死爲期。必報主爲快。一日可。三年可。十年亦可。乃若文皇則異于是。以孤軍渡江。縱其將士甚衆。疑之亦太甚。所不可緩者。獨此數人耳。且舊主已出。諸人走廣德。走吳中。走海上。謂何。宜其用亟法。若不能一日待。一人留也。善哉乎時爲之。斯其稱浩然乎。而諫死者又當別論已。總論。

趙時春曰。靈臺以巨故加租俗傳巨御史。今江南諸野史作戶部主事。平涼人。豈御史九年考績。遂及于難。而鄉人仍稱故官也。與其曰平涼人。抑以縣名未彰。故稱郡耳。

史桂芳曰。胡閏子傳福。方六歲。充幼軍。調交趾。赦歸。景泰四年年六十一。鰥而死。此豈章惇所爲哉。毋亦胡公數之窮耶。不然。天以完節付巡遠。天下爲重。一族爲輕。萬世爲重。一生爲輕。南安詩云。忌公人。是愛公人。信矣哉。胡閏。

姚淶曰。淶自史館。始知戴公之大節。訪諸邑人。類不能舉其概。求之郡志。則佚而不傳。惟科貢考僅列公名。而又失其實。按洪武二十七年及第。首定海張信。而第三人則公也。公官編修侍講。中改御史及左拾遺者。繼世更定之制也。先皇之簡拔。嗣君之所錄用。其文學風誼。固已見推于當世矣。北兵南下。長江不守。公以身殉義。禍延宗黨。此公死事之跡也。文皇興靖難之師。固非常情之所仰測。一時諸臣。莫不達權通變。保其榮祿。悔吝不及。獨公若逆天命拂人情。至于嚴誅而不悔。豈昧趨避于其間哉。蓋人各有心。有所可必。有所不可。有所能必有所不能。壬午之死。固公之謂可而亦其自以爲能者。又安得有他顧哉。戴德彝。

談遷曰。革朝之變。釁始叔姪。古未有也。凡彼剛士。概曰奸黨。銷英風而剷義概。聖祖顯忠之報。益有藉焉。繇此而往。僅踰二十年。蹇夏又爲齊黃矣。尤而效之。無一人殉其節。宮商和而桴鼓應。上所漸磨然也。噫。聖祖優仇讎之買的。而今不能容至親之三王。聖祖全漠北之子英。而今不能宥奸籍之姻黨。聖祖謚異類之順帝。而今至廢骨肉之建文。聖祖修既亡之元史。而今且革代傳之年號。作述相懸。何啻霄壤哉。雖天威叵測。而道衍陳瑛輩揚瀾益薪。能毋烈乎。總論。

上得建文時所上策。悉火之。或言建文所用之人宜斥。不聽。

新作奉天殿。

製皇帝奉天之寶。制誥之寶。敕命之寶。

夜。二大星青赤光。自天倉流土司空。

戊寅。遣安王楹告懿文太子。遷其主于陵園。除興宗孝康皇帝尊號。

談遷曰。出帝有茹肝涉血之嫌。其追廢庶人宜也。孝康皇帝夙誼不薄。卽被一虛號于在天。亦何溢之有。必曰悉遵先命。則燕之不爲燕也。高皇帝亦曷能禁之。

無錫知縣韓約爲□□知州。

己卯。翰林院修撰黃巖王叔英自經于廣德。叔英字原采。力學尚風節。辟仙居訓導。丁丑。改德安府學。擢知漢陽縣。有善政。建文初。拜修撰。上資治七策。預修實錄。奉命募兵至廣德。聞變。自經玄妙觀之銀杏樹。其絕命詞曰。人生穹壤間。忠孝貴克全。嗟予事君父。自省多過愆。有志未及竟。奇疾忽見纏。肥甘空在案。對之不能嚥。意者造化神。有命歸九泉。嘗念夷與齊。餓死首陽巔。周粟豈不佳。所見良獨偏。高蹤邈難繼。偶爾無足傳。千秋史官筆。愼勿稱希賢。又題其几曰。生旣久矣。未有補于當時。死亦徒然。庶無慚于後世。年三十。陳瑛籍其家。妻金氏已自經。二女赴井死。所著靜學齋稿。多散逸。道士盛希年收葬城西。

黃佐曰。先生與正學先生。生當興運。懷經綸之志。然卒皆不究厥志。殉義以死。悲夫。嘗聞太孫聰明好古。篤信儒術。欲以周官致治。竟失天下。遁死。果天命然乎。抑人事也。予于是益感君臣相遇之難。又信祖法之未可輕議也。讀先生貽正學書。爲三復流涕者久之。嗚呼。識慮遠哉。王叔英。

錢士升曰。臣嘗讀史。至袁粲以劉宋祚衰。陰謀反正。及文信公身遘元。運方圖興復本朝。徵兵江上。事雖不成。未嘗不哀其志。歎天命不可以力爭也。當靖難時。以天下全勢。不能當一國之師。迨寶極已移。雖百侍中輩。噬臍何及。且淮南殘旅。鐵鉉梅殷輩。猶不能枝柱。況其他耶。二子班同侍從。又非素負韜鈐者流。一旦遭遇國難。抗義徵募。不得則以死繼之。使袁文有知。相從地下。不其烈乎。夫江流浩汗。彭咸所居。古院幽深。仙眞所宅。謂二子至今未死可也。黃觀王叔英。

夜。大星赤光燭地。自帛度流天市垣。一小星隨之。

庚辰。釋淸遠衞卒羅義獄。擢戶科給事中。

駙馬都尉總兵官梅殷入朝。京師陷。殷尙擁兵淮上。圖興復。上迫公主招殷。公主嚙指血爲書達之。殷得書慟哭。聞出奔。曰。君存與存。君亡與亡。吾姑俟之。乃還京。上曰。駙馬勞苦。殷曰。勞而無功。上默然。

朱國楨曰。北平師起。中朝用兵。其籌畫于內者。俱不必言。而僇力于外。稱知兵善戰者。莫如鐵尙書。持重有威望者。莫如梅駙馬。而盛庸平安輩。亦皆良將。可以立功者。惜天命已去。智不及謀。勇不及決。卽傅藍二公尙在付之大兵。不走卽降。何況駙馬。雖不卽死。其曰君存與存。意念深切。朝對之語。極中事情。婉而實亢。嚴主心愧。當亦霽威。公主遺書及牽衣之哭。一時見憚。居然烈丈夫之風。若駙馬者。無恥李之敗。甘深曦之沈。眞不負建文。可以下報太祖矣。

七月壬午朔。大祀天地于南郊。還御奉天殿。告卽位。詔曰。昔我皇考太祖高皇帝。龍飛淮甸。汛掃區宇。東抵虞淵。西踰崑崙。南跨南交。北際瀚海。仁風義聲。震盪六合。昒爽闇昧。咸際光明。三十年間。九有寧謐。晏駕之日。萬方嗟悼。煌煌功業。侔于湯武。德澤廣布。至仁彌流。少主以幼沖之資。嗣守大業。秉心不順。崇信奸回。改更成憲。戕害諸王。放斥師保。委政宦豎。淫佚無度。天變于上而不畏。地震于下而不懼。災延承天而文其過。蝗飛蔽天而不修德。禍機四發。將及于朕。朕爲高皇嫡子。祖有明訓。朝無正臣。內有奸惡。王得興兵討之。朕遵奉條章。舉兵以清君側之惡。蓋出于不得已也。使朕兵不舉。天下亦將有聲罪而攻之者。少主曾不躬自責。肆行旅拒。朕荷天地祖宗之靈。戰勝攻克。擒之于壩上。殲之于白溝。破之于滄州。潰之于藁城。鏖之于大河。轥之于靈璧。六戰而已不用。朕于是駐師畿甸。索其奸回。庶幾周公輔成王之誼。而乃不究朕懷。闔宮自焚。自絕于宗社。天地所不庇。鬼神所不容。事不可止。朕乃整師入京。秋毫無犯。諸王大臣。謂朕太祖之嫡。順天應人。天位不可以久虛。神器不可以無主。上章勸進。朕拒之再三而不獲。乃俯徇輿情。于六月十七日卽皇帝位。所有合行庶政。並宜兼舉。仍以洪武三十五年爲紀。其改明年爲永樂元年。建文以來祖宗成法有更改者。仍復舊制云云。於戲。文帝入漢。尙資恭儉之風。武王紹周。願廣至仁之化。布告天下。其體朕懷。詔至臨海。有二樵人鬻薪。聞人語曰。新天子卽位矣。二樵人瞠視久之。舍擔相抱慟哭。投東湖死。初。楚人刑部郎中柳一景。蘇人太學生王志。以請誅李景隆不聽。遁居東湖。日負薪入市。口不二價。至是並死。漳州府敎授茂名陳思賢。聞詔至。曰。明倫正在今日。率諸生伍性原陳應宗林珏鄒君默曾廷瑞呂賢爲舊君位。哭臨如儀。郡人執思賢入京。死之。諸生皆以身殉。

高賁亨曰。嗚呼。樵夫其採薇之徒與。死于樵。可以媿夫不死于官者矣。革除之變。吾台死義者凡四人。樵夫無與焉。而其事傳與不傳者又未可知也。傳不傳樵夫無與焉。故曰採薇之徒也。東湖樵夫。

羣忠事略曰。儒官之秩雖卑。實任綱常之重。陳君之從容盡道。且能使諸生駢首就死而不悔。非其師友平日講之素明。守之素定。何以能此。嗚呼。孰謂海邦遠僻而有臨大節。植綱常若斯人者耶。噫。是可尚已。

癸未。修周齊二邸。

命禮部鑄諸司舊印。

湖廣行都司都指揮同知薛鵬爲河南都指揮使。都督僉事徐義爲都督同知。鎭守兗州。

福建都指揮使鄭祥爲右軍都督僉事。

召前北平按察使陳瑛爲都察院左副都御史。瑛性殘刻。怨革朝甚深。暨入朝。曰。不以叛逆處彼。則我輩何名。舉朝大吏俱不答。瑛遂決意泄忿。一日。閱傳建文帝尚在。與諸逋臣圖復。瑛密奏方孝孺黃子澄諸家門生故吏結黨可慮。宜下令捕之。正犯論磔。妻子流二千里。家產沒入。庶無後艱。上惑之。命瑛便宜行事。恣意羅織鈐壓。刑部大理諸臣。殺身外且錄九族外親。以至外親之外親。師友交游。隻字相通。卽誣奸黨。蔓延十族。村里爲墟。

甲申。享太廟。

吏部請復建文中改官如洪武舊。從之。

夜。大星二。一赤自紫微西藩流文昌。一流雲中。

乙酉。禁執無辜人幸賞者抵罪。

設靖江府諮議所一。記室一。俱從七品。

右軍都督僉事鄭祥充總兵官。鎮守雲南。雲南左副總兵盧旺都指揮僉事歐慶充左右副總兵。都指揮使何清往浙直整兵撫民。
復翰林院侍書黃淮芮善劉彥銘鄒進吳均唐恕王璣吳勝鮑麟爲中書舍人。
禮部左侍郎兼翰林學士董倫致仕。尋卒。倫字安常。恩縣人。家宛平。國初辟右春坊右贊善大夫。直東宮。進左春坊大學士。壬申改河南左參議。盡心民事。丁丑詿誤免官。典教雲南。建文初召至。拜今官。屢言當務。親睦不聽。年八十。勸罷出京。悒悒數日卒。
袁袠曰。昔魏徵曰願爲良臣。不願爲忠臣。有以哉。董公以甘盤之舊。建文中復赴宣室之召。從容淸禁。壽考令終。不與齊黃之難。將不得爲良臣乎哉。
夜。大星青白光。自帝座旁流紫微西藩。又大星赤光。自八轂流五車。
丙戌。改謚湘戾王曰獻。
翰林侍講王景爲學士。吳府審理副楊士奇爲編修。
丁亥。復各道監察御史。
復泗州宿州山川壇籍田祠祭署。其南郊祠祭署定爲郊壇祠祭署。鍾山祠祭署不可罷。
夜。大星赤白光。自天市西垣流心宿。
戊子。祭太社太稷。
夜。月入氐宿。大星赤光。自宗正南流天市東垣。
己丑。楚王楨來朝。
庚寅。夜。大星光燭地。自天苑流近濁。

辛卯。儒士曾日章爲翰林侍讀。國子助教鄒緝爲侍講。給事中金幼孜王洪桐城知縣胡儼並改檢討。

殺刑部尚書侯泰蘇州知府姚善。泰南和人。時督運淮安赴闕。至高郵。被執不屈死。妻配象奴。弟敬祖子玘皆論死。　姚善。字克一。初姓李。復氏姚。安陸人。洪武中貢士。授祁門丞。進廬州同知。歷重慶守蘇州。咸有能聲。卹民下士。禮重俞貞木錢芹。有古循吏風。時奉詔兼督蘇松常鎭嘉興兵勤王。未戰。縛至磔死。年四十三。子節戍賀縣千戶所。幼子繼兒隨母給配旗手衞指揮張旭家。保兒頂兒送工部習匠。善友人禮科左給事中常熟黃鉞憂居。聞其死。起登琴川橋哭祭。投水死。鉞字叔揚。入太學。任宜章典史。建文己卯舉湖廣鄉試。明年庚辰成進士。授刑科。歷戶禮科左給事。善勤王。招鉞。鉞俟葬父往。俞貞木勸善勤王。亦坐死。

袁袠曰。予童子時。數聞長老言姚公之治蘇。勤卹民隱而敎之以禮。其消息因革。皆可施永久。昔子賤治單父。夫子問之。對曰。不齊所師事者三人。有賢于不齊者五人。皆敬事之。夫子歎曰。惜哉不齊之所治者小也。觀姚公之禮遇賢者。雖子賤何以過。革除間。北兵長驅。諸郡望風迎降。惟恐後。獨公以蘇州底節不下。伏劍而死。忠義之名。施乎亡窮。卒賴得士之助。彼井蛙之徒。志驕氣滿。視下交如辱。聞姚公之風。可以媿矣。姚善。

楊儀曰。叔揚克一之死。均爲忠也。然克一受命于君。舉義師不能成功。卒爲麾下所縛。身死族夷。此君子之所優爲也。若叔揚之死。則屢絕而復食。須臾以待克一事定。然後從容致身以成其義。孝不遺其親。忠不後其君。信不忘其友。而又不紓于偷生。不棘以蔓禍。其賢于人遠矣哉。黃鉞。

王世貞曰。事固不可論。以建文之亡。而士大夫爭先而爲故主死者。若飢之就食。而暍之就涼。豈所謂殺身成仁。志士之分。而手足腹心。亦報施之常。烈烈叔揚。其沒者固頹然而付淸波。其不沒者尙凜然而傲秋霜也耶。黃鉞。

劉鳳曰。士守經義。儒衣冠。道先王語。其雍容醞藉可也。及事變起。能奮難不忘死。亦良難哉。仲理未食其食。

徒以受國士知于孝孺。遂以身殉。叔揚有隕無二。爲臣之節。是其庶乎。方國家始建。威德遂盛。海內忠義之臣。接踵而死。湮滅無所復志者多矣。故其事皆不得而詳焉。至匿山澤。易姓名。隱約以終身。此其人豈有所要于後哉。名不名無預也。而明教化以著統風。勵來者。是以貴君子表微乎。

壬辰。召代王桂。

鑄司禮監出入精微印。

癸巳。改封懿文皇太子次子吳王允熥爲廣澤王。國漳州。衛王允熞爲懷恩王。國建昌。徐王允熈爲敷惠王。隨母呂氏居懿文陵。

談遷曰。漢祖修怨。有戛羹之封。文皇改封懿文子。顧名思義。殆同降叛。禍端見矣。覆巢之下。寧有完卵耶。

甲午。裁河北都司湖廣行都司。

乙未。□軍都督僉事趙清往中都整兵撫民。

定來朝文武官賞格。

夜。木星退犯東咸。又大星青赤光。自壘壁陣流北落師門。

丙申。告卽位于先陵及歷代帝王陵闕里嶽鎭海瀆之神。

諭前軍左都督李增枝整兵荆州。節制荆州襄陽瞿唐安陸諸衞。

諭兵部榜諭軍民安業。入城之日。市不易肆。今豈濫及無辜。有誑衆者罪之。

夜。月犯壘壁陣。又大星青白光。自宗正流游氣。二小星隨之。

丁酉。賜谷王橞樂三奏。衛士三百。金銀槍大劍。黃金三百。白金三千。綵幣三百匹。鈔三百錠。馬四匹。金籠鞍轡二副。歲增米三千石。

戊戌。大理寺辦事官虞文達爲四川道監察御史。

山東撫民主簿周觀政爲江西按察使。前海鹽典史史國用爲山東按察僉事。俱御史被斥者。

吏部請絀罪吏。上以既赦。悉除之。

復瀋陽左右二衛。

昏。刻大星青白光流西北。

己亥。楚王還國。

翰林待詔解縉爲侍讀。修撰胡靖爲侍講。編修楊溥楊子榮爲修撰。檢討鄭好義爲編修。太平府訓導蕭引高爲檢討。應天訓導王汝玉蕪湖訓導張伯穎爲五經博士。特改子榮名榮。

庚子。太白晝見。夜大星青白光燭地。自天倉流近濁。金星入太微垣右掖門。月犯天囷星。

辛丑。敕諭將士曰。朕舉兵靖難。爾輩多功。所司上狀未詳。故未即賞。昔中山王從高皇帝混一天下。二年後方賞。今踰月。爾輒憤。後時不已急乎。向在兵間。小捷必報。豈當大定乃遂忽諸。業敕所司亟上。悞許陳改。

上朝罷。顧近臣太息曰。如散官一事。前代沿久。何建文改之也。于是愴然色變。進吏部尚書張紞戶部尚書王鈍曰。卿二人皆老矣。令解秩。月給半俸。居京師。紞出自經部之後堂。紞字昭季。富平人。舉明經。授東宮侍書。才識通敏。進通政司左參議。尋拜雲南右參政。進左布政使。時六詔初定。凡貢賦法制。悉紞裁定。秩滿入覲。敕勞之。建文初。進吏部尚書。滇人戀慕如失乳。在銓識鑒精絕。士類相慶。至是因散官被詰。懼甚。所著顯庵集。吏部左侍郎毛泰亦死。

　王世貞曰。紞之死較之諸公雖未爲烈。然其過于鄭賜王鈍輩則遠矣。

　朱國楨曰。張公之死。說者不一。或曰聞文皇即位。自堂上投于地。痛哭徹晝夜。淚盡繼之以血。迨曉。竟自經。

一曰投鍾山龍潭。妻與二妾四子家僮皆從。而訾者則曰。文皇以改散官事詰責。慙懼自縊。又云。謁太宗受敕慰諭。最後自縊。不宜與方鐵諸公同考。公死在文皇卽位後三十四日。後之十六日。則前二說似描寫太過。不可信。最後賜敕或者通行朝臣。非止一人。惟散官之詰理或有之。似與烈死遁死者異。然公之縊差十七日。與董倫賜罷同日。倫出城數日方死。尙在可憐。當收入建文遺臣中。公又先之。以大臣不容于新朝。卽可以見故主。分表忠一席。非過也。

談遷曰。國史凡殉難諸臣。不甚稱述。于張冢宰又無論矣。俛仰新朝。終不自安。雉經官舍。亦不遠之。復其文學政事。卓然有可紀者。寧肯覥焉辱其身哉。其稍失之需忍者。或微有所待耶。

壬寅。補賜諸王樂戶。

癸卯。左都督袁宇往四川雲南整兵撫民。俟事畢卽鎭守雲南。江陰侯吳高往河南陝西整兵撫民。俟事畢卽鎭守陝西。

甲辰。命前工部尙書嚴震直致仕。戶部尙書王鈍。應天府尹薛正言等分往山西山東河南陝西。巡視民瘼。

復牧馬千戶所。

乙巳。賜諸王黃金百。白金千。綵段四十。錦十。紗羅各二十。鈔五千錠。

丙午。諭都督陳珪等輔導皇長子居守北平。

吏部右侍郞蹇義爲左侍郞。郞中陳洽爲右侍郞。戶部右侍郞夏原吉爲左侍郞。兵部右侍郞古朴改戶部。署禮部事員外郞宋禮爲右侍郞。兵部郞中方賓爲右侍郞。工部尙書鄭賜改刑部。湖廣按察使黃信爲都察院右副都御史。河南按察僉事劉纛俞士吉爲左右僉都御史。楊得安爲右僉都御史。

復前戶部尙書郁新。工部右侍郞黃福官。宥湖廣按察僉事朱吉爲中書舍人。湖廣布政司參議李至剛爲右通政時皆坐累繫獄。
丁未申明天下誦讀大誥三篇。
戊申諭兵部惟軍機給驛餘並止。
舞陽人王忠等作亂南陽衛指揮王眞破擒之。
己酉遣給事中閱天下逃軍補伍。
監生莊亶何淮謝朝錫傅善爲試給事中亶兵科淮朝錫刑科善工科。
神策衛知事羅文貴陸悅龍江右衛知事柴履監生唐友成陳彝鍾永用黃禮楊善安徐儉王敏張濳吳誾沈懋胡亨李敏爲監察御史。
八月壬朔頒詔朝鮮。
後軍都督同知陳用都督僉事曹遠署山西行都司事左軍都督劉貞鎭守遼東。
夜大星青白光燭地自奎宿流近濁。
癸丑天下耆民來朝懼妨穫諭禮部郎止之。
甲寅求民間識字婦女充內職年三十至四十女子年十七上者。
以鳳陽淮安等官牛給北平山東河南。
丁巳遣官釋奠先師。
戶部上天下中鹽處命金齒楚雄四川鹽井衛陝西甘州衛勿停餘悉停之。
戊午祭太社太稷。
中書舍人黃淮爲翰林編修。

遣使詔諭覺靈藏烏思藏必力工瓦思達藏朵思尼八速剌等處。

寧王權求居杭州。不許。命于建寧荆州重慶東昌擇之。

夜。大星青白光自尾宿流雲中。

己未。封周府有爋汝南王。有烜順陽王。有爝祥符王。有熺新安王。有光永寧王。有煸汝陽王。有爌鎭平王。有炥宜陽王。齊府賢烶樂安王。賢焌長山王。賢烷平原王。

召秦王尙炳。

右軍左都督何福爲征虜前將軍總兵官。往鎭陝西寧夏。節制陝西山西河南官軍。右軍都督同知韓觀往江西練兵。廣東福建湖廣聽節制。

定罪人輸作例。

庚申。復北平右布政使曹昱官。

監生丁瑛姚山林從李晟俱爲給事中。

壬戌。代王桂及世子遜煓來朝。壬申還國。

岷王楩奏西平侯沐晟謀逆狀。上書諭王曰。嘗聞皇考遺訓。年二十五尙未誕嗣。沐英甫八歲。皇妣鞠之。後命復姓封侯。控御蠻夷十餘年來。朕無南顧憂者。以英在也。今晟所爲鹵莽。信奸邪以犯吾弟。固不可宥。但念乃父開疆。不忍罪之。況雲南重地。安邊撫夷。非賴世臣。其何以能。苟不改過。罪之未晚。吾弟亦宜念黔寧之親。置之度外。又諭晟宜篤親親。以消舊怨。

徐學謨曰。臣觀文皇帝諭岷莊王語。知沐氏有大勛于國家。卽以親弟之奏。不忍加法。非以日南之所倚重者乎。頃歲裔孫淩犯。按臣鞫之。幾置大辟。朝議竟從輕譴。有以也。岷國武岡。始以邊地請徙。特辭常祿。行糧。

俸給千五百石耳。國以貧故代多賢胤。孔子曰。以約失之者鮮矣。善夫。

定十一月朔進大統曆。

四川行都司都指揮同知程達爲前軍都督僉事。仍鎭守。

癸亥。晉王濟熺來朝。

衍聖公孔鑑卒。

復設建陽衞杭州前衞。

甲子。西平侯沐晟鎭守雲南。

定罪人輸粟北平自贖。

廬陵人作亂。守臣請兵。上曰。此不足患。遣行人許子謨敎諭之。仍敕都督韓觀招撫。

夜金星入角宿。又大星青白光。自牛宿流天市東垣。一小星隨之。

丙寅。昭德王濟熿來朝。

定賞功格。

上得建文時奏章千餘道。使翰林侍讀學士解縉等閱。其干犯者悉燔之。旣從容問。爾等皆宜有。衆未對。修撰李貫進曰。臣實無。上曰。爾謂無忠耶。朕非惡盡心建文者。惡其導之壞祖法耳。事建文忠。事朕忠。朕不必曲爲覆。

殺御史大夫眞寧耿清。清洪武甲戌進士及第。授翰林編修。丁丑春。命署都察院左僉都御史。詿誤下獄。尋宥之。出巡茶川陝。建文初擢左都御史。改北平布政司參議。往察燕起居。燕王甚稱之。還臺改御史大夫。至是知讓帝出亡。猶思興復。詭自附。上喜曰。吾故人也。厚遇之。仍其官。因伏利刃于衣衽中。是日早朝。清緋衣入。先是靈臺奏文曲犯帝座甚急。色赤。上見清衣緋。命左右搜之。得利刃。詰之。曰。欲爲故主報仇耳。遂醜詆。上武士抉其齒。含血噀御袍。命剝其膚。草實之。械繫長安門。其夕精英迭見。後駕過屍所。忽索斷直前數步若犯駕狀。乃火之。已夢清仗劍追繞御座。覺曰。清猶爲厲耶。命赤其族。籍其鄉。轉相攀染。曰瓜蔓抄。清姊適劉國。國兄固授山東青州敎諭。養母同依清京師。並遇害。固子超年十五。臨刑一怒。縛斷奪刀。連殺十餘人。被磔。固字永貞。年三十六。耿清報籍誤爲景。崇禎己巳。有神降乩于南京大理寺卿徐良彥官舍。詢之。曰劉固。因著幽忠記。

袁袠曰。耿公慕豫讓之義。衷劍以朝。盡心焉耳矣。成不成豈足計哉。

錢士升曰。文皇天授神武。起而踐阼。且又高皇帝子也。以清抗節死故主。難足以報矣。乃欲效漸離子房輩。得一當以快所懷。來至于骨盡皮懸。英靈激動。嗚呼。方其詭附新運。腸絕九迴。緋衣之變。上通天象。豈偶也哉。豫讓不云乎。既已臣而求刺之。是二心也。然而勢殊隔代。義屬一家。清以其身委蛇班僚。跡類解揚。而志圖荊聶。亦或一道也。不然。覥顏異姓。身汚逆名。卽幸而事成。豈能洗失節之辱哉。

談遷曰。齊黃方練之慘。千載下爲之魂悸。而耿清託于專聶。犯雷霆所不及料。其事必無成也。徒以矢報無地。出于九死。俾英主且忿且疑。畢世不解。胡濙久使。鄭和遠泛。俱蓄慮使然也。嗟乎。耿清優于荊卿漸離多矣。

錢士升曰。耿公懷匕。劉仙降乩。耿疑詭。劉疑誕。其實不也。夫人旁薄宇宙。惟此精神耳。精神一眞。正行旁行。皆足千古。入無入有。直窮三界。是以俠客入秦。著白虹貫日之象。眞君垂錄。昭洞見忠孝之文。此皆節烈之鬱思。游魂之精爽。而猥謂劍術爲不祥。搜神爲志怪。不其固與。

戊辰。夜。月犯天囷星。又大星赤光。自五車流參宿。火星犯太微西垣上將星。

己巳。許逃軍自首赴京立功贖罪。

庚午。敕寧夏總兵官左都督何福曰。欽天監言。火星犯上將。爾爲將禦邊。宜愼之毋忘。

右軍都督陳暉往江西。參韓觀軍事。

夜。月犯畢宿。

殺御史府右副都御史泰興茅大方。大方博學能詩文。舉儒士。授淮安敎授。入朝召對稱旨。擢秦府長史。制詞勉以董仲舒顏其堂希董。建文中副院。至是不屈死。三子並遇害。妻張氏下敎坊。所著希董集五卷行世。

壬申。命濟𤄊居平陽。

癸酉。夜大星青白光。自雲中流近濁。

甲戌。高煦還北平。

夜大星入太微垣右掖門。

乙亥。大星赤光。自雲中流近濁。

丙子。指揮施文守泗州。

前燕府長史金忠爲工部右侍郎。

靖江王府諮議所改長史司。

蠲應天太平鎭江寧國廣德今年赴役京師。

丁丑。詔諭和林兀剌等處諸部酋長。

命撫淮安永平北平河間流民復業者。

戊寅。水軍右衛指揮僉事宣信爲前軍都督僉事。

己卯。柳州等處蠻不靖。遣禮部員外郎李宗輔等敕諭之。

夜。大星青白光。自外屏流壘壁陣。又星赤光。自內屏流近濁。又有星自紫微西藩流近濁。

九月辟朔。肅王楧來朝。

戶部郎中李昶撫安北平郡縣。

夜。大星青白光。自土司空之旁流雲中。火星流右執法。

壬午。蜀王椿來朝。秦王尙炳至。

癸未。晉王還國。

湖廣布政司左右參政郭燧王麟。按察副使聞良輔。僉事陳晟蔣賓興鄔修張敏。俱有罪降行人。

夜。金星入氐宿。

甲申。封秦府尙烐興平王。尙灴永壽王。尙炌安定王。晉府昭德王濟熿改平陽王。濟熇廣昌王。

大封靖難功臣。中軍左都督丘福淇國公。祿二千五百石。都督僉事朱能爲中軍左都督成國公。祿二千二百石。都督僉事張武爲中軍都督同知成陽侯。祿千五百石。陳亨爲後軍都督同知泰寧侯。祿千二百石。鄭亨爲中軍左都督武安侯。祿千五百石。孟善爲右軍都督同知武定侯。祿千二百石。火眞爲中軍都督僉事同安侯。祿千五百石。右都督顧成鎭遠侯。都督僉事王忠爲右軍都督同知靖安侯。並祿千石。都指揮使王聰爲中軍都督僉事武城侯。祿千五百石。都督僉事徐忠爲前軍左都督永康侯。祿千一百石。都督僉事張信隆平侯。李遠爲中軍都督同知安平侯。並祿千石。郭亮爲左軍都督同知成安侯。祿千二百石。隆平安平成安俱世伯。都督僉事房寬封思恩侯。祿八百石。世指揮使。都指揮使徐祥封興安伯。祿千石。世爵。都督僉事徐理封武康伯。都指揮同知李濬襄城伯。張輔信安伯。都督僉事唐雲新昌伯。世指揮使。故都指揮同知譚淵子忠新寧伯。都指揮僉事孫巖應城伯。房勝富昌伯。世指揮使。趙彝忻城伯。都督僉事陳旭雲陽伯。並祿千石。劉才廣恩伯。祿九百石。世指揮同知。進李景隆太子太師曹國公。祿四千石。茹瑺太子少保兼兵部尚書。封忠誠伯。祿千石。都督同知王佐爲中軍都督同知。順昌伯陳瑄爲右軍都督同知。平江伯。駙馬都尉王寧永春侯。並祿千石。

王世貞曰。靖難諸將臣從藩邸起。以一旅之師。彈丸之地。出萬死者三載。而遂安定宗社于太山之固。此其績誠巨。然英主實在軍。攻堅履危。斷自神授。又大戰不過十餘。所定軍府不過三四而已。毋論中山開平。其視曹衛宋潁而下。抑何徑庭也。今高帝之盟白馬指黃河而誓其功臣。鮮有存者。易世而後。所當僅如線之虜與萑苻之盜。鹵級數十以至百。積封自伯以至侯。遂有公者。今胡以貂錦蟬聯也。以此況彼。誠不可同年而語矣。

故都督同知張玉追封榮國公。謚忠顯。故後軍都督僉事陳亨追封涇國公。謚忠勇。故都指揮使譚淵追封崇安侯。謚壯節。

吏部左侍郎蹇義爲尚書。右侍郎陳洽爲左侍郎。戶部左侍郎夏原吉爲尚書。右侍郎古朴爲左侍郎。兵部左侍郎劉儁爲尚書。右侍郎方賓爲左侍郎。禮部右侍郎宋禮爲左侍郎。工部右侍郎黃福爲左侍郎。大理寺少卿薛嵓爲寺卿。左寺丞袁復爲少卿。

殺陝西按察僉事寧海林嘉猷。嘉猷師方孝孺。洪武末以儒士校文四川。蜀獻王薦爲成都府□□。建文初累遷陝西僉事。至是坐方黨逮死。

丁亥。詔諭安南暹羅瓜哇琉球日本蘇門答剌占城諸國。

戊子。都指揮使劉江爲中軍都督僉事。朱榮爲左軍都督僉事。馬榮紀清爲右軍都督僉事。都指揮同知朱崇爲後軍都督同知。何濬薛脫歡許成並爲左軍都督僉事。高成爲右軍都督僉事。譚深爲前軍都督僉事。都指揮僉事陳懋爲中軍都督。曹得山青並爲中軍都督僉事。張欽爲中軍都督僉事。高士文劉保華聚爲前軍都督僉事譚青王端爲後軍都督僉事。
命各衞所屯田如舊制。專一人提調。歲終上其入數。
廬陵逃民俱復業。敕勞都督同知韓觀。
谷王橞請作宮殿于長沙。以勞民已之。
有言東南諸夷島多我逃人佐寇。上復敕諭之。
虜犯開原。官軍拒卻之。
己丑。慶王㮵來朝。
命遼王植國于荆州。
太平府試推官袁綱。蘇州試推官徐道正。前鎭平軍民指揮司試經歷馮本淸。前開封軍民指揮司試經歷陳常。俱爲監察御史。
庚寅。高陽王高煦來朝。秦王還國。
周世子有燉自雲南來朝。
召廣澤王允熥。懷恩王允熞。
辛卯。賜在京官吏軍民鈔幣。
殺刑部左侍郞胡子昭。初名志高。字仲常。先廬陵人。徙大足縣。父復初。敎授滎縣之東川。因家焉。生志高。弱冠舉經明行修。授本邑訓導。蜀王薦于朝。太祖親試稱旨。授翰林檢討。更名子昭。尋陞刑部右侍郞。建文初轉兵部左侍郞。迨聞變。大內火。子昭衰絰哭入廟。比有詔詰問。子昭歷陳君臣大義。反覆辨論。詞色過激。下詔獄。居五月。復詔詰之。不屈。數請死。遂磔于西市。年四十一。亡子。婦黃氏死焉。女金奴沒入宮。姻屬逮戍五十八家。加榮縣賦八百石。其弟山東按察僉事志遠預奉母避難。約曰。忠孝務各努力。志遠遂負母而逃。不知所之。金奴。入宮五十餘年。天順間乞歸。歸老東川。子昭嘗從方孝孺講學漢中。蜀王遺之詩。有曰。不憚三巴路。欲成仁者心。殆詩讖也。

陳鎏曰。聞之事君者不得顧家。此忠臣烈士當利害之際。不能兩全。不得已而爲是言耳。身雖死。必有不安于心者。求爲忠臣而視其親就鼎鑊。豈人情也哉。公有母在。能先爲之所。而從容以死。尤人所難。陸宣公所謂上不負其國。下不負所學。而公又能不傷其親者矣。

工部右侍郎張顯宗。江西布政使楊璉。按察使房安。僉事呂升等俱戍興州。以軍士執告其罪也。

夜。月犯壘壁陣星。

壬辰。許回回可吉思市馬寧夏。償以布。

工部尚書嚴震直卒。震直烏程人。洪武五年。薦授試參議。尋授戶部郎中。進工部右侍郎。逾年進尚書。癸酉坐事降御史。使龍州。乙亥修桂林靈渠。尋進右都御史。復爲工部尚書。丁丑請廣鹽得行江西安贛吉臨諸郡。高皇數稱之。建文初。督餉山東。至是使安南。回雲南。悲憤吞金而死。

談遷曰。嚴震直後死。諸家謂南使回滇。值文大師悲憤賫志。第龍潛纔三月。安能遽及于滇。且露其跡也。攷從亡隨筆。時大師政在襄陽廖平家。則震直死別有繇耳。國史云寡學無識。善附權要。上頗薄之。史未足盡信。大抵以樸質勤敏稱。視張紞王鈍。死又有間矣。

曉刻。火星犯左執法。

甲午。宥罪人擕家佃北平。流罪三年。死罪五年。後釋爲氓。

定功臣死罪減祿例。武官軍士贖罪例。

乙未。申木驛致民之令。

詔諭兀良哈大小頭目。

右軍都督同知韓觀爲征南將軍總兵官鎭守廣西。

故燕山右護衞百戶王眞追封金鄉侯。諡忠壯。

命戶部遣嚴太原平陽澤潞遼沁汾餘丁實北平各郡縣。仍戶給鈔。俾置牛種農具。五年後稅之。

賞從征扈駕將士。

夜。月犯天囷星。曉刻。火星出左掖門外。

丙申。肅王楧還國。

杭州知府虞謙爲大理寺左少卿。

夜。金星入房宿。

丁酉。蜀王還國。

夜。大星青白光。自雲中流近濁。

戊戌。工部左侍郎黃福爲尙書。是日。工部左侍郎張思恭奉建文帝命出使還職。

夜。大星二。俱青白光。一自闕丘流雲中。一自軫宿流游氣。

己亥。夜。大星青白光。燭地。自文昌流近濁。

庚子。慶王還國。

左軍都督僉事劉貞爲左都督。鎭遼東。眞恆有媿色。以女爲德妃。故得宥。

辛丑。復議大賚臣民。

作鳳陽浮橋。

乙巳建金籙大醮于朝天宮。薦福于先帝后。

命武康伯徐理等往北平度地。處罪徙之民。

命都督陳用孫岳陳智移山西行都司官軍于北平設衞。岳前守中都不下。

丙午大同中護衞改定州衞。

夜大星青白光燭地。自雲中流近濁。二小星隨之。

戊申復齊王榑國青州。

秦愍王攷子尚炳來朝。

己酉作皇后金寶盤龍紐。

鎮守揚州都指揮同知王禮爲河南都司。

庚戌夜大星青白光燭地。自五諸侯流游氣。又大星自外屏流羽林中。

十月辛亥朔夜金星犯天江。又大星二。俱青白色。一自八穀流上台。一自天廚流雲中。

壬子寧王權來朝。

癸丑楚世子孟烷來朝。

前湖廣布政司左參議楊砥爲鴻臚寺卿。

夜二大星。一赤光自天園流近濁。一青白光燭地。自外屏流霹靂。

甲寅諭兵部尚書茹瑺劉儁以逃軍降罰本將之罪。

曉刻火星犯進賢星。

乙卯。許羽林前衛指揮僉事王三哈歸彰德養母。

丙辰。享太廟畢。遣祭功臣廟。著爲令。

監生王孚陳禮朱肇何海陸禎王政劉端姚綱阮容姚伯善俱爲給事中。大理寺左評事周新蔡瑛孫碩劉觀右評事楊廉司賓署丞周敏序班劉英兵部司務張遠志盛文明行人李公敏亢誠施安顧謙牛庸傅霖盛敬爲監察御史。

夜。木星犯天江。

丁巳。前北平屬官朱寧等二百十九人俱遁去。命輸粟贖罪。訖戍興州。

宴功臣。

戊午。頒洪武中冠昏喪祭服舍器用圖示中外。俾人民遵守。

選陝西河南山西山東鳳陽等處力士三千五百人。

己未。修高皇帝實錄。敕太子太師曹國公李景隆太子少保兼兵部尚書忠誠伯茹瑺監修。總裁官翰林院學士解縉總裁。務合至公以光簡冊是日。又敕纂修官翰林學士王景右通政李至剛。翰林侍讀胡靖黃淮曾日章胡儼侍講鄒緝楊士奇金幼孜修撰李貫吳溥。編修楊溥鄭好義。檢討王洪五經博士張伯穎王汝玉典籍沈度潘畿。待詔王延齡□科給事中朱紘吏部郎中徐旭禮部郎中胡逸朱遠戶部主事端木孝思太常寺博士錢仲益。國子監博士金玉鉉。助教王達。行人蔣驥。□□按察使僉事葉砥。□□知府劉辰。□□知州鄒濟。□□知縣王褒。□□知縣楊觀。□□知縣梁潛。□□知縣趙季通。□□知縣沈瑜。□□教諭劉宗平。□□教諭解榮。□□訓導羅思程。□□訓導傅貴清。晉府伴讀蘇伯厚。靖江府教授張顯。諸生端禮楊孟力朱逢吉莫士安馬定唐廣耘。命以建文事附其後焉。

談遷曰。國可滅。史不可滅。靖難之事。彼棄屣而此止戈。名正言順。夫何疑之有。今革建文而仍洪武。孫蒙祖號。是似以父子角。非所以妥高帝在天之靈也。漢不以呂雉而廢本紀。唐不以武曌而廢實錄。成祖英主。如董狐據理以爭。且憬然悟矣。惜在廷之默默也。

眞人張宇初來朝。

修灞橋。

辛酉。江西布政司改寧王邸。

誅中軍都督同知陳質。以建文中奏代王强奪民女也。

癸亥。夜。金星入南斗杓。

開原備禦都指揮吳立聞虜警。遣指揮莊濟拒虜。襲之。値虜衆。我指揮張恂李冕棄軍走。虜大進。濟力戰卻之。命斬張恂李冕以徇。

曉。刻金星入角宿。

乙丑。夜。月犯畢宿。大星青白光。自離宮流河鼓。

丙寅。陝西布政司右參政戚存心爲禮部右侍郎。陝西按察使師逵爲兵部右侍郎。副使王平爲左僉都御史。僉事朱逢吉爲大理寺左寺丞。

鎭遠侯顧成鎭守貴州。

肅府護衞改莊浪衞。

丁卯。定北平守城功賞。

復餘姚千戶所。

殺兵部尚書鐵鉉。鉉。鄧州人。入太學。授都督府斷事。賜字鼎石。進禮科給事中。屢使稱旨。尋擢山東布政司左參政。建文己卯。燕人圍濟南。三月。拒卻之。詔賜金幣。入謝。拜山東左布政使。尋進兵部尚書。監盛庸軍。壬午四月。又敗燕人于小河。斬驍將王眞。中原震動。及燕人渡江。猶擁兵淮南。圖興復。至是擒。至。背立闕下。抗詞不屈。劓其膝。截耳鼻。堅不一顧。乃寸割之。罵喃喃不絕。年三十七。父仲名。母薛氏。皆年八十餘。流海南。子福安年十二。戍河池。福昌七歲。充局匠。皆謬死。妻楊氏。下敎坊司。病死。二女終不受辱。久之赦出。適士人。

鄭曉曰。鐵公壯猷偉略。完濟南以障江淮。而豐沛不守。徐揚震盪。無可爲矣。使公用于鄭村壩白溝河未戰之前。事未可知也。

許相卿曰。鉉以非常之才。匡難殉國。遭天命已改。志不克就。然剛毅果敢之氣。耿耿激烈。不可屈撓。自其早歲受知高廟。已負託孤寄命不屈之節。乃卒以烈誠奇畫震耀今古。文皇每對羣臣。特稱其忠焉。

王世貞曰。壬午之難。有功而無媿色者一人焉。曰鐵司馬鉉。己巳之難。有功而無難色者一人焉。曰于司馬謙。其人才同也。忠同也。酷禍同也。

羣忠事略曰。嗚呼。使中原數載之間。守土之臣盡如鉉也。則靖難之師雖出神算。豈能飛渡江淮也耶。惜乎用之已晚。不能盡厥施耳。

錢士升曰。鉉以死守濟南。牽北兵。及其赴援東昌。再戰小河。斬將搴旂。燕師震動。鉉之功亦偉矣。然而南帆競渡。北幟盈張。淮水瀰瀰。豈能支柱。鉉雖擁殘旅。要之規圖興復。非其會矣。當其鐵板詐降。神牌拒擊。其智謀詎出張許下。而時運所値。勢無復之假。如參軍之計。卽行而神京不守。雖徑趨北平。亦烏能違天自立乎。

辛未。貴州蝗。命賑以鈔。免徭役。

壬申。谷王橞之國。

寧夏總兵官何福奏。徽騎卒五月一更屯田。胡卒簡驍銳免其租。購河州馬。給守隘將士皮裘狐帽。上悉從之。
癸酉。定海縣丞溫仲和。尤溪縣丞孟籌。俱復河南僉事。
甲戌。詔還軍士所掠民間子女。
夜。大星青白光。自婁宿流游氣。月行太微垣端門。曉刻。月犯左執法。
乙亥。復盧淵兵部左侍郎。
旌丹徒人唐川孝行。
左軍都督僉事徐凱卒。合肥人。
丙子。甘州中衞左所軍張眞上書言事。上曰。戍卒能言。賜衣一襲。鈔千貫。
戊寅。慶成王濟炫來朝。
改周邸于洛陽。
復遼東及在京罪人戍于邊者。仍原衞屯田。
己卯。中軍都督僉事宋晟爲後軍左都督。
欽天監占有邊警。命嚴備。
夜。大星赤光。自翼宿經端門流謁者旁。
十一月朔。夜。大星青白光。自軒轅流下台。
辛巳。監生馬賓爲禮科給事中。
壬午。命禮部清理釋道二敎。
夜。大星青白光。自天廟流游氣。曉刻。大星入亢宿。

甲申。高平王濟熿來朝。

令武安侯鄭亨于千戶寨灰嶺慶州神樹西馬山七渡河設斥堠。新昌伯唐雲率兵自小興州至大興州牛嶺會州塔山龍州諸處屯種。

都指揮使景福爲右軍都督僉事。薛貞爲後軍都督僉事。

虜犯盤山。官軍邀擊。敗之。

丙戌。奉天新殿成。

丁亥。復安東中屯衞大同瀋陽二屯衞俱隸北平都司。銅鼓五開靖州三衞仍隸湖廣都司。

戊子。翰林侍讀解縉爲侍讀學士。侍講胡靖。編修黃淮。檢討胡儼。皆進侍讀。修撰楊榮。編修楊士奇。檢討金幼孜。皆進侍講。

庚寅。開商縣鳳凰山銀坑。

夜。月犯天囷星。

辛卯。長山王賢烶來朝。

壬辰。立皇后徐氏。詔天下。

召廣澤王允熥懷恩王允熞至京。廢爲庶人。

甲午。皇三女封安成公主。

乙未。復荆府中護衞隸遼府。改宣府護衞爲長沙護衞。仍隸谷府。

丁酉。左軍都督僉事何濬坐不宿衞免官。調寧夏。

己亥。曉刻。火星入氐宿。

庚子。都指揮使梁銘爲後軍都督僉事。

虜襲涼州。命罪守將都指揮丁斌怯敵之罪。

辛丑。河南布政司參議杜驥按察僉事吳彝都指揮僉事劉珪。以大水移家避入周邸。俱謫戍興州。

夜。大星赤光自文昌流紫微西藩外。

壬寅。詔諭兀良哈韃靼野人諸部曰。今天下一家。邊將言爾諸酋長誠心歸向。朕用嘉之。特令百戶裴牙失里敕諭。爾其各居邊境。永安生業。商賈貿易。一從所便。欲來朝者與偕至。

北平左布政使郭資爲戶部尚書。仍署司事。

夜。月犯太微東垣上相星。

癸卯。岷王楩來朝。

夜。大星青白光。自太子星旁流游氣。

重慶府教授馮莊甫秩滿。止貢士三人。降學正。著爲令。

左副都御史陳瑛劾禮部侍中黃觀太常寺少卿廖昇翰林修撰王叔英衡府紀善周是修浙江按察使王良沛縣知縣顏伯瑋等。其存心不異畔逆。宜追僇。上不問。

乙巳。朝鮮國王李芳遠入貢。

丙午。夜金星犯壘壁陣。曉刻月犯罰星。

己酉。夜大星青白光。自太子旁流天棓。曉刻大星赤光燭地。自紫微西藩流輦道。二小星隨之。

十二月庚戌朔。寧化王濟煥永和王濟烺來朝。

駙馬都尉宋琥尙安成公主。

右通政李至剛爲禮部尙書。

量免北平山東河南鳳陽淮安揚徐歲辦有差。

辛亥上曰公侯歷事皇考者今皆年邁朕不忍勞非見任事者其令以朔望朝參。

壬子敕諭功臣曰古人君以武功定天下者必賴將臣之力。厥後往往不能保全。何哉。處高位者易驕縱。犯刑法者多怙終。人君代天理物。豈容私其間哉。所以罰加焉。必也高皇帝立法垂憲。欲世世行守。功臣有犯。罰戒再三。戒之不改。乃按誅之。至親至舊。不敢曲原。志人君子。莫不謂高皇帝英明果斷。上畏天命。下畏民情也。爾諸功臣昔受高皇帝厚恩。今事朕。朕欲爾等悠久共富貴。若復驕縱怙終。不問則違高皇帝成法。問而寘諸法。必謂朕寡恩。今錄高皇帝戒敕。申明布告。尙永遵之。爾之不遵。後悔無及。

嚴武臣冒襲之禁。

癸丑蠲北平山西山東河南鳳陽淮安揚徐明年夏稅絲棉幷山東鹽司虧課。

以荆州長沙商稅予遼王谷王。

甲寅遣諭哈烈撒馬兒罕等國。各賜金織文綺。

詔諭別失八里王黑的兒火者。幷賜綵幣。（黑的兒火者。元裔也。）

戶部議京官軍士支俸格。公侯駙馬伯祿全支米。文武官一二品支米十之四。三品四品支十之五。五六品支十之六。七八品支十之八。餘折鈔。每石准鈔五貫。九品雜秩吏胥旂軍並全支米。從之。每石增鈔五貫。

乙卯復設各郡縣陰陽醫學。

鴻臚寺序班汪觀清爲右寺丞。本胡人。諳番書。

丙辰設雲南孟養木邦孟定三府威遠鎭沅二州。以土官刀木旦罕的法力渾立爲知府。刀筭黨刀平爲知州。

丁巳。許欽天監官秩滿不考績著爲令。

庚申。保定知府雒僉加刑部尙書。

辛酉。設廣西安隆長官司。隸泗城州。

寧夏總兵官何福請討邊虜叛去者。敕曰。若兵討叛。其未叛者亦將置疑。不若姑聽其去。第嚴兵固圉。養威觀釁可也。

壬戌。定垜集軍吏代法。萊陽縣人王丑保言。洪武中戶三丁以上垜正軍一。正軍死。貼戶補役。從之。

癸亥。復慶遠衞軍民指揮使司。改廣寧中左右三衞仍爲中左右前後五屯衞。設寧夏左右中前四衞。

甲子。韃官胡將怯烈帖木兒哈剌脫歡李剌兒來歸。仍授千戶。怯烈帖木兒言阿卜兒却罕等五百餘人居塔灘。咸欲內屬。敕何福招之。

乙丑。銅陵典史張璉爲左通政。舊北平按察副使。

江西儒士軒伯昂爲山東布政司左參議。時詔求懷才抱德之士。

金吾前衞指揮僉事徐膺緒爲中軍都督僉事。徐達季子。

丙寅。滄州鹽山等縣饑。詔民採鹽易粟者勿禁。

夜月犯軒轅御女星。

丁卯。成安侯郭亮鎭守永平山海。

上問兵部尙書劉儁天下馬數。曰比兵耗止二萬三千七百餘匹。上命循洪武故事。嚴督所司孳收。

戊辰。都指揮同知趙忠爲後軍都督僉事。

己巳。義烏敎諭高澤疏請攬政納言。上嘉納之。

庚午。諭禮部。京官及外覲官夷使俱預元旦宴。監生諸生吏僧道軍民人等俱賜鈔。

壬申。許北平保定永平民兵還籍。

癸酉。諭戶部。來春遣人勸耕江北。因歎曰。古者民無菜色。然後天子安享。誠四海皆足。雖不盛饌。未嘗不樂。

甲戌。壽昌王孟焯來朝。

丁丑。賑順德保定貧民鈔三十萬錠。

嘉定周程請治東吳水利。從之。

夜。大星青白光。自軍門流庫樓。

戊寅。享太廟。

夜。大星青白光燭地。自太陽旁流北斗杓。

國榷卷十三

癸未永樂元年

正月䏚朔，御奉天殿受朝賀。

庚辰，敕中外文武臣曰：朕惟天德好生，人君承天，愛人而已。夫輿圖之廣，非一人獨治，自古帝王與賢共之。我太祖皇帝受天明命，勤愛保養，生息三十餘年，政教敷明，近古鮮儷。亦惟任天下之賢，理天下之務，旁求民隱，宣通德意。用厥臻茲。朕靖難承統，重惟天下皇考天下，軍民皇考赤子。卽位以來，夙夜匪寧。爾諸文武臣，體朕茲懷，毋怠毋忽，毋虐毋貪，毋爲掊克，毋縱詭隨。持爾廉平，秉爾正直，勵爾公勤，擴爾忠恕，共守成憲，毋或有違。惟民出賦稅以贍軍，惟軍執干戈以衞民。軍非民不食，民非軍不安。惟爾文武羣臣，互爲保愛，無有侵害。惟皇考成憲，實萬世治安之具，遵之則吉，違之則凶。其悉心一志，敬之愼之。

朝鮮及朵甘烏思藏必力王瓦等國入貢。

宴諸王于華蓋殿。

北平流民復業者十三萬六百餘戶。

辛巳，罷松陽縣銀坑，以礦竭也。

甲申，復前應天府尹向琦官。

乙酉，享太廟。

丙戌，羣臣請立太子，不允。

丁亥。左副都御史陳瑛爲左都御史。桂林府同知史仲成爲右僉都御史。

戊子。命汝南王有爋居雲南之大理。以勿容于父也。

止營州三護衛官赴京。

辛卯。上南郊。

禮部尚書李至剛等。請遵高皇帝中都之制。立北平布政司爲京師。從之。詔改北京。

謝彬曰。商遷五都。不別置員。周營洛邑。惟命保釐。漢唐舊邦。止設京尹。宋于西京。亦命留守。今保釐京兆之任。卽府尹是已。未聞兩都並建六卿。如今之日也。說者以爲京師者大衆之義也。物無兩大之理。故往往輒有異議。至謂南京吏部不典銓選。禮部不知貢舉。戶部無斂散之實。兵部無調遣之行。視古若爲冗員。嗚呼。是豈知祖宗設立之初意。有未易以常情窺測者。夫宮闕陵寢所在。六軍城守之事。庫府圖籍之所儲。東南財賦之所輻輳。雖設六卿以分理之。猶懼其不給也。而況以爲冗員而輕議之哉。丘文莊有言。天下財賦出于東南。而金陵爲其會。戎馬盛于西北。而金臺爲其樞。並建兩京。所以宅中圖治。足食足兵。據形勢之要。而爲四方之極者矣。嗚呼。得之矣。

談遷曰。漢立兩都。宋設四京。究其陪畿。不異郡國。今南北遞郊。各爲輦轂。及涿鹿之鼎。辰拱旣久。秣陵絕賀。而百司並置如故也。班張復肉。鼓吹休明。不其盛與。

癸巳。遣祀歷代帝王。

保定侯孟善鎭守遼東。

增周王歲粟二萬石。

復高以正監察御史。

許僧道三年給牒。
甲午。定牧馬法。牡馬一配牝馬三。歲課一駒。給軍士。非徵發不得擅遣。
夜。月食。陰雨不見。禮部請賀。不許。
乙未。設者樂甸大侯平崖灣甸潞江五長官司。隸雲南都司。寧夏左右護衛改寧夏衛中衛。
夜。月犯太微垣左執法。
丁酉。後軍左都督宋晟爲平羌將軍總兵官。鎭守甘肅。
己亥。燕府典膳副王眞爲光祿寺少卿。
庚子。宛平縣丞宋斌爲眞定知府。前守城功。龍虎衛經歷徐文英爲浙江道監察御史。進士洪堪爲廣東道監察御史。
壬寅。夜。大星赤光流雲中。
甲辰。設普安安撫司。土酋慈長爲安撫使。初曰普寧。改焉。置流官吏目。隸四川布政司。
丁未。夜。木星犯建星。
二月。朔。□軍都督僉事山靑卒。徐州人。本燕府左護衛百戶。
己酉。行人司副李常爲光祿寺少卿。汀州推官高政爲寺丞。
庚戌。設北京留守行後軍都督府。北京行部。北京國子監。改北平府爲順天府。北平行太僕寺爲北京行太僕寺。行都督府置左右都督。都督同知僉事無定員。行部置尙書二。侍郎四。六曹吏戶禮兵刑工郎中員外郎主事各一。
辛亥。戶部尙書郭資刑部尙書雒僉俱爲北京行部尙書。安岳知縣康汝楫□□按察僉事馬京爲左侍郎。臨江知府劉翼南京戶部郎中李昶爲右侍郎。汝楫蓋舊邸臣也。

壬子。臨桂縣丞譚勝受建陽知縣陳敏蒲縣知縣文郁監生孔復楊鈍張文明李時秀蔣彥祿歐彥貴何器劉先爲監察御史。

賑山西平陽饑。

嚴誣告法。

甲寅。遣左通政趙居任賜朝鮮金印龜紐如國初。以建文更之也。

詔諭暹羅國王昭祿羣膺哆囉諦幷賜駝紐鍍金銀印。

乙卯。書戒代王桂曰。別久懷思。聞吾弟縱僇取財。國人甚苦。告者衆矣。果若其言。吾弟大謬。夫天下之人。皇考四十年辛勤保養以遺子孫。其罪合死。猶當請命。況乃實無吾弟審思拘囚困辱。不記建文時耶。

命監察御史分巡各省民瘼。

丙辰。監生范紹馮添劉志聰吳禎徐儀彭建初孫恆敖惟善張信黃瑢王常俞騮周瑞丘陵李珣韓溫劉鳳蘇沖葛忠遜邊仲庸熊璞爲監察御史。

丁巳。釋奠太學。

戊午。祭太社太稷。

己未。遣諭迤北可汗鬼力赤曰。元運既終。我皇考太祖皇帝受天命撫有天下。朕以嫡子奉藩于燕。入繼大統。嘉與萬邦同臻安樂。比聞塞北推奉可汗。特遣指揮朵兒只恍惚等賚織金文綺四端致朕意。今天下大定。薄海內外皆來朝貢。可汗能遣使往來。同爲一家。豈不休哉。幷敕諭太師右丞相馬兒哈咱太傅左丞相乜孫台。太保樞密知院阿魯台等賜文綺各二。

虜攻破遼東懿路寨。敕鎮守左都督劉貞謹守不可窮追。又敕寧夏總兵官何福加備。

甲子。武定侯郭英卒。英鳳陽人。從起滁泗。渡江。從戰鎮江武昌。從大將軍開中原。鎮北平。以前軍都督僉事屬潁川侯征雲南。洪武十七年封。祿二千五百石。追封營國公。謚武襄。

談遷曰。郭武定以渡江之舊。至甲子始享茅土。則征南功也。今稗說謂英射陳友諒。縛張士誠。其績似偉。高帝豈忍遺之耶。嘉靖中。裔孫翊國公勛購門客創飾之。俾躋太廟。不足信也。噫。胡藍之黨。靖難之累。諸徹侯往往不令終。英考全牖下。亦善保富貴者矣。

乙丑。皇長女永安郡主改封永安公主。儀賓袁容爲駙馬都尉。

封尚烈永興王。尚煜保安王。

遣司禮監少監侯顯徵烏思藏尚師哈立麻。上素聞其道行卓異也。尚師本帝師。史諱之。

胡將伯帖木兒等自塔灘來歸。授指揮使。命居寧夏。

丁卯。南昌左衞改南昌護衞。營州左護衞改隆慶左右衞。中護衞改寬河衞。

除麓川宣慰司加課萬八千金。

戊辰。諭戶部兵部。以衞所郡縣官私役軍民者罪之。

左軍都督僉事徐眞卒。盱眙人。以軍功歷左軍都督僉事。戰靈璧敗降。命督民屯田密雲。嗜酒。竟醉死。

己巳。琉球國中山王察度入貢。

大名河間廣平順德眞定保定饑。賑之。

禮部請今年八月補京省鄉試。從之。

殺南昌知府臨海葉惠仲。惠仲初授廣武衞知事。建文初。以□□知縣充史官。修洪武實錄。進守南昌。至是坐實錄指斥舊事。且方孝孺黨也。年六十四。妻蕭氏給千戶泰貴爲奴。

辛未。命法司五日一引奏罪囚。如洪武例會訊承天門。

寧夏右衞改慶陽衞。

疏嘉定秦趙二涇。

壬申。瘞江北中原暴骸。

甲戌。高陽王高煦率兵往開平操備。既行。書諭之曰。爾出大寧。未至開平四十里卽下營。先騎偵虜。勿令虜覺。乘以深入。夜襲之。若戰則武安侯鄭亨居中。安平侯李遠武城侯王聰左右之。爾將精騎一二千援之。毋利其牛馬窮追也。

乙亥。減曲靖中鹽米二石爲一石五斗。

丙子。綏輝縣官牛之價。

丁丑。定捕盜賞格。金五十。幣四。鈔二千貫。

分遣監察御史中官覈各處銀冶。

三月賊朔。羣臣復請立太子。不允。初靖難兵起。高陽王高煦武勇。使從師。領勍騎。接戰白溝東昌。有功。上戰浦子口而卻。高煦搏胡騎力戰。敗盛庸。因渡江。故甚愛之。及卽位。嘗密召丘福王寧及侍郎金忠議儲。俱請立高煦。以功高于世子。立子以長。平世之道也。金忠不可。已問學士解縉。對曰。以臣所見。異是。世子忠敬仁孝。天下莫不聞。守成令主也。且奪長爲亂道。又曰。好聖孫。已召禮部主事尹昌隆于便殿。對如之。命昌隆勿復言。復召問庶子黃淮。又對如之。翊日早朝罷。上獨留縉語良久。戒勿復言。遂賜象笏。

談遷曰。高煦汗馬功江上之捷。業允其當璧。故不欲中變。遷延未決。其後迫于國是。雖大本不搖。而江保黃儼輩之讒構未已也。噫仁廟之得儲也。其不爲建成之續者亦幸矣。

己卯。魯世子肇煇嗣魯王。

前北平按察副使王禮爲戶部右侍郎。

夜。大星青白光燭地。自郎將旁流紫微西藩。

庚辰。江陰侯吳高鎭守山西大同。

誅遼東都指揮同知沈永。以虜寇三萬衞不以聞。及入朝。復隱不奏。誅之。令兵部榜諭天下。欺蔽者罪如永。

壬午。徙大寧都指揮司於保定。以大寧地界兀良哈。起前屯至喜峯爲朵顏衞。自黃泥窪至開原爲福餘衞。由錦義至白雲山爲大寧衞。自是宣遼道絕。三衞後爲門庭之寇矣。

甲申。昏刻。大星青白光自南河流游氣。

乙酉。江都郡主薨。懿文長女。儀賓耿璿。

丙戌。琉球國山北王攀安知入貢。

丁亥。諭兵部。以守九門功再進一級。于是都督僉事劉江爲中軍都督同知。許成爲左軍都督同知。譚青爲後軍都督同知。都指揮使童信爲前軍都督同知。徐善爲中軍都督僉事。曹隆馬瑛爲左軍前軍都督僉事。都指揮同知呂得昇方敬爲中軍都督僉事。周長爲左軍都督僉事。冀英王祺爲後軍都督僉事。王忠爲前軍都督僉事。

戊子。平江伯陳瑄及前軍都督僉事宣信俱充總兵官。各率舟師海運。瑄往遼東。信往北京。

開封蝗。賑以菽麥。

辛卯。岳敏周樂喻良爲監察御史。初。敏河南按察副使。良僉事。樂陝西左參政。皆罪免。尋改官。

琉球國山南王弟汪應祖入貢。

壬辰。命命婦遇節朝中宮餘免。

癸巳。夜大星青白光自天幅流尾宿。

甲午。北京山東河南鳳陽淮徐饑。賑之。

乙未。以澤潞民稠土狹。分佃裕州。

丁酉。都指揮同知周廣爲左軍都督僉事。

蘇州大雨水決隄傷稼。命葺治。

戊戌。修殷太師比干墓祠。

瀋陽中屯衞軍唐順言。衞河出輝縣西北八里大行山。流徑衞輝。抵直沽入海。南距河陸路纔五十餘里。若開衞河距黃河百步。置倉受糧。轉至衞河甚便。上從之。

己亥。夜大星赤光燭地。自太子旁流軒轅。

辛丑。鄧州官牛疫。有司迫民償。至鬻其子女。上聞而怒之。免民償。罪有司擅責者。

夜大星赤光燭地。流雲中。

壬寅。京師大雨水。

乙巳。諭兵部。再申停不急之務。非奏行者罪之。

四月

朾朔。安南攝國事查胡入貢。表賀卽位。且奏前王陳日煃卒亡子。臣陳氏甥權國事主祀四年。乞封爵效貢。

禮部言遠夷荒忽難信。宜遣使廉察。從之。

戊申。敕曰。朕賴天地宗社之靈。父皇母后之佑。以有天下。凡更改父皇之成憲。濁亂天下之奸惡。悉就誅僇。其餘文武官仍用無疑。陞賞斥罰。從至公而已。昔唐太宗撥亂反正。貞觀盛治。近古罕倫。求其故則太宗善用人。釋王珪魏徵之嫌怨。舉李靖尉遲敬德于仇敵。用房玄齡杜如晦于異代。宋太祖起甲胄。平列國。與世休息。開三百餘年洪基。亦惟其時信任前朝舊臣范質王溥石守信王審琦等。夫是二君尙借異代。况朕父皇之臣。非仇怨他人之比。近有尙懷疑慮。妄生異議。處事則不盡心。此不明朕推赤之意也。夫人君代天理物。故曰天子。奉行天命。故曰天吏。若無天命。有力者皆得爲矣。元有天下。廣土衆民。國富兵强。孰得勝之。天命一去。羣雄並起。爰統一于我高皇。我高皇又用其才。釋怨錄仇。所以創業垂統。身致太平。今朕豈敢違天命與父皇之德。盡忠于國。雖仇必賞。心懷異謀。雖親必誅。今敢有妄分彼此。懷疑怨謗。不安職事者。事發族滅。

己酉。戶部尙書夏原吉往治浙西水利。時嘉湖蘇松歲罹水災。

庚戌。周王橚請立太子。未允。

壬子。平陽王濟熿來朝。

遣鎭撫荅哈帖木兒等敕諭兀剌酋馬哈木太平把禿孛羅。

戶部右侍郎王禮卒。固始人。監生。擢北平按察副使。坐事降邵武通判。上卽位召用。

癸丑。罷中軍左都督劉謙。

甲寅。楚世子孟烷永安王孟炯來朝。

乙卯。周世子有燉順陽王有烜來朝。

袁州府訓導廖敬先爲翰林院檢討。

曉刻大星青白光。自牛宿流游氣。

丙辰。通政司左參議李文郁爲戶部右侍郎。監生余得之爲□科給事中。張政原汪俊民趙能爲監察御史。

戊午。蜀世子悅熑來朝。

浚華亭上海運鹽河。

己未賑上海饑民粟四萬九千九十餘石。

庚申。長山王賢烶來朝。

辛酉。行人楊渤等使安南。諭其國人推立胡查果否以聞。

誅右副都御史黃信初禮部尚書李至剛妻父坐臺獄論死乞免上問何以知之。曰。黃信告臣。刑科都給事中周璟等劾其泄事故也

壬戌。夜大星青白光自輦道流游氣。

癸亥。萬壽節宴文武諸臣。

甲子。楚世子孟烷欲買河南人口。敕曰。河南。周王封也。汝遣人入境。或有縱恣。將爲爾累。可不慮乎

乙丑。諭寧夏總兵官何福甘肅總兵官宋晟以月犯氐宿。占主將有憂。又金星出昴北。主北軍勝。卿等守邊。常加警省。

談遷曰。天道遠。人道邇。金星出昴北。臚朐河之敗。五將不返。兆見此矣。

作鹵簿大駕。

丙寅。敕鎮守雲南西平侯沐晟拔總旗中功最者爲百戶。以勵軍士。

禁金銀交易。以通鈔法。犯者准奸惡論。

丁卯。以代王桂擅役民。命自今非朝命毋擅發。

河州洮州番族入貢定賞格。

辛未。降岷府官屬。敕戒之以不能輔導也。
癸酉。以駙馬都尉胡觀僭乘晉王棕轎見劾宥之。
甲戌。襄城伯李濬充總兵官。錦衣衞指揮陳敬副之。鎮守江西。
丙子。中軍都督僉事孫岳。以建文中在鳳陽毀寺材修戰艦。免官。安置海南。
五月丁丑朔。賜岷王楩册寶幷敕戒之。
諭戶部。但郡縣荒田。卽除其租。庶免民橫擾。
戊寅。賜秦王尙炳書。前令諸郡王出居近州縣。練習講讀。念四方水旱蝗蝻。道殣相望。修葺供億。勞費軍民。敕至且令在國成造居室。其卽日罷。又戒晉王濟熺令有司二十里設一火燎。橋梁道路。悉皆治除。今何時也。勞民如此乎。
庚辰。禮部以太祖忌日。請僧道誦經朝天宮。不許。
辛巳。命福建作海舟百三十七艘。
必里千戶所爲必里衞。女直
倭寇福建金山千戶所。副千戶李敬逐之。斬五十八級。獲十一人。焚賊舟一。獲舟二。陞指揮僉事。
築安陸州京山縣江隄。
太醫院使戴原禮致仕。
壬午。設北京社稷壇祠祭署。
癸未。北京行部郎中張執中爲應天府丞。
宥雜犯死罪以下戍興州。文武官停俸並輸作百日。

太白晝見。

欽天監奏。火星犯壘壁陣。占將軍爲亂。宮中兵起。上書戒高煦。

甲申。封駙馬都尉袁容廣平侯。李讓富陽侯。世襲。

乙酉。四川越嶲邛部州改邛部長官司。

前北平布政司參議成璡卒。璡揚州興化人。監生。授代州學正。進守蔚州。降有守城功。上即位。進參議。贈吏部左侍郎。厚賜其家。子傑。廕行人司行人。

丁亥。右軍都督僉事李彬爲都督同知。封豐城侯。中軍右都督陳懋封寧陽伯。贈金鄉侯王眞子通封武義伯。都指揮同知王友封淸遠伯。都督僉事陳賢封榮昌伯。都指揮同知張興封安鄉伯。陳志封遂安伯。俱奉天翊衛宣力武臣。世襲。祿千石。

遣監察御史劉從政等往諭保靖宣慰司屬蠻人仇殺。

己丑。敕駙馬都尉廣平侯袁容掌北京留守行後府事。

夜。大星赤光自雲中流婁宿。

庚寅。遣使捕蝗山東。

癸巳。鈞州蝗。免今年夏稅。

甲午。封皇五女常寧公主。

設順天府儒學。裁大興宛平二縣學。如應天例。

乙未。敕戒代王條其三十二罪。俾改過。

敕北京留守行後軍都督府。招諭口外逃軍聚劫者。

敕兀良哈。官軍人等但來朝者。俱授官。仍故地互市。

時議洪武中犯黨逆黥刺。爲建文中用者。俱發原配。所有未犯罪爲齊黃薦用者俱爲民。上不聽。但洪武中黨逆發原配。非黨逆而黥刺者。罷爲民。

丙申。置北京義勇後衞神武中衞忠義中衞隆慶衞各經歷司。

太僕寺少卿祝萬獻市朝鮮馬千匹。將至。命盡給遼卒。

丁酉。南安府通判李敬初爲太僕寺丞。

河南蝗。免夏稅。

戊戌。禁四川碉門黎雅河州臨洮等處私茶。

己亥。論守城功。前北平左參政孫瑜爲戶部左侍郎。左參議朱濬爲左通政。按察使喬穩爲兵部左侍郎。僉事楊泰爲順天府尹。

庚子。□軍都督同知陳恭爲右都督。掌北京留守。行後軍都督府事。

辛丑。都指揮使高實爲□軍都督僉事。參贊陳泰軍務。

故都督僉事陳文子敬爲前軍右都督。食祿。俟年長任職。

壬寅。賑歷城等縣饑。

金星晝見。

甲辰。諭天下諸司。事干王府。俱啓王知之。

夜。大星青白光。自紫微西藩流內階。曉刻。五星皆見東方。

丙午。南海番禺潮溢。壞民居。

六月丁未朔。許軍士六十以上還鄉。以壯者代。
戊申。沐昕爲駙馬都尉。尚常寧公主。
刑科都給事中周璟爲山西右布政使。
庚戌。致仕戶部尚書王鈍言三事。曰因人不分籍。但挨程安置。曰攢運冬衣布花。及時給邊卒。曰通州迤東驛每站撥官馬十匹。悉從之。
辛亥。上苦久雨。遣戶部侍郎李文郁往佐夏原吉治水。
壬子。削代王三護衞。止給校尉三十人。敕戒之。
談遷曰。代岷見削。靖難所繇名也。而惇睦如文皇。亦未能曲貸。桀驁既久。怨艾無聞。今獨咎建文者。何也。
癸丑。遣監察御史袁綱給事中朱亮等撫安浙直軍民。
甲寅。五色雲見。
丙辰。夜。金星犯畢宿。
丁巳。上皇考太祖聖神文武欽明啓運峻德成功統天大孝高皇帝皇妣孝慈昭憲至仁文德承天順聖高皇后尊謚冊寶。
戊午。詔天下。仍頒安南暹羅諸國。
設水東乖西二蠻夷長官司。隸貴州都司。
夜。大星青白光。流雲中。一小星隨之。
辛酉。太祖高皇帝實錄成。宴諸臣。
甲子。河南郡縣蝗。不以聞。遣御史按之。

丙寅。以實錄勞吏部郎中徐旭爲國子祭酒。太常寺博士錢仲益知縣楊觀梁潛王褒爲翰林修撰。國子助教王述給事中朱紘爲編修。行人蔣驥爲檢討。國子博士金玉鉉爲五經博士。晉府伴讀蘇伯厚爲侍書。教諭解榮劉宗平爲待詔。教授張顯爲國子學正。訓導傅貴淸羅師程爲學錄。□□知府劉辰禮部郎中胡逸爲江西左參政左參議。廣東按察僉事李燁爲福建左參議。知縣趙季通爲國子博士。按察僉事葉砥改吏部考功郎中。知縣唐廣雲改監察御史。楚府教授吳勤改開封教授。謄寫官主事陸顒端木孝思爲禮兵部員外郎。監生鍾子勤陳彝訓劉謙沈文爲中書舍人。朱逢吉葉蕃沈紹先華嵩喬岳衞浩鄭中余從善陳俊良陳寔爲監察御史。諸生金寔爲典籍。汪琦等十人爲知縣。

丁卯。增行部戶曹主事一人。

泉州衞金門千戶所械至海島逃民。上釋之。且問其尙有未歸者乎。曰有之。因遣敕往諭。

戊辰。始遣中官祭中霤。

武安侯鄭亨充總兵官。武城侯王聰安平侯李遠充左右副總兵。備禦宣府。

宗人府經歷黃中引疾。特許致仕。

庚午。尙寶司丞李得成爲陝西布政司左參政。得成雖不學。能數言民事。上重之。

辛未。朝鮮表謝。且請冕服。許之。

壬申。浚昌邑河渠。

金星同月晝見。

夜。大星青白光。自螣蛇流雲中。

甲戌。復鎭番衞。建文中改守禦千戶所。

乙亥。舊承奉司改北京內官監。

七月丙朔。命翰林侍讀學士解縉等輯永樂大典。

戊寅。詹事府錄事馬俊寧德知縣吳可成威海衞試經歷佘延慶寧遠縣丞董重玉山典史李桀監生汪必先□震劉觀郭林金英張翥陳英楊泰劉寔王文爲監察御史。

己卯。定靖江府輔國將軍品級禮儀。

甲申。夜金星入井。

丙戌。諭兵部曰。漢文帝時閭巷有馬千匹爲羣。其聽民畜私馬。

賑淮徐粟八千四百八十餘石。

己丑。復戶部左侍郎嚴奇良右通政丘顯官。

興寧試知縣汪澄爲廣西道監察御史。

致仕禮部尚書鄭沂來朝。命署禮部。

庚寅。遣指揮革來等詔諭迤北可汗鬼力赤曰。有天下者。必得天命。非人力也。宋失天命。元世祖得之。嗣後荒縱。民散政乖。又復失之。我高皇帝削平禍亂。統馭華夷。豈人力也哉。朕承天休。入承正統。重念帝王以天下爲家。遣使者報書幣。可汗當知天命廢興之故。講好修睦。乃聞竊有覬覦。古云順天昌。逆天亡。可汗寧不鑒此。再書諭意。幷致儀物。可汗審之。遺繒綺表裏各二。仍賜所部馬兒哈等各一。

辛卯。夜月食。雨不見。

癸巳。北京行部左侍郎許思溫爲吏部左侍郎。右侍郎墨麟爲兵部右侍郎。行部郎中王鍾爲戶部左侍郎。前北平布政司右參議盧祥爲刑部右侍郎。

甲午。眞定知府呂震爲大理寺左少卿。

新昌伯唐雲卒。雲不詳其始事燕王。領侍衞。年長諸將。勇智服衆。屢從戰守。以都指揮使封。世指揮使。

乙未。兗崑山水災田租六千二百八十石。

丙申。戶部尚書郁新言。漕運自淮安船可三百石以上。入淮河沙河。至陳州更船。可載二百石以上。至跌坡。更大舟入黃河。至八柳樹。陸運赴衞河入京。上從之。

丁酉。周世子有燉來朝。

占城國王占巴的賴入貢。

夜。大星青白光自奎宿流壘壁陣。

戊戌。夜大星青白光自參旂流四瀆。一小星隨之。

己亥。前北平按察僉事謝池爲大理寺右寺丞。

遼東金州等衞蝗。命捕之。

庚子。夜二大星靑白光。一自天樞流文昌。一自離宮流匏瓜。

癸卯。紹興知府李慶爲刑部右侍郎。

甲辰。夜大星青白光自天津流游氣。

乙巳。夜大星二。俱青白光。一自羽林軍流近濁。一自北落師門流近濁。

八月。辆朔。處州知府劉仲廉爲工部右侍郎。

戊申。遣右僉都御史俞士吉。賜戶部尚書夏原吉水利集。至是原吉上言。浙西諸郡。蘇松最居下流。爲水所鍾。常嘉湖高田。多環以太湖。緜亙五百里而寬。納杭湖宣歙諸水。散注澱山等湖。以入三泖。頃浦港湮塞。匯流漲溢。傷農稼爲甚。法宜疏吳淞江。袤二百餘里。廣百五十餘丈。西接太湖。東通海。前代蓋屢疏之。然當潮汐衝旋疏旋塞。從吳淞江長橋抵下界浦約百二十餘里。雖通流。然多窄淺。從下界浦抵上海南倉浦可百三十餘里。潮汐壅淤。已成平陸。欲開濬費大。且灔沙淤泥浮泛動盪。難施工。臣竊按視嘉定劉家港。卽古婁江。通大海。常熟白茆港徑入江。皆廣川通流。宜疏吳淞江兩岸安亭等港浦。引太湖諸水濬劉家白茆二港。使其勢分。松江大黃浦乃通吳淞要道。下流塞難濬。傍有范家浜。至南倉浦達海。徑可濬令深闊。上接大黃達泖湖之水。庶幾復禹貢三江入海之舊。水道旣通。乃相地勢。置石閘。以時啓閉。歲水涸時。預修築圩岸。防暴流。如此水患可息。上從之。役民開濬。原吉布衣徒步。晝夜行經度。疏濬築捍。皆身先勞之。故功成。

蘇州知府湯宗下獄。坐視水患也。

己酉。能吏周讓爲戶科給事中。

安丘縣紅河決。傷稼遺築。

夜。金星犯鬼宿。

辛亥。修和州圩岸。

翰林院侍讀胡廣編修王達主試應天。

癸丑。行人呂讓丘智使安南。按察副使聞良輔行人寧善使瓜哇西洋蘇門答剌。□科給事中王哲行人成務使暹羅。行人蔣賓興王樞使占城。眞臘行人邊信劉元使琉球。翰林待詔王延齡行人崔彬使朝鮮。各賜其國王絨錦織金文綺紗羅有差。幷敕安南胡奆毋恃强侵占城。

丙辰。禮部言。鹵簿宜有九龍車。又舊金鉦紅鼓四。魫燈紅油紙燈各三雙。上曰。先朝定禮。豈可輒增。第補其舊。

丁巳。設浙江福建廣東市舶提舉司。始命內臣齊喜提督廣東市舶。

己未。左通政趙居任行人張洪僧錄司右闡敎道成使日本。

庚申。設雲南楚雄縣儒學。

辛酉。賜晉王濟熺書。戒其弟濟炫擅給驛書。

乙丑。平江伯陳瑄海運四十九萬二千六百餘石。赴北京遼東。

丙寅。羽林前衞致仕千戶王欽訐歷城侯盛庸不法。賜銀鈔。進指揮同知。

己巳。定罪囚謫佃北京例。犯杖給牛種。五年後賦役如民田。犯徒流不給直。三年後如民田。

庚午。內官楊宣等敕諭麓川車里八百老撾古刺孟定孟養木邦等土官。

復甘州前後衞威虜衞鎭夷千戶所。

曉刻。老人星見。

辛未。潮州地震。

癸酉。前北平都司經歷吳中爲大理寺丞。瀧水知縣徐敬爲監察御史。荆州試推官濮銘爲雲南右參政。

甲戌。夜大星靑白光燭地。出敗瓜西行天市垣至帝座旁。

九月丙朔。諭中外羣臣曰。爲君難。爲臣不易。創業難。守成不易。剛柔寬猛適其中。禮樂刑政有其序。唐虞三代至漢唐宋。率繇諸道。是故舜淸問下民。報虐以威。誅四凶。舉五官。明五刑。然後無爲恭己。神禹承之。無間可議。夏桀之亂。民從其暴。成湯之興。兼弱攻昧。取亂侮亡。肇修人紀。用革慆淫。旣奠四方。子孫承之。惟監于成憲。殷紂之亂。商俗靡靡。周公相武王。誅紂伐奄。遷殷頑民。滅國五十。繼相成王。制禮作樂。垂拱仰成。刑措不用。漢承秦亂。高祖令蕭何定律令。韓信申軍法。張蒼定章程。法令嚴明。惠帝淸靜。至于文景。除挾書。已肉刑。務崇寬厚。唐承隋末。諂諛汰侈。暴慢成風。高祖定官制。頒律令。行租庸調法。沙汰僧尼道士。勳臣犯法。無所假貸。太宗貞觀之後。懲斬趾。禁鞭背。刪定律令。變重爲輕。力行仁義。幾致刑措。宋興承五季之亂。太祖太宗。頗用重法。糾懲奸慝。躬自折獄。務底明愼。立法制嚴。用法情恕。咸平以後。刪其繁密。益務寬仁。子孫承之。含弘光大。恭儉純誠。未嘗殺一不辜。此歷世守成創業之事。剛柔寬猛。禮樂刑政。厥中厥序。莫不遞用。朕太祖高皇帝。天錫大聖之資。以當非常之變。奮自布衣。撥亂反正。比三代漢唐宋創業之時。又大相遠。蓋中華禮樂化爲左袵。沈浸百年。陵夷已甚。高皇帝服古人所未易服。齊古人所不能齊。兢兢業業。勞心焦思。晝夜圖惟。經權常變。不得已而用刑。特權時之宜耳。及立爲典常。既有定律。復爲祖訓。墨劓剕宮。並禁不用。朕克遵成憲。仰思聖謨。夙夜祗服。惟欲興禮樂。舉賢才。施仁政。以忠厚爲治。爾尚各共乃職。敬乃事。勿爲朋比。勿事貪黷。勿恣情縱欲。以干匪彝。至于用刑。必欽必愼。期于刑措。用臻康理。以上不負皇考創業之艱。而朕于守成之道。亦庶幾焉。

曉刻金星犯軒轅左星。

丁丑。夜。土星躔于女宿。留于十二諸國代星之上。

戊寅。高唐人王政言事。擢刑科給事中。

己卯。大興縣進嘉禾。薦太廟。

夜。大星青白光。自虛宿入羽林軍。二小星隨之。

庚辰。嘉興知府劉觀爲雲南按察使。未行。改戶部右侍郎。

瓜哇國西王都馬板入貢。

辛巳。敕吏部曰。任官。圖治之基也。求賢。任官之本也。高皇帝聖德光華。萬邦黎獻。共惟帝臣。肆朕眇躬。克正大統。永惟萬幾。不敢暇逸。思欲旁招俊乂。光輔邦家。必明目達聰。以弘視聽。內外諸臣。尙體朕心。于羣臣百姓之中。各舉所知。無間遠邇。並以名聞。書曰。舉能其官。惟爾之能。舉非其人。惟爾不任。古訓具存。爾其懋哉。

壬午。開四川夾江縣井鹽。

修西華縣決隄。

夜。大星青白光自天苑行至雲中。

癸未。雲陽伯陳旭往南畿閱軍。

寶源局鑄農器給山東被兵之民。

夜。大星赤色自七公行入天槍。五小星隨之。

乙酉。夜。大星青白光自羽林軍行至雲中。

丁亥。設大同左右二衛。

戊子。開化縣丞王鐸爲禮科給事中。布衣劉士㦖爲兵科給事中。山西布政司照磨周幹爲山東道監察御史。

修郯城縣決隄。

庚寅。遣中官馬彬等賜瓜哇西王都馬板敕印。并詔諭西洋蘇門答剌諸番。各賜文綺紗羅。

大寧都指揮僉事王庸嘗掠甆居民。宥死戍邊。

辛卯。鎭守貴州鎭遠侯顧成上言。雲南兩廣蠻寇。如竈上掃除。東南狡倭。沿海嚴防。亦無足慮。惟北虜遺孽黠悍。遷徙鳥擧。即之如搏影。終爲國患。及今小康。數使使賞賚慰藉。偵伺動靜。高城浚湟。屯田積粟。厲兵秣馬。不宜一日懈。若留家漠北。輕兵入寇。據險設覆。彼騎不得施。出不得展。蹈瑕候間。我可得志。如是數年。虜難抒矣。國家大事。臣所欲言者。早立東宮。贊萬幾。使天下臣民。共享太平之福。上善之。賜金幣。

壬辰。吏部尙書蹇義等言。建文中授官被斥。不宜復。上曰。此皆皇考所遺。安得以建文故棄之。第量才擢用。

夜。月犯畢宿。

癸巳。陝西行都指揮僉事張豫坐易官鈔戍邊。

夜。大星赤光自天倉入天囷。

甲午。設雲南騰衝永昌二守禦千戶所。

鎮守雲南西平侯沐晟言車里宣慰司土官刀暹答侵威遠州。執知州刀算黨。宜討。上命兵部遣諭之。果不聽。兵未晚也。已入貢謝罪。

夜。水金星並見東方。

乙未。都察院左都御史陳瑛等劾歷城侯盛庸怨望懷異。命削爵。

丁酉。命撰皇考樂章。

復越州平夷廣南三衛。

己亥。遣內官李興等敕勞暹羅國王昭祿羣膺哆羅諦剌。

禮部以日本貢使至寧波。請籍其兵器刀槊等。毋民鬻。上命官市之。安其心。

庚子。上御右順門。諭侍臣曰。朕宮中丙夜坐閱圖籍。何郡罹饑荒。何郡迫邊鄙。且與羣臣計議行之。河南數處蝗旱。朕用不寧。使者省視不絕于道。如斯民小康。朕之願也。

賜各衛胡人姓名。

雲南左中前三護衛改雲南中前後三衛。時岷王楩有罪。革之。

壬寅。禮部尚書鄭沂。戶部左侍郎嚴奇良。通政司右通政丘顯。俱致仕。賜敕宴。上顧禮部曰。是皆皇考舊臣。自今舊臣老致仕者。禮之如沂。毋得有貶。

十月乙巳朔。定軍功襲職例。

丙午。承天門守衞千戶奏工匠遺牌無名氏。列寶鈔提舉司官吏不法。上以私忿毀之命後詆語俱勿問。

戊申。築杭州江隄。

上謂六科給事中曰。四方蝗旱。民之艱食。宦寺服食朝廷。乃有畜養雞牲。糜費食米者。此輩論其一日。當饑民一家之食。業行禁戢。爾等識之。再爾不宥。

談遷曰。宦豎飼牲至瑣細也。輒干嚴諭。而齊喜任市舶。李興使絕域。開釁貂勃。馮恃威命。其糜費且不勝計。上既緦功之察。而言官噤不敢發。何也。

成陽侯張武卒。武瀏陽人。燕山右護衞百戶。從靖難。封豁達有勇力。稍涉書史。賜祭葬。贈潞國公。謚忠毅。

己酉。刑部右侍郎盧祥爲左侍郎。

大理寺卿薛嵓等奏各省布政司所上死獄。請遣御史分決。從之。命左都御史陳瑛等授御史簡書。愼刑之意。臨決苟有可生。卽與辨釋。

夜。大星青白光燭地。出雲中。行至近濁。

辛亥。辟任守禮戶科給事中。

壬子。宣城訓導周彥奇爲刑科給事中。

夜。大星青白光自附路旁行入游氣。又大星自太微西垣入五帝座。

癸丑。上御奉天門。顧侍臣曰。有言朕法令太寬者。夫治人如醫。有是疾則服是藥。不反傷矣。朕守成之日。正不敢傷民之時。無疾服藥。朕不爲也。

談遷曰。革除之初。鷹鸇成風。或戍或誅。家凜戶怵。舊臣宿士。恫疑沮喪。殆無穴自避。而猶以法令太寬動英主之聽。豈非陳瑛紀綱輩。欲斤斧斷斬天下。進其譖說乎。

夜。大星青白光。自紫微西蕃行至北斗杓。

甲寅。夜大星赤光。自河鼓行入近濁。

乙卯。敕鎮守永平山海成安侯郭亮選三千騎勦十八盤賊。

敕建昌府同知馮士成等二十六人曰。爾等事我皇考舊矣。建文中罷斥爲民。亦有不當罪者。朕思任舊人。仍召爾至方今官備。爾且歸家。念皆蒼顔皓首。勿欲重勞。特賜冠帶。仍爾舊職。歸尙撫爾子孫。率化爾鄕人子弟。因賜道里費有差。

日本國王源道義入貢。

山西蝗。遣捕之。

丙辰。敕寧夏總兵官左都督何福曰。朕委爾鎮守。度事合宜。卽行之。勿人言自疑。時有譏福者。

緬甸頭目那羅塔入貢。訴木邦孟養阻道。乞賜職印。從之。設緬甸宣慰使司。

夜。大星流三尺餘。青白光燭地。自參宿至天囷。

丁巳。遣內官尹慶等詔諭滿剌加柯枝諸國。

戊午。通事鎖飛自迤西還。初鎖飛同鎮撫合哈帖木兒使迤西。時鬼力赤阿魯台擊瓦剌馬哈木。大敗之。鎖飛等被留。鎖飛夜竊其馬脫歸。

夜。大星光青赤。自南河入柳宿。

己未。上御奉天門。命侍臣輯古嘉言善行有裨君道者。以授皇長子。諭曰。朕少厲鳳陽民間細事。靡不究知。受命北平。經絕塞。冒霜雪。與士卒同甘苦。身所未歷。則博考載籍。覽鏡昔人之言行。今長子居守北平。雖吏案奏牘。亦令躬閱。以知爲臣之難。他日可爲君也。

賞北京守城官刑部左侍郎李友直等金幣有差。

辛酉。戶部尙書郁新等言湖廣夏稅踰期。布政司守令俱可罪。上曰。賦入有經制。耕穫有先後。道里有近遠。其勿問。另限之。

甲子。慶成王濟炫來朝。

敕晉府長史龍鐔等曰。古人臣無私交。王府與西番往來。以私車遞送。王年少不知古。長史儒者。謂不知乎。廷臣欲朕法爾。朕姑不問。尙愼戒之。

夜。大星光靑白。自右旗入西市東垣。至侯星旁。

乙丑。兵科給事中言天下衞所官吏上籍。或額數盈朒。或姓名舛異。或不印。或不臣。或不年月日。皆不敬當罪。上曰。人精神有限。案籍繁勞。或短計數。或成迫促。姑條詰之。更令詳進。

夜。大星赤光。自奎宿入壁。後小星二隨之。

丙寅。治福建巡海指揮李彝罪。追卹福州中衞百戶孫瑛等。瑛擊海寇死。彝不之援。且冒功。

戊辰。修祖陵。易黃瓦。

庚午。浚江都瓜洲河壩。

辛未。高郵州判官李憲爲監察御史。監生張逢爲□科給事中。

夜。金星入氐宿。

壬申。靖安侯王忠鎭北京。屯田。

癸酉。高平縣吏告知縣斂民財市馬給遞送。大理寺臣言方禁斂財。宜抵死。上曰。禁令不許爲私也。馬給遞送公事矣。釋復職。

夜。大星光青白燭地自土司空旁行至近濁。
甲戌西洋剌泥國回回哈只馬哈沒奇剌泥等入貢附載胡椒當稅。上以慕義免之。
夜。火星犯壘壁陣東第五星。
十一月乙亥朔。朝鮮入貢頒大統曆。并賜朝鮮諸番國著爲令。
丙子。或訐寧王權誹謗魘鎮事。上謂必出細人。再逮之不發。遂賜權書。兄弟同氣。近事悉不問。第用小人必害家國。更不必蔽。
丁丑。錦衣衛奏死罪一。上審其情。宥戍興州。因諭刑部曰。朕矜其愚。人無不可與自新。且國家得一人耕。亦可食數人。其爲例。
夜。大星出華蓋。行入紫微東蕃內。
己卯。四川行都司奏越巂衞地番寇時掠。宜勦捕。上曰。令嚴備。遣使諭之。
庚辰。右軍都督僉事陳俊等運淮揚倉粟百五十七萬六千二百石有奇赴陽武。轉輸北京。
癸未。命浙江都指揮僉事程鵬率兵防倭寧波。
夜。大星光青白燭地。自幸臣旁行至游氣。
丙戌。夜。金星犯鍵閉。
丁亥。定給驛例。
己丑。晉恭王第六子濟熿來朝。
辛卯。敕兀良哈部落曰。朕設泰寧福餘朵顏三衞。俾爾統衆鎮邊。舊嘗授官者以聞。其頭目等當授官者。朕卽授之。俾世居士樂業。三衞歲二貢。每貢三百人。

壬辰。初。洪武中免應天等五府民二稅。每歲隙籍其丁壯供役。及是內河淤塞。皆來浚。上閔其寒。賜鈔罷歸。令京軍次第成之。仍賜鈔充雇直。

甲午。前郢府典儀副張益爲刑科給事中。

市哈密馬四千七百四十匹。先是許其入馬。

夜。順天地震。

乙未。上御右順門。諭六科都給事中朱原貞等曰。天下疾苦。朕恐爾曹未之悉也。選郡縣考滿官。假六科辦事。隨爾等在朕左右。有問卽對。有言卽達。乃至今無一人言者。夫郡邑之大。無一事苦耶。在朕左右而尚默默。況遠千里。退其申諭以朕意。

丙申。廣西總兵官都督同知韓觀等平柳州山賊。斬千一百八十餘級。俘五十一人。

四川都指揮使胡淵有罪免。

丁酉。夜。月犯太微東垣上相星。

己亥。封濟烺永和王。

敕山西右布政使周璟曰。爾擢官未期。聲稱綽著。愼終如始。尙敬懋哉。

燕府紀善陳勝謙爲禮科給事中。引禮舍人趙從吉敎諭申維岳爲監察御史。復曾寶鄱陽知縣。劉子敏監察御史。

儀封知縣許譽秩滿至京。縣民詣闕乞留。從之。賜鈔綺。

辛丑。監生陳聰爲戶科給事中。

女直野人頭目阿哈出等來朝。設建州衞軍民指揮使司。

閏十一月[illegible]朔。兵部主事牟論上言。臣往廣西撫諭桂林諸蠻。皆已歸化。第猺獞恃險。出沒不時。兵至則匿。兵退則出。官軍遠入。觸瘴多疾。惟土兵諳其地情。可責收效。今後宜合官軍協擊。彼慕利爭先。可免轉運損伍之患。

上從之。

乙巳。靖江王府賛儀之國桂林。

丁未。巡按河南監察御史孔復招流民三十萬二千二百三十戶。墾田十四萬七千二百五十八頃。

癸丑。免鳳陽淮安徐州今年田租之半。

甲寅。上林知縣夏禮爲廣東道監察御史。

乙卯。兵科都給事中鄭遂奏對失指。謫沅州同知。

戊午。行人楊渤還自安南。以國人表與胡㚔表合。上從之。

庚申。上御奉天門。諭左都御史陳瑛等曰。國家設按察司糾察牧守。無所不得問。無所不得言也。河南蝗旱數歲。水爲民災。有司不撫字。甚者朘削之。按察司官不一言。其移檄切責。俾采察所部軍民利病。及布政司守令賢否以聞。并檄各按察司及按治御史之在外者。

辛酉。賞福建金門千戶所千戶王斌巡檢解廸追捕海寇功。進斌永寧衛指揮同知。廸所鎮撫。

癸亥。皇長孫至自北京。

甲子。上謂侍臣曰。朕每當法司奏囚。未嘗不反覆思究之也。毫有可生。便從寬減。蓋往在軍中。未嘗輕僇一人。況今爲天下主哉。

浚山西平遙縣廣濟渠。

丙寅。賞從征哨騎功。

南陽縣言。逃民逋賦役。乞下令捕之。上顧戶部尙書郁新等曰。民誰樂去其鄉哉。河南連歲水旱蝗螟。守令鮮撫字之夫。其田廬生業已廢。捕歸益之困耳。

太醫院使戴原禮致仕。

丁卯。禮部郎中夏止善等往封胡奃安南國王。

寧夏總兵官左都督何福奏。虜龍禿魯灰等住不老山。議入寇。惟鬼的哥以資糧不給。不從。上知其譎。若不出槍桿野狐二嶺雲州之地。必向山西大同。敕北京山西爲備。敕未下。山西奏犯灰溝村黃甫川。如上所料。

夜大星如斗。光蒼白燭地。出中天雲中。行隆隆有聲。流三丈餘至雲中。

辛未。上御奉天門。顧侍臣曰。北京山西寧夏一時地震。朕心惕然。爾言其故。對曰。兵戈土木應也。上曰。比年兵旅饑饉。民困甚矣。朕夙夜圖之。朕避暑樓居。武門端門而已。後宮墊隘。不敢增修。慮土木也。若云兵戈。政當飭邊修備。

癸酉。山東男子獻陣圖。斥之。

都督張文傑縱其子銘犯法。劾免。

十二月艸朔。翰林院侍讀學士解縉等修古今列女傳成。上序之。賜縉及侍讀黃淮胡廣胡儼侍講楊榮金幼孜楊士奇檢討王洪蔣驥典籍沈度文綺衣各一襲。鈔有差。

丁丑。免邊衞屯官赴京考覈。

福建俘海寇至京。法當死。上宥之。戍邊。

己卯。復營州右屯衞。

庚辰。長淸知縣王文貴。湘潭縣丞馬榮宗。延安府照磨方仕。隆慶縣典史馮惠。武昌縣丞沈斯。賀縣主簿李守忠。慶陽教授耿通監生郭瑄畢進華禎王生沈旻張麟熊觀薛魯。前燕府長史司吏楊勉。俱爲給事中。日照知縣李綜爲監察御史。

辛巳。置兀者衞。女直野人。

癸未。封贈靖難公侯伯三代及妻如舊制。初。國朝諸司職掌云。嫡母在。所生之母不得封。嫡母亡。得並封。又武官嫡繼母在。所生庶母不封。嫡繼母亡。所生母在。宜如其子職封。繼母見在。嫡母已亡。合封繼母。追贈嫡母。嫡母及所生母俱亡。止贈嫡母。時廣平侯袁容嫡母孫生母劉俱亡。獨繼母羅在。而封贈例不一。命禮部翰林院議之。曰若生母繼母俱在。禮難並封。今繼母在。當封。所生母幷嫡母俱亡。亦可追贈。從之。仍不爲例。

甲申。敕讓鎮守遼東保定侯孟善曰。爾比遣百戶傅漢出塞糴馬。以致喪沒。內失可用之人。外失信于夷狄。遼東地腴。一年耕足數年之食。海運可省。爾不盡心屯務。軍士皮裘必先給爾。及今方言。有司展轉文移。豈浹旬可得。及皮裘至。天氣向暖。苦寒之地。下人何堪。爲帥如此。國亦何賴。

乙酉。前燕府典儀正陸永成爲鴻臚寺右寺丞。行人司正黃宗載爲湖廣按察司僉事。杭州教授蔣良輔爲戶科給事中。

賑棗强縣旱饑。

丁亥。諭吏部都察院曰。爲國牧民。莫切守令。其令巡按御史及按察司。凡守令到任半載以上。以賢否貪廉之實奏。

戊子。夜月食。

己丑。夜木星犯羅堰下星。

壬辰。上御謹身殿。閱太祖制集。顧學士解縉等曰。建文燔宮皇考遺翰盡矣。朕深悼痛。有散落臣民家者乎。遺書各王府遣監生分詣天下購賚之。

免陳州今年災租。

癸巳。夜大星青白光。自紫微垣行至游氣。一小星隨之。

乙未。楚世子孟烷來朝。

貢士王偁爲翰林院檢討。上更問吏部。檢討下何官。曰。博士典籍侍書待詔。曰。皆已除未。對曰。已除。曰。賢何如偁。對曰。舊博士中皆老成文學士。偁初除未知。上歎曰。國家用人。以賢以勞。偁賢既未知。勞亦未有。乃令賢有勞者位其下。其自博士以下陞職。皆與偁同。于是博士張伯穎王汝玉。典籍沈度潘畿。侍書蘇伯厚。待詔王延齡劉宗平解榮俱進檢討。

丁酉。進賢縣稅課局大使唐簡爲工科給事中。太平府訓導王子沂嘉定知縣樊鎭爲監察御史。

戊戌。命戶部尙書郁新錄奏民間利病。

庚子。陝西甘州山丹二衞獻瑞麥。肅州衞獻嘉禾。

辛丑。安南胡査入貢。且上章謝咎。時封命未至。

甲申永樂二年

正月辛巳朔。夜大星青白光。自雲中行至近濁。

甲辰。勅曰。今春時和。東作方興。天下文武諸司。各宜申明教術。勸課農桑。愼固封守。問疾苦。恤饑寒。黽勉誠心。崇寬厚之政。

乙巳。復命戸部尙書夏原吉治水蘇松。時入朝言水雖道海。舊河港未盡治。遂復往。大理寺少卿袁復副之。

右軍都督僉事陳俊從祀太廟失儀。下錦衣獄。

丁未。復遣監生劉源等三十二人分訪郡縣。購太祖宸翰。

戊申。修高郵湖隄。

庚戌。道士獻道經。斥之。

辛亥。詔近年兵器遺民間者。悉送官。

宣府備禦武城侯王聰同安侯火眞以千騎巡迤北。

戸部右侍郞李文郁失廟祀。下獄。戍三萬衞。

乙卯。上南郊。

丙辰。陝西按察副使王煜娶屬吏女被劾。徵下獄。

夜。月犯軒轅左星。

丁巳。敕占城國王占巴的賴。以安南胡查服罪。不復侵越。爾宜輯睦自保。

定屯田賞罰例。

戊午。詔自今有犯交易銀兩之禁。擧家屯戍興州。

庚申。論守城功。前燕府紀善李達袁圭吳牧相佐王克敬王安王弁李能何順甄實。前監察御史柯榮。俱爲給事中。

寧國府訓導陳仲完爲翰林院編修。

辛酉。禁民下海。時閩人私市外國致寇。

夜。大星出梗河。青白色。流三尺許。倍大。入天紀。

癸亥。山雲襲金吾左衞指揮使。中軍都督僉事山青子。

戊辰。翰林院侍讀學士解縉侍讀黃淮主禮闈。

己巳。駙馬都尉永春侯王寧隆平侯張信賫璽書召世子及郡王高煦赴京。

戶部尙書郁新言。河南都指揮劉英上屯數不足供半歲。宜罪。上以始令宥之。召英等諭曰。屯田重務。爾輩糜祿。欲役疲民以贍惰卒。大非策矣。後不爾貸也。

庚午。鴻臚寺卿楊砥爲禮部右侍郞。徐州判官晏璧爲山東按察僉事。

戶部左侍郞孫瑜坐事降北京行太僕寺少卿。

辛未。徵署山西都司事都督僉事曹遠都指揮使房昭下獄。以擅罪軍職也。

夜。大星赤光。自天市西垣南入天江。

二月軠朔。蜀世子悅燫來朝。

敕江西總兵官襄城伯李濬等選卒三千勦永新縣賊。毋濫及。

癸酉。置奴兒干衞。女直野人。

禮部引奏。北方歲貢生入學十年下考者。當充吏。上曰。人心志舒泰。衣食溫飽。始進于學。北方頃年苦兵餉。故業荒。其還學補十年後試之。

乙亥。江西按察使周觀政有罪。謫河間驛卒。

丙子。復紀諄監察御史。建文中謫睢寧知縣。

命豐城侯李彬以卒騎二千助勦永新賊。

丁丑。毋連河等處朝使辭歸。上召使者前勞之。問田獵生事。久而退。顧侍臣曰。彼萬里來朝。不稍垂顧問。必不歡。附侍臣曰。陛下懷柔至矣。第問其田獵。未及人民畜產。何也。上曰。田獵是其性俗。若問人民畜產。彼或心疑朕方懷遠。故不及也。

戊寅。禁小秤交易。大理寺得犯者。請論違制律。上問工部明禁否。對曰。文移諸司矣。曰。榜市否。對曰。未。上曰。未榜市。其宥之。

夜。大星青白光。出柳宿。行入星宿。

庚辰。增靖州衛中右中中中前中後前前五千戶所。

辛巳。開犍爲縣井鹽。

壬午。涇縣丞孫沚。密縣丞程竑。孟縣丞李維亨。偃師縣丞孫英。孟津縣丞李逵。新安縣丞裴榮。臨漳縣丞韓隸。宜陽縣丞梁資。青城縣丞周志。繁峙主簿費賓。靜樂主簿王順。俱爲給事中。象山縣丞張翥爲監察御史。

設北京兵馬指揮司。

乙酉。禮部請定闈額。上問其舊。尚書李至剛曰。各科多或四百七十餘人。少則三十人。上曰。朕初年且多之。不爲例。得楊相第一。相洪武二十七年乙榜。例教職。時年十六。父思貽言未堪人師。俾歸教之。後仍入太學。

丙戌。設兀者左衛。時兀者衛頭目脫脫哈等來朝。

丁亥。雲南布政司左參政張定有罪。謫德州驛卒。

戊子。夜。大星光赤黃。出天津。行至近濁。

己丑。永新賊平。止李彬兵勿進。

刑科奏强盜論死。有年十五以下者二人。上曰。耄悼不刑。二兒去悼不遠。其勿論。

庚寅。內官楊眞童等往賜孟定木邦土官綵幣。

壬辰。琉球國中山王世子武寧以中山王察度喪告。命遣祭。封武寧琉球國中山王。

甲午。前軍都督府言。龍驤衛千戶妻無子。妾之子代職。居嘗見惡于妻。妻以刃傷子足。妾訟其欲殺子。請並治之。上曰。妻傷子足。恐無殺意。使其母子嫡妾兩造獄吏之前。非風化也。付夫自治。

乙未。徐溝知縣王進爲四川道監察御史。

修國子監經籍板。

夜。大星赤光。自紫微垣閶闔門外行入北斗杓。

己亥。築寶應縣汜光白馬二湖隄。

庚子。工科都給事中趙毅爲工部左侍郎。

夜。大星青白光。燭地。出雲中。

三月甲辰朔。策貢士楊相等四百七十二人于奉天殿。賜曾棨周述周孟簡等進士及第出身有差。

甲辰。內官張勤等往賜麓川緬甸孟養土官綵幣。

丙午。湖口知縣石魯爲陝西道監察御史。

丁未。選翰林院庶吉士楊相。宋子環王訓王直秦政學徐安吾紳彭汝器周忱劉子欽周文李寧張徹章朴歐陽俊盧翰梁任熊直王道曹景暉陸孟良蕭省身劉孟鐸柴廣敬張宗璉田忠曾與賢洪鍾洪順余學夔陳滿蕭清劉紹林鳳張憲殷㝷嚴光祖涂順段民李貞江鉞章敞倪維哲許璐陳敬宗王仲壽李迪袁添祿李時勉楊粲並習文。湯流王英孫奉余鼎李永年袁邇周遠鍾旭彭禮戴弘演並習書。戶部辦事進士當塗李衡以年少自請。命改庶吉士。同江寧楊勉習書。

姚士粦曰。國朝隆禮鼎甲。賜第後卽官翰林。若考選使讀中秘書。自永樂二年甲申科始。名爲制科。得與選多由禁近。人皆榮之。然亦有遇有不遇如永樂丙戌壬辰乙未辛丑甲辰五科。合庶吉士凡百二十三人。曾無一人官三品者。至成化丁未二十三人。與鼎甲得五相十卿。而得謚者十二人。惟刑侍汪儀不得謚耳。若隆慶戊辰。人亦二十有三。而內閣七人。登卿寺者十有七人。數前後相若。貴盛過之。更可怪者。嘉靖壬戌一甲三人皆入閣。正德辛巳一甲三人皆爲外官。何榮否不相亞若此。有如世廟丙戌己丑館選。合四十人。俱照賜第出身。選格以部科中行州縣散館。此蘿峯公作用也。惟正統戊辰。浙無一人。最爲短氣。蓋自永樂考選至今日。庶常極多者。永樂己未六十二人。極少則正德戊辰五人而已。

庚戌。吏部奏有千戶奏薦士。武人也。朝命不及。請坐違制罪。上曰不及命。慮其昧。知人能薦。忠心也。試而果才。卽授官。

刑部奏方禁銀交易。江夏民有父死。以銀買葬具。上曰禁銀交易。恐鈔輕耳。詩曰凡民有喪。匍匐救之。其赦勿治。

辛亥。夜大星赤光。自天市西垣行至近濁。一小星隨之。

丁酉。雲南都指揮使曹隆爲後軍都督同知。

己未。琉球國山北王攀安知入貢。

庚申。上諭刑科都給事中楊恭等曰。朕命御史給事中撫安中外。要以禁止奸慝。導爲善而已。昨給事中丁琰至四川。見無犯者。乃陰遣親信用銀誘民交易。已而執之。昔唐太宗以物試人。待其受之則加之罪。賴魏徵諫止。古人以光明正大治天下。苛則不堪。僞則不信。脫小民畏法。反執陰誘者于官。曷用治之。都察院其執琰論罪。

翰林院編修王達爲侍讀學士。

辛酉。大理寺左少卿呂震爲寺卿。右寺丞吳中爲左少卿。

壬戌。知縣何廣任壇田本宋玒。主簿古彥輝鄧宗文。□□布政司都事呂彥機。□□衞經歷羅仲穎。□□府知事王順舉監生李矩周正秦瓚魏淸文振許信闕和呂衡楊祥楊儼任重王理陸必壽王良。俱爲監察御史。

上晚御右順門。召後軍都督府及兵部官。皆不在列。御史劾奏。上曰。朕命之矣。有司早朝奏事。無者治事署廨中。不在列。必其無可奏也。

甲子。諭六科給事中曰。爾職居近侍。比不聞一言軍民利病。何也。君賚臣成治。臣不輔法。是不忠。可退思之。條析以聞。

遼東都指揮同知何琪失機論死。

乙丑。世子及郡王高煦至京師。

丙寅。安定衞指揮朵兒只束等來朝。納馬五百。給布絹。後仍予茶。

戊辰。數惠王允熥改封甌寧王。世祀懿文皇太子。

己巳。諭六科都給事中馬麟等曰。爾等疏駁奏牘一字之悞。皆喋喋。毛疵甚矣。文書委積。人精力偶徹。自今奏內數目月日等錯謬。令旁注印蓋之。不必以聞。麟等曰。有不稱臣者。上曰。下豈敢慢上。或猝遽漏書。亦旁增之。爾等在朕左右。凡天下何弊當革。何利當興。何所軍民未安。何人奸邪未去。當歷舉以言。如此細故可略也。

庚午。上御武英殿。語侍臣曰。人君進退人。皆須服衆。若進一人而皆知其善。則誰不爲善。退一人而皆知其惡。則誰敢爲惡。非然者。私愛私惡。何以服天下。

四月梓朔。敕曰。朕惟天下武臣。犯石矢冒霜雪。累積功勤。致有爵位。或承祖父。往有犯刑。朕不忍遽絕其世。皆謫之遠方。今已踰歲。其令輕者復職。重者立功自贖。

遣指揮完者禿那海百戶亦剌斯等勑諭兀剌馬哈木等。賜文綺幷諭和林等頭目。

簡東宮官屬。淇國公丘福兼太子太師。成國公朱能兼太子太傅。吏部尙書蹇義兼詹事。工部右侍郎金忠爲兵部尙書兼詹事。兵部右侍郎墨麟工部左侍郎趙毅俱兼少詹事。吏科都給事中朱原貞刑科左給事中陸善俱爲詹事府丞。

壬申。僧錄司左善世道衍爲太子少師。復姚姓。賜名廣孝。

禮部尙書李至剛兼左春坊大學士。翰林院侍讀學士解縉爲學士兼右春坊大學士。侍讀黃淮胡廣爲左右庶子。胡儼爲左諭德。皆仍兼侍讀。侍講楊榮爲右諭德。仍兼侍講。楊士奇兼左春坊左中允。北京行部主事尹昌隆爲左中允。修撰李貫爲右中允。仍兼修撰。吏部左侍郎許斯溫兼左贊善。編修陳仲完爲左贊善。仍兼編修。檢討王汝玉爲右贊善。仍兼檢討。國子博士徐善述監察御史王子沂爲左司直郎。國子助教晁鎭刑科給事中王文貴爲右司直郎。刑部司務楊正國子博士楊斌爲左右淸紀郎。敎授程禧敎諭黃貫爲左司諫。敎諭張祥梁良爲右司諫。編修楊溥中書舍人姚友直爲司經局洗馬。溥仍兼編修。戶科給事中吳敉兼校書。吏科給事中梁賔兼正字。敎諭劉眞爲校書。訓導王雅爲正字。

禮部郎中汪原進工部主事程石琮爲漢府左右長史。兵部郎中顧晟工部員外郎盧盛爲趙府左右長史。

癸酉。北京行部郎中李繼鼎改禮部儀制郎中兼右贊善。

廣西思明知府黃廣成乞諭安南還祿州西平州永平寨侵地。許之。

進士李衡自訟其父洪武中受法不當。違令干進。上曰。古人殛鯀興禹。朕不爾罪。爾其勉之。

甲戌。立世子高熾爲皇太子。封漢王高煦。趙王高燧。詔天下。封楚府孟熚崇陽王。孟爚通山王。孟燦通城王。孟炤景陵王。孟熣岳陽王。蜀府悅燿華陽王。悅熷崇寧王。悅炘崇慶王。悅𤊟保寧王。代府遜煓爲世子。遜𤆬廣靈王。遼府貴烚長陽王。貴爕遠安王。貴煖興山王。貴煊巴東王。貴炖潛江王。貴燸宜都王。貴炘松滋王。寧府磐烒岷府徽𤈲俱世子。徽煤鎭南王。谷府賦灼世子。賦熻醴陵王。韓府沖𤇆世子。沖炑襄陵王。沖𤍠臨汾王。晉府美圭世子。初上靖內難。謂次子高煦武健。使從師。領勍騎接戰白溝東昌有功。及浦子口上戰却。高煦搏胡騎力戰敗盛庸。故甚愛之。及卽位。密召丘福王寧學士解縉等議儲。福寧曰。二殿下功高于世子。立子以長。平世之道也。縉頓首曰。以臣所見。異是。世子忠敬仁孝。天下莫不聞。異時守成令主也。且夫奪長爲亂道。侍郎金忠庶子黃淮主事尹昌隆各正對。上猶持之。久乃定。冊太子曰。咨爾朕之嫡長。朕藩于燕。爾爲世子。聰明純厚。孝友溫恭。朕平內艱。爾功居守。事上恤下。至仁小心。兹授爾冊寶。命爾爲皇太子。爾惟夙夜祗承。爲善無間。一念過虧。大德之累。爾宜念之。學勿至迂。明勿至察。嚴勿至猛。寬勿至縱。謙卑遜志。容受忠良。勤儉安詳。惠鮮衆庶。以承宗廟。以保社稷。爾其敬之。

談遷曰。唐臨淄王隆基誅韋氏。兄宋王成器曰。時平則先嫡長。世亂則先有功。當時韙之。靖難之初。漢庶人血戰陷堅。諸將屬心。浦口之役。文皇帝以神器相藉。重此何異秦王世民哉。然仁廟守北平。亦不遺餘力。脫根本之地少蹶尺寸。雖百庶人何能爲。以此程之。固不當以建成事例世子也。其後文皇帝迫于讒論。割私愛以全震索。家法嚴矣。亦猶浸尋踰歲。爰開鶴禁。豈非嫡長天定。巧力俱無所撓乎。

丁丑。諭三法司出淹獄。

寶慶知府儀智爲通政司右通政兼右春坊右中允。

前浙江布政司右參政趙𤞤使安南還。進刑部右侍郎。

庚辰。封志均渭南王。

命戶部尙書太康王鈍仍浙江左布政使。致仕。鈍洪武中舉秀才。授禮部主事。改長沙通判。免。復舉明經。授北平通判。試吏部郎中。遷福建左參議。至左參政。使百夷。卻賮。進浙江左布政。建文中拜尙書。上即位。解印。給半祿。後撫北京山東。告老。有文學。雖廉靜而脂韋。遇大議無所可否云。

監生湯銘游顏爲刑科給事中。

壬午。封汪應祖琉球國山南王。應祖故山南王承察度從弟。攝國事。歲貢。

癸未。麓川平緬宣慰司各入貢。訴孟養木邦數見侵。命西平侯遣諭之。

甲申。文華寶鑑成。初命儒臣輯古嘉言善行。至是御奉天門。召皇太子面授之。其書視太祖嗣君昭鑒錄加廣。益以太祖寶訓。

有官軍採木安慶。凌脅民貲。誣其誹謗。縛送刑部。獄上。上曰。諺恆言軍强民弱。必軍誣民。下府部訊實。遂釋民。抵官軍罪。幷罪刑部官之枉民者。

進士沈升孫子良李昌祺羅汝敬涂敬蕭寬楮讓獨孤樂善陳士啓陳綱董鏞劉子敬陳伯恭陳賚善趙曾趙濟劉剛尤儀劉澄黃揚俱改庶吉士。修書。

乙酉。長山王賢㷄來朝。

免順天永平保定順民田租十九萬九千七百餘石。

夜。火星犯天罇西星。

丙戌。廣西柳州慶遠等叛蠻陳公宣等就撫。

上朝罷。諭六科給事中曰。朕可否庶務。或有失中。爾等直言。顧解縉曰。敢爲之臣易求。敢言之臣難得。

戊子。夜。金火星同井。

己丑。敕文武羣臣曰。今天下雖安。民未蘇息。郡縣豪猾。遇有征繇。並緣爲奸。細民不勝。盜賊滋起。爾等其悉心政務。毋橫斂一錢。毋妄興一役。稱朕閔念元元之意。

韃靼頭目脫兒火察爲左軍都督僉事。哈兒歹爲都指揮同知。署朵顏衛事。安出及土不中俱爲都指揮僉事。署福餘衛事。忽剌班胡爲都指揮僉事。署泰寧衛事。時指揮蕭上都等使兀良哈各頭目隨朝三百五十四人。各授官有差。

庚寅。北京行部右侍郎劉翼南改禮部右侍郎。

開四川資縣井鹽。

壬辰。前遷江知縣梁護服闋。復浙江道監察御史。建文中降知縣。

甲午。更定天下衛所屯田守城軍士。視地之夷險要僻。臨邊險要者。守多于屯。在內夷僻者。屯多于守。地雖險要。運輸甚難至者。屯亦多于守。

夜。大星青白光。自翼宿行至游氣。

丁酉。夜。水星犯畢。

己亥。鄢陵知縣婁觀復福建道監察御史。建文初降知縣。

設老撾軍民宣慰使司。土官刀綫歹爲宣慰使。

是月。倭十二艘犯寧波。穿山百戶馬興死之。尋寇蘇松。

五月辛卯朔。國子監祭酒徐旭書奏不謹。當降。上問吏部尚書蹇義。旭何如。對曰。文有學。守寡合。上然之。改翰林修撰。

諸司辦事進士曾愼魏騏吳惇漆霅趙理趙琰韓庸史彬徐觀樊靜曹彥昌陳旭田堉羅處富邢旭曾恕王完

葉貞陳興俞禮趙濬潘中徐昤胡秉彝周志義俞益曹睦楊儀鳳譚原性俱能書選翰林院庶吉士。
命北京百姓有犯應決者許收贖。
夜金星犯鬼。
壬寅。豐城侯李彬率軍鎮廣東清遠伯王友爲總兵官都指揮僉事郭義副之巡海。
建昌府教授于敬爲江西道監察御史。復楊直浙江道監察御史建文初出青州知府坐免。
癸卯。夜水星犯六諸王西星。
甲辰。禮部以琉球山南王貢使市處州磁器。當罪。上以懷遠不問。
乙巳。設散毛施南二長官司。隸大田軍民千戶所。初元時各置宣慰司。洪武六年。改宣撫司。又設龍潭安撫司。
隸散毛。二十三年廢。設大田所。至是土官子覃友諒等奏復之。降長官司。友諒爲散毛長官。田應虎副之。覃添
福爲施南長官。覃敬副之。
丙午。夜大星如斗。赤光。出雲中。
丁未。夜大星赤光燭地。出北斗魁。行入文昌。
戊申。通政司右通政兼右春坊右中允儀智爲湖廣右布政使。應天府丞王公亮爲四川右布政使。安仁典史
李素爲山西道監察御史。
庚戌。上詣孝陵。先日錦衣衛請具法駕。命祗數騎前導。顧侍臣曰。皇考忌辰。方屬感慕之時。自非辟道。導騎亦
可省也。
辛亥。貢士莫福爲刑科給事中。
壬子。戶部右侍郎劉觀改右副都御史。

甲寅。右軍都督僉事臨淮景福卒。洪武中會州衞指揮同知。
乙卯。監生朱政黄理柴震俱爲兵科給事中。西安府經歷黄友信爲陝西道監察御史。
設廣西憑祥縣時憑祥巡檢司土巡檢李昇言地瀕安南人庶。遂改縣。昇爲知縣。
己未。復沈源廣東道監察御史。建文中降福淸知縣。
庶吉士杜欽黄惟正郎慶爲戶科給事中。周玉羅亨信張侗監生胡昌爲工科給事中。
壬戌。夜大星青白光燭地。自危宿至雲中。
丙寅。庶吉士林正魏暹喩則成白瑜鄭蘭進士封孜祁趙登監生陶瑋陳貞裴川爲給事中。
丁卯。興安伯徐祥卒。祥大冶人。燕山右護衞副千戶。從靖難。視諸將年高能勤愼。年七十三。
戊辰。築當塗縣慈湖決隄。並視浙江江西湖廣安慶蘇松等圯修築。
己巳。設八百者乃八百大甸二軍民宣慰司。土酋刀招你爲八百者乃宣慰使。弟刀招散爲八百大甸宣慰使。
遣視瀏陽益陽安鄉華容龍陽武陵石首監利江陵水災。
六月犾朔辛未。楚世子孟烷來朝。
敕招臨邊逃將復職。逃卒復伍。逃民復業。
癸酉。木邦孟養二府改軍民宣慰司。使知府罕的法刀木旦爲宣慰使世襲。
修孟津河隄。
甲戌。復王敏北京道監察御史。建文初降太平縣典史。
夜。大星青白光燭地。自雲中流天舡。
丙子。桂東典史李軺唐縣典史劉冕爲監察御史。復易忠監察御史。建文中降內江知縣。

戊寅。夜。大星青白光燭地。自七公行至近濁。

庚辰。許警報給驛。

乙酉。夜月食。

丁亥。命吏科給事中曹崇語吏部汰冗官。

復陳珪監察御史。建文中降湘鄉知縣。

誅鴻臚寺右少卿汪泰。泰使朝鮮受餽。又通權貴。

戊子。公侯駙馬伯儀賓祿俱米鈔兼支。自明年始。惟二百石以下全米。

庚寅。陝西按察副使宋性爲布政司右參政。從戶部尚書夏原吉蘇松治水。

辛卯。朝鮮國王李芳遠奉命進牛萬頭。每牛酬絹一匹布四。俱給遼東屯卒。

蘇松嘉湖大水。民饑。遣監察御史高以正等賑之。

夜。大星青白光出壘壁陣入羽林軍。

甲午。諭禮部曰。天下之才不盡也。下第貢士。或宿學偶劣。或考官失之。其再試。既試。得張鉉等六十人。召見。賜冠冕而勉之。俾隸國子監。

封哈密安克帖木兒忠順王。其兄忽納失里。元威武王也。改封肅王。卒。安克帖木兒嗣。至是入貢。請賜爵給金印。

乙未。命太子少師姚廣孝賑蘇湖。廣孝至吳。候故人王賓者三。不出。乃屏騎從步叩其門。賓不應。遙語曰。和尚錯耶。慚退。歸謁其姊。姊亦揮出之。廣孝披袈裟往。猶勿見。家人强乃出。捫其頂曰。幸此尚存耳。遂不再見也。

敕捕倭總兵官清遠伯王友。副總兵都指揮僉事郭義。以大謝桃渚赤坎寨胡家港之縱掠。宜自贖。務出萬全。

是月。封徐景昌定國公。世祿二千五百名。（徐增壽子。）

七月朔辛丑。置四川建昌衛之普濟昌州威龍三長官司。貴州新添衛之丹平丹行二長官司。

夜。大星青白光出十二諸國。行至近濁。

甲辰。雲南寧晉進士張爲禮乞就教。特除雲南府敎授以勸。

丁未。周王（橚）進嘉禾。

夜。大星青白光自天淵行至游氣。

己酉。復康慶四川道監察御史。（建文中降吏。）

夜。金星入角。

庚戌。都指揮呂毅爲副總兵。同王友巡海。

壬子。鑄平夷將軍印。

慶成郡主薨。（蒙城王女適鎭國上將軍淮安衛指揮使黃琛。）

夜。大星黃赤光出貫索。行至游氣。

癸丑。沁源知縣甄孝思巴縣典史孟憲。高安典史何旻。黔陽典史傅禮。登州衛經歷洪秉。俱爲監察御史。

甲寅。寧世子磐烒來朝。

刑部尚書鄭賜等劾曹國公李景隆藏亡命蔣阿演等二十八人。有異謀。上勿問。止徵匿奴。

乙卯。太子太師曹國公李景隆及弟都督增枝再被劾。命鞫蔣阿演等。

丙辰。□□知縣李斌爲禮科給事中。

科臣劾李景隆不軌。敕景隆以曹國公歸第。絕朝請。

遣視三河順義東安香河水災。

丁巳。右軍都督僉事馬榮航海餽運北京。

夜。大星青白光自十二諸國行至游氣。

庚申。臨清進野蠶絲。

辛酉。敕甘肅總兵官左都督宋晟曰。近聞虜乜孫台阿魯台馬兒哈咱各懷異見。去年大敗瓦剌。今春瓦剌亦敗鬼力赤。又鬼力赤部落北徙。彼詐難信。爾給諸屯米麴多釀酒。如寇至毒酒及河井。彼饑渴易斃也。

敕宣府備禦武城侯王聰同安侯火眞巡開平。

禮部請賀山東野蠶絲。上曰。使山東盡繭。亦僅被一方。其已之。

壬戌。鄱陽朱季友進書詆毀宋儒。禮部尚書李至剛翰林學士解縉等請罪之。命斥還里。杖之百。搜所著燔焉。禁其教授生徒。

談遷曰。先朝守宋儒遺書如矩矱。毋敢踰尺寸。故懲朱季友。而經學至深邃也。句沿字踵。等於苴蠟。於是曲士鑿其隅見。稍有所緣飾。而矯異之竇紛互四出。如近日李贄獄死。紙更爲貴。俗尚之旖久矣。彼季友一斥不再振。則當時功令可想見也。

乙丑。刑部右侍郎趙羾改工部右侍郎。

丙寅。遣監察御史郭林等賑湖廣江西水災。

戊辰。大理寺言。有犯者法當黥。上曰。宥之。人皆可自新。墨其身則心不復。

己巳。夜。大星赤光燭地。出雲中。

八月庚午朔。占城入貢。訴夏四月安南舟師見侵。又掠朝賜給冠服僞印。

壬申。遣敕安南國王胡䄄曰。占城奏爾掠地。剽人畜。蕩廬舍。又邀奪貢道。偪與冠服印章。使臣屬。甚非遵奉一統之義。思明府臣言。爾奪其西平祿州永平寨。此中國疆土也。爾何得擅取之。不悛必討無赦。

甲戌。別失八里王沙迷查干入貢。

乙亥。安南故臣裴伯耆來告急。曰臣事陳氏。祖父皆執政大夫。女又親屬也。臣故少得左右陳王。既長。爲武節侯陳渴眞裨將。統兵鎮東海。洪武三十二年。臣代渴眞將。而奸臣黎季犛弑主篡位。屠僇親賢。滅族亡慮百數。臣聞變。勢不能抗。棄軍遁海島。附番舶得至此。兄弟妻子。肉季犛之几久矣。季犛乃故經略使國老子。世任心膂。叨竊榮寵。子蒼亦貴仕也。一旦得志。遂覆陳宗。擅易姓名曰胡一元。子蒼曰胡䄄。僞號改元。大逆亡道。陛下念陳氏忠順之跡。憫此無告。諯施弔伐。臣得負弩前驅。膏血草野。以報陳氏足矣。上憫之。給居食。

戊寅。封濟煥寧化王。

庚辰。遣千戶高塔海帖木兒等。敕諭海州流民還三萬衞。

辛巳。免永平課鈔二年。

壬午。洛陽縣雨雹傷稼。

癸未。李景隆又被劾。上曰。朕自處之。

甲申。賑四川松潘衞饑。

丙戌。籍李景隆兄弟莊田佃僕入官。

丁亥。夜。金星入房。

戊子。許民暫以鈔中鹽福建山東廣東。時鹽滯。

己丑。命廣西總兵官都督韓觀招㐲波縣洞猺編籍。

庚寅。武城侯王聰同安侯火眞以二千五百騎巡迤北。

許戶口食鹽各納鈔。

免睢寧今年田租。

夜大星光黃赤出卷舌入造父。

壬辰夜月犯鬼宿。

癸巳清遠伯王友奏獲海寇命盡以鹵獲予鄉導嚴寶等。

北京稔。發鈔糴黍粟荳麥充餉。

乙未。駙馬都尉富陽侯李讓卒。洪武中讓尚上次女永平公主。靖難初。協守北平。故封。闓爽平直。好文下士。年

□□追封景國公諡恭敏。

丙申。敕寧夏總兵官左都督何福曰。寧夏多屯。虜猝至。恐先受掠。可於四五屯間。擇有水草者浚濠廣丈五尺。深半之。築土城高二丈。開八門。便出入。旁近屯輜重芻餉萃此。無警則耕牧。有警則固守待援。朕遙許其攻守之策。爾自深籌之。

丁酉。老撾軍民宣慰使刀線歹遣使護前安南王孫陳天平來朝。言臣故王日煃裔孫也。先王事朝廷甚謹。傳至臣煒。賊臣黎季犛當國。擅作威福。臣煒稍裁之。反刃相向。而立其子顒。顒卽日焜也。無何更弑顒而立其幼子寏。尚在襁褓。更弑之。自立其子蒼。爲大虞皇帝。臣先黜外。僅得免。他子孫近者誅夷盡矣。臣方欲集兵恢復。而季犛猝來掩倉皇出鋒鏑間。道抵老撾。始得覲闕廷也。夫興滅繼絕。陛下之大恩也。陳氏之遺燼得少然者。臣之大幸也。上引見賜居食。

談遷曰。海南諸夷。莫勁於安南。陳氏歷元明間八傳矣。醞積深厚。非垂絲累卵之危。盜相黎氏。陰攘其位。此

持之百餘年。一旦移而據之倒囊出物。邊鄙不聳。則陳氏之所培者薄矣。第陳天平裴伯耆以覆亡之餘。流離萬里。效包胥秦廷之哭。俾狠毒狐魅。幾掩天日。忽焉聲罪執簡。褫其面目。終不敢正視。事雖無濟。爲人臣子義不當如是耶。噫。國家初造。車書混一。僅踰三十年。名爲懷遠。高皇帝示以不臣。毋勤遠略。而逋裔奔隸。仰之如天。就之如日。企踵待命。所謂王者無外。豈以久近計哉。

夜。大星赤光。自天苑行至孫星旁。一小星隨之。

九月。妃朔辛丑。復大理寺左右評事。

壬寅。召巡海總兵官淸遠伯王友等回京。

韃靼知院馬剌沙率部落駐哈敦不剌。遣使納款。許之。命鎭守大同江陰侯吳高逆以兵。

眞臘國王參烈婆昆才入貢。初中官使眞臘。有從卒三人遁。至是以國人補伍。上歸之。

左僉都御史王平。以訊御史鄭中。鬻獄事徇私見劾。下獄。釋左都御史陳瑛等不問。

福建布政司報。暹羅通使琉球。風漂其舟。籍舟中物請命。上曰。彼睦鄰也。奈何因災而利之。命治其舟。給廩導之去。

甲辰。刑部郎中艾少岳。禮科給事中何仕讓。爲晉府左右長史。

乙巳。遣國子監丞王俊用使朝鮮。

丙午。周王橚來朝。獻騶虞。羣臣表賀。

戊申。大理寺左少卿吳中爲都察院右都御史。

己酉。瓜哇國西王都馬板入貢。

修武陟縣隄。

庚戌。晉王濟熺奏上護衞。上不許。曰皇祖賜也。

辛亥。印列女傳萬本。給賜諸番。

暹羅國王昭祿羣膺哆羅諦剌入貢謝敕賜。

壬子。女直野人頭目鹿壇等三百七十五人來朝。

乙卯。曉刻。火星見角宿。

丁巳。修開封壞城。

己未。姚克勤爲刑科給事中。洪武中主事謫役鹽場。至是求仕。

吏部尚書兼詹事蹇義等劾曹國公李景隆招納亡命。圖不軌。上以既宥之。姑勿論。

庚申。錦衣衞指揮同知潘諝等劾李景隆私閹人。僭金龍服器。上姑寘之。

上御右順門。召翰林學士解縉侍讀黃淮胡廣胡儼侍講楊榮楊士奇金幼孜。慰藉之。賜五品公服。令其婦入見皇后於柔儀殿。賜如之。

夜。大赤星出羽林軍。西南行。小星二隨之。

丙寅。刑部言千戶某製夾皮鞭。注桐油以決罰。上杖而免之。

丁卯。左春坊左諭德兼翰林侍讀胡儼爲國子祭酒

令御史按察司課吏賢否。具實蹟以聞。

徙太原平陽澤潞遼沁萬戶實北京。

夜。大星自軒轅東入平星。二小星隨之。

戊辰。戶部尚書夏原吉浚蘇松下流訖工。

十月巳朔。徙河南祥符遞運所避水患。
庚午。作信符金字紅牌給雲南諸夷。其各土司量設經歷都事吏目掌案牘。
辛未。兀者頭目那海乂不札尼等來朝。設兀者右衞後衞。
故元丞相苦木子塔力尼等率所部來歸。設肅州赤斤蒙古千戶所。塔力尼爲千戶。
定江西官田租折布民田輸米。
壬申。日本國王源道義入貢。
御史摘甘肅總兵官左都督宋晟之擅。上曰。大將受邊寄。可盡拘文法如彼書生言爲哉。遂敕晟曰。御史言卿專擅。此言官欲舉其職。夫爲將不專。則功不立。朕既付卿閫外事。有便宜卽行而後聞。自古明君任將。率用此道。
癸酉。甘州中衞指揮僉事王良失機。誅於軍中。
夜。大星自紫微西蕃行至近濁。
乙亥。夜。月犯壘壁陣西第二星。
丁丑。河南水溢。
己卯。齊王榑來朝。
巴縣典史沈熊爲廣西道監察御史。
減崑山荒租三千四百四十石有奇。
瓜哇國東王孛令達哈入貢。給瓜哇國東王銀印鍍金。
庚辰。鎭撫陸英以山後盜三十餘人乞徙民稍南五十里。不許。命卽捕之。

刑部尚書鄭賜言。軍犯槪宥其初。或容奸未便。上曰。天不於惡木廢發生。君亦不於小人忘矜恤。

辛巳。夜大星自井宿行至近濁。

壬午。夜月犯畢宿。

癸未。兀者托溫野人頭目喚弟等來朝。設兀者托溫千戶所。

甲申。刑部尚書鄭賜。都察院左都御史陳瑛等。交劾長興侯耿炳文。衣服器皿僭飾龍鳳。玉帶用丹韗。上曰。舊臣亦爲此乎。其速改。尋籍其家。炳文自經。濠人從父君用事高帝起兵時。

朱國楨曰。炳文事太祖四十六年。固守長興。驅馳邊塞。有功無過。保全終始。任寄大約與郭武定英等。此亦開創君臣所絕少者。留事建文。北兵旣起。拜大將。率三十萬衆。一戰盡覆。黃金開國功臣錄。黃佐革除遺事。皆言炳文死於陣。忠節錄二書收入祠中。果爾。眞得死所。成就一生名節。吾亦快之。而國史則云。永樂二年被劾縊死。修國史者。親與炳文相値。目擊其事。當必不悞。一生功業。在武定之上。武定以椒房至親。且非特將。得免。並獲贈謚。耿獨鬱鬱至父子並死。恐太祖在天之靈。亦有所不安也。

談遷曰。長興嘆喈宿將。急其身家。易主詘膝。卒之身死家籍。揆於初計。殊非所望。死等耳。孰如君亡與亡之安也。噫。九鼎重淪。勳戚俘隸。求其白首。世寧幾人。彼自覬瓦全者。鬼撲之見也。

夜。大星出北斗魁。行至近濁。

乙酉。蒲城河津黃河淸。

丁亥。戶部言。御馬監索白象穀。不許。責御馬監官。奪民食。欲朕失天下心耶。

己丑。夜水星犯南斗杓。

壬辰。夜大星自天廪行入天苑。

癸巳。駙馬都尉謝達卒。
乙未。琉球國中山王山南王入貢。
夜。大星光燭地。自畢宿行入五車。
丙申。敕勞寧夏甘肅總兵官左都督何福宋晟。各鈔萬錠。
丁酉。錄囚。
戊戌。刑部劾儋州知州陳敏周海南衛千戶陳善等。餉舟風壞遽散之官軍。當罪。上曰。事有權宜。丞不及奏。汲黯所以達大體也。置勿問。
夜。大赤星出北斗魁。行至近濁。
十一月妃朔。哈密忠順王安克帖木兒貢馬。
都察院左都御史陳瑛等劾駙馬都尉梅殷蓄養亡命。私匿胡奴。通女巫劉氏等。罪。命送胡奴於遼東。
辛丑。撫安湖廣給事中何海上三事。曰重理焚失舊冊。曰軍衛幕官選通文練事之人。曰軍官年少。選老成秉理佐。上從之。
廣東右布政使徐奇言。本司委官遠役。皆自贍。今後乞遞運所應付。又故官道遠。多不能還鄉。今後故官乞助歸其喪。從之。
濬江東門北河泊運舟。
壬寅。屯田額外餘糧。悉與本軍自用。仍給賞。
癸卯。中書舍人唐恕。工科辦事官甘鏞。賓州訓導歐陽謙。盧氏知縣賀潤。高要知縣黃禎。淄川知縣石魯。並爲監察御史。行人劉亢爲工科給事中。邊信爲湖廣道御史。皆使外國。

開淮安清江閘。

築泰興縣圩岸。

甲辰。上御奉天門錄囚。釋放有差。仍諭銜冤者即以聞。

周府汝南王有爋來朝。

江浦知縣周益坐罪行論。婦梅氏言益母老。請身代。釋之。

丙午。夜大星流井宿。

庚戌。夜月犯天高西星。

壬子。富平縣丞陸具瞻爲翰林編修。嘗事燕邸。

夜。火星犯鉤鈐上星。

癸丑。夜京師濟南地震。

甲寅。周世子有燉來朝。

夜。開封地震。

乙卯。介休縣民請採五色石製器。黜之。

丙辰。工部侍郎趙毅請鑿鎮江運河。須九十八萬人。上曰。年來民困。輕其力植禍。豈不殆哉。寢之。

丁巳。翰林學士兼右春坊大學士解縉等進所纂韻錄。賜名文獻大成。已謂其未備。敕太子少師姚廣孝刑部侍郎劉季篪及縉總之。翰林學士王景侍讀學士王達國子祭酒胡儼司經局洗馬楊溥儒士陳濟總裁。侍講鄒緝修撰王褒梁潛吳溥李貫楊覲曾棨。編修朱紘王洪蔣驥潘畿王偁蘇伯厚張伯穎典籍梁用行庶吉士楊相左中允尹昌隆。宗人府經歷高得暘吏部郎中葉砥山東按察僉事晏璧副總裁。餘簡夙學之士纂修焉。

夜。金星犯東咸。

戊午。蘇松杭嘉湖水災。免今年租六十萬五千九百餘石。

己未。設天津衞屯守直沽海運商舶。建百萬倉。

庚申。進士張英爲吏科給事中。陳湯劉瑩爲監察御史。

丙寅。廣西忻城訓導某以邑皆蠻獠子弟不就學。詣闕自白。禮部欲罪之。上謂其非苟祿。下吏部調用。

十二月鏮。宣府諸屯堡成。

辛未。河南都指揮僉事劉珪過周邸門不下。戍向武。

癸酉。進士吳廷用江貞虞貞王彥修曹潤並爲給事中。

甲戌。黃巖盜童養民等伏誅。

丙子。設天津左衞。

戊寅。上聞中官私役工匠。戒應天府尹向寶等裁之。下中官錦衣衞。

己卯。遣□□知縣潘隆敕諭瓊府黎峒生黎。

夜。月犯井宿。

壬午。許朝鮮國王李芳遠子禔爲世子。

乙酉。徙南丹衞於上林縣。

丙戌。安南國王胡奃表賀正旦。

庚寅。禮部左侍郞宋禮爲工部尙書。右侍郞楊砥爲左侍郞。工部右侍郞趙羾改禮部。

壬辰。韓城縣黃河淸。

安南使至。令禮部出陳天平示之。使者錯愕下拜。至流涕。裴伯耆以大義責之。皆不能對。命議其罪。

甲午。賜尚書侍郎金織文綺衣各一襲。翰林學士解縉。侍讀黃淮胡廣。侍講楊榮楊士奇金幼孜。賜如之。

丙申。御史顧謙等撫綏木邦等夷民。

復郡縣歲貢生入監。

丁酉。夜大星自天市東垣北入天津。

乙酉永樂三年

正月戊戌朔。庚子。諭天下文臣。

楚王楨來朝。丙午辭歸。

辛丑。夜大星自文昌流紫微東南蕃外。

甲辰。夜月犯畢宿。

乙巳。寧夏屯田積穀獨溢。敕勞總兵官何福。

夜。大赤星自參宿流雲中。

丁未。皇孫瞻墉生。

前軍都督僉事華奎卒。盱眙人。始燕山左護衛百戶。從靖難。

壬子。諭天下武臣。

選庶吉士楊相劉子欽彭汝器王英王直余鼎章敞王訓柴廣敬王道熊直陳敬宗沈升洪順章朴余學夔羅汝敬盧翰湯沅李時勉段民倪維哲袁天祿吾紳楊勉及修撰曾棨編修周述周孟簡隸學文淵閣。庶吉士周忱自請願從諸英敏後。上壯其志。許之。車駕時過臨。揚榷藝文。五日一休沐。使官校隨之。最爲華貴。

諭明年外吏來覲。以雲南遠免之。

甲寅。遣監察御史李琦、行人王樞賫敕詰安南胡査篡奪之故。

丙辰。國子祭酒胡儼請申明洪武學規。從之。

丁巳。夜。大星自太微西垣行入軒轅。

戊午。右軍都督僉事馬榮轉漕北京。

嘉興知縣蔡楫、樂安典史蕭福並爲監察御史。吏科都給事中李亨降禮科給事中。

行人南海譚勝受、千戶楊信使瓜哇國。招舊港流民梁道明等。初。南海梁道明販瓜哇。家焉。合衆數千人。指揮孫鉞使海南諸夷。遇道明子。攜歸。故遣勝受等敕諭之。

庚申。免順天、永平、保定田租二年。

壬戌。擢張絸金吾前衛指揮使。

火州回回滿剌木牙木丁等來朝。

後軍都督僉事陳用卒。霍丘人。

乙丑。湖廣答意等五寨生苗納款。刻箭爲誓。命善撫之。

二月丁卯朔。召宣府總兵官武安侯鄭亨回京。

河決河南馬村隄。命塞治之。

己巳。北京刑部尚書雒僉有罪誅。初。僉言朝廷近用率藩邸舊臣。非至公。又侍衛將軍獨光祿給饌。語涉怨謗。上末之罪。至是。左都御史陳瑛等劾其婪虐專威福。其妻行部箠守令。脅貨强市。按得之。並論死。

夜。大星自太微西垣行入張宿。二小星隨之。
庚午。改大寧前衛濟川衛天策衛爲漢府三護衛。改彭城衛永淸左右衛曰常山中左右護衛。爲趙府三護衛。
辛未。蜀王椿來朝。戊寅辭歸。
壬申。寬和州民貸官稻三千四百七十餘石。俟明年償之。
雲南寧遠州土同知刀吉罕奏安南侵猛慢等七寨。擄臣壻及女。掠人畜。徵納差發。求憫救。命禮部馳敕具實以對。
刑科都給事中馬楨以欺罔誅。
癸酉。廣東按察副使耿賢有罪戍邊。
甲戌。永平衛指揮使李宏縱虜入掠。伏誅。
丁丑。左通政朱濬爲北京刑部尙書。
巡按福建監察御史洪堪言十事。曰設義塚。曰祀唐觀察使常袞。曰存䘏孤獨。曰按察司錄囚遇番異必親鞫。曰防倭軍戶不得再充垛集。曰驛夫預支廩費。免困迫。曰小訟付里老。曰申明鄉飮酒禮。曰各鄉申明亭集諭國法。曰修築塘堰圩岸。備旱澇。上皆納之。
辛巳。遣兵部郎中徐子良等敕諭武宣洛容降民黃田等荔浦降民廖均用等。云有逆跡。如各有司虐其遣一二人隨敕使入訴。
廣西總兵官右軍都督同知韓觀請討桂平等蠻。上命撫輯之。毋遽兵。
壬午。翰林編修陸具瞻爲趙府左長史。
命趙王高燧立國社國稷山川等壇於北京。時方留守。

金吾左衞指揮周廷貴有罪伏誅。
癸未。都指揮同知史勇爲前軍都督僉事。
甲申。武城侯王聰同安侯火眞率三千騎巡迤北。
平江伯陳瑄充總兵官。前軍都督僉事宣信充副總兵。航海轉運北京。
丁亥。命寧夏屯田專旱稻。
癸巳。懷慶蝗災。許鈔代租。
甲午。把蘭等處女直野人卯義等來朝。設撒力衞。卯義爲指揮僉事。
三月辆朔。浚溧陽臙脂河。
夜。金星犯壘壁陣東第五星。
丁酉。女直野人頭目溫勉赤等來朝。設兀者穩勉赤千戶所。
戊戌。夜金星犯木。
己亥。都指揮同知蔡彬姜清馮斌率舟師巡海備倭。
蒲城郡主卒。秦愍王長女。嫁儀賓吳倫。
哈密頭目言忠順王安克帖木兒卒。命馳祭。兒子脫脫襲封忠順王。脫脫幼俘入中國。至是祖母速哥失里求還。
壬寅。夜月犯天罇中星。
甲辰。倂威虜衞吏卒於肅州衞。增設中右中中二千戶所。
琉球國中山王武寧入貢。表謝襲封。

丙午。敕鎮守大同江陰侯吳高以虜將寇西涼。可飭士馬嚴備。
賑邳州飢民粟九千石。上倍給之
誅浙江寧波衞指揮龐義畨英備倭失機也。
戊申。山東道監察御史文郁不諳刑名。改工科給事中。
壬子。行人王麟爲廣西布政司右參政。
癸丑。夜火星犯壘壁陣西第五星。
甲寅。定屯田賞罰條例。
免常德長沙黃岳水災田租一年。
定遼東互市馬價。上上馬絹八匹布十二匹。上馬絹布半之。中馬絹三布五。下馬絹二布四。駒絹一布三。
戊午。河決溫縣。渰田四十餘里。
己未。夜大星自角有聲入於井而散。
辛酉。福州教授王鐸爲刑科給事中。
癸亥。夜大星光燭地。自張宿行至雲中。
四月
甲戌朔。琉球國山北王攀安知入貢。
己巳。給寧夏甘肅火藥兵器。
壬申。除絕戶田租。
癸酉。夜大星自天市西垣行至亢宿。
丙子。周世子有燉來朝。

內鄉知縣胡恪爲山西道監察御史。
丁丑。琉球國中山王我寧入貢賀萬壽。
己卯。寧化王濟煥長山王賢㷆來朝。
庚辰。賜別失八里王沙迷查干。初哈密安克帖木兒爲鬼力赤毒死。沙迷查干問其罪。上義之。
壬午。萬壽節。定命婦朝賀止三品以上。
癸未。工部尚書黃福改北京行部尚書。左都御史陳瑛劾福不卹工匠也。
琉球國山南王汪應祖入貢表謝。
甲申。灣甸長官司改灣甸州。設流官吏目。
丙戌。儒士西安馬巨江爲翰林院五經博士。上聞巨江學行。徵至。辭老。敕諭致仕。
夜。月犯壘壁陣第三星。
戊子。副總兵都指揮同知呂毅捕倭八十七人。械至京。
己丑。廣西遷江縣蠻亂。命韓觀先撫。如不悛。兵之。
辛卯。命瓊州通判劉銘撫羅活諸洞生黎。
壬辰。武鄉縣丞史克新爲山西道監察御史。

五月耓朔。壬寅。武安侯鄭亨領騎兵千。步兵三千。巡宣府興和諸邊。
癸卯。駙馬都尉胡觀罷朝請。左都御史陳瑛等劾觀矯稱內使。脅取上元女子數十人。娶妓。預李景隆逆謀。宜罪。故有是命。
丙午。尤溪知縣黃采爲陝西道監察御史。

丁未。肅王楧來朝。己卯辭歸。

庚戌。鑄北京內府各門印記。

敕武城侯王聰同安侯火眞曰。聞鬼力赤在卜魯屯之地。可遣探。若寇開平。卽設伏擊之。

辛亥。夜大星有光自箕宿行至近濁。

丙辰。代寧秦晉永興高平平陽諸王多失。上賜周齊楚蜀等王曰。朝廷不能篤親。吾恆戒此。居嘗敎子孫惟在重骨肉。蓋吾初奉藩。豈不能身體其事哉。第藩國亦當體朝廷之心。而亮其誠。比代寧秦晉永興高平平陽諸王稍不順理。聽細人形諸怨謗。魘鎭皆容忍不問。此特小恩耳。皇考之法度。吾嗣位而不能守之。又何以服天下之心。亦惟常念皇考。各盡厥道。共享富貴。豈有涯哉。

壬戌。犍爲典史宋亨爲戶科給事中。靈臺縣丞姜廸爲廣西道監察御史。

癸亥。順陽王有烜來朝。

六月乙丑朔。右軍都督僉事王英卒。合肥人。

江南大雨水。

戊辰。授察罕達魯花都督弟哈塔千戶。以入貢。言鬼力赤留。

湖廣都司言。楚王付鐵牌驗門夜出。上賜王書曰。門鑰屬都司軍衞。王牌非制。其卽革。

庚午。朝鮮國王李芳遠入貢。請頒樂器。從之。

壬申。簡縣知縣劉子春。復山東道監察御史。

癸酉。慶成王濟炫多失。前徙潞州。至是還太原。諭晉王濟熺訓戒之。

己卯。命太監鄭和等賜勞古里滿剌加諸國。役卒共二萬七千八百七十餘人。寶船六十三艘。其大修四十四丈。博十八丈。次修三十七丈。博十五丈。所經國占城。爪哇。舊港。暹羅。滿剌加。柯枝。古里。黎伐。南渤里。錫蘭。裸形。溜山。忽魯謨斯。啞魯。蘇門答剌。那孤兒。小葛蘭。祖法兒。榜葛剌。天方。阿丹。

顧起元曰。按此一役。視漢之張騫常惠等鑿空西域。尤爲險遠。後此員外陳誠出使西域。亦足以方駕博望。然未有如和等之泛滄溟數萬里。而徧歷二十餘國者也。當時不知所至夷俗與土產諸物何似。舊傳冊在兵部職方。成化中。中旨訪下西洋諸事。郎中劉大夏取而焚之。意所在必多恢詭譎怪。遼絕耳目之表者。所徵方物。亦必不止於蒟醬。邛杖。蒲桃。塗林。大鳥卵之奇。而星槎勝覽。紀纂寂寥。莫可考驗。使後世有愛奇如司馬子長者。無復可紀。惜哉。其以取寶爲名。而不審於周官王會之義哉。或曰。寶船之役。時有謂建文帝入海上諸國者。假此踪跡之。若然。則聖意愈淵遠矣。

安塞等縣蝗。命捕之。

夜。水星犯軒轅大星。

庚辰。遣中官山壽等領騎出雲州。會武城侯王聰等覘虜。每三十里置五馬。候馳報。

甲申。戶部尙書夏原吉。右僉都御史俞吉士。通政司左通政趙居任。大理寺少卿袁復。賑蘇松嘉湖饑民。

免農民戶口食鹽鈔。

乙酉。大興教諭趙緯爲禮科給事中。

周王橚言。河水退。惟修舊邸。於是罷洛陽之役。

丁亥。拓西安門外周垣。

大理寺卿呂震言。文官初犯杖。記罪還秩。停俸三月。今多恃恩蔑法。乞再犯論如律。上命再犯仍宥之。三犯如律。

戊子。夜。大赤星有光。自天津入織女。

庚寅。安南胡查遣使阮景直等同御史李琦等入朝。奏曰。臣父子實陳氏甥。陳氏喪亡無可繼。故國人舉而屬臣耳。臣飭賦。率妻子躬力作奉上國之不暇。噶敢抗天平。其裔孫臣請歸而事之。臣得完首領足矣。祿州諸寨地已還。臣俛伏俟命。誅之宥之。惟陛下大度。上悅。

湖廣都指揮僉事謝鳳招降治古等十八寨。

七月。甲朔。夜。大星赤光燭地。自勾陳旁流紫微西蕃外。

丙申。諭趙王高燧選漢胡六十人。領以二指揮。往北覘虜。

丁酉。設算子坪長官司。隸湖廣。答意治古寨二長官司。隸貴州。

戊戌。興平鳳翔進瑞麥。羣臣表賀。上薄其諛佞。

己亥。浚山陽縣運鹽河十有八里。

辛丑。夜。月入氐宿。

壬寅。漠北平章把都帖木兒倫都兒灰。自塔灘以部屬五千餘人款甘肅。把都帖木兒入京。

癸卯。授把都帖木兒右軍都督僉事。賜名氏吳允誠。倫都兒灰後軍都督僉事。賜名氏柴秉敬。保住陝西行都指揮僉事。賜名氏楊效誠。餘指揮千百戶鎮撫有差。

周府長史移榜郡縣。上諭周王戒之。

甲辰。遣行人聶聰等同安南使臣往約胡查迎陳天平。

夜。大星光燭天。自扶筐流天棓。

丙午。暹羅入貢。

丁未。夜。大星自北斗魁外行至玄戈旁。

戊申。定中山武寧王歲祭正旦清明七月望十月朔冬至。

己酉。命吳允誠柴秉敬幷部屬散居涼州。給牛畜。嘉宋晟招徠之功。敕賜鈔幣。

占城國王占巴的賴入貢眞臘。告國王參烈婆毘牙之喪。

巡按廣東御史汪俊民言。瓊州皆海中有大小五指黎母等山。爲生熟黎人藪。比歲軍民逃入。導惡俗性頑獷。山水峻惡。有宜倫縣熟黎峒首王賢祐奉命招黎人甚衆。可量授官。俾招諸峒約束之。毋納叛。其熟黎賦而不徭。生黎向化。許免賦三年。峒首差其功賞。庶黎可馴也。從之。

庚戌。命平江伯陳瑄於天津城北造露囤貯海運。

辛亥。遣序班王孜祭故眞臘國王參烈婆毘牙。給事中畢進內使王琮封參烈昭平牙眞臘國王。

元江府改元江軍民府。

壬子。車里宣慰使刀暹答請攻八百大甸宣慰使刀招散。上遣司賓田茂推官林楨賫敕諭刀招散等。又敕西平侯沐晟嚴兵以待。慮老撾乘車里之虛。選萬五千人往備。

癸丑。設孟良府隸雲南都司。土官刀哀爲知府。

除崑山荒田租二萬七千七百石有奇。

甲寅。福建都指揮使張鑑捕倭通賄掠民。戍大寧。

元江軍民府知府那榮請率兵攻刀招散。上嘉勞之。

夜。大星自土司空東南行。後一小星隨之。

丙辰。太原左護衛總旂孟全等謀叛。伏誅。

戊午。宛平知縣賀銀爲通政司右參議。城守功。

江西道御史江俊民改刑科給事中。

夜。大星自羽林軍南行。有光。

庚申。工部左侍郎張思恭改北京刑部左侍郎。

壬戌。西羌酋長鎖南等率衆來歸。

八月甲子朔。戊辰。禮部尚書兼左春坊大學士李至剛有罪。下獄。

戶部尚書郁新卒。新臨淮人。伉爽負奇氣。洪武間。徵授戶部度支主事。賜今名。進郎中左侍郎。數對稱旨。問天下戶口錢穀轉輸。占對無遺。大被眷拜尚書。至是賜祭葬。

劉鳳曰。郁新方綢造時。主大計。非其才長於應變。善心計。無所漏失。烏能免哉。及壬午之際。委任無改。信乎其工爲自謀也。

潮溢仁和海寧等縣。淪田七十四頃有奇。溺四百四十餘人。

己巳。申明學校舊規。

漠北闊闊兒不花等二十五人來朝。

壬申。翰林學士王景侍讀學士王達主試應天。

丙子。設兀者撲野木千戶所。

丁丑。旦。老人星見南極。

辛巳。遼王植來朝。丁亥辭歸。

夜。月犯天囷。

壬午。永興王尙烈來朝。

淄川等縣蚄生。命捕瘞之。

丙戌。雲南鎭守順昌伯王佐貪黷被劾。逮下獄。

戊子。兵部左侍郎喬穩改北京行部左侍郎。

故河南左參政張定謫驛山東。至是除河南道御史。

己丑。設赤不罕衞。失兒哈達兒等爲指揮千百戶。

庚寅。夜大星出天倉。流東南。二小星隨之。

壬辰。設屯河安河二衞。

女直野人頭目來朝。

九月睽朔。蜀世子悅爌來朝。

甲午。設福建來遠驛。浙江安遠驛。廣東懷遠驛。各於市舶提擧司候頓蕃使。

乙未。夜大星光燭地。自北斗魁北行。二小星隨之。

丙申。御史周新爲雲南按察使。

丁酉。河南山西都指揮使金玉歐陽靑爲中軍都督僉事。大寧都指揮同知柳升爲左軍都督僉事。遼東都指揮同知呂毅爲前軍都督僉事。陝西都指揮同知趙忠脫列千爲後軍都督僉事。脫列千食祿不視事。

免蘇常松江杭湖嘉興水災今年田租三百三十七萬九千七百石有奇。

夜。大星有光。自郎位行至近濁。

己亥。刑部尙書鄭賜改禮部尙書。吏部左侍郎陳洽爲大理寺卿。大理寺卿呂震爲刑部尙書。

辛丑。戒諭周王橚。擅調湖州官軍。虐繫平人。

右軍都督僉事馬溥降陝西行都指揮同知。

癸卯。蘇門答剌國酋長宰奴里阿必丁。滿剌加國酋長拜里迷蘇剌。古里國酋長沙米的。俱入貢。詔封國王。賜印誥。

四川亞堅等十一寨生苗俱轄酉陽宣撫司。免其徭賦。

夜。大星光燭地。自天廚入天棓星。一隨之。

乙巳。時屢告齊王榑不法。上書戒之。

戊申。谷王橞來朝。辛亥辭歸。

庚戌。免聞喜縣荒租四千六百七十三石。

夜。月犯畢宿。

辛亥。夜。月犯天關星。

癸丑。夜。月犯天罇西星。

乙卯。瓜哇國西王都馬板入貢。其鄰磔里日羅夏治合猫里三國同入貢。俱賜錦綺襲衣。

丁巳。楚世子孟烷來朝。

徙太原平陽澤潞遼沁汾民萬戶實北京。

南昌前衛大雨水壞城。

夜。大赤星光燭地。自天園行至近濁。

戊午。賜齊王榑書曰。輒用護衛兵守青州城北門。自廣智門外接園苑。築牆截往來。守吏不得登城夜巡。此何為者。其他尚多不法。兄雖愛弟。能不為之投杼乎。

行人聞良輔還自蕃國。擢廣東按察使。

庚申。慶王㮵來朝。辛未辭歸。

夜大星光燭地。自紫微垣內尚書旁北行。

十月癸亥朔。乙丑。盜殺駙馬都尉梅殷。殷夏邑人。思祖從子。尚寧國公主。負才氣。太祖最眷注。受遺詔顧太孫善視之。及上卽位。心忌殷。不置。前軍都督僉事譚深、錦衣衛指揮使趙曦偵早朝。舟經笪橋。擠溺死。長公主泣訴上。俄都督許成發其事。上詰深曦。曰。陛下命也。上怒。落其齒。斬之。祭葬殷。謚榮定。子順昌中軍都督同知。景福旂手衛指揮使。俱食祿不視事。後改孝陵衛指揮使。世襲。舍人瓦刺輝探深曦腸祭殷畢自經。

談遷曰。梅駙馬受遺輔政。有蹇蹇之節。地系懿密。義不得辭。天室而蹈西山。履虎自危。賦狙未狎。嗟乎駙馬安所死哉。然堂堂聖明。出鉏麑之下。智非所以樹威於天下也。史雖諱之。其誰信焉。

丁卯。詔諭番速兒米囊葛卜呂宋麻葉甕南巫里娑羅六國。

上偵齊王榑不軌事俱實。封劾章。又書戒之曰。非分之恩不可數得。王其省之。毋後悔。

戊辰。周王橚上章深陳罪悔。上善之。令緘示齊王。

庚午。故兵部郎中徐銘起山東道監察御史。前謫戍安東。

癸酉。設沙州衛。赤斤接界。困卽來買住為指揮使。

乙亥。趙王高燧來朝。癸未還北京。

懷遠等縣金州俱旱。許豆麥代租。

丙子。左軍都督同知許成封永新伯。祿千石。

戊寅。尙寶司丞朱璓爲少卿。鴻臚寺序班袁忠徹爲尙寶司丞。皆藩邸舊侍。
己卯。通州衞指揮滑縣王立嘗刲股療父疾。上聞之。特命歸養。賜鈔。
庚辰。前燕府紀善胡安爲戶科給事中。
壬午。賜滿剌加國鎭國山碑銘。上自撰。
夜。大星自紫微垣行至游氣。
丙戌。設雲南洱海千戶所。
夜。月犯謁者星。
戊子。賜周王等祖訓。
庚寅。設海剌兒千戶所。女直。
夜。大星有光自內階北行入北斗。
辛卯。行人時中還自琉球。復四川布政司右參議。
前福建按察僉事陳灝江西按察僉事裴璉雲南按察使姜滌陝西左參政李賢。禮部主事范敬。先北流知縣李祥。御史徐敬。縣丞曹貴。並爲監察御史。
壬辰。夜。大星有光自八穀行入天鈎。
十一月癸巳朔。暹羅入貢。
夜。金水星犯於箕宿。
甲午。信安伯張輔進封新城侯。世祿千五百石。上嘗語丘福朱能曰。吾功臣次第封矣。亦復有所恨乎。對曰。張玉在。臣等且讓之。其子輔累功似少抑。上然之。

甘肅總兵官平寇將軍後軍左都督宋晟封西寧侯。世祿千一百石。

乙未。齊王榑上表謝罪。

丙申。上聞雲南總兵官西平侯沐晟自調兵駐近老撾。敕卽還。且戢安南之兵。

丁酉。夜大赤星自中天雲中北行。

戊戌。襄城伯李濬卒。濬和州人。襲燕山左護衛副千戶。從靖難。積功封。

夜。大赤星光燭地。自勾陳西北行。一星隨之。

庚子。施禮爲山東道御史。前河南布政左參議落職。起淮安知府。戍邊。

敕趙王高燧曰。朕居燕二十餘年。每邊警。第謹守。未嘗輕出兵。昔中山武寧王開國元勳。亦惟嚴守。故無敗。凡遇警。其治備。勿輕出兵。

辛丑。日本國王源道義入貢。並獻前倭寇邊者。上嘉之。遣鴻臚寺少卿潘賜內官王進賜王九章冕服。錢鈔織金文綺紗羅絹三百七十八匹。

乙巳。撫安江西□科給事中朱肇言。南昌等民三千七百八十七戶。墾九江南康閒田千二百九十七頃有奇。

上未信曰。或肇僞增希進用耳。蓋肇輕刻。脅有司給民從之。實不過二千人。歲餘半竄。果如上料。

丙午。浡泥國麻那惹加那入貢。

丁未。夜月犯井宿。

甲寅。行人譚勝受等還自舊港。梁道明鄭伯可等委施進卿代領其衆。自入朝。賜文綺絹鈔。

嚴從簡曰。梁道明王直並入海爲商者。道明其終歸於首丘。王直其終殉於藁街。直其不知順逆以擇禍福也哉。

丙辰。開雲南大理銀冶。
戊午。月犯西咸。
十二月婺朔。遣封浡泥國王麻那惹加那乃。賜印誥。
甲子。前浙江按察使辛彥博爲山東道監察御史。
乙丑。浚淮安支河。
戊辰。鎭守雲南西平侯沐晟奏官軍及車里宣慰等兵破八百諸寨。降之。命班師。
己巳。夜金星犯壘壁陣。
癸酉。瓜哇國西王都馬板入貢。
乙亥。都督僉事黃中呂毅爲左右副將軍。佐廣西總兵官征南將軍都督同知韓觀。
丁丑。行人聶聰還安南。胡查仍遣阮景直等請迎陳天平。臣率國人逆於境上。許之。
庚辰。敕安南王孫陳天平歸國。廣西副總兵都督僉事黃中呂毅率兵五千護行。
壬午。瓜哇國東王孛令達哈貢神鹿。
西僧進佛像舍利金塔至京。百官迎於龍江關。封怕木竹巴灌頂國師闡化王。
乙酉。諭兵部曰。西番馬至予眞茶。毋僞惡。令巡按御史採察以聞。
丙戌。夜月犯罰星中星。
戊子。琉球中山王山南王山北王各賀明年正旦。
庚寅。夜大星光燭地。自天廩行至游氣。

國榷卷十四

丙戌永樂四年

正月甲戌朔天下官來朝。

甲午。敕諭文武訛職諸臣。

夜。火星犯天陰下星。

乙未。設鎮道楊塘二安撫司。隸雲南。

丙申。豐城侯李彬新城侯張輔討南陽阜君山盜平之。

戊戌。宴羣臣奉天門。蠻夷酋長皆起舞上壽呼萬歲。

安南陳天平陛辭。賜綺羅紗衣各二襲。鈔萬貫。命廣西參政王麟送之。別封胡查順化郡公。盡食所屬郡縣。

己亥。大星有光。自五車北流紫微西蕃外。

壬寅。琉球國進閹人。閹人卻之。

夜。月犯井宿。

癸卯。瓜哇國西王都馬板入貢。

夜。金星犯木。

丁未。上南郊。

己酉。□□知縣党理爲太僕寺少卿。

先是日本國王源道義盡殲對馬臺岐等島海寇。上嘉之。遣使褒諭。封壽安鎭國之山。自作碑銘。令勒石。

韃靼滿東兒灰等率衆來降。授官分居涼州莊浪寧夏三衞。各賜姓名。都指揮同知滿東兒灰曰柴志誠。都指揮僉事阿兒剌台曰楊汝誠。涼州衞指揮同知猛哥曰安汝敬。指揮僉事脫脫曰楊必敬。只蘭曰吳克誠。朵列干曰吳存敬。莊浪衞指揮僉事火失谷曰韓以謙。祖住不花曰柴永謙。寧夏衞指揮使伯帖木兒曰柴志敬。餘千戶衞鎭撫百戶等十一人皆賜之。

浡泥國使臣求中國冠帶。賜之。

庚戌。刑科給事中劉端爲右春坊右司直郎。

壬子。設白納長官司。隸貴州宣慰司。

癸丑。南陽阜君山盜平。

丙辰。始御右順門晚朝。諭六部及侍臣曰。早朝事促。午後稍簡。卿等可從容商榷。毋以將夕倦朕也。

丘濬曰。我祖宗以勤爲治。無日不朝。每日有早午晚之朝。或再朝焉。誠以自古禍亂之端。皆起自蒙蔽。蒙蔽之繇。起自上下之情不通。上下之情不通。起自君臣不相接見。然徒接見而不相親。問答猶不見也。故聖祖御製大誥首篇。以君臣同遊爲開卷第一義。所以示萬世聖子神孫者至矣。

丁巳。逮工部左右侍郎趙翃劉仲廉。以隱黃藤不報。仍賦於民。被劾。詞連尙書宋禮。謂新除。置之。

戊午。夜。火星犯月。

己未。瓜哇國東王孛令達哈入貢。

置石城衞及可里踢千戶所。女直野人。

辛酉。右軍都督僉事馬榮轉漕北京。

沙縣知縣倪峻嘉魚冉通爲兵科左右給事中。大同後衞經歷常忠爲給事中。

西域貢佛舍利。禮部尙書鄭賜因請釋囚。上曰治先刑賞。梁武帝溺佛廢法。此豈可效也。

上聞哈密忠順王脫脫爲祖母速哥失里所逐。敕諭其大小頭目。

二月壬戌朔。國子生彭進徐鑑方霖林道顧斌竇承芳朱福王輔彭鑑劉煥黃員相都察院令吏殷晟方巽並爲監察御史。

丁卯。寧世子磐烒來朝。

夜。月犯畢宿。

己巳。翰林侍讀學士王達司經局洗馬兼翰林編修楊溥主禮闈。得貢士朱縉等二百二十人。

置塔山衞。女直野人。

庚午。復建承天門。建文時災。

辛未。荔波縣民覃敬信先招梅村等七十三洞猺。卽授荔波知縣。撫之。

勒太祖嘉禾詩於石。裝賜羣臣。

復設開平衞。謫戍充之。

署四川行都司事前軍都督僉事程達擅調軍職。下獄。

癸酉。置兀也吾衞。女直野人。

除四川荒田租。

乙亥。胙城典史郭純。平陸典史傅衡。永和典史汪瑜。通道典史王纘。繁興典史車舒。鳳林驛丞閻賡。將軍驛丞覃珩。並爲監察御史。

翰林修撰徐旭卒。旭樂平人。洪武乙丑進士。授御史。歷國子祭酒。坐事。改雲南布政司參議。未行。以文學改修撰。沒於禮闈。賜祭。其人寡諳而簡默。方正終始不渝也。
丙子。敕武城侯王聰。同安侯火眞。往興和。同武安侯鄭亨備虜。
丁丑。置哈三。哈剌哈古賁河三千戶所。木倫河野人。
戊寅。改燕山左右前衛。濟陽衛。濟州衛。大興左衛。通州衛。俱親軍指揮使司。
己卯。軍官有罪謫戍立功者。悉復職。
夜。大星有光。自雲中行至近濁。
庚辰。旦。老人星見丁位。
辛巳。唐府長史程濟。韓府長史司典簿魏居敬。犯夜禁。宥之。於是韓瀋安伊魯唐岷府僚如審理奉祠工正等官百三十四人。俱暫還里。俟就國召之。
癸未。敕諭人百大甸軍民宣慰使司。刀招散。
夜。金星犯天陰下星。
甲申。置嘉河。哈密。斡難河二衛。兀的罕千戶所。女直野人。
己丑。右僉都御史俞士吉。大理寺少卿袁復。蘇州治水還京。先至私邸。且受賂。爲左都御史陳瑛劾之。下獄。
庚寅。置塔魯木。蘇溫河。阿速江。速平江四衛。女直野人。
夜。大星有光。自井宿行至游氣。
三月辛朔。上幸太學。釋奠先師。改服皮弁。四拜。禮訖。御彝倫堂。祭酒胡儼講堯典。司業張智講泰卦。遍賚諸生三千餘人。親撰視學之碑。

壬辰。暹羅琉球入貢。

癸巳。夜大星光燭地。自亢宿行至近濁。

甲午。設開原廣寧馬市。

乙未。嘉興知縣李鑑逮至。以籍沒逆黨姚瑄。遺其弟亨。左都御史陳瑛劾之。鑑曰。亨本無名。上釋之。

瓊州通判劉銘爲知府。銘招生黎萬餘戶。

戊戌。夜大星有光。自紫微東蕃行至雲中。

辛丑。敕諭韃靼可汗鬼力赤。

除河池縣荒田租二千百九十石有奇。

壬寅。策貢士於奉天殿。賜林環陳全劉素等進士及第出身有差。

永和王濟烺來朝。

癸卯。置吉河衛。女直野人。

丙午。皇孫瞻墡生。

上親試下第貢士得周翰等二十一人。賜冠帶。周翰藍昜隸翰林院。李弼漢府伴讀。餘隸國子監。

安南胡查伏兵刧殺陳天平。時鎮守廣西都督僉事黃中呂毅率五千人送天平及于丘溫。交人黃晦卿候供帳及牛酒勞師。交人見天平皆拜舞欣躍。中問胡查何不至。晦卿曰。查踴躍俟命。而天使儼然辱臨之。敢不至。偶霜露之疾。俟於前道。我偵騎亡它。迎勞續於路。遂前度隘留雞陵折芹站。危徑林箐。軍行不成列。忽伏發刦天平。鼓噪振山谷。且十餘萬人。官軍方整擊。橋已斷。賊遙拜賜曰。遠夷何敢勞王師。天平實疏遠小人。眩聖聽。欲滅我胡氏。幸得殺之。以謝天子。大理寺卿閿鄉薛嵓謫廣西。從行自經。中等引還。

談遷曰。文皇帝久歷兵間。洞矚敵勢。而爲胡奃所紿。抑何疎之甚也。彼旣甕陳氏而據其國。奄有南土。帶甲數十萬。卽堂堂天斧。藐不足畏。今發尺一之詔。虛辭示義。遽垂首交臂。舉全國以奉奔播之王孫。其事在桓文上。而謂荒裔悍傲所有乎。則狙我也必矣。爲當日計。宜置天平於欽州。如漢之屬國。凡銅柱以北蠻落峒酋。俾聯羽接翼。馳檄關外。列黎季犛簒奪之罪。感動遺民。如又不然。令韓觀屯十萬衆於境上。西平侯沐晟以五萬衆問道於滇。東西聲合。待胡奃質子至闕下。天平始戒塗焉。否則天平必不南。王命必不辱。而一時無慮及者。席累勝之威。忽垂堂之戒也。嗟乎。假高皇帝值此。諒不爲遠人所嗤矣。

丁未。復置曲先衞。初洪武中置安定曲先。後朶兒只巴攻之。併曲先入安定。至是安定衞指揮哈三散卽思三卽等奏復之。

築石首縣江隄。

戊申。夜大星自南游氣中至游氣。

庚戌。加賜邊軍布鈔。

辛亥。進施南散毛二長官司爲宣撫司。復設龍潭安撫司

癸丑。選庶吉士江殷胡啓先孫迪張叔豫李岳潤陳孟潔張文選鄭復言曾春齡蕭福曹閭盧永黃獻俱翰林院修書。餘賜敕還鄉讀書。

丁巳。設哈密衞。置印。其頭目爲指揮千百戶鎭撫有差。周安爲忠順王長史。劉行爲紀善。共佐脫脫。

敕招海島流人。

戊午。設湖廣高羅安撫司木柵唐崖二長官司。

四月辛酉朔。癸亥。進士江淵李綱爲兵科給事中。賈眞汪彥純鄭景曜潘博羅弘爲監察御史。

甲子。禮部試歲貢生廣西斥落二人。宜奪學官歲俸。杖提調官。上宥之。

辛未。保安王尙煜順陽王有烜來朝。

上聞安南事。怒甚。諭成國公朱能等致討。

壬申。朝鮮入貢。

甲戌。設剌坎和瓦魯之革甸香羅四長官司。隸雲南永寧衞。

乙亥。齊王榑乞詣京謝罪。許之。

戊寅。設孟璉長官司。隸雲南都司。

車里宣慰使刀暹答貢馬。遣子刀興入國子監。初官軍征八百。元江饋餉。車里人邀之。刀暹答時從軍。不預也。懼構怨。質其子。上知之。謂親隔萬里外。非孝。且朕非浮說所能間也。厚賜而遣之。

己卯。購遺書。

進雲南鎭沅州爲府。土知州刀平知府事。平從征八百有功。

庚辰。有市外夷氈衫者。錦衣衞論其通夷。上詰其實。釋之。

癸未。進永寧州爲府。

甲申。敕鎭守雲南西平侯沐晟選蜀兵七萬合討安南。敕蜀王椿選護軍五千從征。

御史車舒怠職。見劾。上召詰之。不能對。戍邊。

乙酉。廣西左布政使儲顒坐科歛。降廣東左參議。

丙戌。夜。大赤星光燭地。自天市東垣行入天津。

己丑。錦衣衞校尉摘朝臣某謗毀朝政。上詰其實。則私忿也。上惡其誣善。下校尉法司。論如律。

五月甲申朔。諭法司錄囚。
府軍左衛指揮僉事沐昂爲雲南都指揮同知。
夜金星犯五諸侯。
乙未。莊浪知縣顧佐爲福建道監察御史。
丁酉。鑄征夷將軍征夷副將軍印。
宥都督程達。從西平侯沐晟行營。
敕諭韃靼鬼力赤部下阿魯台。
戊戌。別失八里國王沙迷查干入貢。
前軍都督僉事馬瑛有罪。降百戶。
甲辰。大理寺卿陳洽赴廣西議兵事。
丙午。令雲南土官三年一貢。著爲令。
丁未。賜安南人裴伯耆冠帶從征。
復設司牧局。
戊申。秦王尙炳來朝。甲寅辭歸。
庚戌。齊王榑至京師。王陰畜亡命。養刺客。呪詛僭帝號。皆有跡。比入朝。廷臣劾其罪。王厲聲曰。奸臣喋喋。又欲效建文時耶。會盡斬此輩。上聞不懌。削其官屬護衛。留居京師。
丙辰。吏部尙書蹇義請罪齊府敎授葉垣等。上曰。齊王凶悖出天性。朕拔王囹圄。安全之誠心溫詞。尙不得其聽。況肯遜於下。置不問。

徙神木縣於古城。以綏德衞兵二千戍之。

丁巳。哈密忠順王脫脫祖母速哥失里及頭目各遣人謝罪。上敕戒之。

大古剌土酋潑的那浪入貢。初中官楊瑄雲南騰衝守禦千戶所千戶孟景賢賚詔往。不拜。徙置使者於南灘河。不爲屈。於是悔而禮之。

戊午。駙馬都尉富陽侯李讓舍人中鹽被告。下錦衣衞。反坐告者。廷讞則錦衣衞以賂故。令都察院論家人如律。

六月紀朔日食。陰雲不見。禮部尚書鄭賜等乞表賀。上不許。曰。陰陽家云。日食陰雲不見者。水將爲災。其可賀乎。

庚申。詔各安撫司首領官皆定爲吏目。

辛酉。修廣濟縣江隄。

北京行部尚書黃福左侍郞張思恭有罪。謫辦事官。從征安南。尋復其官。

甲子。諭侍臣曰。昨一事失記。久思得之。朕萬幾易忽。卿等其悉記之。備顧問。

丙寅。上徧諭齊王之失於諸王。

南陽獻瑞麥至五歧。薦太廟。

戊辰。敕寧夏總兵官何福。九月盡令降人郭火都等爲鄉導。率騎出塞覘虜。

庚午夜。月犯罰星下星。

辛未。禁百官入朝私揖。

日本入貢。

丙子。令廣東貢夷値農時。其方物貯南雄。俟十一月運赴南安。寬民力。

戊寅。賑靜寧平涼華亭隆德莊浪延川饑民。

己卯。貸嵩溫等縣穀種千七百五十九石。

壬午。置大古剌底馬撒二宣慰使司。小古剌茶山底板孟倫八家塔長官司。

乙酉。行部左侍郎張思恭還北京。

七月。戊朔。以伐安南告嶽鎭海瀆。

庚寅。賑嘉興縣飢民。

國子監司業張智卒。智順昌人。洪武中。舉明經。授夷陵學正。薦拜禮部右侍郎。居二年。左遷國子學錄。進博士。又進司業。多識典故。敎循規矩。

辛卯。成國公朱能爲征夷將軍總兵官。西平侯沐晟新城侯張輔爲左右副將軍。豐城侯李彬雲陽伯陳旭爲左右參將。兵部尚書劉儁參贊軍事。都指揮同知程寬指揮僉事王恕等爲游擊將軍。都指揮同知毛人丹朱廣都指揮同知魯麟僉事王玉指揮使高鵬等爲橫海將軍。都督僉事呂毅都指揮同知江浩僉事方政等爲鷹揚將軍。都督僉事朱榮都指揮同知金銘都指揮僉事吳旺指揮同知劉塔出等爲驃騎將軍。俱出廣西憑祥。拜西平侯沐晟征夷副將軍。同左參將豐城侯李彬出雲南。合兵八十萬。別敕占城國王占巴的賴防遏安南。

甲午。賑丹徒建平黃梅新寧山陰饑民。

丙申。于闐入貢。

丁酉。大理寺右少卿袁復獄死。

己亥。夜大星自虛宿行至游氣。

庚子。除四川絕戶茶課。
壬寅。太白晝見。
癸卯。征夷將軍成國公朱能等出師。上臨江送之。
乙巳。申嚴誹謗之禁。
丙午。夜。月犯壘壁陣東星。
丁未。金吾左衞指揮使陳亨爲右軍都督僉事。
戊申。國子生宋仲祥爲監察御史。
己酉。國子監博士趙季通爲司業。起復右副都御史劉觀。
復煎簡縣竹筒井鹽。
庚戌。夜。金星犯井宿。
辛亥。賑甘泉縣飢民。
甲寅。命欽天監纂修陰陽星命等書。
閏七月戊朔。己未。敕征夷將軍朱能等入安南。凡得文籍圖志皆勿毁。
壬戌。作北京宮殿。備巡幸。遣官分道採木。四川。工部尙書宋禮。湖廣。吏部右侍郎師逵。江西。戶部左侍郎古朴。浙江。右副都御史劉觀。山西。右僉都御史史仲成。泰寧侯陳珪。北京行部左侍郎張思恭督陶。改建皇城於東。去舊宮可一里。制如南。弘敞過之。
戊辰。申見丁著業之禁。
己巳。徵北京儒士武周文。授翰林侍講學士。周文善易。上夙重之。嘗曰。爲學不可不知易。卽內君子外小人一語。益人君不淺。周文辭老。賜敕致仕。
敕諭木邦軍民宣慰使罕的法。賜金幣。
上聞緬甸軍民宣慰使那羅塔攻殺孟養宣慰使刀木旦。當討。遣行人張洪敕諭之。毋稔惡。
辛未。修江浦縣江隄。
甲戌。置雙城撒剌兒亦馬剌脫倫卜顏五衞。女直野人。
乙亥。召汪宗大李傑趙昇爲監察御史。俱謫籍。
築海鹽縣海塘。
辛巳。瓜哇國西王入貢。
癸未。旦老人星見。
甲申。建寧知府芮麟卒。麟宣城人。監生。守台州。練達得民。苞苴不入。雖謫戍。再守建寧。賑饑戢盜。有古循吏風。
尤好學。工楷書。
是月。靜海縣雨雹傷稼。
八月
朔。夜大星有光。自羽林軍行至近濁。
戊子。置兀蘭亦兒古里札木哈脫木河福山五衞。女直野人。
壬辰。定北京兵馬司夜巡銅牌。一如京師。
癸巳。修陽武縣河岸中牟縣汴河北隄。
丙申。夜金星犯女星。
丁酉。令鎮守甘肅寧夏山西西寧侯宋晟左都督何福江陰侯吳高擇牧地。

初。通政司參議賀銀等於細事俱不奏。徑下六科。上知之。責其壅蔽。

己亥。濟南蝗。通深景晉東鹿曲陽贊皇交河安平柏鄉任丘旱。命戶部發粟四萬八千六百石有奇賑之。

庚子。鎭守遼東保定侯孟善不法。勑讓之。

占城入貢。

辛丑。夜月犯壘壁陣東星。

甲辰。置竦和兒河千戶所。女直。

乙巳。賜趙王高燧書。聞都指揮款台。過駙馬袁容門不下馬。幾箠死。晉王敦爲駙馬。恣橫。卒滅亡。覆轍在前。可再蹈乎。此書觀畢。仍以示容。

丁未。江西道監察御史桂林唐廣雲爲北京國子監司業。

江西布政司右參政張本開封知府任毅爲工部左右侍郎。

庚戌。夜大星出閣道。行入紫微東蕃外。

辛亥。夜月犯軒轅。

癸丑。廢齊王榑爲庶人。王不悛。益怨言。除封。幽王西内。

談遷曰。齊庶人以武自雄。數出塞上。習於恣肆。束建文之功令。下錮請室。當時義旅。指此激釁。及身正大位。終無以貰其罪也。戒之戒之。毋記伏地哭時耶。庶人不足責。而墟此青社。後之人或不當深訾建文也。徐學謨曰。昔漢高帝誅丁公。曰毋令後世人臣效之也。谷庶人金川門之迎。自貽伊孼矣。其後竟以譏誅語云。物必先腐也而後蟲入之。詎一朝夕故哉。

是月。北京大雨水。壞城舍。

九月丁巳朔。旌鈞州袁節孝行。母喪哭不輟。廬墓三年。

戊午。申民間巾服之制。

別失八里國入貢。

己未。增北京官軍俸糧。

辛酉。臨汾王冲㷶薨。韓王子。年四歲。

壬戌。設陝西甘肅二苑馬寺卿。從三品。少卿正四品。

夜。月犯南斗杓第二星。

甲子。河間知府崔衍爲北京行部右侍郎。復左侍郎李友直官。先坐事謫戍。

置只陳千戶所。韃靼。

乙丑。暹羅入貢。

丙寅。設重安長官司。隸播州。

戊辰。賑蘇常松杭湖嘉復流民十二萬二千九百戶有奇。

己巳。李隆嗣襄城伯。李濬子。

起刑部右侍郎李慶。

夜。大星光燭地。出五車北。行至雲中。

辛未。晉王濟熺廣昌王濟熇來朝。辛巳還國。

丙子。湖廣廣濟縣妖僧守座立白蓮社惑衆。伏誅。

丁丑。周王橚市馬甘肅塞外。上書止之。

戊寅。夜。金星犯進賢星。

辛巳。免廣西上林縣歲辦黑鉛。

置肥河衞。女直野人。

壬午。設北京遼東二苑馬寺。

時庶吉士王訓湯流柴廣敬先後卒。上咨嗟久之。曰。人才成之難。喪之何易。

癸未。上御右順門。法司引奏浙西人告誹謗者。追質皆不識面。上怒其誣善。立棄市。

寧夏總兵官左都督何福請立東勝衞。上善之。報以鎭虜定邊諸衞。皆定議之。

夜。大星光燭地。出南河。東行入星宿。

丙戌。嚴匿名文書之禁。

十月丁亥朔。戊子。征夷將軍成國公朱能卒於龍州。能定遠人。以燕山中護衞副千戶從靖難。累功封。及南征。上嘗占象曰。西師其有憂乎。朱能智足辦也。意北人不習暑耳。年三十七。追封東平王。謚武烈。

王世貞曰。靖難之初起稱首功者。獨淇公福成公能而已。然天子親爲大將。每戰必在行。而二公者雖計畫血戰之績多。然曷能一仗旄節。出號行罰哉。受脤南北。爲大將帥。能薨於師。天寵滋被。福敗而殞。坐違節制寧惟勿旌。罰乃及嗣。平陰張輔。失律乘輿震蹶。寵以眞王。母廢世祀。覆敗同軌。賞罰殊施。嗟乎。君猶天也。天之未定。孰敢議之。

右副將軍新城侯張輔代總大軍。

夜。大星自天船行入奎宿。

己丑。山西道監察御史甄庸爲工部右侍郎。

庚寅。置密陳卜剌罕二衞。女直野人。

癸巳。夜月犯壘壁陣西星。

乙未。征夷右副將軍新城侯張輔等兵自憑祥度坡疊站。望祭安南山川。傳檄數黎季犛二十罪。令都督同知韓觀以廣西兵運餉。除道伐木。繕關梁。出游兵偵賊。鷹揚將軍都督僉事呂毅等破隘留關。敗賊三萬衆。留兵守大軍度關。軍容整暇。秋毫無犯。

夜。大星有光。青白。自玄戈旁入七公。尾散。

丙申。驃騎將軍都督僉事朱榮等兵至雞陵關。賊三萬人拒我。重塹鏢弩。我擊斬六十餘人。賊卻走。

丁酉。錦衣衞經歷許廓、行人胡均、進士李本、監生張弼、蔡誠、彭招、尹醇、鍾恕爲給事中。

夜。大赤星自天津西至游氣。

己亥。前江西按察使周觀政上書求秘之。上曰。彼意不必盡法。祖眞妄人也。

浚常熟縣福山港。

庚子。張輔入雞陵關。偵芹站旁皆有伏。令鷹揚將軍都督僉事呂毅、黃中等以兵搜捕之。賊遁。遂哨昌江市。造浮橋。築堡。遣鷹揚將軍方政、游擊將軍王恕等哨富良江北嘉林縣。輔自芹站西折至北江新福縣。而左副將軍西平侯沐晟兵至白鶴。遣驃騎將軍朱榮會之。晟亦遣都指揮俞讓來。又三帶州僞僉判鄧宗原、南策人莫遂、莫遠等來降。言賊恃東西都及宣洮、沲、富良、海潮、希麻牢諸江自固。緣江樹柵築土城。緜亙九百餘里。二萬人守之。又富良江南岸下木杙。盡列戰艦橋內。東都守備嚴甚。列象馬陣。水陸師號七百萬。蓋空國男婦隨之以聲我。我師自新福移營三帶州。造舟圖進取。

辛丑。夜月食。

癸卯。設剌和莊長官司。隸雲南都司。

命湖廣三司招洪州泊里蠻夷長官司叛蠻。

丙午。朱能訃至。上哀悼。輟朝五日。諭祭。

富昌伯房勝卒。勝景陵人。自僞漢來歸。善射。歷通州衞指揮僉事。從靖難。封。

夜。大赤星自壘壁陣流至游氣。

丁未。命征夷右副將軍新城侯張輔爲征夷將軍總兵官。敕曰。昔開平王常遇春北討。卒於軍。偏將軍岐陽王李文忠代之。遂鼓諸將。滅此殘虜。將軍努力。毋使岐陽專美於前代也。

回回結牙思進玉椀。卻之。賜鈔遣歸。

夜。大星光青白。自北斗杓南至游氣。

戊申。光祿寺監事井泉爲光祿寺卿。原燕府典膳。

乙卯。百戶趙賢等還自塞北。言虜酋乜孫台爲部下所殺。馬兒哈咱往瓦剌。阿魯台往海剌兒河上。未之信。命甘肅寧夏開平興和大同守將謹偵虜。毋墮其計。

夜。金星犯房宿。

丙辰。有吏科給事中下獄。其父代陳悔罪。上釋之。戒其再犯。

夜。大赤星出五車。流光行至紫微東蕃內。

十一月丁巳朔。己未。冬至。宴羣臣。夜。大星出太微。流丈餘。行至游氣。

癸亥。修高郵東河隄。浚江都劉家港。

甲子。設桑植安撫司。隸尤溪衞。

青州右衞改天津右衞。
丙寅。夜大星光青白自天苑流丈餘行至游氣。
己巳甘露降孝陵松柏醴泉出神樂觀取獻太廟分賜廷臣受賀。
癸酉。起復工部左侍郞兼少詹事趙敎
工部左侍郞張本右侍郞甄庸坐事免官仍冠帶從事。
己卯置札童撒兒忽罕咨河三衞。女直野人
命雜犯死罪以下聽贖發遣。
庚辰上聞寧夏總兵官左都督何福多見忌敕其愼起居或遺爾飮食亦不可不謹。
辛巳戶部人材高文雅言時政首及建文事次救荒恤民其語率直左都御史陳瑛劾其妄欲下吏上曰草野
不知忌諱採其言勿廢也下吏部授官。
壬午趣征夷將軍張輔等進師期明年二月破賊凱旋。
安福盜平。
癸未。夜大星出上台光青白流東北。
甲申復置阿端衞。洪武中置尋廢。
十二月炳朔復張泌光祿寺卿。前坐事謫役。
行人成務爲山西道監察御史。
朝鮮暹羅入貢。
丁亥。召興和備禦武城侯王聰同安侯火眞等還北京。

右通政張璉役蘇松常鎭人十萬浚孟瀆河至奔牛鎭。七千五百五十餘丈。
戊子。駙馬都尉沐昕迎尙師哈立麻。初中官侯顯往烏思藏徵哈立麻。至是報入境。故遣昕。
辛卯。詔大赦。
左副將軍西平侯沐晟奪宣江而軍。次洮江。與多邦城對壘。征夷將軍新城侯張輔遣右參將雲陽伯陳旭合攻洮江。作浮橋濟師。驃騎將軍都督僉事朱榮等敗賊嘉林江。而張輔議上流渡。遣榮於下流十八里對賊。日僞增其軍。列筏誘之。賊果分兵登岸。榮等大破之。
壬辰。别失八里國入貢。
夜。大星出參宿後。二小星隨之。
癸巳。韃靼頭目苦木帖木兒等來歸。授都督僉事。賜名氏柴永正。達丹莊浪衞指揮僉事賜名氏安汝堅。把的正千戶賜名氏平以正。
丙申。張輔克多邦城。先留都督高士文於箇招市江接朱榮等兵。大軍合左副將軍沐晟。賊沿江柵皆迫水。不可上。惟多邦城下沙坦可駐師。而賊嚴備。下設重濠。濠外復爲坎。坎外皆蒺藜。士馬甚盛。輔購死士爲雲梯。夜蟻附而上。賊列象陣以拒。輔夙具繪獅蒙馬而衝之。象皆股栗退走。矢石盡發。呼聲動天地。賊大潰。
丁酉。起復左僉都御史趙羾。
張輔循富良江搗東都。黎季犛急焚其宮室。遁入海。東都卽交州。
戊戌。趙王高燧入朝。
己亥。置木魯罕山衞。女直野人。
癸卯。左右參將豐城侯李彬雲陽伯陳旭下西都。都督黃中等屢敗賊生厥江。潭舍江。於是三江宣江洮江等州縣次第降。

乙巳。復右僉都御史俞士吉官。

己酉。除廣西戶絕田及桑棗茶租稅。

尙師哈立麻入朝奉天殿。初上欲躬勞之。尙書夏原吉言。宜示以君臣禮。上曰。卿欲韓愈耶。賜金銀鈔幣甚腆。

廣東按察使羅觀有罪下獄死。

貴州總兵官鎭遠侯顧成招諭合江等寨皆來歸。

辛亥。浡泥國娑羅國東王西王各入貢。

甌寧王允熙薨。懿文太子季子。建文帝封徐王。上改封敷惠王。二年改甌寧王。奉懿文之祀。一夕薨於火。年十六。諡哀簡。

談遷曰。懿文性惇大好行其德。遭家不造。餕同若敖。嗚呼天哉。孔融二子云。覆巢之下。寧有完卵。甌寧以火。梅殷以水。文皇帝深爲天下計。無及其私矣。

甲寅。哈密入貢。

兀良哈饑。請馬易米。厚酬之。

丁亥永樂五年

正月丙朔。張輔遣淸遠伯王友沐晟遣都指揮柳琮等渡注江。襲籌江柵。破之。又攻困牧山萬刦江普賴山。斬三萬七千三百九十級。餘賊潰。敵將胡杜聚舟盤灘江。使南策降人陳封擊敗之。杜走悶海口。因降諒江東潮等

己未。都察院右都御史吳中改工部尙書。刑部右侍郎李慶改左副都御史。

庚申。旌旗手衞千戶張儀弟信孝行。嘗刲肝愈母疾。授尙寶司丞。
壬戌。平江伯陳瑄都督僉事宣信總督海運。
甲子。敕張輔等。聞破賊多得糧。可停廣西轉餉。如在塗。卽道貯之。
丁巳。上南郊。
戊辰。置喜樂溫河木陽河哈蘭城可令河兀的河阿古河撒只剌河依木河亦文山木蘭河阿資河甫里河十二衞。女直野人。
己巳。立五臺山寺塔。
初。張輔偵賊歷富良江。距交州下流二十餘里。黎季犛子澄等出黃江。屯兵木丸江。沐晟及參將豐城侯李彬自富良江進魯江。賊五百艘犯我軍。逆戰大敗之。斬萬餘級。
辛未。浙直私剃僧請度牒者千八百餘人。悉戍遼東甘肅。
壬申。潛江王貴炖薨。七歲。
白嶼洋僞都總管林來等來歸。隸籍潮州。
癸酉。衢州知府郭敦武進知縣朱仲安攸縣知縣王處敬爲監察御史。
甲戌。賜尙師哈立麻儀仗視諸王。
乙亥。安鄉伯張興卒。興壽州人。自行伍歷燕山左護衞指揮僉事。從靖難敢戰。封
丙子。設鎭南長官司。隸施州衞。
涿州等縣水災。蠲五萬二千三十石有奇。
丁丑。置朶兒必河衞。女直野人。

晉王濟熺宮中火。

己卯。賜陝西都指揮僉事朵兒只寧夏都指揮僉事鐵住姓名柴克恭。

置納木河甫門河二衞。女直野人。

壬午。罷軍民伐木。

二月丙戌朔。置哥吉河野木河納剌吉河亦里剌河答剌河五衞。女直野人。

張輔遣南策人莫邃等招諭郡縣。俾官民復業。訪求陳氏後。

庚寅。尚師哈立麻建齋靈谷寺。厚賜有差。

敕廣西總兵官都督同知韓觀等移勦柳潯諸蠻。

翰林學士兼右春坊大學士解縉降廣西布政司右參議。左春坊左中允尹昌隆改禮部主事。初討安南。縉力言交趾古羈縻國。不足郡縣。上不懌。頃之廷試讀卷。謂不公。故左遷。

辛卯。夜大星出天廚。光青白。流至近濁。

壬辰。虎賁士百餘人奉遣掠民財。治之如律。

夜。月犯井宿。

癸巳。敕張輔等訪安南才德賢智之士。

戊戌。朵顏衞頭目把禿來朝。乞省母北京。許僦居。

甲辰。夜月犯天江中星。

丙午。復設五峯石寶長官司。隸湖廣都司。

丁未。娑羅國入貢。

癸丑。置阿剌山隨滿河撒禿河忽蘭山古魯渾山五衞。

夜。大赤星自午宿行至游氣中。

甲寅。眞定保定水災。蠲租三萬二千三百十五石。

三月[illegible]朔。丙辰。博興訓導楊吏爲廣西道監察御史。

復設東鄉五路安撫司。隸施南宣撫司。

琉球國山南王汪應祖入貢。

丁巳。封尚師哈立麻爲萬行具足十方最勝圓覺妙智慧善普應佑國演敎如來大寶法王西天大善自在佛。領天下釋敎。賜印誥。其徒封大國師各有差。賜印誥金幣。宴奉天殿。時賜賚亡算。翰林侍讀李繼鼎曰。彼神通。當能漢語。何待譯。其敎人誦唵嘛呢叭𠺗吽。乃俺把你哄也。

黃瑜曰。東井陳先生宣之政爲雲南憲副。嘗見西番僧至滇。遇旱。能入海擒龍歸鉢中。以劍擬之。輒雷電而雨。足履礶石。深入數寸。既去則鞋跡存焉。呪六畜生者輒死。復呪之則死者再生。此元人所以尊信加帝師號至於皇天之下。一人之上。蓋懾其邪術故也。書曰。三危既宅。三苗丕敍。以南蠻蔽西戎。今肅州地也。又曰。織皮崑崙析支渠搜西戎卽敍。崑崙今西番有崑崙山在焉。析支卽今西番有析支水存焉。渠搜卽河套東南有渠搜縣故城在焉。三國皆以織皮爲貢。卽夾云者。以夾相聯。使屏蔽北狄也。文皇帝崇禮西番尚師。徧爲建寺。蓋有意於此。惜乎無以唐虞故跡告之也。

庚申。駙馬都尉胡觀以黨李景隆劾下獄。

辛酉。設四川馬剌長官司。

甲子。四川大木一夕自山浮出於江。工部尙書宋禮以聞。賜名神木山。遣祭勒碑。

征夷將軍張輔馳上安南軍民降表言陳氏殲盡乞復古郡縣。
丁卯。夜大星光青白出天市東垣行入天津。
己巳。置考郎兀亦速里河二衛。女直野人。
設雜谷安撫司達思蠻寨長官司。
庚午。哈密忠順王脫脫貢馬。諭其忠孝。
築東昌潰隄。
夜。月犯房宿。
辛未。敕陝西都指揮僉事劉昭何銘等往西番朵甘烏思藏等處設立站。撫安軍民。
壬申。守衛官誦經皇城下不輟。上召責之。
癸酉。選國子生蔣禮等三十八人隸翰林譯書。仍許鄉試。
誅禮部右侍郎戚存心存心先泄機密宥之至是上夜御右順門。急召禮部官。命至邸。滅燭就邸。上久待不至。還奏得實。誅之。
戊寅。新淦訓導吳嘉靖爲左春坊左中允大冶知縣于賢爲廣西道監察御史。
己卯。趙王高燧還北京。
置野兒定河卜魯丹河二衛。女直野人。
庚辰。夜大星光青白。自天廟行至近濁。二小星隨之。
辛巳。改上林署爲上林苑監。兼用中官。
張輔沐晟等敗黎季犛於富良江。初追賊膠水縣之悶海口。地下溼不可屯。乃陽還師鹹子關。築堡。俾都督僉事柳升守之。賊果來躡。輔等回軍。値於富良江。賊舟亙十餘里。又精卒數萬陸戰。我夾擊。大敗之。斬數萬級。江水爲赤。長驅至黃江。抵悶海口。季犛等潛遁。僞吏部尙書范元覽大理寺卿阮飛卿等皆降。

夜。大星自天市東垣行至近濁。

甲申。詔北京夏稅及赦前租稅課程悉輸鈔。

四月乙酉朔。丙戌。興平王尙炳永壽王尙灶來朝。

平陽王濟熿來朝。上以祖訓入朝長至幼嫡先庶。今非序非召。卻之。

緬甸土官那羅塔等。以行人張洪等宣諭。貢方物謝罪。

戊子。行人李克讓爲四川道監察御史。

辛卯。皇長孫出閣就學。太子少師姚廣孝翰林待詔魯瑄鄭禮等直講。

甲午。前禮部儀制郎中兼右春坊右贊善李繼鼎侍皇長孫。仍右贊善。

勅寧夏總兵官左都督何福。比內使林淸擅索兵數。爾遽示之。何也。自今愼之愼之。

增置各省按察僉事管屯糧。

乙未。順陽王有烜來朝。

琉球國中山王世子思紹入貢。

右僉都御史史仲成憂去。

丁酉。寧世子磐烒代世子遜㷆來朝。

別失八里國入貢。請兵服撒馬兒罕。諭止之。

哈剌火州王子哈散土魯番萬戶賽因帖木兒柳陳城萬戶瓦赤剌等俱入貢。

戊戌。敕甘肅總兵官西寧侯宋晟軍士潛出境。留居別失八里哈剌火州泄事。其嚴加約束。

庚子。朝鮮入貢。

後軍都督僉事曹遠卒。定遠人。

丙午。夜大星自庫樓南行至雲中。

戊申。復設忠路忠孝金峒三安撫司。隸湖廣施州衞。

陳士元曰。予祉友尹惟一宰建始時。悉究施衞事。嘗爲予言。施夷性悍黠。設衞羈縻。不純以法繩也。諸土司初奉衞官惴惴惟謹。而衞官貪賄敗度。乃令諸土司桀驁。輕視衞官不爲意。或議宜增設府制。如馬湖故事。復清江建始爲屬邑。仍置南坪堡統於衞。其倔强豪酋即立爲千總。而責以事任焉。衞官惟理戎務耳。賦徭訟獄。皆主於郡。郡分尊而職專。選有才望者爲之經略。數年自潛消土酋之驕恣。而邊民賴以久安矣。

給霸州密雲曲陽等粟豆萬八千三百九十石爲農種。

己酉。都指揮僉事郭義爲中軍右都督。

賑順天河間保定饑民。

庚戌。設西山陽峒蠻夷長官司。隸思州。

雲南八百大甸軍民宣慰使刀招散貢方物及金銀器謝罪。受之。

五月鉀朔。乙卯。徙平陽澤潞登萊民五千戶實上林苑。

辛酉。武昌僧求修觀音閣祝釐。不許。

甲子。開平衞卒蔣文霆言。物料非土產者勿取。旌表節義。當從公。上從之。

征南兵獲黎季犛等。安南平。初張輔等次演州。偵季犛走乂安之深江。乃自陸進。都督僉事柳升以舟進。沐晟等循擧厥江至日南州奇羅海口。大敗之。得舟三百。輔等追之。永定衛。卒王柴胡等七人擒季犛及子澄等。

乙丑。安南人武如卿等於永盎海口望高山獲大虞國太上皇帝黎蒼僞太子黎芮梁王黎澂柱國東山鄉侯胡杜等。

夜。月犯東咸星。

丙寅。遣諭瓦剌馬哈木等。時聞虜廢鬼力赤。立本雅失里。

戊辰。大星出紫微蕃內。行至游氣中。

己巳。上幸靈谷寺。

庚午。設赤溪南洞長官司。隸思州。

辛未。河南饑。有司匿不以聞。悉下刑部。亟賑之。

壬申。夜。大星出郎位。行至游氣。

甲戌。還安南人補大軍。

己卯。日本入貢。並獻倭寇道金等。上敕勞之。

復工部左侍郎張本右侍郎甄庸官。

辛巳。右僉都御史俞士吉巡視浙江民瘼。還上聖孝瑞應頌。以諛詞擲還之。

壬午。福建都指揮僉事張豫坐頓置番國方物不如法。戍安南。

六月楑朔。詔平安南。

安南陳氏已絕。設交趾都指揮司。都督僉事呂毅署司事。黃中副之。工部尚書黃福兼署布政按察二司。前工部侍郎張顯宗福建右參政王平爲左右布政使。前河南左右參政劉本劉昱爲左右參政。前江西按察使周觀政降人裴伯耆爲左右參議。前河南按察使阮友彰按察副使楊直爲按察副使。前太平知府劉有年爲按察僉事。府十有五。交州北江諒江三江建平新安建昌奉化清化鎮蠻諒山新平演州乂安順化。州四十七。縣百五十七。得人民三百二十二萬有奇。蠻人二百八萬七千有奇。粟千三百六十萬石。畜產二十三萬五千九百有奇。舟八千六百七十七艘。兵器二百五十三萬九千有奇。立交阯鹽課提舉司。改雞陵關爲鎮夷關。

談遷曰。交南用兵。自兩漢後無全利矣。蓋夷性獷悍。叛服不恆。文皇帝力求陳氏後。興滅繼絕。德意甚盛。而莫遂等猥云血胤澌盡。果凶德參夷之極。或仰窺風旨。欲以示漢大也。噫。土人戀主。如越鳥代馬。其性難移。大軍甫旋。陳季擴竊王郎之號。煽誘荒裔。雖狡僞速禍。而求其不侵不叛。安若覆盂。則招攜以禮。懷遠以德。尤所當講也。

大理寺卿陳洽改吏部左侍郎。給符驗二千道。銓選交阯官吏。

丁亥。安陸衛指揮僉事劉震爲交阯都指揮僉事。

戊子。治北京祀典神祇壇及祭器樂器。

己丑。山陽人丁珏訐鄉人誹謗者。上才之。授刑科給事中。

庚寅。都督同知朱崇都督僉事冀英鎮守浙江。

設德州左衛。

辛卯。禮部右侍郎趙羾爲尚書。

壬辰。命指揮徐佑周鼎劉綱選湖廣廣東貴州壯士三萬。同錦衣衛指揮程遠。期十月朔會廣西韓觀兵勦柳潯蠻。

癸巳。設交阯交州左右中前等衛。昌江衛。丘溫衛。市橋隘留關二守禦千戶所。

乙未。敕張輔移兵會廣西韓觀勦蠻。

翰林侍讀學士王達卒。達字達善。無錫人。自大同訓導私謁燕邸。進國子助教翰林編修。工詩文。性謙冲恭愼。上問建文帝云何。曰。可爲善。第輔導悞之耳。年六十五。

庚子。昨歲命內使李進採山西天花菜。至是進又矯旨往。遣御史鞫治。

壬寅。駙馬都尉宋琥省西寧侯晟於甘肅。

令雲南各學皆行釋奠禮。

癸卯。徵交趾人才。

兵科給事中傅安郭驥等還自撒馬兒罕。初洪武二十八年使撒馬兒罕。被留十三年。至是頭目哈里歸之。同行御史姚臣太監劉惟俱沒。官軍千五百人。生還僅十七人。改禮科給事中。哈里。元帖木兒駙馬孫也。

丙午。設濟寧衞。增徐州中左中右二千戶所。

夜。月犯火星。

庚戌。左通政趙居任修築杭州江隄。

辛亥。柳州自正月不雨。命戶部馳視之。

七月壬子朔。命甘肅總兵官宋晟選千人或五百赴哈密助忠順王脫脫。

癸丑。甘肅總兵官西寧侯宋晟卒。晟字景暘。定遠人。從太祖起兵。歷中軍都督僉事。鎮涼州。建文初。徙鎮河西。上卽位。拜後軍左都督。鎮守如故。威信素著。虜大酋多來歸。得封。子三。瑄。禦靖難兵。戰沒靈璧。琥。尚安成公主。瑛。尚咸寧公主。

夜。金星犯右執法。

乙卯。皇后徐氏崩。后中山王長女。仁明賢淑。漢馬氏唐長孫氏之流也。年四十六。

戊午。夜大星自五車旁行至游氣。

兗州蝗。

甲子。夜火星犯木。

乙丑。山西左參政王彰爲禮部右侍郎。

丁卯。駙馬都尉宋琥爲平羌將軍總兵官鎭守甘肅。

河決河南。傷稼。

戊辰。浙江左參議左獻爲刑部右侍郎。

庚午。國子生劉安石璞陳瓚秦茂王會李旭戈定遠爲監察御史。

癸酉。夜火星犯諸王西星。

甲戌。朝鮮入貢。

乙亥。有牧卒告人呪死其馬。上以誣詞斥之。

丙子。立神樂觀醴泉碑。

戊寅。兵部右侍郎兼少詹事墨麟卒。麟高陵人。入太學。拜御史。尚嚴刻。刖糧長之無辜者。進北平按察副使。靖難時城守功進侍郎。晚厲足如刖。洵冥報矣。

己卯。山東布政司左參政郭璡爲工部右侍郎。

辛巳。徐欽嗣魏國公。輝祖長子。

八月任朔乙酉。敕寧夏總兵官右軍左都督何福往鎭甘肅。

令駙馬都尉宋琥還喪京師。

己丑。夜大赤星有光自天桴行至雲中。

癸巳。老人星見。

丙申。太白晝見。

戊戌。夜月犯外屏西星。

張輔遣游擊將軍都指揮同知朱廣鷹揚將軍都指揮僉事方政會都督韓觀勦廣西叛蠻。

己亥。占城國王占巴的賴奏復安南侵地獻俘。上嘉納之。

夜。金星犯氐宿。

庚子。錄囚貸輕罪。

辛丑。夜大星自雲中流東南。

甲辰。大霖雨。壞北京永平山海保定城垣。

己酉。四川布政司右參政宋性爲北京刑部右侍郎。

夜。火星犯司怪。

庚戌。止郡縣父老進香。

前軍都督僉事高士文討廣源餘寇。連戰中砲死。都指揮程瑒兵繼至盡平之。士文善騎射。自小校授燕山左護衛百戶。靖難時每戰先登。

夜。大星光燭地。自五車流入紫微西蕃。至鈎陳。

九月辛亥朔。壬子。太監鄭和還自西洋。械獻舊港海賊陳祖義。蓋詐降襲我。幸先備。擊殺五千餘人。執祖義至京。伏誅。
蘇門答剌國古里國滿剌加國小阿蘭國阿魯國入貢。
夜。大星光青白自紫微西蕃行至雲中。
癸丑。夜金星犯東咸。
甲寅。國子生李琳爲山東道監察御史。
乙卯。安南獻俘僞大虞國上皇黎季犛僞皇帝黎蒼僞衞王黎澄僞梁王黎漵僞新興郡王黎汢僞太子黎芮等二十五人。上廷責季犛父子。頓首謝罪下獄。赦其子孫給衣廩。
丙辰。賞獻俘將士都督僉事柳升横海將軍都指揮魯麟等。
丁巳。開浦城縣銀冶。
戊午。舊港頭目施進卿入貢特授舊港宣慰司使賜印誥。
庚申。朝鮮入貢。
癸酉。張輔送交趾工匠七千七百人至京。
瓜哇國西王都馬板入貢謝罪。初西王攻滅東王。及朝使過東王城。被殺我軍七百十人。至是懼甚。上責輸黄金六萬兩。
丙子。太監王貴通賫敕勞占城國王占巴的賴。
夜。大星自文昌行入北斗魁
十月辟朔交趾甘潤祖等十一人舉明經悉授諒江等府同知。上作詩勉之。
癸未。夜金星犯南斗魁。

丙戌。有守衞卒乞省母疾。上曰。何不早言。曰。昨告守衞官。不聽。上怒。斥守衞官戍邊。
丁亥。張輔等訪舉交趾文武才藝之士九十人。命給綿衣靴襪入京。
夜。大星光靑白燭地。自雲中行至近濁。
戊子。敕責老撾宣慰使刀線歹助黎季犛兵象。
己丑。諭刑部尙書呂震。凡戍邊各從南北風土所宜。聞北人苦炎瘴。其改佃北京。全活之。
辛卯。紹興人告鄉人居室踰制。上曰。江南少兵革。多宋元故居。何可概罪。令巡按御史驗之。
壬辰。遣諭兀良哈三衞。
甲午。冊謚大行皇后曰仁孝皇后。
丙申。高平王濟燁來朝。進羊馬。
夜。月食。
戊戌。增設北京苑馬寺二十四苑。
夜。月犯東井。
辛丑。暹羅入貢。初占城貢舟風漂至彭亨國。暹羅掠而留之。又奪蘇門答剌國滿剌加國所賜印誥。事聞。敕諭其國王昭祿羣膺哆囉諦剌。
夜。月犯軒轅。
癸卯。追贈安南陳氏子孫七人參政參議等官。俱黎賊所害。
夜。月在太微垣。犯內屏。
乙巳。夜。大星出內屏。行入北斗杓。

丙午。鎮守儀眞都督譚靑不法被劾。上宥而責之。

丁未。命右副都御史劉觀遣還山西採木之卒。俟明春至。

右通政楊泰爲北京刑部右侍郎。

廣西柳潯等叛蠻悉平。

己酉。夜大星有光。出卷舌西北行。至游氣。

庚戌。韓王松薨於京。王機辨通今古。恭謹無過。謚曰憲。葬安德門外。

十一月辛亥朔。敕張輔班師。

冒起宗曰。成祖之貸胡查至矣。查不悟。卒以滅亡。蠢爾蠻方。大邦爲仇。其謂是與。乃老撾達天平之奏。比及平交。又佐黎逆。何始終之背也。君子曰。夷獠譎詐不足馮也。陰柔反復。不足誅也。雷霆之擊。討大山海之藏。宥小。斯帝王之量然哉。

右春坊右庶子兼翰林侍讀胡廣爲翰林學士兼左春坊大學士。□庶子兼翰林侍讀黃淮爲右春坊大學士。仍兼侍讀。右諭德兼翰林侍讀楊榮爲右庶子。侍講兼左中允楊士奇爲左諭德。侍講金幼孜爲右諭德。皆仍兼侍講。侍講鄒緝兼左中允。修撰曾棨林環進侍講。修撰梁潛兼右贊善。檢討沈度庶吉士彭汝器王直余鼎王英羅汝敬爲修撰。令吏部廣等侍朕久。勿改外。

夜。金星犯十二諸侯國秦星。

癸丑。頒仁孝皇后勸善書。

河決湯陰。免今年田租。

甲寅。山海衞都指揮同知費瓛爲後軍都督僉事。

乙卯。工部左侍郎張本上章愥右侍郎被劾。命卽右之。

己未。高平王濟熚薨。年二十九。諡懷簡。

逮河南按察副使夏禮裴璉僉事溫仲和黃友信下都察院獄。以巡按御史曹琰劾其畏巡歷。凡事輒委有司也。

談遷曰。祖宗時。分司不停轍。雖窮鄉僻邑。干旄時及。蓋舟車四馳。供帳簡約。如郵客然。民不告勞。晚季深居一城。事取遙決。耳目寄於銅墨。精神疲於案牘。或間出非常。勉一行部。郊迎宴遺。百牢九賓。蔑以加焉。頹風浸淫。安得以文皇帝之三尺策其末流哉。

乙丑。頒仁孝皇后內訓於羣臣。

彗星見。

太子少師姚廣孝等輯文獻大成二萬二千二百十一卷。更名永樂大典。上自序之。

丙寅。給趙王歲祿萬石。

設三江淸化乂安新平順化五衞演州南靖二守禦千戶所。

前軍都督僉事皮勇卒。蕭縣人。

丁卯。夜。月犯鬼宿。

戊辰。設通州左衞。立倉貯漕粟。

右軍都督僉事柴秉誠卒。降胡倫都兒灰居涼州。

己巳。廣西布政司右參議吳翔往龍州。受民賂。東宮下之都察院獄。

庚午。夜。大星出南河。行至游氣。

十二月䞍朔。夜。大星光青白。自丈人星南行至近濁。

甲申。朝鮮貢馬三千匹。

己丑。設交州後衞鎮夷諒山二衞。增守禦千戶所十有五。

壬辰。置喜剌烏衞。野人。

甲午。頒高皇帝戒諭功臣鐵榜及敕旨於武臣。

丙申。虜阿魯台遣使來朝。

夜。月犯軒轅。

甲辰。中軍都督李諒致仕。

乙巳。通山王孟㷂來朝。

丙午。夜。大星光青白。出游氣中。行至近濁。三小星隨之。

戊申。錢塘吳登爲禮科給事中。

戊子永樂六年

正月䡌朔。皇后喪。免朝賀。

朝鮮世子李禔來朝。

夜。水星犯壘壁陣東星。

丁巳。岷王楩慢侮不悛。削護衞。罷長史審理等官。

辛酉。上南郊。

壬戌。夜。月犯鬼宿。

甲子。太監王安等使別失八里國。時鴻臚寺丞劉帖木兒不花等使迤西。言本雅失里走撒馬兒罕。已走別失八里。今虜迎立之。遂遣使覘虜。

開犍爲縣鹽井。

乙丑。右軍都督僉事馬榮轉漕北京。

丙寅。夜。月犯太微東垣上相星。

丁卯。夜。月犯亢宿。

戊辰。設交趾雲屯市舶提舉司。

庚午。設堪步長官司。隸雲南都司。

甲戌。趙王高燧始奔喪。

置禿都河寶山忽里吉山列門河莫溫河阮里河察刺禿山嘔罕河八衞。女直野人。

丙子。李褆辭歸。上詩賜之。

二月𨑳朔壬午。趙王還北京。

夜。火星犯司怪。

癸未。敕武城侯王聰同安侯火眞領騎備宣府。

丁亥。命廣東海運米二十萬石於交趾。

己丑。裁交趾附郭縣。俾知州理民事。如內地。

癸巳。夜。水星犯壘壁陣。

甲午。遣祭别失八里國王沙迷查干。時弟馬哈麻嗣。

乙未。後軍都督僉事王端都指揮同知林泉都指揮僉事牛諒俱運木貪淫被劾。下錦衣衛獄。謫端開平。

丙申。增交州中右前三衛。

置弗朵秃河斡蘭河薛列河希灘河克默而河阿眞河兀里奚山撒叉河阿者迷河木忽剌河欽眞河童寬山十二衞。女直野人。

庚子。刑部郎中吳盛爲右侍郎。

壬寅。浙江都指揮使孫成奏對不實。謫戍邊。

癸卯。交州知府阮均爲北京刑部左侍郎。建昌知府同彥翊演州府同知黎思凱爲右侍郎。

夜大星光青白自亢宿南入庫樓。

甲辰。武康伯徐理卒。西平人。鸞州中護衞指揮僉事。從靖難。

太白晝見。

丙午。都指揮費義爲前軍都督僉事。

丁未。免北京積逋。

己酉。工部司務張儼進士邵玘殷旦李玉韓瑜爲監察御史。

諭功臣子弟習騎射。如試不中。戍本衞三年。又不中。戍邊。

平江伯陳瑄總海運。前軍都督僉事宣信副之。

三月戊辰朔。癸丑。寧陽伯陳懋鎮守寧夏。

乙卯。免河南山東山西逋租。

丙辰。有言肅王楧不法。上敕讓之。逮其僉人朱典及長史至京。

戊午。常寧公主薨年二十三。嫁駙馬都尉沐昕。

己未。賑來安舒城饑民米萬七千九百四十石。

庚申。雲南按察使周新改浙江。

趙府教授王玭國子生回謙張翼爲監察御史。

定交阯賦稅務從輕省。

辛酉。遣諭虜本雅失里曰。近聞鬼力赤迎爾北行。朕計鬼力赤與乜孫台爲肺腑親。爾與之勢不兩立。爾元六代相傳無一善終。爾保身亦復何易。爾元之宗嫡能幡然來歸。朕且加之封爵。

忽的河法胡河卓兒河海剌河等女直野人頭目哈剌等入朝。地併入建州衞。

夜。月犯太微東垣上相星。

壬戌。賑麗江軍民府饑。

癸亥。巡按福建御史趙昇奏柏生華。上敕責之。

丙寅。甘肅總兵官左都督何福求協守。敕曰。汝慮久掌蕃漢兵。勢重生讒耶。老將也。朕推誠相倚。

丁卯。置兀魯罕河答罕山木興河益實者帖列山乞忽剌魯牙魯友帖九衞女直野人。

己巳。召鎭守貴州鎭遠侯顧成還京。

術家言今歲多海風。敕鎭守遼東保定侯孟善。凡貢使至俱遵陸。

夜。木星犯諸王西星。

辛未。撫安江西□科給事中朱肇捕安福盜虐民。株逮三千三百人。上得狀。徵收下獄。

夜。大星出天廚行至游氣中。

乙亥。琉球國中山王思紹山南王汪應祖入貢。

丁丑。蘇揚二府言檜花之瑞。上敕責之。

戊寅。敕戒遼王植遣內人商販恣擾。

四月躬朔壬午。禮科給事中傅安往賜撒馬兒罕國王哈里綵幣。

癸未。設促兀散金二長官司。隸雲南都司。

乙酉。戶科右給事中陳敬宗爲廣西按察僉事。

黃岡教諭羅拱爲兵科給事中。

廣西布政司右參議解縉改交阯。淇國公丘福泄縉立儲語於漢府高煦。高煦大恨。禮部尙書李至剛奏縉怨望。故改交阯督餉化州。

丙戌。楚王楨私遣內使市馬雲南。恣肆犯法。上敕王自治之。

戊子。夜木星犯諸王星。

己丑。夜月犯進賢星。

辛卯。永壽王尙炌來朝。

除濟南及寧遠潮陽荒租。

夜。火星犯鬼宿。

甲午。夜木星犯諸王東第一星。

丙申。賑獻縣饑粟千五百七十石。

庚子。如來大寶法王哈立麻辭歸。遣中官護行。

談遷曰。西僧善幻。文皇深信之。或曰。尙師卽帝師也。史臣諱之耳。而太祖實錄中亦稱尙師。豈猶沿元制。果有所諱乎。

丙午。孝感主簿王佐。國子生孫儼王增朱應祖孫嵩。儒士項民彝。俱爲監察御史。

戊申。都指揮使薛貴爲中軍都督僉事。鎭守貴州。

鎭遠侯顧成入朝。上慰勞之。賜金鈔文綺。尋還鎭。

五月己酉朔。庚戌。肅王楧上章引咎。祈免朱典等。上不許。

癸丑。日本國王源道義入貢。獻所獲海寇。上厚賜之。

甲寅。設遼東自在安樂二州。卽自在快活二城。

乙卯。福建按察副使盧文達有罪。戍邊。

丙辰。夜。大星赤光燭地。出狗國。東南行入游氣。二小星隨之。

戊午。瀋安唐郢伊魯六王將之國。命戶部各歲給千石。免其護衞屯田三年。

談遷曰。趙王萬石。瀋安唐郢伊魯則千石。漢明帝有言。吾子曷敢與先帝子並。惜無以是告文皇者。

庚申。夜。月犯東咸星。

辛酉。通政司□參議賀銀坐欺罔劾免。

夜。月犯天罡星。

壬戌。夜。京師地震。

癸亥。詔悉赦交阯餘孽。使各復業。

戊辰。靖江王贊儀薨。

壬申。留守中衞經歷徐隆右衞經歷宋興爲監察御史。

乙亥。靑州蝗。遣官捕之。

六月賊朔。庚辰。停北京諸郡買辦。招流民。免賦役三年。

辛巳。禁軍民子弟僮奴冒爲僧。並父兄罪之。令輸作。

壬午。陝西漳縣雨雹大水。

甲申。改潼關衞隸北京行後府。

夜。金星犯諸王星。

丁亥。命戶部尚書夏原吉自南京抵北京。緣河巡視軍民運木造磚。

征夷將軍新城侯張輔左副將軍西平侯沐晟等班師至京。上交趾地圖。設十衞。二千戶所。十五府。四十一州。二百八縣。上嘉勞之。

翰林院庶吉士沈升上五事。曰整飭各衞武備。曰預選精銳充扈從。曰移鄉村倉廩於城。委老人及溫室守視。曰選經明行修之士充敎官。曰鄉試務精選實學。上採用之。

夜。月犯房宿。

庚寅。右春坊右庶子兼翰林侍講楊榮憂去。

壬辰。諒江知府莫邃爲交趾布政司左參議。初邃忿黎氏。募士兵萬餘人助討有功。兄弟適遵迪遠。並授知府指揮鹽運使官。邃後陣沒。子嵩嗣職。陷黎氏。遇害。登庸冒邃爲曾祖。云嵩生萍。萍生登庸。

丙申。欽天監占外夷侵邊。於是敕趙王及總兵甘肅何福寧夏陳懋廣西韓觀交趾呂毅大同吳高等各飭邊備。

夜。金木二星犯井宿。

己亥。太監王安馳奏。本雅失里自別失八里北行。遣人伺哈密被留。上敕忠順王脫脫送其人於何總兵福。

庚子。吏部左侍郎兼左春坊左贊善許思溫卒於獄。思溫自國子生署刑部主事。歷遷監察御史。降揭陽知縣。未上。還前任。薦擢北平按察副使。值靖難城守功。超任。上卽位。拜吏左。已兼左贊善。時漢趙二邸相繼伺東宮中之。下獄瘐死。年四十三。有才略。尤長兵事。死未悉寃。人俱惜之。洪熙初。贈行在吏部尚書。

夜。大星自天槍行入右攝提。

辛丑。禮部尚書鄭賜卒。賜建寧人。洪武乙丑進士。授御史。歷湖廣北平左參議。建文中。拜工部尚書。督軍河南。上卽位。詰賜。對曰。亦盡臣職耳。釋之。改刑部。和厚易直。而同官數短之。益疑畏。至疾猶不敢休沐。上閔之。諭祭。洪熙初。贈太子少師。謚文安。

壬寅。鎭守貴州鎭遠侯顧成勦橫州叛蠻。

甲辰。右副都御史劉觀爲禮部尚書。龍江左衞經歷王恕爲北京監察御史。

七月。

朾朔。楚世子孟烷來朝。

于闐滿剌加入貢。

遣內官把泰李達等諭八答黑商葛忒卽哈實哈兒等開道通旅。

戊申。夜。金星犯天罇西星。

己酉。夜。大星出天津西北行。至女牀。

辛亥。始吉服御奉天門。

魯王肇煇之國兗州。

夜。火星入太微垣右掖門。

癸丑。敍平南功。新城侯張輔進封英國公。西平侯沐晟進封黔國公。各世祿三千石。豐城侯李彬雲陽伯陳旭各增祿五百石。清遠伯王友進侯。世襲。都督僉事柳升封安遠伯。故都督僉事高士文贈建平伯。皆世襲。都督僉事朱榮進右都督。餘陞賞有差。

夜。大星出天桴。行入天紀。犯西稍星。

甲寅。賜兵部尙書劉儁。吏部左侍郎陳洽。工部主事黎添祿等金幣有差。

乙卯。罕賓襲木邦軍民宣慰使。罕的法子。

丙辰。設里麻長官司。隸雲南都司。

夜。火星犯太微垣右執法。

己未。山西都指揮同知魯麟從征交趾。有功。賞之。仍罪謫南丹。

辛酉。思明府大雨水。壞城舍人畜。

癸亥。國子司業趙季通改北京。

甲子。黔國公沐晟仍鎭雲南。

福建行都指揮僉事劉達受賕貸死。徵海捕倭。御史殷昶又受達賕。戍盧龍衞。

丙寅。浙江布政司右參政張春爲戶部右侍郎。

庚午。諸司庶務奉皇太子處分。稱令旨。

夜。大星出天苑。行入近濁。三小星隨之。

壬申。賜故朝鮮國王李旦謚康獻。禮部郎中林觀往祭。

談遷曰。李旦黎季犛之簒弑一也。在旦則謚。在季犛則討。袞鉞稍失其平矣。雖徇其子芳遠之請。然義無二命。遣祭可也。易名之典。少需之以俟論定。

癸酉。翰林學士王景卒。景字景彰。松陽人。洪武初。歷□□教諭。守□州。進山西右參政。謫雲南。建文中。改□□知縣。修實錄。憂去。起翰林侍講。從上進學士。博學善文翰。然不謹細故。與時多忤云。

是月。玉山永豐二縣疫。

八月丙子朔。定明年巡狩北京。議區畫。

遣諭大古刺宣慰使潑的那浪。時□科給事中周讓等使還。言潑的那浪攻奪底板孟倫八家塔三長官司。宜討。故敕諭之。

丁丑。周王橚進野蠶繭。

戊寅。歙縣知縣石啓宗卒。啓宗樂平人。由薦辟。廉謹平易。門無私請。尤善決訟。禳旱祛蝗。人甚德之。

己卯。浚浙江平陽縣支河。

辛巳。設北京會同館。

壬午。各屯田務從輕例。

癸未。翰林修撰李貫檢討王洪主試應天。

乙酉。交趾賊簡定鄧悉等作亂。定故仕陳氏。降我。例赴京。遂同陳希葛逃去。說鄧悉等起化州。推定。聚萬衆。益南合慈威蠻下大堂應平石宣等。遂稱大越上皇。改元興慶。希葛爲太保郡公。官軍不能制。詔發雲貴川兵四萬。拜黔國公沐晟征夷將軍征之。兵部尚書劉儁仍贊軍事。

丙戌。詔明年北巡。

丁亥。唐王桱之國南陽。郢王棟之國安陸。伊王㰘之國洛陽。

庚寅。武安縣雹。

壬辰。中官張原使暹羅。先是暹羅人孛黑隨貢使失風。流安南之乂安。被留。沐晟訪而歸之。

夜。大星光青白出閣道。行入紫微西蕃內。三小星隨之。

癸巳。召戶部尚書夏原吉還。

甲午。敕諭交趾叛人簡定等。

乙未。浡泥國王麻那惹加那乃率妃及弟妹男女來朝。遣中官迎勞。上親宴之奉天門。賜儀仗衣服。

丙申。增設甘肅苑馬寺各監苑。

己亥。起復光祿寺卿張泌。

九月柄朔。丁未。敕山東陝西遼東湖廣河南山西各都司。簡步騎扈從北巡。

輟工作。期明年祇役。

前禮部尚書兼左春坊大學士李至剛下獄。至是釋。降儀制司郎中。

戊申。國子生趙獻劉勤文獻宣順鮑在禮謝恭趙光倫滕宗智顧文遠余信商忠徐期王信周榮鄭道成均張敔劉弘道趙愼並爲監察御史。

己酉。潞州慶成王府改瀋王府。

部院多淹獄致死。上惻然。責尚書呂震等三日除大辟罪。餘盡決遣。

庚戌。前江西布政司左參政劉辰爲北京行部左侍郎。

甲寅。夜大星出外屏行入螣蛇旁。

辛酉。榜葛剌國王靄牙思丁入貢。

壬戌。翰林修撰吳溥爲國子司業。

泰興縣丞郝傳巖奉化敎諭陳山兗州訓導朱篪滕陽驛丞曾由正監生党忠爲吏科給事中。懷寧敎諭程昭安慶訓導蘇文進平峪典史李淸監生宋載裴宣爲戶科給事中。岷州衞敎授陳順親武義敎諭吳道光西安府照磨朱芾監生胡渙王成美爲禮科給事中。永寧縣丞黃旺京山敎諭丁鐸泰興訓導陳道桓監生周鎬蕭鼎李頫爲兵科給事中。戶部司務譚福吳江主簿陳敏大竹敎諭冉寧平山訓導武烈監生劉誠任憲爲刑科給事中。婺源敎諭樊敬監生劉泉胡進張用中白永年爲工科給事中。

癸亥。中書舍人芮善爲司經局洗馬。

乙丑。逮晉府紀善古紹先。以拒北巡詔不納。蓋迎詔具在祖訓。紀善有不知耶。

建昌撫州邵武建寧延平連年大疫。東宮遣官視災賑䘏。

丙寅。夜大星光靑白。出羽林軍。行至雲中。

丁卯。山東都指揮使吳庸爲後軍都督僉事。

己巳。夜大星出六諸王。東北行至近濁。

壬申。夜大星出壘壁陣。東行至近濁。

癸酉。太監鄭和復使古里滿剌加蘇門答剌阿魯加異勒瓜哇暹羅占城柯枝阿撥把丹小阿蘭南巫里甘巴里諸國。賜其王錦綺紗羅。

夜。大星光燭地。出太微西垣。入游氣。

甲戌。夜大星赤光出參宿。行入四瀆旁。

十月乙亥朔。占城貢象。

浡泥國王麻那惹加那乃卒於會同館。賜祭葬安德門外。謚恭順。

丙子。瓦剌馬哈木等遣使貢馬。

福建山西布政司右參政房安陳壽爲工部左侍郎。

廣東右布政使徐奇卒。奇浦城人。由監生擢戶科給事中。永樂初。進都給事中。頗佻薄。好訐人。及在嶺南。廉勤愛民。能改過矣。

己卯。修皇陵。

交趾太原宣化二州俱進府。

庚辰。工部左侍郎房安失奏對。降山東右參政。

夜。大星出天輦東南。色黃潤。出而不行。蓋周伯德星云。

辛卯。都督同知譚青劉江俱爲右都督。都督僉事冀英曹得薛貴曹隆陳亨朱廣方敬俱都督同知。都指揮使冀中梁福馬聚爲都督僉事。都指揮同知雷春李順俱指揮使

壬辰。禮部尚書劉觀請豫市藥療馬。上不聽。曰。牧馬得宜。自無疾。若需藥。豈不厲民也。

癸巳。肅王楧獻馬二千四。

安王楹之國平凉。

改順天稅課司爲都稅司。

甲午。交趾都指揮使張欽卒。欽巢人。以雲南右衛指揮使敗黎賊奇羅海口。部卒李保保生擒衛王黎澄。

丁酉。敕甘肅總兵官左都督何福曰。得奏欲取西平侯家善馬孳牧。太祖時。勳貴家皆令畜馬。蓋共享富貴之意。此舉其止勿言。

己亥。敕宣府備禦武城侯王聰同安侯火眞還北京。

庚子。豐城侯李彬充總兵官。都指揮江浩蔡斌副之。練緣江舟師。

壬寅。起復右春坊右庶子兼翰林侍講楊榮。

十一月乙巳朔。復陳灝楊祥監察御史。俱坐罪謫。

丁未。設陝西威虜鎭番二衞及鎭夷守禦千戶所。

戊申。遐旺襲封浡泥國王。還國。舊浡泥歲貢瓜哇片腦四十斤。求敕止之。

設乞塔河衞。女直野人。

己酉。瀋王模之國潞州。

甲寅。敕太子太師淇國公丘福吏部尚書兼詹事蹇義兵部尚書兼詹事金忠翰林學士兼左春坊大學士胡廣右春坊大學士兼翰林侍讀黄淮右庶子兼侍講楊榮左諭德兼侍講楊士奇右諭德兼侍講金幼孜司經局洗馬姚友直等輔導皇長孫。

夜。大星光青白。出氐宿。行至游氣。

丙辰。江西道監察御史于敬李賢爲左春坊左中允。宛平縣丞梁敏爲左贊善。山東道監察御史劉子春河南道監察御史韓守益爲右春坊右中允。行人邵昇爲湖廣按察使。

丁巳。法司論囚三百餘人。上恐有寃。令行人持節諭得自訴。又許讞釋二十餘人。

庚申。作皇陵祭器。

丁卯。日本入貢。

十二月戊甲朔。乙亥。免交阯有司官入朝。

丁丑。中官張謙行人周航護浡泥國王遐旺還國。封其鎮國山。立御製碑。

己卯。雲南孟艮府土知府刀交貢象及金銀器。禮部以嘗構兵侵鄰。欲卻之。上曰。往事不足責。

庚辰。敕諭北京官吏父老軍民。宜力本砥善。有冤抑朕至日悉許自陳。

瓜哇國西王都馬板貢黃金萬兩謝罪。禮部欲責其餘負。上曰。朕欲柔遠。豈利其金耶。餘免之。諭以敕。

眞臘暹羅入貢。

癸未。夜大星出參宿。行入南河旁。二小星隨之。

甲申。鑄行在府部院寺錦衣衛等印。內府尙膳等監兵仗等局鑄印隨駕。

都指揮使李龍指揮王雄領兵六千人往沙門島防倭。

乙酉。前湖廣右布政使儀智爲禮部左侍郎。山西右布政蔚綬爲戶部右侍郎。廣西祿州判官湯宗爲大理寺右寺丞。

丙戌。以晉王濟熺通市西番。賜烏思藏闡化王青錦等敕戒之。並責長史等官。

庚寅。進士陳智吳中爲監察御史。

日本國世子源義持告父源道義之喪。遣中官周全往祭。謚恭獻。復封義持日本國王。

辛卯。安遠伯柳升充總兵官。平江伯陳瑄副之。率舟師防倭。

癸巳。右軍都督僉事馬榮轉漕北京。

都督僉事吳允誠子答蘭柴秉誠子別力哥等請率騎兵巡邊自效。許之。時鬼力赤被弒。太師阿魯台立本雅失里爲可汗。

甲午蕪湖教諭陳琦爲廣西道監察御史。

都指揮使李達討西寧申藏簇番。

靈丘李文秀妻米氏一乳生三子。右僉都御史史仲成以聞。詔遣官賜米鈔。皆月給米五斗。十歲乃止。後俱入邑庠讀書。

丙申令教官考滿。吏部拔其才識者。辦事六科一年始甄用。

丁酉交趾總兵官黔國公沐晟討賊簡定。戰於生厥江敗績。都督僉事項城呂毅兵部尚書江陵劉儁交趾布政司左參政武城劉昱皆死之。毅濟陽衛百戶。從靖難。沈深有勇略。深入陷陣死。儁洪武乙丑進士。授兵部主事。歷左侍郎。建文時侍中。縝密有智數。善應變。至是軍敗被執自經。

戊戌豐城侯李彬充總兵官。都督費瓛副之。自淮安沙門島緣海防倭。

都指揮羅文充總兵官。指揮李敬副之。自蘇抵浙緣海防倭。如値豐城侯聽節制。

己亥興平王尚炌來朝。

禮部尙書劉觀刑部尙書呂震易任。戶部右侍郎蔚綬改禮部。

庚子都指揮姜淸張眞充總兵官。指揮李珪楊衍副之。往廣東福建防倭。如値豐城侯聽節制。

是歲罷浙江溫處銀鉛坑冶。

始設兗馬府通判州判官縣主簿。

己丑永樂七年

正月𠩺朔。外官來朝。

丙午。入覲官陛辭。上諭之。

己酉。大星出柳宿行至游氣。

庚戌。山東道監察御史何晟陪祀鳳陽皇陵。行御道。入殿狎玩。大不敬。棄市。

辛亥。嚴邊關茶禁。國初番入上馬給茶八十斤。中馬六十斤。下馬四十斤。及上遞增其數。碉門茶馬司用茶八萬三千五十斤。止易羸馬七十四。故嚴之。

右春坊右庶子兼翰林侍講楊榮母喪。陛辭。命起服扈從。

壬子。倭犯東海千戶所。

癸丑。元宵節。賜假十日。張燈弛夜禁。著爲令。

甲寅。諭北巡所歷郡縣。止正官一人朝見。

乙卯。上南郊。

丙辰。皇孫瞻墺生。

戊午。涼州都督僉事吳允誠率騎同都指揮劉廣等覘虜於亦集乃。

甘肅總兵左都督何福鎮守寧夏。寧陽伯陳懋出塞哨虜。援吳答蘭等。

壬戌。朝鮮入貢。

癸亥。命翰林學士胡廣侍講楊榮金幼孜扈從。

甲子。平江伯陳瑄充總兵官。都督宣信副之。督北京餽運。

丙寅。命都督僉事馬榮率山東河南官軍衞河餽運。

庚午。交阯總兵官沐晟求濟師。命英國公張輔總兵往。

辛未。交阯左布政使張顯宗卒。顯宗寧化人。洪武□□進士。授翰林編修。歷國子祭酒。建文中工部侍郎。坐事免。交阯平。起官。反側未安。勞來撫綏。民皆德之。

二月艸朔。敕皇太子監國。示聖學心法書四卷。君道。臣道。父道。子道。仍梓行之。

夜。大星出左旗旁。行至雲中。五小星隨之。

乙亥。命禮部遣使于經蹕存問高年。年八十以上。賜肉五斤。酒三斗。九十以上。加帛一。

滿剌加國入貢。

丙子。起致仕長沙知府劉彥才等九十二人分署各郡縣。

榜葛剌國入貢。

戊寅。諭右春坊大學士黃淮左諭德楊士奇盡心輔導。

己卯。册貴妃張氏。賢妃權氏。順妃任氏。昭容王氏。昭儀李氏。婕妤呂氏。美人崔氏。張氏河間忠武王女。王氏蘇人。餘皆朝鮮。

河決陳州。

庚辰。泉州知府姚恕爲應天府尹。

國子生汪藻李節劉伯蘊金文英萬質史壽署六科給事中。

翰林侍講鄒緝左春坊左司直郎徐善述主禮闈。

辛巳。告北巡於郊廟社稷。

行在戶部尙書夏原吉兼行在禮工部都察院事。

鑄北京皇城四門銅符及夜巡銅牌。

壬午英國公張輔爲征虜副將軍總兵官。清遠侯王友副之。會征夷將軍黔國公沐晟討交阯叛寇。

上發京師。

癸未次滁州。

北京行部左侍郎康汝楫卒。汝楫武功人。官燕府長史司錄事。恭謹無失。遷安岳知縣有治績。上卽位來朝擢今官。上悼之。子爵授上林苑左監正。禮左監副。

丙戌夜。金星犯外屏。

丁亥。忠誠伯茹瑺卒於錦衣衞獄。瑺衡山人。入太學。授承敕郎。遷左通政。歷通政使右副都御史太子少保兼兵部尙書。建文中。改吏部。降河南布政使。尋復兵部事。上進封賜告還長沙。不朝谷王被劾頣繫。瑺惶懼仰藥死。瑺雍容凝重不妄言笑。太祖目以賢者。晚不自保。人皆惜之。

談遷曰。漢文帝修代來功。其後絳灌猶時見疑。茹瑺最太祖所信用也。雖忤黃太常子澄。有中州之行。然地偪勢嫌。何功而致此茅土乎。日者宜席藁辟轂。得爲布衣足矣。不是之圖。嚇其腐鼠。一下請室。生望已絕。史謂上將釋之。無幾聞其卒。甚惜之。蓋飾說也。瑺沒後。詰仰藥之繇。子銓坐殊死。男女沒入官。刑渥之凶。又何惜哉。

戊子。上次鳳陽。祭陵。遣祭祖陵。

己丑。遣祭靈璧陣亡將士。

庚寅。前右春坊右贊善兼翰林檢討王汝玉降典籍。以修禮書紊制。當戍邊。監國宥之。

癸巳。次徐州。親祀徐王墓。

戊戌。庶吉士王仲壽。進士杜春。大寧訓導朱敏。麗江府檢校楊修。國子生劉子輔張觀鄭璘劉保陳耘張睿王璹張善俱爲監察御史。

己亥。禮闈得貢士陳燧等九十五人。並肄太學。俟駕回廷對。

上至濟寧。魯王肇煇來朝。善爲容。上錫賚甚厚。又賜米千石。

壬寅。次東平。諭侍臣曰。漢東平王蒼對明帝爲善最樂。言可味也。

三月甲辰朔。望祭泰山。

丙午。廣東都指揮花英楊瑒前南征賄清遠伯王友迂道徑還欽州。事聞。免官。從南征自贖。

己酉。戶科都給事中胡濙出使道寶雞獲雙白雉。獻行在。

辛亥。次景州。望祭恒山。

乙卯。北京行後軍都督僉事平安自殺。安滁人。襲濟寧衞指揮僉事。洪武末擢右軍都督僉事。禦靖難。敢力戰。數有功。上固嫌之。至是語曰。平保兒（小字）。猶在乎。安聞之。引決。

丙辰。敕海運總兵官陳瑄等漕舟必會安遠伯柳升兵護送。勦倭寇。

召豐城侯李彬回京。

辛酉。汾州訓導張宗義衡山敎諭蘇玉宿遷訓導張瑛爲吏科給事中。興國訓導夏廷振儀封敎諭張萃爲戶科給事中。忻州訓導延瑁黄梅訓導王宣爲禮科給事中。平原訓導希文爲工科給事中。國子生王渥爲四川道監察御史。

太原地震。

壬戌。上至北京。御奉天殿受朝賀。

癸亥。大賚北京官吏軍民。

甲子。行在兵部左侍郎方賓爲尚書。

召文武大臣諸翰林從游萬歲山賜宴。

交阯進白象。

丙寅。釋北京囚戍止畿內者民來朝。

丁卯。置葛林把城札肥河忽石門札嶺木吉里哥吉河納剌吉忽兒海木東河好屯河十一衞。女直野人。

戊辰。都督僉事吳允誠等獻俘虜完都帖木兒等二十二人。進都督同知。

夜。大星出土司空旁行入天廟。

庚午。大宴文武羣臣及北京耆民。仍賜敕諭。

壬申。安遠伯柳升敗倭於青州之海中靈山。斬溺亡算。

四月醆朔。都督僉事吳允誠爲右軍都督同知。

丁丑。遣都指揮金塔卜歹禮科給事中郭驥賫書諭本雅失里。並賜其臣阿魯台馬兒哈咱脫火赤哈失帖木兒綵幣各四。

夜。大星出文昌行至游氣。

海盜阮瑤等寇欽州。擊敗之。獲二十七艘。

癸未。朝鮮琉球入貢。

甲申。進士陳勉林泰潛溟俱爲監察御史。

丙戌。編紫荆居庸古北喜峯董家山海六關出口勘合各百道驗放。

丁亥。召鎮守遼東保定侯孟善回京。

撒馬兒罕國入貢。

庚寅。上聞太子譴責刑部尙書劉觀。賜書曰。羣臣雖細故。勿遽折辱。亦不可偏聽。機務之重。稍有所忽。累德不細。

壬辰。趙王高燧侈費。歲止給米三百石。鈔千錠。

鎮守貴州鎮遠侯顧成好殺俘獲。上敕戒之曰。李廣殺降。禍貽子孫。卿鎮邊疆。必蠻夷懷服。其德渥矣。愼之愼之。

癸巳。置伏里其乞勒尼二衞。敷答河千戶所。奴兒干。

己亥。賜皇太子書。優容羣臣。勿任好惡。凡功臣犯罪。調發將士。須奏決。

閏四月螇朔。己酉。設奴兒干都指揮使司。東寧衞指揮康旺爲都指揮同知。千戶王肇舟等爲都指揮僉事。

甲寅。和州學正倪懷敏爲北京道監察御史。

乙卯。夜。大赤星出雲中。行至雲中。

丙辰。行在錄囚。

戊午。徙大同左右二護衞於定邊鎮朔。尋改大同左右二衞

己未。行在左副都御史李慶憂去。命起復。

甲子。安肅縣前雨雹。命免田租。

乙丑。新喩縣致仕大使敖如淵啓監國曰。細民安業。宜愼擇守令。按察司仍歲二月出巡郡縣。察其廉貪而去留之。監國納之。召如淵至。當署縣。特命署臨江府事。

丁卯。都指揮同知張勇嗣安鄉伯。張興姪。
設北京寶鈔提舉司。
夜。大星光青赤出侯星旁。行入天廟。二小星隨之。
戊辰。大理寺右評事王恪改廣東道監察御史。
庚午。設茂山衞。隸大寧都司。
五月甲申朔。召諭北京父老。
安邑縣敎諭白威言民饑苦科徵。其稅糧乞折收鈔帛。監國命停徵。罪縣官。進威安邑知縣。
甲戌。錢塘知縣黃信中。青田知縣謝子襄。開化知縣夏升。各爲杭州處州衢州知府。皆循吏考滿。邑人乞留。
丁丑。武城侯王聰同安侯火眞率三千騎練兵備宣府。
己卯。定山陵於昌平之黃土山。形家廖均卿所擇。上臨視。封曰天壽山。
癸未。都指揮使馬旺都指揮同知陳翼夏貴俱爲中軍都督同知。
甲申。輔國將軍贊傑卒。故靖江王守謙第七子。獨孝弟。
前湖廣按察僉事周鑄刑部郎中孟周俱爲監察御史。進士曹常爲北京道監察御史。
夜。大赤星出房宿西。行至雲中。
乙酉。改忽兒海衞爲弗提衞。
戊子。修安陸江隄。
己丑。罷四川採木軍各還家。
思南宣慰司敎授趙緯仍禮科給事中。

庚寅。山東道監察御史周幹爲左春坊左中允。

辛卯。置邊城調軍勘合。

壬辰。交阯總兵官英國公張輔等屯北江之仙游縣。造舟。招諒江北江太原等逃民復業。時簡定僞大越上皇。從子陳季擴冒陳氏僞皇帝。改元重光。安南人不忍棄陳氏。多相率歸季擴。出沒爲患。包汝楫曰。交阯與滇壤接。戶口視中國十二三。文皇帝興師平定。入版章十餘年矣。用漢法易戎索。叛亂踵起。旋棄之。向使拊御得宜。更絃以漸。濡濯聲教。寧遜滇南哉。論者不揆後事而咎前謨。若解大紳輩。良所謂書生耳。

乙未。封瓦剌馬哈木順寧王。太平賢義王。把禿孛羅安樂王。其陪俱特進金紫光祿大夫。賜印誥。時可汗本雅失里寖弱。馬哈木等不肯與朝會。至是皆上表貢貂馬。

丙申。夜大星光燭地。出天江。南入箕宿。

戊戌。臨潼知縣譚福揚州經歷孔會福建都司斷事李原暹爲監察御史。

己亥。琉球國山南王汪應祖入貢。

六月甲辰朔。汶上知縣史誠祖爲濟寧知州。仍治汶上事。誠祖解州人。舉人才。任縣二十九年。廉平寬簡。上北巡。遣御史課最。特敕勞之。賜織紗衣一襲。鈔千貫。又數年。卒官。年百有十五歲。汶上人祀之。以揚州同知張騰貪虐徵下獄。

渾河決固安縣。傷稼。

甲辰。前河南按察副使裴璉爲廣東道監察御史。

御史袁綱賈珩有罪。監國下之獄。綱珩至兵部索皁隸。適武庫主事李貞遣皁隸葉轉等四人就役。指其受金。

左都御史陳瑛請下貞獄監國疑之數日貞妻擊登聞鼓訴御史傅貞語索首飾納賄匿不能應監國知其寃。下廷訊惟葉轉至貞及阜隸三人皆不承笞死三日矣監國詰綱珩並伏罪刑科右給事中耿通並劾瑛。

乙巳。蜀世子悅𤇼薨。

丁未。設北京宣化清平居庸楡林鎭安懷來宣城寧國威遠德勝等衞。

夜。大星光燭地出雚星南行至近濁。

己酉。諭皇太子。命黃淮楊士奇送高皇帝御集及洪武實錄於北京。仍以翰林鄒緝梁潛李貫王洪並選廷臣謹厚篤實文學可稱者數人偕來。

庚戌。夜月犯心宿前星。

辛亥。中諭功臣並錄洪武間鐵榜示之。

命在外諸司官免朝行在。

百戶李咬住報虜本雅失里殺我給事中郭驥。今駐臚朐河。欲襲兀良哈諸衞寇邊。上命塞上嚴備。

萬載知縣舒仲鹹黃州訓導許勝監生朱侃劉洵潘浩陳禮李本俱爲監察御史。東宮。

壬子。朝鮮入貢。

甲寅。東宮起復司經局洗馬兼翰林編修楊溥。

丁巳。迤北僞國公阿灘卜花朶等來歸。敕寧夏總兵陳懋善撫之。

己未。復徐新監察御史。行人程賜前同新謫滄州。亦除監察御史。嚴州經壓彭齡爲禮科給事中。

壬戌。江西道監察御史方恢匿父喪。東宮命執赴行在。

乙丑。大理寺少卿虞謙爲右副都御史。

淮水溢壽州。

丙寅。敕瓦剌使臣取道亦集乃。毋經哈密。如亦集乃未便取他道。

黃州訓導萬景修。邵陽訓導韓衡爲監察御史。劍州學正李達爲右春坊右司直郎。東宮。

丁卯。簡御史張循理等二十八人赴北京。上問其自。張循理張睿歐陽謙等二十四人由進士監生。洪秉龍士安等四人由吏。上曰。御史朝廷耳目。大須學識。何吏爲。改洪秉等序班。命御史勿復用吏。歐陽謙文學稍優。改翰林編修。又四人迂懦。降知縣。

鳳陽大雨水。

戊辰。上御奉天門。語及水旱。右通政馬麟曰。水旱天也。間一二處有之。何慮。上曰。非也。洪範雨暘。皆人事致之。顧尚書方賓等曰。其擇賢守令。則民安。民安則天應於上。

交趾總兵官英國公張輔進慈廉州。攻啗門江粉社營。皆破之。進廣威之孔目柵。僞金吾將軍黃巨歛等皆遁。

己巳。禮科給事中傅安等還自哈烈。撒馬兒罕各隨使及火州入貢。尋遣安等送哈烈使臣還。

庚午。徙青州等貧民於冀州八百餘戶。

七月粹朔。癸酉。淇國公丘福爲征虜大將軍總兵官。武城侯王聰。同安侯火眞爲左右副將軍。靖安侯王忠。安平侯李遠爲左右參將。率甲騎十萬征虜本雅失里。上諭曰。出開平而北。卽不見虜。亦嘗如對壘。値虜。設奇奮擊。不得便卽止。毋輕毋爲虜紿。如未捷。寧再之。

遣諭本雅失里。

丙子。廣東左參政樊敬爲左通政。

己卯。右春坊右司直郎劉端改大理寺右寺丞。

庚辰。夜。月犯南斗魁第二星。

癸未。翰林典籍王汝玉爲左春坊左贊善兼翰林編修。

甲申。麗水縣大雨水壞廬舍人畜。

乙酉。夜大星光燭地出雲中。

丁亥。韃靼脫脫卜花王把禿王都督伯克帖木兒都指揮哈剌你敦國公賽因帖木兒司徒撒兒桃賽罕知院都禿阿魯把撒兒等各率所部詣甘肅求降。命右庶子兼侍講楊榮往諭總兵何福招撫之。

戊子。改鎭康州隸雲南。

庶吉士王瀹爲左春坊左司直郎。臨江府推官金輝爲廣東道監察御史。

庚寅。武安侯鄭亨備禦開平。

辛卯。密雲縣獻嘉禾。羣臣欲表賀。止之。

乙未。韃靼丞相昝卜王亦兒忽禿典往哥平章都連脫兒赤司徒禿魯塔失國公卜答失里同知朵兒只速可同僉阿東等三萬餘人來歸寧夏。上敕勞之。

丙申。遣中官徐亮敕勞木邦軍民宣慰使罕賓。時入貢言緬甸宣慰使那羅塔數誘我叛。力拒之。故有是命。

丁酉。旦。老人星見丙位。其色赤黃。

古里國王沙米的入貢。

戊戌。階州妖賊王金剛奴伏誅。賊久亂潛遁。至是私還里。捕得之。

藤縣教諭王綱爲隴州判官。汪衡爲兵科給事中。

是月。前北平都指揮僉事謝芳爲後軍都督僉事。張毅爲北京留守後軍都督僉事。

八月庚子朔。辛丑。占城入貢。

交阯賊鄧景異等攻盤灘。都指揮同知儀眞徐政力戰。飛槍洞其脇。政猶督衆殊死鬭。賊敗去。政腹潰死。盤灘最要地。藉以全。

戶部右侍郎王鍾卒。鍾字公虞。華亭人。起掾史。戍遼東。薦授行太僕寺典簿。進燕王紀善。從世子城守。恭愼不懈。永樂初授北京行部郎中。沈厚詳雅。臨決如流。亦未易才也。洪熙初贈太子太保。謚僖敏。

乙巳。設北京五城兵馬指揮司。

己酉。夜。月犯十二諸國周星。

庚戌。夜。月犯壘壁陣西第一星。

辛亥。台溫大雨水。

壬子。韃靼國公阿灘卜花等至北京。授右軍都督僉事。餘授指揮千百戶鎭撫等官有差。

甲寅。征虜大將軍丘福等敗沒於臚朐河。丘福出塞。先驅至臚朐河。遇虜前鋒。以輕騎千餘摧敗之。乘勝渡河。獲虜一尙書。酒之。問可汗安在。云北遁去此可三十里。福大喜。疾馳前。諸將皆曰。虜非眞敗也。恐誘我。今後兵未集。毋寧俟其集而先遣精騎覘之。福按劍怒。以虜尙書爲導。薄其營。相持一日。虜戰輒引卻。福益銳。安平侯李遠泣諫曰。將軍不念廷諭乎。而躁亂若此。何自取敗亡爲也。武城侯王聰交沮之。不聽。以同安侯火眞故胡人。使詐與虜和。自率騎繼其後。火眞猶豫未決。福厲聲欲斬之。先驅而行。從騎皆泣下。諸將勉從之。虜張左右翼圍我。李遠王聰率五百騎突陣。斬首數百。皆死之。福與王忠火眞被執。並死之。急擊後軍。無脫者。所失亡數萬。福鳳陽人。事燕邸積年勞。至護衞千戶。有膂力。戇朴勇鷙。不甚曉文義。而善撫士卒。起靖難。其摹畫至計不能如張玉。而敢戰深入過之。及封賞論功第一。年六十七。李遠懷遠人。蔚州衞指揮僉事。善騎射。沉毅有膽力。

言論侃侃。自許忠義。年四十六。王聰。蘄水人。燕山中護衛總旗。進百戶。年五十三。王忠。孝感人。初指揮守蔚州。同李遠降。年五十一。火眞。居開平乾柴嶺。國初來歸。授燕山中護衛千戶。以勇著。年六十一。

談遷曰。甚哉籌邊之難也。胡奎請迎陳天平而陰殺之。阿魯台謀款旋剚我使臣。狡逆叵測。此非舞干所能格也。本雅失里之初衆心未附。降胡接踵。謂垂敗之虜尺組可縛。故淇公揮劍無前。滅此朝食。迨驚塵沸天。捐十萬之甲以塡廬朐。猶未塞也。嗟乎。蜂蠆有毒。況冒頓之餘腥乎。上在潛邸。數出塞北。自後陰山斷牧者十餘年。兵有時而變。不得以前事爲準也。嗟乎。靖難元功。無一善終牖下。張玉隕首於東昌。朱能招魂於嶺表。丘福委骸於窮漠。張輔晚喪於乜先。彼功名冠諸將。略可覩矣。噫。北望楡川。鼎湖之淚如新也。何論彼元功哉。

戊午。設愛和把河二衞。女直野人。

庚申。交阯總兵官張輔敗賊鯎子關。初。鄧景異據南策州盧渡江。輔向鯎子關。僞金吾將軍阮世海以衆二萬守之。輔率雲陽伯陳旭都督朱廣都指揮俞讓方政等乘風泝舟。發砲矢如雨。賊卻。斬三千餘級。溺死亡算。擒僞校二百餘人。獲四百艘。賊退保黃江。

辛酉。召開平備禦武安侯鄭亨還。

進士韓縉趙惟恭王志林伯宗韓泰鄭傑俱爲給事中。周珏邵彥輝楊諳居伸鄭辰鄧試祥俱爲監察御史。

甲子。修海鹽縣石隄六百餘丈。

繁峙縣獻嘉禾二百七十九本。禮部請表賀。不許。

河南遂平縣水傷稼。乞輸鈔代稅。從之。

張輔兵至盧渡江太平橋。鄧景異先遁。遂招諭難民復業。而交州北江諒江新安建昌鎭蠻諸郡皆安。

乙丑。韃靼知院迭兒必失等來歸。命寧陽侯陳懋迎勞之。

戊辰。長葛訓導張時爲刑科給事中。東宮

九月鏮朔。日食。

封甘肅總兵官右軍左都督何福寧遠侯。

張輔敗賊鄧景異於太平海口。初遣都指揮方政李龍等擣之。賊三百餘艘分迎接戰。斬五百餘級。景異脫身遁。

辛未。誅江西妖賊李法良。先刦安福縣。敗走吉水。獲之。

壬申。韃靼虎力罕等來歸。留居京師。

癸酉。夜大星出天庾西南行至游氣。

甲戌。上聞臚朐河敗績。歎曰。丘福愎諫喪師。朕失於知人也。決策親征。贈故安平侯李遠莒國公。謚忠壯。故武城侯王聰漳國公。謚威毅。

削丘福淇國公封爵。奪誥券。徙其家海南。洪熙初。嘗例宥。以善漢庶人。故不敍。子孫長爲海南人。

王世貞曰。淇公覆十萬之衆於虜。雖身膏草野而追削階爵。家發海南。蓋重其敗績之罪而略其死事之忠也。以靖難元勳而猶不免。故受賑之日。凜若嚴霜。好謀萬全。撓敗自少。厥後柳安遠陷安南七萬人。以身死。故贈融公。謚襄敏。至沐定遠麓川之捷。擁兵不救。以至喪大將。身亦知罪飮鴆。朱平陰久爲禁帥。戎政不修。出陷乜先五萬騎。無一矢還者。遂致犬羊憑陵。乘輿失守。猶各贈以王爵。加之尊名。固云國家忠厚之道。然軍律日懈。飛捷漸希。竊謂今之處淇公雖近傷恩。而後之處融國定遠平陰不免傷義。任事之臣。有不得不任其責者矣。

乙亥。旌金吾右衛總旗張法保孝行。擢尚寶司丞。法保嘗刲肝臂再療祖母疾。

許罪囚戍武職赴北京自陳時欲簡銳北征。

丙子。武安侯鄭亨率師巡邊。

戊寅。書諭皇太子北征。

敕行在五府練士繕械太僕寺送萬馬北京。

己卯。設來屯吉失里木三衞。女直野人。

庚辰。安吉右衞改通州右衞。

壬午。成安侯郭亮守備開平。

敕兀剌順寧王馬哈木等防虜詐攻。

行在刑科都給事中張信爲行在工部右侍郎。

甲申。敕甘肅總兵官寧遠侯何福練萬人從征。

涼州衞指揮同知點木爲都指揮僉事賜姓名安守敬。

丙戌。夜大星出柳宿東北。行至軒轅。

戊子。敕鎭守大同江陰侯吳高如虜掠邊。各屯糧食悉收入堡。深塹嚴備

揚州知府徐銘爲兵部右侍郎。

己丑。大選各衞各王府軍士七萬四千人從北征。

辛卯。益五百人守登州沙門島。原守備七百人。

廣東巡海副總兵指揮李珪擊欽州海盜。敗之。追至交趾萬寧縣。溺殺無算。

壬辰。旌南昌武寧人陳仲賢孝行。屢刲肝股愈母疾。擢鴻臚寺司儀署署丞。

丁酉。東宮禁靑龍山採石。以工部司吏汪如海言山近孝陵。

十月己亥朔。上召諸將諭親征之策。虜漸移營東南。或往攻兀剌。我二月出塞。持二十日糧。可至其地。虜覺而遁。亦可追也。命行在戶部尚書夏原吉議餽運。上曰。武剛車足可轉餉。然道遠人力爲難。朕欲沿途築城貯餉。以俟大軍。其法便。遂議武剛車三萬乘。轉餉二十萬石。踵軍行。踰旬築一城。又踰旬又城之。每城量貯餉。留守。名城曰平胡殺胡。

暹羅入貢。

前工部右侍郎張本改刑部右侍郎。

庚子。韃靼頭目失保赤等來歸。授失保赤都督僉事。

設阿倫衞。女直野人。

辛丑。韃靼知院禿赤等來歸。寧夏總兵陳懋遣入京。

張輔屯淸化。陳季擴自稱前王陳氏後。致書求封。輔曰。奉命討賊。不知其他。斬使者段自始。進師都督僉事朱榮蔡福先驅。輔舟進自黃江阿江大安海口。至福成江。轉入神投海口。皆決其障柵。踰旬會兵於淸化。簡定已走演州。季擴走乂安。餘黨阮帥胡具鄧景異皆敗走。

夜。天鳴。

癸卯。設塔麻速衞。女直野人。

戊申。夜。大赤星出華蓋。北行至游氣。

壬子。徐禎嗣武康伯。徐理子。

寧國衛改涿鹿左衛。
乙卯。諭天寒。百官於右順門便殿奏事。
丙辰右軍都督僉事陳春卒。壽州人。
戊午撒馬兒罕入貢。
徽州府同知劉敏卒。敏河南□□人。舉賢良。居官蔬布。强毅通洽。嘗採木。與民同甘苦。卒時空橐。郡人慕之不置。
辛酉。翰林典籍金實爲左春坊左司直郎。東宮。
甲子。命兵部覈北征將士存沒。
乙丑。榜葛剌國王靄牙思丁蘇門答剌國王宰奴里阿必丁各入貢。
是月。甘肅總兵何福送降胡把禿等二十七人至京。授把禿北京留守行後軍都督僉事。伯克帖木兒哈剌你敦皆右軍都督僉事。餘指揮千百戶有差。把禿賜姓名曰趙忠美。伯克帖木兒曰宋一誠。哈剌你敦曰張隆善。演只不花曰王懋忠。撒兒桃曰劉允信。餘皆賜姓名。
十一月巳朔。乙亥至日。上御奉天殿。受朝賀。
夜。月犯壘壁陣東星。
戊寅。和州知州康慶仍監察御史。
交趾總兵官英國公張輔征夷將軍黔國公沐晟獲渠帥簡定等。定至巨勸冊。欲從地冊趨天關鎮拒我。晟進磊江南趨巨勸冊。都督朱榮都指揮羅文等復從磊江上牛鼻關。輔率都督朱廣都指揮陳懷等趨地冊。抵天關鎮。簡定已走多杯冊。追至美良縣吉利冊。定厲民舍。望見震恐。棄馬走入山。圍獲之。並僞將相陳希葛阮汝勵阮晏等。

辛巳。免思明府田租。秋水傷稼。

丁亥。夜金星犯罰星。

己丑。夜大星出天囷西南。行至游氣。

癸巳。命寧遠侯何福舉部將才智者。

甲午。兩淮都轉運鹽使伏伯安爲工部左侍郎。蔣廷瓚爲右侍郎。

丁酉。思恩侯房寬卒。寬陳人。大寧行都指揮同知。習諳邊務。而失士卒心。靖難師至。縛以降。數從征有功。賜祭葬。

夜大星出奎宿。行至近濁。

十二月戊戌朔。王琰嗣武城侯。聰子。李安嗣安平侯。遠子。

前山西布政司左參政李剛爲工部左侍郎。

甲辰。鎮守大同江陰侯吳高運米豆各三萬石於萬全衞。

戊申。行在工部左侍郎兼少詹事趙毅坐事謫交阯。

守京城門內使王烈言。城門郎某不卽役城門。郎言。毋疾嘗白內使。暫歸卽來。太子逮烈。重戒內使言事不實者。

庚戌。以濟寧至良鄉民久運。免本戶田租一年。

壬子。進寧陽伯陳懋爲侯。祿千三百石。

都督譚靑率兵赴北京。

夜。月犯火星。

甲寅。浙江福建道監察御史陳灝徐敬爲左右春坊左右中允。

左春坊左中允周幹等劾吏部右侍郎師逵採木湖廣嚴急激李法良之叛。今停採木。擅留軍起運。宜罪。皇太子俟鑾旋議之。

丁巳。鳳陽推官侯諒爲廣東道監察御史。

乙丑。召交阯總兵官英國公張輔副總兵淸遠侯王友率都督朱榮蔡福林帖木等還北京。

朝鮮入貢。

湖廣布政司經歷董暹爲河南道監察御史。

丙寅。安邑縣乞停逃民逋租。上諭行在戶部凡各郡縣逃民。悉停徵。

始立東廠刺事。內官主之。

談遷曰。自遜國萍梗流聞無據。上之積疑益不可解。於是命胡給事濙訪張玄。鄭太監和下西洋旁皇卻顧。猶未慊於心。璫校刺事布彌天之網牢籠一世。孰知其流弊極於後裔。如振如直。如瑾如忠賢。深械叢穽。胥天下而禍之也。嗟乎。靖難時狗兒諸閹習馬上之業。故寄腹於左貂。專使分闖詔獄。相籍不已。末勢淪胥。與漢唐同轍。追其所自。文皇帝之於履霜疎焉矣。

國榷卷十五

庚寅永樂八年

正月戊朔。辛未。召鎮守寧夏寧陽侯陳懋從征。

李茂芳嗣富陽侯。駙馬都尉李讓子。

丙子。英國公張輔敗賊黨阮師檜于東潮州。師檜僞稱王。據東潮州安老縣宜陽社。衆二萬餘人。至是兵圍宜陽社。擊斬四千五百餘級。擒二千餘人。皆斬之。築爲京觀。

己卯。皇太子攝祀南郊。

己丑。秦府保安王尙炟薨。謚懷僖。

辛卯。許四川棉布得販茂威叠溪。特嚴出境之禁。

夜。大星出文昌。西北行至近濁。

壬辰。濟寧至京師輸運之民免役一年。

福建布政司照磨李斌。尤溪典史鄭子成爲山東山西道監察御史。

癸巳。皇太子遣右副都御史虞謙。戶科給事中杜欽往淮揚鳳陽陳州視水災。免其田租。贖鬻子。

甲午。廣東按察副使紀正爲應天府尹。

乙未。諭從征將士。

交趾總兵官英國公張輔等請留都督江浩。都指揮兪讓花英師祐領兵。聽沐晟調遣。從之。

談遷曰。陳季擴鄧景異尙在演州乂安。遽還英公。則北征亟之也。假得須臾少緩。將攻其心。交人不復反矣。

何天之藉手于虜。貽其憂于南也。噫。

昌樂教諭李㚒爲禮科給事中。臨邑教諭陳天民爲戶科給事中。監生許堪爲山東道監察御史。

丙申。進士童寅甘霖監生蹇質周拱俱廣東道監察御史。金文斌駱大良許琪俱河南道監察御史。賈旭湖廣道監察御史劉可范寧俱北京道監察御史。鄭季輝山西道監察御史。蕭良浙江道監察御史。張意汪泳劉政俱四川道監察御史。

丁酉。僞大越上皇簡定僞輔國太保文安海鎮將軍福成郡公陳希葛僞東都路安撫使阮汝勵僞鈞鈐將軍管領麟翔軍阮晏等械至京伏誅。

二月戊戌朔。命皇長孫留守北京。

敕黔國公沐晟仍征夷將軍充總兵官。雲陽伯陳旭副之。征交趾餘寇。

辛丑。詔曰。北虜殘孽。肆逞兇暴。屢使撫循。輒見拘殺。恩旣遄背。德豈可懷。朕仰稽天道。則其運已絕。俯驗人事。則彼衆已離。今親率六師。用彰天討。且朕必勝之道有五。大擊小。順取逆。治攻亂。逸伐勞。悅弔怨。鮮不殘滅。掃清沙漠。將疆場乂安。可以解甲而高枕矣。

敕行在戶部尙書夏原吉輔導皇長孫。諭曰。朕以房玄齡委卿矣。

趙王高燧整理北京軍馬。廣平侯袁容泰寧侯陳珪輔之。

癸卯。國子祭酒胡儼兼翰林侍講。

甲辰。應天府尹姚恕才詘降湖廣布政司右參議。

廣德知州楊翰坐事當逮。邑人頌其政。宥之復官。

乙巳。設法因河兀應河古木山三衞。野人。

丙午。哈烈國沙哈魯把都兒入貢。元帖木兒駙馬子也。時與姪哈里構兵。貢使還。敕諭之。

丁未。上征胡。發北京。翰林學士胡廣侍講楊榮金幼孜扈行。靖遠侯王友將中軍。安遠伯柳升副之。寧遠侯何福武安侯鄭亨將左右哨。寧陽侯陳懋廣恩伯劉才將左右掖。都督劉江等爲游擊將軍。前驅。都督薛祿冀節等爲驃騎將軍。都指揮侯鏞陳智等爲神機將軍。都督金玉等爲鷹揚將軍。都指揮李文等爲輕車將軍。分督之。不隸五軍。凡五十萬衆。出德勝門。晚次清河。

遣勞別失八里王馬哈麻。初詔使往撒馬兒罕。歷其境。甚恭謹。

夜。大星出右攝提。東南行。至近濁。

戊申。晚次沙河。

己酉。早寒。午次龍虎臺。遣祭居庸山。

蔚州衞千戶周全脫自虜中。奏虜本末。

庚戌。度居庸關。關僅容駕。凡數處。次永安甸。大風陰晦。須臾大雪。少頃霽。日下五色雲見。

皇太子除江西新城縣荒租。

辛亥。風寒甚。軍行且獵。時諸山雪霽。上曰。到此看山。又一奇也。次懷來。

壬子。次鎮安驛。早發。行數里。道邊有土垣如故城。元時官酒務也。元幸上都。于此取酒。午次雞鳴山。唐太宗征高麗。登此山而雞鳴。上指示曰。元順帝北遁。此山忽崩。聲如雷。

癸丑。巡按直隸監察御史劉煥劾左通政趙居任。治浙直水無功。皇太子封章示之。

甲寅。上登雞鳴山。甚峭。上有斥堠。下有故永寧寺址。歐陽玄碑存。渾河流其下。列石柱數十。半出地上。路窄。行二十里。過坳兒山。險如雞鳴。既過瀚平上立馬高岡。指示諸山曰。此天所以限南北也。午次泥河。見病卒。騎載至營藥之。

中軍左都督郭義私役軍士販芻豆。皇太子宥其老。

乙卯。次宣府。上閱武營內。夜雨。

己未發宣府。晚至宣平。顧侍講金幼孜等曰。今惟守開平興和寧夏甘肅大寧遼東。則邊境永謐矣。

許州知州潘文奎爲左春坊左司直郎。

辛酉。發宣平。次萬全。大風寒微雪。

壬戌發萬全。行數里至城下。上曰。此城朕所築。入德勝關。冰滑馬蹄。上野狐嶺。上指東南諸峯曰。過此山盡下矣。營興和城北。

癸亥。遣祭所過山川。上駐馬營前。曰。此陰山脊也。若塹山湟壑而守之。誰能越者。

建德教諭項伯賢監生郭良周順俱爲工科給事中。東宮。

甲子。上閱武營外。天晴大風。忽天陰。命亟回營。雪下復霽。

英國公張輔等至自交趾。命提督宣府萬全興和等處操練。受趙王節制。敕清遠侯王友循野狐嶺抵德勝關。

武安侯鄭亨往宣府萬全督餽運。

乙丑。大閱兵。

三月丁卯朔。戊辰。設葛稱哥衞。野人。

。夜大赤星出太微東垣。行入右執法旁。

辛未。琉球中山王思紹入貢。

涼州衞韃官千戶虎保赤張孛羅台等永昌衞韃官千戶亦令眞巴等各叛。恣掠。皇太子命後軍都督僉事費瓛討之。刑部尙書劉觀贊其軍。時訛言移降胡別衞。故叛。都督吳允誠從北征。脅其子管者。不從。管者謀于母率所部擊捕三十人下之獄。

壬申。忻城伯趙彝守宣府。

命湖廣浙江江西轉餉北京三百十萬石。

癸酉。發興和過鳳凰山山西南卽沙城。次鳴鑾戍。上指示曰。此大伯顏山。其西北有小伯顏山。東北卽開平也。汝等至此。方知塞外風景。讀書但紙上見耳。適所過沙城。卽元中都。最宜牧馬。

甲戌。瓦剌順寧王馬哈木貢馬。

前北京行部左侍郎喬穩謫交趾。皇太子念之。除行在苑馬寺卿。

上夜坐帳殿前。望北斗。召侍講楊榮金幼孜觀北辰正直頭上。語至二十刻。

乙亥。上大閱。列陣數十里。旣畢。賜將士酒食。

賑潁川饑民。

丙子。發鳴鑾戍。山行。東北有山殊高。上曰。此大伯顏山。過凌霄峯。卽小伯顏山也。駐營少水。夜雪始可炊。上登峯望漠北。歎曰。元盛時此皆民居。今萬里蕭條。尙倔強何哉。

丁丑。皇太子許開四川南部內江縣井鹽。

庚辰。敕供具減半。還興和。

辛巳。都指揮章安等爲輕車將軍。同尙書吳中轉運平胡城。

滁州知州陳璉課最。父老乞留。以揚州知府署滁事。

壬午。上東發。次五雲關。野燒迫行營。風發。分二道繞營而去。

甲申。次錦水磧。報虜跡。命嚴備。

乙酉。發錦水磧。行十餘里有古城。上曰。答魯城也。朕嘗獵此。午次環瓊圃。自此皆沙陀。漸見榆林鳥鳶。

茂名知縣董子莊爲行在國子司業。

夜。大赤星出漸臺東北行至近濁。

丙戌。次壓虜川。水鹹。炊飯黃。上晚示學士胡廣等曰。此古交河。今爲哈剌火州。水齧沙出碑。曰唐交河郡。

丁亥。雲陽伯陳旭卒于軍。旭全椒人。會州衞指揮同知。從靖難封。

戊子。次金剛阜。敕游擊將軍都督劉江哨清水源據之。

汝寧府照磨劉幹爲戶科給事中。復柴禮白威監察御史。

己丑。蘇州妖婦鄒氏誣降邪神。法當絞。子粱阿柱力求代死。皇太子杖婦遣之。

辛卯。嗣敎眞人張宇初卒。

上次小甘泉。有海子。水清鹹不可飲。多水鳥。地志云鴛鴦濼。

壬辰。發小甘泉。上曰。女直有山。其巔水白。草木皆白。亦產白虎豹。所謂長白山也。此去遼東可千餘里。晚次大甘泉。

中城兵馬副指揮李新爲廣東道監察御史。東宮

甲午。移營大甘泉北十里。

皇太子定雲南大理金齒景東召商中鹽。

乙未。次清平源。平地泉溢數畝。足人馬。賜名神應泉。

四月丁酉朔。撫寧老人張甫通還安老人何彬督運至淸水源。各授本縣縣丞。

戊戌。交阯署布政司事工部尚書黃福上五事。曰令廣東廣西設欽州靈山橫州驛站。相要害立衞所巡檢司。曰雲南開中鹽糧助餉。曰交阯官吏軍民欲還原籍。乞給脚力行糧。曰官吏月糧量撥閒田自種食。曰官吏覲內地三年考績赴京給由。皇太子納之。

庚子。夜行營刀戟皆有光。

大星出紫微垣內后星旁。行至北斗魁。

辛丑。發淸水源。沙陀漸少。晚至屯雲谷。載水而炊。

壬寅。曉發。寒甚。皆皮裘狐帽。午次玉雪岡。

癸卯。發玉雪岡。望一山長而峯巒高秀。上曰。此賽罕山。華言好山也。又云阿卜者。華言高山也。其中人跡少至。至則風雷交作。故虜騎少登者。若尋常可登。虜馮高見我軍矣。午次玄石坡。上銘曰。維日月明。維天地壽。玄石勒銘。與之悠久。命學士胡廣書石。晚有泉溢。賜名曰天錫。

甲辰。日本入貢表謝。

上次鳴轂鎭。

乙巳。發鳴轂。甚平曠。午至山谷。晚次歸化甸。有泉出。賜名曰靈秀

夜。月犯靈臺上星。

丙午。崑山訓導唐貞爲戶科給事中。海門訓導宋琮爲刑科給事中。

戊申。上次楊林戍。以深入。免諸將朝。晚泉溢。賜名曰神貺。

庚戌。夜。大星出建星東南。行至雲中。三小星隨之。

壬子。次擒胡山。銘曰。瀚海爲鐔。天山爲鍔。一掃胡塵。永清沙漠。賜其泉曰靈濟。
癸丑。次香泉戍。
甲寅。行沙陀中。多桃楡。午後至廣武鎭。西南山峯甚秀。以常有靈異。命曰靈顯。翠秀峯泉曰清流。上銘曰。於鑠六師。用殲醜虜。山高水清。永彰我武。
乙卯。晚次高平無水。載水廣武鎭。
夜。月犯十二諸侯國秦星。
丙辰。次懷遠塞。
前北京行部左侍郎武功馬京卒于錦衣獄。京洪武乙丑進士。授翰林編修。履潔持正。歷通政使大理卿。永樂初。改北京。佐皇太子甚力。漢王忌而毀之。謫廣西。已舉其文學。終坐前毀獄死。洪熙初。贈少傅。謚文簡。
丁巳。次捷勝岡。有湧泉。名曰神獻。
戊午。發捷勝岡。四望無極。上曰。眞大漠也。午次清冷泊。有湧泉。名曰瑞應。
國子生沈和傅璇吳整陳鐸楊彝周岐俊爲六科給事中。孫鼎爲北京道監察御史。
開四川井研縣井鹽。
夜。大星出左攝提。西南入太微垣內后。一小星隨之。
己未。至雙秀峯。載水而行。適陰雨。人馬不渴。
庚申。次威虜鎭。名泉曰永清。日暮。上未食。視各營皆食。始膳。
辛酉。次紫霞峯。
壬戌。次玄雲谷。聞涼州降胡叛。命都指揮僉事史昭充總兵官。率兵三千鎭涼州。

皇太子免平涼臨洮鞏昌鳳翔慶陽秦階災民徭役一年停逋租。

癸亥次古梵場。

進士王驥定州學正程遠爲兵禮科給事中。茶陵知縣歐陽聿修爲浙江道監察御史。

涼州叛胡平官軍斬三百餘級。虎保赤亦令眞巴等遠遁。

甲子。上次長清塞泉甚清。賜名玉華泉。夜漏初下。上立帳殿前指北斗曰。至此望北斗南矣。

皇太子設河南衞河提舉司。

丙寅次順安鎭。令繪營外諸山。

五月丁卯朔。曉發十餘里過白雲山至臚朐河。立馬久之。賜名飲馬河。駐營河上。名曰平漠鎭。

陝西金州大雨江溢。壞城舍人畜。

夜大星出雲中。行至近濁。

戊辰駐蹕。賜食遣祭山川。

己巳曉發沿臚朐而東。午至祥雲巘。

庚午次蒼山峽。哨騎獲虜諜五人。

辛未次雲臺戍。

遂安伯陳志卒。志巴人。以燕山中護衞指揮僉事從靖難封。皇太子予祭葬。時右軍都督僉事和州沈淸亦同功後志卒。予祭葬。

壬申次錦屛山。

癸酉次玉華峯。

甲戌。次環翠阜胡騎都指揮欵台獲虜一人。云可汗本雅失里西奔。在兀古兒札河。阿魯台東奔。晚遂度飲馬河營焉。

皇太子賑滁宿饑民粟三千四百石有奇。

乙亥。以輕騎逐虜。人賫二十日糧。令清遠侯王友廣恩伯劉才領餘軍築殺胡城于河上。

丙子。發聞喜岡。命諸將以次進。避山取便道。毋疲其卒。

清遠侯王友送都指揮婁鬼所獲虜人口孳畜以上。

丁丑。次平虜寨。用降虜百戶爲鄉導。

沐晟追陳季擴于虞江。即遁。追之會潮靈長海口。斬三千餘級。

皇太子命築平度州河隄。

戊寅。上至兀古兒札河。虜先遁。駐河上。賜名清塵河。夜倍道追之。

沐晟追中軍都督僉事江浩擊鄧景異于魯江。不利。廣東都指揮孫全戰爭江中砲死。

己卯。上及虜于斡難河。虜拒戰。上登山奮擊。敗之。本雅失里以七騎絕河走。俘獲男女輜重畜產。仍命游擊將軍劉江驃騎將軍梁福等追之。上駐蹕滅胡山。

皇太子設陝西茶馬司。

辛巳。諸將俘把克帖木兒等男婦百餘人。上釋之。賜廩畜。

旋師五原峯。敕清遠侯王友等簡銳侯征阿魯台。

壬午。皇太子改行在行部主事趙璲爲左春坊左司直郎。

癸未。上次清塵河。

設行在國子監典籍。
丙戌。次飲馬河。遣都指揮李文中官海壽書報皇太子。
班師。詔天下。上以騎兵東逐餘虜。晚至威遠戍。
丁亥。次殺胡城。敕成安侯郭亮督運赴應昌。
命清遠侯王友廣恩伯劉才領兵先赴開平。時報虜知院失乃干西走廣武鎭欲降。遣指揮廓廓帖木兒等招
之。命王友等如值失乃干。善撫之。如不降。卽進擊。
敕工部尙書吳中都指揮章安督運赴擒胡山。
肅州衞僑夷哈剌馬牙等叛。殺御史陳錡守禦都指揮劉秉謙等。大掠而去。指揮冀望陳傑等約赤斤沙州哈
密。而千戶朱迪等自外夾攻敗之。赤斤衞千戶塔力尼百戶薛失加沙州衞指揮困卽來。各兵至。平之。以按察
僉事馬英激變。命磔于市。
戊子。上循飲馬河。次威遠戍。
己丑。雨。上次廣安鎭。
庚寅。次蟠龍山。上念士卒艱苦。凡所獲牛羊及光祿寺上供米麪諸物。悉均給之。
辛卯。次臨清鎭。
夜。月犯昴宿。
壬辰。次定邊鎭。載水早炊。遣都督僉事梁福祭去年陣沒者。
癸巳。次雙清源。夜禁火。
甲午。曉發。午至河。水益深。縛柳筏以渡。翰林學士胡廣等莫渡者。東行十餘里。得女直人裴牙失帖木兒。爲東

寧衞指揮。乃渡。過渡得木焉。鍥虜書。翰林侍講金幼孜歎曰。一時武將力足以渡。莫渡者。渡我輩乃出女直人

裴牙帖木兒善騎射。上選其騎三百以從。曉次平山甸。胡廣進木鍥。上使譯之。曰札達華言詛風雨也

吏科給事中陶瑋有罪下獄。瑋訐其鄉匠某役于京私買。皇太子謂其褻言官體。命訊匠。則瑋之鄰有私忿而誣之也。

乙未。次盤流戍。

六月丙申朔。次凝翠岡。

丁酉。經闊灤海子。白浪隱隱如山。有山限之。上曰。斡難臚朐。凡七河注此中。周圍可千餘里。遂賜名曰玄冥池。晚次玉帶河。

戊戌。次雄武鎮。

臨潼敎諭李瑒廣德訓導蔡彬監生聶瓛高英爲給事中。瑒吏科。彬兵科。瓛禮科。英戶科。

庚子。次澄清河。實錄云青楊戍。

琉球國官生模都古等三人入太學。

辛丑。次青楊戍。雨甚。

壬寅。曉發四渡河。河水急。午次克忒克剌。華言半個山也。多松林。晚次蒼松峽。

夜大赤星出輦道。行入貫索。

癸卯。次飛雲壑。夜秉程前進。

甲辰。報阿魯台聚前山。發飛雲二十里。哨見虜列陣待。上嚴陣先率數十騎登山望。勢相距數十里。虜且迎且卻。少頃。虜遣人來僞降。上亦預書招降敕待之。召金幼孜取付虜使行。阿魯台欲降未決。又遣蝎朵兒只至上

酒之。復遣使偕往。其下降否半之。阿魯台太息曰。如戰敗。欲降可得乎。我使還。奏其猶豫。上先數百騎挑之。虜迎戰。左哨當敵。虜選鋒數千騎衝我中堅。上麾宿衛摧敗之。阿魯台墮馬。復上追奔十數里。時暑甚。將士飢渴。亟收軍。次靜虜鎮。

乙巳。上旋師。逐殘虜。晚次駐蹕峯。忽雷雨足飲。

皇太子免潁州太和水災田租。

丙午。上先將精騎長驅。命都督冀中金玉等殿後。至長秀川。虜棄輜重彌望。焚之。收其牛羊雜畜。

夜。火星犯太微垣右執法。

丁未。上追及虜于回曲津。安遠侯柳升發神機銃。聲震數十里。矢連洞人馬。虜懼走。追破之。斬其名王以下百數十人。

戊申。復追虜于廣漠城。大敗之。

己酉。發廣漠城。行數里渡河。泥深陷馬腹。餘虜尚出沒。上按兵河曲。伴後數人載輜重誘之。伏數百騎柳林中。虜競奔前。銃震伏發。皆蒼黃渡河。我騎乘之。生擒數十人。餘盡死。晚次蔚藍山

庚戌。次寧武鎮。餘虜多來降

敕英國公張輔成安侯郭亮轉運行營。

辛亥。次紫雲谷。

皇太子以膠州水災。逋租折布帛。

壬子。次玉潤山。上見病卒。命善視之。凡疾者概給醫藥。

甲寅。次青陽嶺。

監察御史李公敏劉先劉勉張睿郭衡商忠有罪下獄。公勉挾妻外飲通夕。先等俱娶棄婦。被劾。
乙卯。次清華原。命車載病卒。
丙辰。次淳化鎮。
丁巳。次秀水溪。
儒士張昌齡求祿養。皇太子授中書舍人。
戊午。次淙流峽。
己未。次錦雲峰。成安侯郭亮餽運至。
庚申。次永寧。戌時清遠侯王友等將至擒胡山。距失乃千僅一程。迂道避往應昌。致軍士乏食多死。
辛酉。次長樂鎮。令都督同知劉江等殿後。敕英國公張輔以二千騎助之。瘞遺骸。
敕責王友劉才。
濟南訓導田衡進士汪善顏寶孫確魏智張昭監生陳謌周汝賢爲給事中。衡工科。善吏科。寶戶科。確智昭謌刑科。汝賢禮科。進士汪景明謝孚爲江西陝西道監察御史。
壬戌。次通川甸。上遙指海邊石山曰。此卽三石山也。敕張輔閱王友等兵仗。
江寧知縣王愷爲左春坊左中允。
癸亥。次金沙苑。令張輔領王友等部衆。
甲子。次玻璃谷。
乙丑。次威信戍。皇長孫及趙王高燧行在各官上迎鑾表于行營。
琉球中山王思紹入貢使臣林佑本漢人。求冠帶。皇太子許之。

七月丙寅朔。次武平鎭。

丁卯。次開平營斡耳朵。華言宮殿也。蓋元時舊址。荒臺斷礎。零落烟草間。上謂侍臣曰。朕塞外久素食。念士卒艱難。不獨甘耳。至是頒賜所獲牛羊給食。始復常膳。

駙馬都尉西寧侯宋琥爲征虜前將軍總兵官。鎭甘肅。

戊辰。遣右春坊右庶子兼翰林侍講楊榮賚書諭皇太子。簡各營兵扈蹕。餘先入居庸關。

改開平李陵驛爲威虜驛。

己巳。次環州。

庚午。次寧安驛。

壬申。經元西涼故亭。晚次盤谷鎭。

癸酉。入峽中。兩山相夾。上曰。險若是。卽虜騎千群豈能至。縱至。斷其歸路矣。晚次獨石。

　何喬遠曰。讀金幼孜北征錄。見成祖君臣之契。又知封燕之日。奉太祖命深入逐虜。盡悉其山川險要矣。天生神武。焚城犂庭。豈偶然哉。

甲戌。次龍門。皇太子遣兵部尚書兼詹事金忠上迎鑾表。詹事府丞陸中善進袍服。上令入關與將士同易。

乙亥。次燕然關。

丙子。次長安嶺方出險。

丁丑。次鎭安驛。

戊寅。次懷來。

己卯。次永安甸。賜侍臣瓜果。

浙江平陽縣潮溢。

庚辰。度居庸關。次龍虎臺。行在群臣迎見。卽遣歸。

登州疫。

辛巳。次淸河。

皇太子賑安慶鎭江鳳陽徽州饑民稻萬六千一百二十石。

壬午。上至北京。御奉天殿。受朝賀。

談遷曰。上不勝丘福之忿。慷慨臨戎。出塞千里。覩其走可汗。敗太師。所俘斬史不著其數。則鹵獲亦甚微矣。異時馮勝藍玉之功于衞霍有加焉。文皇帝躬秉黃鉞。曾未當其百一。故屢駕而未已也。蓋天子自將諸元侯銳士徒知凜畏。謀議畜朒。故唐宗不能得之高麗。宋宗不能得之契丹。六飛親駕。願人主毋易言之也。

癸未。宴群臣奉天殿。

甲申。賜尙書夏原吉鈔幣。

乙酉。松溪縣丞李嘉爲浙江道監察御史。

己丑。招復靑莒等流民萬三千四百戶。

庚寅。築開平衞城。

辛卯。浙江金鄕衞潮溢。壞城署。

夜。大星出北落師門。行至近濁。

甲午。錄從征功。陞賞有差。

八月紇朔。左軍都督僉事梁福爲都督同知。

丙申。夜大星出西南。行至游氣。

丁酉。先是監察御史李琳言福建各鹽場虧課。悉論官吏死。上察其艱難。俱宥之。

辛丑。後軍都督僉事王麟爲都督同知。

壬寅。安遠伯柳升進封侯。

癸卯。賑伏羌通渭等縣饑民粟九千八百八十石有奇。

大理寺左寺丞遠志有罪。謫北京苑馬寺軍。

乙巳。都指揮使薛貴爲中軍都督僉事。王勇王禮爲左軍都督僉事。楊山倪寬爲右軍都督僉事。吳能朱旺朱能爲後軍都督僉事。

庚戌。卹北征陣亡物故將士。悉厚賜其家。

癸丑。錦衣衛指揮使紀綱爲都指揮僉事。仍署衛事。

甲寅。吳伯克從征功。授涼州衛指揮僉事。都督同知吳允誠子。

乙卯。建州衛指揮使釋家奴爲都指揮僉事。賜姓名李顯忠。千戶昝卜爲指揮僉事。賜姓名張志義。百戶阿剌失賜姓名李從善。可揑賜姓名郭以誠。俱正千戶。從征功。釋家奴指揮阿哈出之子。

寧遠侯何福懼罪自殺。福□□人。國初積功指揮使。歷都督僉事。建文初進同知。禦靖難。戰淮南北。輒敗降。上以征虜前將軍總兵鎭陝西寧夏。既舊人重將。招胡酋內附爲多。素有勇略。從北征。數違節度。或言其罪。怏怏有怨言。左都御史陳瑛劾奏之。懼自經。爵除。

談遷曰。史言何寧遠寵祿既極。從征沙漠。數違節度。而不指其實。蓋以嫌死也。宿將扈蹕。既無老謀。又逐少年後驅馳塵露間。臺抨其能免乎。張英公功冠交南。亟借而北。謂抗鋒追北之是任。顧俾之督運。則天子自將。不欲諸臣分其功也。噫。聖意淵哉。不可及矣。

丙辰。中軍都督同知夏貴爲右都督。左軍都督僉事薛斌爲都督同知。

中官田嘉禾海壽敕賜朝鮮國王李芳遠銀千兩。紗羅千匹。綵絹五百匹。芳遠前獻馬萬匹。助北征。

己未。賜從征文臣鈔幣有差。翰林學士胡廣侍講楊榮金幼孜賜同尚書。

進士陳永昌爲吏科給事中。朱暹爲兵科給事中。

辛酉。旦老人星見色赤黃。

癸亥。右軍右都督馬榮卒。榮徐人。襲永淸衞所鎮撫。從靖難。有膽略。御下嚴肅。追封景城伯。謚壯武。子昇。世忠義前衞指揮使。

甲子。夜水星犯左執法。

是月。前軍都督同知童信爲右都督。後軍都督僉事趙忠爲左都督。都督同知薛祿爲都督。

臨海縣大雨水傷稼。

九月玭朔戊辰。夜大星出雲中行至近濁。

己巳。幸天壽山。諭督工武義伯王通存恤工匠。

壬申。北京行在行部右侍郞張思恭卒。蒙城人。薦授刑科給事中。在北部嚴馭。遣鎮大同。人稱其能。憂去。

癸酉。占城入貢。

乙亥。刑部右侍郞金純爲左侍郞。

夜木星犯靈臺上星。

丙子。朝鮮國王李芳遠上平胡表。

後軍都督僉事吳庸卒于淮安。庸蕪湖人。始濟南衞百戶。從靖難。子凱。襲金吾左衞指揮使。同時北平都指揮使山陽劉經燕山左護衞指揮使濟南趙課僧卒。皆賜祭。

丁丑夜。月犯外屏西星。

己卯。中官張謙行人周航還自浡泥國。國王遐旺偕入貢。

甲申。許福建今年秋糧折收布鈔。

丙戌夜。大星光青白。出雲中。入近濁。

丁亥。撫安山東給事中王鐸言。長山等縣文廟像左衽。乞改正。凡聖賢像衣冠非古者。悉更之。報可。

己丑夜。月犯太微西垣上將星。

庚寅。給趙王高燧歲五萬石。鈔五萬錠。

壬辰。陳英嗣遂安伯。陳志孫。

遣內官關僧徵西番尙師昆澤思巴。

夜。金星犯天江。

十月。钾朔夜。大赤星出司怪旁。行入輿鬼。

乙未。禁列侯都督家中鹽牟利。

丁酉。上發北京。

戊戌。刑部左侍郎劉季箎降兩淮都轉運鹽司副使。應天府尹向寶降兩浙都轉運鹽司判官。

癸卯。上作務本之訓。賜皇長孫。

戊申。崑山日照縣民饑。貸倉糧不能償。折鈔。

庚戌。太白晝見。

壬子。夜月犯五諸侯南星。

癸丑。夜大赤星出天津。行至近濁。

甲寅。次濟寧。魯王肇煇來朝。

夜。大赤星光出天關。流五丈餘。又發光。行入天桴。

乙卯。上聞周王橚作殿祀太祖高皇帝。賜書曰。禮支子不祭。王國祀始封者。太祖高皇帝朝廷自廟祭。今祀于國過矣。

丁巳。次臨清。賢妃權氏薨。謚恭獻。厝于嶧縣。

戊午。夜月犯太微垣右執法。

己未。夜大星青白光燭地。出內階。北行入紫微垣。至勾陳。

十一月癸亥朔。夜大星赤光出五車。行入北河。二小星隨之。

乙丑。武安侯鄭亨充總兵官。守備宣府。

己巳。夜大星赤光出內階。行入九游。

癸酉。福建都指揮使童俊下獄。時倭陷大金定海二千戶所羅源等縣。攻平海衛城。百戶繆眞等戰死。

甲戌。上至京師。

辛巳。虎賁左衞千戶楊瑺訐指揮曹陞私畜妖書。擢府軍衞指揮僉事。

壬午。張宇清襲正一嗣教清虛沖素光祖演道眞人。宇初弟。

都督梁銘侍皇太子。擅用罪卒入直千戶卜玉發之下獄。

上聞哈密忠順王脫脫酗憒遣指揮毋撒等戒諭之未至脫脫暴疾卒。

設喜申衞乞烈速頭目千塔奴等來朝。

丙戌後軍都督同知陳亨爲右都督。

壬辰宥涼州千戶虎保赤等罪蓋流言悞之倡亂遠遁特命指揮哈剌那海等敕諭之尋率妻子萬二千人來歸。

十二月壬子朔迤北太師阿魯台遣使貢馬。

乙未楚王楨寧世子盤烒來朝己亥還。

修開封城時河決壞城二百餘丈。

丁酉瓜哇國暹羅國入貢。

庚子周王橚來朝。

遣行人余炅敕賜涼州都督吳允誠妻綵幣蓋虎保赤之變不從叛且有擒獲功子管者進指揮僉事。

壬寅右軍都督僉事趙清致仕。

蠲如臯縣去年水災田租。

癸卯右通政趙居任修吳江嘉興石塘。

鴻臚寺卿禤符李偉卒賜祭。

丙午設兀烈河朵兒必河木里吉卜魯兀乞塔河五衞。女直野人。

丁未敕諭韃靼太師阿魯台遣指揮岳山鎮撫丁全等同來使往賜綵幣。

戊申。蘇門答剌國榜葛剌國入貢。

庚戌。刑科給事中周智有罪。謫交趾。

欽天監副徐伯陽卒。伯陽樂安人。精曆象學。行端謹。國初官司天臺靈臺郎。改知祁縣。坐事戍邊。起欽天監五官靈臺郎。曆監副。

辛亥。孔彥縉襲封衍聖公。孔子五十九代孫。

壬子。隆平侯張信占丹陽練湖八十餘里及江陰官田七十餘頃。左都御史陳瑛劾之。下法司雜治。

夜月犯木星。

癸丑。諭吏部尙書兼詹事蹇義。今御史不得用刀筆吏。舊吏爲御史者皆罷。著爲令。

皇太子改左春坊左司直郎徐善述爲左贊善。

甲寅。勅甘肅總兵官西寧侯宋琥毋遣人出塞外交。

乙卯。撒馬兒罕國火州國入貢。

罷京師城門郎。

丙辰。郊壇祠祭署改天地祠祭署。鍾山祠祭署改孝陵祠祭署。

朝鮮琉球入貢賀正旦。

丁巳。永壽王尙灴來朝。

戊午。交趾陳季擴上表乞降。許之。授交趾布政使。陳原檜爲參政。阮帥胡具鄧景異鄧鎔爲都指揮。潘季祐爲按察副使。遣右通政方素易等敕諭之。

己未。開會通河。自濟寧至臨清四百五十餘里。

辛卯永樂九年

正月壬戌朔。甲子。諭兵部。榜天下。民遵法賦役。如有司苛征。豪勢侵凌。許訴理。其頑惡誘亂。聽擒解之。

丙寅。前太常寺丞袁珙卒。珙字廷玉。鄞人。善相術。識上于潛邸。及即位。驛召之。其家居有孝行。性伉直引義。訃聞。賜祭。贈太常寺少卿。

談遷曰。廷玉丁丑謁燕王。己卯遣歸。鄉人周繼祖訐于按察僉事唐泰。械至京。釋之。惟命太醫院使戴原禮取相書以進。王門之不可寄足如此。廷玉雖神術。然神聖應運而興。安藉此輩爲哉。第學行亦足稱。不僅爲姑布唐舉也。

庚午。修築麗水縣通濟堰。

甲戌。上南郊。

丁丑。安遠侯柳升爲平羌將軍總兵官。鎭守寧夏。

己卯。英國公張輔爲征虜副將軍總兵官。往交阯。會征夷將軍黔國公沐晟勦寇。

庚辰。以虜失揑干掠黃河東。寧夏都指揮王俶敗死。戒甘肅總兵官宋琥備之。

中軍右都督郭義。都督僉事徐膺緒。左軍都督僉事周長。前軍都督僉事費義。後軍都督同知曹隆。俱曠職。謫交阯。尋宥之。

壬午。令明年交阯惟布政按察司印官入朝。餘留任。

甲申。修襄陽衞護城隄及樊城西隄。

乙酉。立孝陵門如大祀壇南天門之制。

朝鮮鄭允厚來朝。授光祿寺少卿不任。

許右庶子兼侍講楊榮奔喪。賜鈔。命中官宋成護行。且趣之入。

丙戌。豐城侯李彬充右副總兵。平江伯陳瑄充參將。率浙福官軍勦海寇。

都督僉事費義運衞輝積粟三十二萬四千四百石赴北京。

築高郵州張家溝石塘。

戊子。中軍都督同知蔡福私官馬戍邊。

己丑。免邳州水災田租。

工部郎中以下俱下獄。刑科右給事中耿通等言。工匠役滿。尙書宋禮等不之遣也。上然之。禮伏罪治事。

二月壬辰朔。敕戒秦王尙炳以倨慢不迎詔。械長史紀善等入京。

癸巳。左春坊左中允李賢高暐改雲南四川按察僉事。

開四川武隆縣龍泉井鹽。

吉水知縣錢本中卒。本中武進人。涉獵書史。習法律。洪武中薦辟。歷故城元城吉水令。繩豪民宿吏。戍之。刑務清簡。嘗盜起。單騎諭解。民甚德之。留葬吉水。爭負土治塚。

己亥。起復河南布政左參政孟驥。

河決沂州。

癸卯。上御右順門。覽奏牘。有鎭紙金獅欹側欲墜。給事中耿通等趨置之。上歎曰。彼置于危則危。置于安則安。天下大器也。可危置之哉。故小事必謹。小失必改。否卽危道也。初上諭六科。批奏未當者悉改之。通曰。恐失信。上曰。改而當。何失也。

修郊壇孝陵奉先殿祭器。

甲辰。置督罕河衞。女直野人。

瓦剌順寧王馬哈木貢方物。請圖本雅失里。

夜大星赤光。出五車。行至游氣。

丁未。夜月食。

庚戌。浚齊東小清河。

辛亥。浚濰縣河。築壽光縣隄。

都察院左都御史陳瑛有罪下獄。左春坊左中允劉子春劾其方命虐害也。瑛好煅煉陷人。凡舊臣。望旨羅織。所破滅數百十家。至是瘐死。籍其家。

甲寅。秦王尚炳來朝謝咎。

敕勞日本國王源義特。以屢獲倭寇也。

乙卯。浚福山縣西官渠。

丙辰。詔赦交阯。停採金銅。罷鹽鐵魚課等項三年。

丁巳。禮部右侍郎王彰改戶部。

倭掠廣東。陷昌化千戶所。千戶王偉等敗沒。上責副總兵都指揮李珪等立功。戴罪自贖。

己未。開會通河。河自濟寧通臨淸。洪武中漸淤。遂陸路置遞運所八。役三千人。車二百餘輛。至是濟寧州同知潘叔正言。元開會通河。自濟寧至臨淸四百餘里。淤僅三之一。濬而通之。亡論東民息肩。實國家永利也。命工部尚書宋禮都督僉事周長按之。俱極言其便。于是遣侍郎金純役十六萬五千人浚之。免其田租。尚書宋禮總督河工。
馬晉允曰。會通河以汶泗爲源。夏秋之間。霖潦泛濫。則馬場泊之流亦入焉。汶泗合流至濟寧分爲二。一入徐州。一入臨淸。凡河流之深淺。舟楫之通塞。皆係乎泊水之消長。泊水夏秋有餘。冬春不足。非經理河源及引別水以益之。必有淺澁之患。此宋禮之言也。自中灤分導河源。使由故道北入海。河南之民利焉。緣河護岸埽座。用竹編成大囤。置水以椿木釘中。實以石。以橫木貫于椿表。牽築隄上。則水可殺而隄可固。此主事藺芳之言也。蓋昔人于水之源流開泄。洞悉如列眉。故可經久。今人不身履其地。茫茫厝置。止有臨流浩歎。求欲速以幸免目前已耳。古今人豈眞不相及哉。

夜。大星光靑白。出雲中。

三月辛酉朔。廷策貢士陳璲等八十四人于奉天殿。賜蕭時中苗衷黃暘等進士及第出身有差。

乙丑。法司錄囚。

戊辰。遣祭故哈密忠順王脫脫。敕都指揮哈剌哈納爲都督僉事。鎭守哈密。

修泰州河隄。

庚午。安定王尙炌來朝。

壬申。浚揚州瓜州壩河。修通江減水二閘。

癸酉。先有指揮訐天城衞千戶某罪。繫刑部獄。其母託已賂部官。并首所賂。上問千戶與指揮有舊乎。曰否。上曰。非舊何託爲。下指揮法司。則指揮鄰刑部。察母日橐饘給其賂事。且泄自首。上宥母不問。戍指揮交趾。

鎭康州土知州曩光遣頭目來朝。初中官徐亮等使西南夷道鎭康。被刦。敕責曩光。恐。乞貸罪。復命給事中周讓行人方濬往諭之。

甲戌。選庶吉士楊慈劉永淸陳璲錢習禮黃壽生陳用鍾瑛張習張式馬信邵聰瑛等皆國子生。肄翰林譯書。及登第仍肄翰林。

乙亥。敕趙王高燧以妃徐氏誑誕不悛。幽別室。更選淑媛。

交趾宣化府土同知黃公勰來朝。求內遷。進太原知府。

丁丑。鎭守遼東中軍右都督劉江不謹斥堠。致虜剽殺。上欲誅江。已宥之。圖後效。

己卯。或盜勸善書。刑部擬當黥戍。上以非盜財免戍邊。仍去其所黥。

除如皐魯山縣絕戶田租。

庚辰。溫州人以歲輸白礬數千斤于京。苦陸運。求附海舟。上問工部白礬何用。曰染布須此。上曰僅染布。何勞我遠民也。罷之。

壬午。開祥符中灤河。元運自江淮由河至封丘中灤。陸運至濬縣淇門。百有八十里入御河。至是工部侍郎張信言黃河故道。命役十萬人。興安伯徐亨工部侍郎蔣廷瓚同侍郎金純浚之。尙書宋禮兼董淇門古枋頭也。

六科給事中曹潤等劾都督府成國公朱勇。魏國公徐欽。定國公徐景昌。永康侯徐忠。右都督郭義。監試襲職子弟縱家僮奪其弓弩。非法。下錦衣衞捕家僮付法司。宥勇等。

甲申。敕賜交趾土官右參政莫遂等皆立功禦叛。各勞綵幣有差。

乙酉。鎭守大同江陰侯吳高言山西各衞屯軍十之七八。操軍甚少。宜半之。上諭兵部量地制。戍留陽和十之四。天城朔州十之三。蔚州十之二。餘悉屯種。

工部右侍郎任毅降營繕主事。前通政司右參議賀銀爲工部右侍郎。

陝西都指揮僉事高英免。英從都督劉江北征至靜虜鎭。値虜。江移據高阜。英誣其退怯。上不直之。

丙戌。平江伯陳瑄充總兵官都督僉事宣信副之海運北京。
戊子。中軍右都督劉江仍鎭守遼東。
己丑。夜大星光靑白出北斗旁行至雲中二小星隨之。
庚寅。修西安灞橋。
四月辛卯朔。琉球中山王長史饒州程復積勞年八十一。進琉球國相兼左長史。致仕還饒州。長史王茂進國相兼右長史。
乙未。兩淮都轉運鹽司副使劉季篪遷延未赴任。奪秩令士服隸翰林院修書。
丁酉。免安東縣永樂七年牛租。
庚子。朝鮮瓜哇入貢。
夜月犯木星。
癸卯。改交趾雞陵縣爲鎭夷縣。徙鎭夷關于松嶺。蓋地高爽避瘴。
己酉。召遼谷瀋安唐郢伊肅晉九王來朝。分長幼以次至。
庚戌。夜大星赤光。出紫微垣內四輔旁。北至游氣。
辛亥。陝西按察使辛耀副使徐道正張泰僉事姜榮馬驥黃禎。俱妓飲。命械于本司前。
甲寅。遼東左參政劉本上三事。曰停止一切不急之務。曰郡縣選老成廉謹爲之。曰簡宿學爲敎官訓迪交人。
上嘉納之。
丙辰。賑綏德隆德等饑民糧萬有八百石。
丁巳。征虜副將軍英國公張輔至南寧。言陳季擴等詐降。乞進兵。

戊午。監生陳謨李復鄭進善張添祿並爲監察御史。

是月。沭陽縣雨雹傷稼。

五月辛酉朔。己巳。定交阯土官考覈例。

辛未。進士王彥自陳與奸惡外親有連。俱被籍沒。乞就繫。上以其才。幷其家宥之。

癸酉。土魯番總統古麻刺失里各入貢。

甲戌。浚鄭州洛河故道。

丁丑。嘉興知縣李縉監生王杲商賢胡寗俱爲監察御史。

乙酉。董卜韓胡地面頭目南科入貢。言容隆蒙碉門二招討侵鄰阻道。請兵往。命賜綵幣。敕諭之。

己丑。監生劉廣爲四川道監察御史。

是月。開封大雨水。

六月庚戌朔。韃靼太師阿魯台貢馬。

癸巳。遣行人迎榜葛刺貢使于太倉。宴勞之。

甲午。監察御史周宗範工科給事中謝垣私易奏章。右副都御史虞謙發之。下法司論罪。

甲辰。許青登萊流民墾東昌兗州閒田。給牛具種子。三年始租。又農隙幷練屯軍。

揚州大風雨。江溢。壞廬舍人畜。

旌泰安監生張翼孝行。親沒。皆蔬食廬墓三年。慈烏繞墓樹數百。飛鳴不輟。

乙巳。太監鄭和還自西洋。先是經錫蘭山國。其王亞烈苦奈兒欲邀劫我伐木斷道。和間行登舟。以二千人潛攻王城。入之。執亞烈苦奈兒幷家屬以歸。群臣請誅之。上閔其愚。釋不問。給衣廩。

談遷曰。錫蘭山彈丸黑子之地。史謂其潛發番兵五萬餘刦和。蓋奏詞少溢矣。茫茫海外。誰明其不然者。愚未敢盡信也。

監生胡良誠于敏林勝宗白璧宋友謙俱爲監察御史。

築沁州漳河決隄。

撒馬兒罕入貢。

丁未。趣工部尙書宋禮河工。

賑沁遼保安芮城定襄浮山等饑民粟五千九百石有奇。

除雲南溪處甸長官司歲納海肥。蓋非土產。市于臨安。土官自恩乞折鈔。上以卹遠。其除之。

庚戌。召見西洋航海官軍七百四十五人。人各賜鈔。

榜葛剌入貢。

壬子。賑龍游縣民稻四千八百六十餘石。

右春坊右庶子兼翰林侍講楊榮奔喪還京。

乙卯。會通河成。自濟寧至臨清。置閘十五。徐呂二洪流駛多怪石。或欲夷之。尙書宋禮曰。不可。河水泥多。留此石可以激泥先下。而澄濁爲清也。嘉靖中盡夷之。徐呂不復有洪。運道易淤。

丘濬曰。運河由江而入邗溝。由邗溝絕淮而渡上清口。經徐呂二洪。泝沁泗至濟寧。濟寧居運道之中。所謂天井牐者。即元史所謂會源牐也。泗沂洸汶諸水。畢會于此。而分流于南北。北至安民山。入于新河。地降六十尺。爲牐十有七。而達于漳御。南至沽頭。地降百十有六尺。牐二十有一。而達于河淮。此蓋居兩京之間。南北分處。自是而南。至于河淮。順流也。河淮東流至淸口而入于海。亂流而渡。由邗溝渡江而達于南京。自是而北至于漳御。順流也。御河北流至直沽而入于海。泝流而上。由白河抵潞而達于北京。迤南接濟之水。有自武陟來之沁。有自瑯琊之沂。迤北接濟之水。有自金龍口之河。有分滹沱之河。通論諸牐。天井居其中。臨清總其會。國家都北。仰給于南。恃運河以爲命脈。濟寧居咽喉。而又多旁出之途。惟臨清乃會通河之極處。此其要害也。東控青齊。北臨燕趙。且去邊關不遠。疾馳之騎。不浹旬可到。請跨河爲城。各爲水門。以通舟楫。包諸牐其中。設官以司啓閉。屯兵以爲防守。是亦思患預防之一事也。

陸深曰。予往來漕渠。未嘗不三致意焉。通塞者天幸也。使北方無惰農。有此焉而不恃可也。國家詳于講漕而略于講農。豈未之思乎。

琉球國入貢。

戊午。遣內官趙惟善禮部郎中李至剛宴勞從鄭和官軍于太倉。和使西洋。自占城西南通國以十數。蘇門答剌最遠。自蘇門而往通國以六七數。柯枝最遠。自柯枝而往通國六七數。天方最遠。蓋去中國數萬餘里矣。由是明月之珠。鴉鶻之石。伽南沈速之香。麟獅孔翠之奇。梅腦薇露之珍。珊瑚瑤琨之美。皆充舶而歸焉。

是月。交阯布政司右參議解縉徵下獄。初翰林檢討王偁謫交阯總兵官張輔幕下。縉與偁故以文章相結。言偁于輔。攜之化州。因共往廣東。觀其山川。八年入奏。鑿贛江通南北道。會上北征。見東宮而返。漢王高煦密疏縉瞰駕遠出。覲太子徑歸。無人臣禮。意亦欲陷太子。上怒縉避事勞民。并逮王偁。既至獄。吏拷治不勝楚。令逼引大理寺丞湯宗宗人府經歷高得暘禮部郎中李至剛右春坊右中允兼翰林修撰李貫右賛善兼翰林編修王汝玉編修朱紘檢討蔣驥潘畿蕭引高等。皆下獄。

談遷曰。解學士故善王偁。不以擢抑改其交。誠雅誼也。上贛江之書。雖曰知無不言。稍違其時。况已拜官。可紆道以瞻闕廷哉。即無漢庶人上一悉之譖。責立至。然學士不獄死。脫在化州。亦不免爲劉子輔何忠輩矣。

七月庚申朔。陝西疫。遣戶部右侍郎王彰祭西嶽。

辛酉。故東城兵馬指揮張麒追封彭城伯。太子妃父。

甲子。浚定襄縣故渠。

乙丑。蜀府崇慶王悅炘薨。

庚午。湖州大雨水傷稼免田租。

夜。月犯箕宿。

辛未。築仁和海寧海塘。時潮溢。漂人畜。遣官賑卹。

甲戌。滿剌加國王拜里米蘇剌來朝。遣中官海壽禮部郎中黃裳等迎勞之。

乙亥。古里國王以米的柯枝國王可亦里。蘇門答剌國王宰奴里阿必丁。阿魯國王速魯唐忽先。彭亨國王巴剌密鎖剌達羅息泥。急蘭丹國王麻哈剌查若馬兒。南巫里國王□□。加異勒國頭目葛卜者麻。瓜哇國王都馬板各入貢。

丙子。征虜副將軍張輔征夷將軍沐晟敗賊黨阮師于月常江。初分道進至九眞州之月常江。賊樹栅設伏。我都督同知朱廣都指揮張勝俞廣拔其江中椿木。都指揮方政等搜其伏攻栅夾擊大破之。斬四百餘級。溺可二萬人。

戊寅。汝南王有爋永寧王有光來朝。

癸未。開鹽亭縣井鹽。

築西安涇河洪堰。

甲申。諭兵部。遣人巡視苑馬寺官。不散牧者罪之。

滿剌加國王拜里迷蘇剌率妻子入朝奉天門。時從臣五百四十餘人。

乙酉。祥符中濼河成。合會通河。河南免水患。

丁亥。巡按陝西監察御史魏源言。陝西倉糧千九十八萬四千二百五十五石。足支十年。乞後半輸鈔。從之。

靈州降胡都指揮馮答蘭帖木兒等逃叛。陝西都指揮使孫霖王儀等追破之。

戊子。賑臨城縣饑民糧二千七百石有奇。

八月䞶朔。乙未。翰林學士兼左春坊大學士胡廣右春坊右庶子兼翰林侍講楊榮主試應天。時雲南始鄉試。貴州未附也。

石康縣典史陰鎰言。各布政司設照磨檢校各一。浙江獨照磨四。宜裁。又竈丁歲支工本煎鹽。犯罪不得支。其罰甚輕。請發別場充役。上從之。

癸卯。夜月食。

戊申。夜月犯昴宿。

庚戌。左僉都御史劉䕭馬上接旨徑歸第。見劾下獄。尋宥之。

夜大星出紫微垣。行入文昌。

壬子。設谷龍長官司。隸貴州。

甲寅。築大名漳衛二水決隄。

丙辰。禮部以齊庶人榑妃鄧氏卒。宜庶人禮葬。上念其親誼。仍王妃禮。

是月。河溢。壞開封舊城。

九月䄫朔。乙丑。免桂林今年田租之半。以蠻人流徙也。

丁卯。後軍都督同知曹隆卒。隆潁上人。少勁悍。事中山王徐達麾下。授燕山左護衛百戶。從靖難。力戰有功。賜祭葬。追封贈安陽伯。謚忠毅。子貴。襲金吾左衛指揮使。

己巳。吏部尙書兼詹事蹇義。戶部尙書夏原吉。俱滿九載。敕復職褒諭。禮部尙書趙羾。初上北征。辭疾不從。後賜宴紊序。至是失賚朝鮮貢使。遂下獄。

癸酉。滿剌加國王辭歸。賜敕宴送之。

丙子。駙馬都尉永春侯王寧卒。寧尙懷慶公主。首附上。建文帝下之獄。及進封。志溢。縱恣日甚。遂罷其朝請。至是賜祭。

丁丑。夜。月掩五車星。

戊寅。諭法司重囚五覆奏始決。

庚辰。黃巖人告豪民以建文時士人包彝古所上楚王書稿示同輩。書語多指斥。請下法司。上曰。此必報私忿耳。凡告建文時語言干犯。皆勿聽。

乙酉。肅王楧來朝。庚寅。還。

是月。遂溪海康大風雨。溺千六百餘人。

十月

玘朔。壬辰。起復工部右侍郞郭璡。

癸巳。遼王植來朝。庚子。還。

乙未。監生胡廙爲工科給事中。

寬北京還謫軍民賦役。

辛丑。監生孫慤爲刑科給事中。

韓世子沖㙀嗣韓王。佐敬嗣靖江王。

封哈密忠義王免力帖木兒賜印誥綵幣玉帶。脫脫從父之子。

乙巳。重修太祖高皇帝實錄。上初即位。命曹國公李景隆等修之。謂未備。至是命太子少師姚廣孝戶部尙書夏原吉爲監修官。翰林學士兼左春坊大學士胡廣國子祭酒兼翰林侍講胡儼右春坊大學士兼翰林侍讀黃淮右庶子兼侍講楊榮爲總裁官。左諭德兼侍講楊士奇金幼孜等爲纂修官。皆賜敕。

增行在行部戶曹清吏司郎中一。永平保定河間同知通判各一。涿通霸薊灤安景滄同知判官各一。專屯田。

戊申。趙王高燧來朝。乙巳還。

翰林檢討王洪爲修撰。

甲寅。瀋王模來朝。壬戌還。

十一月戊戌朔。免陝西逋租。

癸亥。征虜副將軍英國公張輔追捕陳季擴等于生厥江。大破之。梟千五百餘人。以徇。賊散走林澤中。逐捕殆盡。

甲子。谷王橞來朝。戊辰還。

丁卯。立皇太孫瞻基。冠于華蓋殿。

己巳。設交阯寧化州領赤土車來二縣。

庚午。浚鄒平縣白條溝河。

辛未。夜。大星光靑白。出柳宿。行至游氣。

壬申。征南將軍右軍都督同知韓觀改征夷副將軍。佩征南印。移鎭交阯。都指揮葛森鎭守廣西。

暹羅入貢。

甲戌進士況文趙鑑葉貞爲監察御史。

丙子。慶王㮵代世子遜煓來朝。庚子還。

起復戶科給事中胡安。

刑科都給事中曹潤等言日者錄囚命釋輕繫。臣竊見匝月間瘐死九百三十餘人。非陛下意也。上召法司記罪。限徒流以下十日盡決遣。

丁丑。修仁和海寧海鹽石塘萬一千一百八十五丈。

辛巳。逮建陽衞鎭撫武戡。戡高皇后戚屬也。守宿州徐王墓。不法。特宥而戒之。

琉球入貢。

十二月〔豕丁〕朔。己丑。韃靼太師阿魯台貢馬。

庚寅。册趙王高燧妃沐氏。沐晟女。

壬辰。敕諭福餘朶顏泰寧三衞頭目曰。昔兀良哈之衆。數爲虜掠。相率歸附。奮守臣節。我太祖高皇帝矜而設三衞。俾各領其衆。後竟叛去。及朕即位。復來朝。略其舊過。加意撫綏。數年來生靈繁息。朝廷于爾厚矣。比爲本雅失里所脅。掠我邊卒。又苦列兒等給市馬。實行窺伺。今能悔過。即還所掠。納馬三千匹。姑贖前罪。不然。發兵誅叛。悔將難追。

何喬遠曰。葉夢熊曰。永樂八年北伐。至鳴鑾戍。語金幼孜曰。滅此殘虜。惟守開平興和太寧。寧夏甘肅。則邊境永無事矣。是棄大寧非成祖意。後世謂欲借屬夷藩籬中國。誤矣。至宣德五年。並開平而失之。喪地三百里。由是左右臂俱折。而松關潢水險固在虜。夫不得祖宗之意。而揣摩其影響。以幸苟安。此二百餘年之大悞也。

乙未。雨雪。寒甚。上念往時靖難將士之苦。或墮指裂膚。勇氣不衰。各賜鈔有差。

免涿州大興等去年水患田租。

丁酉。晉王濟熺率世子美圭來朝。甲辰還。

戊戌。歸阿魯台兒妹。先是洪武中官軍于捕魚兒海俘之。今因貢使同遣。

乙巳。孔克中爲曲阜知縣。賜敕。時知縣孔希範目眚辭。

壬子。成都知府賈瑜饒州知府李益爲福建山西布政司左右參政。皆九年奏最。命後郡守滿九年者。例如之。

甲寅。安王楹平陽王濟熿來朝。辛酉還。

閏十二月丁巳朔。敕五府六部條析利弊。

己未。吏部尚書兼詹事蹇義等上十事。曰朝臣七品以上。外臣五品以下及縣正官。各舉賢能堪牧民風憲者一人。曰分巡按察司官及巡按御史。嚴考察賢否。曰選京官四品以上。分行天下。察吏安民。曰嚴大理寺官屬。曰如舊制。部院罪囚。皆送大理寺。曰京衛造海舡等料費。缺官補。不得科擾軍民。曰停工部買辦不急之務。曰人民賠納官物。貧極免追。曰許逃軍逃囚自首免罪。曰謫佃北京者。或遁。例發全家。今量取一丁充額。上並行之。

壬戌。別失八里王馬哈麻入貢。

甲子。庶吉士黎常爲監察御史。

都指揮僉事韓誠柴永正馬惟良皆爲都督僉事。

丁卯。刑部右侍郎吳盛卒。景州人。洪武□□進士。

戊寅。前山東右布政使馬麟起大理寺右寺丞。

己卯。禮科給事中傅安等還自別失八里。時兀刺使臣馬哈麻等言。別失八里將襲其部落。因敕諭之。

庚辰。罷山西徐溝縣歲辦鹽硝。

辛巳。賑臨晉饑民小麥萬八千餘石。

癸未。郢王棟來朝。戊戌還。

甲申。免景陵湯陰水災田租。

壬辰永樂十年

正月炳朔戊子。封右軍左都督吳允誠恭順伯。祿千二百石。

己丑。外覲官千五百餘人。命各部覈勘。合完者止八十人。賜鈔。餘姑宥復職。上復問鴻臚寺及六科曰。覲官奉命言民瘼者幾人。曰百五十人。上命責緘默者。于是各官俱具狀。命六部酌行之。其未當。勿問。

癸巳。許廣西都結州糧運赴南寧。

乙未。徙靑登萊餘丁耕兗州東昌。免徭賦三年。

許洛陽縣納粟代粳米。樂昌縣納米代麥。從所產也。

丁酉。上南郊。

庚子。元宵節。賜群臣宴。縱觀鰲山三日。戶部尚書夏原吉侍母來觀。上聞之。賜鈔二百錠。

壬寅。諭吏部。凡諸司不許擅遣守令。俾專民事。

乙巳。趙王高燧還北京。

丙午。寧夏總兵官安遠侯柳升械叛賊察罕歹等至京。誅之。

山西左布政使周璟言太原平陽澤潞運餉大同甚遠。請以天城陽和等衞草往給大同。以平陽澤潞草貯近驛。從之。

丁未。國子司業趙季通董子莊爲趙府長史。

敕都督僉事費義尙書宋禮由新河轉漕北京。兼修築河隄。其海運如故。

戊申。中軍都督郭義尙寶司少卿朱秀以廟祀不至。下獄。

己酉。賑隴州饑民粟萬二百三十一石。

靈寶永寧平陸俱旱澇。逋租許折鈔帛。

壬子。魯王肇煇來朝。丁亥還。

免越訴誣告之罪。徙其妻子于良鄉涿州昌平武淸盧龍山海永平小興州耕種。

癸丑。稷山河津滎河等縣人言。歲饑。採蒺藜蒲根。而有司急征。乞寬貸。上閔之。立遣賑。其布政司守令不以聞。悉械至京師論罪。

二月陃朔。吏部尙書兼詹事蹇義。戶部尙書夏原吉。禮部尙書呂震。兵部尙書兼詹事金忠。兵部尙書方賓。翰林學士兼左春坊大學士胡廣。右春坊大學士兼翰林侍讀黃淮。右庶子兼侍讀楊榮。左右諭德兼侍講楊士奇金幼孜。各給誥命三代封贈。

辛酉。免山西河南永樂八年以前逋租。

左右春坊左右諭德兼翰林侍講楊士奇金幼孜主禮闈。

壬戌。敕責靖江府輔國將軍贇僊貸民錢取息。

宥雜犯武職復其官。

置河間衞。

丙寅除湖廣五寨長官司歲課硃砂。

戊辰諭考官貢士毋過百人。

庚午伊王㰘楚世子孟烷來朝。

癸酉刑部司務劉潔爲監察御史。

甲戌追謚太充妃胡氏曰昭敬。楚王楨母。

丁丑戶部左侍郎王彰改右副都御史。

庚辰遼王植有罪削護衞及儀衞司止給軍校三百人。

三月乙酉朔策貢士林誌等百人于奉天殿賜馬鐸林誌王鈺等進士及第出身有差。

豐城侯李彬充總兵官討甘肅叛寇。

辛卯夜大星光青白出庫樓南行至近濁三小星隨之。

壬辰鑄征蠻將軍印。

癸巳選庶吉士蔣禮趙昜徐俊何賢潘勤黃裳羅興楊榮張觀王觀馬馴王璜劉濬胡讓邵暹米顯方復。

定州馬產駒有肉角類麟。

夜大星光青白出尾宿行至雲中三小星隨之。

甲午夜月犯軒轅大星。

乙未秦王尙炳薨謚曰隱。

丙申。設武定尋甸廣西三府儒學。

壬寅。尙寶司丞陳善爲廣東道監察御史。

甲辰。免北京水災田租。

丁未。善書朱孔暘爲中書舍人。

戊申。州判張侗。庶吉士胡敬。監生程玖。秀才沈粲。許鳴鶴王孟端朱暉楊本陳宗淵龐振舒章炳如。並爲中書舍人。仍隸翰林院書制誥。

河南遂平縣大雨水。河溢。賑之。

己酉。廣東道監察御史裴璉爲右春坊右中允。許勝爲左春坊左司直郎。

辛亥。代世子遜熓來朝。

甲寅。進順天府官正二品。知府張貫爲府尹。大興宛平二縣進正六品。

四月甪朔。設祿谷長官司。隸雲南鎭沅府。

丁巳。鴻臚寺左寺丞許廓爲工部右侍郎。

庚申。浚北市流等四閘河。共萬七百三十人。

壬戌。工部尙書宋禮言。比者御史許堪云。衞河爲患。命臣經度。臣自衞輝至直沽。河岸多低薄。若不分析漫流。後費益甚。臣爲永久計。先視會通河。抵魏家灣。與土河連。可穿二小渠。用泄暴水入土河。則雖遇驟漲。衞河下流可無患。又德州城西北。自衞河岸東北至舊黃河。亦可穿小渠。開通泄水。抵海豐縣大沽河入海。衞河亦可無患。約作者三千人。期十日。命侯農隙爲之。

癸亥。敕開平備禦成安侯郭亮等。自開平至懷來宣府萬全興和各山上。皆架五砲。便警備。

徙廣寧衞鐵山馬市于團山便水草也。
肅州僑居回回指揮哈剌馬牙殺御史陳錡都指揮劉秉謙大掠而去。以陝西按察僉事馬英激之也。命磔英于市。
甲子。監察御史陳孟旭受贓枉法。文獻盜課銀。俱棄市。
乙丑。慶成王濟炫來朝。
福餘朶顏泰寧等三衞各納馬贖罪。
庚午。築遼東開原西門土城處降胡。
朝鮮琉球入貢。
賑許州襄城長葛臨潁郾城泌陽等饑民粟二千五百二十六石。
辛未。遣工部主事藺芳按視陽武等縣潰隄。芳言隄當急流之衝。故夏秋伏漲時水勢不可驟殺。輒潰敗。宜依新開河岸捲土爲埽。樹椿捍禦之。庶不至重爲民患。從之。
癸酉。蠲臨海縣水災田租。
甲戌。遣戶部員外郎孫恪賑平陽翼城等饑民粟三十一萬四千二十石有奇。
辛巳。進士胡槩蕭常郭廉吳斌弋謙鄧眞何楚英傅良何忠張順周建李曰良王鉉郭振金庠魯琛朱敬喬良鄧義陳子倫林衡謝升張昱監生張勤龍景亨趙文姚悅濮陽泰任旺祝和陳恕郭端賈節趙益廖睿周穀李善楊俊張彬爲監察御史。
癸未。賑萊州饑民。粟五十八萬三千八十石。
五月甲申朔。始賜文武百官扇。

行在工部尚書鄧明卒。明本李姓。字光遠。安南國王陳日焜壻。官尚書省左參知政事。以子延平府鎮撫使鄧師誨及官屬上東都圖籍內降。同破雞留艦水等關。拜參政。授師誨九眞知州。已平簡定陳季擴。功進左布政使。召拜尚書。賜甲第。同鴻臚卿陳季暄工部尚書黎澄作神槍。賜江陰田宅一區。予祭葬西山。師誨進燕山衞。尋言事謫江陰主簿。終贈光祿寺丞。

乙酉。瓦剌順寧王馬哈木等遣使來朝。言滅本雅失里。得傳國璽。欲獻。恐奪于阿魯台。乞勦之。又請還脫脫不花子。賞賚部屬伯顏阿吉失里等。上以不足較。遣敕諭馬哈木太平把禿孛羅。

金吾右衞指揮李嚴逐母不養。磔于市。

丙戌。修京師山川壇及功臣廟。

諭禮部申飭釋道二敎。

丁亥。長沙人言產銅鑛。廣西河池人言銀鑛大發。上怒其言利。斥之。

庚寅。修四川棧道。

辛卯。居慶成王濟炫于蒲州。

壬辰。夜火星犯右執法。

乙未。寧化王濟煥來朝。

池州推官彭存善爲監察御史。

丙申。秦州人言。鞏昌臨洮稅糧歲運甘州二千餘里。負載甚苦。乞農隙輸蘭縣。自蘭縣每五十里設站。或刑徒或官軍續運。從之。

辛丑。免開封水災田租。

壬寅。江西寧州大雨水。皇太子遣賑。

壬子。中書舍人王燧爲左春坊左司直郎。

六月甲寅朔。丙辰。廣西潯州大雨。江溢。

戊午。命隆平侯張信駙馬都尉沐昕建湖廣武當山宮觀。

己未。湖廣按察司知事胡璉言武陵縣不宜麥。其歲徵麥二百四十餘石。乞改納米。從之。

庚申。陝西道監察御史趙愼改刑科都給事中。

免湖州逋糧七十萬二千四百餘石。

癸亥。故學士宋濂孫懌以奸黨鄭公智外親當坐。上念濂舊德。宥之。

鄢陵臨漳大雨。河溢。皇太子遣卹之。

夜。月犯心宿後星。

戊辰。山西左布政使周璟言平陽滎河太原交城縣捕蝗已絕。上命巡按御史驗之。

辛未。武昌荆黄常德漢陽大雨。江溢。壞田舍。命戶部遣卹。

壬申。浙江按察使周新奏浙西水潦傷稼。右通政趙居任匿不以聞。偪民輸納。上問戶部尙書夏原吉。對曰。居任奏民間多熟田作荒。按察司未可悉信。上曰。水災昭著。按察司非妄也。卽遣人覆視。災者蠲租。災甚者賑之。

滿剌加入貢。

癸酉。禮科給事中引四至御前。有二人欲訴錦衣衛官促之起。上見之。曰。在朕前如此。況千里外哉。顧錦衣官曰。今敢復爾者必誅。

甲戌。諭戶部。發粟賑河南饑民。時有司不以聞。或言穀稔。于是命郡縣及朝廷遣官遇民艱不言者。悉下之獄。

保定侯孟善卒。善海豐人。元樞密院同僉。來歸。從徐達征北。歷燕山中護衞千戶。從靖難。累戰功。追封滕國公。謚忠勇。

乙亥。榜葛剌國王子賽勿丁入貢。告其父靄牙思丁之喪。詔諭祭。封賽勿丁榜葛剌國王。

丙子。永和王濟烺廣昌王濟炳來朝。

壬午。命幼軍未妻者官爲之配。

七月岬朔丙戌。賜廷臣兜羅錦被。

水災。免吳江長洲崑山常熟田租十三萬八千六百九十石有奇。

蘆溝河水溢。潰隄八百二十丈。發卒治之。

福建右布政使張拱辰犯贓。下臺獄。

己丑。命都督僉事薛斌吳成等選永平薊通胡官教民牧馬。選眞定定州胡官教牧順天。

夜。大星自狗國旁流光燭地。至近濁。

甲午。鑄永樂通寶錢。

丙申。封耶巴乃那錫蘭山國王。幷送亞烈苦奈兒歸。

丁酉。前靖江王府右長史蕭用道卒。用道廬陵人。建文初。薦拜靖江直史。徵入翰林修實錄。上改直史爲諮議所。亡何。改右長史。昨歲乞休。忤旨。降宣府鷂兒嶺巡檢。

庚子。慶成王濟炫以蒲州邸壞。請徙汾州。許之。

辛丑。免四川通江縣茶課。

壬寅。徙甘肅胡人于蘭州縣。敕總兵官安遠侯柳升領二千騎屯涼州。鎭番。

張邦達爲河南道監察御史。邦達自四川合江知縣戍邊。薦使榜葛剌國報命。

癸卯。諭都察院。令中官奉使毋預有司事。

甲辰。吏部郎中鄒濟爲左春坊左庶子。濟寧學正高壽爲左中允。中書舍人吳均行在國子助教黃琮岳州教授趙文爲右春坊右中允。左中允孔諤司諫朱璉改監察御史。左司直郎許勝右中允劉子春裴璉改刑部主事。

乙巳。前行部左侍郎劉辰卒。辰字伯靜。金華人。李文忠記室。建文初擢御史。守鎭江。事上。預修實錄。進江西左參政。尋免。起行部。留南京。三年致仕。年七十八。慷慨負氣。好辨論。志雖有爲。然疏略。

丁未。河南監察御史鄒師顏改大理寺左評事。

水災。免嘉興縣田租三千六百十五石。

戊申。中官吳賓等往賜瓜哇國西王都馬板錦綺紗羅綵絹千匹。

己酉。浙江平陽縣獻嘉禾百六十四本。

庚戌。開四川安岳縣井鹽。

八月癸丑朔。寧世子磐烒來朝。

交阯總兵官英國公張輔屯安謨海口。賊自大安出神投海外分戰。我乘北風奮擊走之。追擒僞將陳磊龍鄧汝戲等七十五人及從賊千餘人。皆斬之。

丙辰。命皇太孫兼講武事。諭兵部尙書金忠。選應天鳳陽滁和北京山東山西陝西河南四川湖廣民間子弟。年十七至二十。拳勇材藝者。給廩送京師。充隨從。曰幼軍。

談遷曰。國家雖安不忘危。然廣廈細旃之上。樽俎詩書。席師儒而明禮樂。駕其長策鞭笞四夷。有餘地矣。何事孱孱焉馨閭閻之少年。控鶩槊矢。步武鶴禁之下。以稱豫敎乎。幸宣宗睿質。允武允文。否則豹房應州之事。先康陵而見之矣。

敕北京提督牧馬官。課卒孳生及數者人賞鈔五錠。牧養失時。罪不貸。

禮部主事楊砥爲行在太僕寺卿。

己未。增設長安嶺野狐嶺興和以西至洗馬林石垣濠塹。

辛酉。國子助敎吳泰爲行在國子司業。

浡泥國王遐旺率母妻來朝。遣郎中高謙行人柳昌往宴勞之。

壬戌。山東定陶河南中牟等縣耆民詣闕謝賑。上諭戶部曰。賑饑。上責也。遠來謝。止之。復來。其再止之。並給路費還。

甲子。占城國王占巴的賴貢象。

乙丑。夜大星光靑白。出天船。行入北斗。

丙寅。旦壽星見。

置只兒蠻兀剌順民囊哈兒古魯滿徑哈兒蠻塔亭也孫倫可木河弗思木十一衞。女直野人。

己巳。外戚徐赫匿逃民。法司請治之。上召赫諭曰。疎遠小人尙相戒守法。爾乃狎恩。昔中山王不敢分毫越度。非爾祖耶。治如律。

庚午。前涼州永昌土達老的罕逃叛。捕之。

癸酉。翰林庶吉士劉翀爲禮科給事中。同吏科給事中張英國子學錄王讓侍皇太孫說書。上曰。朕聞讓之孝。

甲戌。宥府軍衞指揮使趙琮罪謫。從其父右軍都督僉事淸之請。幷命兵部覈功臣子孫謫戍者。

夜。大星光燭地。自奎宿行入天囷。二小星隨之。
丁丑。重建天禧寺。
九月癸朔。戊子。召宣府總兵官武安侯鄭亨率師還京。
辛卯。敕兵部。軍職犯罪者悉復職。
甲午。上聞天壽山工匠有亡歿者。爲文遣祭。命僧資薦三晝夜。有司歸其骨。復其家二年。
浚上海縣蟠龍江。
乙未。除廣西潯貴田租。時猺亂。
丙申。志烜嗣秦王。
工部主事藺芳言。天下之水惟河爲大。故水患亦惟河爲急。今于中灤導河分流。使由故道北入海。誠萬世利。第沿河所築護岸。若用木編成大囤。如欄圈。然置之水。以樁木釘其中。實以石。用橫木貫樁表屬之。隄便。從之。河以分而安。
戊戌。喃渤利國王馬哈廝沙。蘇門答剌國王宰奴里阿必丁。各入貢。賜國王印誥。
己亥。監生吳文吳克聰爲監察御史。
甲辰。工部都水主事藺芳爲右侍郎。初守吉安。有異政。吉水人妄言縣產銀。宜置冶。芳奏其妄。事母孝。母亦善教。凡芳日所行事。夕則命陳于前。有未善。必讓之。坐累謫辦事官。宋禮薦補主事。治河南河渠。又薦之。
乙巳。昌邑訓導戴綸爲禮科給事中。侍皇太孫。
夜。大星出婁宿。入于危。
丙午。夜。大星出奎宿。行入壘壁陣東。

丁未。浡泥國王遐旺入朝。

戊申。平江伯陳瑄築嘉定縣之青浦寶山成。方百丈。高三十丈。爲海運表識。

是月。大理寺卿耿通有罪。廷鞫論死。特磔之。曰。通所犯譚源淸事。止徇情出罪耳。先回鑾時。每朝罷。輒窺伺動靜。言東宮過舉。此離間罪重也。或言大理寺丞馬麟坐視之失。上宥不問。時漢王構東宮。故上每事怒之。耿通言及觸上怒。遂被極刑。實錄不載。豈有所諱耶。事具南院故牘。不可不存。

十月⿰王癸朔戊午。修海門縣海塘萬八千餘丈。

己未。敕法司出輕繫輸作贖罪。病者順天府醫療之。

庚申。復設湖廣南渭州。初。土知州彭萬滿被亂。革之。隸永順宣慰司。至是子什才能輯其下。故復之。

癸亥。鎭守交阯都督韓觀運廣東糧萬石于交阯。

甲子。監生顧立鄒烜李弘蕭原祝昪爲監察御史。

敕諭底里國王馬哈木沼納樸兒國王亦不剌金。

乙丑。夜。月犯昴宿。

丁卯。皇太孫演武方山。甘露降。採上之。群臣表賀。

置遼東境外滿涇等四十五站。通各頭目入貢。

四川按察使譚友得庸汚下臺獄。御史石璞爲四川按察使。

戊辰。上獵武岡山之陽。

壬申。水災。免烏程歸安長興臨海等糧十七萬四千五百石有奇。

刑部左侍郎盧祥卒。祥。房山人。洪武末。自國子生擢刑部郎中。建文中免。因事上募兵保定。永樂初。署順天事。

亦碌碌未有建明也。

丙子。陝西行都指揮使張遠加右軍都督僉事。

丁丑。繁峙縣進嘉禾百五十八本。

戊寅。交趾總兵官英國公張輔奏乂安之土黃惡江僞少保潘季祐等俱降。承制授季祐按察副使署乂安府事。餘賊多來附。

十一月壬午朔。右春坊右庶子兼翰林侍講楊榮往甘肅會豐城侯李彬經略叛寇老的罕。時赤斤蒙古衞指揮塔力尼匿之。

甲申。旱災。免湘陰海康遂溪田租。

乙酉。監生苗貫謝庸熊傑童貞吳銘張達雷恭解昌党衢周尙賓爲監察御史。

丙戌。修儀眞縣江隄。

丁亥。開州民父子三人。自言願效力太和山。上詰其有爲乎。曰。非也。矢報耳。上曰。爾遵敎務本足矣。何勞爲。

戊子。定武官襲職比試法。初不中。支半俸二年。再不中。仍半俸二年。又不中。謫戍。

庚寅。雲南通安縣民饑。賑小麥。

有婦訴前夫子不孝。上以婦失節。乃責人孝耶。不聽。

丙申。太監鄭和賫敕往賜滿剌加瓜哇占城蘇門答剌阿魯柯枝古里喃渤利彭亨急蘭丹加異勒忽魯謨斯比剌溜山孫剌諸國。

戊戌。工部右侍郎藺芳經理德州良店驛東黃河故道。

壬寅。戶科都給事中胡濙言陝西積草朽壞俱作侵欺追徵。上悉免之。

癸卯。洮州衞鎮撫陳恭上言人主侍衞宜嚴。戎狄異類。非我腹心。不當置左右。唐玄宋徽可爲明鑒。上曰。恭言甚是。第唐宋自有敗道。人君亦安得示人不廣。金日磾忠于漢武。阿史那社爾效于唐宗。胡元疎外漢人南人。柄用蒙古韃靼。然亦不免于亡亂。

談遷曰。文皇靖難。藉三衞之助。其後漠北西寧。欵塞內附。非列戍邊關。則環侍交戟之內。食椹懷音。革彼梟獍。而喜寧跛兒干終啓其戎心。滿四哱拜致汚於天鉞。後事之章章如此。追覽陳恭之疏。安得以韎韋跗注而少之。

十二月壬子朔。工部尚書宋禮復採木四川。

廣西平樂蠻賊平。

癸丑。進士周文褒爲河南左布政使。黃澤爲左參政。陳祚爲右參議。監生梁通爲河南按察使。

甲寅。監生游椅爲戶科給事中。

四川安縣茶課不登。折鈔。

甲子。暹羅入貢。

丙寅。召寧夏總兵官安遠侯柳升還京。

己巳。工部右侍郎藺芳右通政樊敬錦衣衞指揮莊敬等治天壽山橋道舟車。將葬仁孝皇后。止各王赴京。第遣祭。

後軍都督僉事朱旺卒。徐人。

庚午。水災。免黃州常德田租。

壬申。邳州淫雨傷稼。命御史乘傳賑之。

癸酉。陝西都指揮使張麟鎮守寧夏。

乙亥。諭明年巡狩北京。

丁丑。韃靼太師阿魯台貢馬。

戊寅。楊榮還自甘肅。言老的罕宜罪。第運道險惡。且非用兵時。上勅豐城侯李彬止兵勿進。

己卯。補鑄行在通政司光祿寺等印。

殺浙江按察使南海周新。新字志新。洪武己卯貢士。授大理評事。永樂初。拜御史。彈劾敢言。人稱冷面寒鐵。進雲南按察使。改浙江。決寃懲貪。名著甚。錦衣指揮紀綱方用事。使千戶偵浙中。作威受賕。新捕治之。遁訴于綱。綱誣新。逮入。抗言不承。上愈怒。棄市。是夕。欽天監奏文星墜。後上見新。叱之。云臣剛直。上帝使主城隍浙江。新無子。

陳善曰。予為兒時。在里中。聞長老傳周公事甚悉。言人人殊。大都健吏也。夫周公為城隍事甚怪。語不經。然郡中率嚴事之。有徵應。豈誣也哉。語曰。生為明吏。沒為明神。如公之德。廟食百世可也。

林之盛曰。周公廉吏也。堅于執法。人或少其慈祥。不知法以成仁。威濟厥愛。去莠而苗斯茂。是周公之大慈也。獨念文皇非信讒者。而致公以讒死。豈陛對過直。或非告君之體乎。

袁袠曰。以新之勁直而獲罪明主。竟不保其身。古云太剛則折。新之謂矣。其見怪雖不經。然以伯有為厲事觀之。未可謂無也。

癸巳永樂十一年

正月辟朔。日食。禮部尚書呂震請朝賀。侍郎儀智不可。楊士奇曰。宋仁宗時。元旦日食。富弼請罷宴樂。呂夷簡不從。弼曰。倘契丹行之。恐爲中朝羞。後果然。仁宗始悔。上遂罷朝賀宴會。

壬午。上諭右通政馬麟禮科給事中朱芾曰。朕令來朝有司言民利病。率云田穀豐稔。比聞山西民乃食樹皮草根。自今悉記之。境內災傷。己不自言。他人言者。必罪。

丁亥。蘇州同知柳敬中乞浚崑山太平河。約役七萬八千四百人。期二十五日。上恐久役妨農。命調近民十萬亟成之。

夜。月犯昴宿。

己丑。停運木。徵還吏部侍郎師逵等。

辛卯。上南郊。

乙未。長山王賢焌薨。

敕韃靼太師阿魯台曰。把禿來貢馬。禮意可嘉。然察爾心尚未釋然。豈有歉于丘福之事乎。人各爲其主。朕于爾何責。昔呼韓邪入漢。突厥阿史那社爾歸唐。皆名光史冊。爾聰明特達。豈下古人哉。賜爾綵幣。至可領也。

丙申。琉球中山王入貢。

丁酉。都督僉事江浩擒交趾賊陳季擴從子陳原等五十四人。

仁孝皇后梓宮發京師。漢王護行。

己亥。封女弟寶慶公主。

監生劉迪爲四川按察使。張岳趙彬爲副使。章銘李淸爲僉事。

庚子。甘肅總兵官駙馬都尉西寧侯宋琥送叛胡孥哈兒伯顏等至京。宥之。戍廉州衞。伯顏復叛。捕僇之。

辛丑。召宋琥還。豐城侯李彬爲征虜前將軍總兵官。鎮守甘肅。

倭三千餘人寇昌國衛及爵溪楚門二千戶所。俱擊敗之。

殺大理寺左右寺丞王高劉端。端以縱奸惡外親也。俱南昌人。

壬寅。徐州饑。蠲逋租六萬三千八百石。

乙巳。夜大星赤光燭地。出郎位行入招搖。

丙午。瓦剌順寧王馬哈木等貢馬。多求請。其表慢。且拘留敕使。上怒。令中官海童詰責之。

麓川平緬宣慰使思行發入貢。請弟思任發代職。許之。

天壽山陵成。名曰長陵。

二月庚戌朔。府軍後衛千戶趙輝爲駙馬都尉。尚皇妹寶慶公主。

韃靼太師馬兒哈咱等貢馬。

辛亥。監生李華盧榮趙直趙旭卜禎楊鎰馮得爲給事中。黃文惠王維新韓眞李遜申嶽張肅封貴朱賓爲監察御史。

立貴州承宣布政使司。洪武時。貴州宣撫思南宣慰相斥制。而思南宣慰使田宗鼎仇副使黃禧。上調禧守辰州。而思州宣慰使田琛亦怨宗鼎。禧結以圖宗鼎。日紛拏不解。琛自稱天主。妻地主。陷思南。宗鼎遁。琛殺其弟。僇及母屍。宗鼎以聞。敕琛禧對簿。不應。使黠奴張勝事教坊官史勉。將乘供奉爲逆。事覺。命行人蔣廷瓚往。鎮遠侯顧成擁兵五萬境上。賊懼。縛琛禧于朝。琛妻冉復誘諸蠻爲亂。冀可釋琛。詔特錮琛等。以宗鼎自歸末減。復職。還思南。宗鼎誓報兩家怨。上留之。宗鼎誣其祖母私于禧。欲殺之。祖母亦發宗鼎私事。詔正罪。遂開省。設官。以思州二十二長官司分設思州新化黎平石阡。以思南十七長官司分設思南鎭遠銅仁烏羅。參用土官。行人蔣廷瓚河南左參政孟驥爲左右布政使。進士新建崔彥俊爲思州知府。江陰顏澤爲鎭遠知府。貴溪李鑑爲石阡知府彥俊任十八年。澤十四年。鑑九年。夷習丕變。

高岱曰。高宗克鬼方。疑卽其地。可謂難矣。漢以下未有能郡縣之者。然滇南之境非由貴不達。漢惟不能有貴。故自巴蜀道邛筰達牂牁。紆歷險遠。卒不能今黔中被聲教如中土。唐亦不得志于南詔。蓋有以也。太祖撫有滇南。貴州諸夷旋亦服屬。曁成祖復郡縣其地。一統之盛遠過三代。何漢唐足云乎。

鄭曉曰。貴州本西夷羅施鬼國。國初靄翠宋欽歸附。仍其世官。山峭地瘠。夷情猾詐。分隸川湖雲南。永樂癸巳始立三司。當時顧成威懷有方。稍稍馴順。其壤地聯絡。衝胸掣肘。自泗城北窺永寧芒部。南渡畢節。西播外突。普坑內潰。交譏搆亂。喜禍佳兵。每一梗阻。滇南中斷。乃知分割三隸。疆城相率。不可謂非策也。

田汝成曰。二宣慰之就禽也。神謀睿策。亦已周矣。發單軺。持尺札。入夷落。桑蔭未徙而縛其兩雄。市不易肆。何其善哉。乃今剪滅草竊。直眇小耳。符檄紛紜。張皇漏泄。蓋承平狃縱。賞罰不章。上不圖危而下不習成也。

郭子章曰。崔守思州十八年。李守石阡九年。顏守鎭遠十四年。國初二千石之任。何其久也。今由郎署得二郡。眎若火宅。惟恐不速去。誰肯流注閭閻。拮据米鹽。爲國家計百年乎。蘧廬其官。燕越其民。吏治勿古。有由然矣。

癸丑。莒沂崇明德安豐城建昌等饑。賑之。

己未。敕鎭守遼東都督劉江修理屯政。

遣太監侯顯賫敕賜尼八剌國王沙的新葛地湧塔王可般錦綺。

置烏思藏衞牛兒宗寨行都指揮使司。喃葛監藏爲都指揮僉事。置隴卜衞。頭目鎖南斡些兒爲指揮使。

壬戌。誅錦衣指揮劉誠。

癸亥。北京民分養孳生馬。

浡泥國王遐旺辭歸。
甲子。命皇太子監國。如七年例。
乙丑。上北巡。發京師。皇太孫從。
丙寅。仁孝皇后葬長陵。
辛未。次鳳陽。祀皇陵。賜耆民酒肉。九十以上加四帛。
三月庚朔。乙酉。次濟寧。魯王肇煇來朝。
敕四川都指揮李敬勦威州蠻。
己丑。皇太子賑翟縣饑民。停河工。
甲辰。皇太子賑烏程歸安長興德清等饑民粟三萬七千六百石。
丙午。限京城獲盜二十日。
四月配朔。上至北京。
丙辰。命行在錄囚。
戊午。諭兵部。非軍機重務毋給驛。
己未。皇太子賑衢嚴西安壽昌等饑民。貸穀萬三千石有奇。
辛酉。兵戶部右侍郎徐銘張春爲山西左右布政使。
癸亥。右僉都御史史仲成卒。仲成陝西安化人。洪武中國子生。拜御史。請封禪。進山東按察僉事。改桂林同知。
永樂初擢僉院。四年採木山西五臺山。輒箠楚軍民。上不悅。比召至。暴卒。
丙寅。諭行在禮部尙書呂震曰。有司妄言時和歲豐者。業加罪。有切民情知治理者。宜獎賞之。

丁卯。定淮浙鹽引米一斗五升。河南米二斗五升。

己巳。敕法司愼刑。

減貴州雲南鹽引米各五斗。

琉球中山王山南王俱入貢。

癸酉。行在刑部奏論囚有律輕情重者。請重處之。上曰。民勿信。其如律。

夜。大星自太微東垣入翼宿。

丁丑。都督程寬馬瑛何璿率舟師轉漕北京。

戊寅。賑安丘縣饑民。米麥萬九千一百九十石有奇。

五月䲲朔。山東諸城等縣蝗。命捕瘞之。諭曰。蝗苗蠹也。有司不能除。則亦民蠹。

庚辰。更定運糧贖罪例。力鮮者發天壽山種樹。

定興縣雨雹傷稼。命御史乘傳視之。

辛巳。除博興高苑樂安新城去年水災田逋租。

癸未。端午節。上幸東苑。觀擊毬射柳。聽臣民聚觀。是日。分擊毬官兩朋。駙馬都尉袁容領左。寧陽侯陳懋領右。

皇太孫射柳三中。上大悅。使屬對曰。萬方玉帛風雲會。太孫頓首曰。一統山河日月明。上稱善。賜名馬錦綺紗羅番布。諸王大臣以下擊射中者。賜綵幣夏布有差。遂命群臣賦詩。賜宴鈔。

己丑。赤斤蒙古衛指揮僉事塔力尼等擒送老的罕等入京。進指揮同知。

庚寅。國子監琉球生模都古等三人歸省。厚賚之。

壬辰。設甘肅茶馬司于陝西行都司城外。

丁酉。鹽城縣蝗。
戊戌。西虜亦攀丹來朝。封安定王。故卜烟帖木兒孫。
庚子。韃靼太師阿魯台貢馬。奏馬哈木等弒可汗本雅失里立答里巴。請討之。
壬寅。敍長陵功賞武義伯王通進封成山侯世祿千二百石。
朝鮮撒馬兒罕各入貢。
甲辰。右中允劉子春裴璉爲刑部主事。
丁未。曹縣獻騶虞。行在禮部尙書呂震請賀。不許。震固請。上曰。大臣當爲民國計。汝能效李沆則善矣。
六月帗朔。隆平侯張信圖武當山五色雲以進。上出示百官。
己酉。北虜卜顏不花等來朝。請討兀刺馬哈木。上諭俟之。
甲寅。諭行在戶部曰。人從徐州來言水災。民有鬻子者。人至父子相棄。窮極矣。卽驛賑之。贖所鬻男女。
乙卯。北京行部右侍郎楊泰卒。山陽人。洪武中監生。歷北平按察僉事。從靖難。
壬戌。增兵千人守開平。幷要地築城堡斥堠。
樂亭縣水傷稼。免其租。
癸亥。夜月食。
烏程歸安德淸大疫。
己巳。孟瑛嗣保定侯。
庚午。束鹿縣進野蠶繭。
韃靼太師阿魯台貢馬。納前元所授中書省印。

辛未。開平備禦成安侯郭亮奏。開平兵少。上報曰。軍在精不在多。爾能拊練。雖千人足矣。否且糜餉。亡益也。

癸酉。西域哈烈撒馬兒罕失剌思俺的干都淮土魯番火州柳城哈石哈兒各入貢。

乙亥。增應天順天通判州判官縣丞各一。專理馬政。

七月戭朔。封韃靼太師阿魯台和寧王。賜金印。

甲寅。前山東按察使紀諄副使樊鎮謫戍。至是除監察御史。

丙戌。夜。大星光燭地。自勾陳行紫微東蕃外。

戊子。寧波疫。

壬辰。敕交阯布政司及守令。宜輕徭薄賦。勸課農桑。善綏新附之民。

甲午。夜。大星尾赤。自天市東垣行入南斗。

丙申。四川都指揮使李敬加右軍都督同知。

丁酉。別失八里國王馬哈麻入貢。迎勞于平陽。

戊戌。夜。月犯昴宿。

甲辰。敕鎮守大同江陰侯吳高修諸處烽堠。高五丈。堅必鐵石。

乙巳。蠲長洲崑山常德漢陽荆州長沙沔陽去年水災逋租。

丙午。淶水縣雨雹傷稼。

八月紂朔。戊申。賑仁和嘉興饑民米六千七百三十石。

庚戌。故北京行太僕寺丞楊智子信爲少卿。

甲寅。申恤刑之令。

夜。大星出雲中一小星隨之。

丙辰。鄒縣知縣朱瑺卒。瑺龍溪人。性明敏。雖知民間纖悉。有德量能容。葺學舍。作子思書院。孟子寢廟。歲凶。脫銀帶及婦簪珥易粟濟饑。勸耕貸牛地無遺利。或用鞭。中貫以緜。民咸服。不忍犯。

夜。月犯南斗魁。

甲子。北京地震。

乙丑。鎮遠侯顧成充總兵官。都督梁福等副之。率三萬人剿湖廣臺羅等寨叛苗。

庚午。裁趙府群牧千戶所。

遂平縣河決壞廬稼。

永康侯徐忠卒。忠合肥人。襲河南衞副千戶。累進濟陽衞指揮僉事。從靖難。封。敢戰。其指中矢。抽刀斷之。控滿突陣。上壯之。家居有孝行。雖夜歸必揖家廟而後入。自持儉愼。留侍監國。追封蔡國公。謚忠烈。

壬申。滿剌加國入貢。

湖廣按察使吳公悅貪虐有罪。副使靳義劾之。皇太子下臺獄。

乙亥。木邦軍民宣慰使罕賓法遣使獻捷。初緬甸土官那羅塔擅侵孟養地。賓法進兵破二十餘城。獲象馬諸物。悉獻京師。

九月丁丑朔庚辰。命扈從軍士于北京城外近地人種麥二十畝。依屯田例考較之。毋倚閒暇而曠沃土。

壬午。府軍衞指揮張杲自南京來奏事。辭歸。上頗聞杲弟倚東宮妃兄居鄉驕橫。召諭曰。開平王永城侯德慶侯家恃外戚生事。皆取滅亡。汝當爲鑑。因賜鈔六十錠。曰。若爾家守法。何翅萬之。

上諭戶部曰。山東蝗。有司不問。朝廷知而遣捕。滋蔓矣。各郡縣每歲春至驚蟄時。其卽視之。初發捕使絕。布政按察二司失提督者。與州縣同罪。

占城入貢。

癸未。瓜哇國西王都馬板入貢。

丁亥。建昌知府于潛爲應天府尹。

修武陟縣河隄及開封土城隄百六十餘丈。

癸巳。夜。月犯昴宿。

甲午。遣中官李達吏部員外郎陳誠戶部主事李暹指揮金哈藍伯送哈烈等使臣還國。因敕賜哈烈撒馬兒罕等。

談遷曰。永樂時星槎四出。輪航不輟。大都貂璫鷁舟也。雖特遣庶曹。仍冠以內侍。其習沿而未變。漢營閉玉門絕質子。以靖西陲。文皇帝固張而大之。猶未田輪臺犂車師。則天子有道守在四夷也。

丙申。敕鎭守遼東都督劉江等非御寶文書不許出塞。

壬寅。漸寒。止祥符王有爝來朝。

丙午。夜。大星赤光。出天舡。行入文昌。三小星隨之。

十月

朾朔戊申。夜。大星赤光燭地。出壁宿。行至近濁。

己酉。山西塞上烽堠成。皆高五丈有奇。城高丈有五尺。開濠懸梯。守卒三十一人。

庚戌。敕貴州總兵官鎭遠侯顧成再調貴州軍一萬播州土軍六千勦蠻寇。

癸丑。開平備禦都指揮章安爲後軍都督僉事。總理宣府懷來萬全諸衞軍務。

戊午。夜。文星犯上將星。

甲子。故兵部尙書劉儁弟傑監生王鹵蘇弼楊和李謙張志葛紹祖王憲許侃岳順梁盛張毅朱昭紀文崔鹵李濬王勵劉紳許能屈良張貫朱威陸得厚張守信苗友直李應庚張翊馬駿爲六科給事中。前湖廣按察僉事黃宗載。河南按察副使夏禮。俱坐謫。至是起監察御史。

丙寅。遣左副都御史李慶齎璽書于南京。命皇太子錄囚。出輕罪。

置斡朵倫衞。女直野人。

辛未。命諸將整飭士馬。

十一月丁丑朔。戊寅。以山東野蠶絲織帛。染柘黃。製衾薦太廟。

己卯。夜。大星光燭地。出紫微西藩外。行入天鈎。

壬午。諜報瓦剌馬哈木等兵至飲馬河。聲襲阿魯台。實謀寇邊。上決策親征。命五軍練士。召恭順伯吳允誠都指揮脫歡台等選銳赴京。

癸未。右春坊右司直郞鄆城晁鑄致仕。鑄元國子生。洪武初。舉訓導。建文中。擢國子助敎。永樂二年。擢司直郞。簡靜端實。講說詳明。東宮甚重之。令皇太孫受學。年八十。乞骸。

甲申。和寧王阿魯台報瓦剌窺邊。敕各邊將嚴兵。如哨騎守瞭有失。皆斬。

命寧陽侯陳懋往寧夏。都督譚靑都督僉事馬聚往大同。都督同知朱崇都指揮使譚廣往山西。各巡邊。尋命陳懋率陝西都指揮閻俊山西都指揮楊靑及潼關莊浪鞏昌西寧平涼諸衞兵俱會宣府。中都都指揮張禮遼東都指揮巫凱河南都指揮王智及武平歸德睢陽淮安諸衞兵俱會北京。

戊戌。車里故宣慰使刀暹答次子刀賽貢象馬。許襲職。

辛丑。汝寧屢水災。許輸鈔帛代田租。

別失八里王馬哈麻。火州王子哈三。土魯番萬戶賽因脫木兒。柳城萬戶觀音奴。俱遣使從禮科給事中傅安等入貢。

乙巳。應城伯孫巖都指揮齊安往開平備禦。

十二月⿰牛丙朔。戊申。夜。太白在月南。

己酉。交阯右布政使王平卒。平息縣人。洪武中國子生。拜御史。進陝西按察使。上改擢僉都御史。坐事謫衛經歷。進福建左參政。從南征。進右轄。同都督黃中鎮清化。民賴以安。氣剛而烈。生平不通私餽。

壬子。交阯總兵官英國公張輔黔國公沐晟合軍順州。賊守愛子江。設伏列象陣于昆傳山。抗我。輔戒吏卒鞭馬先進。象突起。輔射墮象奴。再射中象鼻。象怒自蹂于陣。大潰。斬僞少尉阮山。擒僞將軍潘經等五十六人。俘賊八百七十人。賊不能軍。多來降。

乙卯。夜。月犯昴宿。

庚申。開四川潼川等井鹽。

什邡縣自永樂五年來虧茶課十六萬六百五斤。乞輸鈔。上念民艱。悉蠲之。

壬戌。進士涂克敏張志文鄺埜彭脊陳治劉璉周常歐陽和爲監察御史。監生牛麟田綱爲給事中。

癸酉。朝鮮李茂昌來朝。授光祿寺少卿。初茂昌父文命來朝。授少卿卒。繼其志也。